Emotionale Entwicklung

Wolfgang Friedlmeier/Manfred Holodynski (Hrsg.)

Emotionale Entwicklung

Funktion, Regulation und
soziokultureller Kontext von Emotionen

Spektrum Akademischer Verlag   Heidelberg · Berlin

Die Deutsche Bibliothek – CIP-Einheitsaufnahme

Emotionale Entwicklung : Funktion, Regulation und
soziokultureller Kontext von Emotionen / Manfred Holodynski ;
Wolfgang Friedlmeier (Hrsg.). - Heidelberg ; Berlin :
Spektrum, Akad. Verl., 1999
 ISBN 3-8274-0487-8

© 1999, Spektrum Akademischer Verlag GmbH Heidelberg · Berlin

Alle Rechte, insbesondere die der Übersetzung in fremde Sprachen, sind vorbehalten. Kein Teil des Buches darf ohne schriftliche Genehmigung des Verlages fotokopiert oder in irgendeiner anderen Form reproduziert oder in eine von Maschinen verwendbare Sprache übertragen oder übersetzt werden.

Lektorat: Katharina Neuser-von Oettingen/Anja Groth (Ass.)
Reihengestaltung: Zembsch' Werkstatt, München
Umschlaggestaltung: Kurt Bitsch, Birkenau
Druck und Verarbeitung: Strauss Offsetdruck, Mörlenbach

Inhalt

Vorwort von Klaus R. Scherer	VII
Vorwort der Herausgeber	VIII
Autorenverzeichnis	X

Einleitung

Emotionale Entwicklung und Perspektiven ihrer Erforschung *Manfred Holodynski und Wolfgang Friedlmeier*	1

Teil I: Entwicklung diskreter Emotionen

Handlungsregulation und Emotionsdifferenzierung *Manfred Holodynski*	29
Emotionale Schemata und Emotionsdifferenzierung *Dieter Ulich, Jutta Kienbaum und Cordelia Volland*	52
Naive Psychologie und die Entwicklung des Emotionswissens *Bettina Janke*	70
Daseinsthematische Emotionen *Rolf Oerter*	99
Lern- und leistungsthematische Emotionen *Hubert Hofmann und Reinhard Pekrun*	114

Teil II: Entwicklung der Emotionsregulation: Von der sozialen Interaktion zur Selbstregulation

Symbolbildung, Emotionsregulation und soziale Interaktion *Hanuš Papoušek und Mechthild Papoušek*	135
Temperament und emotionale Entwicklung *Marcel R. Zentner*	156
Frühkindliche Bindungserfahrungen und Emotionsregulation *Gottfried Spangler*	176

Emotionsregulation in der Kindheit 197
Wolfgang Friedlmeier

Emotionsregulation im Jugendalter 219
Peter Zimmermann

Teil III: Emotionale Entwicklung im kulturellen Kontext

Eine kulturpsychologische Analyse der Emotionen 243
Carl Ratner

Emotionale Entwicklung im Spannungsfeld zwischen persönlicher
und kollektiver Kultur 259
Ingrid E. Josephs

Emotionale Entwicklung im Kulturvergleich 275
Gisela Trommsdorff und Wolfgang Friedlmeier

Emotionale Entwicklung und zwischenmenschliche Beziehungen
im kulturellen Kontext Japans 294
Hideo Kojima

Bibliographie 313

Vorwort von Klaus R. Scherer

Während man vor zwanzig Jahren noch die Vernachlässigung der Emotionen in der Psychologie beklagen mußte, bahnt sich nach der kognitiven heute eine „emotionale Revolution" an. Insbesondere zwei Forschungsrichtungen haben maßgeblichen Anteil an der Renaissance emotionspsychologischer Ansätze gehabt: Arbeiten zum emotionalen Ausdruck und Untersuchungen zur Emotionsentwicklung bei Kindern. Eine besonders wichtige Rolle spielt dabei die Kombination dieser beiden Richtungen – die Untersuchung der Ontogenese des Ausdrucksverhaltens. Dies kommt wohl nicht von ungefähr – motorischer Ausdruck läßt sich, anders als der subjektiv erlebte Gefühlszustand, kaum als Epiphänomen abtun. Es handelt sich um offenes Verhalten, das weithin sichtbar und hörbar ist und dadurch starken Einfluß auf die soziale Interaktion nimmt. Anders als das oft nur sehr approximativ durch Verbalreport zu erhebende subjektive Gefühl läßt sich Ausdrucksverhalten mit Hilfe naturwissenschaftlich orientierten Verfahren beobachten und messen sowie zu situativen Gegebenheiten in Beziehung setzen.

Die objektive Analyse nonverbalen Ausdrucksverhaltens stellt außerdem ein Bindeglied zur biologisch orientierten Ethologie dar, insbesondere zu dem Bereich, in dem Motivations- und Emotionszustände bei Tieren durch die Analyse des Ausdrucks- und Kommunikationsverhaltens erschlossen werden. Auch Kleinkinder sind lange Zeit nonverbale Wesen, deren Bedürfnisse und Ziele nur durch die Interpretation ihres Ausdrucksverhaltens erfaßt werden können. Es ist daher nicht erstaunlich, daß seit Darwin ein großes Interesse an der Untersuchung des kindlichen Emotionsausdrucks besteht, die oft als Königsweg zur Erschließung mentaler Vorgänge im Rahmen ontogenetischer Reifungsprozesse angesehen wird. Hinzu kommt, daß der emotionale Ausdruck bei Kindern oft sehr viel spontaner und unmittelbarer abläuft als bei den um Kontrolle und Regulation bemühten Erwachsenen. Die wichtige Rolle der Emotionen bei der Verhaltenssteuerung ist hierbei kaum zu übersehen.

Natürlich hat sich die Untersuchung der Emotionsentwicklung nicht auf das Ausdrucksverhalten beschränkt. Auch zu vielen anderen Aspekten emotionalen Verhaltens – kognitive und motivationale Voraussetzungen, auslösende Bedingungen, Reaktionsmuster, Auswirkungen auf Sozialbeziehungen, interne Regulationsprozesse und Entwicklung des Wissens um emotionale Zusammenhänge – findet sich in der Entwicklungspsychologie mittlerweile eine umfangreiche und differenzierte Forschungsliteratur. Der Stand von Theorie und empirischer Forschung zeigt, daß die Untersuchung emotionaler Phänomene in der Entwicklungspsychologie seit langem einen weit höheren Status genießt, als es in anderen Teilbereichen der Psychologie der Fall ist.

Der vorliegende Band liefert einen eindrucksvollen Beleg für diese Beobachtungen. Die Beiträge illustrieren nicht nur die Leistungsfähigkeit der theoretischen Ansätze, sondern dokumentieren auch den hoch entwickelten Stand der empirischen Forschung in diesem Bereich. Das Buch zeichnet sich durch eine große Palette der vertretenen Denk- und Forschungstraditionen aus und hebt sich damit wohltuend von vielen oft sehr engen, an bestimmten Paradigmen ausgerichteten Veröffentlichungen in der Emotionsliteratur ab.

Auch wenn man die theoretischen Grundkonzeptionen und die methodologische Vorgehensweise der in diesem Band vertretenen Ansätze unterschiedlich beurteilen mag, so hat das umfassende Angebot den unschätzbaren Vorteil, ständig an den ganzen Reichtum und die Komplexität der Emotionsprozesse zu erinnern. Diese Mannigfaltigkeit wird in der klassischen emotionspsychologischen Literatur häufig durch allzu enge Fokussierung auf den Valenzaspekt (positive vs. negative Emotionen) oder auf eine sehr begrenzte Anzahl von biologisch determinierten „Basisemotionen" und den zugrundeliegenden neuronalen

Schaltkreisen außer acht gelassen. Gerade bei einer entwicklungspsychologischen Ausrichtung, die individuelle Unterschiede in der Persönlichkeitsentwicklung, aber auch kulturelle Faktoren in den Mittelpunkt stellt, wie dies im vorliegenden Band der Fall ist, kommt die Vielfalt der emotionalen Phänomene und ihre enge Verknüpfung mit kognitiven und motivationalen Prozessen besonders deutlich zum Ausdruck.

Dieses Buch füllt eine Lücke in der emotionspsychologischen Literatur und verdient von daher besondere Aufmerksamkeit. Der Band stellt nicht nur ein Kompendium von wichtigen Theorie- und Untersuchungsansätzen in der entwicklungspsychologisch orientierten Emotionsforschung dar (und ist deshalb auch für Praktiker interessant), sondern vermag darüber hinaus auch den nicht vorwiegend entwicklungspsychologisch orientierten Emotionsforschern vielfache Anregungen zu geben. Die hier gesammelten Beiträge stellen außerdem unter Beweis, daß es im Bereich der deutschsprachigen Entwicklungspsychologie eine kritische Masse von Emotionsforschern gibt, deren Arbeiten einen eindrucksvollen Theorie- und Forschungsstand erkennen lassen. Die Tatsache, daß – wie die Beiträge in diesem Buch zeigen – diese Forscher intensiv miteinander interagieren und sich in ihren Arbeiten gegenseitig anregen, läßt auf eine vielversprechende Forschungsentwicklung hoffen.

Genf, im April 1999

Vorwort der Herausgeber

Emotionale Entwicklung – dieses Thema war lange Zeit in der Forschung auf die Fragen reduziert, mit welchen Emotionen ein Kind auf die Welt kommt, ab welchem Alter welche Emotionen hinzukommen und wann ein Kind in der Lage ist, sich in seinem emotionalen Ausdruck kulturellen Konventionen und Gepflogenheiten anzupassen und seine Gefühlsausbrüche kontrollieren zu können. Emotionale Entwicklung – dieses Thema stand auch im Schatten seines übermächtigen Antagonisten, der Entwicklung der (kognitiven) Intelligenz.

Mittlerweile beginnt sich das Verhältnis zu ändern. Zudem ist die Frage nach einer emotionalen Intelligenz – in Abgrenzung und Ergänzung zur kognitiven Intelligenz – in das öffentliche Bewußtsein gerückt und hat eine lebhafte Diskussion darüber ausgelöst, was den Lebenserfolg eines glücklichen Menschen ausmacht und welche Kompetenzen dazu notwendig sind. Hierzu gehört z.B. die Fähigkeit, die eigenen Gefühle und die anderer erkennen, situationsangemessen ausdrücken und regulieren zu können, ein differenziertes Gefühlsrepertoire auszubilden, sich in andere einfühlen und die Beziehung zu ihnen angemessen gestalten zu können. Wir werten die Tatsache, daß diese Diskussion geführt wird, als Zeichen für eine Trendwende sowohl in der öffentlichen Wahrnehmung als auch in der wissenschaftlichen Theoriebildung, der wir in diesem Buch Rechnung tragen.

Die Idee, dieses Buchprojekt zu realisieren, ist eine Folge unseres gemeinsamen Interesses an Fragen der emotionalen Entwicklung, die wir während der Teilnahme an zahlreichen psychologischen Tagungen erörterten und vertieften. Anhand eigener empirischer Studien an Kindern und Erwachsenen diskutierten wir das Problem, menschliche Emotionen zu erfassen, und waren uns darin einig, daß die Beobachtung von emotionalem Ausdrucksverhalten gerade für Studien mit Kindern ein wichtiger methodischer Zugang ist, aber die ausschließliche Konzentration auf Mimikanalysen nicht der Weisheit letzter Schluß sein kann. Statt dessen ist es wichtig, theoretische Ansätze zu entwerfen, die Emotionen und emotionales Geschehen in das menschliche Handeln einbetten, und die berücksichtigen, daß Emotionen beim Menschen auch als kulturell vermittelte Bedeutungsmuster zu betrachten sind und daher durch Erziehungseinflüsse vermittelt werden.

Unsere Diskussionen waren keine puren Spekulationen, sondern gründeten sich auch darauf, daß in der entwicklungspsychologischen Forschungslandschaft der 90er Jahre, insbesondere im angloamerikanischen Raum, neue Forschungswege eingeschlagen wurden. Auch im deutschsprachigen Raum gibt es verschiedene Forschergruppen, die sich mit dem Thema „emotionale Entwicklung" eingehend und unter verschiedenen Perspektiven beschäftigen und dabei die aktuelle breitgefächerte angloamerikanische Forschung intensiv rezipieren und in ihre Arbeiten einbeziehen.

Das vorliegende Buch gibt einen umfassenden und fundierten Überblick über diese aktuelle Forschungsliteratur. Dabei wird vor allem deutlich, wie Entwicklungs- und Erziehungsprozesse im Bereich der emotionalen Entwicklung ineinandergreifen, und welche vielfältigen Schritte ein Kind bei der Meisterung dieser Entwicklungsaufgaben durchläuft.

Das Buch richtet sich nicht nur an Wissenschaftler und interessierte Studierende, die sich einen Überblick über dieses Forschungsgebiet verschaffen wollen, sondern auch an Psychologen und Pädagogen, die in ihrer Berufspraxis mit Fragen der emotionalen Entwicklung und emotionalen Kompetenz konfrontiert sind und mehr über die zugrundeliegenden entwicklungspsychologischen Zusammenhänge erfahren möchten. Auch für Lehrende in erziehungswissenschaftlichen Berufen soll dieses Werk eine Orientierung und eine Grundlage sein.

Es war unser Ehrgeiz, das Buch nicht als lose Sammlung von Beiträgen zu publizieren, sondern als ein in sich schlüssiges, konsistentes Gesamtwerk. Daher haben wir in die redaktionelle Überarbeitung der Beiträge viel Zeit investiert und den Autoren ausführliche Rückmeldungen für die Überarbeitung zukommen lassen. In Absprache haben wir die Gliederung und die Terminologie vereinheitlicht und Querverweise eingefügt. Wir möchten an dieser Stelle den Autoren ganz herzlich für ihr Engagement und ihre Kooperationsbereitschaft danken.

In der Lektorin des Spektrumverlags, Frau Neuser-von Oettingen, fanden wir eine aufgeschlossene Ansprechpartnerin, die sich der Realisierung des Buchprojekts engagiert annahm. Wir möchten an dieser Stelle Frau Neuser-von Oettingen ganz herzlich für das in uns gesetzte Vertrauen bedanken. Auch bei Frau Anja Groth möchten wir uns für ihre Hilfe bei wichtigen redaktionellen Detailfragen bedanken. Das Buch wäre nicht fertig geworden ohne die sorgfältige redaktionelle Mitarbeit von Frau Nora Billermann, die gewissenhaft jeden Text nach Fehlern und stilistischen Ungereimtheiten durchgesehen und korrigiert hat. Ihr sei an dieser Stelle ganz besonders gedankt. Auch Herrn Wolfgang Becker gebührt unser herzlicher Dank für die graphische Aufbereitung der einzelnen Abbildungen, die durch ihn ein einheitliches und ansprechendes Format bekommen haben. Darüber hinaus möchten wir noch Frau Dorothee Seeger danken, die bei der redaktionellen Bearbeitung einiger Beiträge wertvolle Anregungen für ihre Überarbeitung liefern konnte.

Konstanz, Bielefeld, im Mai 1999

Autorenverzeichnis

Dr. Wolfgang Friedlmeier, Universität Konstanz, Fachgruppe Psychologie, Entwicklungspsychologie und Kulturvergleich, Fach D14, D-78457 Konstanz

Dr. Hubert Hofmann, Universität Regensburg, Institut für Psychologie, Universitätsstr. 31, D-93040 Regensburg

PD Dr. Manfred Holodynski, Universität Bielefeld, Abteilung für Psychologie, Arbeitseinheit Entwicklung und Erziehung, Postfach 100131, D-33501 Bielefeld

Dr. Bettina Janke, Universität Augsburg, Forschungsstelle für Pädagogische Psychologie und Entwicklungspsychologie, Universitätsstraße 10, D-86135 Augsburg

Dr. Ingrid E. Josephs, Otto von Guericke Universität Magdeburg, Institut für Psychologie, Postfach 4120, D-39016 Magdeburg

Dr. Jutta Kienbaum, Universität Augsburg, Forschungsstelle für Pädagogische Psychologie und Entwicklungspsychologie, Universitätsstraße 10, D-86135 Augsburg

Prof. Hideo Kojima, Ph.D., School of Education, Nagoya University, Chikusa-ku, Nagoya 464-8601, Japan

Prof. Dr. Rolf Oerter, Ludwig-Maximilians-Universität München, Lehrstuhl Entwicklungspsychologie und Pädagogische Psychologie, Leopoldstraße 13, D-80802 München

PD Dr. Mechthild Papoušek, Kinderzentrum München, Heiglhofstr. 63, D-81377 München

Prof. em. Dr. med. Wiss. Hanuš Papoušek, Strassbergerstr. 43, D-80809 München

Prof. Dr. Reinhard Pekrun, Universität Regensburg, Institut für Psychologie, Universitätsstraße 31, D-93040 Regensburg

Carl Ratner, Ph.D., Psychology Department, Humboldt State University, Arcata, CA 95521, USA

Prof. Dr. Gottfried Spangler, Justus-Liebig-Universität Giessen, Fachbereich Psychologie, Otto-Behaghelstr. 10 F, D-35394 Giessen

Prof. Dr. Gisela Trommsdorff, Universität Konstanz, Fachgruppe Psychologie, Entwicklungspsychologie und Kulturvergleich, Fach D14, D-78457 Konstanz

Prof. Dr. Dieter Ulich, Universität Augsburg, Forschungsstelle für Pädagogische Psychologie und Entwicklungspsychologie, Universitätsstraße 10, D-86135 Augsburg

Dr. Cordelia Volland, Universität Augsburg, Forschungsstelle für Pädagogische Psychologie und Entwicklungspsychologie, Universitätsstraße 10, D-86135 Augsburg

Marcel R. Zentner, Ph.D., Université de Genève, Faculté de Psychologie et des Sciences de l'Education, 9, rte de Drize, CH-1227 Carouge

Dr. Peter Zimmermann, Universität Regensburg, Institut für Psychologie, D-93040 Regensburg

Emotionale Entwicklung und Perspektiven ihrer Erforschung

Manfred Holodynski und Wolfgang Friedlmeier

1.	Annäherung an das Thema „Emotionale Entwicklung"	2
2.	Das strukturalistische Emotionsparadigma: Emotion als spezifischer psychischer Zustand	5
2.1	Ergebnisse strukturalistisch orientierter Forschung	6
2.2	Entwicklung von Emotionen	7
2.3	Schlußfolgerungen	7
3.	Das funktionalistische Emotionsparadigma: Emotion als spezifische psychische Funktion	8
3.1	Ergebnisse funktionalistisch orientierter Forschung	9
3.2	Entwicklung von Emotionen	11
3.3	Schlußfolgerungen	15
4.	Das kontextualistische Paradigma: Emotion als kokonstruierte psychische Funktion	16
4.1	Ergebnisse kontextualistisch orientierter Forschung	18
4.2	Entwicklung von Emotionen	19
4.3	Schlußfolgerungen	20
5.	Auf der Suche nach den Entwicklungsmechanismen	21
6.	Der Aufbau des Buches	22

1. Annäherung an das Thema „Emotionale Entwicklung"

Everybody knows what an emotion is, until asked to give a definition
(Fehr & Russell, 1984, p. 464)

Wer jemals mit Kindern intensiver zu tun hatte, weiß, wie faszinierend und anrührend, aber auch wie belastend und anstrengend Kinder sein können. Beide Erfahrungen scheinen zwei Seiten einer Medaille zu sein, und dies hat sehr viel mit der unvermittelten und lebhaften Art und Weise zu tun, in der Kinder ihre Emotionen ausleben. Diese unvermittelte Art gilt für positive Emotionen wie Freude, Stolz oder Zuneigung ebenso wie für negative Emotionen wie Ärger, Kummer oder Angst. So sehr ein Kind vollständig in der Freude über eine neue Entdeckung aufgehen kann, so sehr läßt es sich durch Unbekanntes ängstigen, so daß die Eltern eingreifen müssen, um dem Kind die intensive Angst zu nehmen und es zu beruhigen. Ein charakteristisches Merkmal von Emotionen fällt bei Kindern besonders auf: Emotionen werden als Widerfahrnisse erlebt, die einem unvorhergesehen zustoßen, die die ganze Person erfassen, die nach Ausdruck drängen und die sich einer direkten, willentlichen Kontrolle entziehen.

Emotionsentwicklung auf den ersten Blick. Nicht nur Kinder, auch Erwachsene erleben zuweilen so heftige Emotionen, wie sie eben beschrieben worden sind. Auch sie sind zuweilen hingerissen vor Freude, geraten außer sich vor Wut oder werden von panischer Angst gepackt. Allerdings besteht ein deutlicher Unterschied: In der Regel treten diese Emotionen bei Erwachsenen nicht so häufig und intensiv wie bei Kindern auf. Diese alltägliche Erfahrung spiegelt sich auch in Tagebuchstudien an Erwachsenen und Kindern wider (Holodynski, 1997a, 1998): Erwachsene sollten an vier Tagen einer Woche jede Emotionsepisode protokollieren, und Eltern ein- bis sechsjähriger Kinder sollten jede Emotionsepisode ihrer Kinder protokollieren. Dabei ergab sich, daß Kinder durchschnittlich 42 Gefühle pro Tag [SD = 27] und Erwachsene nur 19 Gefühle pro Tag [SD = 12] erlebten und Kinder eine durchschnittliche Ausdrucksintensität von M = 5.6 [SD = 1.8 bei einer Skala von 0 bis 9] und Erwachsene von M = 3.7 [SD = 2.3] zeigten.

Diese quantitative Abnahme der Emotionen in Häufigkeit und Intensität könnte man dahingehend interpretieren, daß Emotionen mit zunehmendem Alter an Bedeutung verlieren. Im Widerspruch dazu steht aber die Beobachtung, daß Erwachsene und ältere Kinder Emotionen erleben, die Säuglinge und Kleinkinder noch nicht kennen, wie z.B. Mitgefühl, Schuldgefühl, Stolz, Dankbarkeit und eine Reihe weiterer Emotionen. Demzufolge wächst mit zunehmendem Alter der Umfang an Emotionen bei gleichzeitiger Abnahme ihrer Häufigkeit und Intensität (vgl. auch Malatesta, 1981). Wie läßt sich dieser scheinbare Widerspruch erklären? Was ist seine Ursache?

Emotionsentwicklung auf den zweiten Blick. Bei näherer Betrachtung fällt auf, daß Erwachsene u.a. deshalb weniger und schwächere Emotionen erleben, weil sie einiges an Vorsorge und Planung aufwenden, um von intensiven negativen Gefühlszuständen möglichst wenig überwältigt zu werden. Sie versuchen, ihr Handeln an willentlich gesetzten Zielen auszurichten und stützen sich dabei auf ihr (bewußtes) Wissen und Können, um z.B. absehbare Mißerfolge zu vermeiden und statt dessen erfolgversprechende Wege zum Ziel einzuschlagen. Diese zunehmende Handlungsplanung hat allerdings auf der anderen Seite auch weniger und schwächere positive Emotionen zur Folge: Da die Erfolge vorhersehbar geplant werden, lösen sie nicht so intensive positive Emotionen aus wie unerwartete

Erfolge. Was sich demnach im Verlauf der Ontogenese grundlegend ändert, ist die Art und Weise, wie Emotionen in die alltägliche Handlungsregulation eingebunden sind. Kleinkinder lassen sich in ihrem Handeln noch ausschließlich von Emotionen leiten. Das Wechselbad der Gefühle von „himmelhoch jauchzend" bis „zu Tode betrübt" trifft vor allem für Kinder zu. Mit zunehmendem Alter verstehen es Kinder dann immer besser, sich nicht mehr nur ihren Emotionen hinzugeben, sondern diese auch zu kontrollieren. Dies zeigt sich z.B. in der Fähigkeit, die eigene Ungeduld angesichts eines dringenden Wunsches aus Rücksicht auf jemand anderen im Zaum halten zu können oder etwas für die Erreichung eines angestrebten Ziels zu tun, auch wenn die Handlung an sich langweilig ist. Der Blickwinkel ist nicht mehr auf einzelne Emotionen gerichtet, sondern auf deren aktive Regulation.

Das Buch von Goleman (1997) über „Emotionale Intelligenz" hat das Thema der Emotionsregulation in die öffentliche Debatte gebracht und eine engagierte Diskussion ausgelöst. Goleman ist der Frage nachgegangen, was eigentlich den *Lebenserfolg* eines Menschen ausmacht, nämlich zufrieden mit sich und seinem Lebensweg zu sein, von seinen Mitmenschen akzeptiert und geachtet zu werden, Freunde zu haben und beruflich erfolgreich zu sein. Ein wesentliches Fazit aus seinen Recherchen ist, daß es dazu nicht so sehr einer ausgeprägten *kognitiven* Intelligenz bedarf, wie in den 60er und 70er Jahren angenommen wurde. Vielmehr sei dazu eine ausgeprägte *emotionale* Intelligenz notwendig, die im wesentlichen in einem intelligenten Umgang mit Emotionen, den eigenen wie denen der Mitmenschen, besteht und diese Fähigkeit kann man erlernen. Wesentlich ist demnach nicht nur, sich von seinen Emotionen lenken zu lassen, sondern auch umgekehrt seine Emotionen lenken zu können – und die Weisheit zu erreichen, beides nach Maßgabe der eigenen Motive und situativen Umstände in Einklang bringen zu können.

Bei der Emotionsentwicklung auf den zweiten Blick stellen sich demnach neue Fragen: Was ist ein intelligenter Umgang mit Emotionen? Welche Funktion hat eigentlich eine Emotion für das menschliche Handeln? Im Unterschied zur Emotionsentwicklung auf den ersten Blick geht es hierbei nicht ausschließlich um einzelne Emotionen, sondern um die Art und Weise, wie Emotionen in das individuelle Handeln eingebunden sind und wie sich diese Einbindung im Laufe der Ontogenese qualitativ entwickelt.

Emotionsentwicklung auf den dritten Blick. Die Perspektive, daß Emotionen nicht nur passive Widerfahrnisse sind, sondern der Umgang mit Emotionen und ihre Funktion für das Handeln erlernt wird, führt zur weiteren Frage, inwieweit ein Kind emotionale Kompetenzen aus sich heraus nach einem biologischen Zeitplan oder interaktiv nach einem kulturellen Zeitplan entwickelt. War die Emotionsentwicklung auf den zweiten Blick noch auf die Analyse des *Individuums* und der individuellen Handlungsregulation gerichtet, so wird nun der Blickwinkel noch einmal erweitert und der *kulturelle Kontext*, in dem sich die individuelle Emotionsentwicklung vollzieht, in die Analyse einbezogen.

Diese Ausweitung ist notwendig, da sich die Frage, welche emotionalen Kompetenzen ein Kind erwerben soll – wie alle Erziehungsfragen – nicht a priori, sondern immer nur bezogen auf den kulturellen Kontext, genauer gesagt, auf die Anforderungen, die eine Gesellschaft an ihre Mitglieder stellt, beantworten läßt. Wenn z.B. in einer Gesellschaft der Ausdruck von Ärger als Zeichen für Unreife, in einer anderen Gesellschaft als Zeichen für Reife angesehen wird, dann werden die jeweiligen Sozialisationsagenten sehr unterschiedliche Erziehungsmaßnahmen im Umgang mit kindlichem Ärger einsetzen. Es ist zu erwarten, daß diese Maßnahmen kulturspezifische Merkmale im kindlichen Emotionsausdruck und in der Emotionskontrolle erzeugen werden. Unter diesem dritten Blickwinkel rückt die

Frage in den Mittelpunkt, worin diese Kulturspezifik besteht und welche Entwicklungsmechanismen es ermöglichen, der emotionalen Entwicklung eines Kindes eine kulturspezifische Prägung zu geben.

Die drei skizzierten Problemstellungen lassen die Breite und Vielschichtigkeit der emotionalen Entwicklung und ihrer Erforschung erahnen. In deutschsprachigen Überblicksarbeiten zu diesem Thema findet sich bislang nur ein begrenzter thematischer Ausschnitt. Er umfaßt vornehmlich die Entwicklung selbstbewertender Emotionen (Stolz, Scham, Schuld), die Entwicklung des Emotionswissens, die Entwicklung der Ausdruckskontrolle und einen Überblick zu Theorien emotionaler Entwicklung (vgl. Geppert & Heckhausen, 1990; Ulich & Mayring, 1992; Harris, 1992; Ulich, 1994; Schmidt-Atzert, 1996). Zumeist sind diese Überblicke Teil allgemeinpsychologischer Abhandlungen zur Emotionsforschung mit Ausnahme von Kapfhammer (1994), der eine psychoanalytische Theorie der Emotionsentwicklung vorgelegt hat, und Harris (1992), der die Thematik aus der Perspektive der *theory of mind* behandelt. Ganz anders hingegen stellt sich die Situation im englischsprachigen Raum dar: Hier gibt es einen wahren Forschungsboom zur emotionalen Entwicklung und dementsprechend eine Vielzahl an Überblickswerken (Lewis & Saarni, 1985; Saarni & Harris, 1989; Thompson, 1990; Garber & Dodge, 1991; Thompson, 1994; Hyson, 1994; Magai & McFadden, 1995; Sroufe, 1996; Salovey & Sluyter, 1997; Saarni, 1999). Aufgabe des Buches soll es daher sein, für den deutschsprachigen Raum einen umfassenderen Überblick über die aktuelle Forschungslandschaft zur emotionalen Entwicklung zu geben. Die drei eingangs skizzierten Problemstellungen sollen dabei helfen, das Wissen problemorientiert zu strukturieren.

Zu berücksichtigen ist dabei, daß die Antworten auf die Problemstellungen je nach Theorie unterschiedlich ausfallen, und daß je nach metatheoretischem Hintergrund einer Theorie bestimmte Fragen gar nicht beantwortet werden. Die Theorien unterscheiden sich hinsichtlich ihrer Prämissen über die „Natur" der Emotionen und die zu untersuchenden Gegenstandsaspekte. Diese Prämissen erfüllen eine heuristische Aufgabe. Sie stellen bestimmte Aspekte des zu analysierenden Gegenstands in den Vordergrund, lassen andere hingegen unberücksichtigt. Dadurch beeinflussen sie die Auswahl der zu erforschenden Problemstellungen und der damit verbundenen empirischen Erhebungsstrategien. Die Kenntnis dieser metatheoretischen Prämissen ist angesichts der Fülle an empirischen Studien für eine angemessene Einordnung und Beurteilung der Forschungsbefunde notwendig. Die Forschung zur emotionalen Entwicklung läßt sich auf diesem Hintergrund drei übergreifenden Forschungsparadigmen zuordnen: einem strukturalistischen Emotionsparadigma, einem funktionalistischen und einem kontextualistischen (bzw. kokonstruktivistischen) Emotionsparadigma.

Die einzelnen Emotionstheorien gehen zwar nicht vollständig in diesen metatheoretischen Zuordnungen auf, aber sie passen recht gut zu den eingangs erwähnten Problemstellungen. So ist der erste Problemkomplex, die Entwicklung einzelner Emotionen, vorrangig im Rahmen eines strukturalistischen (Ekman, 1988) und in letzter Zeit auch im Rahmen eines funktionalistischen Paradigmas (Lazarus, 1991) analysiert worden. Der zweite Problemkomplex, die Entwicklung der Emotionsregulation, wurde vorrangig im Rahmen eines funktionalistischen Paradigmas untersucht (Frijda, 1986; Lazarus, 1991; Scherer, 1990) und der dritte Problemkomplex, die Bedeutung des kulturellen und sozialen Kontextes für die Emotionsentwicklung, unter einem kontextualistischen bzw. kokonstruktivistischen Paradigma (Harré, 1986; Ulich, 1989, 1994; Averill & Nunley, 1993). Die drei angeführten Emotionsparadigmen sollen im folgenden näher vorgestellt werden.

2. Das strukturalistische Emotionsparadigma: Emotion als spezifischer psychischer Zustand

Die strukturalistische Perspektive, Emotionen zu analysieren, ist diejenige, die dem Alltagsverständnis am nächsten kommt. Alle Wissenschaft beginnt mit der Beschreibung und Klassifikation ihres Gegenstands und der Suche nach objektiven und stabilen Strukturen. In der Emotionspsychologie war dies die Suche nach eindeutigen und objektiven Indikatoren, mit denen sich emotionale Phänomene von anderen psychischen Phänomenen abgrenzen und in einzelne diskrete Emotionen, wie z.B. Freude, Stolz, Ärger etc., klassifizieren ließen. Averill und Nunley (1993) haben dieses metatheoretische Emotionsverständnis auch als essentialistisch bezeichnet, da es darauf abzielt, die objektive Form, d.h. die meßbare Essenz eines Gegenstands, zu bestimmen.

Eine Emotion wird als ein spezifischer psychischer Zustand definiert, der sich aus unterschiedlichen Emotionsformen zusammensetzt.

> *Eine Emotion ist ein qualitativ näher beschreibbarer Zustand, der mit Veränderungen auf einer oder mehreren der folgenden Ebenen einhergeht: Gefühl, körperlicher Zustand und Ausdruck.* (Schmidt-Atzert, 1996, S. 21)

Die Definition fokussiert auf den *Form*aspekt – im Unterschied zum *Funktions*aspekt: Eine Emotion wird als spezifische Konfiguration von Formen (bzw. von Strukturen) definiert, die man als Anzeichen für das Vorhandensein einer Emotion heranzieht (s. Abb. 1). In dieser Definition werden drei Klassen solcher Formen aufgezählt. Lazarus (1991, p. 43f.) hat noch eine vierte Klasse hinzugefügt:

1. *Gefühl:* Diese Form umfaßt das subjektive Erleben und wird über Selbstberichte von Personen zugänglich, z.B. Aussagen wie „ich fühle mich fröhlich" als subjektives Anzeichen für Freude.
2. *Körperzustand:* Diese Form beinhaltet (peripher-) physiologische Reaktionen und wird über Blutdruck, Hautwiderstand etc. erfaßt. So gilt z.B. eine erhöhte Durchblutung der peripheren Muskelgruppen als körperbezogenes Anzeichen von Freude.
3. *Ausdruck:* Diese Form beinhaltet expressive oder instrumentelle, beobachtbare Verhaltensweisen. So wird z.B. ein Lächeln oder ein Luftsprung jeweils als ausdrucksbezogenes Anzeichen für Freude bewertet.
4. *Situative Kontexte und Ereignisse als Emotionsanlaß:* Diese Form umfaßt das Wissen, welche emotionalen Reaktionen in welchen Kontexten mit sehr hoher Wahrscheinlichkeit auftreten. So nimmt man z.B. an, daß das Ereignis „Geburt eines Kindes" bei den Eltern Freude auslöst.

Emotionen über die objektivierbare Form und Struktur zu definieren ist eng mit der Etablierung einer naturwissenschaftlich ausgerichteten Emotionspsychologie verknüpft (vgl. Goller, 1992; Averill & Nunley, 1993; Izard, 1981; Campos et al., 1989; Meyer, Schützwohl & Reisenzein 1993, 1997). Betrachtet man andere strukturalistische Emotionsdefinitionen, wird man feststellen, daß sie sich nur in der Anzahl und Art der herangezogenen Komponenten, die sie als charakteristisch für eine Emotion ansehen, unterscheiden, nicht aber in der generellen Sichtweise, eine Emotion als eine spezifische Konfiguration von Formen und Strukturen zu definieren.

Abbildung 1. Emotion in der Sichtweise des strukturalistischen Paradigmas

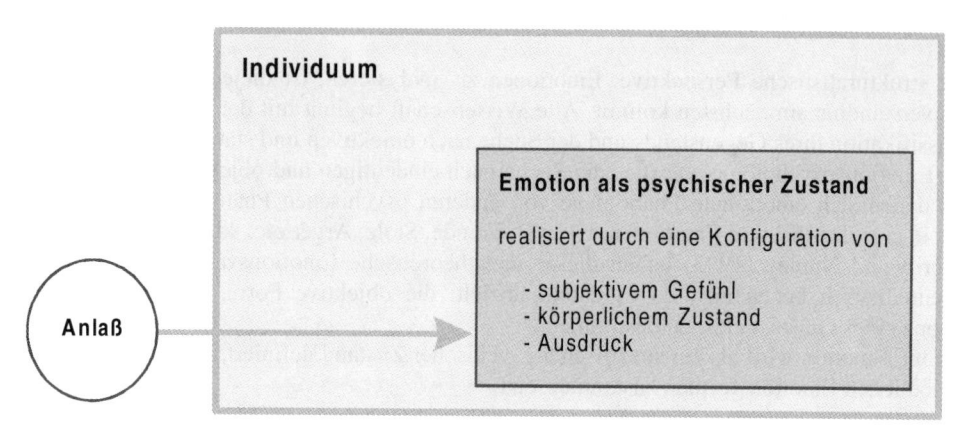

```
┌─────────────────────────────────────────────┐
│ Individuum                                  │
│                                             │
│              ┌────────────────────────────┐ │
│              │ Emotion als psychischer    │ │
│              │ Zustand                    │ │
│              │ realisiert durch eine      │ │
│              │ Konfiguration von          │ │
│   ╭─────╮    │   - subjektivem Gefühl     │ │
│   │Anlaß│──▶ │   - körperlichem Zustand   │ │
│   ╰─────╯    │   - Ausdruck               │ │
│              └────────────────────────────┘ │
└─────────────────────────────────────────────┘
```

Der Forschungsschwerpunkt im strukturalistischen Emotionsparadigma besteht hauptsächlich darin, notwendige und hinreichende Anzeichen zu identifizieren, anhand derer man zweifelsfrei bestimmen kann, ob ein vorliegender psychischer Zustand als Emotion klassifiziert werden kann und um welche diskrete Emotion es sich handelt.

2.1 Ergebnisse strukturalistisch orientierter Forschung

Das Bemühen, eindeutige und objektive Anzeichen für jede diskrete Emotion zu finden, mündete u.a. in der Suche nach universalen Basisemotionen, die jedem Menschen angeboren sind und die eine klar definierte Struktur aufweisen. In den einzelnen Emotionstheorien wurden eine Vielzahl unterschiedlicher Anzeichen herangezogen (vgl. Meyer et al., 1993, 1997): So wurden vegetative Merkmale benannt wie in der James-Lange-Theorie, eine Kombination von vegetativen und kognitiven Merkmalen (Schachter & Singer, 1962), mimische Merkmale wie in den Theorien von Tomkins (1982), Izard (1981) und Ekman (1988) und mit den Fortschritten der Hirnphysiologie auch zunehmend modulartige zentralnervöse Strukturen (Panksepp, 1991).

Trotz intensiver Suche nach eindeutigen Anzeichen für die einzelnen Emotionen ließen sich bislang keine empirischen Anzeichen finden, die entweder *notwendig* vorliegen müssen oder die für sich genommen *hinreichend* sind, um eine diskrete Emotion zweifelsfrei zu diagnostizieren (Russell, 1994; Camras, 1992; Ortony & Turner, 1990). Zwar gibt es prototypische Konfigurationen von Anzeichen, die sich überzufällig bestimmten Emotionen zuordnen lassen, aber diese Konfigurationen treten im Alltag von Erwachsenen und auch von Kindern nicht so häufig auf (Demos, 1982; Fridlund, 1994). Statt dessen kann man beobachten, daß Personen Gefühle erleben, ohne daß zugleich die prototypischen Anzeichen im Ausdruck oder im Körperzustand auftreten. Und nicht immer, wenn Ausdrucks- oder peripherphysiologische Anzeichen auftreten, erleben die Personen das dazugehörige subjektive Gefühl. Ein Lächeln kann als ein Mittel zur Täuschung des anderen benutzt werden; der Selbstbericht, Freude zu erleben, ein Mittel der Anteilnahme sein, ohne daß man sich tatsächlich freut; und die Geburt eines Kindes kann Eltern verzweifelt machen, wenn sie glauben, daß sie der neuen Aufgabe nicht gewachsen sind.

2.2 Entwicklung von Emotionen

Der Versuch, für jede der Basisemotionen eindeutige Anzeichen anzugeben, erleichtert ihre Erfassung. Wenn die definierten Anzeichen beobachtet werden können, ist auch die entsprechende Emotion aktualisiert. Es gibt keine Entwicklung von einem Ausgangspunkt zu höheren Entwicklungsniveaus. So behauptet z.B. Ekman (1988), daß sich im Laufe der Entwicklung zwar die Anlässe, der Ausdruck und die der Emotion folgenden Handlungen verändern können, nicht aber die Emotion selbst, da sie als ein genetisch festgelegtes Programm angesehen wird. Daher ist es auch nicht verwunderlich, daß ein Hauptanliegen dieser Forschungsrichtung in der Feststellung bestand, zu welchem Alterszeitpunkt welche Basisemotion zum ersten Mal auftreten (z.B. Bridges, 1932; Izard, 1978). Emotionale *Entwicklung* wurde im wesentlichen als eine Veränderung quantitativer Parameter wie Häufigkeit, Dauer und Intensität der Basisemotionen konzeptualisiert.

Emotionen, die nicht zu den Basisemotionen gezählt werden, wie z.B. Stolz, Mitgefühl oder Neid, werden in diesen Theorien gar nicht oder nur unzureichend konzeptualisiert. Sie sollen lediglich spezifische Mischungen der universalen Emotionen, aber keine genuin neuen Emotionen sein (Plutchik, 1991; Schlosberg, 1954). So wie die ganze Palette an Farbtönen aus Mischungen von nur drei Grundfarben erzeugt werden können, so stellt man sich die phänomenale Vielfalt menschlicher Emotionen in analoger Weise vor: als Mischungen der Basisemotionen. Aus diesen Annahmen folgte, daß Sozialisation und Erziehung nur einen Einfluß auf die Anlässe und den Ausdruck von Emotionen haben: Kinder müssen lernen, ihren Ausdruck kulturell vorgegebenen Ausdrucksregeln (*display rules*) anzupassen. Diese Regeln schreiben vor, welchen Ausdruck man in welcher Situation wem gegenüber zeigen sollte. So sollte man z.B. bei einer Beerdigung Anteilnahme zeigen, unabhängig vom tatsächlichen Gefühl (s. auch Josephs, i. d. Bd.). Diese Regeln umfassen das Negieren, Maskieren, Neutralisieren und Verstärken von Emotionen auf der Ausdrucksebene. Mit Hilfe der Ausdrucksregeln versucht man demnach Abweichungen von den prototypischen Ausdrucksanzeichen zu erklären.

2.3 Schlußfolgerungen

Nach der empirischen Befundlage kann man augenscheinlich keine notwendigen und hinreichenden Anzeichen für die einzelnen Emotionen angeben und damit diskrete Emotionen nicht eindeutig und valide identifizieren. Die augenscheinliche phänomenale Vielfalt an Emotionsformen könnte man daher auch noch anders erklären: Die Form und Struktur der einzelnen Emotionen könnte sich mit dem Alter *qualitativ* wandeln mit dem Ergebnis, daß Erwachsene – unabhängig von der Wirkung von Ausdrucksregeln – ideosynkratische Ausdrucksformen und eine Vielzahl *neuer* Emotionen entwickeln.

Der Versuch, einer diskreten Emotion eine eindeutige Emotionsform zuzuweisen, greift möglicherweise zu kurz. Jede diskrete Emotion kann in sehr verschiedenen Formen auftreten. Es gibt offensichtlich für eine Emotion eine große Vielfalt und Variabilität an Emotionsformen. Und statt nur von einer begrenzten Anzahl an Basisemotionen auszugehen, dürfte es eher eine große Vielfalt an Emotionen geben, die erst im Laufe der Entwicklung entstehen (vgl. Ulich, Kienbaum & Volland; Josephs; Oerter; Hofmann & Pekrun, i. d. Bd.). Das Spektrum an Emotionen ist bei Säuglingen noch sehr schmal, wächst aber mit zunehmendem Alter (vgl. Spangler, i. d. Bd.) und nimmt deutliche kulturbedingte Spezifika an (vgl. Kojima; Trommsdorff & Friedlmeier; Ratner, i. d. Bd.).

Averill und Nunley (1993) haben zur Illustration dieser Aussage die oben angeführte Farbanalogie aufgegriffen: Danach sind menschliche Emotionen nicht wie Farbtöne, die sich aus Grundfarben beliebig mischen lassen, sondern eher wie Gemälde, die jedes für sich eine besondere Bedeutung transportieren. Zwar stellt letztlich jedes Bild eine komplexe Mischung aus Grundfarben dar, aber Gemälde darauf zu reduzieren, würde ihren besonderen Aussagegehalt völlig verfehlen.

Die Forschungen im Rahmen des strukturalistischen Paradigmas haben in ein Dilemma geführt: Wenn man einerseits an dem Grundsatz festhält, daß sich eine Emotion am sinnvollsten über eine Konfiguration von notwendigen und hinreichenden Emotionsformen beschreiben läßt, dann muß man eine radikale Reduktion der Ereignisse in Kauf nehmen, bei denen man von einer Emotion sprechen kann. Die Aussage einer Person, eine Emotion zu erleben, ohne daß zugleich andere Anzeichen diagnostiziert werden können, wäre als ausschließliches Anzeichen unzureichend. Es blieben dann nur die Episoden mit prototypischen Emotionsformen übrig. Wenn man andererseits als Konsequenz der empirisch nachweisbaren Vielfalt und Variabilität der Emotionsformen den Grundsatz nach notwendigen und hinreichenden Anzeichen aufgibt, dann hat man kein eindeutiges universales Abgrenzungskriterium mehr, um zwischen einzelnen Emotionen zu unterscheiden. Dies würde aber einer beliebigen Interpretation Tür und Tor öffnen. Die eingangs zitierte Emotionsdefinition von Schmidt-Atzert (1996) spiegelt diese Beliebigkeit wider.

Ein möglicher Ausweg aus diesem Dilemma besteht darin, ein anderes Definitonskriterium für eine Emotion zu wählen. Was aber kann als eindeutiges Kriterium für eine Emotion dienen, wenn nicht eine Konfiguration von Emotionsformen?

3. Das funktionalistische Emotionsparadigma: Emotion als spezifische psychische Funktion

Die Schwierigkeiten innerhalb des strukturalistischen Emotionsparadigmas haben zu einem Wechsel im Emotionsverständnis geführt. Herrschten lange Zeit strukturalistische Emotionsdefinitionen vor, so läßt sich in den 80er Jahren ein Wandel der Emotionsdefinitionen feststellen (s. Campos, Campos & Barrett, 1989). Die Analyse von Emotionen als spezifische psychische Zustände wird um eine *funktionale* Analyse erweitert. Zwar gab es schon in den 60er und 70er Jahren funktionalistisch orientierte Emotionstheorien (z.B. Arnold, 1960; Lazarus, 1966; Leontjew, 1982, Original erschienen 1975), aber die Trendwende erfolgte erst in den 80er Jahren. Vor allem das Buch „*The emotions*" von Frijda (1986) markiert diese Wende. Er definiert Emotion als eine Änderung der Handlungsbereitschaft, die auf eine Transformation der Person-Umwelt-Beziehung gerichtet ist. Sie dient dazu, die Befriedigung der individuellen Motive und Anliegen sicherzustellen und zu überwachen.

> *Emotion is seen as the output of a provision, a system, for ensuring concern satisfaction and for monitoring ongoing events for that purpose. (...) Emotions, in this perspective, are defined as changes in action readiness.* (p. 465f.)

Freude z.B. verändert die Handlungsbereitschaft dahingehend, den aktuellen angenehmen Zustand andauern zu lassen. Anstatt eine diskrete Emotion über eine Konfiguration von Emotionsformen zu definieren, wird im funktionalistischen Paradigma eine Emotion über die Funktion, die sie im System der individuellen Handlungsregulation einnimmt, definiert (vgl. Lazarus, 1991, p. 39). Alle Emotionsformen, die die gleiche Funktion erfüllen, gehören zur gleichen diskreten Emotion. Die Aufgabe ist daher, die Funktion zu bestimmen, die eine Emotion im System der individuellen Handlungsregulation einnimmt.

3.1 Ergebnisse funktionalistisch orientierter Forschung

Um die Funktion von Emotionen zu verstehen, ist es notwendig, das übergeordnete System, in das Emotionen eingebunden sind, näher zu betrachten. Dies ist die Handlungsregulation des Individuums. Drei Systemkomponenten sind für die Wirkungsweise von Emotionen bedeutsam, und zwar (1) die vorauslaufenden Bewertungsprozesse (*appraisals*), (2) die eigentlichen emotionalen Handlungsbereitschaften (*action readiness*) und (3) die nachfolgenden Bewältigungshandlungen (*coping*) (vgl. Abb. 2).

Abbildung 2. Emotion in der Sichtweise des funktionalistischen Paradigmas

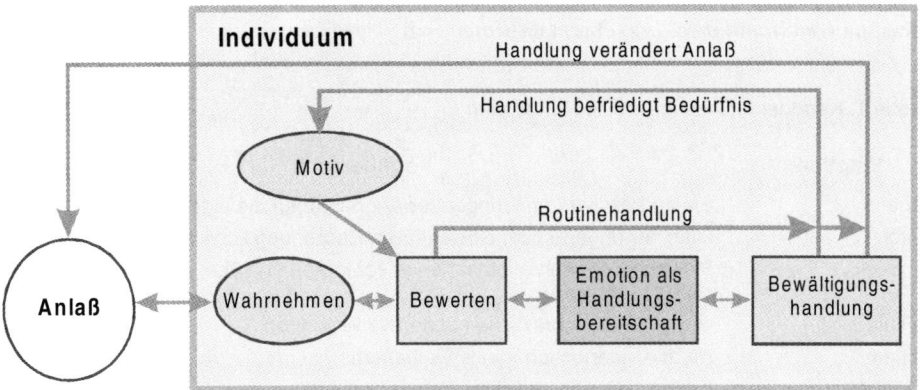

Bewertungsprozesse (appraisals). Der Mensch wird als ein Wesen angesehen, das eine Reihe verschiedener Motive hat, die es im Kontakt mit seiner Umwelt zu befriedigen trachtet, sei es, daß es seine Nahrungsmittel herstellt und zu sich nimmt oder den Kontakt zu Bezugspersonen zur Befriedigung seines Bindungsmotivs sucht. Die auf das Individuum einströmenden Umweltreize in Form von Ereignissen, Personen, Gegenständen und ihre wahrgenommenen Konsequenzen werden fortlaufend daraufhin bewertet, inwiefern sie für die Befriedigung der Motive förderlich oder abträglich sind (Frijda, 1986, p. 67). Diese vorauslaufenden Bewertungsprozesse lösen die „eigentliche" Emotion aus, wenn die Ereignisse eine Motivrelevanz für das Individuum besitzen. Wie dieser Bewertungsprozeß im einzelnen aufgebaut ist, wird von Theorie zu Theorie etwas unterschiedlich konzeptualisiert (Lazarus, 1991; Frijda, 1986; Scherer, 1993; Leventhal & Scherer, 1987; Roseman, 1991; Ortony, Clore & Collins, 1988; vgl. auch Scherer, 1988a). Konsens besteht jedoch darüber, daß die Spezifik der Bewertungsprozesse die Qualität einer Emotion bestimmt (s. Tab. 1).

Handlungsbereitschaft (action readiness). Die durch die Bewertung ausgelöste Handlungsbereitschaft kann man als intrapsychischen Zustand beschreiben, der aber unter funktionalen Gesichtspunkten eine gerichtete Aktion beinhaltet, die die Beziehung zur Umwelt verändern soll. Emotionen sind erlebte Handlungsbereitschaften mit dem Drang, die Person-Umwelt-Beziehung in einer der aktuellen Motivlage dienenden Weise zu verändern (Lazarus, 1991). Frijda (1986) benutzt statt dessen den Begriff „*action readiness*" und sagt, daß sich eine bestimmte Emotionsqualität durch ihre spezifische Form der *action readiness* auszeichnet (vgl. auch Malatesta & Wilson, 1988).

Mit dem Übergang zu einer funktionalistischen Analyse verändern sich auch die Kriterien, die eine Emotion auszeichnen. Im strukturalistischen Paradigma wird als charakteristisches Merkmal auf den subjektiven *Zustand* fokussiert, der aufgrund der Unwillkürlichkeit und Unvorhersehbarkeit einer Emotion als *passive Widerfahrnis* betrachtet wird. Im funktionalistischen Paradigma wird demgegenüber die *aktive Wirkung* hervorgehoben, die eine Emotion auf die nachfolgenden Handlungen der Person (oder die anderer Personen) ausübt.

Die Qualität der Emotion ist dabei abhängig von der Art der Bewertung, die zu einer spezifischen Beziehungsbedeutung führt und eine dieser Beziehungsbedeutung entsprechende Handlungsbereitschaft auslöst. Welche Emotion ausgelöst wird, ist demnach abhängig von der Bedeutung, die das Individuum dem Ereignis in bezug auf die eigene Motivbefriedigung zuweist. Nach Lazarus (1991) läßt sich jede Emotion durch ihre Beziehungsbedeutung *(relational meaning)* charakterisieren (vgl. Tab.1).

Tabelle 1. Kernthematik ausgewählter Emotionen

Emotion	Kernthematik
Ärger	Ein aggressiver, erniedrigender Angriff gegen die eigene Person.
Furcht	Mit einer ungewissen, existentiellen Bedrohung konfrontiert sein.
Schreck	Plötzliche Konfrontation mit einer konkreten und überwältigenden physischen Gefahr.
Schuld	Gegen einen moralischen Imperativ verstoßen.
Scham	An den eigenen Ich-Idealen scheitern.
Traurigkeit	Erfahrung eines unwiderruflichen Verlustes.
Neid	Etwas wollen, was eine andere Person besitzt.
Eifersucht	Der geliebten Person den realen oder drohenden Verlust ihrer Zuneigung aufgrund eines Widersachers übelnehmen.
Ekel	Einen unverdaulichen Gegenstand verinnerlichen oder ihm zu nahe sein (auch auf Personen bezogen).
Freude	Einen sinnvollen Fortschritt in Richtung Zielerreichung machen.
Stolz	Steigerung des Selbstwertgefühls durch die Anerkennung einer erbrachten Leistung oder eines wertvollen Objekts – sowohl eine Eigen- als auch eine Gruppenleistung.
Erleichterung	Eine bedrückende Inkongruenz zwischen Wunsch und Wirklichkeit entwickelt sich positiv oder hebt sich auf.
Hoffnung	Das Schlimmste erwarten, sich jedoch nach dem Besseren sehnen.
Liebe	Zuneigung zu jemandem verspüren oder nach dieser verlangen. Normalerweise, aber nicht notwendigerweise, beruht diese auf Gegenseitigkeit.
Mitgefühl	Vom Leiden eines anderen berührt sein mit dem Wunsch, Hilfe zu leisten.

Nach Lazarus (1991, p. 122, Übers. d. A.)

Bewältigungshandlung (coping). Die Handlungsbereitschaft führt zur Auswahl von geeigneten Bewältigungshandlungen, die die Motivbefriedigung unter den gegebenen Kontextbedingungen sicherstellen sollen. Beim Menschen bestehen diese Bewältigungshandlungen aus zielgerichteten Handlungen, die er willkürlich wählen kann. Sie werden im Laufe der Ontogenese gelernt und bilden Systeme flexibel kombinierbarer Handlungen. Die Analyse von Aufbau, Ausführung und Kontrolle solcher Handlungen ist Gegenstand von Handlungstheorien (vgl. Lenk, 1981, 1984 für einen Überblick; Six & Höcke-Pörzgen, 1983; Volpert, 1983).

Unter einer linearkausalen Betrachtung sind die vorauslaufenden Bewertungsprozesse und auch die nachfolgenden Bewältigungshandlungen nicht Teil der Emotion, sondern nur ihre Auslöser und ihre Handlungskonsequenzen. Allerdings sind diese Prozesse so eng miteinander verbunden, daß eine Unterscheidung in Antezedenz, Essenz und Konsequenz nahezu undurchführbar wird, wie Scherer (1990) betont. Aufgrund dieser Interdependenz ist es sinnvoll, diese Prozesse als Merkmale der Emotionsorganisation zu beschreiben (vgl. Lazarus, 1991, p. 39).

3.2 Entwicklung von Emotionen

Mit dem Wechsel zu einem funktionalistischen Paradigma erscheinen die Fragen zur Entwicklung der Emotionen und ihrer Formen in einem neuen Licht. In welchem Verhältnis stehen Form und Funktion von Emotionen beim menschlichen Handlungssystem? Läßt dieses Verhältnis nur eine geschlossene Reproduktion der Emotionsformen und -funktionen oder eine offene Reproduktion auf erweiterter Stufenleiter zu? Die Frage, ob es sich beim menschlichen Handlungssystem um ein geschlossenes oder ein offenes System in bezug auf die emotionsbezogenen Komponenten handelt, ist insbesondere für die Konzeptualisierung der Emotionsentwicklung wesentlich. Daher werden nachfolgend die Charakteristika eines geschlossenen und eines offenen Systems im Hinblick auf die Emotionen erläutert.

Was charakterisiert ein geschlossenes emotionsbezogenes Handlungssystem?

In einem geschlossenen System realisiert sich eine Funktion immer wieder in den gleichen Formen. Das Funktionieren des Systems reproduziert beständig die bestehende Systemstruktur. Dies ist offensichtlich bei den Emotionsformen und -funktionen von Säugetieren der Fall – vielleicht mit Ausnahme einiger Primatenarten. Nehmen wir als Beispiel das Emotionssystem eines Hundes. Jeder Hund zeigt deutlich unterscheidbare Ausdrucksanzeichen (z.B. Schwanzwedeln, Zähnefletschen), die sich relativ eindeutig klassifizierbaren Emotionsfunktionen (Appell sich anzunähern, Appell zurückzuweichen) zuordnen lassen und die spezifische Bewältigungsreaktionen (in Abhängigkeit von den Reaktionen des anderen Hundes: Spielen, Angreifen) auslösen. Dieser Ablauf in der Aktivierung der Emotionsfunktionen und ihrer Formen reproduziert sich fortwährend, ohne daß er zu qualitativen Neuerungen führt. Entwicklung läßt sich als in sich abgeschlossene Kreisbewegung verstehen. Auch die Tatsache, daß ein Hund im ständigen Kontakt mit Menschen, die viel differenziertere Emotionsformen und -funktionen zeigen, aufwächst und lebt, führt beim Hund nicht zu einer Veränderung seines Emotionssystems.

Was charakterisiert ein offenes emotionsbezogenes Handlungssystem?

Ein offenes System zeichnet sich dadurch aus, daß seine Reproduktion die Veränderung von Formen zuläßt, die wiederum neue Funktionsweisen ermöglichen. Ein offenes System reproduziert sich demnach auf erweiterten Stufenleitern. Die Entwicklung läßt sich als Spiralbewegung umschreiben.

Daß dies auch für Emotionen gilt, sei an einem Beispiel erläutert: Vorschulkinder spielen im Rollenspiel Vater, Mutter, Kind. Sie spielen dabei nicht nur die Handlungssequenzen nach, in denen z.B. die Mutter dem Kind Essen kocht oder es in die Schule schickt, sondern auch die dazugehörigen Emotionen, z.B daß das Kind traurig ist, weil es allein zu Hause bleiben muß. Um „traurig sein" spielen zu können, muß das Kind die Form des Traurigseins in seinem Ausdrucksverhalten nachahmen können, denn es ist ja im Spiel nicht wirklich traurig, so daß ihm der spontane Traurerausdruck nicht zur Verfügung steht. Es ahmt daher die charakteristischen Ausdrucksmerkmale des Traurigseins nach und bildet damit eine neue Ausdrucksform heraus: der gestellte Ausdruck von Trauer ohne Erleben. Diese neue Ausdrucksform kann aber potentiell nicht nur die Funktion erfüllen, im Rollenspiel ein trauriges Kind darzustellen, sie kann auch dazu genutzt werden, andere zu täuschen und bei ihnen Mitgefühl auszulösen. Auf diese Weise kann man von anderen Hilfe bekommen, die sie sonst nicht geben würden, wenn man sie z.B. anbettelt.

Dieser Funktionswechsel übt aber einen neuen Selektionsdruck auf die Ausdrucksform aus. Eine Täuschung ist dann um so erfolgreicher, je authentischer der Ausdruck simuliert werden kann. War es beim Rollenspiel nur wichtig, durch die Verwendung prototypischer stilisierter Ausdrucksformen die Intention mitzuteilen, daß man einen traurigen Jungen spielen möchte, so ist es bei der Täuschung wichtig, die Ausdruckselemente zu eliminieren, die auf den gespielten Charakter hindeuten können, und z.B. alle übertriebenen Ausdrucksformen durch authentisch wirkende zu ersetzen.

Das Beispiel zeigt, wie die Entwicklung der Emotionsformen die Entwicklung der Emotionsfunktionen ermöglicht und umgekehrt. Eine Funktionsentwicklung per se, ohne daß sie sich in bestimmten Emotionsformen bewährt hätte, ist nicht möglich. Das Kind muß Emotionsformen tatsächlich realisieren bzw. bei anderen realisiert sehen, um erkennen zu können, daß sie einer anderen Funktion dienen können. Da die Realisierungsmöglichkeiten individuell variieren, entstehen in den Emotionsformen und -funktionen im Laufe der Entwicklung individuelle Unterschiede. Bei einem offenen System kann man demnach nicht mehr *allgemein* beschreiben, wie die konkreten Einzelfälle, die individuellen Emotionsformen und -funktionen beschaffen sind. Der konkrete Einzelfall zeichnet sich gerade durch seine individuellen Besonderheiten aus, die sich als Produkt seiner offenen Entwicklungsgeschichte ergeben haben. Kann man bei einem geschlossenen System noch eine verallgemeinerte Klassifikation als Erklärungsmodell der Einzelfälle heranziehen, wie dies im Rahmen eines strukturalistischen Paradigmas versucht wird, so ist dies bei einem offenen System nicht möglich.

Was kann dann als ein Erklärungsmodell dienen? Um die erweiterte Reproduktion eines offenen Systems erklären zu können, ist es erforderlich, den *Entwicklungsprozeß des Systems* mit Hilfe eines Begriffssystems zu *rekonstruieren* und den *Entwicklungsmechanismus* aufzudecken, der seinen Verlauf bestimmt. Statt zu beschreiben, wie das Konkret-Einmalige im allgemeinen beschaffen ist, wird allgemein beschrieben, wie dieses Konkret-Einmalige hervorgebracht wird. Man müßte also ein Modell über Entwicklungsmechanismen entwerfen, das erklären kann, wie das Emotionssystem einer Person im Laufe der Entwicklung in seinen Formen und Funktionen individuelle Besonderheiten annimmt.

Emotionsentwicklung als offenes System

Gemäß der funktionalistischen Perspektive läßt sich aufgrund des offenen Systemcharakters der menschlichen Entwicklung annehmen, daß sich die Emotionsentwicklung nicht nur in quantitativen Veränderungen, sondern auch in sich qualitativ verändernden Strukturmerkmalen vollzieht. Die Analyse der Form (bzw. Struktur) und die Analyse der Funktion einer Emotion sind daher nicht sich ausschließende, sondern einander ergänzende Perspektiven (Holodynski, 1997a). Form und Funktion von Emotionen stehen in einem interdependenten Verhältnis. Zu einer umfassenden Emotionsanalyse sind beide Perspektiven zu berücksichtigen. Das Verhältnis von Funktion und Form muß selbst zum Gegenstand der Theoriebildung und der empirischen Forschung gemacht werden. Die Frage, ob und welche neuen Emotionen oder Emotionsformen in der Ontogenese auftauchen, hängt von der Funktionsweise des menschlichen Handlungssystems ab, in das die Emotionen funktional eingebunden sind. Diese Frage läßt sich somit nicht mehr a priori beantworten, sondern wird zu einer empirischen Frage.

Entwicklung der Emotionen und ihrer Formen. Der Erwachsene verfügt im Vergleich zu einem Säugling über eine Reihe von Emotionen, die letzterer augenscheinlich noch nicht hat. Nach der von Lazarus zusammengestellten Emotionsliste (s. Tab. 1) sind das die Emotionen Schuld, Scham, Neid, Eifersucht, Stolz, Erleichterung, Hoffnung und Mitgefühl. Diese Emotionen bilden sich erst im Laufe des Kleinkind- und Vorschulalters aus. Sroufe (1996) nimmt sogar an, daß auch andere Emotionen wie Ärger, Furcht, Traurigkeit, Freude und Liebe erst im ersten Lebensjahr aus zunächst ungerichteten, nur nach Valenz differenzierenden Emotionen entstehen. Als Begründung führt er an, daß sich die charakteristischen Reizbewertungen und Handlungsbereitschaften dieser Emotionen erst in diesem Altersabschnitt herausbilden (vgl. Holodynski, i. d. Bd.). Bei den Emotionsformen ist der Unterschied zwischen Erwachsenen und Säuglingen ebenfalls beträchtlich. Das Ausdrucksrepertoire des Erwachsenen übersteigt bei weitem das des Säuglings. Bei keiner anderen Spezies sind die Unterschiede zwischen erwachsenen und kindlichen Mitgliedern so groß wie beim Menschen. Dies ist ein erster Beleg für die Annahme einer qualitativen Veränderung der Emotionen und ihrer Formen in der Ontogenese.

Emotionsbezogene Bewältigungshandlungen und Emotionsregulation. Lazarus und Folkman (1984) haben eine grundlegende Unterscheidung der Bewältigungshandlungen vorgenommen, die für die Frage nach der erweiterten Reproduktion von zentraler Bedeutung ist: Eine Bewältigungshandlung kann auf den Kontext gerichtet sein und ihn in einer motivdienlichen Weise modifizieren. So kann z.B. der Ärger über eine unaufmerksame Bedienung im Restaurant dazu führen, sich darüber zu beschweren in der Hoffnung, daß sich die Bedienung bessert. Eine Bewältigungshandlung kann aber auch auf die eigene Emotion gerichtet sein und die Bewertungsprozesse modifizieren. Dann würde man z.B. seinen Ärger über die unaufmerksame Bedienung dahingehend umdeuten, daß die Bedienung sicherlich einen anstrengenden Tag hinter sich hat, worauf man Rücksicht nehmen sollte. Die Folge einer solchen Umdeutung wäre, daß der Ärger sich in Mitgefühl verwandelt und sich auf diese Weise die Qualität der Emotion verändert, ohne daß sich an den situativen Bedingungen etwas geändert hätte. Die erste Bewältigungsform nennen Lazarus und Folkman (1984) problembezogenes, letztere emotionsbezogenes Coping.

Die Beobachtung, daß die Bewältigungshandlung auch auf die Emotion selbst Einfluß nehmen kann, indem sie eine Modifizierung der Bewertungsprozesse einleitet, – Lazarus und Folkman (1984) sprechen von *reappraisals* – bedeutet, daß Emotionen nicht nur die Handlungen des Individuums regulieren, sondern auch umgekehrt Emotionen durch die Handlungen des Individuums reguliert werden. Diese Rückkopplungsmöglichkeit zwischen Bewältigungshandlung und Emotion zeigt den interdependenten Charakter von Emotionen und Handlungen. Campos, Barrett, Lamb, Goldsmith und Stenberg (1983) sprechen von Emotionsregulation, um diese Interdependenz zu bezeichnen.

Damit kann sich im Entwicklungsverlauf eine neue Qualität der Emotionsregulation entwickeln: Sie versetzt das Individuum in die Lage, nicht mehr nur seinen Emotionen und den damit verbundenen Handlungsbereitschaften ausgeliefert zu sein, sondern selbst aktiv Einfluß auf die Wirkung der eigenen Emotionen zu nehmen und sie hierarchisieren zu können, z.B. eine zielführende Handlung auch dann auszuführen, wenn sie für sich langweilig ist. Genau diese Fähigkeit, seine Emotionen nach Maßgabe des Kontextes und der eigenen Motive hierarchisieren zu können, unterscheidet kindliche von erwachsenen Reaktionen. Ein Grundschulkind mag die gleichen Emotionen haben wie als Vorschulkind, aber die Tatsache, daß es jetzt seine Emotionen hierarchisieren kann, macht es reifer und auch flexibler in seiner Handlungsregulation.

In der entwicklungspsychologischen Emotionsforschung ist dieser Aspekt unter dem Schlagwort „Entwicklung der Emotionsregulation" erst in jüngster Zeit zum Gegenstand intensiver Forschung geworden (vgl. Thompson, 1990, 1994; Garber & Dodge, 1991; Bridges & Grolnick, 1995). In der Wechselwirkung zwischen Emotion und Emotionsregulation liegt ein weiteres Argument für die Auffassung, daß sich in der emotionalen Entwicklung die Art und Weise, wie Emotionen in die komplexer werdende Handlungsorganisation eingebunden werden, qualitativ verändert (siehe Papoušek & Papoušek; Spangler; Friedlmeier; Zimmermann; Trommsdorff & Friedlmeier, i. d. Bd.).

Hierarchische emotionale Verarbeitungsebenen. Leventhal und Scherer (1987) weisen darauf hin, daß sich der Differenzierungsprozeß des Handlungssystems nicht nur in horizontaler Richtung vollzieht, indem sich unterschiedliche Emotionen und problem- und emotionsbezogenen Bewältigungshandlungen ausdifferenzieren. Er vollzieht sich auch in vertikaler Richtung, und zwar als Aufbau einer Hierarchie emotionaler Verarbeitungsebenen (s. Abb. 3).

Die Autoren gehen von einer basalen sensomotorischen Verarbeitungsebene aus, die angeboren ist. Eine schemabasierte Verarbeitungsebene, auf der die spezifische Beziehung von Reiz und Subjekt motivbezogen bewertet und adaptive Handlungsbereitschaften ausgelöst werden, baut sich erst sukzessive in der Ontogenese auf. Sie stellt eine hierarchisch übergeordnete Verarbeitungsebene dar (s. auch Ulich, Kienbaum & Volland, i. d. Bd.). Doch auch diese zweite Ebene allein ist noch nicht hinreichend, um den emotionalen Prozeß vollständig abzubilden. Auf der schemabasierten Ebene baut sich sukzessive eine weitere Verarbeitungsebene auf, die konzeptbasiert und sprachvermittelt ist. Sie umfaßt propositional organisierte Wissensstrukturen über Emotionen sowie Mechanismen und Prozeduren, wie man dieses Wissen intentional einsetzen kann, um seine Emotionen beeinflussen und regulieren zu können. Zu einer vollständigen Beschreibung des emotionalen Prozesses sind demnach die sensomotorische, die schemabasierte und die konzeptbasierte Verarbeitungsebene und ihre komplexen Wechselwirkungen zu berücksichtigen. Ihr jeweiliger Differenzierungsgrad ist ein sukzessives Produkt der Ontogenese (s. auch Janke, i. d. Bd.).

Das Wissen um emotionale Verarbeitungsmechanismen kann gezielt dazu genutzt werden, Emotionen nach Maßgabe bewußter Zielvorgaben zu beeinflussen und damit die Handlungsregulation zu optimieren. Diese Aspekte werden in der aktuellen Diskussion unter dem Stichwort „emotionale Intelligenz" thematisiert (s. Salovey & Mayer, i. d. Bd.). Daher ist der Erwerb dieses Emotionswissens eine wichtige Entwicklungsaufgabe. Allerdings besteht auch die Möglichkeit, daß dysfunktionale Regulationsmuster erworben werden, die zu einer Desorganisation der Handlungsregulation führen können. Darin liegt die Zweischneidigkeit der Entwicklung in einem offenen System. So ist auch eine erweiterte Reproduktion in pathologischer Richtung möglich.

Abbildung 3. Hierarchisch aufgebaute Verarbeitungsebenen der emotionsvermittelten Handlungsregulation

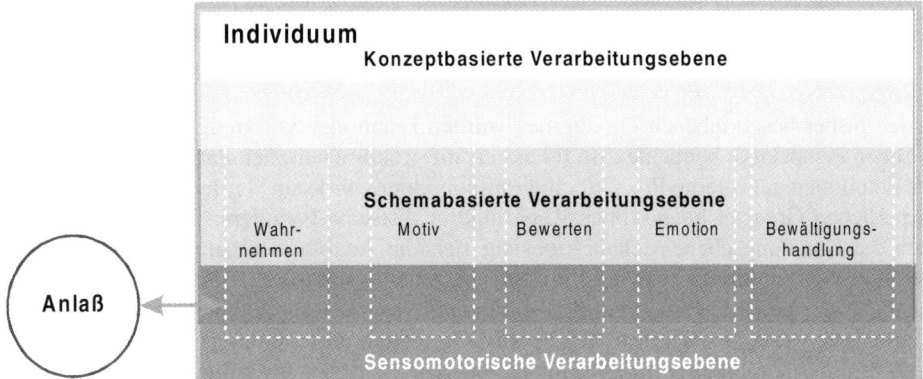

3.3 Schlußfolgerungen

Aus den Analysen im Rahmen des funktionalistischen Paradigmas läßt sich demnach folgendes Resümee ziehen: Die menschliche Handlungsregulation ist ein offenes System, das sich in der Ontogenese auf erweiterter Stufenleiter reproduziert mit dem Effekt, daß sich die Handlungsregulation in ihrer Struktur immer stärker von ihrem Ausgangspunkt, der sensomotorischen Handlungsregulation des Säuglings, unterscheidet. Emotionsentwicklung läßt sich dann nicht mehr hinreichend als quantitative Zu- oder Abnahme einzelner Komponenten beschreiben, sondern als qualitative Reorganisation des individuellen Handlungssystems.

Diese Reorganisation erfolgt in einer besonderen ganzheitlichen Form. Das Subjekt tritt mit der Ausbildung der konzeptbasierten Verarbeitungsebene in Kontakt zu sich selbst, zu seinen Lebensbedingungen, seiner Vergangenheit und Zukunft. Es beginnt, sein Dasein in der Welt zu reflektieren und von diesem Punkt an seine Entwicklung in die Hand zu nehmen – im Rahmen der kulturell zugestandenen Möglichkeiten und Grenzen. Zimmermann (i. d. Bd.) spricht von zielkorrigierter Selbststeuerung und Oerter (i. d. Bd.) vom Selbst – oder von der Persönlichkeit – als einer selbstbewußten, ganzheitlichen Steuerungsinstanz. Der Unterschied zur strukturalistischen Perspektive besteht demnach in der Betrachtung der Funktion von Emotionen im Handlungssystem.

Darüber hinaus besteht aber noch ein weiterer Unterschied, und zwar in der Betonung der Erlebenskomponente. Im strukturalistischen Paradigma wird die Ausdruckskomponente hervorgehoben, da sie objektiv meßbar ist. Aufgrund der Annahme einer Isomorphie zwischen Ausdruck und Erleben in der frühen Kindheit wird dem Erleben wenig Aufmerksamkeit geschenkt. In der funktionalistischen Perspektive tritt mit den subjektiven Bewertungsprozessen als notwendige Bedingung zur Entstehung einer Emotion die Ebene des subjektiven Erlebens – das Gefühl – in den Vordergrund. Daraus folgt auch, daß Emotionen personspezifische Merkmale aufweisen. Auf diesen *persönlichkeitspsychologischen* Aspekt gehen insbesondere die Beiträge von Friedlmeier, von Ulich, Kienbaum und Volland, von Oerter und von Zimmermann näher ein. Die Frage stellt sich dann, wie es möglich ist, daß der Mensch offensichtlich als einzige Spezies in der Lage ist, seine Handlungsregulation in der Ontogenese individuell und qualitativ zu entwickeln.

4. Das kontextualistische Paradigma: Emotion als kokonstruierte psychische Funktion

In den bisher beschriebenen Paradigmen wurden Emotionen vorrangig aus einer intrapsychischen Perspektive betrachtet. So fokussiert im strukturalistischen Paradigma die Analyse der Emotionen auf interne Prozesse, die im Individuum wirksam werden und nicht über die körperlichen Grenzen hinausgehen. Das funktionalistische Paradigma berücksichtigt zwar auch die Handlungsebene, dennoch bezieht sich die Analyse der handlungsaktivierenden Funktion von Emotionen in erster Linie auf die Handlungen der Person selbst. Die Antwort auf die Frage nach den Bedingungen, die eine erweiterte Reproduktion des menschlichen Handlungssystems ermöglichen, ist aber nicht innerhalb dieser Grenzen zu finden. Deshalb ist es erforderlich, darüber hinauszugehen und den Menschen als kulturschaffendes Wesen mit seinen kulturellen Errungenschaften zu betrachten.

Damit ist eine nochmalige Erweiterung des Blickwinkels verbunden. Der eingangs skizzierte dritte Problemkomplex, die Bedeutung des kulturellen und sozialen Kontextes für die Emotionsentwicklung, rückt ins Zentrum der Analyse. Die Einbeziehung des kulturellen Kontextes in die Emotionsanalyse ist insbesondere im Rahmen des kontextualistischen Paradigmas vorgenommen worden. Danach werden Emotionen und ihre Regulationsformen in der zwischenmenschlichen Interaktion gemeinsam konstruiert. Die Liebe zu einer Person in Form der romantischen Liebe zu leben, wird im Kontakt mit anderen Personen und kulturellen Medien als kultureller Wert konstruiert und weitergegeben. Daher spricht man auch vom kokonstruktivistischen Paradigma (s. Josephs, i. d. Bd.). Welche Gründe sprechen für diese nochmalige Perspektivenerweiterung?

Mit der unterschiedlichen genetischen Ausstattung des Menschen ist ihm auch eine Fähigkeit gegeben, die auf den vorangegangenen Evolutionsstufen noch nicht verfügbar war. Sie hat in Koevolution mit der genetischen Ausstattung zu einer Entkopplung der Entwicklungspotentiale von genetisch vorprogrammierten Reaktionsmustern geführt. Gemeint ist die Fähigkeit des Menschen, Kultur zu schaffen, die Natur um ihn herum nach Maßgabe seiner Zwecke umzugestalten und sich dazu selbstgeschaffener Werkzeuge und Zeichen zu bedienen, die er über den Pfad der *kulturellen* Evolution von Generation zu Generation tradiert. Das menschliche Kulturgut ist damit zu einem zweiten Erfahrungsspeicher herangewachsen, der nicht genetisch, sondern durch Lernen „vererbt" wird.

Dieser Erfahrungsspeicher besteht nicht nur aus technischen Instrumenten und Handlungsverfahren, die den Austausch mit der Natur betreffen, sondern auch aus sozialen Instrumenten und Handlungsverfahren, die das Miteinander der Menschen regeln. Unter Kultur wird ein System von Normen, Werthaltungen, Einstellungen und Verhaltensweisen verstanden, die eine Gruppe von Menschen miteinander teilen und die von einer Generation zur nächsten weitergegeben werden (s. Matsumoto, 1996). Zu diesen kulturellen Bedeutungssystemen zählen auch Erfahrungen bzgl. der Bedeutsamkeit und Wirksamkeit einzelner Emotionsformen, -funktionen und Bewältigungshandlungen und auch Regeln bzgl. ihrer kontextspezifischen Angemessenheit. Sie beziehen sich sowohl auf die Regulierung der zwischenmenschlichen Beziehungen als auch auf die intrapsychische Handlungsregulation. Diese kulturellen Bedeutungssysteme finden ihren Ausdruck in alltagspsychologischen Weisheiten, moralischen Imperativen, religiösen bzw. spirituellen Praktiken und neuerdings auch in (pseudo)wissenschaftlichen Theorien. Die Externalität der menschlichen Entwicklung eröffnet auch der Emotionsentwicklung eine neue, eine *kulturelle* Dimension.

Unter dieser Perspektive erscheint der kulturelle Kontext nicht mehr nur als Bedingung, an die sich die einzelnen Emotionsfunktionen und -formen anpassen. Vielmehr beinhaltet Kultur auch Vorstellungen, welche Emotionen unterschieden werden, welche Mittel zur Regulation verfügbar sind, die von Generation zu Generation tradiert und kumuliert werden. Der kulturelle Kontext ist das Ausgangsmodell, das die individuelle Vielfalt und Variabilität der Emotionsformen und -funktionen ermöglicht und eine qualitativ neue Art der Emotionsregulation bereithält, die jedes Kind erst in sein persönliches Bedeutungssystem integrieren muß (s. Abb. 4).

Abbildung 4. Emotion in der Sichtweise des kontextualistischen Paradigmas

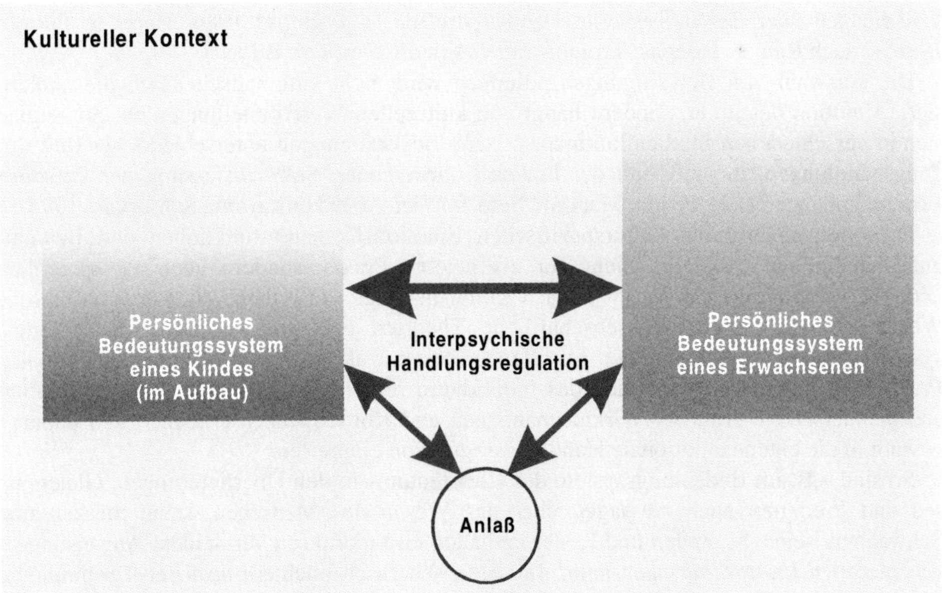

Dies führt zu einer Perspektive, die auf den ersten Blick paradox erscheinen mag: Etwas zutiefst Persönliches und Individuelles, wie es Emotionen sind, hat einen kulturellen Ursprung. Beim Menschen haben wir es offensichtlich mit dem Phänomen zu tun, daß die entwickelten Emotionsformen, -funktionen und Regulationsmechanismen ihren Ursprung nicht im Individuum haben, sondern im kulturellen Erbe, in kulturell tradierten Bedeutungssystemen, aus denen sie das Individuum erst zu etwas Persönlichem und Intrapsychischem transformieren muß.

4.1 Ergebnisse kontextualistisch orientierter Forschung

Im folgenden wird ein kurzer Überblick über Belege für die These einer Kulturspezifik der Emotionen im Rahmen des kontextualistischen Paradigmas gegeben.

Averill und Nunley (1993) illustrieren in ihren kulturhistorischen Studien, daß das, was Menschen unter den jeweiligen Emotionen wie z.B. „Liebe" oder „Wut" verstehen, und wovon sie sich in ihren Handlungen leiten lassen, durch konstitutive Regeln bestimmt ist, die gesellschaftliche Ursprünge und Funktionen haben. Damit verbunden sind auch Regeln über die kulturell angemessenen Emotionsanlässe, Ausdrucksformen und Bewältigungshandlungen, die sich mit dem gesellschaftlichen Kontext wandeln. Dies zeichnen die Autoren exemplarisch an der gesellschaftshistorischen Entwicklung der konstitutiven Regeln der romantischen Liebe vom Mittelalter bis in die heutige Zeit nach.

Es gibt eine Vielzahl weiterer Studien, die detailliert beschreiben, daß sich gerade im alltäglichen sozialen Umgang kulturspezifische Emotionsmuster unterscheiden lassen (vgl. Briggs, 1970; Lutz, 1987). Nur unter Einbeziehung des jeweiligen kulturellen Bedeutungskontextes lassen sie sich angemessen interpretieren und entsprechend lassen sich sinnvolle Vorhersagen über das individuelle Handeln treffen (vgl. Harré, 1986; Harré & Parrott, 1996; s. auch Ratner; Josephs; Trommsdorf & Friedlmeier, i. d. Bd.).

Die Auswahl von Bewältigungshandlungen wird nicht automatisch durch die aktualisierte Emotion bestimmt, sondern hängt von kulturellen Wertvorstellungen ab. So zeigten sich in verschiedenen Studien kulturspezifische Bevorzugungen unterschiedlicher Bewältigungshandlungen, die z.B. mit der kulturell variierenden Selbstauffassung der Personen zusammenhängen (z.B. Frijda, Markam, Sato & Wiers, 1995; Kitayama & Markus, 1994).

Die oben angeführten kulturspezifischen Emotionsformen, -funktionen und Bewältigungshandlungen existieren nicht nur als gelebte Praxis, sondern auch als sprachlich kodiertes Bedeutungssystem, das je nach Kultur in religiöse Mythen, alltagspsychologische Weisheiten oder (pseudo)wissenschaftliche Theorien gekleidet ist. Diese Bedeutungssysteme sind mehr oder minder zutreffende Rekonstruktionen der gelebten emotionalen Praxis. Mit ihrer Hilfe kann sich das Individuum reflexiv mit der eigenen Emotionalität auseinandersetzen, Anlässe, Wirkmechanismen und Konsequenzen erkennen und dadurch bewußt in die eigene emotionale Handlungsregulation eingreifen.

So sind z.B. im Bedeutungssystem des Christentums in den Überlieferungen, Gleichnissen und Predigten auch Aussagen über das Wesen des Menschen, seine Stärken und Schwächen, seine Tugenden und Laster enthalten und moralisch verkleidete Anweisungen, wie man den Lastern entsagen kann. In wissenschaftlich nüchtern-profaner Terminologie würde man formulieren, daß die konzeptbasierte Verarbeitungsebene nicht nur eine Anhäufung deklarativen Wissens über Emotionen darstellt, sondern auch ein reflexives Mittel der bewußten Emotionsregulation. In jeder Form der Konfliktberatung ist die Verbalisierung der Probleme, Erfahrungen und Lösungen ein zentrales Mittel der Konfliktlösung – wenn auch nicht das einzige. Damit ist noch nicht gesagt, daß die jeweiligen kulturell konstruierten Bedeutungssysteme immer auch adäquate und hilfreiche Konstruktionen sind.

In dem Bemühen, die kulturelle Relativität der Emotionen zu belegen, hat sich die kontextualistisch orientierte Emotionsforschung zunächst darauf konzentriert, die emotionsbezogenen Besonderheiten in den verschiedenen Kulturen zu dokumentieren, um damit die Haltlosigkeit emotionsbezogener Universalien nachzuweisen, wovon die strukturalistisch orientierte Emotionsforschung ausgeht. Diese Radikalität der Kontextabhängigkeit ist z.T. so weit getrieben worden, daß jegliche allgemeinen Gesetzmäßigkeiten negiert und einem kulturellen Relativismus das Wort geredet wurde (z.B. Lutz, 1986).

Wenn aber alles kontextabhängig ist, lassen sich keine Verallgemeinerungen mehr ableiten. Wissenschaft hätte sich dann mit einer deutenden Beschreibung des Gegebenen zu begnügen. Wie wir bereits bei der Analyse der Eigenschaften offener Systeme hervorgehoben haben, ist es bei offenen Systemen nicht möglich, das Konkret-Einmalige in allgemeinen Kategorien zu beschreiben, weil sich offene Systeme im Laufe ihrer Entwicklung individualisieren. Das ist aber keine Absage an Aussagen mit Allgemeinheitscharakter. Was statt dessen an allgemeinen Aussagen möglich ist, ist eine Charakterisierung der zugrundeliegenden *Entwicklungsmechanismen*, die es ermöglichen, daß ein Kind die kulturspezifischen Ausprägungen und Besonderheiten der jeweiligen Emotionen und Bewältigungshandlungen in persönlich wirksame Emotionen und Bewältigungshandlungen transformiert und auf diese Weise seine Individualität entwickelt (vgl. Josephs, i. d. Bd.).

4.2 Entwicklung von Emotionen

Kulturvergleichende Studien zur emotionalen Entwicklung sind erst in den letzten Jahren begonnen worden. Wie wichtig die Berücksichtigung des kulturellen Kontextes mittlerweile für die Entwicklungspsychologie geworden ist, zeigt sich u.a. darin, daß die amerikanische Fachzeitschrift *Developmental Psychology*, die kaum kulturvergleichende Studien publiziert, dem Thema „Soziale und emotionale Entwicklung: Eine kulturvergleichende Perspektive" ein ganzes Sonderheft (1998, Vol. 34, No. 4) widmete.

Eine wichtige Frage dabei ist, wie man sich vorstellen kann, daß Kultur auf die emotionale Entwicklung einwirkt. Dies erfordert die Konzeptualisierung kultureller Modelle (s. auch Saarni, 1998). Solche Modelle müssen die Komponenten der kulturellen Bedeutungssysteme beschreiben. Diesen Bedeutungssystemen kommt eine wesentliche Mittlerfunktion zu, welche jeweiligen Emotionsfunktionen und -formen und welche Bewältigungshandlungen den Mitgliedern einer Kultur überhaupt zur Verfügung stehen und welche gesellschaftliche Wertschätzung oder Geringschätzung ihnen zugesprochen wird.

Eine Vermittlung dieser Bedeutungssysteme ist jedoch nur möglich, wenn sie an kommunizierbare Zeichen gebunden sind. Dies umfaßt nicht nur die Sprache und die durch sie ausgedrückten Regeln, Mythen, Theorien. Dies umfaßt auch die *Ausdrucksformen* einer Emotion, denen kulturelle Bedeutungen zugesprochen werden und die daher ebenfalls als kulturelle Mittler fungieren können (vgl. Holodynski, 1997a, i. d. Bd.). Zu fragen ist, wie die wechselseitigen Übergänge funktionieren. Dabei ist auch im kontextualistischen Paradigma vornehmlich die Richtung betrachtet worden, wie Individuen die Regeln der Kultur übernehmen, weniger die umgekehrte Richtung, wie Individuen durch ihre Handlungen die bestehenden Regeln modifizieren und sogar neue Regeln implementieren können. Gerade für offene Gesellschaften oder solche, deren Regeln starkem Wandel unterworfen sind wie die westlichen Kulturen, ist letztere Frage interessant.

Bei der Bestimmung von Entwicklungsmechanismen rückt unter der kontextualistischen Perspektive die Frage nach der Vermittlung kultureller Muster und damit die Rolle der Sozialisation und Erziehung in den Vordergrund. Bei der Suche nach den Entwicklungsmechanismen liegt ein wesentlicher Aspekt in der Analyse von Interaktionen zwischen dem

Kind und seinen Sozialisationspartnern, die sich gegenseitig, d.h. bidirektional, beeinflussen. Diese Bidirektionalität und die Rolle kultureller Bedeutungssysteme für die emotionale Entwicklung kann am Beispiel der Entwicklung der sozialen Ängstlichkeit (Schüchternheit) aufgezeigt werden.

Schüchternheit im Vorschulalter steht mit der frühkindlichen Verhaltenshemmung, einem biologisch determinierten Merkmal, in Zusammenhang und weist hohe intraindividuelle Stabilität über die Schulzeit auf (Kagan, Reznick & Snidman, 1987). Die soziale Ängstlichkeit führt zu geringen sozialen Kontakten, zu Zurückweisung durch Gleichaltrige, geringer Selbstbehauptung und einem negativen Selbstbild. Diese Entwicklung steht im Zusammenhang damit, daß die Erzieher (Eltern, Lehrer) aufgrund der Wertschätzung von Selbstsicherheit und Durchsetzungsfähigkeit auf das Verhalten des Kindes negativ reagieren, da sie Schüchternheit als Problemverhalten ansehen. Wie wichtig diese Reaktion der sozialen Umwelt für die Entwicklung ist, wird im Kulturvergleich deutlich, da in China für sozial ängstliche Kinder ein völlig anderes Entwicklungsmuster gefunden wurde (Chen, Rubin & Li, 1995). Sie entwickelten ein positives Selbstbild und bewerteten auch ihre Beziehungen zu anderen positiv. Wie läßt sich dies erklären? Schüchternes Verhalten hat keine negativen Auswirkungen auf die Gruppe und wird daher positiv bewertet. Das Kind wird in seinem Verhalten von den Erziehern sogar ermutigt und als kompetent gesehen, weil es leistungsorientiert ist und schulisch erfolgreich ist. Damit gewinnt es auch die Anerkennung der Gleichaltrigen. An dem Beispiel zeigt sich, daß die gleichen emotionalen Aspekte in der frühen Kindheit, in Abhängigkeit vom soziokulturellen Kontext eine völlig unterschiedliche Entwicklung nehmen können.

4.3 Schlußfolgerungen

Gemäß der kontextualistischen Perspektive sind Emotionen keine ausschließlich personspezifischen Erfahrungen, sondern sie haben kulturellen Ursprung. Die Person transformiert die in der Kultur vorgezeichneten Modelle zu etwas Persönlichem, vermittelt durch die Sozialisation.

Erzieher repräsentieren kulturspezifische Modelle über Emotionen. Die damit verbundenen Umgangsformen mit Kindern nehmen Einfluß auf die Entwicklung der Emotionen und der Bewältigungshandlungen. Das Erziehungsverhalten der Eltern wird seinerseits von kulturellen Vorstellungen über Sozialverhalten, Normen, Wertvorstellungen mitbestimmt. Im Unterschied zum strukturalistischen Paradigma sind Sozialisationsprozesse nicht nur auf der Ebene der Emotionskontrolle wirksam, sondern die Reaktionen und Bewertungen der sozialen Umwelt wirken auf die Entwicklung der Emotionen zurück und bestimmen deren Verlauf mit. Dabei spielt insbesondere die interaktive Emotionsregulation in der frühen Kindheit eine wichtige Rolle (s. Spangler; Trommsdorff & Friedlmeier, i. d. Bd.). Kulturelle Variationen aufgrund unterschiedlicher Bewältigungshandlungen in einer kollektivistischen und einer individualistischen Kultur werden im Beitrag von Trommsdorff und Friedlmeier diskutiert.

Im Vergleich zur funktionalistischen Perspektive wird im kontextualistischen Paradigma die Funktion der Emotionen noch erweitert. Es läßt sich kein universelles, aber ein relatives Ziel für die Entwicklung von Emotionen angeben. Emotionen haben nicht nur die Funktion einer „inneren" Passung, d.h. einer Passung zwischen Kontext und Person im Hinblick auf die aktuellen Motive und Anliegen, sondern sie erfordern auch eine „externe" Passung: Es gibt einen kulturspezifischen Erwartungshorizont, wie, wann und wo Emotionen erlebt, ausgedrückt und reguliert werden, so daß die externe Bewertung der emotionalen Reaktion einer Person in zwei verschiedenen kulturellen Kontexten im Extremfall einmal als funktional und einmal als dysfunktional angesehen wird, wie es im Beispiel der sozialen Ängstlichkeit aufgezeigt wurde.

Bislang unzureichend beantwortet ist die Frage, wie dieser Transformationsprozeß abläuft und welche offenen Entwicklungsmechansimen dem zugrundeliegen. Dies ist aber das zentrale Anliegen einer entwicklungspsychologischen Theorie. Der Verweis auf die Bedeutung der Sozialisation, der hier gemacht wird, führt zu der Frage, inwiefern in allgemeineren sozialisationstheoretischen Überlegungen (außerhalb dieses kontextualistischen Paradigmas) Beschreibungen vorliegen, die hier weiterhelfen können.

5. Auf der Suche nach den Entwicklungsmechanismen

Einen bedeutsamen Vorschlag für einen offenen Entwicklungsmechanismus der erweiterten Reproduktion hat Sroufe (1996) vorgelegt, der die generelle Richtung der Emotionsentwicklung als Bewegung von der dyadischen Regulation zur Selbstregulation der Emotion charakterisiert (vgl. auch Papoušek & Papoušek, i. d. Bd.). Auch die Bindungsforschung hat sich intensiv um die Aufdeckung eines solchen Mechanismus bemüht (vgl. Spangler & Zimmermann, 1995; Spangler, i. d. Bd.). Die beiden Konzeptualisierungen nehmen eine Zwitterstellung zwischen einem funktionalistischen und einem kontextualistischen Paradigma ein. Auf der einen Seite sehen sie die Bezugsperson-Kind-Dyade als „interpsychische Konstruktionsstätte" der erweiterten kindlichen Handlungsregulation an, auf der anderen Seite aber beschränken sie sich im wesentlichen auf die Analyse der Mutter-Kind-Dyade in der westlichen Kultur, mit dem Ergebnis einer stillschweigenden Verallgemeinerung dieses kulturspezifischen Modells auf alle anderen Kulturen (vgl. die Kritik von Keller & Eckensberger, 1998).

Nichtsdestotrotz liegen mit diesen Konzeptualisierungen erste Ansätze vor, wie man den gesuchten offenen Entwicklungsmechanismus, der eine erweiterte, kulturspezifische Reproduktion der individuellen Handlungsregulation ermöglicht, begrifflich fassen kann. Daher sei er kurz beschrieben (vgl. auch Holodynski, 1997a):

Emotionen haben die allgemeine Funktion, die Handlungen des Individuums unter dem Fokus der Motivbefriedigung zu regulieren. Betrachtet man die *Entwicklung* dieser allgemeinen Emotionsfunktion, so rückt gerade im Hinblick auf den Ausgangspunkt der ontogenetischen Entwicklung ein Aspekt in den Mittelpunkt. *Wessen* Handlungen werden durch die Emotion reguliert?

In den allgemeinpsychologischen Theorien von Lazarus (1991) oder Frijda (1986) liegt der Schwerpunkt darauf, daß eine Emotion die Handlungen desjenigen reguliert, der die Emotion erlebt. Der Adressat der Emotion ist die Person selbst. Sie ist es, die die motivdienlichen Handlungen ausführt. Man kann sagen, die Regulation erfolgt intrapsychisch. Wir bezeichnen diese Regulationsfunktion daher als *intrapsychische Regulationsfunktion*.

Unter einer entwicklungspsychologischen Perspektive rückt die andere Möglichkeit, wessen Handlungen reguliert werden können, in den Vordergrund: Beim Säugling ist es offensichtlich, daß seine Emotionen in erster Linie die Funktion haben, die Handlungen seiner Bezugsperson zu regulieren, denn er verfügt noch nicht über die nötigen Bewältigungshandlungen für seine Motivbefriedigung. Das Schreien eines Säuglings als Ausdruck von Distress führt zu keinen Bewältigungshandlungen auf seiten des Säuglings. Es veranlaßt aber eine andere Person, die erforderliche motivdienliche Handlung für den Säugling auszuführen. Das besondere Kennzeichen dieser Regulationsfunktion ist, daß sie auf die Beeinflussung der Psyche einer anderen Person gerichtet ist, damit diese stellvertretend handeln soll. Der Adressat der Emotion ist eine andere Person, die Regulation erfolgt „interpsychisch". Wir bezeichnen diese Regulationsfunktion daher als *interpsychische Regulationsfunktion*. Im ersten Lebensjahr erfolgt die Emotionsregulation in erster Linie interpsychisch.

Gegen Ende des Säuglingsalters sind unter dem Primat der interpsychischen Regulationsfunktion alle Voraussetzungen entstanden, um eine begrenzte Anzahl an emotionsauslösenden Situationen auch ohne Mithilfe der Bezugsperson bewältigen zu können (Sroufe 1996). Die Ausdifferenzierung der Realisierungsformen der interpsychischen Regulation befähigen den Säugling auch zu einer, wenn auch zunächst nur begrenzten intrapsychischen Regulation. Es ist nur eine Frage der Zeit, wann der Säugling diese Möglichkeit auch nutzt und *statt mit der anderen Person mit sich selbst zu kommunizieren beginnt*. Auf dieser Stufe werden die Realisierungsmittel der interpsychischen Regulation daher zunehmend auch für die intrapsychische Regulation genutzt.

Die ausdifferenzierten Emotionsformen werden somit von der interpsychischen in die intrapsychische Regulation hineingetragen, neue Emotionsformen in der interpsychischen Regulation ausprobiert und an ihrem Erfolg gemessen. In dieser Phase trennen sich zunehmend die beiden Regulationsfunktionen. Das Kind erwartet nicht mehr unbedingt oder sucht nicht mehr bei jeder Emotion die Unterstützung einer anderen Person. Was bleibt ist, daß die interpsychische Regulation den Prototypus darstellt, gemäß dem auch die intrapsychische Regulation funktioniert (Holodynski, 1995, 1996, 1997a; Sroufe, 1996). Aus der Kommunikation mit dem anderen wird eine Kommunikation mit sich selbst.

Mit diesem allgemeinen Entwicklungsmechanismus ist ein zentraler entwicklungspsychologischer Gesichtspunkt formuliert, der als gemeinsamer Nenner aller Beiträge in diesem Buch angesehen werden kann. Dieser Mechanismus verbindet das funktionalistische mit dem kontextualistischen Paradigma. Er verbindet die Entwicklung der Emotionsformen mit der Emotionsregulation, weil insbesondere die frühkindliche interpsychische Regulation sich auf die Entwicklung der Emotionsformen auswirkt. Anhand dieses Mechanismus läßt sich schließlich die personspezifische Entwicklung der Emotionen erklären, ohne die Bedeutung des sozialen Kontextes zu vernachlässigen. Wie dieser Entwicklungsmechanismus genauer zu fassen ist, welche Entwicklungsstufen zu unterscheiden sind, welche Prozesse wichtig sind, welche weiteren Entwicklungsphänomene dabei noch eine Rolle spielen usw. wird in den einzelnen Beiträgen weiter ausgeführt und diskutiert.

6. Der Aufbau des Buches

Anhand der drei Paradigmen haben wir einen Überblick über die leitenden Prämissen in der Emotionsforschung gegeben. So sehr sich manche theoretischen Aussagen und empirischen Ergebnisse zwischen den jeweiligen Paradigmen zu widersprechen scheinen, so hat doch jedes einen bedeutsamen Aspekt emotionaler Phänomene beleuchtet. Erst ihre Zusammenschau und Integration ergibt ein vollständigeres Bild, insbesondere wenn man auf eine Erklärung der *Emotionsentwicklung* abzielt. Eine sinnvolle Richtung der zukünftigen entwicklungspsychologischen Emotionsforschung dürfte in einer Zusammenführung von Ansätzen des funktionalistischen und kontextualistischen Paradigmas liegen. Erstere haben differenzierte Funktionsanalysen vorgelegt, die sich meist auf die allgemeinpsychologische und intrapsychische Dimension beschränken. Letztere haben den Stellenwert der

Kultur für die Entwicklung hervorgehoben, sind aber bzgl. der zugrundeliegenden Entwicklungsmechanismen bislang nur zu einer sehr allgemeinen Beschreibung vorgedrungen. Danach werden die den Gegenständen und Ereignissen zugeschriebenen Bedeutungen in der sozialen Interaktion geschaffen (kokonstruiert), als kulturelles Erbe tradiert und wiederum in psychische Prozesse transformiert.

Das vorliegende Buch bietet dem Leser die Möglichkeit, sich einen Überblick über den aktuellen Forschungsstand zur emotionalen Entwicklung zu verschaffen. Dabei geht es auch um die Fragen, welche Bedeutung der sozialen Interaktion, insbesondere der Interaktion zwischen Kind und Erwachsenem, zukommt und wie Entwicklungs- und Erziehungsprozesse ineinandergreifen.

Es zeigt sich immer deutlicher, daß die kindliche Emotionalität nicht Vorbild für die Emotionalität des Erwachsenen ist, sondern letztere nach kulturellen Vorbildern geschaffen wird, die nicht notwendigerweise zu einem in sich stimmigen und befriedigenden Verlauf der emotionalen Entwicklung von Kindern und Jugendlichen führen, sondern auch vielfältige Fehlentwicklungen und emotionale Störungen hervorrufen können.

Aufgrund der Komplexität und Vielschichtigkeit des Themas ist das Buch als Herausgeberwerk geschrieben. So ist es möglich geworden, daß die Summe der Beiträge ein breitgefächertes Bild des aktuellen Forschungsstands zur emotionalen Entwicklung liefern kann. In den einzelnen Beiträge wird jeweils eine ausgewählte Fragestellung aus dem Gesamtkomplex der emotionalen Entwicklung behandelt.

Der *erste Teil* des Buches beschäftigt sich mit der Entwicklung diskreter Emotionen. Dabei geht es um Fragen, welche Mechanismen eine Emotionsdifferenzierung bewirken, wie sich das Emotionswissen von Kindern aufbaut und welche Bedeutung es für die emotionale Entwicklung haben könnte. Neben einem allgemeinen Überblick wird exemplarisch die Entwicklung bislang wenig untersuchter, aber dennoch wichtiger Emotionen behandelt, nämlich daseinsthematische Emotionen sowie lern- und leistungsthematische Emotionen.

Im Beitrag von Holodynski *„Handlungsregulation und Emotionsdifferenzierung"* geht es um die Frage, welche Mechanismen der Entwicklung diskreter Emotionen (Distress, Ärger, Scham etc.) zugrunde liegen. Zwei ineinandergreifende Mechanismen werden angenommen: zum einen der Übergang von einer interpsychischen zu einer intrapsychischen Regulation von Handlungen mit Hilfe von Emotionen und zum anderen die Entwicklung des emotionalen Ausdrucks von undifferenzierten zu differenzierten Ausdruckszeichen mit Symbolcharakter. Vier Entwicklungsphasen werden beschrieben, wobei der Verschränkung von Ausdrucks- und Emotionsentwicklung besondere Beachtung geschenkt wird.

Der Beitrag von Ulich, Volland und Kienbaum *„Emotionale Schemata und Emotionsdifferenzierung"* geht ebenfalls von einer Differenzierung und Individualisierung diskreter Emotionen im Laufe der Ontogenese aus. Der Analyseschwerpunkt liegt aber – im Unterschied zum vorherigen Beitrag – auf den vorauslaufenden schemabasierten Verarbeitungsprozessen, die das spezifische subjektive Erleben bedingen. Anhand der Entwicklung von emotionalen Schemata lassen sich sowohl generalisierte emotionale Erfahrungen als auch persönlichkeitsspezifische Ausprägungen erklären. Exemplarisch werden empirische Befunde zur Emotion „Mitgefühl" berichtet. Die hier beschriebenen emotionalen Schemata beziehen sich vor allem auf die schemabasierte Ebene (s. Abb. 3).

Davon lassen sich konzeptbasierte emotionale Schemata unterscheiden. Diese beinhalten deklaratives Wissen über das Erkennen und Benennen von Emotionen, über ihre Anlässe, ihre Konsequenzen und ihre kulturelle Wertschätzung. Im Beitrag von Janke *„Naive Psychologie und die Entwicklung des Emotionswissens"* wird diese konzeptbasierte Ebene näher behandelt. Dabei geht es um Fragen, wann Kinder in der Regel über welches Emotionswissen verfügen, welche Bedeutung dieser Wissensentwicklung und der damit einhergehende Aufbau einer „*theory of mind*" für die emotionale Entwicklung zukommt und welche Sozialisationsbedingungen mit der Entwicklung interindividueller Unterschiede zusammenhängen.

In den Beiträgen von Oerter sowie von Hofmann und Pekrun wird die Entwicklung ausgewählter Emotionen und ihre Bedeutung für die Persönlichkeitsentwicklung betrachtet. Oerter beschreibt *daseinsthematische Emotionen* und deren Entwicklung. Ausgangspunkt ist die nur dem Menschen eigene Fähigkeit, Selbstbewußtsein zu haben und sein Dasein in der Welt reflektieren zu können. Mit diesem selbst-bewußten Handeln korrespondiert eine spezifische Klasse von Emotionen, nämlich Schöpfungsgefühle und Erkenntnisgefühle. Mit Hilfe einer tätigkeitstheoretischen Perspektive werden diese Emotionen und ihre Entwicklung eingehender erläutert. Diese Emotionen sind in phänomenologischen Analysen vielfach beschrieben, fanden aber in der experimentell orientierten Emotionsforschung bislang wenig Beachtung, weil sie sich einer eindeutigen Operationalisierung entziehen.

Im Beitrag von Hofmann und Pekrun „*Lern- und leistungsthematische Emotionen*" werden Emotionen vorgestellt, die im leistungsbezogenen Kontext von Schule und Hochschule auftreten. Neben Prüfungsangst zählen dazu eine Vielzahl weiterer Emotionen u.a. Lernfreude, Stolz, Ärger, Unlust. Ihre Anlässe und Konsequenzen für die Leistungs- und Lernentwicklung werden beschrieben, wobei die z.T. recht problematischen Auswirkungen bestehender schulischer Leistungs- und Selektionskriterien wie z.B. die Auswirkungen sozialer Bezugsnormeffekte für die emotionale und motivationale Entwicklung eingehender diskutiert werden.

Im *zweiten Teil* des Buches werden das Zusammenspiel von biologischen Voraussetzungen und sozialen Interaktionsprozessen und deren Auswirkungen auf interindividuelle Unterschiede in der emotionalen Entwicklung behandelt. Ein besonderes Augenmerk liegt auf der Frühentwicklung, da hier in den letzten Jahren die größten Fortschritte erzielt worden sind und man mittlerweile ein recht detailliertes Bild über die emotionale Entwicklung gewonnen hat. Drei große Forschungsrichtungen haben sich herauskristallisiert, deren Ergebnisse jeweils in einem eigenen Beitrag ausführlich dargestellt werden: (a) Die Temperamentsforschung, die sich auf die angeborenen emotionalen Dispositionen konzentriert; (b) die Bindungsforschung, die sich vor allem mit den Interaktionen zwischen Bezugsperson und Kind sowie deren Wirkungen auf die kindliche Emotionsregulation beschäftigt, und (c) die systemtheoretisch orientierte Frühentwicklungsforschung, die sich auf die Entwicklung der typisch menschlichen Lernfähigkeiten, nämlich Symbole zu bilden und zu benutzen, konzentriert, dabei aber auch immer emotionale Faktoren im Blick hat.

Der Beitrag von Papoušek und Papoušek „*Symbolbildung, Emotionsregulation und soziale Interaktion*" geht von einer wissenschaftshistorischen Analyse aus und beschreibt die systemische Vernetztheit der emotionalen, kognitiven und kommunikativen Faktoren in der Verhaltensorganisation des Säuglings. Dabei wird auch ihre Einbindung in die Interaktionen mit den Bezugspersonen in Form der intuitiven elterlichen Didaktik und ihre Bedeutung für die Entstehung der Fähigkeit zur symbolischen Repräsentation thematisiert.

Der Beitrag von Zentner „*Temperament und emotionale Entwicklung*" behandelt die Frage nach dem Zusammenhang zwischen Temperamentsmerkmalen und emotionaler Entwicklung. Dabei zeigt sich, daß nach dem Passungsmodell Temperamentsfaktoren nicht per se eine wesentliche Bedingung für die emotionale Entwicklung darstellen, sondern die Reaktionen der Bezugspersonen auf diese Merkmale.

Behandelt der Beitrag von Zentner die individuellen angeborenen Dispositionen, so fokussiert der Beitrag von Spangler „*Frühkindliche Bindungserfahrungen und Emotionsregulation*" die Bedeutung der Umwelt, speziell die Bedeutung, die Bindungserfahrungen des Säuglings mit seinen Bezugspersonen für die Entwicklung seiner Emotionsregulation haben. Der Beitrag macht zum einen deutlich, wie die Art und Weise, in der Eltern auf die Emotionen des Säuglings eingehen und sie regulieren, zur Entstehung der jeweiligen Bindungsstile auf seiten des Kindes beiträgt. Zum anderen wird deutlich, daß die Bindungsstile wiederum erlernte Strategien des Säuglings beinhalten, die eigenen, insbesondere negativen Emotionen zu regulieren. Die Bindungstheorie ermöglicht damit die Beschreibung und Erklärung interindividueller Unterschiede in den Regulationsstrategien.

Im Beitrag von Friedlmeier „*Emotionsregulation in der Kindheit*" werden nach der Darstellung der Vielfalt von Regulationsprozessen und -strategien allgemeine Entwicklungsphasen der Emotionsregulation vom Säuglingsalter bis ins Schulalter beschrieben. Dabei wird der Entwicklung von einer interpsychischen zu einer intrapsychischen Form der Emotionsregulation besondere Beachtung geschenkt. Mit zunehmendem Alter verfügen Kinder über flexiblere und situationsangemessenere Regulationsstrategien, die sie zu einer stärker intrapsychischen (selbständigen) Emotionsregulation befähigen und sie von unmittelbarer sozialer Unterstützung unabhängiger machen. Allerdings ist dabei auch zu berücksichtigen, daß es deutliche Unterschiede zwischen Kindern gleichen Alters gibt. Der Einfluß von Erziehungsprozessen auf die Entwicklung dieser interindividuellen Unterschiede in den Regulationsstrategien wird diskutiert.

Die Beschreibung dieser Entwicklungstrends wird im Beitrag von Zimmermann „*Emotionsregulation im Jugendalter*" für das Jugendalter fortgesetzt und unter einer bindungstheoretischen Perspektive eingehender analysiert. Ausgehend von einer funktionalistischen Emotionstheorie wird die Literatur unter drei Leitfragen gesichtet: Wie verändern sich die Emotionsanlässe bei Jugendlichen gegenüber denen von Kindern? Welche Veränderungen gibt es in den Strategien, die eigenen Emotionen zu regulieren? Wie entwickelt sich die Fähigkeit zur zielkorrigierten Selbststeuerung. Letzteres bezeichnet die Fähigkeit, im eigenen Handeln und Fühlen eine innere Kohärenz zu erreichen, die auch als Ziel einer reifen Persönlichkeit angesehen werden kann.

In den bisherigen Beiträgen ist die westliche Kultur die Bezugsgröße der dargestellten Theorien und Befunde. Aus diesen Kulturen stammen auch die meisten empirischen Befunde. Im *dritten Teil* geht es nun explizit um die Bedeutung des kulturellen Kontextes für die emotionale Entwicklung. Kulturelle Wertvorstellungen und Erziehungspraktiken geben den Rahmen vor, wie die emotionalen Kompetenzen eines Heranwachsenden konkret beschaffen sein sollten. Dabei wurden auch Beiträge von Forschern aus verschiedenen Ländern berücksichtigt, um einer ethnozentrischen Darstellung kulturbezogener Befunde vorzubeugen.

Der Beitrag von Ratner „*Eine kulturpsychologische Analyse der Emotionen*" gibt einen Überblick über die Vielfalt und Variabilität emotionaler Prozesse in Kultur und Geschichte. Als Analyseinstrument zum Vergleich der verschiedenen Kulturen dient ihm die kulturhistorische Tätigkeitstheorie Wygotskis. Danach zeichnet sich jede Gesellschaft durch ein spezifisches System aufeinander bezogener Tätigkeiten aus. Ihre reibungslose Realisierung, die den Fortbestand einer Gesellschaft garantiert, erfordert auch spezifische darauf abgestimmte emotionale Reaktionen. Anhand interkultureller Vergleiche wird illustriert, daß alle Komponenten einer emotionalen Reaktion, wie z.B. die Bewertung von Anlässen, der Emotionsausdruck, oder Regulationsstrategien, kulturellen Variationen unterliegen.

Der Beitrag von Josephs *„Emotionale Entwicklung im Spannungsfeld zwischen persönlicher und kollektiver Kultur"* geht ausführlicher auf Erziehungspraktiken ein, durch die emotionale Kompetenzen beim Heranwachsenden aufgebaut werden. Josephs integriert das Konzept der Darbietungsregeln (Ekman) und der Gefühlsregeln (Hochschild) mit Hilfe der kokonstruktivistischen Ansätze von Averill und Valsiner. Emotionen werden als regelgeleitete Bewertungen der persönlichen Bedeutsamkeit von Situationen und Geschehnissen angesehen. Diese Regeln werden im Austausch zwischen persönlicher Kultur des Individuums und der kollektiven Kultur seiner Gemeinschaft geschaffen (kokonstruiert). Der Heranwachsende steht vor der Aufgabe, diese Regeln aus der kollektiven Kultur in die persönliche Kultur zu integrieren. Die Beschreibung dieses (offenen) Konstruktionsprozesses ist das Hauptanliegen dieses Beitrags.

Im Beitrag von Trommsdorff und Friedlmeier *„Emotionale Entwicklung im Kulturvergleich"* wird ebenfalls der Frage nachgegangen, wie sich kulturspezifische Werte – vermittelt über Erziehungspraktiken – und kulturspezifische Formen der emotionalen Entwicklung wechselseitig bedingen. Dabei stehen Vergleiche zwischen Deutschland und Japan im Vordergrund. Der Vergleich dieser beiden Kulturen ist insofern höchst interessant, als es sich bei beiden Kulturen um hochindustrialisierte Länder handelt, die in ihrer wirtschaftlichen Struktur vergleichbar, in ihrer kulturellen Geschichte aber sehr verschieden sind. Beide Kulturen unterscheiden sich im zugrundeliegenden Person-Welt-Bezug ihrer Mitglieder und dem daraus abgeleiteten Selbstkonzept. Der Beitrag führt Belege für die kulturelle Bedingtheit und Reproduktion spezifischer emotionaler Regulationsstrategien an, die eher zu einem independenten Selbstkonzept wie in Deutschland oder zu einem interdependenten Selbstkonzept wie in Japan gehören.

Im Beitrag von Kojima *„Emotionale Entwicklung und zwischenmenschliche Beziehungen im kulturellen Kontext Japans"* geht es um die Besonderheiten der japanischen Kultur, doch diesmal nicht aus einer kulturvergleichenden, sondern aus einer kulturimmanenten Perspektive. In seiner kulturhistorischen Analyse des vorindustriellen und des modernen Japans geht der Autor, ein „Insider" der japanischen Kultur, der Frage nach, welche Kontinuitäten und Brüche es in den japanischen Erziehungsidealen und -praktiken gibt, und welche Auswirkungen dies auf das frühkindliche Bindungsverhalten und das kindliche Fürsorgeverhalten hat.

Damit ist das Thema „emotionale Entwicklung" abgeschritten. Es umfaßt eine breite Fülle an Unterthemen, die mehr oder minder implizit immer auch die Frage nach einem emotional intelligenten Verhalten beinhalten. Der Leser wird beim Lesen und Vergleichen der einzelnen Beiträge merken, daß es zwar in der Forschung eine gewisse Konvergenz der empirischen Ergebnisse und Einschätzungen gibt, daß aber noch keine integrierende Theorie der emotionalen Entwicklung existiert. Zu komplex und vielfältig sind die einzelnen Facetten des Themas, als daß sie sich problemlos zu einem einheitlichen Ganzen fügen würden. Dennoch ist es gerade ein Anliegen dieses Buches, durch den breiten Bogen, der aufgespannt wird, einen solchen Gesamtentwurf aufscheinen zu lassen. Dieses Buch eröffnet die Perspektive, sich vom Reichtum der emotionalen Phänomene faszinieren zu lassen und dabei auch die engen Verbindungen zur sozialen Welt der Beziehungen und zur mentalen Welt des Bewußtseins zu erkennen. Wir stehen erst am Anfang einer spannenden und faszinierenden Entdeckungsreise in die Welt der Gefühle und ihrer Entwicklung.

Teil I

Entwicklung diskreter Emotionen

Handlungsregulation und Emotionsdifferenzierung

Manfred Holodynski

Einleitung	30
1. Theorien zur Entwicklung diskreter Emotionen	31
1.1 Basisemotionen als angeborene Regulationskompetenz	31
1.2 Einwände gegen eine Theorie der Basisemotionen	33
1.3 Die Differenzierung der Regulationskompetenz in der Ontogenese	34
2. Zentrale Mechanismen emotionaler Differenzierung	34
2.1 Die interpsychische und intrapsychische Regulationsfunktion von Emotionen	35
2.2 Erlebens- und Ausdrucksformen als Zeichen	35
3. Entwicklung der handlungsregulierenden Funktion von Emotionen	39
3.1 Die Dominanz der interpsychischen Regulation als ontogenetischer Ausgangspunkt	39
3.2 Entwicklung der emotionalen Ausdrucks- und Eindrucksfähigkeit im Säuglingsalter	40
3.3 Der Übergang von der interpsychischen zur intrapsychischen Regulation	42
3.4 Internalisierung von Ausdruckszeichen in der intrapsychischen Regulation	48
4. Schlußfolgerungen und Ausblick	50

Einleitung

Wenn man nach der Funktion von Emotionen im Gesamtsystem der individuellen Handlungsregulation fragt, sind vor allem zwei Funktionen zu nennen: die Bewertung von Ereignissen und Sachverhalten bzgl. ihrer Bedeutung für die Befriedigung eigener Motive und die darauf aufbauende motivdienliche Ausrichtung der (eigenen oder fremden) Handlungen. Emotionen signalisieren demnach die Motivrelevanz der wahrgenommenen Reize und überwachen und regulieren die Befriedigung eigener Motive (vgl. Frijda, 1986, p. 317) und sind damit ein Mittel für die Erlangung oder Aufrechterhaltung dieser Befriedigung.

Zur Illustration der Regulationsfunktion von Emotionen stelle man sich einen sechsjährigen Jungen Max vor, der seinem Freund Timo voller Stolz sein neues Rutschauto vorführt, ihn aber nicht damit fahren läßt, obwohl dieser das wohl gern wollte. Timo kann diese Verweigerung seines Wunsches unterschiedlich differenziert bewerten: (1) Wenn nur im Vordergrund steht, ob sein Motiv, Rutschauto fahren zu können, befriedigt oder nicht befriedigt wird, dann müßte er mit Frustration reagieren und als Bewältigungshandlung vielleicht die unangenehme Situation verlassen. Schätzt Timo (2) über das unerwünschte Resultat hinaus die Situation so ein, daß Max für seine Frustration verantwortlich wäre und er sich gegen ihn zur Wehr setzen kann, würde er mit expressivem Ärger reagieren, um Max z.B. durch eine aggressive Drohgebärde zum Herleihen des Rutschautos zu bewegen. (3) Steht statt dessen der Zwiespalt im Vordergrund, daß der Max etwas besitzt, das er auch gern besitzen würde, aber nicht hat, dann würde Timo mit Neid reagieren und als Bewältigungshandlung versuchen, auf irgendeine Weise in den Besitz eines Rutschautos zu kommen. Während die Frustration „nur" auf die Nichtbefriedigung orientiert, orientiert der Ärger auf die Ursache, die ungerechtfertigte Verweigerung des Wunsches durch den anderen, und der Neid auf das begehrte Objekt selbst, das man nicht hier und jetzt nur einmal benutzen, sondern besitzen möchte. Der Ärger verschwindet, wenn der Freund Timo mit dem Auto fahren läßt. Dies wäre beim Neid nicht der Fall, da er auf den Besitz gerichtet ist, d.h., Neid kann sich durch Ärger ausdrücken, nicht aber umgekehrt.

Wie in diesem Beispiel verdeutlicht, bedingt die Art der Bewertung eine je unterschiedliche diskrete Emotion, und je nach Emotion wird eine unterschiedliche Auswahl an motivdienlichen Handlungen vorgenommen. Ein differenziertes Emotionsrepertoire ist demnach mit einem differenzierten Regulationspotential bzgl. motivdienlicher Handlungen verbunden und damit *eine* Voraussetzung für eine erfolgreiche Motivbefriedigung.

Bei den skizzierten emotionalen Episoden lassen sich jeweils drei Komponenten unterscheiden (vgl. auch Scherer, 1990; Holodynski & Friedlmeier, i. d. Bd.):

1. *Vorauslaufende Bewertungsprozesse.* Das Individuum bewertet die Reize bzgl. ihrer Motivrelevanz, und die Art der Bewertung bedingt die diskrete Emotionsqualität. So führt z.B. die Bewertung, daß ein Motiv nicht befriedigt ist, zu Frustration; oder die Bewertung, daß darüber hinaus eine andere Person für die Motivblockierung verantwortlich und dies ungerechtfertigt ist, führt zu Ärger.
2. Der *Emotionszustand* in Form einer Konfiguration von Ausdrucks-, Erlebens- und (peripher)physiologischen Prozessen wird durch die Bewertungsprozesse ausgelöst und macht die diskrete Emotion aus, z.B. eine bekümmerte Mimik bei Frustration oder eine Drohgebärde bei Ärger.
3. *Bewältigungshandlungen* werden durch die Emotion initiiert und sollen die Motivbefriedigung sicherstellen, z.B. sich zurückziehen oder handgreiflich werden.

Diese drei Komponenten stellen zugleich die zeitliche Abfolge der einzelnen Verarbeitungsschritte bei einer emotionalen Reaktion dar. Die Bewältigungshandlung ist wiederum Input für einen erneuten emotionsvermittelten Regulationszyklus mit einer erneuten motivrelevanten Bewertung, einer nachfolgenden (veränderten) emotionalen Handlungsbereitschaft und einer neuerlichen Bewältigungshandlung (vgl. Abb. 1 des Einleitungskapitels).

Im folgenden Beitrag geht es um die Frage, wie sich die Entwicklung diskreter Emotionen, wie z.B. Distress, Ärger, Trauer oder Scham, beschreiben läßt. Es wird die Auffassung vertreten, daß sich die einzelnen Emotionen erst im Laufe der Ontogenese differenzieren und diese Entwicklung gleichbedeutend ist mit einer Differenzierung ihrer spezifischen Regulationsfunktionen. In einem ersten Schritt werden Theorien und Befunde zur Entwicklung diskreter Emotionen diskutiert. Dabei geht es vor allem um die Frage, welche Basisemotionen und Regulationsfähigkeiten eines Säuglings als angeboren angesehen werden können. In einem zweiten Schritt werden zwei *Entwicklungsmechanismen* beschrieben, die eine Differenzierung der emotionsspezifischen Regulationsfunktionen ermöglichen: (a) der Übergang von einer interpsychischen zu einer intrapsychischen Regulation von Emotionen und (b) der Zeichencharakter von Ausdruck und Erleben und die damit ausgelöste Entwicklungsdynamik. In einem dritten Schritt wird mit Hilfe der beiden Mechanismen die Entwicklung der Regulationsfunktionen in vier Phasen dargestellt und anhand empirischer Forschungsergebnisse ausführlicher belegt. Dabei wird auch auf die Bedeutung des Symbolgebrauchs für die Emotionsdifferenzierung eingegangen.

Die Ausdifferenzierung einzelner Emotionen wird nur exemplarisch in bezug auf die Emotionen Ärger, Stolz und Scham behandelt (s. auch Ulich, Kienbaum & Volland; Oerter; Hofmann & Pekrun, i. d. Bd.). Die Fragen, inwiefern es zwischen den Kindern individuelle Entwicklungsunterschiede gibt und wie sich eine maladaptive Entwicklung der Regulationsfunktionen beschreiben läßt, werden aus der Betrachtung ausgeklammert. Hier sei auf die Beiträge im zweiten Teil des Buches verwiesen.

1. Theorien zur Entwicklung diskreter Emotionen

Es gibt eine umfangreiche Kontroverse darüber, ob ein Säugling bereits mit einem Set an funktionsfähigen Basisemotionen ausgestattet ist, wie dies Izard und Malatesta (1987) in ihrer differentiellen Emotionstheorie behaupten. Im folgenden wird zunächst diese Position beschrieben, dann werden kritische Einwände dagegen genannt. Abschließend wird die Differenzierungstheorie von Sroufe (1996) erläutert, die davon ausgeht, daß sich die einzelnen Emotionen und ihre Regulationsfunktionen erst im Laufe der Ontogenese ausdifferenzieren. Die Theorie von Sroufe bildet den Ausgangspunkt für die weiteren Überlegungen.

1.1 Basisemotionen als angeborene Regulationskompetenz

Im Alltagsverständnis hat die Vorstellung, daß das Neugeborene mit einem Set an Basisemotionen ausgestattet ist, große Plausibilität, denn der Mensch kommt nicht als *tabula rasa* auf die Welt. Es muß daher bereits einen Grundbestand an Emotionen geben, von dem die Entwicklung ihren Ausgang nimmt. Eine Reihe von Forschern hat versucht, Qualität und Anzahl möglicher Basisemotionen zu bestimmen. Je nach den Kriterien, die zur Identifikation herangezogen wurden, wie z.B. neurophysiologische Hirnstrukturen (Panksepp,

1991), Mimikmuster (Izard, 1981; Ekman, 1988) oder phylogenetische Kontinuität (Plutchik, 1983), ergaben sich recht unterschiedliche Resultate. Eine in der Entwicklungspsychologie anerkannte Theorie ist die differentielle Emotionstheorie von Izard und Malatesta (1987). Die Autoren gehen davon aus, daß es eine distinkte Anzahl an Basisemotionen gibt, die jeweils

> *(...) (a) ein spezifisches genetisch bedingtes neuronales Substrat haben, (b) ein charakteristisches neuromuskulär-expressives Muster und (c) eine distinkte subjektive oder phänomenologische Qualität (...) (besitzen).* (Izard, 1972, p. 2, Übers. d. A.)

Nach Auffassung der Autoren gibt es zehn Basisemotionen: Ekel, Interesse/Erregung, Freude, Ärger, Furcht, Trauer, Überraschung, Scham/Schüchternheit, Schuld und Verachtung (vgl. Tab. 1). Wenngleich Izard und Malatesta darauf hinweisen, daß sich die neuromuskulär-expressiven Muster dieser Emotionen nicht nur in mimischen, sondern auch in vokalen und posturalen Ausdrucksmustern äußern, haben sie sich darauf konzentriert, jeder Emotion ein charakteristisches mimisches Ausdrucksmuster zuzuordnen, anhand dessen sie sich identifizieren läßt (Izard, 1979).

Tabelle 1. Basisemotionen und ihre Anlässe

Basisemotion	Anlaß
Ekel	Wahrnehmung von schädlichen Substanzen/Individuen
Interesse/Erregung	Neuartigkeit; Abweichung; Erwartung
Freude	Vertraulichkeit; genußvolle Stimulation
Ärger	Zielfrustration
Trauer	Verlust eines wertvollen Objekts; Mangel an Wirksamkeit
Furcht	Wahrnehmung von Gefahr
Überraschung	Wahrnehmung von Neuartigkeit; Verletzung von Erwartungen
Scham/Schüchternheit	Wahrnehmung, daß die eigene Person Gegenstand intensiver Begutachtung ist
Schuld	Erkenntnis, falsch gehandelt zu haben, und das Gefühl, nicht entkommen zu können
Verachtung	Wahrnehmung von Überlegenheit

Adaptiert aus Magai und McFadden (1995)

Anhand von Beobachtungsstudien an Säuglingen führen Izard und Malatesta (1987) eine Reihe von Belegen für das Vorhandensein angeborener Basisemotionen an: Neugeborene reagieren auf unangenehme Geschmacks- und Geruchsreize mit einem Ekelausdruck (Naserümpfen und Zunge vorstrecken). Ihre Aufmerksamkeitsfokussierung ist von einem mimischen Ausdruck des Interesses (offener Mund und Blickzuwendung) begleitet. Ebenso zeigen Neugeborene bereits das Lächeln als Ausdruck von Freude – allerdings zunächst nur während des Schlafes und erst ab dem zweiten Monat als Reaktion auf sozialen Kontakt. Die mimischen Ausdrucksmuster von Überraschung, Traurigkeit, Ärger und Angst hat man zwar nicht bei Neugeborenen, aber im Laufe der ersten sieben Lebensmonate beobachten können. Scham, Schuld und Verachtung konnten erst im Laufe des zweiten Lebensjahres beobachtet werden.

1.2 Einwände gegen eine Theorie der Basisemotionen

Gegen die Auffassung, daß bereits der junge Säugling über das ganze Repertoire an Basisemotionen verfügen soll, ist eine Reihe von Einwänden ins Feld geführt worden (vgl. Sroufe, 1996; Plutchik, 1983; Campos, Campos & Barrett, 1989).

Ein Teil der Einwände ist *methodischer Art* und betrifft die reliable Erfassung der basisemotionalen Mimikmuster. So berichten z.B. Oster, Hegley und Nagel (1992), daß sich bei jungen Säuglingen die mimischen Muster von Ärger und Traurigkeit nicht reliabel von einer globalen Distressreaktion in Form von Schreien unterscheiden ließen (vgl. auch Sroufe, 1996).

Ein anderer Teil der Einwände ist *konzeptueller Art* und betrifft die Tatsache, Emotionen ausschließlich anhand der postulierten Mimikmuster zu identifizieren. Zwar hat man damit eine eindeutige empirische Operationalisierung, aber sie führt zu Widersprüchen, wenn man den funktionalen Aspekt der in Frage stehenden Emotion einbezieht und fragt, ob alle *funktionalen* Merkmale der unterstellten Emotion vorliegen, nämlich: (1) vorauslaufende Bewertungen der Motivrelevanz eines (internen oder externen) Reizes, die (2) eine auf den Emotionsanlaß gerichtete Handlungsbereitschaft auslösen und (3) aufgrund dieser Gerichtetheit Bewältigungshandlungen in Gang setzen können, die bedürfnis- und kontextangemessen sind. Zieht man dieses Kriterium heran, dann zeigt sich, daß man zwar manche Mimikmuster, wie z.B. die Trauermimik (innen hochgezogene Augenbrauen und heruntergezogene Mundwinkel), schon bei zwei Monate alten Säuglingen finden kann (Izard, Hembree & Huebner, 1987). Der Säugling ist aber aufgrund seiner kognitiven Verarbeitungskapazität noch gar nicht in der Lage, die für Traurigkeit notwendigen Bewertungsprozesse der Emotionsanlässe durchzuführen und den Verlust eines wertvollen Objekts oder den Mangel an Wirksamkeit zu diagnostizieren. Plausibler wäre daher die Erklärung, die Trauermimik als Element im Ausdrucksmuster der unspezifischeren Emotion Distress anzusehen, die nur darauf anspricht, daß aktuell ein Motiv nicht befriedigt ist. Für diese Sichtweise spricht auch die mangelhafte Trennbarkeit der Ärger- und Trauermimik vom Schreien, dem Ausdruck von Distress.

Ein weiterer Widerspruch ergibt sich aus den Beobachtungen von Malatesta und Haviland (1982), nach denen die Mimikmuster bei dreimonatigen Säuglingen sehr flüchtig waren – sie wechselten ca. alle sieben Sekunden – und erst im Rahmen der *face-to-face* Interaktion mit ihren Bezugspersonen prägnantere und stabilere Formen annahmen. Sie haben diese Beobachtung dahingehend interpretiert, daß der Säugling noch sehr affektlabil sei und sich seine Emotionen erst in der Interaktion stabilisieren würden. Man kann diesen Befund aber auch dahingehend interpretieren, daß die Ausdrucksmuster noch nicht mit Erlebensmuster verknüpft sind, sondern diese Verknüpfung erst in der Interaktion aufgebaut wird (vgl. Lewis & Michalson, 1982; Camras, 1991). Für eine solche Interpretation spricht, daß der rasante Wechsel in der Mimik nicht mit einem Wechsel an identifizierbaren Emotionsanlässen einhergeht. Ebenso konnte Camras (1992) beobachten, daß Säuglinge bei offenkundig vergleichbaren Emotionsanlässen nicht immer die angenommenen Mimikmuster zeigten und umgekehrt, daß den beobachteten Mimikmustern, die stark fluktuierten, nicht im gleichen Maße stark fluktuierende Emotionsanlässe vorausgingen (vgl. auch Hiatt, Campos & Emde, 1979).

1.3 Die Differenzierung der Regulationskompetenz in der Ontogenese

Legt man mit Sroufe (1996) einen funktionalen Kriterienkatalog für die Identifikation einer Emotion an, kommt man zu der Schlußfolgerung, daß ein Säugling zu Beginn noch gar nicht über Emotionen in dem definierten Sinne verfügt. Weder kann man davon ausgehen, daß den emotionalen Reaktionen des Säuglings die spezifische Beziehungsbedeutung zwischen den Motiven und dem Emotionsanlaß zugrundeliegt, noch sind die erzeugten Handlungsbereitschaften auf den Emotionsanlaß ausgerichtet, und über ein Repertoire an Bewältigungshandlungen verfügt er auch noch nicht. Allerdings gehen auch Izard und Malatesta (1987) davon aus, daß sich die handlungsregulierenden Funktionen der Emotionen im Laufe der Ontogenese weiter ausdifferenzieren und insbesondere der Emotionsausdruck aufgrund von Sozialisationseinflüssen in stärker restringierte und kontrollierte Emotionssignale transformiert wird. Diese sozialisierten Ausdrucksmuster erlauben eine sozial angepaßte Regulation der eigenen Emotionen und führen zu einer Entkopplung von Ausdrucks- und Erlebensprozessen im Laufe der Ontogenese (vgl. Spangler; Ratner; Josephs; Trommsdorff & Friedlmeier, i. d. Bd.). Wenn also zu Beginn der Ontogenese die emotionalen Reaktionen des Säuglings die differenzierten handlungsregulierenden Funktionen nicht innehaben, wie lassen sie sich dann beschreiben?

Die emotionalen Reaktionen des Neugeborenen sind nach Sroufe (1996) zunächst nur an Erregungsaufbau und -abbau gebunden. Die Emotionsintensität wird von rein physikalischen und quantitativen Reizmerkmalen bestimmt, seien sie extern, wie z.B. Laut- oder Lichtstärke, oder intern, wie z.B. Hungerintensität. Überschreitet ein Reiz ein bestimmtes Ausmaß an Intensität, überschreitet auch das Erregungsniveau des Säuglings einen kritischen Schwellenwert und löst eine undifferenzierte Distress-Reaktion in Form eines sich aufschaukelnden Schreiens aus. Im Vergleich zu Ärger oder Enttäuschung ist diese Reaktion ungerichtet: Sie orientiert den Säugling nicht auf den Emotionsanlaß, indem er z.B. seinen Blick oder seine Bewegungen auf den Anlaß ausrichtet. Die Distress-Reaktion braucht auch Zeit, um sich aufzuschaukeln – auch nach mehrmaliger Wiederholung. Sie fängt mit motorischer Unruhe an und steigert sich erst allmählich bis hin zum Schreien.

Fällt die Erregung aufgrund interner oder externer Reize ab, hat dies Entspannung zur Folge, die sich in einem Lächeln äußert. Das anfängliche endogene Lächeln des Säuglings, das sich insbesondere während des Schlafes zeigt, soll dabei an intern erzeugten Erregungszyklen gebunden sein, bei denen das Lächeln durch einen Erregungsabfall nach einem Erregungsanstieg ausgelöst wird. Lächeln ist demnach eine Entspannungsreaktion nach einem Erregungsanstieg (Sroufe, 1996, p. 78-84). Den eigentlichen Emotionen wie Angst, Ärger, Traurigkeit, Freude gehen daher nach Sroufe (1996, p. 64) sogenannte Vorläuferemotionen (*precursor emotions*) voraus, aus denen sich die diskreten Emotionen mit ihren spezifischen Regulationsfunktionen erst entwickeln.

2. Zentrale Mechanismen emotionaler Differenzierung

Wenn die spezifischen Regulationsfunktionen der jeweiligen Emotionen nicht von Geburt an gegeben sind, sondern sich erst im Laufe der Ontogenese herausbilden, welche Mechanismen ermöglichen dann eine solche Entwicklung? In diesem Abschnitt werden zwei grundlegende Entwicklungsmechanismen eingeführt.

2.1 Die interpsychische und intrapsychische Regulationsfunktion von Emotionen

Neben den spezifischen Regulationsfunktionen der einzelnen Emotionen gibt es eine übergeordnete Regulationsfunktion, die bei jeder Emotion beobachtbar ist und danach unterscheidet, *wessen* Handlungen reguliert werden sollen. Emotionen können nicht nur eine *intra*psychische Regulationsfunktion ausüben, bei der die Person selbst die erforderlichen Bewältigungshandlungen ausführt, sondern auch eine *inter*psychische Regulationsfunktion, bei der die Person eine andere Person veranlaßt, für sie die motivdienlichen Handlungen auszuführen. Bei dem zu Beginn des Beitrags angeführten Beispiel mit dem Rutschauto reagiert das Kind im Falle der Frustration mit Rückzug. Es könnte aber ebensogut zu seiner Mutter laufen und sich trösten lassen. Im Falle des Ärgers könnte es statt einer Drohgebärde, die den anderen einschüchtern soll, damit er das Rutschauto „freiwillig" herausgibt, handgreiflich werden und dem anderen das Auto wegnehmen. Im einen Fall führt das Kind motivdienliche Bewältigungshandlungen selbständig aus (sich zurückziehen, dem anderen das begehrte Objekt wegnehmen), im anderen Fall versucht es, andere Personen zu beeindrucken, damit sie stellvertretend die motivdienlichen Bewältigungshandlungen ausführen (durch eine Trauermimik die Mutter zum Trösten veranlassen, durch Drohen den anderen zum Herleihen des Rutschautos veranlassen).

Beide Regulationsfunktionen kann man in allen Altersstufen mit unterschiedlichen Anteilen beobachten. Es verwundert nicht, daß die allgemeinpsychologischen Emotionstheorien von Lazarus (1991) oder Frijda (1986) den Schwerpunkt der Regulationsfunktion auf die intrapsychische Regulation legen, da sie im wesentlichen die Emotionen von Erwachsenen thematisieren. Hingegen wurde in Studien zur emotionalen Entwicklung im Säuglingsalter festgestellt, daß die Emotionen des Säuglings in erster Linie eine interpsychische Regulationsfunktion haben, nämlich die Handlungen der Bezugsperson zu regulieren, damit diese für den Säugling die gewünschten Bewältigungshandlungen ausführt (vgl. Campos et al., 1989; Sroufe, 1996; Trevarthen, 1979b). Der Säugling schreit, die Bezugsperson interpretiert das Schreien als Symptom eines Hungergefühls und als Appell an sie, ihn zu füttern. Sie kommt dem Appell nach und kümmert sich um den Säugling. Die Regulationsfunktion einer Emotion bezieht sich somit im Säuglingsalter auf die *Interaktion zwischen Bezugsperson und Kind*. Damit erhalten die Handlungen der Bezugspersonen einen maßgeblichen Einfluß auf die Art und Weise, in der sich die einzelnen Emotionen differenzieren (vgl. Spangler; Friedlmeier, i. d. Bd.). Der ontogenetische Entwicklungsverlauf läßt sich damit als eine *Bewegung von der interaktiven (interpsychischen) Regulation zur selbständigen (intrapsychischen) Regulation einer Emotion* beschreiben.

2.2 Erlebens- und Ausdrucksformen als Zeichen

Wenn Emotionen die Funktion haben, die eigenen Handlungen oder die des anderen motivorientiert zu regulieren, dann bedarf es in diesem Prozeß eindeutiger Zeichen, die geeignet sind, die spezielle Bedürftigkeit des Individuums anzuzeigen und sich selbst bzw. dem Gegenüber einen Appell zum Handeln zu signalisieren. Diese Zeichen sind die Ausdrucks- und Erlebensprozesse. Eine Emotion erfüllt ihre Regulationsfunktion, indem sie in Form einer spezifischen Konfiguration von Ausdruck, Erleben und peripherphysiologischen Reaktionen der Person selbst und dem Kommunikationspartner anzeigt, in welcher Hinsicht die aktuelle Person-Umwelt-Beziehung transformiert werden soll. Das Besondere an den

Emotionsformen ist, daß sie nicht bereits Bewältigungshandlungen darstellen, sondern als *Zeichen* verstanden werden können, die Bewältigungshandlungen auslösen und vermitteln. Die Entwicklung der Regulationsfunktion von Emotionen läßt sich dann als *Ausdifferenzierung der Ausdrucks- und Erlebenszeichen in den Interaktionen zwischen Kind und Bezugsperson* beschreiben.

Die Analyse der Emotionsformen unter einer Zeichen-Perspektive ist bislang auf den Emotionsausdruck in seiner Eigenschaft als Kommunikationszeichen beschränkt worden (vgl. Zivin, 1982, 1985; Hinde, 1985; Smith, 1985; Saarni, 1989; Fridlund, 1994). Denn bei der *inter*psychischen Regulation ist es offensichtlich, daß die Emotion zum einen deutlich und unmißverständlich im Ausdruck des Senders sichtbar sein muß, damit der Interaktionspartner sie auch wahrnehmen kann – unabhängig davon, ob der Empfänger dem Appell tatsächlich nachkommen will. So kann z.B. das Hochziehen der Mundwinkel als zufällige, nichtssagende Gesichtsmuskelzuckung interpretiert oder als Zeichen von Freude gedeutet werden, mit dem der Zeichensender dem Empfänger signalisiert, daß er den aktuellen Kontakt als angenehm erlebt, und an ihn appelliert, den Kontakt aufrechtzuerhalten.

Der Ausdruck hat demnach sowohl eine *Symptomfunktion* – er ist ein Symptom, das eine Aussage über den Gefühlszustand des Individuums beinhaltet – als auch eine *Appellfunktion* – er soll den anderen zu einer Handlung veranlassen. Ein Zeichen kann aber über diese beiden Funktionen hinaus noch eine dritte Funktion in der Handlungsregulation einnehmen, nämlich eine *Symbolfunktion* – dann steht es stellvertretend für etwas Drittes, für das es durch kulturelle Übereinkunft ein Symbol ist. Wenn man sich z.B. für ein Geschenk freundlich lächelnd bedankt, obwohl man eigentlich darüber enttäuscht ist, dann wird der Ausdruck nicht als Symptom, sondern als Symbol der Freude verwendet. Den Ausdruck als Symbol verwenden zu können, stellt eine bedeutsame Erweiterung der interpsychischen Regulation dar. Scherer (1988b, 1992) hat daher vorgeschlagen, daß man den Ausdruck in Analogie zu einem Sprachzeichen konzeptualisieren kann und sich Karl Bühlers (1984/1934) Organonmodell der Sprache auch auf den emotionalen Ausdruck anwenden läßt. In Abbildung 1 sind alle Komponenten eines Zeichens zusammengefaßt. Jedes Zeichen besteht aus einer *dreistelligen* Relation (s. Abb. 1):

1. Zeichenträger: Für den Interaktionspartner ist dies der jeweilige Ausdruck; für die Person selbst das jeweilige Erleben.
2 Referent: Dies ist die spezifische emotionale Kernthematik im Sinne von Lazarus (1991).
3 Bedeutung: Der jeweilige Zeichenträger kann in bezug auf den Referenten als Symptom, als Appell oder/und als Symbol benutzt werden.

Das Zeichen stiftet zwischen dem Zeichenträger und seinem Referenten eine Beziehung mit einer definierten Bedeutung. Es kann ein Symptom, ein Appell und ein Symbol für den Referenten sein. Welche Bedeutung bzw. welche Funktion im Vordergrund steht, ist aus dem jeweiligen Kontext zu erschließen.

Es gibt auch den Ansatz, dem emotionalen Ausdruck eine Anpassungsfunktion im Sinne einer *adaptiven Reaktion* zuzuschreiben. So soll das Hochziehen der Augenbrauen bei der Überraschung der Anpassung dienen, indem es die Wahrnehmungskanäle für die Aufnahme neuer Informationen öffnet (vgl. Ekman, 1988, S. 161 f). Das Weinen soll dem Abbau emotionaler Erregung dienen. Allerdings sind diese Interpretationsversuche bislang nur für einen begrenzten Teil der *emotionalen* Ausdrucksformen plausibel begründet worden (z.B. beim Weinen). Demgegenüber sind *Reflexe* unmittelbar adaptiv, wie z.B. der Würgereflex bei der Einnahme unangenehmer Speisen (vgl. Fridlund, 1994). Reflexe werden aber aufgrund ihres stereotypen und reizgebundenen Charakters nicht als Emotionen verstanden (Ekman, 1988, S. 161ff). Allerdings werden sogar diese Ausdrucksformen in der Interaktion als Zeichen gedeutet, so daß sie auch als Symbole eingesetzt werden können, wie z.B. das Würgen als Ausdruck des Ekels vor einer Person oder Sache.

Abbildung 1. Ausdruck und Erleben als Zeichen, dargestellt als dreistellige Relation von Zeichenträger, Referent und Bedeutung; (a) am Beispiel Freude und (b) verallgemeinert für jede Emotion

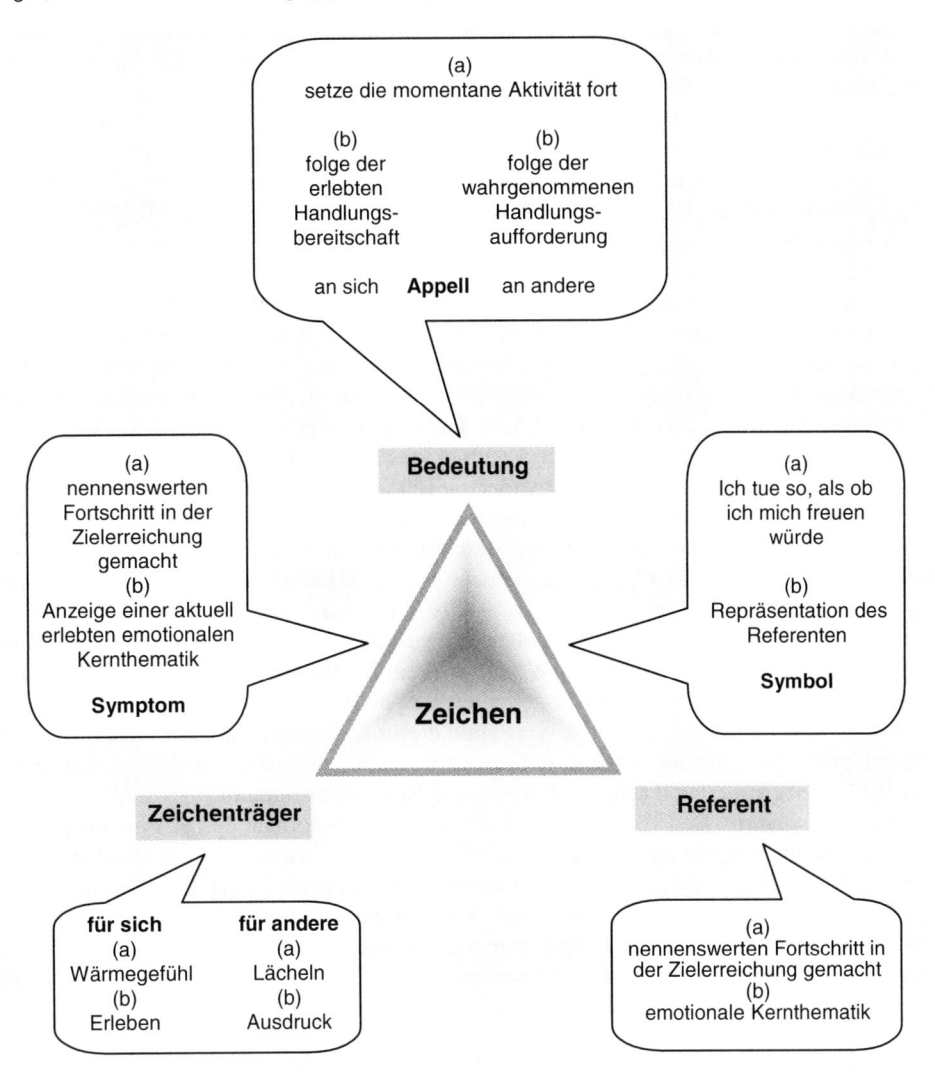

Ist der Ausdruck ein Zeichen für eine andere Person, so ist das *subjektive Erleben* ein Zeichen für die Person selbst (Clore, 1994). Das Erleben von Freude wird subjektiv als Zeichen aufgefaßt, daß man sich aktuell in einem angenehmen Zustand befindet. Es veranlaßt einen, die aktuelle Situation andauern zu lassen und weiter Kontakt zum Emotionsanlaß zu halten – weil es hier und jetzt „einfach so schön" ist (Frijda, 1986, p. 37, Übers. d. A.).

Die Realisierungsformen einer Emotion fungieren demnach für den Kommunikationspartner und die Person je nach Perspektive als Symptom für einen aktuellen emotionalen Zustand und/oder als Appell, in einer bestimmten Weise tätig zu werden.

Auch *autonome Körperreaktionen* wie Herzschlag, Körpertemperatur, Atmung etc. können Zeichenfunktion annehmen, soweit sie sich in beobachtbaren Körperreaktionen oder in subjektiv erlebbaren Körpersensationen niederschlagen. So ist z.B. das Erröten eine autonome Reaktion, die als Ausdruckszeichen von Verlegenheit interpretiert wird (vgl. Campos et al., 1989). Allerdings lassen sich autonome Körperreaktionen nicht auf diese Funktion beschränken. Wie Schneider und Dittrich (1990) erläutern, kommt diesen Prozessen auch die Funktion zu, die organismische Homöostase aufrechtzuerhalten und dem Organismus die nötige Energie für die verschiedenen Handlungsanforderungen, wie z.B. Flucht- oder Angriffshandlungen, bereitzustellen. Insofern lassen sich diese Prozesse nicht ausschließlich auf Zeichenprozesse reduzieren.

Für eine *erfolgreiche interpsychische Regulation* ist es über die Wahrnehmbarkeit des Ausdrucks hinaus erforderlich, daß Sender und Empfänger über einen gemeinsamen Interpretationsrahmen verfügen, damit der Empfänger den Ausdruck auch als bedeutungstragendes Symptom einer Emotion mit dem entsprechenden Appell verstehen kann. Bei der interpsychischen Regulation sind Ausdrucks- und Eindrucksprozesse komplementär aufeinander bezogen (Leyhausen, 1967). Der Ausdruck des Senders erzeugt Eindruck beim Empfänger, der ihn als subjektives Erleben widerspiegelt, in der den Ausdruckszeichen entsprechenden Weise tätig zu werden. Der Ausdruck muß aber mit einer entsprechenden Eindrucksfähigkeit auf seiten des Empfängers kovariieren, um die Wirksamkeit der interpsychischen Regulation kontrollieren zu können. Dieser Eindruck existiert nicht als starre Reflexhandlung, sondern ebenfalls als subjektives Erleben, das dem Sender signalisiert, inwiefern die über die Ausdruckszeichen eingeforderten Bewältigungshandlungen der Bezugspersonen erfolgreich waren. War die Beeinflussung nicht erfolgreich, d.h., der andere führt den an ihn via Ausdruck gerichteten Appell nicht aus, dann verändert dies die Beziehung in der nicht gewünschten Weise und dieses Mißverhältnis wird wiederum durch eine entsprechende Emotion sowohl im Erleben als auch im Ausdruck angezeigt. Das emotionale Erleben erfüllt damit seine motivbezogene Regulationsfunktion.

Zusammenfassung. Den vorliegenden Studien zufolge kann man den emotionalen Reaktionen des Neugeborenen nur eine undifferenzierte Regulationsfunktion zuschreiben. Daher stellte sich die Frage, durch welche Entwicklungsmechanismen eine Differenzierung im Laufe der Ontogenese hervorgebracht wird. Zur Klärung dieser Frage hat es sich als sinnvoll erwiesen, die individuumzentrierte Perspektive, bei der nur die *intrapsychischen* Prozesse betrachtet werden, um eine kontextualistische Perspektive zu erweitern, bei der auch die *interpsychischen* Prozesse zwischen dem Kind und seinem *sozialen* Kontext einbezogen werden. Die Differenzierung der Regulationsfunktion von Emotionen läßt sich dann durch zwei allgemeine und ineinander verschränkte Entwicklungsmechanismen erklären: Die intrapsychische Regulationsfunktion hat ihren ontogenetischen Ursprung in der interaktiven Regulation zwischen dem Säugling und seinen Bezugspersonen. In dieser interaktiven Regulation dienen die wechselseitigen Ausdrucks- und Erlebensprozesse als vermittelnde Zeichen. Die Qualität dieser Regulation bemißt sich nach der Qualität der Ausdrucks- und

Erlebenszeichen, die in der Interaktion von Kind und Bezugspersonen eingeführt und konsistent benutzt werden. Je differenzierter diese Prozesse, desto differenzierter ist auch das emotionale Repertoire eines Kindes.

3. Entwicklung der handlungsregulierenden Funktion von Emotionen

Die Entwicklung der Regulationsfunktion von Emotionen läßt sich anhand der skizzierten Mechanismen in (mindestens) fünf Entwicklungsphasen unterteilen:

1. Die Dominanz der interpsychischen Regulation als ontogenetischer Ausgangspunkt.
2. Die Entwicklung der emotionalen Ausdrucks- und Eindrucksfähigkeit im Säuglingsalter.
3. Die Differenzierung der intrapsychischen aus der interpsychischen Regulation.
4. Die Internalisierung der Ausdruckszeichen in der intrapsychischen Regulation.
5. Die inter- und intrapsychische Regulation Erwachsener.

In den folgenden Abschnitten werden die ersten vier Entwicklungsphasen näher beschrieben und empirisch belegt. Dabei wird auch exemplarisch auf die Entwicklung einzelner Emotionen eingegangen.

3.1 Die Dominanz der interpsychischen Regulation als ontogenetischer Ausgangspunkt

Nach Prechtl (1993) ist der menschliche Säugling eine „physiologische Frühgeburt". In bezug auf seine neurophysiologische Reife ist er im Vergleich zu den Neugeborenen verwandter Säugetierarten zu früh geboren. Prechtl erklärt dies evolutionsgeschichtlich mit der begrenzten intrauterinen Wachstumsmöglichkeit des menschlichen Gehirns. Diese Verkürzung der intrauterinen Entwicklung hat zur Folge, daß das Neugeborene in seinen motorischen Fähigkeiten sehr retardiert und unreif ist (vgl. Thelen, 1984). Aufgrund dessen müssen seine Bezugspersonen die Befriedigung seiner Motive in allen Belangen gewährleisten. Der menschliche Säugling ist damit in besonderer Weise auf eine kompensatorische Unterstützung und Fürsorge durch seine Bezugspersonen angewiesen.

Diese Unreife in bezug auf seine *intra*psychische motorische Regulation kompensiert der Säugling jedoch durch eine besondere Anpassung an eine *inter*psychische emotionale Regulation und ihre progressive Entwicklung in der Eltern-Kind-Interaktion. Diese Anpassung besteht in einer Reihe von angeborenen sensomotorischen Reaktionsmustern, die nach dem Modell von Leventhal und Scherer (1987) die sensomotorische Verarbeitungsebene des Emotionssystems darstellen (vgl. Holodynski & Friedlmeier, i. d. Bd.). Diese Reaktionsmuster bestehen aus emotionalen Ausdruckszeichen, die der Bezugsperson die aktuelle Bedürfnislage des Säuglings anzeigen und darauf gerichtet sind, sie zu den entsprechenden Bewältigungshandlungen zu veranlassen. Die Ausdruckszeichen erfüllen damit Symptom- und Appellfunktion. In erster Linie sind dies das Schreien (vgl. Lester, 1984; Papoušek, 1989) und das Lächeln (Kagan, 1994; Sroufe, 1996; Rauh, 1995). Auch eine Reihe von Reflexen wie der Saug-, Schreck- und Würgereflex werden über ihre unmittelbare adaptive Reflexfunktion hinaus von der Bezugsperson als Ausdruckszeichen interpretiert, wodurch sie zu Zeichen in der interpsychischen Regulation werden (Fridlund, 1994).

Komplementär zu den angeborenen sensomotorischen Reaktionsmustern des Säuglings ist das Fähigkeitspotential der Bezugsperson präadaptiert, die Ausdruckszeichen des Säuglings angemessen interpretieren und mit den entsprechenden motivbefriedigenden Handlungen reagieren zu können (Malatesta & Haviland, 1985). Als Folge dieser Präadaption zwischen Säugling und Bezugsperson entwickelt sich in der Regel eine vertrauensvolle, an die Motive des Säuglings angepaßte Interaktion, die nicht nur auf die aktuelle Motivbefriedigung gerichtet ist, sondern auch eine Zone der nächsten Entwicklung (Wygotski, 1987) für den Säugling aufspannt. In ihr kann er Schritt für Schritt die Fähigkeiten erwerben, die für eine optimierte inter- und intrapsychische Emotions- und Handlungsregulation erforderlich sind.

In Verhaltensmikroanalysen konnten Papoušek und Papoušek (1987) nachweisen, daß es im elterlichen Kommunikationsverhalten eine Reihe von Anpassungen an das Kommunikationsniveau des Säuglings gibt, die intuitiv und ohne rationale Kontrolle gesteuert sind. Dieses Verhalten läßt sich in den verschiedensten Kulturen beobachten. Papoušek und Papoušek haben diese eher unbewußten Anpassungsleistungen der Bezugsperson als „intuitive elterliche Didaktik" bezeichnet (vgl. auch Papoušek & Papoušek, i. d. Bd.): Dazu zählen: (1) den Ausdruck eines Säuglings als authentisches Zeichen einer Emotion zu interpretieren und ihn zu spiegeln, um Kontingenzen zwischen Ausdruck und Erleben herzustellen, (2) kontingent und angemessen auf das Verhalten des Säuglings einzugehen, um ihm das Gefühl eigener Wirksamkeit zu geben, (3) ihm gegenüber prägnante Ausdrucks-*symbole* zu verwenden (Ammensprache, übersteigerte Mimik), um damit eine intentionale Kommunikation zu fördern und (4) den Säugling durch Anregung oder Beruhigung auf einem optimalen Erregungsniveau zu halten. Säugling und Bezugsperson sind demnach optimal an eine *inter*psychische emotionale Regulation präadaptiert.

3.2 Entwicklung der emotionalen Ausdrucks- und Eindrucksfähigkeit im Säuglingsalter

Die emotionale Ausdrucks- und Eindrucksfähigkeit des Kindes entwickelt sich im Rahmen der interpsychischen Regulation zwischen dem Kind und seinen Bezugspersonen. Andere Autoren haben das Primat der *inter*psychischen Regulation gegenüber der *intra*psychischen Regulation im Säuglingsalter ebenfalls beschrieben. Fogel (1993) spricht von *co-regulation* und Tronick (1989) von *mutual regulation*, um die wechselseitige Verflochtenheit der Regulationsprozesse von Bezugsperson und Säugling deutlich zu machen. Indem der Säugling seine Bedürftigkeit durch seinen emotionalen Ausdruck seinen Bezugspersonen signalisiert und diese prompt mit angemessenen Bewältigungshandlungen reagieren, schaffen sie für den Säugling Kontingenzen zwischen seinen spontanen Ausdrucksformen und ihren emotionalen wie instrumentellen Handlungen. Diese bedeutungshaltigen Kontingenzen ermöglichen dem Säugling, die Wirkung seiner Ausdrucksgebärden zu entdecken und als intentionale Ausdruckszeichen einzusetzen. Aus den noch ungerichteten und unspezifischen Ausdruckszeichen des Neugeborenen und den eher explorativen Bewältigungsversuchen seiner Bezugspersonen werden – wenn die Bewältigungshandlungen angemessen sind – in einem positiven Rückkopplungsprozeß zunehmend gerichtetere und in ihrer Bedeutung spezifischere Ausdruckszeichen, die wiederum gezieltere Bewältigungshandlungen auf seiten der Eltern nach sich ziehen und auf diese Weise die interpsychische Regulation verbessern.

Allgemein läßt sich zur Entwicklung sagen: Die wenigen, anfänglich ungerichteten Ausdruckszeichen des Neugeborenen verwandeln sich in kontext- und emotionsspezifische Ausdruckssymbole: das emotionale Verstehen entwickelt sich von der unmittelbaren Erregungsansteckung zu einer echten empathischen Reaktionsfähigkeit, und die Handlungen weiten sich von einem Reflexrepertoire zu einem Repertoire an vielfältig einsetzbaren Bewältigungshandlungen aus (vgl. Sroufe, 1996; Holodynski, 1997a).

Die Entwicklung der Ausdrucksfähigkeit

Die Entwicklung der Ausdruckszeichen läßt sich durch drei Trends beschreiben:

(1) Die Ausdruckszeichen werden *vielfältiger, kontextspezifischer und in ihrer Konfiguriertheit wohlorganisierter*, wobei sie auch idiosynkratische Züge annehmen. Aus dem unspezifischen Distress-Schreien des Neugeborenen werden bereits nach zwei Monaten differenzierte Schreizeichen, die in Abhängigkeit vom Schreianlaß variieren. Papoušek (1989, 1992) zeigte, daß Eltern bereits bei zweimonatigen Säuglingen ein hungriges Schreien von einem frustrierten und einem aufmerksamkeitsheischenden Schreien unterscheiden konnten. Camras, Oster, Campos, Miyake und Bradshow (1992) konnten in ihrer Studie an 5- und 12monatigen Säuglingen beobachten, daß der Ärgerausdruck bei den 5monatigen Säuglingen noch einige Zeit brauchte, um sich aufzubauen, während die 12monatigen Säuglinge prompt und unverzüglich auf den Ärgeranlaß reagierten. Ähnliche Entwicklungsverläufe ließen sich auch beim Lächeln finden (Ellsworth, Muir & Hains, 1993; Weinberg & Tronick, 1994).

(2) Aus *unwillkürlichen und ungerichteten Ausdruckszeichen entstehen willkürliche und gerichtete Ausdruckszeichen*, die auf den Anlaß und auf die Person, die regulierend eingreifen soll, gerichtet sind und in Abhängigkeit von ihrer Wirkung nachjustiert werden. Stenberg und Campos (1990) haben eine Studie zur Entwicklung des Ärgerausdrucks durchgeführt, bei der 1-, 4- und 7monatigen Säuglingen die Arme festgehalten wurden, um eine negative emotionale Reaktion zu induzieren. Einmonatige Säuglinge reagierten mit einer Reihe undifferenzierter negativer Mimikmuster, bevor sie zu schreien anfingen. Ihr Blickverhalten war ungerichtet. 4- und 7monatige Säuglinge zeigten hingegen einen klaren Ärgerausdruck (zusammengezogene Augenbrauen, quadratisch-geöffneter Mund, z.T. mit verengten Augen). Ihr Blick war zu Beginn der Prozedur auf die festhaltende Hand oder das Gesicht der festhaltenden Person gerichtet. Die Säuglinge lokalisierten demnach bereits die Quelle der Beeinträchtigung. Während 4monatige Säuglinge ihren Blick mit Beginn ihres Ärgerausdrucks der Hand oder dem Gesicht des Festhaltenden zugewandt ließen, wendeten sich die 7monatigen Kinder ihrer dabeisitzenden Mutter zu. Dies kann man dahingehend interpretieren, daß sie die Mutter aufforderten, ihnen zu Hilfe zu kommen. Der Ärgerausdruck hatte einen sozial gerichteten Appellcharakter bekommen.

Die angeführten Studien zeigen zugleich, wie sich aus der Distress-Reaktion des Neugeborenen die Ärgerreaktion des 7monatigen Säuglings entwickelt: Die Promptheit der Reaktion auf den Ärgeranlaß zusammen mit der prototypischen Drohmimik und dem Blickkontakt zur Mutter lassen darauf schließen, daß der Säugling die Situation so einschätzt, daß seine Bewegungsfreiheit durch eine Person ursächlich eingeschränkt wird und sich diese Person durch einer Drohmimik beeinflussen läßt. Anhand der Beobachtung solcher Entwicklungsverläufe bzgl. des Zusammenspiels von Anlaß und Emotionsausdruck hat Sroufe (1996) versucht, die Ausdifferenzierung der einzelnen diskreten Emotion zu bestimmen.

(3) Die Ausdruckszeichen werden zunehmend in konventionalisierter Weise benutzt und auch als Symbole zur Darstellung von Emotionen verwendet. Der Ausdruck kann intentional als ein Zeichen genutzt werden, das nicht nur auf eine zeitgleich aktualisierte Emotion verweist, sondern wie ein Wort als Stellvertreter dieser Emotion benutzt werden kann. Der Ausdruck wird zu einem Symbol, dessen Referent ein aktueller emotionaler Zustand ist und dessen Bedeutung in einer verallgemeinerten emotionsspezifischen Handlungsbereitschaft besteht. Die Konventionalisierung des Ausdrucks und seine Nutzung als Symbol für eine Emotion läßt sich bei der sozialen Bezugnahme (*social referencing*) des älteren Säuglings beobachten (vgl. Klinnert, Campos, Sorce, Emde & Svejda, 1983; Hirshberg & Svejda, 1990; Walden & Baxter, 1989; Walden, 1991). Der Säugling, der sich im Falle eigener Unsicherheit und Angst bei seiner Mutter rückversichert, was er tun soll, nutzt den Gesichtsausdruck seiner Mutter als Symbol für seine eigene emotionale Handlungsbereitschaft (vgl. ausführlicher Friedlmeier, i. d. Bd.).

Die Entwickung der emotionalen Eindrucksfähigkeit

Die Entwicklung der emotionalen Eindrucksfähigkeit betrifft die Fähigkeit des Säuglings, sich in seinem Erleben von den Ausdrucksmitteln seiner Bezugspersonen und anderer Personen beeindrucken zu lassen. Die Entwicklungsspanne reicht von der Gefühlsansteckung bis zur echten Empathie (vgl. Bischof-Köhler, 1989; Demos, 1988; Bavelas, Black, Lemery & Mullett, 1987; Eisenberg & Strayer, 1987; Thompson, 1987b). Wenn Säuglinge Ausdruckszeichen von Traurigkeit bei einer anderen Person wahrnehmen, lassen sie sich von diesem Gefühl anstecken und reagieren mit Distress. Im Laufe des Kleinkindalters verwandelt sich die Distressreaktion in eine empathische Reaktion, die oft von Bewältigungshandlungen begleitet ist, die den anderen aus seiner Traurigkeit holen sollen (Friedlmeier, 1993; Trommsdorff, 1993; Thompson, 1987b; Fabes, Eisenberg, Karbon, Troyer & Switzer, 1994; vgl. auch Trommsdorff & Friedlmeier, i. d. Bd.).

Walker-Andrews (1988) faßt die Befunde zur Entwicklung der Eindrucksfähigkeit in vier Entwicklungsstufen zusammen. Klinnert et al. (1983) kommen zu einer vergleichbaren Stufenabfolge. Da sich die Entwicklung der Eindrucks- und Ausdrucksfähigkeit wechselseitig bedingen (Leyhausen, 1967), wird die Darstellung der Entwicklung der Eindrucksfähigkeit im nächsten Abschnitt mitbehandelt.

3.3 Der Übergang von der interpsychischen zur intrapsychischen Regulation

Gegen Ende des Säuglingsalters sind unter dem Primat der interpsychischen Regulationsfunktion alle Voraussetzungen im Repertoire des Säuglings entstanden, um eine begrenzte Anzahl an emotionsauslösenden Situationen auch ohne Hilfe der Bezugsperson bewältigen zu können (Sroufe, 1996). Die Ausdifferenzierung der Ausdruckszeichen, des emotionalen Verständnisses und des Handlungsrepertoires innerhalb der Bezugsperson-Kind-Interaktion befähigen den Säugling nun auch zu einer intrapsychischen Regulation. Die ausdifferenzierten Ausdruckszeichen werden von der interpsychischen in die intrapsychische Regulation hineingetragen, neue Ausdruckszeichen in der interpsychischen Regulation ausprobiert und an ihrem Erfolg gemessen. In dieser Phase trennen sich die beiden Regulationsfunktionen. Das Kind erwartet nicht mehr unbedingt oder sucht nicht mehr bei jeder Emotion die Unterstützung einer anderen Person.

Der Ärger über ein nicht auffindbares Puzzleteil führt zwar noch zu einem klaren Ärgerausdruck, der von anderen auch als ein Hilfeappell gedeutet werden kann, der aber nicht mehr unbedingt mit einer Hilfeerwartung auf seiten des Kindes verbunden sein muß. Vielmehr mag ihm während des Schimpfens aufgefallen sein, daß sich das Problem dadurch nicht löst, und es sucht selbständig weiter, bis es das Puzzleteil gefunden hat oder bis es sich mit einer tröstenden Geste von seiner vergeblichen Suche selbst abbringt.

Die interpsychische Regulation gibt dabei den Erfahrungshintergrund ab, gemäß dem auch die intrapsychische Regulation funktioniert (Holodynski, 1995, 1996; Sroufe, 1996). Aus der Kommunikation mit dem anderen wird eine Kommunikation mit sich selbst. Die Entwicklung vom Sozialen zum Individuellen als zentraler Mechanismus wird auch in der kulturhistorischen Schule (Wygotski, 1986, 1987; Leontjew, 1982; Luria, 1980, 1982) und im symbolischen Interaktionismus (Mead, 1973/1934) hervorgehoben. So hat Wygotski (1992) diesen Übergang für den Gestengebrauch beschrieben: Aus der Geste an sich wird die Geste für andere und über diesen Vermittlungsweg erst eine Geste für das Kind.

Man kann diese Entwicklungssequenz auch auf die Entwicklung der emotionalen Ausdruckszeichen übertragen: Aus dem Ausdruck an sich, den das Kind unwillkürlich äußert, wie z.B. das Weinen, wird das Ausdruckszeichen für andere, die den Ausdruck des Kindes als bedeutungshaltiges, an sie gerichtetes Ausdruckszeichen interpretieren. Es veranlaßt sie, mit angemessenen Handlungen zu reagieren, nämlich zu trösten. Im nächsten Schritt wird aus dem Ausdruckszeichen für andere aufgrund der „erfolgreichen" Wirkung ein Ausdruckszeichen für das Kind, das es nun intentional und gezielt gegenüber anderen einzusetzen vermag. Das Kind sucht bei Kummer von sich aus Trost bei der Bezugsperson. Und in einem weiteren Schritt wird aus dem Ausdruckszeichen für das Kind, das es gegenüber anderen einsetzt, ein Ausdruckszeichen für das Kind, das es gegenüber sich selbst einsetzt: Es folgt nun selbst dem Appell seines Ausdruckszeichens und führt die angemessenen Handlungen selbständig aus. Das Kind tröstet sich selbst.

Der Übergang von einer interpsychischen Regulation zu einer intrapsychischen Regulation erfolgt nicht schlagartig, sondern vollzieht sich in mehreren Phasen, in denen das Kind immer mehr Anteile der Regulation, die zuvor die Bezugsperson ausgeführt hat, selbständig ausführt (s. Abb. 2). Am Ende dieses Entwicklungsprozesses kann das Kind seine Handlungen mit Hilfe seiner Emotionen und verfügbaren Bewältigungshandlungen ohne Rückgriff auf die Unterstützung anderer regulieren. Sroufe (1996) beschreibt drei Phasen. Es lassen sich jedoch noch zwei weitere Phasen anschließen, in denen das Kind bereits sich selbst reguliert. Diese fünf Phasen stellen eine entwicklungspsychologische Abfolge dar (s. Abb. 2). Die jeweiligen charakteristischen Regulationsformen dieser Phasen kommen aber auch in späteren Phasen immer wieder zum Einsatz, wobei die Regulationsformen der ersten beiden Phasen in der Regel nur in aktuellen Streßsituationen benutzt werden.

1. Phase: Die Bezugsperson reguliert das Erregungsniveau des Kindes

Ein Säugling besitzt bereits Möglichkeiten, sein Erregungsniveau selbständig zu regulieren, z.B. durch Saugen oder Blickabwenden von einer überstimulierenden Reizquelle. Doch sind dem enge Grenzen gesetzt (vgl. Blass & Ciaramitaro, 1994; Sroufe, 1996). Neugeborene lassen sich sowohl von vokalen Ausdruckszeichen, z.B. vom Schreien anderer Säuglinge, emotional anstecken (Campos, 1988) als auch mit Hilfe taktiler und kinästhetischer Stimulation beruhigen. Da die Ausdruckszeichen des Säuglings noch ungerichtet und undifferenziert sind, müssen die Bezugspersonen explorativ ermitteln, welche konkrete Bedeutung das Distress-Schreien im einzelnen hat und welches die angemessenen motivbefriedigenden Handlungen jeweils sind. In den ersten drei Monaten besteht die Aufgabe der Bezugsperson darin, das Erregungsniveau des Säuglings extern mit Hilfe entsprechender Beruhigung oder Anregung im optimalen Bereich zu halten.

Abbildung 2. Entwicklungsphasen von der interpsychischen zur intrapsychischen Handlungsregulation, vermittelt über die emotionale Ausdrucksfähigkeit (A) und emotionale Eindrucksfähigkeit (E)

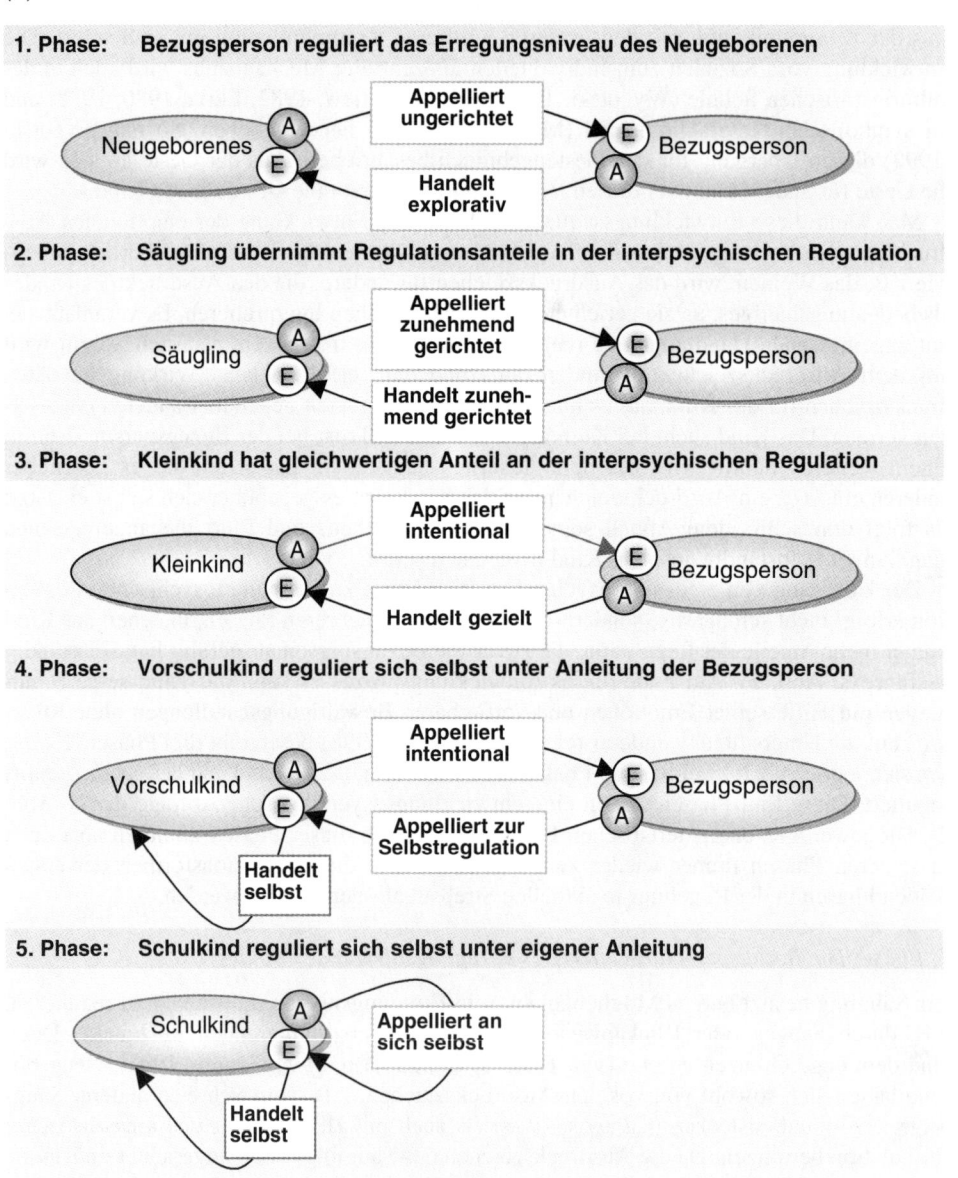

1. Phase: Bezugsperson reguliert das Erregungsniveau des Neugeborenen

Neugeborenes — Appelliert ungerichtet → Bezugsperson
Neugeborenes ← Handelt explorativ — Bezugsperson

2. Phase: Säugling übernimmt Regulationsanteile in der interpsychischen Regulation

Säugling — Appelliert zunehmend gerichtet → Bezugsperson
Säugling ← Handelt zunehmend gerichtet — Bezugsperson

3. Phase: Kleinkind hat gleichwertigen Anteil an der interpsychischen Regulation

Kleinkind — Appelliert intentional → Bezugsperson
Kleinkind ← Handelt gezielt — Bezugsperson

4. Phase: Vorschulkind reguliert sich selbst unter Anleitung der Bezugsperson

Vorschulkind — Appelliert intentional → Bezugsperson
Vorschulkind ← Appelliert zur Selbstregulation — Bezugsperson
Vorschulkind ↻ Handelt selbst

5. Phase: Schulkind reguliert sich selbst unter eigener Anleitung

Schulkind ↻ Appelliert an sich selbst
Schulkind ↻ Handelt selbst

Die Altersangaben geben nur den ungefähren Alterszeitraum der jeweiligen Phase an. In späteren Entwicklungsphasen treten auch Regulationsformen früherer Phasen auf.

2. Phase: Das Kind übernimmt Regulationsanteile in der interpsychischen Regulation

Viermonatige Säuglinge können mimische Ausdruckszeichen bereits unterscheiden und nachahmen, wobei sie eine Präferenz für fröhliche Mimik haben. Zwischen dem dritten und sechsten Lebensmonat werden die intensiven *face-to-face* Interaktionen mit der Bezugsperson noch bedeutsamer, weil das Minenspiel der Mutter eine kommunikative Bedeutung gewinnt. Diese Interaktionen beinhalten das wechselseitige Hervorlocken und Verstärken insbesondere positiv getönter Mimik- und Stimmuster (Malatesta & Haviland, 1982). Wenn die Mutter ihr Minenspiel mit dem Säugling plötzlich abbricht (*still face*), die anderen Handlungen aber fortsetzt, reagieren Säuglinge zuerst mit Bemühungen, die Mutter wieder zum Minenspiel zu bewegen. Wenn dies nicht gelingt, reagieren sie mit Distress, der sich bis zum Schreien steigern kann (Weinberg & Tronick, 1996).

3. Phase: Das Kind übernimmt einen gleichwertigen Anteil in der interpsychischen Regulation

Zwischen dem sechsten und neunten Monat scheinen Säuglinge damit zu beginnen, ihrem Gegenüber bei seinen Handlungen eine Absicht zu unterstellen. Kinder ab diesem Alter orientieren sich bereits an der Blickrichtung des Erwachsenen, um ihren eigenen Aufmerksamkeitsfokus dem des Erwachsenen anzupassen (*joint attention*, Moore & Dunham, 1995; Tomasello, 1995). Bei der Zeigegeste schaut das Kind nicht mehr auf die Spitze des Fingers, sondern auf das Objekt, auf das gezeigt wird. Stern (1992) hat daraus geschlossen, daß das Kind zum sogenannten „Gedankenleser" wird: Es nimmt den Ausdruck nicht mehr als bloße motorische Bewegung wahr, sondern als Zeichen für eine aktuelle innere Handlungsbereitschaft des Gegenübers, und es beachtet, wie seine Bezugsperson auf seine emotionalen Ausdruckszeichen Bezug nehmen. Malatesta (1981) beobachtete, daß 3monatige Säuglinge beim Schreien ihre Augen noch geschlossen hielten, während 6monatige Säuglinge ihre Augen offen hatten und die Reaktionen ihrer Mütter verfolgten (vgl. auch Stenberg & Campos, 1990). Die 6monatigen Säuglinge verstehen augenscheinlich die Korrespondenz zwischen mimischen und vokalen Ausdruckszeichen und lassen sich nun auch von *mimischen* Ausdruckszeichen emotional anstecken. Nach Sroufe (1996) ist das Kind erst in diesem Altersabschnitt zu einer voll funktionsfähigen Ärger-, Furcht- und Trauerreaktion in der Lage.

Die Unterstellung von Absichten und Gefühlen kann man als „Geburt" der Intersubjektivität verstehen (Trevarthen, 1979; Stern, 1992), ohne die eine erfolgreiche Kommunikation nicht möglich ist. Erfolgreiche Kommunikation besteht nicht bloß aus Informationsübertragung und -verarbeitung, sondern aus einer wechselseitigen Abstimmung von Verhaltensintentionen (vgl. Fogel, 1993; Trevarthen, 1979; Vila, 1996).

4. Phase: Das Kind reguliert sich selbst unter Anleitung der Bezugsperson

Ab dem neunten Monat erkennen Säuglinge, worauf eine Person ängstlich, freudig oder ärgerlich reagiert, d.h., sie erkennen die Beziehung zwischen Gefühl und Gefühlsanlaß. Diese Erkenntnis ermöglicht es dem Säugling, sein Verhalten durch soziale Bezugnahme zu regulieren: Er kann den Gesichtsausdruck einer vertrauten Person als Hinweis nutzen, wie er ein Ereignis emotional einschätzen soll, über das er noch keine eigenen Erfahrungen gesammelt hat. Im einfachsten Fall besteht die Verhaltenssteuerung in einer Entscheidung zwischen Annäherung und Vermeidung (vgl. Klinnert et al., 1983; Hirshberg & Svejda, 1990; Walden & Baxter 1989; Walden, 1991).

Typisch für dieses Alter ist, daß das Kind aktiv die Nähe zu seinen Bezugspersonen sucht und aufrechterhält, auch wenn es nicht direkt mit ihnen interagiert. Es benutzt sie als sichere Ausgangs- und Rückzugsbasis für seine Erkundungen. In Situationen erhöhter Unsicherheit und Angst kann es sich jederzeit durch eine soziale Bezugnahme auf seine Bezugspersonen über die Bewertung der es verunsichernden Ereignisse vergewissern und sie bei anderen Emotionsanlässen um Unterstützung angehen.

Exkurs: Die Entwicklung von Stolz, Scham und Schuld. In die vierte Entwicklungsphase fällt auch die Entstehung der normorientierten Emotionen wie Stolz, Scham und Schuld (vgl. auch Hofmann & Pekrun, i. d. Bd.). Sie entstehen erst im Laufe des Kleinkindalters und ermöglichen die Orientierung der eigenen Motivbefriedigung an den sozialen Normen und Werten einer Kultur. Die Fähigkeit, sein Handeln an kulturellen Normen ausrichten zu können, ist eine wesentliche Voraussetzung für eine intrapsychische Emotionsregulation, die tatsächlich eigenständig ist. Die Motivbefriedigung des Menschen ist kein individueller Akt, sondern in das Netzwerk sozialer Beziehungen eingebunden. Das Individuum ist in vielen Handlungen, die für seine Motivbefriedigung notwendig sind, auf die Koordination mit anderen Menschen und deren Motiven angewiesen. Nur allein um an die notwendigen Nahrungsmittel für seinen Hunger zu gelangen, bedarf es der Koordination mit anderen Menschen. Die Gestaltung und Koordinierung dieser sozialen Beziehungen ist nicht beliebig variabel, sondern folgt in jeder Kultur tradierten kulturellen Normen, die vorschreiben, wie diese soziale Koordinierung der individuellen Motive erfolgen soll und welche individuellen Gestaltungsspielräume bestehen. Zu einer erwachsenen und tatsächlich selbständigen Regulation gehört daher nicht nur, daß man differenzierte Emotionen erlebt, sondern diese auch mit den kulturellen Anforderungen in Einklang bringen kann.

Anlaß für die Ausbildung von Stolz ist, daß das soziale Umfeld das Kind für die Einhaltung von Normen lobt und bestätigt, ein „gutes" Kind zu sein. Scham entsteht aus der Angst vor der sozialen Zurückweisung: Im Kleinkindalter macht das Kind erstmals die Erfahrung, daß seine Bezugspersonen zwar seinen Emotionsappell verstanden haben, aber nicht bereit sind, ihm nachzukommen, im Gegenteil, daß sie das Kind sogar auffordern, sich an eine entgegenstehende Handlungsnorm zu halten, auch wenn es dies aktuell nicht tun *will*. Mehr noch, daß sie dieser Forderung Nachdruck verleihen, indem sie die Beziehung zum Kind kurzfristig abbrechen. Die Reaktion des Kindes sind in der Regel massive Trotzanfälle und Scham (Kopp, 1992; Holodynski, 1992b; Reukauf, 1996; Kuczynski & Kochanska, 1990). Scham und Schuld sind Emotionen, die das Kind in die Lage versetzen, seine normwidrigen emotionalen Handlungsbereitschaften zu kontrollieren und in normgerechte Bahnen umzulenken (vgl. auch Sroufe, 1996; Stipek, 1995; Holodynski, 1992a; Geppert & Heckhausen, 1990; Mascolo & Fischer, 1995).

Wie Sroufe (1996) ausführt, kann das Kind die Ausrichtung seiner Handlungen an kulturellen Normen und die Kontrolle seiner Emotionen nicht von Beginn an selbständig ausführen. Auch hier gibt es wiederum eine Zone der nächsten Entwicklung (Wygotski, 1987), in der es unter Anleitung zumeist von Erwachsenen die normorientierte Regulation seiner Emotionen einübt. Holodynski (1992a) hat für den Bereich der Leistungsmotivation in einer Studie zur Entwicklung der Leistungsmotivation gezeigt, daß die Emotionen Stolz und Scham im Vorschulalter zunächst nur gegenüber anderen Personen, insbesondere Erwachsenen, auftreten, nicht aber wenn die Kinder allein für sich sind. Erst im Grundschulalter zeigten die untersuchten Kinder auch Scham und Stolz, wenn sie alleine für sich waren.

In Tabelle 2 sind die emotionsspezifischen Regulationsfunktionen von Scham und Schuld sowie von weiteren Emotionen aufgeführt. Zugleich sind die Emotionen in ihrer ontogenetischen Entstehungsreihenfolge aufgelistet, wobei sich die spezifische Regulationsfunktion zunächst im interpsychischen Bereich ausbildet und sich dann auf den intrapsychischen Bereich ausweitet.

Tabelle 2. Regulationsfunktionen der „Basis"-Emotionen in bezug auf die eigene Person (intrapsychisch) und in bezug auf den Interaktionspartner (interpsychisch)

Emotion	Anlaß	Regulationsfunktion in bezug auf	
		Die eigene Person (intrapsychisch)	Interaktionspartner (interpsychisch)
Ekel	Wahrnehmung von schädlichen Substanzen/Individuen	Weist schädliche Substanzen/Individuen zurück	Signalisiert Fehlen an Aufnahmefähigkeit beim Individuum
Interesse/ Erregung	Neuartigkeit; Abweichung; Erwartung	Öffnet das sensorische System	Signalisiert Aufnahmebereitschaft für Information
Freude	Vertraulichkeit; genußvolle Stimulation	Signalisiert dem Selbst, die momentanen Aktivitäten fortzuführen	Fördert soziale Bindung durch Übertragung von positiven Gefühlen
Ärger	Zielfrustration	Bewirkt die Beseitigung von Barrieren und Quellen der Zielfrustration	Warnt vor einem möglichen drohenden Angriff; Aggression
Trauer	Verlust eines wertvollen Objekts; Mangel an Wirksamkeit	Fördert auf niedrigem Niveau Empathie; führt bei höherer Intensität zur Handlungsunfähigkeit des Individuums (um evtl. dem Auftreten weiterer traumatischer Ereignisse vorzubeugen)	Löst Pflege- und Schutztendenzen sowie Unterstützung und Empathie aus
Furcht	Wahrnehmung von Gefahr	Identifiziert Bedrohung; fördert Flucht- oder Angriffstendenzen	Signalisiert Unterwerfung; wehrt Angriff ab
Überraschung	Wahrnehmung von Neuartigkeit; Verletzung von Erwartungen	Dient der Channel Clearing-Funktion (Tomkins, 1982), durch die der Organismus auf neue Erfahrungen vorbereitet wird	Demonstriert Naivität des Organismus; beschützt diesen vor Angriffen
Scham/ Schüchternheit	Wahrnehmung, daß die eigene Person Gegenstand intensiver Begutachtung ist	Führt zu Verhalten, welches das Selbst vor weiteren Angriffen auf die Intimsphäre schützt	Signalisiert Bedürfnis nach Zurückgezogenheit
Schuld	Erkenntnis, falsch gehandelt zu haben, und das Gefühl, nicht entkommen zu können	Fördert Versuche zur Wiedergutmachung	Führt zu unterwürfiger Körperhaltung, welche die Wahrscheinlichkeit eines Angriffs reduziert
Verachtung	Wahrnehmung von Überlegenheit	Organisiert und hält die Aufmerksamkeit für die soziale Position und Überlegenheit aufrecht	Signalisiert Überlegenheit über andere

Adaptiert aus Magai und McFadden (1995, Übers. d. A.)

5. Phase: Das Kind reguliert sich selbst unter eigener Anleitung

Wenn das Kind auf eine Emotion hin die Bewältigungshandlungen selbständig und ohne die Möglichkeit der Rückversicherung bei seinen Bezugspersonen ausführt, dann hat sich die intrapsychische Regulation verselbständigt. Man kann sagen, daß das Kind jetzt emotional an sich selbst appellieren kann, die jeweiligen motivdienlichen Bewältigungshandlungen auszuführen. Die Verselbständigung der intrapsychischen Regulation bleibt aber nicht folgenlos. Sie hat wiederum Rückwirkungen auf die dabei eingesetzten Ausdrucks- und Erlebenszeichen. Diese Rückwirkungen werden im folgenden näher behandelt.

3.4 Internalisierung von Ausdruckszeichen in der intrapsychischen Regulation

Prototypische Ereignisse, bei denen man notgedrungen auf eine intrapsychische Regulation verwiesen ist, treten in Situationen auf, in denen man allein ist. In solchen Situationen kann man niemanden unmittelbar um Unterstützung angehen. Eine weitverbreitete Annahme besteht darin, daß sich in solchen „Alleinsituationen" keine weitere Entwicklung der Ausdruckszeichen vollzieht, daß sie vielmehr zum Refugium werden, in dem man nach wie vor wie im Kleinkindalter sein inneres Erleben authentisch und ohne Intensitätsverluste zum Ausdruck bringt. Es gibt ja scheinbar keinen Grund, dies nicht zu tun.

Es konnte aber inzwischen in einer Reihe von sorgfältig kontrollierten Laboruntersuchungen an Erwachsenen gezeigt werden, daß diese Meinung so nicht zutreffend ist. Erwachsene zeigten bei gleichem Emotionsanlaß und bei vergleichbarer Erlebensintensität in Alleinsituationen einen schwächeren Ausdruck als in Kommunikationssituationen. Die Ausdrucksintensität war im Vergleich zur Erlebensintensität miniaturisiert. Dieser Effekt ist mehrfach für die Emotion Freude (Jakobs, 1998; Hess, Banse & Kappas, 1995; Fridlund, 1991) nachgewiesen, aber auch für Ärger und Enttäuschung repliziert worden (Holodynski, 1997a). Der Miniaturisierungseffekt zeigte sich auch in Studien im alltäglichen Kontext (ebd.): In einer Tagebuchstudie an Studierenden sollten diese an vier Tagen einer Woche alle Emotionsepisoden protokollieren, Ausdrucks- und Erlebensintensitäten einschätzen und ausdruckskontrollierte Episoden markieren. Dabei zeigte sich, daß gerade bei den nicht kontrollierten Emotionsepisoden die Ausdrucksintensität in Alleinsituationen geringer war als in Kontaktsituationen, obwohl die Erlebensintensität vergleichbar war. Wie läßt sich dieses Phänomen der Ausdrucksminiaturisierung in Alleinsituationen erklären?

Holodynski (1997a) hat die These aufgestellt, daß es sich bei der Ausdrucksminiaturisierung in Alleinsituationen um einen entwicklungspsychologischen Internalisierungsprozeß handelt: Die Zeichenträger passen sich in ihrer Form der *intra*psychischen Regulation an. Das vollständige Ausführen eines deutlich wahrnehmbaren *Ausdrucks*zeichens wird in dem Maße überflüssig, wie über die bewußte Wahrnehmung der eigenen emotionalen *Erlebens*zeichen die emotionale Handlungsbereitschaft prompt und unverzüglich in angemessene Bewältigungshandlungen überführt werden kann. Eine Person braucht zwar nach wie vor ein Ärger*erleben*, wenn unverhofft ein Hindernis die Zielerreichung blockiert, um die eigenen Handlungen auf die neue Situation einstellen zu können, aber es bedarf keines intensiven Ärgerausdrucks mehr. Noch bevor sich ein intensiver Ärgerausdruck aufbaut, werden bereits mögliche Bewältigungshandlungen antizipiert, die umgesetzt werden können. Diese Dissoziation zwischen Ausdruck und Erleben kann man als Resultat einer fortschreitenden Handlungsökonomie ansehen, bei der überflüssige Verhaltensanteile „eingespart" werden.

Für eine solche Interpretation lassen sich eine Reihe von empirischen Belegen anführen: Bei einer Vergleichsstudie von Vorschulkindern und Erwachsenen zeigte sich ein solcher Miniaturisierungseffekt nicht bei Vorschulkindern, aber bei Erwachsenen. Letztere zeigten in einer Alleinbedingung einen schwächeren Ausdruck als in einer Kontaktbedingung, während dies bei den Vorschulkindern noch nicht beobachtet werden konnte (Holodynski, 1995). Auch in der Studie von Cole, Zahn-Waxler und Smith (1994) an Vorschulkindern zeigte sich noch ein intensiver Ausdruck in Alleinsituationen. In der Studie von Chapman (1973) an achtjährigen Kindern zeigte sich hingegen ein Miniaturisierungseffekt. Den Kindern wurden über Kassette und Kopfhörer lustige Geschichten erzählt, um Freude zu induzieren. Dabei variierte man das Ausmaß an sozialem Kontakt vom gemeinsamen Anhören der Geschichten bis hin zum alleinigen Anhören. Mit abnehmendem sozialen Kontakt nahm auch die Lachdauer der Kinder ab. Sie war in der Alleinbedingung am geringsten. In einer Querschnittstudie an 4- bis 8jährigen Kindern (Holodynski, 1997a, b), bei denen Freude und Enttäuschung induziert wurden, zeigten die 5- und 6jährigen in einer Alleinsituation eine Ausdrucksintensität, die mit der in einer Kontaktsituation vergleichbar war, während mit zunehmendem Alter der Ausdruck in Alleinsituationen schwächer wurde. 8jährige zeigten bei vergleichbarer Erlebensintensität eine deutlich geringere Ausdrucksintensität in einer Allein- gegenüber einer Kontaktsituation. Dies traf sowohl für Freude- als auch für Enttäuschungsepisoden zu.

Auch wenn noch weitere Replikationsstudien vonnöten sind, um die These von einem ontogenetischen Miniaturisierungsprozeß der Ausdruckszeichen zu erhärten, stellt sich die Frage, welche ontogenetischen Entwicklungsresultate eine solche Miniaturisierung des Ausdrucks möglich machen. Vermutlich hängt dies mit zwei Entwicklungsresultaten zusammen: zum einen mit der Ausgliederung der Ausdruckszeichen als Symbole, die für emotionale Zustände und Handlungsappelle in der interpsychischen Regulation stehen, und zum anderen mit der zunehmenden Versprachlichung der emotionalen Prozesse. Das Kind baut ein konzeptuelles Wissen über die Bezeichnung von Emotionszuständen, über ihre Auslöser und ihre Konsequenzen, über Möglichkeiten ihrer Regulation etc. auf (vgl. Harris, 1992; Bretherton, Fritz, Zahn-Waxler & Ridgeway, 1986; Manstead, 1993; Janke, i. d. Bd.).

Einen qualitativen Sprung in der Entwicklung des Emotionswissens stellt die Entdeckung dar, daß man einerseits zwischen den von außen wahrnehmbaren Ausdruckszeichen und andererseits zwischen den „eigentlichen" emotionalen Erlebnissen, die man in der Selbstreflexion als inneres Erleben wahrnimmt, unterscheiden kann (Selman, 1981; Rottleuthner-Lutter, 1987; Gross & Harris, 1988). Diese Erfahrungen führen zu einer Differenzierung der Ausdrucks- und der Erlebenskomponente einer emotionalen Reaktion. Für die intrapsychische Regulation werden die Erlebenszeichen als die entscheidenden handlungsregulierenden Prozesse identifiziert. Sie können dann, müssen aber nicht mehr mit Ausdruckszeichen gekoppelt sein. Es entsteht eine private Gefühlswelt, die für andere Personen nicht mehr ohne weiteres anhand der äußeren Ausdruckszeichen erschlossen werden kann.

Für eine solche Deutung sprechen Befunde aus der bereits angeführten Querschnittstudie von Holodynski (1997a, b): Es wurde nachgewiesen, daß diejenigen 6- und 7jährigen Kinder, die bereits bewußt zwischen Ausdrucks- und Erlebensprozessen unterscheiden konnten, in den Alleinsituationen einen stärkeren Miniaturisierungseffekt zeigten als die Kinder, die Ausdruck und Erleben noch nicht bewußt voneinander trennen konnten. Bei 8jährigen Kindern ergab sich bereits ein Deckeneffekt: Sie konnten bereits alle Ausdruck und Erleben bewußt trennen und damit ihr Erleben unabhängig vom begleitenden Ausdruck wahrnehmen, und sie zeigten auch einen Miniaturisierungseffekt (vgl. Tab. 3). Doch fehlen noch weitere Studien, um diese Überlegungen weiter zu präzisieren und zu belegen.

Tabelle 3. Korrelationen zwischen der konzeptuellen Differenzierungsfähigkeit von Ausdruck und Erleben und der Größe des Miniaturisierungseffekts in Abhängigkeit von der Altersgruppe und den Miniaturisierungsmaßen (n = 20 pro Altersgruppe)

Miniaturisierungsmaß	Ausmaß an konzeptueller Differenzierungsfähigkeit von Ausdruck und Erleben bei				
	4jährigen	5jährigen	6jährigen	7jährigen	8jährigen
Ausdruck (allein) [1]	.02	-.31	-.56**	-.60**	-.37
Ausdrucksdifferenz: sozial – allein [2]	.31	-.32	.43 *	.45 *	.21

[1] Ausdrucksintensität in der Alleinbedingung (Skala von 0 – kein Ausdruck bis 5 – extrem starker Ausdruck; [2] Differenz der Ausdrucksintensität zwischen der Kontakt- und der Alleinbedingung; * $p < .05$, ** $p < .01$.

Die beschriebene Dissoziation zwischen Ausdrucks- und Erlebensprozessen hat für die Regulation der Emotionen und Handlungen zwei wesentliche Vorteile: Auf der einen Seite ermöglicht sie, daß Ausdruckszeichen in der Kommunikation mit anderen auch intentional als Symbole eingesetzt werden können, ohne daß damit ein entsprechendes emotionales Erleben korrespondieren muß. Dies macht die interpsychische Regulation flexibler und kontextangepaßter, aber auch komplexer und möglicherweise auch „verlogener". Auf der anderen Seite ist erst mit der Dissoziation zwischen Ausdruck und Erleben in der intrapsychischen Regulation die Entstehung einer *privaten* Gefühlswelt möglich, zu der andere Personen nicht oder nur noch sehr indirekt Zugang haben können. War der Ausdruck des Kleinkinds noch so unmittelbar mit dem Erleben gekoppelt, daß man sein Erleben anhand der Ausdruckszeichen wie ein offenes Buch lesen konnte, so ermöglicht der Formwechsel, das Erleben vom Ausdruck abzukoppeln und eine für Außenstehende nicht mehr erschließbare private Erlebenswelt aufzubauen. Die intime Welt der privaten Gefühle ist demnach ein Produkt der Ausdifferenzierungsprozesse bzgl. der handlungsregulierenden Funktionen und Formen emotionaler Prozesse.

Des weiteren ermöglicht der Gebrauch von Ausdruckssymbolen eine willkürliche Kontrolle des eigenen Ausdrucksverhaltens in kommunikativen Situationen, in denen sog. kulturelle Darbietungsregeln (Ekman, 1988) einzuhalten sind. Das sind normative Regeln, die vorschreiben, in welchen Situationen man wem gegenüber welchen Ausdruck zeigen darf bzw. sollte (s. auch Josephs, i. d. Bd.).

4. Schlußfolgerungen und Ausblick

Zwei wichtige Schlußfolgerungen lassen sich aus den dargestellten konzeptuellen Überlegungen und empirischen Befunden ziehen.

Erstens, die Emotionen differenzieren sich im Laufe der Ontogenese, und zwar nicht nur als subjektiv benennbare diskrete Erlebensqualitäten. Vielmehr differenzieren sie sich auch in ihrer Fähigkeit, auf unterschiedliche Anlässe hin die eigenen (und fremden) Handlungen in jeweils anlaßangemessener Weise regulieren zu können. Aus dieser Perspektive ist die Differenzierung diskreter Emotionen nichts anderes als die Differenzierung ihrer handlungsregulierenden Funktionen. Unter einer solchen funktionalistischen Perspektive wäre ein differenziertes emotionales Erleben, das keine entsprechend differenzierten Handlungsregulationen beinhalten würde, ein sehr unzureichendes Erleben.

Zweitens wurde versucht aufzuzeigen, daß bei der Emotionsdifferenzierung die Symbolbildung eine wichtige Rolle spielt. Die Transformation von Ausdruckszeichen in Symbole ist nicht nur bei der sozialen Bezugnahme von Kindern auf ihre Bezugspersonen beobachtet worden, sondern auch beim Spielen und beim absichtlichen Manipulieren des Interaktionspartners (vgl. Demos, 1982; Ekman & Friesen, 1969). Die Konventionalisierung von Ausdruckszeichen ermöglicht eine bessere Koordination der Handlungsregulation zwischen Bezugsperson und Kind, und sie erweitert den Handlungsradius des Kindes.

Gemeinhin assoziiert man Symbolprozesse mit der Entwicklung des Zeigens und Sprechens und nicht mit der Entwicklung des emotionalen Ausdrucks. Doch ist der Symbolgebrauch augenscheinlich nicht auf die Zeigegeste und die lautsprachlichen Anteile des Vokalisierens beschränkt, sondern scheint eine universale Fähigkeit des Menschen zu sein, die sich ab dem neunten Monat auch in der Entwicklung der emotionalen Ausdruckszeichen nachweisen läßt. Ebenso gibt es Hinweise, daß auch die Entwicklung einer privaten Gefühlswelt mit der Symbolbildung zusammenhängen könnte, indem sie die Dissoziation von Ausdruck und Erleben und damit ein Erleben ohne begleitenden Ausdruck fördert. Doch sind hierzu noch weitere, insbesondere längsschnittliche Untersuchungen erforderlich. Man darf gespannt sein, inwiefern es zwischen der kognitiven und der emotionalen Entwicklung bzgl. des Symbolgebrauchs ähnliche Entwicklungsverläufe gibt.

Emotionale Schemata und Emotionsdifferenzierung

Dieter Ulich, Jutta Kienbaum und Cordelia Volland

	Einleitung	53
1.	Emotionale Entwicklung aus Sicht der Schema-Theorie	53
2.	Dispositionale Komponenten in der Aktualgenese von Gefühlsreaktionen	54
3.	Die Schematisierung emotionaler Erfahrungen	56
4.	Strukturen emotionaler Schemata und ihre Aktivierung als Leerstellen-Ausfüllung	58
5.	Empirische Studien zur Struktur emotionaler Schemata	60
5.1	Studien zur Substruktur „Gefühlstyp"	61
5.2	Studie zur Substruktur „kulturelle Gefühlsschablonen" und „emotionale Wertbindungen"	66
6.	Ausblick	69

Einleitung

Ziel dieses Beitrags ist es, die Bedeutung der Theorie emotionaler Schemata (Ulich, 1991; Ulich & Mayring, 1992; Ulich, 1994) für die Erklärung emotionaler Entwicklung aufzuzeigen. Die Anwendung der Theorie wird am Beispiel der diskreten Emotion „Mitgefühl" exemplifiziert. Wir gehen dabei von der Aktualgenese, also der Entstehung einer individuellen Gefühlsregung in einer gegebenen Situation, aus und fragen, welche dispositionalen Personfaktoren mit aktuellen Personfaktoren, wie z.B. der Momentanverfassung der Person, sowie mit Merkmalen des auslösenden Ereignisses und des situativen Kontextes interagieren. Unter den dispositionalen Personfaktoren wird den emotionalen Schemata eine zentrale Rolle zugewiesen; sie sind im wesentlichen das, was sich in der emotionalen Entwicklung *entwickelt*.

Wir glauben, im Konzept des emotionalen Schemas ein „*missing link*" präsentieren zu können, das die persönlichkeitspsychologische Lücke zwischen Sozialisationseinflüssen einerseits und emotionalen Reaktionen andererseits schließen kann. In der Aktualgenese von emotionalen Reaktionen wirken sich Sozialisationseinflüsse nicht direkt aus, sondern es interagieren lediglich deren gedächtnismäßig repräsentierte Niederschläge in der Persönlichkeitsstruktur mit Ereignismerkmalen. Derartige interne Repräsentationen früherer externer Einflüsse vermitteln in Gestalt emotionaler Schemata zwischen Ereignis und emotionaler Reaktion und bestimmen die Ereigniswahrnehmung sowie den zur Reaktion führenden Prozeß der sozialen Informationsverarbeitung entscheidend mit.

1. Emotionale Entwicklung aus Sicht der Schema-Theorie

Grundlegend ist für uns die Unterscheidung zwischen (1) emotionalen Reaktionen (synonym: Gefühlsreaktionen, Gefühlszustände) und (2) emotionalen Reaktionstendenzen. Letztere sind individuelle Dispositionen in Form einer Bereitschaft, auf bestimmte Klassen von Ereignissen relativ konsistent mit bestimmten qualitativ unterschiedlichen Gefühlszuständen, wie z.B. Angst, Neid oder Mitgefühl, zu reagieren.

Auf Gefühlszustände stoßen wir immer dann, wenn wir fragen, wie ein Ereignis eine Person in der Weise *berührt*, daß dieser leib-seelische Zustand das Bewußtsein der Person *dominiert*, wenigstens in diesem Augenblick. Gefühlszustände sind überwiegend unwillkürliche, auf automatisierte Weise entstandene Reaktionen, in denen sich die jeweilige Art und der Grad der Involviertheit der Person zeigt. Diese Involviertheit existiert für die Person als subjektiver Gefühlszustand und ist Ausdruck einer (meist spontanen, automatisierten) Bedeutungskonstruktion der Person, in die sowohl Ereignis- als auch Personmerkmale eingehen. Die Person wird der emotionalen Bedeutung des Ereignisses – auch aufgrund von *dessen* Merkmalen – gewahr, und zugleich *schreibt* die Person dem Ereignis emotionale Bedeutung *zu*. „Bedeutung" meint hier nicht etwas rein Kognitives, sondern eine komplexe Erlebnisqualität, die sich z.B. im Falle von Angst aus den Teilkomponenten Bedrohung, Ungewißheit und Hilflosigkeit zusammensetzt. Diese Erlebnisqualität ist das Produkt einer erworbenen assoziativen Kopplung zwischen bereits aufgebauten emotionalen Schemata und Ereignisrepräsentationen im Sinne einer „Passung" von Schema und Ereignis.

Emotionale Schemata sind eigenschaftsähnliche Ordnungsmanifestationen im Sinne von persönlichkeitsspezifischen Konstanten des emotionalen Erlebens, die die Art und Weise des Erlebens mitbestimmen. Emotionale Schemata als die zentralen personseitigen Möglichkeitsbedingungen sind zwar notwendige, aber keine hinreichenden Voraussetzungen für das Erleben eines Gefühlszustands. Denn das Erleben ist nicht nur schemagebunden, sondern zugleich auch ereignisbezogen. Emotionale Schemata stiften Bedeutungsäquivalenzen zwischen verschiedenen Ereignissen und ermöglichen so eine intraindividuelle Konsistenz emotionaler Reaktionen, z.B. wenn eine Person auf *unterschiedliche* Verlustereignisse mit dem *gleichen* Gefühlszustand der Trauer reagiert. Emotionale Schemata bewirken aber auch interindividuelle Unterschiede, denn sie repräsentieren neben kulturellen Vereinheitlichungen (s.u.) auch persönlichkeitsspezifisch verarbeitete Einflüsse und Erfahrungen.

Unser Emotionskonzept führt nun zu einer bestimmten Auffassung von *emotionaler Entwicklung*: Darunter verstehen wir die individuelle Verarbeitung und Organisation (Schematisierung) von emotionalen Erlebnissen zu interindividuell unterschiedlichen generativen Strukturen. Zu ihnen gehören insbesondere emotionale Schemata. Weitere generative Strukturen sind emotionale Informationsverarbeitungsstile und internalisierte Regeln der Ereignisinterpretation. Wir gehen davon aus, daß diese Strukturen überwiegend durch kultur- und interaktionsabhängige Lernprozesse hervorgebracht werden.

Im Vergleich zu anderen Konzeptionen emotionaler Entwicklung (vgl. Ulich, 1994) akzentuiert unser Ansatz also eher individuell-biographisch bedingte, auf Lernprozesse zurückgehende Bedeutungskonstruktionen im emotionalen Erleben, dispositionale Einflüsse in der Aktualgenese und deren Ontogenese sowie interindividuelle Unterschiede in der Onto- und Aktualgenese. Im Vergleich zu den im Einleitungskapitel favorisierten *appraisal*-(Prozeß-)Modellen betont die Schema-Theorie eher strukturelle Komponenten (vgl. Holodynski & Friedlmeier, i. d. Bd.).

Equally important are children's preexisting social schemata, or their organized prior knowledge in the social domain. Such schemata represent abstracted general knowledge and guide and shape how information is processed (Guerra, Huesmann & Hanish 1995, p. 141)

Als zentrale Fragen ergeben sich aus diesem Zusammenhang, wie diese bereits bestehenden Schemata in der Ontogenese entstehen und welche Rolle sie in der Aktualgenese von Gefühlsreaktionen spielen.

2. Dispositionale Komponenten in der Aktualgenese von Gefühlsreaktionen

Auf die Spur dessen, *was* sich in der emotionalen Entwicklung „entwickelt", kommen wir nur aufgrund einer Analyse der Aktualgenese von Gefühlsreaktionen. Wir nehmen an, daß in der Aktualgenese notwendigerweise auch dispositionale Einflußfaktoren wirksam sind, zu denen wir vor allem emotionale Schemata rechnen. Sehen wir uns also zunächst diese Aktualgenese und die Rolle, die emotionale Schemata bei der Entstehung einer konkreten Gefühlsreaktion spielen, genauer an.

Wenn Gefühlsreaktionen, wie z.B. Mitgefühl, überwiegend *unwillkürliche* Reaktionen sind, dann besteht der „Normalfall" der Aktualgenese in einem weitgehend durch Lernprozesse vorgebahnten, mindestens teilweise automatisierten Reagieren: Bestimmte Auslöser sind mit bestimmten Reaktionen gekoppelt. Da bei allen Gefühlsreaktionen die Wahrnehmung eine zentrale Rolle spielt, begreifen wir die Aktualgenese von komplexen sozialen Gefühlsreaktionen als einen regelgeleiteten Prozeß der sozialen Informationsverarbeitung. Wir nehmen an, daß die Informationsverarbeitung nicht in sequentiellen Schritten verläuft, sondern in Form einer unbewußten Selektion, Filterung und Bedeutungsverleihung, bei der die Verarbeitungsprozesse parallel und gleichzeitig ablaufen. Diese Art der Reaktionsbildung nennen wir *automatisierte Reaktionsbildung*.

Von einem Ereignis ausgehende Reize haben einen Eingangsselektor zu passieren, der nur bestimmte Reize zuläßt und diese mit Bedeutung anreichert. Steuernde Wirkung üben dabei erworbene Selektions- und Verarbeitungsmuster, wie z.B. bestimmte internalisierte Regeln, und natürlich auch emotionale Schemata aus. Der Aufforderungscharakter eines Ereignisses ist auch durch objektive Ereignismerkmale bestimmt, wie z.B. im Falle von Mitgefühl gegenüber einem Unfallopfer durch die Information, daß das Unfallopfer nicht angeschnallt war. Die Reaktionsbildung geschieht normalerweise außerordentlich rasch; es kommt zu einer unmittelbaren und sofortigen Bedeutungsverleihung. Diese automatisierte Reaktionsbildung hat also folgende Merkmale: Sie verläuft gewohnheitsmäßig, nicht intentional, spontan, präattentiv und schemagesteuert, wobei implizites Wissen aktiviert wird und eine automatisierte Leerstellenbelegung (s. u.) durch „Passung" von Reizen und Schemata erfolgt.

Wenn allerdings ein Ereignis neue, mehrdeutige oder unerwartete Elemente enthält, kann es auch zu einer Ent-Automatisierung der Reaktion oder gar zu einer Neubildung der Reaktion bzw. der Reaktionstendenz kommen. Diese Reaktionsbildung nennen wir dann *reflexiv*: Es kommt zu einer teilweise bewußten und intentionalen Informationssuche und Bewertung, zu bewußter Aufmerksamkeitsfokussierung, zu sequentiell-analytischer Verarbeitung. Auf diesen Fall beziehen sich die *appraisal*-Theorien (vgl. Holodynski & Friedlmeier, i. d. Bd.).

Wie Schachter und Singer (1962) nehmen wir allerdings an, daß die automatisierte Reaktionsbildung der alltägliche Normalfall der Aktualgenese von Gefühlsreaktionen ist, und die reflexive Reaktionsbildung einen nicht alltäglichen Sonderfall darstellt. Wenn dies richtig ist, dann besteht emotionale Entwicklung in der Entwicklung genau jener emotionalen Schemata und Informationsverarbeitungsstile, die als dispositionale Komponenten in der Aktualgenese mit anderen Faktoren zusammenwirken, um die emotionale Bedeutung eines Ereignisses hervorzubringen.

Um *welche* dispositionalen Faktoren handelt es sich nun? Am Beispiel der Emotion „Mitgefühl" soll dies näher erläutert werden. Auf dieselbe Situation, z.B. eine Person hat sich bei einem Unfall verletzt, reagieren verschiedene Personen oft völlig unterschiedlich – und dies ist zu erklären. Da niemand dazu „motiviert" sein kann, ein bestimmtes *unwillkürliches* Gefühl zu erleben, schlagen wir das Konzept der „*readiness*" (vgl. auch Frijda, 1986, der dies allerdings auf Handlungen bezieht) vor, um auszudrücken, daß es auf der Seite der Person bestimmte Möglichkeitsbedingungen für das Erleben eines bestimmten Gefühls geben *muß*, die dann mit dem Aufforderungscharakter des Ereignisses interagieren. Unter dieser „Bereitschaft" verstehen wir die Verfügbarkeit und Aktualisierbarkeit derjenigen dispositionalen Komponenten, die zum Erleben eines bestimmten Gefühls erforderlich sind. Welche Komponenten sind dies nun im Falle von Mitgefühl? Im Rahmen unseres Forschungsprogramms untersuchen wir folgende Typen von dispositionalen Komponenten:

1. *Sozial-emotionale Persönlichkeitsfaktoren.* Zu ihnen zählen wir insbesondere die emotionalen Schemata. Nur sie werden in diesem Beitrag eingehender behandelt. Darüber hinaus gehören dazu auch andere förderliche Persönlichkeitsfaktoren, wie z.B. interne Arbeitsmodelle aus erfahrener elterlicher Wertschätzung (vgl. Volland, 1995; Spangler; Zimmermann, i. d. Bd.) und ein ideales Selbstkonzept mit hoher prosozialer Orientierung. Als hemmende Persönlichkeitsfaktoren wirken ängstlich-gehemmt-schüchterne

Reaktionstendenzen, ein hohes habituelles Eigeninteresse, Typ-A-Verhalten und eine Tendenz zu Ärger-Reaktionen angesichts der Notlage einer anderen Person, z.B. als Folge von erfahrener Mißhandlung.
2. *Informationsverarbeitungsstile* (vgl. auch Dodge, 1991a) einschließlich Wahrnehmungs- und Aufmerksamkeitssteuerung. Dazu zählen der Grad an Diskriminationsfähigkeit im Hinblick auf emotionsrelevante situative Hinweisreize (Hyper- vs. Hypo-Vigilanz) und Präferenzen im Hinblick auf ihre Selektion und Gewichtung bei der Informationsverarbeitung. Im Falle von Mitgefühl betrifft das die Diskriminationsfähigkeit und Präferenz in bezug auf die folgenden vier Hinweisreize: (a) Nähe: Wie persönlich nahe steht die betroffene Person dem Wahrnehmenden? (b) Schuld: In welchem Maße hat die betroffene Person das Unglück selbstverschuldet? (c) Leid: Wie stark leidet die betroffene Person? (d) Schaden: Welcher Schaden ist ihr entstanden?
3. *Internalisierte Regeln*, z.B. *deserving rules* (vgl. auch Caplan, 1993): Wer verdient wofür wieviel Mitgefühl? Das beinhaltet Zumutbarkeits- und Toleranzkriterien für Leiderfahrungen anderer, die Art der Gerechtigkeitsorientierung (Fürsorglichkeit vs. Gerechtigkeit), Reziprozitätsregeln wechselseitigen Handelns und das Ausmaß des Glaubens an eine gerechte Welt.

Die genannten Variablen sind Komponenten des dispositionalen Mitgefühls. Sie ergeben interindividuell unterschiedliche Ausprägungen eines „Bereit-Seins" (*readiness*) für das Erleben dieses Gefühls. Aus spezifischen Konstellationen der jeweiligen individuellen Ausprägungen dieser Variablen könnte man individuelle Profile erstellen, die Auskunft über die interindividuell unterschiedliche Wahrscheinlichkeit einer Mitgefühlsreaktion geben. Die emotionalen Reaktionsbereitschaften entstehen durch Schematisierung emotionaler Erfahrungen.

3. Die Schematisierung emotionaler Erfahrungen

Die ontogenetische Entwicklung emotionaler Schemata geschieht als Schematisierung emotionaler Erfahrungen. Der Einfluß von Erfahrung auf das emotionale Erleben wird zwar von keiner Emotionstheorie geleugnet, aber nur wenige haben diesen Erfahrungseinfluß systematisch zu erfassen versucht. Wenn dies ansatzweise geschah, wie z.B. bei Lang (1979) und Leventhal (1984), so spielte dabei das Konzept des „Schemas" eine wichtige Rolle. In der Tat liegt es nahe anzunehmen, daß nicht nur kognitive, sondern auch emotionale Prozesse Schematisierungen unterliegen. Dies ist die zentrale Annahme dieses Beitrages: Das individuelle emotionale Erleben selbst – nicht etwa nur dessen Ausdruck – unterliegt Prozessen der Gewohnheitsbildung, die wir mit Hilfe von Konzepten aus der kognitiven Psychologie als Schematisierungen begreifen wollen. Dadurch entsteht keine „kognitive" Emotionstheorie; Schematisierung scheint vielmehr eine allgemeine Eigenschaft der Selbstorganisation psychischer Prozesse zu sein.

Herrmann (1965) analysierte in seinem Buch „Psychologie der kognitiven Ordnung" Schematisierung als „Paradigma kognitiver Ordnungsbildung". Mit dem hypothetischen Konstrukt der Schematisierung sind im wesentlichen unbewußte Verarbeitungsprozesse gemeint, die zu Ordnungsmanifestationen z.B. im Sinne von Schemata führen, die ihrerseits in der Regel ebenfalls unbewußt sind. Ein Schema kann man nicht erleben, seine Wirkung ist eher indirekt. Zu unbewußten Verarbeitungsprozessen liegen inzwischen eine Fülle von Annahmen und Befunden vor (vgl. z.B. Perrig, Wippich & Perrig-Chiello, 1993). Schemata organisieren Wahrnehmungen, Denken und vermutlich auch Fühlen im Sinne einer Vorstrukturierung, Steuerung und Bewertungshilfe (vgl. auch Waldmann, 1990). Schemata repräsentieren Erfahrungen, frühere Denkakte, Gefühlserlebnisse usw.; sie dienen dazu, aktuellen internen und externen Ereignissen Bedeutung zu verleihen.

Die bisher vorliegenden wichtigsten Schema-Konzeptionen faßte Herrmann (1965, S. 81-86) folgendermaßen zusammen: „Im Schema ist das Vergangene zwar da, es ist aber nicht abbildhaft, insofern es die (...) 'wesentlichen' Züge des Vergangenen in höherem 'Allgemeinheitsgrad' (...) repräsentiert" (S. 81). Im Mittelpunkt steht die Wirkung des Schemas als organisierte, reduzierte und zugleich „verwesentlichte" Nachkonstruktion der Wirklichkeit. Abstraktion, Generalisierung und Bedeutungskonstruktion implizieren dabei auch eine „Konventionalisierung", d.h. eine Reduktion auf das Vertraute, eine Tendenz zur Bevorzugung des Vertrauten – was nicht heißt, daß Schemata, einmal gebildet, unflexibel und unveränderbar wären.

Gemeinsam ist allen Schema-Konzeptionen die Annahme einer (Selbst-)Organisation und Regelhaftigkeit der von Schematisierung betroffenen Vorgänge, wie z.B. Denken und auch Wahrnehmen. Organisation bedeutet ein gewisses Maß an Determinierung aller künftig ablaufenden Prozesse (Herrmann, 1965, S. 85). Schemata haben also auch den Charakter von „Entwürfen" künftiger Denk-, Erlebens- und Handlungsformen und -inhalten, soweit diese durch die Formen determiniert werden. Der Schemabegriff bezieht sich sowohl auf die Ordnung von Strukturen wie auch auf deren dynamischen Aspekt, nämlich die Determinierung aktuellen und künftigen psychischen Geschehens.

Diese Determinierung durch Schemata geschieht häufig in Form von „Bahnungen". In der Gedächtnisforschung unterscheidet man neben dem expliziten Erinnern verschiedene Formen des impliziten Gedächtnisses, (nach Perrig et al., 1993, S. 40-46). Hierzu gehören das perzeptuelle und das konzeptuelle *priming*. Das sind Bahnungen im Sinne von Prozeßerleichterung und Prozeßbeschleunigung. Gemeint ist eine indirekte, automatisierte und unbewußte Wiederholungs- und Verhaltenssteuerung durch vorgängige, verdichtete und bedeutungshaltige Erfahrungen. Es ist sehr unwahrscheinlich, daß diese in der Gedächtnisforschung untersuchten Formen einer unbewußten Bedeutungsaktivierung und Reizidentifikation beim emotionalen Erleben *keine* Rolle spielen sollten, auch wenn sie in der Emotionsforschung bisher noch kaum untersucht wurden. Es spricht daher einiges dafür, den Schema-Ansatz auch in der Emotionspsychologie stärker anzuwenden und zu erproben (ähnlich Vester, 1991).

Erste Hinweise auf Schematisierungsprozesse im emotionalen Bereich stammen von Piaget (1945). „Affektive Schemata" sind für ihn eine Art von „Gußformen" unterschiedlicher, jedoch wiederkehrender Gefühle, die das aktuelle Erleben mitorganisieren. Auch emotionales Erleben und emotionale Entwicklung verstehen wir besser, wenn wir die Struktur oder Form einer Emotion (z.B. Trauer) von deren aktueller Realisierung bzw. dem konkreten Inhalt (traurig sein über ...) unterscheiden. Denn wie Flammer (1988) feststellt: „Schemata vereinfachen den Umgang mit der Welt, indem sie aus Verschiedenem immer wieder Gleiches machen; Schemata stellen den Niederschlag der Erfahrungen dar. Schemata stiften also Invarianz, d.h. sie machen verschiedene Dinge für den Organismus zu gleichartigen" (S. 136).

Auf ganz unterschiedliche Verlustereignisse reagiert ein Kind also deshalb mit derselben Emotion Trauer, weil Schematisierungsvorgänge zwischen verschiedenen Ereignissen und für bestimmte Klassen von Ereignissen Bedeutungsäquivalenzen geschaffen haben. Emotionale Schemata sind, bildlich gesprochen, Mustervorlagen für die Vervielfältigung von Gefühlsreaktionen. Leventhal (1984) sagte über die hypothetische Wirkungsweise emotionaler Schemata, daß diese unwillkürlich-automatische Ereignisbewertungen erlauben, daß sie Erwartungen schaffen, daß sie durch Selektion und Bedeutungsverleihung der Akkumulierung und Organisation von Erfahrungen dienen. Aus vergangenen emotionalen Erlebnissen und Erfahrungen werden im Gedächtnis aufgrund von Prozessen der Auswahl und Verallgemeinerung, der Bedeutungsverleihung und der Integration überdauernde Strukturen, die bestimmte Aspekte dieser vergangenen Einflüsse und Erlebnisse repräsentieren. Ordnungs*prozesse* führen also im Laufe der Entwicklung zu bestimmten Ordnungs*manifestationen*. Damit emotionale Erlebnisse später dispositional wirksam werden können, bedürfen sie einer selektiven, typifizierenden Transformation in Strukturen.

4. Strukturen emotionaler Schemata und ihre Aktivierung als Leerstellen-Ausfüllung

Emotionale Schemata sind psychische Strukturen, die jeweils aus ineinander verschachtelten Substrukturen aufgebaut sind. Diese Substrukturen repräsentieren bestimmte Einflüsse, Einflußquellen und Lernerfahrungen in unterschiedlicher, jedoch ergänzender Weise (ausführlicher in Ulich & Mayring, 1992):

1. *Gefühlstypen.* Gefühlstypen repräsentieren verallgemeinerte Konfigurationen von Ereigniswahrnehmungen, Wahrnehmungen des eigenen Zustands und Emotionsbenennungen (vgl. auch Lewis & Michalson, 1983, Kap. 4-7). Diese Konfigurationen sind das Ergebnis eines wiederholten gleichzeitigen Auftretens dieser drei Faktoren. Durch Wiederholung kommt es zu einer fortschreitenden Typisierung der emotionalen Reaktionen und damit zu einer Vereinheitlichung des individuellen Emotionsvokabulars über wechselnde Auslöser und Situationen hinweg. Man spricht dann z.B. von Trauer, Freude oder Ärger. Gefühlstypen repräsentieren den Kompetenz-Aspekt emotionalen Erlebens, und zwar im Sinne von Fähigkeit. Sie stellen die kontext-invariante, begrifflich-strukturelle Substruktur emotionaler Schemata dar (vgl. Abschnitt 5.1).

2. *Kulturelle Gefühlsschablonen.* Sie repräsentieren kulturspezifische Relevanzkriterien und Erwartungen im Hinblick auf das ereignis- und situationsadäquate Erleben ganz bestimmter Gefühle und im Hinblick auf das ereignis- und situationsadäquate Ausdrükken von Gefühlen. Letzteres ist unter dem Begriff „Ausdrucksregeln" (*display rules*) eingehender erforscht worden (vgl. Ekman, 1972; Josephs, i. d. Bd.), ersteres unter dem Begriff „Gefühlsregeln" (*feeling rules*) (vgl. Hochschild, 1990). Kulturelle Gefühlsschablonen bestimmen die Bandbreite möglicher Emotionsauslöser und damit die Typizität situationsbezogener Gefühlsreaktionen mit. Im Laufe der Sozialisation findet eine emotionale „Spezialisierung" statt, eine Homogenisierung emotionaler Reaktionen, die auch durch kulturelle Erwartungen gesteuert wird. Wir lernen, *wovor* wir Angst haben, *worauf* wir stolz oder neidisch sind, *welche* Verluste uns traurig machen. Gefühlsschablonen stellen die konventionelle Komponente emotionaler Schemata dar. Sie repräsentieren die kulturell-normative Substruktur emotionaler Schemata und sind im Unterschied zu den Gefühlstypen eher kontext-sensibel (vgl. Abschnitt 5.2).

3. *Emotionale Wertbindungen.* Sie repräsentieren individuelle gefühlsrelevante Wertbezogenheiten und Wertpräferenzen im Sinne von „Wichtigkeitsindizes", vom Ausmaß der persönlichen Involviertheit und Betroffenheit. Es besteht unter den Emotionspsycholo-

gen ein Konsens darüber, daß Gefühlsreaktionen die Wertbezogenheit bzw. die persönliche Bedeutung eines Ereignisses für eine Person signalisieren. Im Laufe ihrer Sozialisation lernen Kinder eben auch, in *was* sie involviert sein sollen und in was nicht, *was* ihnen als relevant oder als wertlos erscheinen soll. Mitgefühl empfinden wir beispielsweise nur dann, wenn das Wohlergehen und die Unversehrtheit einer anderen Person für uns Werte darstellen. Wertbindungen stellen die evaluative Substruktur emotionaler Schemata dar; sie repräsentieren den Präferenzaspekt.

4. *Emotionale Gewohnheitsstärken.* Sie repräsentieren die unterschiedlich stark ausgeprägte Bereitschaft emotionaler Schemata, durch ein bestimmtes Ereignis bzw. eine Klasse von Ereignissen aktiviert zu werden. Hohe Gewohnheitsstärke meint, daß die Schwellen der Aktivierbarkeit niedrig sind und die Reaktionsbereitschaft hoch ist, daß das entsprechende Gefühl der Person vertraut ist, daß sie daran „gewöhnt" ist, daß es für sie vielleicht ein wiederkehrendes Anliegen ist. Neuere Schematheorien nehmen unter dem Einfluß konnektionistischer Modelle neuronaler Netzwerke an, daß das Ausmaß der Schemawirksamkeit auch durch die Anzahl (bisheriger) episodischer Aktivationen bestimmt wird (Waldmann, 1990, S. 103, auch S. 310 ff.). Die Wahrscheinlichkeit, mit der bestimmte Elemente emotionaler Schemata in die Formung einer aktuellen Gefühlsreaktion eingehen, hängt von der Aktivationsstärke dieser Elemente ab, d.h. davon, wie oft diese Elemente bisher schon „benutzt" wurden und daher eine entsprechend hohe Verknüpfungsstärke mit anderen Elementen ausgebildet haben. Gewohnheitsstärken repräsentieren demnach die „Eigenschafts"-Substruktur von emotionalen Schemata im Sinne von intra- und interindividuell unterschiedlicher Bereitschaft, mit einem bestimmten Gefühl zu reagieren. Davon zu unterscheiden ist der Fähigkeitsaspekt eines emotionalen Schemas, mit einem bestimmten Gefühl reagieren zu können.

Wegen vielfältiger Überlappungen in den Wirkungen kann man die Beiträge der vier Substrukturen nur akzentuierend beschreiben: Gefühlstypen bestimmen mit, welches Gefühl eine Person erlebt; kulturelle Gefühlsschablonen grenzen theoretisch mögliche Auslöser in kulturspezifischer Weise ein; Wertbindungen bestimmen die persönlichen Implikationen eines Ereignisses für eine Person mit; und Gewohnheitsstärken beeinflussen die Schwellen der Aktivierbarkeit in bezug auf bestimmte Emotionen. Alle vier Substrukturen sehen wir als notwendige Strukturkomponenten an.

Diese allgemeinen Repräsentationsformen aktualisieren sich unter dem Einfluß eines auslösenden Ereignisses (einschließlich Kontext und Momentanverfassung der Person) in Gestalt von Leerstellengefügen, deren konkrete Ausfüllung genau das eigentliche Gefühlserlebnis ausmacht. Ein Leerstellengefüge, verstanden als Aktualitäts- bzw. Zustandsform eines bestimmten emotionalen Schemas, ist eine formale Struktur aus „Variablen" und „Werten" (vgl. Rumelhart & Ortony, 1977): *Variablen* sind allgemeine, abstrakte und oft obligatorische, freilich nicht unveränderliche Leerstellen; *Werte* sind die „Platzhalter" bzw. „Stellvertreter" bestimmter real vorkommender Merkmalskonfigurationen von auslösenden Ereignissen. Wird ein Schema durch ein Ereignis aktualisiert, dann werden je nach „Passung" die Werte im Leerstellengefüge durch Ereignismerkmale „belegt". In der Ontogenese können sich laufend Um- und Neuorganisationen der Variablen und Wertebereiche ereignen (vgl. Ulich 1991, S. 19-21; Ulich & Mayring 1992, S. 127-130).

In der Aktualgenese repräsentieren emotionale Schemata die allgemeine Organisationsform einer Klasse von Gefühlsreaktionen durch eine Struktur von Variablen (Leerstellen) und potentiell zuordenbaren Werten (Wertebereichen). Die Aktualgenese von Gefühlsregungen als Leerstellenausfüllung soll am Beispiel des Mitgefühls veranschaulicht werden: Das Leerstellengefüge des Mitgefühls besteht hypothetisch aus sieben Leerstellen, zu denen neben Besorgnis auch Perspektivenübernahme, Betroffenheit, Empörung, Bedauern, Trauer und Besserungswunsch gehören (vgl. 5.1). Stellvertretend für die Belegung aller sieben Leerstellen zeigt Abbildung 1 die Leerstellen-Ausfüllung der Variable „Besorgnis".

Abbildung 1. Entstehung von Mitgefühl als Leerstellenbelegung

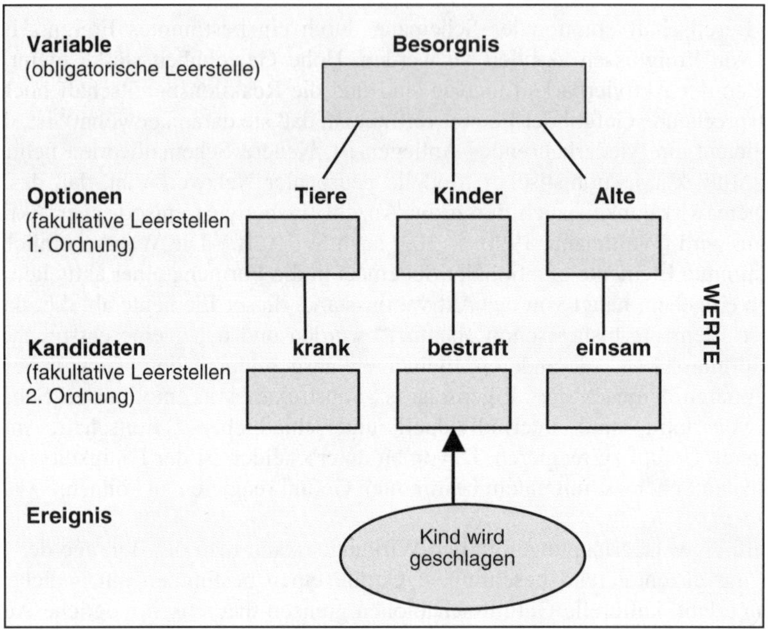

Variable (obligatorische Leerstelle)		Besorgnis		
Optionen (fakultative Leerstellen 1. Ordnung)	Tiere	Kinder	Alte	
Kandidaten (fakultative Leerstellen 2. Ordnung)	krank	bestraft	einsam	WERTE
Ereignis		Kind wird geschlagen		

Eindrücke gelangen in das System der emotionalen Schemata und regen direkt – über Kontiguität – bestimmte plausible, „verwandte", passende Schema- und Werte-„Anwärter" an, die Leerstellen auszufüllen (Rumelhart & Ortony, 1977, S. 130). Das allgemeine Mitgefühl-Schema eröffnet innerhalb der auf zwei Ebenen zugeordneten Wertebereiche eine Reihe von Leerstellen, die darauf „warten", durch konkrete Merkmale eines Ereignisses ausgefüllt zu werden. Ein Schema tritt in Funktion, wenn ein Ereignis als „Fall von ...", z.B. als mitgefühlsauslösendes Ereignis, identifiziert wird. Die wichtigsten Aussagen der Schematheorie lassen sich in einem Entwicklungsmodell zusammenfassen (s. Abb. 2).

5. Empirische Studien zur Struktur emotionaler Schemata

Zur empirischen Überprüfung der Schematheorie berichten wir als erstes über eigene Studien an Erwachsenen und Jugendlichen zur Substruktur „Gefühlstyp". Als zweites wollen wir zur Substruktur „kulturelle Gefühlsschablonen" anhand einer Reinterpretation bereits vorliegender empirischer Befunde die Bedeutsamkeit der Schematheorie verdeutlichen.

Abbildung 2. Entwicklung und Wirkung emotionaler Schemata

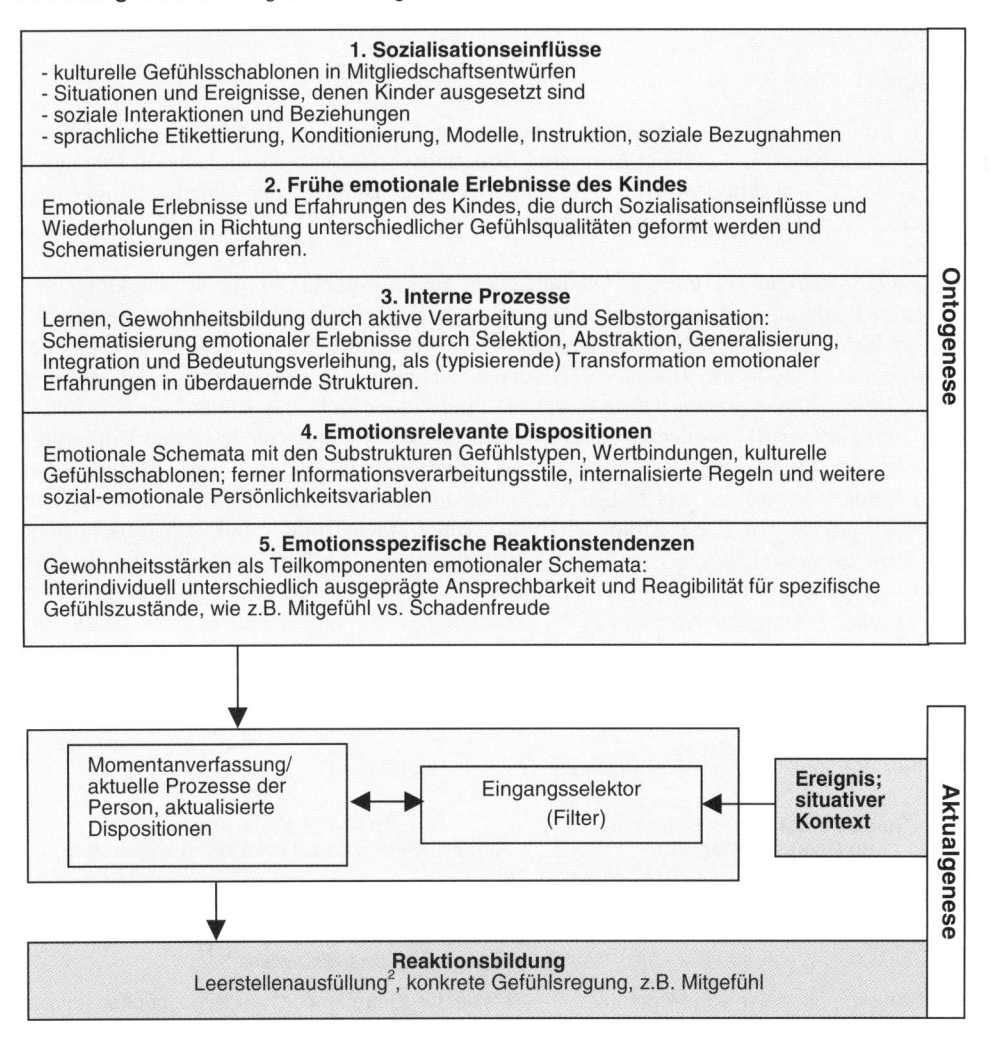

```
┌─────────────────────────────────────────────────────────────────────────┐
│                      1. Sozialisationseinflüsse                          │
│ - kulturelle Gefühlsschablonen in Mitgliedschaftsentwürfen              │
│ - Situationen und Ereignisse, denen Kinder ausgesetzt sind              │
│ - soziale Interaktionen und Beziehungen                                  │
│ - sprachliche Etikettierung, Konditionierung, Modelle, Instruktion,     │
│   soziale Bezugnahmen                                                    │
├─────────────────────────────────────────────────────────────────────────┤
│                   2. Frühe emotionale Erlebnisse des Kindes              │
│ Emotionale Erlebnisse und Erfahrungen des Kindes, die durch             │
│ Sozialisationseinflüsse und Wiederholungen in Richtung                  │
│ unterschiedlicher Gefühlsqualitäten geformt werden und                  │
│ Schematisierungen erfahren.                                              │
├─────────────────────────────────────────────────────────────────────────┤
│                          3. Interne Prozesse                             │
│ Lernen, Gewohnheitsbildung durch aktive Verarbeitung und                │
│ Selbstorganisation: Schematisierung emotionaler Erlebnisse durch        │
│ Selektion, Abstraktion, Generalisierung, Integration und                │
│ Bedeutungsverleihung, als (typisierende) Transformation emotionaler     │
│ Erfahrungen in überdauernde Strukturen.                                  │
├─────────────────────────────────────────────────────────────────────────┤
│                    4. Emotionsrelevante Dispositionen                    │
│ Emotionale Schemata mit den Substrukturen Gefühlstypen, Wertbindungen,  │
│ kulturelle Gefühlsschablonen; ferner Informationsverarbeitungsstile,    │
│ internalisierte Regeln und weitere sozial-emotionale                    │
│ Persönlichkeitsvariablen                                                 │
├─────────────────────────────────────────────────────────────────────────┤
│                  5. Emotionsspezifische Reaktionstendenzen               │
│ Gewohnheitsstärken als Teilkomponenten emotionaler Schemata:            │
│ Interindividuell unterschiedlich ausgeprägte Ansprechbarkeit und        │
│ Reagibilität für spezifische Gefühlszustände, wie z.B. Mitgefühl vs.    │
│ Schadenfreude                                                            │
└─────────────────────────────────────────────────────────────────────────┘
                                                              Ontogenese

┌──────────────────┐     ┌──────────────┐     ┌────────────┐
│ Momentanverfas-  │     │              │     │ Ereignis;  │
│ sung/ aktuelle   │◄───►│ Eingangs-    │◄────│ situativer │
│ Prozesse der     │     │ selektor     │     │ Kontext    │
│ Person, aktuali- │     │ (Filter)     │     │            │
│ sierte Disposi-  │     │              │     │            │
│ tionen           │     │              │     │            │
└──────────────────┘     └──────────────┘     └────────────┘
         │                                              Aktualgenese
         ▼
┌─────────────────────────────────────────────────────────────┐
│                      Reaktionsbildung                        │
│ Leerstellenausfüllung[2], konkrete Gefühlsregung, z.B.       │
│ Mitgefühl                                                    │
└─────────────────────────────────────────────────────────────┘
```

[1] vgl. auch Ulich (1994). [2] vgl. auch Abb. 1.

5.1 Studien zur Substruktur „Gefühlstyp"

Die Theorie emotionaler Schemata wurde bisher in vier Studien zur Entwicklung von Mitgefühl empirisch überprüft. Ziel der Studien war jeweils die Konstruktion und Erprobung von Methoden zur Erfassung des emotionalen Schemas „Mitgefühl" sowie die Überprüfung inhaltlicher Fragen. Durchgeführt wurden eine Studie mit 33 Grundschulkindern (Volland, Ulich & Thurn, 1997), eine Studie mit 202 Jugendlichen (Volland & Hölzle, 1997) und zwei Teilstudien mit insgesamt 437 Erwachsenen, davon 320 Studierenden und 117 Schülern einer Technikerschule (Ulich & Volland, 1998; Volland, in Vorb.). Auf der Grundlage der Theorie emotionaler Schemata wurde für die Erfassung von Mitgefühl bei

Grundschulkindern ein Bildertest entwickelt. Im folgenden wird über diese Studien ausführlicher berichtet.

Methoden

Für die Studien mit Jugendlichen und Erwachsenen wurden zwei Fragebögen – ein Mitgefühl-Reaktionsverfahren und ein Mitgefühl-Situationsverfahren – entwickelt. Im folgenden werden das Konstruktionsprinzip der Fragebögen und Befunde der Untersuchungen mit Jugendlichen und mit Erwachsenen dargestellt.

Mitgefühl-Reaktionsverfahren. Theoretischer Ausgangspunkt für die Entwicklung des Mitgefühl-Reaktionsverfahrens war, daß es sich bei Mitgefühl um ein komplexes Reaktionssyndrom mit den sieben Leerstellen bzw. Komponenten Perspektivenübernahme, Betroffenheit, Empörung, Bedauern, Besorgnis, Trauer und Besserungswunsch handelt (Ulich, 1995). Angenommen wurde ferner, daß Individuen sich in bezug auf die Stärke der Ausprägung dieser Komponenten unterscheiden und auch Unterschiede in den Mitgefühlreaktionen in Abhängigkeit von spezifischen Situationen zu erwarten sind. Entsprechend dieser Annahmen wurden drei Mitgefühl auslösende Situationen konstruiert, nämlich „ein Kind wird geschlagen", „ein Motorradfahrer erleidet einen Unfall" und „ein Bericht über eine junge drogenabhängige Frau". Pro Situation wurden 14 Items vorgegeben, die eine Operationalisierung der oben genannten sieben Erlebniskomponenten in jeweils positiver und negativer Polung darstellten (s. Tab. 1) (s. Ulich & Volland, 1996). Für die Studie mit Jugendlichen wurde das Mitgefühl-Reaktionsverfahren überarbeitet und der sprachliche Ausdruck dem Lebensalter der Probanden angepaßt (vgl. Volland & Hölzle, 1997).

Tabelle 1. Konstruktionsprinzip des Mitgefühl-Reaktionsverfahrens

Theorie emotionaler Schemata am Beispiel „Mitgefühl"	Operationalisierung im Mitgefühl-Reaktionsverfahren (Fragebogen)
Mitgefühl auslösendes Ereignis	Itembeispiel: „Stellen Sie sich vor, Sie sehen auf der Straße, wie eine Mutter einem etwa achtjährigen Kind eine Ohrfeige gibt. Das Kind weint."
7 Erlebniskomponenten von Mitgefühl: – Perspektivenübernahme – Betroffenheit – Empörung – Bedauern – Besorgnis – Trauer – Besserungswunsch	Beispiel für „Betroffenheit" – positiv gepoltes Item: „Die Lage des Kindes würde mich innerlich berühren." Beispiel für „Betroffenheit" – negativ gepoltes Item: „Ich würde denken, daß mich die Sache eigentlich nichts angeht."

Mitgefühl-Situationsverfahren. Den theoretischen Hintergrund zum Mitgefühl-Situationsverfahren bildete die Annahme von Ulich (1995), daß es für Mitgefühl spezifische situative Hinweisreize gibt. Mitgefühl kann zwar durch das Gewahrwerden eines Unglücks oder einer Ungerechtigkeit, die einer anderen Person widerfährt, ausgelöst werden, aber der Aufforderungscharakter einer Situation, die Mitgefühl auslöst, ist von folgenden vier Hinweisreizen abhängig:

1. Nähe: Wie nahestehend ist die vom Unglück betroffene Person dem Mitfühlenden?
2. Schuld: In welchem Ausmaß hat die betroffene Person das Unglück selbst verschuldet?
3. Leid: Wie stark leidet die betroffene Person unter dem Unglück?
4. Schaden: Wie groß ist der entstandene Schaden?

Wenn diese Annahme richtig ist, dann müßte die Ausprägung dieser Hinweisreize mit dem Ausmaß des ausgelösten Mitgefühls kovariieren. Mit dem Mitgefühl-Situationsverfahren sollte daher untersucht werden, ob der spezifische Aufforderungscharakter einer Mitgefühl auslösenden Situation einen Einfluß auf die Mitgefühlreaktion von Probanden hat. Die vier genannten Hinweisreize „Nähe", „Schuld", „Leid" und „Schaden" wurden jeweils mit zwei Ausprägungen (gering vs. hoch) miteinander kombiniert, so daß sich 16 mögliche Kombinationen ergaben. Zu jeder dieser 16 Kombinationen wurde eine Situation für das Mitgefühl-Situationsverfahren der Erwachsenenstudie konstruiert. Die Situation mit der stärksten Aufforderungscharakteristik kennzeichnet sich durch „geringe Schuld", „hohe Nähe", „hohes Leid" und „hohen Schaden" (Beispiel: Einer *ihrer Freunde* ist wegen *Krankheit* zum zweiten Mal durch die Prüfung gefallen. Er ist darüber *sehr verzweifelt*, denn er kann die Prüfung *nicht mehr wiederholen*). Die Situation mit der geringsten Aufforderungscharakteristik entspricht der Umkehrung der vorgenannten Parameter, d.h. „hohe Schuld", „geringe Nähe", „geringer Schaden" und „geringes Leid" (Beispiel: *Eine Frau läßt* in einem Laden ihr Portemonnaie *liegen. Es war nicht viel Geld* darin, aber die Frau muß sich ein *neues Portemonnaie kaufen*). Die Kombinationen dieser Hinweisreize korrelierten stark mit den Mitgefühlwerten [r(14) = .66, p < .01]. Dieses Ergebnis weist auf einen starken Einfluß des Aufforderungscharakters auf die Ausprägung des Mitgefühls hin.

Für die Studie mit Jugendlichen wurden zwei Versionen des Mitgefühl-Situationsverfahrens entwickelt (vgl. Hölzle, 1995; Volland & Hölzle, 1997). In diesen beiden Fragebogenversionen wurde jeweils die gleiche Situation beschrieben – mit dem Unterschied, daß der Aufforderungscharakter der Situation in Fassung A „gering" und in Fassung B „hoch" war. Des weiteren wurde im Unterschied zum Mitgefühl-Situationsverfahren für Erwachsene nur jeweils *ein* Hinweisreiz pro Situation vorgegeben, so daß sich acht verschiedene Kombinationen ergaben. Ein Beispielitem für „hohe Nähe" lautet: „Wenn sich eine *Freundin von Dir* keine Fahrkarte gekauft hat und in eine Fahrkartenkontrolle gerät, findest Du das ...". Für „geringe Nähe" wurde das Item so formuliert: „Wenn *jemand* keine Fahrkarte gekauft hat und in eine Fahrkartenkontrolle gerät, findest Du das ...".

Ergebnisse und Diskussion

Ergebnisse zur Güte der Meßverfahren in der Erwachsenenstudie. Zur Reliabilität und Validität des Mitgefühl-Reaktionverfahrens und des Mitgefühl-Situationsverfahrens ergaben sich folgende Resultate: Die Items beider Verfahren weisen zufriedenstellende Trennschärfen auf. Die interne Konsistenz beider Verfahren war ebenfalls gut [Mitgefühl-Reaktionsverfahren: Cronbachs α = .88; Mitgefühl-Situationsverfahren: Cronbachs α = .80]. Hinweise auf die intraindividuelle Konsistenz einer Mitgefühlreaktion ergaben sich sowohl aus den signifikant positiven Korrelationen zwischen den Mitgefühlwerten für die drei Episoden des Mitgefühl-Reaktionsverfahrens (s. Tab. 2) als auch aus dem signifikant positiven Zusammenhang zwischen den beiden Verfahren [r(298) = .41, *p* <. 001].

Die Konstruktvalidität der beiden Verfahren läßt sich an folgenden Ergebnissen ablesen: Es wurden keine Zusammenhänge zwischen den in beiden Verfahren erfaßten Mitgefühlreaktionen und der Tendenz zu sozial erwünschtem Antwortverhalten gefunden [Mitgefühl-

Reaktionsverfahren: r(138) = -.07, n.s.; Mitgefühl-Situationsverfahren: r(137) = .04, n.s.]. Weibliche Studierende zeigten im Durchschnitt mehr Mitgefühl als männliche Studierende (s. Tab. 3). Studierende der Sozialwissenschaften wiesen im Durchschnitt höhere Mitgefühlwerte beim Mitgefühl-Reaktionsverfahren auf als Studierende der Wirtschaftswissenschaften (s. Tab. 3). Dies traf sowohl für Frauen als auch für Männer zu.

Tabelle 2. Korrelationen des Mitgefühls zwischen den drei Mitgefühlepisoden des Reaktionsverfahrens in der Erwachsenen- und der Jugendlichenstudie

Mitgefühlepisoden		Verunglückter Motorradfahrer	Drogenabhängige Frau
Geschlagenes Kind	Erwachsene	.41*** (n = 310)	.51*** (n = 312)
	Jugendliche	.45*** (n = 200)	.46*** (n = 200)
Verunglückter Motorradfahrer	Erwachsene		.54*** (n = 309)
	Jugendliche		.44*** (n = 201)

***p < .001.

Ergebnisse zur Güte der Meßverfahren in der Jugendlichenstudie. Zur Reliabilität und Validität des Mitgefühl-Reaktionverfahrens und des Mitgefühl-Situationsverfahrens ergaben sich folgende Resultate aus der Studie mit den Jugendlichen: Das Mitgefühl-Reaktionsverfahren wies eine zufriedenstellende durchschnittliche Trennschärfe der Fragebogenitems und eine gute interne Konsistenz auf [Cronbachs α = .79]. Die drei Episoden des Mitgefühl-Reaktionsverfahrens korrelierten signifikant positiv miteinander, so daß man auch in diesem Fall von einer zufriedenstellenden intraindividuellen Konsistenz der Mitgefühlreaktionen sprechen kann (s. Tab. 2).

Tabelle 3. Geschlechts- und Studienfachunterschiede beim Mitgefühl in der Erwachsenenstudie

Fragebogen	Frauen (n = 178)		Männer (n = 132)		t-Wert	
	M	SD	M	SD		
Reaktionsverfahren	3.99	.48	3.62	.51	6.58	***
Situationsverfahren	3.56	.52	3.25	.62	4.63	***
	Studentinnen der Sozialwiss. (n = 115)		**Studentinnen der Wirtschaftswiss.** (n = 59)			
	M	SD	M	SD		
Reaktionsverfahren	4.04	.47	3.88	.48	2.11	*
Situationsverfahren	3.56	.51	3.52	.54	<1.00	
	Studenten der Sozialwiss. (n = 37)		**Studenten der Wirtschaftswiss.** (n = 89)			
	M	SD	M	SD		
Reaktionsverfahren	3.81	.47	3.51	.49	3.11	*
Situationsverfahren	3.36	.60	3.17	.62	<1.00	

Skala „Mitgefühl" von 1 – kein Mitgefühl bis 6 – hohes Mitgefühl. *p < .05, ***p < .001.

Die Validität des Mitgefühl-Reaktionsverfahrens wurde mit Hilfe eines Außenkriteriums überprüft, und zwar mit dem Lehrerurteil. Es zeigte sich ein signifikant positiver Zusammenhang zwischen dem Urteil der Lehrkräfte über das Mitgefühl der Jugendlichen und ihren Selbstangaben [r(185) = .26, p < .001]. Analog zu den Ergebnissen der Erwachsenenstudie zeigten die Mädchen im Mitgefühl-Reaktionsverfahren im Durchschnitt signifikant mehr Mitgefühl als die Jungen (s. Tab. 4). Dies kann als Hinweis auf die Konstruktvalidität des Verfahrens gedeutet werden.

Tabelle 4. Geschlechtsunterschiede beim Mitgefühl in der Jugendlichenstudie

Mitgefühlepisode	Mädchen (n = 82)		Jungen (n = 118)		t-Wert	
	M	SD	M	SD		
Geschlagenes Kind	4.07	.73	3.39	.81	6.18	***
Verunglückter Mofafahrer	4.64	.65	4.32	.75	3.12	**
Drogenabhängige Frau	3.95	.81	3.46	.91	3.99	***
Gesamt	4.21	.56	3.70	.65	5.76	***

Skala von 1 – kein Mitgefühl bis 6 – hohes Mitgefühl. Der Mittelwert bezieht sich auf einen Durchschnittswert, gebildet aus je 8 Skalenwerten. **p < .01; ***p < .001.

Für das Mitgefühl-Situationsverfahren der Jugendlichen wurde keine Überprüfung der Gütekriterien durchgeführt, da das Konstruktionsprinzip dieses Verfahrens eine solche Überprüfung nicht zuließ. Allerdings zeigte sich der Einfluß des situativen Aufforderungscharakters auf die Mitgefühlreaktionen noch deutlicher als bei der Erwachsenenstudie. So ergab sich beim Vergleich des jeweils geringen mit dem jeweils hohen Aufforderungscharakter einer Situation, daß – mit einer Ausnahme – die hohe Ausprägung der Hinweisreize „Schaden", „Schuld", „Nähe" und „Leid" jeweils signifikant mehr Mitgefühl auslöste als die geringe Ausprägung des jeweiligen Hinweisreizes (s. Tab. 5).

Tabelle 5. Mitgefühl in Abhängigkeit von geringem vs. hohem Aufforderungscharakter in der Jugendlichenstudie

Parameter	Situation	Aufforderungscharakter				t-Wert	
		gering (n = 102)		hoch (n = 99)			
		M	SD	M	SD		
Schaden	Autounfall	2.34	1.37	5.09	1.24	14.94	***
Schuld	Fahrrad gestohlen	4.82	1.16	4.20	1.38	3.45	***
Nähe	Fahrkartenkontrolle	3.59	1.64	4.25	1.32	3.15	**
Leid	Flugreise entfällt	4.28	1.32	4.21	1.19	<1.00	
Schaden	Geld verloren	2.50	1.35	5.16	1.22	14.61	***
Schuld	Prüfung nicht bestanden	5.17	1.10	3.43	1.55	9.23	***
Nähe	Skiunfall	4.61	1.10	5.23	.70	5.52	***
Leid	Geburtstagsparty	3.44	1.28	3.88	1.51	2.22	*

Skala von 1 – kein Mitgefühl bis 6 – hohes Mitgefühl. Der Mittelwert bezieht sich auf einen Durchschnittswert, gebildet aus je 8 Skalenwerten. *p < .05; **p < .01; ***p < .001.

Aus den Ergebnissen zu den Korrelaten von Mitgefühl sowie aus den Befunden zur intraindividuellen Konsistenz von Mitgefühlreaktionen ergeben sich Hinweise auf interindividuell unterschiedlich ausgeprägte Leerstellengefüge (Schemata), die sich als dispositionale Personfaktoren interpretieren lassen. Ferner konnte die Annahme, daß die situativen Merkmale eines Mitgefühl auslösenden Ereignisses einen Einfluß auf die Mitgefühlreaktion der Personen ausüben, bestätigt werden.

5.2 Studie zur Substruktur „kulturelle Gefühlsschablonen" und „emotionale Wertbindungen"

Kulturunterschiede im emotionalen Reagieren können sowohl auf die Wirkung kulturell entstandener Wertbindungen als auch auf sozialisationsbedingte Gefühlsschablonen zurückgehen (vgl. zu Kulturunterschieden Ulich 1994, S. 233 ff.). Dies soll im folgenden am Beispiel einer Untersuchung zu mitfühlend-prosozialem Verhalten bei deutschen und sowjetischen Kindergartenkindern illustriert werden.

Sucht man nach kulturspezifischen Anregungsbedingungen für Mitgefühl und Helfen, so läßt sich für die ehemalige UdSSR[1] feststellen, daß in der offiziellen Erziehungsideologie die Entwicklung hoher moralischer Eigenschaften eine zentrale Rolle auf dem Weg zur Schaffung des „neuen sowjetischen Menschen" spielte. In der Kindergartenerziehung wurden sowohl Helfen als auch Mitgefühl als Verhaltensweisen verstanden, die von hoher gesellschaftlicher Bedeutung waren, als Bausteine sozialistischer Moral galten und von erzieherischer Seite aktiv gefördert werden sollten (vgl. Kienbaum, 1993, 1995, 1996). Gemäß der Schematheorie bedeutet dies, daß eine eindeutige *Wertbindung* für mitfühlend-prosoziales Verhalten bestand. Dabei sollte Mitgefühl an erster Stelle den Eltern, v.a. der Mutter, aber auch alten Menschen und kleineren Kindern gegenüber gezeigt werden (Vinogradova, 1989).

Demgegenüber ist der Stellenwert mitfühlend-prosozialen Verhaltens in der Erziehungskultur der Bundesrepublik Deutschland nicht so eindeutig festzumachen. Im Kindergarten soll zwar soziales Verhalten gefördert werden, dieses Ziel hat jedoch bei weitem nicht den gleichen gesamtgesellschaftlichen Stellenwert wie in der ehemaligen UdSSR.

Auf der anderen Seite standen und stehen in bundesrepublikanischen Kindergärten, ganz in der Tradition einer individualistischen Kultur, die Förderung von *Eigeninitiative* und *Selbständigkeit* (Engel, Holfelder & Czerny, 1983) an oberster Stelle – im Gegensatz zu *Anpassung* und *Gehorsam* in kollektivistischen Kulturen wie der UdSSR (Bronfenbrenner, 1972). Da Helfen ein aktives Geschehen ist, zu dem gewisse Kompetenzen gehören, kann man die Vermutung ableiten, daß Kinder einer individualistischen Kultur gegenüber Kindern einer kollektivistischen Kultur eher in der Lage sein sollten, in Notsituationen aktiv zu werden, zumindest dann, wenn die *kulturellen Gefühlsschablonen* den jeweiligen Situationstyp als Auslöser für mitfühlend-helfendes Verhalten vorsehen.

So läßt sich erwarten, daß Kinder einer kollektivistischen Kultur mitfühlend-hilfsbereites Verhalten eher Mitgliedern der eigenen Gruppe gegenüber zeigen, wohingegen Kinder einer individualistischen Kultur einem größeren Kreis von Menschen Hilfe zukommen las-

---

[1] Da die Untersuchung in den Jahren 1989/90, also zu einem Zeitpunkt, als beide Staaten in ihren „alten" Grenzen existierten, durchgeführt wurde, wird im folgenden von „sowjetischen" Kindern und der UdSSR gesprochen.

sen. Einen besonderen Personentypus stellen dabei die Erwachsenen dar: Durch die Betonung von Anpassung und Gehorsam gegenüber Erwachsenen könnte es sein, daß Kinder aus kollektivistischen Kulturen Unsicherheit empfinden, sobald sie Erwachsene erleben, die offensichtlich traurig sind (vgl. auch Trommsdorff, 1996).

Da in dieser Studie die kindlichen Reaktionen auf die Traurigkeit einer jungen Erwachsenen untersucht werden sollten, ließen sich zwei entgegengesetzte Hypothesen formulieren: Aufgrund der gesamtgesellschaftlich gegebenen *Wertbindungen* war zu erwarten, daß die sowjetischen Kinder im Vergleich zu den bundesdeutschen mitfühlender sein sollten. Im Hinblick auf die kulturellen *Gefühlsschablonen* wiederum lag eine andere Hypothese nahe: Da in der UdSSR Mitgefühl und Helfen in erster Linie der Mutter, alten Menschen und kleinen Kindern gegenüber gezeigt werden sollten, Erwachsene im allgemeinen jedoch als zu respektierende Autoritätspersonen galten, war zu erwarten, daß die sowjetischen Kinder mehr Unsicherheit und infolgedessen *weniger* mitfühlend-prosoziales Verhalten zeigen würden.

Erhoben wurden in der vorliegenden Studie zum einen die Reaktionen deutscher und sowjetischer Kinder auf die Traurigkeit einer Spielpartnerin und zum anderen die Erziehungsziele ihrer Mütter. Letztere sollten Aufschluß darüber geben, ob es Zusammenhänge zwischen mütterlichen Erziehungszielen einerseits und kindlichem Sozialverhalten andererseits gibt, die die oben angestellten Überlegungen zur Genese kultureller Unterschiede im emotionalen Erleben stützen. Denn Erziehungsziele können auch als Spiegel gesamtgesellschaftlicher Wertbindungen gesehen werden.

Methode

Untersucht wurden jeweils 48 deutsche und sowjetische Kindergartenkinder (je zur Hälfte Jungen und Mädchen) und ihre Mütter. Sie wurden in einer standardisierten Interaktionssituation mit einer Spielpartnerin beobachtet, der ein Spielzeug irreparabel kaputt ging – eine Situation, die den Kindern in beiden Kulturen wohlbekannt war. Die Spielpartnerin, eine instruierte Psychologiestudentin, zeigte dem Kind ihre Traurigkeit über dieses Mißgeschick. Die Szene wurde videographiert und die Reaktionen der Kinder auf die Traurigkeit – in Mimik, Worten, Tonfall und Handlungen – qualitativ und quantitativ analysiert (für Einzelheiten siehe Kienbaum, 1993, S. 67-73; Kienbaum & Trommsdorff, 1997b, S. 278-279). Die Erziehungsziele der Mütter wurden mittels eines semiprojektiven Szenario-Verfahrens, dem So-Sit (Kornadt, 1989a), erhoben. Dieses Verfahren besteht aus bildlichen Darstellungen konflikthafter Mutter-Kind-Interaktionen (fünf Situationen) und Kind-Kind-Interaktionen (vier Situationen). Die Aufgabe der Mütter war es, ihre spontanen Reaktionen auf diese Situationen, ihre Deutungen, ihre Erziehungsziele und die vermuteten kindlichen Reaktionen zu schildern. Da zur Analyse der Wertbindungen in erster Linie die Erziehungsziele von Interesse waren, werden im folgenden nur die diesbezüglichen Ergebnisse dargestellt (für die Ergebnisse zu dem Gesamtkomplex s. Kienbaum & Trommsdorff, 1997a). Überprüft wurde, ob systematische Unterschiede in den Antworten der deutschen und sowjetischen Mütter auftraten, und ob sich Zusammenhänge zwischen den Erziehungszielen der Mütter und dem Verhalten der Kinder in der Interaktionssituation mit der Spielpartnerin ergaben. Da geschlechtsspezifische Unterschiede für die vorliegende Fragestellung nicht bedeutsam sind, aber hier Unterschiede auftraten, werden im weiteren nur die Ergebnisse der Mädchen berichtet.

Ergebnisse und Diskussion

Die deutschen Mädchen zeigten mehr Mitgefühl als die sowjetischen (s. Abb. 3). Bei letzteren war eine als „passiver Distress" bezeichnete Reaktion besonders ausgeprägt, die durch *Anspannung* und *Passivität* gegenüber der traurigen Spielpartnerin charakterisiert war. Auch im prosozialen Verhalten erreichten die deutschen Mädchen im Vergleich zu den sowjetischen höhere Werte. Trotz der Wertbindung an prosoziales Verhalten auf der Ebene der gesellschaftlichen Erziehungsvorgaben zeigten die sowjetischen Mädchen also in einer konkreten Interaktionssituation weniger Mitgefühl und prosoziales Verhalten als ihre Alterskameradinnen aus einer individualistischen Kultur.

Beim Vergleich der Erziehungsziele deutscher und sowjetischer Mütter traten deutliche Unterschiede zutage. Die sowjetischen Mütter nannten vor allem *Anpassung* und *Harmonie* als Erziehungsziele („Gehorsam"; „einen direkten Konflikt vermeiden"), wohingegen die deutschen Mütter zwar z.T. auch Akzeptanz der mütterlichen Wünsche als Erziehungsziel nannten, aber im Gegensatz zu den sowjetischen Müttern bei manchen Konflikten auch Selbständigkeit und Durchsetzungsfähigkeit als wünschenswerte Eigenschaften ihres Kindes formulierten (z.B. „Mein Kind soll selber entscheiden können") [U-Test, $p < .001$ für den aus Mutter-Kind- und Kind-Kind-Konflikten gebildeten Gesamtwert].

Weder für die Stichprobe der sowjetischen Dyaden noch für die Gesamtstichprobe zeigten sich signifikante Korrelationen zwischen den Erziehungszielen der Mütter und den emotionalen Reaktionen der Kinder. Ein Grund mag in der allzu geringen Varianz in den Antworten der sowjetischen Mütter liegen. Für die deutschen Dyaden ergab sich jedoch ein interessanter Zusammenhang: Die Mütter derjenigen Mädchen, die besonders *wenig* Anspannung und Unwohlsein („passiven Distress") in der Interaktion mit der Spielpartnerin zeigten, gaben häufig Kompromißbereitschaft und Hilfsbereitschaft als Erziehungsziele in Peer-Konflikten an [$r(16) = -.58$, $p < .05$]. Diese beiden Erziehungsziele lassen sich als Wertbindungen an mitfühlend-prosoziales Verhalten, vor allem gegenüber Gleichaltrigen, ansehen.

Bei den sowjetischen Mädchen hat vermutlich der Stellenwert von Anpassung und Gehorsam in den Erziehungszielen ihrer Mütter dazu geführt, daß sie sich überfordert fühlten, als sie mit einer eher unbekannten Situation, wie der Traurigkeit einer erwachsenen Spielpartnerin, konfrontiert wurden. Die kulturellen Gefühlsschablonen umfassen diesen spezifischen Situationstyp nicht. Daher reagierten die Mädchen mit Anspannung und passivem Distress. Innerhalb einer individualistischen Kultur, wie der Bundesrepublik Deutschland, scheint es demgegenüber förderlich für Mitgefühl zu sein, wenn Mütter Kompromiß- und Hilfsbereitschaft in Konflikten mit anderen Kindern wertschätzen, d.h., über eine Wertbindung an mitfühlend-prosoziales Verhalten verfügen.

Es gibt also *kulturspezifische* Anregungsbedingungen für Mitgefühl, die sich im Rahmen der Schematheorie folgendermaßen beschreiben lassen: Trotz der in der UdSSR auf der Ebene der gesellschaftlichen Erziehungsaufgaben vorhandenen Wertbindung für prosoziales Verhalten trat dann kein Mitgefühl auf, wenn die kulturellen Gefühlsschablonen den Situationstyp „erwachsene Spielpartnerin zeigt Kind ihre Traurigkeit" nicht vorsahen. In einer individualistischen und pluralistischen Kultur, wie der bundesrepublikanischen, schien dieser Situationstyp demgegenüber zumindest für die Mädchen keine grundsätzliche Schwierigkeit darzustellen. Wenn deutsche Mütter zudem über eine Wertbindung an mitfühlend-prosoziales Verhalten verfügten, zeigten ihre Töchter eine hohe mitfühlend-prosoziale Reaktionsbereitschaft.

Abbildung 3. Emotionale Reaktionen bei 5jährigen deutschen und sowjetischen Mädchen

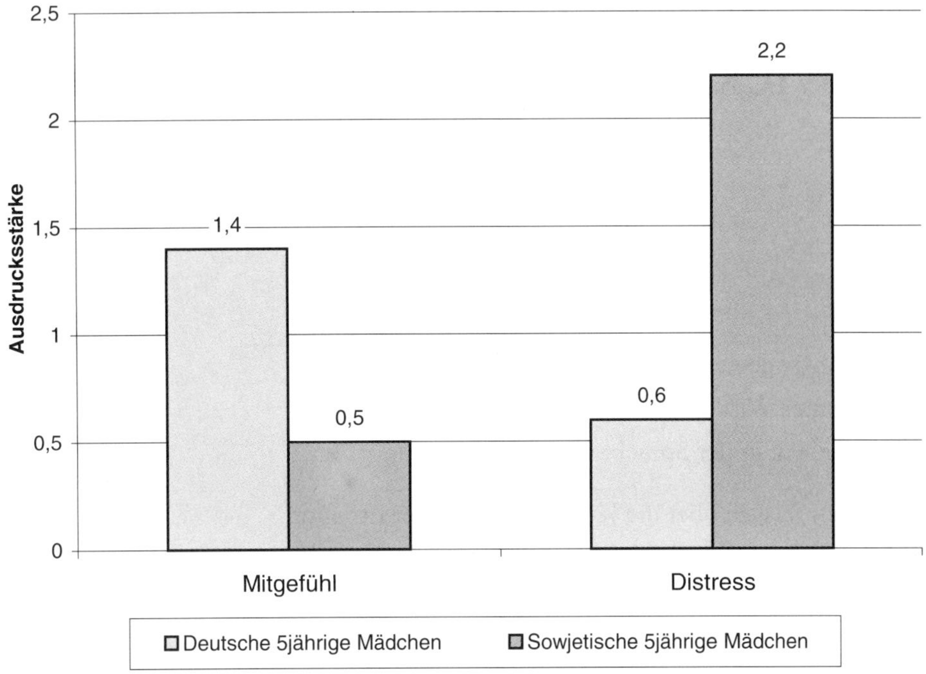

[Bar chart: Ausdrucksstärke (0–2.5 scale)
- Mitgefühl: Deutsche 5jährige Mädchen = 1,4; Sowjetische 5jährige Mädchen = 0,5
- Distress: Deutsche 5jährige Mädchen = 0,6; Sowjetische 5jährige Mädchen = 2,2]

Skalenwerte von 0 – nicht vorhanden bis 3 – sehr starker Ausdruck. Distress bezieht sich auf Merkmale der Anspannung und Passivität.

Diese Ergebnisse verdeutlichen die Bedeutung des kulturell-normativen Aspekts von emotionalen Schemata und weisen auf den Stellenwert einer genauen Analyse der kontextuellen Anregungsbedingungen für ein bestimmtes Verhalten in kulturvergleichenden Untersuchungen hin.

6. Ausblick

Die Theorie emotionaler Schemata läßt Fragen nach dem Ursprung und dem Handlungsbezug von Emotionen offen. Im Mittelpunkt steht die Frage nach dispositionellen Komponenten individueller Gefühlsreaktionen. Der Entwicklung derartiger Dispositionen sollte das Interesse zukünftiger Forschung vermehrt gelten, damit individuelle Reaktionen besser aus überdauernden Reaktionsbereitschaften vorhergesagt werden können. Schwerpunkte unserer derzeitigen Studien über die Entwicklung von Mitgefühl ist die Untersuchung des Einflusses von Schüchternheit, von Bindungssicherheit und von Regelwissen (*deserving rules*) auf Mitgefühl und prosoziales Verhalten; auch Altersvergleiche in Kindheit und Jugend werden durchgeführt.

Naive Psychologie und die Entwicklung des Emotionswissens[1]

Bettina Janke

Einleitung	71
1. Die Anfänge naiven Emotionswissens	71
1.1 Implizites Wissen von Säuglingen	71
1.2 Emotionen in der Sprache von Kleinkindern	73
2. Naives Wissen über die Komponenten einer Emotion	75
2.1 Mimischer Ausdruck als Anzeichen einer Emotion	75
2.2 Anlässe von Emotionen	78
2.3 Das Verstehen mehrdeutiger Situationen	81
3. Emotionen als subjektive Zustände: Naive Psychologie	82
3.1 Die Unterscheidung von innerem Zustand und Verhalten	83
3.2 Naive Psychologie: Emotionswissen als Wissen über die Bedeutung mentaler Vorgänge	84
3.3 Wünsche und Erwartungen als Auslöser von Emotionen	85
3.4 Attributionen als Auslöser von Emotionen	86
3.5 Schlußfolgerungen und offene Fragen	90
4. Interindividuelle Unterschiede im Emotionswissen	91
4.1 Die Fähigkeit zur Dekodierung des mimischen Ausdrucks	92
4.2 Emotionswissen und Interaktion in der Familie	94
4.3 Interindividuelle Unterschiede im Emotionswissen oder „emotionale Intelligenz"	96
4.4 Emotionswissen und Verhaltensauffälligkeiten	96

---

[1] Ich danke Manfred Holodynski, Wilhelm Janke und Annette Rümmele für Interesse, Anregungen und Kritik an diesem Beitrag. Herzlichen Dank auch an Christel Gerstmayr, die mich bei der Erstellung der Endfassung nach Kräften unterstützt hat.

Einleitung

Interviewer: Jetzt stell' dir mal vor, du bist froh, richtig froh! Was macht dich denn froh? Paul: Wenn wir in so einen Park gehen, da sind ganz schöne Spiele; wenn ich für mich allein ein Tier bekomme. Interviewer: Wie fühlst du dich, wenn du dich freust? Paul: Dann freue ich mich, dann fühle ich mich ganz toll. Interviewer: Was machst du, wenn du dich freust? Paul: Dann spiele ich, lache ich. Dann sage ich's meiner Freundin und will sie auch glücklich machen. Interviewer: Was machst du, um froh zu bleiben? Paul: Nicht meine Eltern ärgern, machen, was die Eltern sagen. (Interview mit einem 7jährigen über Ursachen, Folgen und Emotionsregulation bei Freude, Ärger und Trauer; Janke, 1999)

Im folgenden Beitrag wird die Frage behandelt, wie und inwieweit Kinder Emotionen als Komponenten psychischen Geschehens verstehen. Damit sind mehrere Fragen angesprochen. (1) Gibt es so etwas wie prototypische Situationen, denen sie bestimmte Emotionen zuschreiben? (2) Wann lernen Kinder Bezeichnungen für grundlegende Emotionen wie Freude, Angst, Ärger oder Trauer? (3) Woran erkennen sie, ob eine andere Person oder sie selbst ärgerlich oder traurig sind? (4) Wissen Kinder, daß andere Personen nicht immer ihre Gefühle zeigen, oder daß es möglich ist, zugleich ärgerlich und froh zu sein, also ambivalente Gefühle zu haben? (5) Ist das Wissen über Emotionen von Bedeutung für die sozialen Fähigkeiten von Kindern? (6) Ab wann können Kinder unterschiedliche mimische und vokale Emotionsreaktionen anderer Personen unterscheiden?

Antworten auf diese Fragen sucht ein inzwischen eigenständiger Forschungszweig, der sich mit der Entwicklung des Emotionsverständnisses (*conceptual understanding*) oder des naiven Wissens über Emotionen befaßt (*theory of emotion*). Dieses relativ junge Forschungsgebiet liegt an der Schnittstelle zwischen Emotionsentwicklung und kognitiver Entwicklung. Ausgangspunkt war die Beobachtung, daß Kinder fähig sind, den Gefühlszustand einer anderen Person nachzuvollziehen.

Der hier verwendete Begriff „Wissen" impliziert nicht, daß dieses vom Säugling bis zum Grundschulkind als bewußte Kompetenz zu verstehen ist. Vielmehr handelt es sich um intuitives oder auch naives Wissen, das oftmals nur aus den Handlungen oder Aktivitäten von Personen erschlossen werden kann. Angeknüpft wird mit dieser Annahme an Ergebnisse der kognitiven Entwicklungspsychologie, nach denen das Wissen über Emotionen als Teil einer naiven Psychologie verstanden wird (Bennett, 1993). Naive Theorien stellen grundlegende Bausteine menschlichen Wissens dar. Manche Autoren nehmen an, daß die naive Psychologie neben einer naiven Mechanik eine der tragenden Säulen naiven Wissens darstellt, auf deren Basis im Lauf der Entwicklung weitere Theorien gebildet werden (Carey & Spelke, 1994; Flavell, 1999; Wellman & Gelman, 1998).

1. Die Anfänge naiven Emotionswissens

1.1 Implizites Wissen von Säuglingen

Viele Autoren betrachten die durch die Säuglingsforschung gewonnene Erkenntnis, daß Säuglinge Emotionen im mimischen und vokalen Ausdruck voneinander unterscheiden können, als Basis des sich später entwickelnden Wissens über Emotionen (Terwogt & Harris, 1993; Walden, 1991). Aus diesem Grund werden in diesem Abschnitt Ergebnisse der

Säuglingsforschung daraufhin diskutiert, inwieweit sie die Basis für die Entwicklung naiven Wissens über Emotionen darstellen. Mehr als in jedem anderen Gebiet der Entwicklungspsychologie hat in der Säuglingsforschung eine methodologische Revolution stattgefunden (Flavell, Miller & Miller, 1993; Goswami, 1997; Sodian, 1995). Verhaltensorientierte Verfahren, wie etwa die sog. *Präferenzmethode* oder die *Habituationsmethode*, führten zu der Erkenntnis, daß bereits Säuglinge ihre Umwelt sehr viel genauer wahrnehmen können, als angenommen wurde.

Untersuchungen mit der Präferenzmethode konnten zeigen, daß Säuglinge sich von Geburt an bestimmten Stimuli eher zuwenden als anderen (z.B. Banks & Salapatek, 1981). Sie betrachten besonders ausführlich die Konturen von Objekten oder jene Objekte, die starke Hell-Dunkel-Kontraste enthalten. Menschliche Gesichter sind Stimuli, die diese Merkmale aufweisen, und sie werden von Säuglingen ebenso bevorzugt (Johnson, Dziurawiec, Bartrip & Morton, 1992; Johnson, 1998) wie biologische Bewegungsmuster (Johansson, 1973) oder menschliche Stimmen (Weinberg & Tronick, 1994).

Bereits während des ersten Lebensjahres beginnen Babys selektiv auf das Ausdrucksverhalten ihrer Bezugspersonen zu reagieren: Dreimonatige Babys können den Ausdruck des Lächelns von dem des Stirnrunzelns unterscheiden (Maurer & Barrera, 1981), vier- bis sechsmonatige Babys betrachten den Ausdruck der Freude länger als den des Ärgers oder einen neutralen Ausdruck (LaBarbera, Izard, Vietze & Parisi, 1976) und fünfmonatige Säuglinge können den Ausdruck der Trauer von dem der Freude unterscheiden (Caron, Caron & Myers, 1985; Caron, Caron & MacLean, 1988).

Die Interpretation der Ergebnisse zur Ausdrucksdiskrimination ist nicht einfach und bedarf weiterer empirischer Daten. Die Tatsache, daß Babys verschiedene Ausdrucksweisen unterscheiden können, bedeutet nicht zwangsläufig, daß sie die emotionale *Bedeutung* des Ausdrucks verstehen. Selbst die Tatsache, daß Säuglinge den gleichen Ausdruck zeigen wie ein Modell, ist kein Hinweis auf ein Verständnis der Bedeutung, da es sich um eine einfache Nachahmung handeln könnte. Überzeugender ist die Beobachtung, daß Säuglinge auf unterschiedliche Ausdrucksweisen auch unterschiedlich reagieren. Haviland und Lelwica (1987) instruierten Mütter, ihren zehn Wochen alten Babys gegenüber den mimischen Ausdruck der Emotionen Ärger, Trauer und Freude zu zeigen, und beobachteten, daß diese in Abhängigkeit von der dargestellten Emotion unterschiedlich reagierten. Während die Kinder im Fall von Freude interessiert und freudig reagierten, zeigten sie bei Trauer vermehrt Kaubewegungen und sahen weg; bei einem ärgerlichen Ausdruck der Mutter zeigten sie entweder auch einen ärgerlichen Gesichtsausdruck oder mieden den Blickkontakt. Diese Ergebnisse können auch auf die Wahrnehmung des vokalen Emotionsausdrucks übertragen werden (Fernald, 1993). Fünfmonatige Säuglinge zeigten bei zustimmenden Vokalisationen ihrer Mütter (ohne mimischen Ausdruck) konsistent positive Reaktionen, indem sie häufiger lächelten, während sie auf negative Vokalisationen mit gemischtem oder neutralem Ausdruck reagierten. Die Beobachtung des Ausdrucks von Erwachsenen scheint bei Babys auch eine Wirkung auf deren weitere Aktivitäten zu haben. Zeigt ihre Mutter in einer ambivalenten Situation den Ausdruck der Freude bzw. Furcht, nähern sich Säuglinge eher einem bestimmten Objekt an bzw. meiden das Objekt (Sorce, Emde, Campos & Klinnert, 1985; Saarni, Mumme & Campos, 1998). Diese Tendenz behielten sie sogar dann bei, wenn die Mutter den Raum verließ (Hornik, Risenhoover & Gunnar, 1987). Umstritten ist jedoch, ob diese Reaktionen belegen, daß Säuglinge den Ausdruck „verstehen" oder die Objekte durch sogenannte Gefühlsansteckung meiden (Bischof-Köhler, 1998).

Insgesamt zeigen die Ergebnisse der Säuglingsforschung, daß Säuglinge zumindest Emotionen wie Freude von anderen Qualitäten wie Ärger, Trauer oder Furcht unterscheiden können. Die Tatsache, daß sie auf Unterschiede im Ausdruck auch differenziert reagieren, deutet darauf hin, daß unterschiedliche Emotionsausdrücke für Säuglinge mehr sind als attraktive wahrnehmbare Stimuli (vgl. auch Holodynski, i. d. Bd.). Mit dem Einsetzen des Sprechens und der Entwicklung des Sprachverstehens erweitern sich diese Kompetenzen.

1.2 Emotionen in der Sprache von Kleinkindern

Emotionsvokabular

Systematische Untersuchungen des Emotionsvokabulars wurden zunächst über (a) Tagebuchaufzeichnungen durch „trainierte" Mütter (Bretherton & Beeghly, 1982; Ridgeway, Waters & Kuczaj, 1985) und später auch über (b) systematische Beobachtungen in Familien (Dunn, 1988; Wellman, Harris, Banerjee & Sinclair, 1995) durchgeführt. Zunächst gingen die Untersuchungen lediglich der Frage nach, wie sich das Emotionsvokabular (auch in Relation zu Benennungen anderer Zustände) mit dem Alter verändert. Inzwischen wird durch eine genauere Analyse der Kontexte, in denen Kinder sich auf Emotionen beziehen, eine differenzierte Beschreibung des emotionalen Verständnisses von Kindern möglich.

Bretherton und Beeghly (1982) ließen Mütter von Kindern im Alter von 10, 13, 20 und 28 Monaten das Vokabular der Kinder beschreiben. Am häufigsten verwendeten die Kinder Worte, die sich auf Wollensprozesse (z.B. „Ich will das!"), Grundbedürfnisse („Ich will nicht schlafen gehen!") sowie Wahrgenommenes („Schau mich nicht so an, Bob!") bezogen, gefolgt von Äußerungen, die affektive („Sei nicht wütend, Mami!") oder kognitive Prozesse beschrieben („Ich denke.") oder moralische Urteile enthielten („Wenn ich artig bin, bringt mir der Weihnachtsmann Spielsachen.").

Wie die Beispiele zeigen, verwendeten die Kinder diese Worte, sowohl um ihren eigenen oder den Zustand anderer zu bezeichnen als auch um das Verhalten anderer zu beeinflussen. Insgesamt – und das ist ein wesentlicher Befund der Untersuchung – nahm die Häufigkeit von Äußerungen, die sich auf internale Zustände bezogen, zwischen dem 20. Monat und dem 28. Monat deutlich zu (vgl. Tab. 1). Interessanterweise werden Worte für Emotionen vor Worten für Kognitionen erworben. Veränderungen des Emotionswortschatzes im Laufe der Entwicklung dokumentiert auch die Arbeit von Ridgeway et al. (1985), die Eltern anhand einer Liste von 125 Adjektiven einschätzen ließen, welche Emotionsworte ihre Kinder im Alter von 18 - 71 Monaten verstanden und benutzten. Tabelle 1 zeigt auszugsweise die Daten dieser Untersuchung sowie zum Vergleich die Ergebnisse der Arbeit von Bretherton und Beeghly (1982). Zwischen dem 17. und 35. Monat verwendeten immer mehr Kinder Adjektive, die sich auf grundlegende Emotionen wie Freude, Trauer und Ärger bezogen.

Was wissen Kinder über die Bedeutung von Emotionsbenennungen?

Die Entwicklung des Emotionsvokabulars allein ist kein Beweis dafür, daß Kinder Emotionen als interne psychische Phänomene verstehen. Wie kann man feststellen, ob Kinder den Zuständen, die Erwachsene als Emotion bezeichnen, auch weitere Merkmale von Emotionen zuschreiben?

Eine neuere Arbeit zur Sprachentwicklung gibt erstmals Aufschluß darüber, ab welchem Alter Kinder komplexere Zusammenhänge verstehen. Dies gelang durch eine Analyse der Kontexte, in denen Kinder Emotionsbezeichnungen verwenden. Wellman, Harris, Banerjee und Sinclair (1995) reanalysierten die Daten einer umfangreichen linguistischen Längsschnittstudie. Diese enthielt Unterhaltungen zwischen Kindern ab dem zweiten Lebensjahr mit ihren Eltern und Geschwistern über einen Zeitraum von 3 Jahren. Anders als die vorangegangenen Untersuchungen unterschieden die Autoren zwischen einfachen und komplexen Äußerungen. In *einfachen* Äußerungen wird die Emotion benannt. In *komplexen* Äußerungen wird zwischen der Ursache und dem Objekt einer Emotion unterschieden. Wenn man z.B. von einer Person geschubst wird, wird man ärgerlich auf diese Person. Die Ursache der Emotion ist in diesem Fall der Schubs, das Objekt des Ärgers ist die andere Person.

Tabelle 1. Verwendung ausgewählter Adjektive zur Beschreibung von Emotionen und Kognitionen in Abhängigkeit vom Alter (Prozentangaben pro Altersgruppe)

Alter (in Monaten)	Ridgeway et al. (1985)				Bretherton und Beeghly (1982)	
					Bezogen auf Selbst	Bezogen auf Selbst und andere
	18-23	24-29	30-35	66-71	28	28
Fröhlich	37	73	87	96	60	40
Traurig	7	50	73	93	57	50
Ängstlich	10	50	73	93	–	–
Ärgerlich	10	23	70	97	17	7
Wütend	13	50	73	87	73	33
Erschrocken	10	57	80	97	73	43
Überrascht	3	13	43	90	13	3
Denken	–	–	–	–	33	17

Zunächst konnten die Autoren die Ergebnisse der älteren Untersuchungen bestätigen: Bereits 2jährige verwendeten die Worte „Freude", „Trauer", „Ärger" und „Angst", um ihren eigenen Zustand oder den anderer zu benennen. Nach dem zweiten Lebensjahr benutzten sie zunehmend Worte zur Beschreibung komplexer Emotionen, wie Überraschung oder Haß. Der prozentuale Anteil *einfacher* Äußerungen („Mein Vati war wütend.") nahm mit zunehmenden Alter ab (70% der 2jährigen, 52% der 3jährigen, 46% der 4jährigen), während der Anteil *komplexer* Äußerungen, die sowohl die Ursache als auch das Objekt der Emotion enthielten, von 26% auf bis zu 43% anstieg („Wenn du das meiner Mutti erzählst, werde ich sauer auf dich.").

Von besonderem Interesse sind die weitergehenden Analysen dieser komplexen Äußerungen in Form von Gegenüberstellungen (*contrasts*). Unterschieden wurde zwischen drei verschiedenen Typen von Gegenüberstellungen. Allen gemeinsam ist, daß mehrere Aspekte emotionaler Geschehnisse zugleich vom Kind kommentiert werden. In *Emotions-Handlungs-Gegenüberstellungen* wird zwischen einer Emotion und der Handlung, die dieser Emotion folgt, unterschieden. Diese stiegen in der Häufigkeit von 12% bei den 2jährigen auf bis zu 17% aller komplexen Äußerungen bei den 5jährigen. Die zweite Form der Gegenüberstellungen bezog sich auf die *Gefühle zweier verschiedener Personen*. Diese Art von Gegenüberstellungen, die 9% aller komplexen Äußerungen umfaßte, sind sehr wichtig, da sie ein Hinweis sind, daß Kinder Emotionen Personen zuschreiben und nicht Sachverhalten. Die dritte Gegenüberstellungen ist aus entwicklungspsychologischer Sicht die interessanteste. In diesen *subjektiven Gegenüberstellungen* bezogen sich Kinder auf zwei verschiedene Emotionen bei demselben Sachverhalt (5%). Insgesamt zeigen die Untersuchungen des Emotionsvokabulars und des semantischen Verständnisses, daß

1. schon 2jährige Emotionsworte für sog. basale Emotionen verstehen und verwenden,
2. dieses Vokabular zunehmend auch auf komplexe Emotionen erweitert wird,
3. Emotionsworte nicht nur verwendet werden, um den eigenen, sondern auch den Zustand anderer zu bezeichnen.
4. Die Ergebnisse von Wellman et al. (1995) deuten darüber hinaus auf ein noch umfassenderes Verständnis von Emotionen hin. Danach verstehen bereits 2jährige Emotionen als internale Zustände, die sich von Person zu Person unterscheiden und nicht allein durch Merkmale der Situation bedingt sind.

2. Naives Wissen über die Komponenten einer Emotion

2.1 Mimischer Ausdruck als Anzeichen einer Emotion

Woraus schließen Kinder auf ihren eigenen emotionalen Zustand oder den einer anderen Person? Aus dem Erleben eines bestimmten (internen) Zustandes, aus dem mimischen oder vokalen Emotionsausdruck, der Benennung des Emotionszustandes durch andere oder allein aus den situativen Gegebenheiten? Obwohl die erstgenannte Annahme, daß selbst erlebte emotionale Zustände eine Informationsquelle sein könnten, durchaus plausibel zu sein scheint, wurde sie in Untersuchungen eher vernachlässigt. Statt dessen wurde über viele Jahre hinweg untersucht, ob Kleinkinder und Grundschüler Emotionen im mimischen Ausdruck erkennen und verstehen können, gefolgt von einer größeren Zahl von Untersuchungen des Wissens über den Zusammenhang von Situation und Emotion. Erst in einem dritten Schritt wandte man sich dem Verständnis von Situationen zu, die an sich mehrdeutig sind oder dadurch mehrdeutig sind, daß Situation und mimischer Ausdruck nicht übereinstimmen. Die hierzu verwendeten Methoden werden unterteilt in *Affektzuordnungs-* und *Affektbeschreibungsmethoden* (s. Tab. 2).

Beide Gruppen unterscheiden sich hinsichtlich der Anforderungen, die an die Kinder gestellt werden. *Affektbeschreibungsmethoden* verlangen von den Kindern zumindest die Produktion der richtigen Bezeichnung. So zeigt man Kindern Fotos mit emotionalen Gesichtsausdrücken oder legt den Kindern kleine Geschichten (Video oder erzählt) vor, in denen anderen Kindern etwas passiert, und läßt sie dann die Emotion der beteiligten Kinder benennen (Wiggers & van Lieshout, 1985). Können kinder noch nicht sprechen, und ist man nicht sicher, ob sie lange Instruktionen verstehen können, wählt man die *Affektzuordnungsmethoden*. Einfache Aufgaben dieses Typs sind z.B. Sortieraufgaben, die bereits in Untersuchungen mit sehr kleinen Kindern eingesetzt werden können.

Bullock und Russell (1985) ließen 2- bis 5jährige Fotos von zehn Emotionen (z.B. Angst, Freude, Interesse) sortieren, indem sie die Kinder baten, diejenigen Personen in einen Stapel zu sortieren, die sich „gleich fühlten". In weiteren Durchgängen wurde die Zahl der Stapel variiert. Kinder ordneten – wie inzwischen in weiteren Arbeiten bestätigt – die Fotos nicht in diskrete Emotionskategorien, sondern entlang bestimmter Dimensionen, die Russell auch als „Angenehm – Unangenehm" (*Pleasure – Displeasure*) und „Erregt – Schläfrig" (*Arousal – Sleepiness*) bezeichnete. Sowohl Kinder als auch Erwachsene ordnen

Emotionen demnach auf der Basis ihrer Valenz und ihres Erregungsniveaus. Russell nimmt hiervon ausgehend an, daß Emotionen im Ausdruck nicht als diskrete Kategorien wahrgenommen werden, und interpretiert die Ergebnisse als Beleg dafür, daß Emotionen Konzepte mit unklaren Grenzen sind (*fuzzy borders*). Trifft diese Behauptung zu, wäre anzunehmen, daß Kinder ihr Emotionswissen nicht (allein) auf der Basis des Ausdrucks erwerben.

Tabelle 2: Beispiele für Methoden zur Untersuchung des Emotionswissens ab dem Kleinkindalter

Affektzuordnungsmethode	Affektbeschreibungsmethode
Sortieraufgaben	*Emotionsbenennung*
Sortieren von Fotos in vorgegebene Gruppen: „Sortiere die zusammen, die zusammengehören." (Russell & Bullock, 1986)	Benennung des Ausdrucks in Fotos: „Wie fühlt sich das Kind auf dem Foto?" (Stifter & Fox, 1986; Denham & Couchoud, 1990b)
Sortieren von Situationen in vorgegebene Gruppen (Brody & Harrison, 1987)	Benennung der Emotion in einer Situation: „Wie fühlt sich das Kind in der Situation?" (Michalson & Lewis, 1985; Denham & Couchoud, 1990b)
Zuordnungen zu einem vorgegebenen Standard	*Weitergehende Verfahren zur Erfassung von Emotionswissen*
Zuordnungen von Fotos, Zeichnungen, Videos zu einem Standard: „Welches Gesicht fühlt sich auch so?" (Bullock & Russell, 1985; Field & Walden, 1982b)	Erfragen des Wissens über Auslöser oder Konsequenzen von Emotionen durch Vorgabe einer Emotion: „Warum könnte Marie ärgerlich sein oder was macht Marie, wenn sie ärgerlich ist?" (Schwartz & Trabasso, 1984).
Zuordnungen von Beschreibungen zu Emotionen: „Bei welchem Gefühl fühlst Du Dich ganz entspannt?" (Janke, 1998)	
Zuordnungen von Situationen zu Ausdrucksfotos: „Zeig mir, wie sich das Kind fühlt?" (Borke, 1971)	Erfragen von Regulationsstrategien: „Was machst Du, um nicht mehr ärgerlich zu sein?" (Janke, 1999)

Ob jüngere Kinder den mimischen Ausdruck von Emotionen auch diskreten Emotionen zuordnen können, überprüften Michalson und Lewis (1985) in einer der ersten Untersuchungen zum Wissen von Kindern über Emotionen. Dabei wurde – allerdings an einer sehr kleinen Stichprobe – die Fähigkeit von 2- bis 5jährigen zur Emotionsbenennung untersucht. Die Kinder erhielten Fotos des gestellten mimischen Ausdrucks von Freude, Ärger, Trauer, Angst, Überraschung und Ekel und mußten die dargestellte Emotion benennen. Die 2jährigen konnten dies bei keiner Emotion, die 3jährigen bezeichneten Trauer zu 45%, Freude zu 27%, Ärger zu 20% richtig, während sie Überraschung selten richtig bezeichneten und Angst nie. Über 50% der 4jährigen benannten Trauer, Freude und Ärger richtig. Fast alle 5jährigen benannten Ärger, Trauer und Freude richtig. Sehr viel einfacher wird die Aufgabe, wenn die Kinder auf die vom Versuchsleiter bezeichnete Emotion zeigen sollen. 2jährige erkannten dann die Emotionen Freude und Trauer (jeweils 80%), sowie Ärger und Überraschung (jeweils zu 40%). Trotz der einfacheren Aufgabe erkannten erst die 4- bis 5jährigen Angst und Ekel regelmäßig.

Die Verwendung von Ausdruckszeichnungen ermöglicht – auch wenn sie auf den ersten Blick ökologisch nicht valide erscheinen mag – eine genauere Analyse, auf welchen Merkmalen des Gesichts die Differenzierungsleistungen von Kindern beruhen. Als Beispiel dafür mag eine Untersuchung von Field und Walden (1982a) dienen, die 3- bis 6jährigen Zeichnungen von Kindergesichtern vorlegten, die einem Standard zugeordnet werden mußten. Neben Ausdrucksmerkmalen der Emotionen Ärger, Trauer, Überraschung und Freude veränderten die Autoren auch irrelevante Merkmale wie die Frisur oder Haarfarbe des gezeichneten Gesichtes und testeten, ob die Kinder den Ausdruck auch dann zuordnen können, wenn ihnen keine exakte Kopie des Ausdrucks gezeigt wird, sondern nur eine Zeichnung, die dem Standard in allen variierten Ausdrucksmerkmalen sehr ähnlich ist. Mit zunehmendem Alter und bei höherer Intelligenz stieg der prozentuale Anteil richtiger Zuordnungen. Ab dem vierten Lebensjahr ordneten die Kinder den Gesichtsausdruck von Freude mehrheitlich richtig zu. Weniger gut waren sie bei Trauer, noch schlechter erkannt wurden Ärger und Überraschung. Sogar noch jüngere Kinder erkennen den mimischen Ausdruck in Zeichnungen: Denham und Couchoud (1990b) zeigten 2- bis 5jährigen Ausdruckszeichnungen verschiedener Emotionen. Sowohl beim Benennen als auch beim Zeigen auf die entsprechende Emotion erkannten die Kinder Freude, gefolgt von Trauer, Ärger und Angst. Diese Leistung verbesserte sich mit dem Alter und war außerdem abhängig von der Emotion. Angst wurde beispielsweise von den jüngeren Kindern nur dann erkannt, nachdem das Gefühl vom Versuchsleiter genannt worden war.

Problematisch sind Fotos und Zeichnungen als Untersuchungsmaterial insofern, als mit ihnen nur nachgewiesen werden kann, daß Kinder statische Darstellungen des Emotionsausdrucks erkennen und zufallsfrei Emotionen zuordnen. Anzunehmen wäre, daß Kinder Emotionen besser erkennen, wenn sie sowohl visuell als auch akustisch dargeboten werden. Diese Vermutung konnte allerdings nicht bestätigt werden. 3- bis 5jährige und Erwachsene, denen die Emotionen Ärger, Trauer oder Freude entweder als Videoaufnahme oder akustisch oder als Kombination beider Kanäle gezeigt wurden, zeigten keine Unterschiede in der Erkennensleistung in Abhängigkeit von der Art der Darbietung (Stifter & Fox, 1986). Anders als bei Field und Walden (1982a) identifizierten die Kinder hier Ärger eher als Freude. Trauer wurde am schlechtesten identifiziert. Dieser Befund könnte allerdings auf die unterschiedliche Intensität der Darstellungen zurückzuführen sein. Damit hätten die Kinder nicht die Emotionsqualität, sondern die Intensität der dargestellten Emotionen beurteilt.

Insgesamt finden sich somit bereits im Kleinkindalter Belege dafür, daß Freude im mimischen Ausdruck gut erkannt und von negativen Emotionen, wie Angst, Ärger und Trauer, unterschieden wird. Die Emotionen Trauer und Ärger werden erst zu einem späteren Entwicklungszeitpunkt differenziert. Charakteristisch ist allerdings auch, daß Ärger und Trauer häufig verwechselt werden. Die wenigen Untersuchungen, die Angst einbezogen, zeigten, daß sie erst von 6jährigen relativ gut erkannt wird (Michalson & Lewis, 1985; Denham & Couchoud, 1990b). Auch ältere Kinder sind im Erkennen des Ausdrucks keineswegs perfekt. Reichenbach und Masters (1983) beobachteten verbesserte Erkennensleistungen von 9jährigen gegenüber 4jährigen nur beim Erkennen von Trauer (Trauer: 72% vs 48%). Bei Freude und Ärger waren die jüngeren Kinder sogar tendenziell besser als die 9jährigen. Selbst einige 9jährige verwechselten ärgerliches Ausdrucksverhalten im Foto häufiger mit traurigem Ausdruck (38%) oder den traurigen Ausdruck mit Ärger (17%). Verwechslungen von Ärger und Trauer wurden auch in weiteren Untersuchungen beobachtet (Barden, Zelko, Duncan & Masters, 1980; Denham & Couchoud, 1990b). Die Bedeutung solcher interindividuellen Unterschiede im Erkennen des mimischen Ausdrucks werden in einem späteren Abschnitt ausführlicher behandelt.

2.2 Anlässe von Emotionen

Wenn Kinder Emotionen wie Ärger oder Trauer (im Ausdruck) häufig verwechseln, stellt sich die Frage, wie sie diese Emotionen bei anderen unterscheiden. Eine Möglichkeit wäre, daß sie Emotionen nicht aus dem Ausdruck anderer, sondern aus Merkmalen der Situation erschließen.

Dieser Vorschlag wird auch noch in jüngster Zeit gemacht (Russell,1989; Saarni, 1997), wenn angenommen wird, daß das Emotionswissen in sog. *Emotionsskripten* repräsentiert wird. Diese enthalten Informationen darüber, welche Situation welche Emotion auslöst. Erwachsene können sowohl Situationen beschreiben, die Emotionen auslösen, als auch vorgegebenen Situationen entsprechende Emotionen zuordnen. Um die Annahme von Emotionsskripten zu stützen, müßte allerdings belegt werden, daß Kinder überhaupt in der Lage sind, bestimmten Situationen Emotionen zuzuschreiben.

Inwieweit auch Kinder Anlässe verschiedener Emotionen kennen, wurde bereits von Borke (1971) mit der Affektzuordnungsmethode (s. Tab. 2) überprüft. Typische Situationen waren das „Essen einer Lieblingsspeise", „der Verlust eines Spielzeugs", „sich im Wald verlaufen" und „ins Bett müssen" zur Auslösung von Freude, Trauer, Angst und Ärger. Im ersten Teil der Untersuchung mußten Kinder im Alter von drei bis sieben Jahren diesen Situationen Emotionen (Fotos) zuordnen, die sie *selbst* in einer solchen Situation erleben. Im zweiten Teil sollten sie einem *anderen* Kind die Emotion zuschreiben, wobei sie sich vorstellen sollten, sie seien die Akteure, die mit ihren Handlungen ein anderes Kind erfreuen, verärgern oder ängstigen. Selbst die jüngsten Kinder konnten mehrheitlich den Situationen, die Freude auslösen sollten, Freude zuordnen. Deutliche Anstiege (von 25% auf 88%) erwarteter Zuschreibungen mit dem Alter zeigten sich bei Angst. Bei Ärger und Trauer zeigte sich mit dem Alter eine leichte Zunahme, die jedoch auch stark vom Inhalt der vorgegebenen Situationen abhängig war. Unterschiede ergaben sich auch zwischen Fremd- und Selbstzuschreibung. Nur 30% der 8jährigen schrieben Ärger in beiden Bedingungen richtig zu. Die Quote richtiger Zuschreibung bei Trauer in der Fremdzuschreibung war vergleichbar gering, nicht aber in der Selbstzuschreibung.

Die Ergebnisse von Borke wurden durch eine Vielzahl von Untersuchungen bestätigt, die außerdem weitere Emotionen, wie Überraschung und Ekel, einbezogen (Camras & Allison, 1985; Michalson & Lewis, 1985). Deutliche Entwicklungstrends zeigten sich für das Erkennen von überraschenden und ekelerregenden Situationen, die von 3- bis 4jährigen deutlich schlechter verstanden wurden als von älteren Kindern. Wichtig ist, daß die Art der Aufgabe mit der Erkennensleistung interagierte. Jüngeren Kindern fiel es im Fall der Emotionen Überraschung und Ekel leichter, Situationen Emotionsbezeichnungen als Fotos des mimischen Ausdrucks zuzuordnen (Camras & Allison, 1985). Bereits 6jährige konnten mehrheitlich nicht nur eine, sondern mehrere Situationsbeschreibungen einzelnen Emotionen, nämlich Ärger, Trauer, Freude, Angst, Überraschung und Ekel, zuordnen. Überschneidungen zeigten sich allerdings zwischen Ärger und Trauer, Überraschung und Angst sowie Überraschung und Freude (Ribordy, Camras, Stefani & Spaccarelli, 1988).

Ob nicht bereits Kindergartenkinder, wenn man ihnen Ausdrucksmerkmale *und* bestimmte Situationen präsentiert, den emotionalen Gehalt solcher Geschehnisse einschätzen können, wurde erst vor wenigen Jahren untersucht. Denham und Couchoud (1990a) setzten nicht Bildmaterial des Ausdrucks *oder* bestimmter emotionshaltiger Situationen ein, sondern spielten ihren Versuchskindern diese Geschehnisse mit Puppen vor. Die Puppen zeigten mimischen, verbalen und nonverbalen Emotionsausdruck. Wurden den Kindern emotionale Geschehnisse in dieser Form präsentiert, waren sowohl 3jährige als auch

4jährige in der Lage, überzufällig häufig Emotionszuordnungen richtig vorzunehmen. Unterschiede zeigten sich allerdings zwischen verschiedenen Emotionen: Freude wurde besser als Trauer und Trauer wiederum besser erkannt als Ärger und Angst. Darüber hinaus zeigten Fehleranalysen, daß ärgerliche Situationen oft als traurige, jedoch niemals als angsterregende Situation bezeichnet wurden. Angst wurde wiederum mit Trauer verwechselt, jedoch nie mit Ärger (vor allem von den 3jährigen). Bei der kombinierten Darbietung bleibt allerdings offen, auf welche Merkmale des Puppenverhaltens sich die Kinder bezogen. Dies ist insofern bedauerlich, als das Verständnis des nicht-mimischen expressiven Verhaltens (etwa freudig auf und ab hüpfen) in keiner Untersuchung einbezogen wurde.

Insgesamt scheinen Kindergartenkinder relativ gut und 6jährige nahezu perfekt in der Zuordnung von Emotionen zu vorgegebenen Situationen. Können sie auch *selbst* Situationen benennen, die bei ihnen oder anderen Emotionen auslösen? Mehrere Autoren sind inzwischen dieser Frage nachgegangen (Denham & Zoller, 1991; Stein, Trabasso & Liwag, 1994; Russell, 1990).

Als Beispiel mag eine Untersuchung von Strayer (1986) dienen, in der 5- und 8jährige die Anlässe für die Emotionen Freude, Trauer, Ärger, Angst und Überraschung bei sich selbst, bei anderen Kindern des gleichen oder des anderen Geschlechts sowie bei Erwachsenen benennen sollten. Die Kinder nannten für sich, für andere Kinder und für Erwachsene vergleichbare Anlässe von Emotionen. Als Anlässe für Ärger und Trauer wurden häufig interpersonale Situationen genannt, während für Freude, Überraschung oder Furcht eher externale Ereignisse berichtet wurden. Altersunterschiede wurden nur in der häufigeren Nennung von interpersonalen Themen und Leistungsthemen beobachtet, die die 8jährigen signifikant häufiger als Anlässe berichteten als die 5jährigen.

Die Tatsache, daß Strayer keine Unterschiede in den Ereignissen fand, die Kinder als Auslöser von Trauer und Ärger benannten, regte weitere Untersuchungen an. Janke (1999) ging der Frage nach, ob sich die Ursachen, die 7jährige und 10jährige für selbsterlebte Freude, Ärger und Trauer nennen, unterscheiden, und wie sich diese mit dem Alter verändern. Hierbei wurden die Kategorien der interpersonalen und externalen Ursachen weiter aufgeschlüsselt.

Wie bei Strayer nannten die Kinder als Auslöser von Freude mehrheitlich externale Ereignisse. Die Art der Ereignisse unterschied sich jedoch in Abhängigkeit vom Alter. Die 7jährigen nannten als Auslöser von Freude positive *Aktivitäten* wie „schwimmen gehen" oder „in Urlaub fahren", während die 10jährigen als Auslöser von Freude mehrheitlich positive *Ereignisse* nannten (Geburtstag haben, eine gute Note bekommen). Anders als bei Strayer zeigten sich signifikante Unterschiede der Ursachen, die für Ärger und Trauer angegeben wurden. Bei Ärger nannten 70% der Kinder Provokationen durch andere. Demgegenüber bezogen sich Kinder bei Trauer in der Regel darauf, daß sie etwas Wertgeschätztes verloren hatten oder nicht erreichen konnten. Interessanterweise nannte ein Drittel der jüngeren Kinder Provokationen durch andere auch als Ursache für Trauer. Möglicherweise erklärt dieses Ergebnis auch die in der Literatur berichteten Verwechslungen von Ärger und Trauer durch jüngere Kinder.

Insgesamt belegen beide Untersuchungen, daß das situative Wissen von Kindern ab fünf Jahren nicht darauf beschränkt ist, die emotionale Bedeutung bestimmter Situationen zu erkennen, sondern auch selbst (plausible) Ursachen zu nennen. Nach weiteren Untersuchungen können dies sogar noch jüngere Kinder (Denham & Zoller, 1991; Stein, Trabasso & Liwag, 1994; Russell, 1990).

Skripte als Repräsentationen des Emotionswissens

Die Tatsache, daß schon Kindergartenkinder sowohl Situationen Emotionen zuschreiben, als auch selbst Situationen benennen können, wird von einigen Autoren als Beleg für die Existenz sogenannter Emotionsskripte interpretiert (Lewis, 1989; Saarni, 1997b; Russell, 1989). *Skripte* sind schematisierte Repräsentationen sich wiederholender Ereignisse (Nelson & Hudson, 1989). *Emotionsskripte* enthalten Informationen über Ereignisse, die mit bestimmten Emotionen verknüpft sind: mit deren Ursachen, dem Gefühl und dessen Konsequenzen. Aus der Sicht von Vertretern des Skriptansatzes leisten Skripte zweierlei: Sie ermöglichen die Unterscheidung von zunächst unklaren (*fuzzy*), sich überlappenden Emotionskategorien, die auf der Ausdrucksebene nicht immer unterscheidbar sind (Russell, 1989; Lewis, 1989). Es wird angenommen, daß Kinder Emotionsskripte erwerben, indem sie sich wiederkehrende Merkmale emotionaler Geschehnisse merken und so mehr und mehr Elemente der Emotionsskripte in einer Kultur erwerben.

Strenggenommen müßten Abweichungen vom Skript mit zunehmendem Alter abnehmen. Diese Sichtweise wäre jedoch unvereinbar mit der Beobachtung interindividueller Unterschiede in der Emotionszuschreibung. In vorangegangenen Abschnitten wurde immer wieder berichtet, daß verschiedene Kinder einer Situation verschiedene Emotionen zuordneten. Interindividuelle Unterschiede sind nicht nur ein theoretisches, sondern auch ein empirisches Problem. Vertreter des Skriptansatzes versuchen dieses Problem über eine Unterscheidung in sog. *idiosynkratische Skripte*, die sich zwischen Kindern verschiedener Familien oder verschiedener Kulturen unterscheiden sollen, und *universell gültige Skripte* auszuräumen. Momentan ist die empirische Evidenz für beide „Skripttypen" jedoch spärlich (Lewis, 1989). Idiosynkratische Skripte als Erklärung interindividueller Unterschiede der Emotionszuschreibung sind umstritten (vgl. Harris, 1994). Kritisiert wird vor allem, daß bei diesen Skripten subjektive Bewertungen (sog. „*appraisal*-Prozesse") der jeweiligen Gegebenheiten durch eine Person nicht ausreichend berücksichtigt werden. Würden jedoch Skripte neben Situationsmerkmalen auch subjektive Bewertungen enthalten, dann resultierten daraus außerordentlich komplexe Repräsentationen emotionshaltiger Informationen. Inwieweit Skripte die theoretisch sparsamste Erklärung interindividueller Unterschiede in der Emotionszuschreibung darstellen, wird noch näher zu untersuchen sein.

Situation oder Mimik?

Auch wenn Untersuchungen zum Wissen über situative Auslöser von Emotionen bei sich und anderen zeigen, daß Kinder solche Auslöser erkennen oder benennen können, kann die Hypothese, daß es Kindern leichter fällt, Emotionen aus Situationen als aus dem mimischen Ausdruck zu erschließen, insgesamt nicht bestätigt werden. Die Ausschließlichkeit, mit der diese beiden Informationsquellen in der Literatur gewöhnlich miteinander kontrastiert werden, ist zu hinterfragen. Eine solche Gegenüberstellung des Erkennens von Emotionen in Situationen oder im Ausdruck vernachlässigt, daß nur für eine Minderheit von Emotionen ein charakteristischer mimischer Ausdruck nachweisbar ist (bei Basisemotionen, wie etwa Angst, Ärger und Freude), während die Mehrheit der Emotionen, wie Eifersucht, Neid oder Hoffnung, nicht von einem bestimmten Ausdruck begleitet ist. Es wäre also möglich, daß nur letztere aus der Situation erschlossen werden. Umgekehrt könnte es sein, daß diejenigen Emotionen, die im Ausdruck erkannt werden können, in diesem eher erkannt werden als in Situationen. Verglichen werden müßte also die Erkennensrate einer bestimmten Emotion im Ausdruck mit der jeweiligen Erkennensrate in der entsprechenden Situation. Die Überprüfung von Zusammenhängen dieser Art sucht man bislang in der Literatur vergeblich.

Unabhängig davon müßte erklärt werden, warum bestimmte Emotionen im Ausdruck (oder Situationen) besser erkannt werden als andere. Warum wird Angst als letzte der grundlegenden Emotionen erkannt, warum werden Ärger und Trauer verwechselt? Beziehen sich Kinder, wenn sie eine Emotion wie Angst zuschreiben, möglicherweise auf andere Merkmale, als wenn sie Ärger zuschreiben? Evidenz für diese Annahme zeigt sich in Arbeiten zur sog. *impliziten Psychophysiologie*, einem Gebiet, in dem die naiven Vorstellungen von Kindern über körperliche Begleiterscheinungen von Emotionen untersucht werden. Janke (1998) beobachtete, daß 7jährige Angst anhand von körperlichen Symptomen ebenso gut erkannten wie Erwachsene.

Ein zweites, eher pragmatisches Problem entspringt der Tatsache, daß Kindern, wenn sie im Alltag mit den Emotionen anderer konfrontiert sind, verschiedene Informationen zur Verfügung stehen (Situation, Mimik, vokaler Emotionsausdruck, Körperhaltung etc.). Die Arbeit von Denham und Couchoud (1990a), die Kindern mehrere dieser Merkmale präsentierten, ist insofern zukunftsweisend. Dennoch muß geklärt werden, ob bessere Leistungen in ökologisch validen Versuchsanordnungen tatsächlich auf die kombinierte Darbietung emotionshaltiger Stimuli zurückgeführt werden können oder ob sie nur darauf beruhen, daß vorher nicht untersuchte Emotionsmerkmale einbezogen worden sind (etwa Stimme und Körperausdruck). Ein drittes und letztes Problem ist, daß Situationen u.U. auch mehrdeutig sein können. Die Bedeutung dieses Einwands wird im nächsten Abschnitt diskutiert.

2.3 Das Verstehen mehrdeutiger Situationen

Die Vorstellung, daß Emotionen aus Situationen erschlossen werden können, ist nur teilweise überzeugend, da es auch mehrdeutige Situationen gibt. Gnepp, McKee und Domanic (1987) variierten die Eindeutigkeit von Situationen, indem sie Kindern *eindeutige* (ein Geschenk erhalten) und *mehrdeutige* Situationen (ein kleiner Hund nähert sich dem Kind) vorlegten. Letzteres könnte sowohl Angst als auch Freude auslösen. Nur wenige 5jährige unterschieden zwischen diesen beiden Situationstypen im Gegensatz zur Hälfte der 8jährigen. Letztere verstanden, daß verschiedene Personen den *eindeutigen* Situationen die gleiche, den *mehrdeutigen* Situationen unterschiedliche Emotionen zuschreiben. Welche Emotionen andere Personen haben, wußten selbst die 8jährigen häufig nicht. Dieses Ergebnis macht deutlich, daß die Zuschreibung eines Gefühls in mehrdeutigen Situationen ein komplizierter Prozeß ist. Es muß zwischen der Kompetenz des Erkennens der Mehrdeutigkeit einer Situation und der weitergehenden Kompetenz, Informationen zu nutzen, durch die eine bestimmte Emotion zugeschrieben werden kann, unterschieden werden.

Eine ebenso interessante Frage ist, wie Kinder Szenen verstehen, in denen der gezeigte Gesichtsausdruck und die Situation nicht übereinstimmen. Insgesamt wurden hier drei konkurrierende Entwicklungsverläufe postuliert. *Zunächst* wurde behauptet, jüngere Kinder würden sich in Konfliktsituationen ausschließlich auf die Situation beziehen und erst ältere seien in der Lage, auch den mimischen Ausdruck zu berücksichtigen (Iannotti, 1978). Dieser Entwicklungsverlauf beruht auf der Annahme, daß jüngere Kinder ihre eigenen Emotionen in solchen Situationen auf andere projizieren (*egozentrisches* Denken im Sinne Piagets). *Alternativ* wurde die Hypothese formuliert, daß jüngere Kinder im Fall eines Konfliktes zwischen zwei Emotionsstimuli jeweils nur einen Stimulus beachten (*Zentrierung* im Sinne Piagets), während ältere Kinder sich bemühen, beide Stimuli zu berücksichtigen. Hierbei wird keine Aussage darüber gemacht, welcher der beiden Stimuli berücksichtigt wird.

Gegen die erste Hypothese spricht die Beobachtung, daß gerade jüngere Kinder (3- bis 5jährige), wenn man ihnen Situationen präsentierte, in denen Ausdruck und Situation in Widerspruch standen, eher das Ausdrucksverhalten interpretierten, während die älteren sich auf die Situation bezogen (Gove & Keating, 1979; Hoffner & Badzinski, 1989; Barden et al., 1980). Diese Ergebnisse sollten jedoch nicht als Bestätigung der Zentrierungshypothese angesehen werden, sondern sie sind – wie umfangreiche Untersuchungen von Gnepp (1989a) zeigen – mit einer dritten Hypothese vereinbar: Mit zunehmendem Alter sind Kinder eher in der Lage, miteinander in Konflikt stehende Stimuli zu verarbeiten. Gnepp (1983) belegte diese Hypothese in mehreren Schritten: Zunächst zeigte sie, daß bereits 4jährige, wenn man ihnen entweder den Ausdruck oder eine Situation präsentierte, diese Informationen einzeln nutzten, um daraus den emotionalen Zustand zu schließen. Standen beide Informationen zueinander in Widerspruch, präferierten 4- und 7jährige den mimischen Ausdruck, während die Hälfte der Zwölfjährigen beide Stimuli berücksichtigten. Die Integration widersprüchlicher Informationen gelang den älteren Kindern, indem sie die konflikthaften Geschichten durch weitere Einzelheiten plausibel machten (etwa indem sie angesichts eines Kindes, das vor einer großen Spinne Trauer zeigt, annahmen, daß die Spinne die Lieblingsfliege des Kindes aufgefressen habe). Weniger als die Hälfte der 4jährigen erklärten ungewöhnliche Reaktionen der Protagonisten durch solche Restrukturierungen der Geschichten. Statt dessen vermuteten sie besondere Vorlieben des Protagonisten (z.B. „Dieses Kind haßt Geburtstage"). Meines Erachtens ist die Präferenz des mimischen Ausdrucks bei den jüngeren Kindern eher eine adaptive Leistung als ein Ausdruck eines kognitiven Defizits. Dissoziationen von Mimik und Situation kommen im Alltag selten vor. Insofern führt das Ignorieren situativer Aspekte vermutlich eher zu angemessenen Emotionszuschreibungen. Nicht nur Kinder, sondern auch *Erwachsene* zentrieren unter bestimmten Bedingungen auf einzelne Aspekte von Situationen, ohne daß dieses als Einschränkung ihres kognitiven Systems interpretiert wird (Janke, 1995b).

Die idiosynkratischen Erklärungen der 4jährigen Kinder in der Untersuchung von Gnepp (1983) sind ein Beispiel für die Berücksichtigung „personaler Informationen". Im engen Sinn umfaßt der Begriff „personale Information" persönliche Besonderheiten der Protagonisten, die von der Norm abweichende emotionale Reaktionen wahrscheinlich machen. Im weiten Sinn bezieht sich der Begriff auf die Fähigkeit, subjektive Bewertungen einer Situation als mögliche Ursache interindividueller Unterschiede in der Zuschreibung von Emotionen zu verstehen. Letzere werden offensichtlich noch von älteren Kindern und möglicherweise sogar von Erwachsenen schlecht verstanden (Gnepp & Klayman, 1992). Damit sind die Arbeiten von Gnepp auch die Vorläufer neuerer Arbeiten zum Verständnis von subjektiven Bewertungsprozessen.

3. Emotionen als subjektive Zustände: Naive Psychologie

Die oben beschriebenen Arbeiten zum Wissen über den Emotionsausdruck oder das situative Emotionswissen vernachlässigen einen besonders bedeutsamen Aspekt des Emotionswissens. Verstehen Kinder, daß Emotionen individuelle Zustände sind, die an Wunschvorstellungen und Erwartungen von Personen gebunden sind, verstehen sie die Subjektivität von Emotionen? Mit der Berücksichtigung sog. personaler Information gelingt ihnen möglicherweise ein erster Schritt auf dem Weg zum Erkennen dieser Subjektivität und damit auch „Relativität" von Emotionen. Letztlich belegen die Arbeiten von Gnepp nicht, daß Gefühle als mentale, private Zustände verstanden werden. Diese reifere Form des Emotionswissens wird erst seit kurzem in Arbeiten (1) zum Verstehen der Unterscheidung von Emotionen als interner Zustand und nach außen erkennbares emotionales Verhalten, (2) zur Entwicklung einer naiven Psychologie (*theory of mind*) und (3) zur Bedeutung von Attributionen für die Emotionsentstehung näher untersucht.

3.1 Die Unterscheidung von innerem Zustand und Verhalten

Einen ersten Schritt auf diesem Weg machen Kinder, wenn sie verstehen, daß der Ausdruck einer Person nicht ihrem Gefühlszustand entsprechen muß. Eine der ersten Untersuchungen, die der Frage nachging, ob Kinder verstehen, daß Ausdruck und Emotion nicht identisch sind, wurde von Harris, Olthof und Terwogt (1981) mit Kindern im Alter von 6 bis 15 Jahren durchgeführt. Die Autoren kamen zu dem Schluß, daß jüngere Kinder es nicht für möglich hielten, ein Gefühl zu verbergen. 6jährige seien quasi Behavioristen, die annehmen, daß Gefühle öffentlich wahrnehmbare Reaktionen auf externe Ereignisse sind.

Wenige Jahre später gelang es Harris, Donnelly, Guz und Pitt-Watson (1986) zu zeigen, daß sie 6jährige offensichtlich unterschätzt hatten. Die Kinder hörten Geschichten über andere Kinder, die eine bestimmte Emotion hatten, aber aus einem bestimmten Grund diese Emotion verbergen wollten. Die 6jährigen verstanden im Gegensatz zu den 4jährigen, daß es angemessen sei, eine Emotion zu verbergen.

Nachfolgende Untersuchungen verwendeten *diskrepante* Geschichten, in denen die Protagonisten eine Emotion nicht zeigen wollen, und *nicht-diskrepante* Geschichten, in denen die Protagonisten das Gefühl, das sie haben, ausdrücken wollen. Außerdem wurde geprüft, ob Kinder verstehen, daß es möglich ist, die Umwelt über die tatsächlichen Gefühle zu täuschen und zu einer falschen Emotionszuschreibung zu bringen (vgl. Gross & Harris, 1988). Nur 6jährige unterschieden zwischen diskrepanten und nicht-diskrepanten Aufgaben: sie begründeten die „wirkliche" Emotion der Protagonisten mit den *auslösenden* Bedingungen, das davon abweichende Ausdrucksverhalten mit den *Motiven* der Protagonisten und die Fremdzuschreibung der Emotion mit dem (täuschenden) *Ausdrucksverhalten*. Demgegenüber unterschieden sich die Vorhersagen der 4jährigen in beiden Bedingungen nicht (vgl. Gross & Harris, 1988). Inzwischen wurden die Ergebnisse von Harris auch mit deutschen und japanischen Kindern repliziert (Josephs, 1994; Gross & Harris, 1988). Insgesamt scheinen also erst 6jährige systematisch zwischen dem *wahren Gefühl* und dem im Ausdruck *gezeigten Gefühl* unterscheiden zu können.

Nach den Ergebnissen von Banerjee (1997a) muß diese Schlußfolgerung allerdings in Frage gestellt werden. Sie präsentierte 3- bis 5jährigen eine modifizierte Version der Aufgabe von Harris et al. (1986), in der jeweils die erlebte Emotion und die Motive des Protagonisten, seine Gefühle nicht zu zeigen, explizit erwähnt wurden. In einer Geschichte wurde erzählt, daß ein Mädchen, um seinen Bruder zu ärgern, dessen Spielzeug versteckt habe. Bei dessen Rückkehr freute sie sich sehr, daß dieser sein Spielzeug nicht finde, versuchte aber, die Freude zu verbergen. In der standardisierten Befragung wurden die Kinder in zufälliger Reihenfolge gebeten, aus drei Fotos das wirkliche Gefühl des Protagonisten auszuwählen und das Gesicht zu suchen, das das Kind zeigt. Die Aufgabe wird durch dieses Vorgehen stark vereinfacht. In der Befragung wurde immer entweder das Motiv des Kindes, den Ausdruck nicht zu zeigen, erwähnt und dann nach dem „gezeigten" Gefühl gefragt, oder umgekehrt die Ursache des wirklichen Gefühls erwähnt (erfolgreich verstecktes Spielzeug) und dann nach dem wahren Gefühl gefragt. Hierdurch verringert sich die Zahl der notwendigen Schlußfolgerungen, da entweder das Motiv, den Ausdruck nicht zu zeigen, oder die Ursache der wirklichen Emotion explizit erwähnt wird. Die Kinder müssen nicht zwei verschiedene Zustände eines anderen Kindes erschließen, *sondern* nur einen, nämlich das Ausdrucksverhalten. Unter diesen Umständen unterschieden die Hälfte der 3- und 4jährigen und die Mehrheit der 5jährigen zwischen dem wirklichen und dem gezeigten Gefühl.

3.2 Naive Psychologie: Emotionswissen als Wissen über die Bedeutung mentaler Vorgänge

Wenn Kinder verstehen, daß Emotionen nicht einfach an den Gesichtsausdruck oder bestimmte Situationen gekoppelt sind, sondern daß es sich um internale Zustände handelt, wird das Emotionswissen Teil eines komplexeren psychischen Geschehens, der sog. *theory of mind*. Eingeführt wurde der Begriff von Primatenforschern (Premack & Woodruff, 1978), die der Frage nachgingen, ob Schimpansen die epistemischen Zustände von Artgenossen verstehen. Der Begriff „theory of mind" bezeichnet einen Bezugsrahmen, innerhalb dessen Menschen erklären und vorhersagen, was andere Menschen (und sie selbst) denken, glauben, wünschen und fühlen. Die Erklärungssysteme werden auch als *Common-Sense-Psychologie* oder *naive Psychologie* bezeichnet.

Die Ergebnisse dieser Forschungsrichtung wurden zunächst mit Hilfe einiger weniger Untersuchungsanordnungen gewonnen, die inzwischen auch zur Untersuchung des Emotionswissens verwendet werden. Die berühmteste Anordnung wird als „Unerwarteter-Transfer-Aufgabe" bezeichnet und wurde von Wimmer und Perner (1983) entwickelt. 3- bis 7jährigen wird mit Hilfe von Puppen eine dreiteilige Geschichte vorgespielt. Im ersten Teil legt ein Kind (Maxi) Schokolade in einen *grünen* Schrank und geht in den Park. Im zweiten Teil wird ein Teil der Schokolade von Maxis Mutter verbraucht, die den Rest in den *blauen* Schrank legt. Im dritten Teil kommt Maxi zurück und möchte Schokolade essen. Die entscheidende Frage aus der Sicht der *theory of mind*-Forschung ist, ob die Kinder *verstehen*, daß Maxi irrtümlicherweise annimmt, die Schokolade sei im grünen Schrank, während sie selber *wissen*, daß die Schokolade im blauen Schrank ist.

Während nahezu alle 3jährigen angeben, Maxi würde die Schokolade im blauen Schrank suchen (wo sie tatsächlich ist), verstehen die 4- bis 5jährigen, daß Maxi die Schokolade im grünen Schrank sucht. 2- bis 3jährige können nicht die Repräsentation der Geschehnisse aus der Perspektive des Protagonisten konstruieren (s. hierzu ausführlich Hala & Carpendale, 1997). Allerdings deuten neue Trainingsstudien darauf hin, daß auch jüngere Kinder diese Einschränkung überwinden können (Gopnik, Slaughter & Meltzoff, 1994; Sodian & Huelsken, in Vorb.). 3jährige, die zunächst die Aufgabe nicht lösen konnten, erhielten ein 20minütiges Training und konnten eine Woche später eine typische *theory of mind*-Aufgabe zu 41% richtig lösen (Gopnik, Slaughter & Meltzoff, 1994, p. 175).

Wellman (1988, 1990) hat diese sich entwickelnde *theory of mind* sinnvollerweise als *belief-desire*-Psychologie bezeichnet. Stark vereinfacht schlägt er vor, daß menschliches Handeln durch die Berücksichtigung von Überzeugungen und Wünschen (oder Bedürfnissen) erklärt werden kann. Der Begriff „Überzeugung" (*belief*) bezieht sich auf die kognitive Bewertung von Geschehnissen in Form von Gedanken, Erwartungen und Annahmen. Demgegenüber beschreibt der Begriff „Wünsche" (*desire*) die motivationale Seite menschlichen Handelns und umfaßt Wünsche, Bedürfnisse und Hoffnungen. Wellman nimmt an, daß man das Verhalten von Personen nur dann vorhersagen kann, wenn man sowohl deren Wünsche und Hoffnungen als auch ihre Gedanken und Erwartungen berücksichtigt. Die Handlungen des Protagonisten Maxi sind nur verständlich, wenn man außer seiner Annahme über den Verbleib der Schokolade *auch* seinen Wunsch, Schokolade zu essen, kennt. Nach momentanem Forschungsstand besteht die Vermutung, daß Kinder die Bedeutung von Wünschen für Handlungen eher verstehen, als die Bedeutung falscher Annahmen. Demnach wäre anzunehmen, daß sich die naive *desire*-Psychologie vor der *belief*-Psychologie entwickelt.

3.3 Wünsche und Erwartungen als Auslöser von Emotionen

Wenn Kinder verstehen würden, daß Personen sich freuen, weil ihre Erwartungen erfüllt werden, oder daß sie traurig sind, wenn herbeigesehnte Ereignisse nicht eintreten, würden sie zugleich verstehen, daß Emotionen die Folge bestimmter subjektiver Bedürfnisse wären. Zur Untersuchung dieser Frage veränderten Harris, Johnson, Hutton, Andrews und Cook (1989) eine klassische *false-belief*-Aufgabe so, daß es auch möglich war, Emotionswissen zu erfassen. Anders als in den Originalaufgaben wurden die Kinder nicht nur gefragt, *was die Protagonisten der Episoden erwarten*, sondern auch, *wie sie sich fühlen*, wenn sie etwas Begehrtes erhalten oder nicht erhalten. 3- bis 7jährigen wurden Szenen präsentiert, in denen verschiedene Tierpuppen Schachteln öffnen mußten, die entweder von den Tieren bevorzugte oder nicht-bevorzugte Nahrungsmittel enthielten.

Im ersten Experiment war vor den Augen der Kinder, ohne daß das Tier es wußte, der begehrte und erwartete Inhalt durch einen bösen Affen entfernt worden (entspricht der „Unerwarteter-Transfer-Aufgabe"). Die Kinder mußten also ihr Wissen ignorieren und die Emotion auf der Basis der falschen Überzeugung des Protagonisten zuschreiben. Dies gelang nur den 6jährigen, während die 4jährigen die Emotion nach dem tatsächlichen Inhalt beurteilten, indem sie angaben, das Tier sei traurig. Diese Tendenz blieb auch dann bestehen, wenn der Inhalt der Behälter nicht entfernt, sondern durch einen anderen ausgetauscht worden war.

In einem zweiten Experiment gelang es den Autoren durch eine interessante Aufgabenvereinfachung zu zeigen, daß die 3jährigen die Emotion des Tieres vorhersagen konnten, wenn sie zwar den Wunsch des Tieres kannten, aber wie das Tier, den Inhalt der Schachteln nicht kannten. Öffnete das Tier eine Schachtel, die die Lieblingsspeise enthielt, verstanden selbst die 3jährigen, daß es sich freut. Etwas weniger klar waren die Ergebnisse, wenn die 3jährigen beurteilen mußten, wie sich ein Tier fühlt, das eine nicht-bevorzugte Speise vorfindet. Nur ein Teil der 3jährigen schrieb nun Trauer zu, während andere auch hier behaupteten, der Protagonist würde sich freuen.

Insgesamt zeigen diese Ergebnisse, daß es offensichtlich leichter zu verstehen ist, daß das Erfüllen von Wünschen zu positiven und die Nichterfüllung eines Wunsches zu negativen Emotionen führt, als zusätzlich „falsche Annahmen" der Tiere zu berücksichtigen. Die Untersuchungen von Harris belegten erstmals, daß schon 3jährige verstehen, daß nicht die Situation oder der Emotionsausdruck einer Person deren Gefühl bestimmt, sondern persönliche Wünsche und Zielvorstellungen einer Person. Emotionen werden damit als interne Zustände verstanden, die davon abhängig sind, wie eine Person eine Situation einschätzt.

Erstaunlicherweise scheinen sogar 18monatige Kinder ein intuitives Verständnis solcher Zusammenhänge zu haben (Repacholi & Gopnik, 1997). Diese verstanden im Gegensatz zu 14monatigen Kindern, daß ein Erwachsener, der gegenüber einem Nahrungsmittel Freude oder Ekel zeigte, dieses gerne essen bzw. nicht essen möchte. Sie konnten also aus dem Ausdrucksverhaltens des Erwachsenen auf dessen Wünsche schließen und verstanden demnach den Zusammenhang zwischen der Erfüllung eines Wunsches und einer Emotion.

Kinder ab fünf Jahren durchschauen auch, daß die aktuelle emotionale Befindlichkeit durch vorangegangene Erfahrungen und Erinnerungen beeinflußt werden kann (Lagattuta, Wellman & Flavell, 1997). Schon 5jährige konnten nachvollziehen, daß das Foto eines verstorbenen Haustieres ein Kind selbst an seinem Geburtstag traurig machen kann. Wenn sich diese Beobachtung in zukünftigen Untersuchungen bestätigen läßt, muß möglicherweise auch die Annahme von Gnepp (1989b), daß Kinder dieses Alters noch nicht in der Lage sind, „personale Informationen" zu berücksichtigen, zurückgenommen werden.

So beeindruckend die Ergebnisse dieser Forschungsrichtung auch sind, so sind die Erkenntnisse, wenn es um eine detaillierte Beschreibung naiven Emotionswissens geht, immer noch spärlich.

1. Die Emotionen, die hier einbezogen werden, sind meist diejenigen, die sehr früh erworben werden, nämlich Trauer und Freude. Selten wurden weitere Emotionen wie etwa Überraschung (Hadwin & Perner, 1991) einbezogen.
2. Meistens wird nur geprüft, ob die Fähigkeit, aus den Erwartungen eines Protagonisten dessen Emotion vorherzusagen, bei jüngeren Kindern eher beobachtet werden kann als die Fähigkeit, dessen Wissenszustand vorherzusagen.
3. Dies geschieht in der Regel durch Untersuchungsanordnungen, die nur grundlegende Unterscheidungen zwischen positiver und negativer Emotion überprüfen (etwa Wunsch erfüllt: Freude; Wunsch nicht erfüllt: Trauer). Demgegenüber fehlen Arbeiten, die erklären, warum bestimmten Situationen bestimmte Emotionen zugeschrieben werden.

Diese Lücke wird am ehesten in attributionalen Emotionstheorien geschlossen. Allen attributionalen Theorien gemeinsam ist die Annahme, daß Attributionen über ein und denselben Sachverhalt zu verschiedenen Emotionszuschreibungen führen (Scherer, 1988a).

3.4 Attributionen als Auslöser von Emotionen

Weiners attributionale Theorie der Emotionen

Zu den ältesten attributionalen Emotionstheorien zählt die Theorie von Weiner (1984, 1986, 1992; s. auch Meyer, Schützwohl & Reisenzein, 1993; Scherer, 1988a). Die Untersuchungen von Weiner und Graham (z.B. 1985) trugen wesentlich zur Aufklärung der Frage bei, welche Attributionen bestimmten Emotionen vorangehen. Sie beschränkten sich nicht auf Emotionen wie Freude, Ärger und Trauer, sondern bezogen auch Emotionen wie Scham, Schuld oder Stolz ein. Die Entstehung einer Emotion wird als sequentieller kognitiver Interpretationsprozeß angesehen, bei dem Ereignisse zunächst daraufhin bewertet werden, ob ein erstrebtes Ziel erreicht worden ist oder nicht. In Abhängigkeit von diesem Bewertungsschritt entstehen nach Weiner sogenannte *ereignisabhängige* Emotionen (erreicht: glücklich, erfreut, zufrieden; nicht erreicht: unzufrieden, unglücklich, bedrückt).

In einem zweiten Schritt beginnt die Suche nach den Ursachen eines Ereignisses. Weiner schlägt Ursachen in der *Person* (Begabung bzw. Fähigkeit, Anstrengung) oder der *Situation* (Schwierigkeit einer Aufgabe oder Zufall) vor, die wiederum mit bestimmten Dimensionen (Personenabhängigkeit, Stabilität über die Zeit hinweg und Intentionalität) assoziiert sein können (Heider, 1977). Infolge solcher Ursachenzuschreibungen entstehen dann *attributionsabhängige* Emotionen. Beispielsweise erzeugt das Erreichen eines Ziels, das mit Unterstützung anderer erreicht wird, *Dankbarkeit,* während der Mißerfolg, der durch andere verursacht wird, *Ärger* erzeugt. Im Gegensatz zu ergebnisorientierten Emotionen sind im Fall attributionsabhängiger Emotionen weitergehende Interpretationsschritte notwendig.

Die Unterscheidung in ergebnis- und attributionsabhängige Emotionen ist aus entwicklungspsychologischer Sicht von Interesse, da sich aus ihr Vorhersagen über die Reihenfolge, in der Kinder solche Emotionen verstehen könnten, ableiten lassen. Es wurde angenommen, daß Freude und Trauer als ergebnisorientierte Emotionen vor attributionsabhängigen Emotionen verstanden werden. Untersuchungen von Kun und Weiner (1973) scheinen diese Vorstellung zu bestätigen. 6- und 10jährige und Erwachsene hörten Geschichten über leistungsbezogene Situationen, z.B. über ein Kind, das beim Buchstabieren eines ihm unbekannten Wortes einfach rät und (trotzdem) richtig buchstabiert. Das Kind hat also Glück. Weitere Variationen dieser Geschichte umfaßten Erfolge, die durch Anstrengung, Fähigkeit und andere Personen verursacht waren. Es zeigte sich, daß die Teilnehmer mit zunehmendem Alter aus den zur Auswahl stehenden ergebnisabhängigen Emotionen „glücklich" und den attributionsabhängigen Emotionen „selbstsicher", „stolz", „dankbar", „überrascht" immer seltener Freude auswählten (30% der 6jährigen, ca. 15% der 10jährigen und 5% der Erwachsenen). Umgekehrt verbesserte sich das Verständnis attributionsabhängiger Emotionen mit dem Alter. Die Kinder konnten also immer besser aus den Kenntnissen über die Ursache eines Erfolges die angemessene Emotion ableiten.

Auch die umgekehrte Aufgabenstellung konnte von 5-, 9- und 11jährigen bearbeitet werden (Weiner, Kun & Benesch-Weiner, 1980). Die Kinder mußten aus der emotionalen Reaktion eines Lehrers (Mitleid, Ärger, Schuld oder Überraschung) über eine Schülerleistung auf dessen Ursachenattribution (Fähigkeit, mangelnde Anstrengung, Pech oder Aufgabenbeschaffenheit) rückschließen (Weiner et al., 1980; Caprara, Pastorelli & Weiner, 1997). Während 9jährige die Verknüpfung von Mitleid und mangelnder Fähigkeit verstanden, gelang dies nur der Hälfte der 5jährigen.

Eine dritte wichtige Dimension in Weiners Theorie ist die *Kontrolle,* die eng mit dem Verständnis der *Intentionalität* verknüpft ist, einem Konzept, das auch aus der Sicht der *theory of mind*-Forschung interessant ist. Weiner ließ hierzu Kinder Situationen erinnern, in denen sie Ärger, Mitleid oder Schuld empfunden hatten (Weiner, Graham & Chandler, 1982), und die Kinder dann jeweils die Kontrollierbarkeit der Ursache einschätzen. Selbst 6jährige schätzten die Kontrollierbarkeit ärgerauslösender Situationen im Verhältnis zu mitgefühlauslösenden Situationen größer ein. Schuld hingegen wurde offenbar von jüngeren Kindern anders verstanden als von älteren. Die jüngsten Kinder berichteten als Auslöser von *Schuld* über Ereignisse, bei denen sie versehentlich etwas kaputt gemacht hatten, während die 9- und 11jährigen nur im Fall absichtlicher Regelübertretungen Schuldgefühle berichteten. Für jüngere Kinder ist Schuld demnach eine ergebnisorientierte Emotion.

Diese Ergebnisse sind auch bedeutsam für die Entwicklung sogenannter „moralischer" Emotionen. Besonders interessant ist ein Phänomen, daß in der Literatur als *happy victimizer* bezeichnet wird. Hiernach schreiben 4- bis 5jährige Kinder einem Kind, das absichtlich ein anderes Kind schädigt, Freude zu, während ältere Kinder verstehen, daß dieses Kind Schuld empfindet (Nunner-Winkler & Sodian, 1988; Keller, Edelstein, Schmid, Fang & Fang, 1998; Turiel, 1998). Interessanterweise sind diese Ergebnisse nur in der Fremd-, nicht aber Selbstzuschreibung gefunden worden (Keller et al. 1998).

Attributionsmuster bei Ärger und Trauer – eine kritische Bestandsaufnahme

Neben den Arbeiten von Weiner und Kollegen beschäftigt sich seit Mitte der 80er Jahre eine zweite Gruppe mit der Analyse attributionaler Prozesse bei der Entstehung von Emotionen bei Kindern (Stein & Jewett, 1986; Stein & Levine, 1989; Levine 1995; Stein & Liwag, 1997). Sie untersuchten vor allem die Fähigkeit zur Unterscheidung der Emotionen *Ärger, Trauer und Angst*. Bedenkt man, wie oft in der Literatur berichtet wurde, daß Kinder gerade diese Emotionen verwechseln, scheint ein solches Anliegen vielversprechend.

Stein und Jewett (1986) fragten Kinder danach, womit sie sich in einer emotionsauslösenden Situation befaßten. Sie stellten fest, daß sich die Antworten der Kinder, die eine Situation als ärgerauslösend ansahen, von denen, die die gleiche Situation als trauerauslösend ansahen, unterschieden. Ärgerliche Kinder befaßten sich mit den Ursachen und traurige Kinder mit den Folgen eines Ereignisses. Ob Kinder verstehen, daß Emotionen von solchen Einschätzungen einer Situation abhängig sind, ist aufgrund der Ergebnisse von Stein nicht zu beantworten.

Attributionale Theorien erklären unterschiedliche emotionale Reaktionen auf ein und dieselbe Situation mit unterschiedlichen subjektiven Bewertungsprozessen. Ob Kinder diesen Prozeß verstehen, untersuchte Janke (1997). 7jährigen und Erwachsenen wurden Situationen in Form von Bildergeschichten präsentiert (s. Abb. 1). Die Bilder enthielten Informationen über die Geschehnisse, ohne die emotionale Reaktion des Protagonisten zu zeigen. Statt dessen wurde am Ende die Einschätzung der Situation in Form von Denkblasen durch den Protagonisten gezeigt. Abbildung 1 zeigt eine solche Geschichte sowie unterschiedliche Einschätzungen für dieselbe Situation.

In der ersten Untersuchung erhielten die Kinder Denkblasen darüber, worauf das Kind in der Geschichte als erstes seine *Aufmerksamkeit* richtet. Die Kinder hörten, daß das Kind in der Geschichte sich mit der *Ursache* des Ereignisses befaßt (z.B. „Das ist nur passiert, weil der mir ein Bein gestellt hat!") oder über die Folgen des Ereignisses nachdenkt (etwa „Jetzt verpasse ich den Sportunterricht!"). In der zweiten Untersuchung erhielten sie Informationen über die *Handlungsabsichten* des Protagonisten, der entweder einen Racheplan schmiedete oder sein Ziel aufgab. In einer dritten Untersuchung erhielten die Kinder Denkblasen, die beides kombinierten. Erwartet wurde, daß diejenigen Kinder, die Gedanken über die *Ursachen*, den *Racheplan* oder beides hörten, eher *Ärger* zuschreiben, während Kinder, die Gedanken über die Folgen, die beabsichtigte Zielaufgabe oder beides hörten, eher *Trauer* zuschreiben. In allen Bedingungen war die abhängige Variable die auf einer 5stufigen Urteilsskala (von „gar nicht" bis „sehr") eingeschätzte Trauer- *und* Ärgerintensität.

Insgesamt schrieben die 7jährigen den Akteuren in den Geschichten sehr viel häufiger Trauer zu als die Erwachsenen. Die Erwachsenen nahmen wie erwartet an, daß Protagonisten, die entweder (a) ihre Aufmerksamkeit auf die Ursache richteten oder die (b) einen Racheplan schmiedeten oder die (c) beides taten, ärgerlich seien. Anders als erwartet, schrieben Erwachsene, wenn der Protagonist seine Aufmerksamkeit auf die Folgen richtete, auch eher Ärger als Trauer zu. Letzteres entspricht nicht den Vorhersagen des Modells von Stein und Levine (1989), demgemäß das Nachdenken über die Konsequenzen eines Ereignisses zu Trauer führen sollte. Bei den 7jährigen zeigte sich in der entsprechenden Bedingung ein anderer Trend. Nur die Vorgabe eines Racheplans führte bei den 7jährigen zu einer vermehrten Zuschreibung von Ärger. Sie schrieben sowohl, wenn der Protagonist an die Ursache dachte, als auch, wenn er sich mit den Folgen befaßte, eher Trauer als Ärger zu. Auch die Kombination von Gedanken über die Ursache und die Absicht, sich an dem anderen Kind zu rächen, änderte diese Tendenz nicht.

Der Racheplan war somit für Erwachsene und 7jährige ein deutlicher Indikator, um dem Protagonisten Ärger zuzuschreiben. Bei den Erwachsenen galt dies auch, wenn er mit Gedanken über die Ursache kombiniert wird. Informationen über die ersten Gedanken nach

Abbildung 1. Beispiel zur Erfassung von Emotionen in Abhängigkeit von gegebener Information: Ursache und Rachepläne vs. Konsequenzen und Zielaufgabe (Janke, 1997)

Ulrich ist mit Tobi auf dem Weg zum Turnen. Heute wollen sie an Ringen turnen und Ulrich freut sich darauf.

Plötzlich schubst Tobi Ulrich in den Schnee.

Er ist von oben bis unten naß und muß noch mal nach Hause gehen und sich umziehen.

Ulrich denkt:

Gedanken über:

Das ist nur passiert, weil Tobi mich in den Schnee geworfen hat.

Dann werde ich Tobi schubsen, damit er auch die Sportstunde verpaßt.

Ursache (+) Rache Ärger

Aufmerksamkeit · Handlungsabsichten · Emotionale Reaktion

Konsequenzen (+) Aufgeben des Ziels Trauer

Jetzt bin ich ganz naß und muß noch mal nach Hause mich umziehen.

Dann kann ich nicht mehr in die Sportstunde gehen, wo ich doch so gerne Sport mache.

dem Eintritt eines Ereignisses, also die Richtung der Aufmerksamkeit, führten weder bei Kindern noch bei Erwachsenen zu den erwarteten Ergebnissen. Statt dessen führten diese in beiden Altersgruppen zur Intensivierung einer dominanten Emotion: bei den Kindern zu Trauer und den Erwachsenen zu Ärger. Diese Ergebnisse widersprechen sowohl den theoretischen Annahmen von Stein und Jewett (1986) als auch Untersuchungsergebnissen von Stein und Jewett (1986) und Janke (1995a), wonach die ersten Gedanken, die Kinder auf die Frage äußerten, warum sie sich ärgerlich oder traurig fühlten, sich auf die Ursache bzw. Folgen konzentrierten.

Zwei Gründe könnten für die Diskrepanz verantwortlich sein. Erstens kann es sein, daß Kinder sich der Tatsache nicht bewußt sind, daß sie sich mit den Ursachen oder Konseqenzen eines Ereignisses befassen. Insofern können sie diese nicht nutzen, um den Zustand anderer zu erschließen. Das Modell von Stein und Jewett besteht aus einer Sequenz von Bewertungsschritten, in der die Fokussierung der Aufmerksamkeit einer der ersten Schritte und die Entwicklung von Handlungsabsichten einer der letzten Schritte ist. Es könnte sein, daß dieser letzte Schritt Kindern und Erwachsenen eher präsent ist und deshalb genutzt werden kann, um die Gefühle anderer einzuschätzen.

Zweitens kann es sein, daß die Kinder die Hinweise, die in unserer Untersuchung die „Richtung der Aufmerksamkeit" darstellen sollten, als eine Art „negativer gedanklicher Weiterbeschäftigung" interpretierten. Diese führte zunächst zu einer undifferenzierten negativen Befindlichkeit. *Welche* negative Emotion zugeschrieben wurde, war abhängig vom Alter. Die Kinder schrieben eher Trauer zu und die Erwachsenen eher Ärger. Daß Kinder Situationen sehr viel eher Trauer als Reaktion zuschreiben als Ärger, repliziert die Ergebnisse einer Vielzahl von Untersuchungen (Stein & Jewett, 1986; Levine, 1995). Einige Autoren haben vorgeschlagen, daß Ärger nur dann zugeschrieben wird, wenn man den Eindruck hat, man könne sein Ziel noch erreichen. Ob man zu dieser Einschätzung gelangt, ist wiederum eine Frage der subjektiven Situationskontrolle (Stein & Levine, 1989; Weiner & Graham, 1985). Berücksichtigt man, daß Kinder grundsätzlich weniger Möglichkeiten der Situationskontrolle haben, wird nachvollziehbar, daß sie häufiger Trauer als Ärger zuschreiben. Neuere Untersuchungen belegen jedoch, daß Konflikte von Kindern mit Freunden ausschließlich Ärger auslösten, und diese ein vielfältiges Repertoire zur Regulation von Ärger zeigten (Salisch, 1999).

3.5 Schlußfolgerungen und offene Fragen

Untersuchungen des Emotionswissens wurden zunächst in zwei verschiedenen Gebieten durchgeführt. In Arbeiten, die der Emotionspsychologie nahestanden, konzentrierte man sich auf die Fähigkeit von Kindern, *Emotionen im Ausdruck anderer* zu erkennen (Stifter & Fox, 1986, Field & Walden, 1982b).

Die zweite Gruppe von Arbeiten entstammt der kognitiven Entwicklungspsychologie und leitete ihre Fragestellungen aus der Theorie Piagets ab. Piaget (1929) ging davon aus, daß Besonderheiten kindlichen Denkens inhaltsunabhängig sind. Daher wurde in Arbeiten zum Emotionswissen als Arbeitshypothese angenommen, daß seine Beobachtungen der Unfähigkeit, mehrere Aspekte eines Sachverhaltes gleichzeitig zu berücksichtigen (Zentrierung), auch das Emotionswissen jüngerer Kinder kennzeichnen.

Die ersten Untersuchungen des situativen Emotionswissens, der Fähigkeit zur Integration von Information aus verschiedenen Informationsquellen (Mimik oder Situation) oder das Verstehen von Ambivalenz, knüpften an diese Arbeitshypothese an. Wie im Sinne

Piagets zu erwarten wäre, zeigte sich zunächst, daß Kindergartenkinder (1) entweder nur die Situation oder den Ausdruck zur Emotionszuschreibung verwendeten, (2) teilweise besser waren in der Zuschreibung von Emotionen für sich selbst als für andere (Borke, 1971), (3) Ambivalenz (Harter & Whitesell, 1989) nicht verstanden und (4) die Trennung von Ausdruck und Erleben (Harris, Olthof & Terwogt, 1981) ebenfalls nicht verstanden.

Inzwischen ist bekannt, daß Piaget die Fähigkeiten jüngerer Kinder unterschätzt hat (Goswami, 1997; Hascher, 1994; Janke, 1995b). Sehr langsam finden diese Erkenntnisse auch ihren Niederschlag in Untersuchungen des Emotionswissens. Immer mehr Arbeiten deuten darauf hin, daß Emotionen für Kinder nicht nur Merkmale einer Situationen oder einer bestimmten Mimik sind, sondern private Zustände von Personen. Die Erkenntnisse attributionaler Emotionstheorien (Stein & Levine, 1989; Levine, 1995) und Untersuchungen des Emotionswissens als Teil einer naiven Psychologie (Harris et al. 1989; Banerjee, 1997b; Lagattuta et al. 1997) leisteten hier wesentliches.

In beiden Traditionen zeigte sich übereinstimmend, daß bereits Kleinkinder verstehen, daß die Emotionen das Ergebnis subjektiver Einschätzungen und nicht objektiver Gegebenheiten sind. Diese erstaunlichen Belege kindlicher Fähigkeiten werden durch zwei Hilfsmittel gewonnen: (1) Die Anforderungen an verbale Fähigkeiten oder die Verarbeitungskapazität werden so gering wie möglich gehalten, und (2) wird in der Regel jeweils das Verständnis einer negativen und einer positiven Emotion untersucht. Dies gilt übrigens auch für Untersuchungen zur Emotionsentwicklung (s. Saarni, Mumme & Campos, 1998).

Es ist anzunehmen, daß die sensible Anknüpfung an die kognitiven Voraussetzungen jüngerer Kinder in Zukunft noch mehr Belege für die umfangreichen Kenntnisse jüngerer Kinder erbringen wird. Die zweite Forschungsstrategie birgt die Gefahr einer Überschätzung der Fähigkeiten jüngerer Kinder. Diese sollte durch den Einbezug mehrerer Emotionen gleicher Valenz erweitert werden. Erst dann kann die Qualität des Emotionswissens genauer beschrieben werden. Während inzwischen erste Untersuchungen zur Binnendifferenzierung negativer Emotionen vorliegen (Levine, 1995; Janke, 1997), fehlen solche Arbeiten im Bereich der positiven Emotionen.

Insofern erscheint das in der Literatur anzutreffende Resümee (z.B. Gross & Ballif, 1991; Harris, 1989), daß alle grundlegenden Emotionen von Vor- und Grundschüler insgesamt gut verstanden werden (sowohl im Ausdruck als auch in der Situation) und an deren Stelle in Zukunft vermehrt „komplexe" Emotionen untersucht werden sollten, verfrüht. Die Fragen, wann, in welcher Reihenfolge und warum Kinder Wissen über verschiedene Emotionen erwerben, ist auch für sog. grundlegende Emotion (noch) nicht umfassend beantwortet. Ein Wechsel des Untersuchungsgegenstandes von sogenannten grundlegenden Emotionen, wie Freude, Ärger und Trauer, zu sogenannten komplexen Emotionen, wie Peinlichkeit oder Schuld, trägt nicht notwendigerweise zur Beantwortung dieser Fragen bei.

4. Interindividuelle Unterschiede im Emotionswissen

Erstaunlicherweise wurde interindividuellen Unterschieden im Emotionswissen lange Zeit nur wenig Aufmerksamkeit gewidmet. Im folgenden wird deshalb zunächst zu prüfen sein,

1. inwieweit Unterschiede im Emotionswissen bestehen,
2. in welchen Bereichen des Emotionswissens diese gefunden wurden und
3. worauf Unterschiede im Emotionswissen zurückgeführt werden können.

Sollten sich deutliche Unterschiede im Emotionswissen belegen lassen, ist zu fragen, welche Vor- oder Nachteile es für Kinder haben könnte, ein differenziertes Emotionswissen zu haben. Die Betrachtung interindividueller Unterschiede im Emotionswissen ermöglicht somit auch Überlegungen zur *Funktion* dieses Wissens. Abschließend wird der heuristische Wert des jüngst so populär gewordenen Begriffes der „emotionalen Intelligenz" diskutiert.

4.1 Die Fähigkeit zur Dekodierung des mimischen Ausdrucks

Inwieweit interindividuelle Unterschiede im Emotionswissen bestehen, ist bislang vor allem hinsichtlich der Fähigkeit zur Dekodierung des mimischen Ausdrucks untersucht worden. Andere Aspekte des Emotionswissens, wie etwa das Wissen über die Beziehung von situativen Auslösern und Emotionen, wurden demgegenüber kaum untersucht. In Untersuchungen zur Ausdrucksdekodierung dominieren zwei Zugangswege: Zum einen wurde der Zusammenhang interindividueller Unterschiede in der Fähigkeit zur Dekodierung des Emotionsausdrucks und deren Bedeutung für die soziale Kompetenz[2] von Kindern verschiedenen Alters untersucht (Feldman, Philippot & Custrini, 1991; Walden & Field, 1990). Zum anderen wurden bestimmte Gruppen von Kindern, wie etwa mißhandelte Kinder (Camras, Sachs-Alter & Ribordy, 1996) oder Kinder mit externalisierenden Verhaltensstörungen (Casey, 1996), untersucht, von denen bekannt ist oder angenommen wird, daß sie Probleme in der Dekodierung des mimischen Ausdrucks haben.

Ein gutes Beispiel für die Untersuchung interindividueller Unterschiede in der Ausdrucksdekodierung ist eine Arbeit von Walden und Field (1990). Diese ließen Vorschüler zwischen drei und fünf Jahren den Emotionsausdruck in schematischen Zeichnungen einem Standard zuordnen. Außerdem mußten die Kinder das mimische Ausdrucksverhalten für die Emotionen Freude, Trauer, Scham, Angst, Ärger, Ekel und Überraschung anhand von Fotovorlagen imitieren. Da die Autorinnen sich für den Zusammenhang der Fähigkeit zur De- und Enkodierung des mimischen Ausdrucks und der sozialen Kompetenz der Vorschüler interessierten, wurden außerdem die soziale Kompetenz der Kinder (über zwei soziometrische Messungen) sowie als Kovariable die verbale Intelligenz erfaßt. Interessanterweise fanden sie sowohl signifikante Zusammenhänge zwischen der Fähigkeit zur Ausdrucksdekodierung und der Intelligenz der Kinder als auch zwischen der Ausdrucksdekodierung und der Beliebtheit bei Gleichaltrigen. Dieser Zusammenhang blieb auch nach Herauspartialisierung des Faktors Intelligenz bestehen. Die Ausdrucksdekodierung sagte 68% der Varianz in den soziometrischen Maßen vorher. Keine Zusammenhänge zeigten sich zwischen der Beliebtheit bei Gleichaltrigen und der Ausdrucksproduktion.

Auch wenn 3- bis 5jährige Filme sehen, in denen emotionshaltige Geschehnisse dargestellt werden, zeigten sich ähnliche Zusammenhänge. Feldman et al. (1991) konnten zeigen, daß sozial kompetentere 3- bis 5jährige den Protagonisten in einfachen Filmszenen häufiger den richtigen Emotionsausdruck zuordnen konnten als weniger kompetente Kinder. Bereits im Vorschulalter lassen sich nach diesen Beobachtungen deutliche interindividuelle Unterschiede in der Ausdrucksdekodierung demonstrieren, die Zusammenhänge zur sozialen Kompetenz der Kinder aufweisen.

Es scheint so zu sein, daß die Fähigkeit der Dekodierung des Ausdrucks auch die soziale Kompetenz von 4jährigen Kindern über einen Zeitraum von 6 Monaten vorhersagt (Barth

---

[2] Der Begriff „soziale Kompetenz" wird entsprechend des Vorschlags von Hubbard und Coie (1994) über die soziometrisch erfaßte Beliebtheit bei Gleichaltrigen operationalisiert.

& Bastiani, 1997). Kinder, die häufiger fälschlicherweise Ärger oder Trauer zuschrieben, waren weniger beliebt bei Gleichaltrigen. Diese Untersuchungen zeigen beispielhaft, daß deutliche interindividuelle Unterschiede in der Fähigkeit zur *Emotionserkennung* im mimischen Ausdruck bestehen, die wiederum die Beliebtheit bei Gleichaltrigen mitbestimmen und vorhersagen (Hubbard & Coie, 1994).

Emotionswissen von mißhandelten Kindern

Da aus verschiedenen Untersuchungen bekannt ist, daß mißhandelte Kinder zurückgezogener sind und häufiger aggressiv und unangemessen auf andere Kinder reagieren (s. hierzu ausführlicher Camras et al., 1996), vermuteten Camras und Mitarbeiter, daß diese Verhaltensauffälligkeiten mit einem Defizit im Erkennen des Ausdrucks anderer Kinder in Zusammenhang stehen. In mehreren Untersuchungen konnten sie zeigen, daß mißhandelte Kinder größere Probleme bei der Identifikation von Emotionen in der Mimik haben als andere Kinder. Camras, Grow und Ribordy (1983) stellten zunächst fest, daß mißhandelte Kinder bei der Identifikation des mimischen Ausdrucks von Emotionen signifikant schlechter abschnitten als Kinder in nicht-mißhandelten Kontrollgruppen, die hinsichtlich des ökonomischen Status der Eltern und verschiedener Drittvariablen parallelisiert waren.

Anschließende Untersuchungen bezogen außer mißhandelten Kindern auch deren Mütter ein. Mütter und Kinder erhielten die Aufgabe, Emotionen mimisch darzustellen. Nicht nur mißhandelte Kinder im Alter von drei bis sieben Jahren, sondern auch deren Mütter zeigten weniger unterscheidbares mimisches Ausdrucksverhalten für die Emotionen Freude, Überraschung, Ärger, Ekel, Furcht und Trauer als entsprechende Kontrollgruppen. Darüber hinaus zeigte sich, daß die Kinder überdies signifikant schlechter in der Zuordnung von Ausdrucksfotos zu verschiedenen fiktiven Situationen waren als Kontrollkinder (Camras, Ribordy, Hill, Martino, Spaccarelli & Stefani, 1988).

Weitere Schwierigkeiten zeigten sich bei der Berücksichtigung personaler Informationen. Sachs-Alter (zit. nach Camras et al. 1996) legte 5- und 10jährigen zweiteilige Geschichten vor. Im ersten Teil der Geschichte wurde über ein unangenehmes Erlebnis eines Kindes berichtet (z.B. beim Fußball nicht mitspielen dürfen). Der zweite Teil schilderte dann ein normalerweise erfreuliches Ereignis (die Mannschaft gewinnt). Bereits Grundschüler verstehen, daß die Vorerfahrung des Protagonisten dessen spätere emotionale Reaktion beeinflußt (Gnepp, 1989a). Alle 5- und 10jährigen, die mißhandelt worden waren, gingen jedoch davon aus, daß das Kind sich freuen würde, während nur die 5jährigen der Kontrollgruppe diese Schlußfolgerung zogen.

Insgesamt kann man aus diesen Ergebnissen schließen, daß es mißhandelten Kindern Schwierigkeiten bereitet,

1. Emotionen im Ausdruck zu erkennen,
2. selbst deutlich erkennbares Ausdrucksverhalten zu zeigen,
3. zueinander in Konflikt stehende Informationen zu verarbeiten,
4. zu erkennen, daß vorangegangene emotionale Zustände auch spätere emotionale Zustände beeinflussen sowie
5. komplexe emotionale Botschaften zu interpretieren.

Camras et al. (1996) interpretieren ihre Beobachtung, daß die Mütter weniger gut dekodierbaren Ausdruck zeigten, als Beleg für die Bedeutung von Sozialisationsprozessen (s. auch Spangler, i. d. Bd.). Hier muß allerdings kritisch angemerkt werden, daß Übereinstimmungen im Verhalten von Eltern und Kindern nicht automatisch als Beleg für Sozialisationsprozesse angesehen werden sollten. Schlußfolgerungen dieser Art findet man in der Literatur allerdings sehr häufig. Andere Erklärungen wie Übereinstimmungen in moderierenden psychologischen Variablen, wie etwa im Temperament von *Müttern* und *Kindern* (s. Zentner, i. d. Bd.), müßten ebenso berücksichtigt werden.

4.2 Emotionswissen und Interaktion in der Familie

Zwei Forschergruppen haben in den letzten Jahren wesentlich zur Beschreibung des Zusammenhangs von emotionalem Klima in der Familie und der emotionalen Entwicklung beigetragen. Dunn (1988; Dunn & Brown, 1994) untersuchte ursprünglich die Entwicklung von Geschwisterbeziehungen längsschnittlich von der Geburt bis ins Schulalter mittels Beobachtungen im Elternhaus. Hierbei ergab sich die Möglichkeit, auch die alltäglichen Gespräche zwischen Kindern, Geschwistern und Eltern über und anläßlich von Emotionen zu beschreiben. Erst in jüngster Zeit hat Dunn auch Arbeiten über den Zusammenhang von familiären Bedingungen und Emotionswissen publiziert (Dunn & Hughes, 1998).

Im Zentrum der Arbeiten von Denham (zusammenfassend 1998) steht die Bedeutung von Sozialisationsprozessen für die sozio-emotionale Entwicklung und die Enwicklung des Emotionswissens, die sowohl durch längsschnittliche Beobachtungen im Elternhaus als auch durch Beobachtungen der Kinder in Kindertagesstätten und durch standardisierte Laborsituationen erfaßt wurden. Denham (1998) nennt als Faktoren, die das Emotionswissen bedingen (s. auch Josephs, i. d. Bd.):

1. *coaching*,
2. elterliche Modelle,
3. kontingente Reaktionen.

Es ist anzunehmen, daß diese drei Faktoren sowohl die *Emotionsentwicklung*, als auch die Entwicklung des *Emotionswissens* mitbedingen (s. auch Ulich, Volland & Kienbaum, 1999). *Coaching*, das wohl am besten mit „Einweisung" übersetzt werden müßte, bezieht sich auf Erklärungen und Kommentierungen von emotionalen Geschehnissen durch die Eltern. *Elterliche Modelle* erlauben Kindern, Emotionen und expressives Verhalten zu beobachten. *Kontingente Reaktionen* beziehen sich auf die Reaktionen von Eltern auf die emotionalen Reaktionen ihrer Kinder.

Coaching und Emotionswissen

Entsprechend der *coaching*-Hypothese ist davon auszugehen, daß Eltern ihre Kinder in den Umgang und die Exploration eigener Gefühle und der Gefühle anderer einweisen. Bereits mit 18monatigen Kindern sprechen Mütter über die Ursachen von deren Gefühlen. Kinder, deren Mütter mit 18 Monaten sehr viel über Gefühle sprachen, bezogen sich mit 24 Monaten sehr viel häufiger auf Gefühle als Kinder, mit denen zu einem früheren Zeitpunkt wenig über Gefühle gesprochen wurde (Dunn, Bretherton & Munn, 1987). Sowohl die Häufigkeit des Sprechens über Emotionen als auch die Art und Weise, wie Emotionen erklärt werden, hat einen Effekt auf das Emotionswissen. Kinder, die mit ihren Müttern im Alter von 36 Monaten häufiger über Emotionen sprachen, konnten als 6jährige in Puppeninterviews besser deren Emotionen erschließen (Dunn, Brown & Beardsall, 1991). Vergleichbare

Ergebnisse zeigten sich auch in der Untersuchung von Denham, Zoller, und Couchoud (1994). 3jährige Kinder, deren Mütter während einer Emotionssimulation im Labor ihre Gefühle erklärten, hatten als 4jährige ein differenzierteres Emotionswissen.

Kontingente Reaktionen der Eltern und Emotionswissen

Auch positive und negative Verstärkungen des emotionalen Verhaltens der Kinder durch deren Eltern beeinflußt das Emotionswissen. Kinder, deren Mütter auf deren positive Emotionen ebenfalls mit Freude reagierten und bei Trauer oder Ärger mit Ruhe und Gelassenheit antworteten, waren deutlich besser in Aufgaben zum Verstehen der situativen Auslöser von Emotionen, sogar dann, wenn die Puppen ungewöhnliche emotionale Reaktionen zeigten (Denham, Zoller & Couchoud, 1994). Umgekehrt schnitten Kinder, deren Eltern in der Emotionssimulation oder zu Hause auf negative Emotionen ihrer Kinder ebenfalls mit negativen Emotionen reagierten, schlechter ab.

Eltern als Modell für den Ausdruck und Umgang mit Gefühlen

Zu den bedeutsamsten Beobachtungen von Denham und Dunn gehört, daß der intensive elterliche Ausdruck von Ärger offensichtlich den Erwerb umfangreichen Emotionswissens erschwert (s. auch Cummings & Zahn-Waxler, 1992). Dunn und Brown (1994) stellten fest, daß Kinder, in deren Familie (mit 33 Monaten) ein hohes Ärgerniveau beobachtet wurde, 7 Monate später ein geringeres Emotionswissen (gemessen über die Puppenaufgabe von Denham) hatten. Der intensive Austausch negativer Emotionen in der Familie korrelierte auch mit einem geringen Bildungsniveau der Eltern, das aber nicht vollständig für das geringe Wissen über Emotionen verantwortlich war. Umgekehrt waren Kinder, deren Mütter mit ihren Kindern sprachen, wenn diese Ärger zeigten, besser in Aufgaben zum Emotionswissen. Diese Beobachtung wurde aber nur in den Familien gemacht, die insgesamt wenig Ärger ausdrückten. Intensive negative Affektivität der Mütter (nur diese wurden untersucht) ermöglicht es den Kindern anscheinend nicht, mehr über Emotionen zu lernen.

Umgang mit Gleichaltrigen

Auch im Umgang mit Gleichaltrigen ergaben sich interessante Unterschiede: Kinder, die ebenso wie ihre Eltern weniger negatives emotionales Verhalten zeigten, waren im Umgang mit Gleichaltrigen erfolgreicher. Kinder, deren Eltern eine größere emotionale Balance zeigten, waren ausgeglichener und zeigten gegenüber anderen Kindern wiederum eher positive Emotionen (Denham et al., 1997). Auch Garner und Power (1996) haben vorgeschlagen, daß situatives Emotionswissen es Kindern erleichtert, Emotionen situationsangemessen auszudrücken.

Interessant ist, daß Kinder offensichtlich ihre unterschiedlichen Erfahrungen im Elternhaus auch selbst wahrnehmen und repräsentieren. Denham (1997) ließ 4- bis 5jährige Kinder die Reaktionen von Puppeneltern auf die emotionale Reaktion von Puppenkindern spielen. Diejenigen Kinder, die ihre Eltern eher tröstend und ihre eigenen Reaktionen spiegelnd erlebten, wurden auch von ihren Kindergärtnerinnen als kooperativer und empathischer im Umgang mit Gleichaltrigen beschrieben. Umgekehrt waren diejenigen Kinder, die in den Puppenhausszenarien die Elternpuppen negative Emotionen ausdrücken ließen, weniger kooperativ im Umgang mit Gleichaltrigen.

Die Beobachtungen von alltäglichen innerfamiliären Interaktionen erlauben einen Eindruck, wie Kinder Emotionswissen in der Familie erwerben könnten. Nur die Ergänzung dieser Beobachtungen durch systematische Beobachtungen im Labor wird weitere Aufschlüsse über den Zusammenhang elterlicher Variablen mit Komponenten des Emotionswissens ermöglichen. Bislang bleibt offen, warum Kinder aus Familien mit einem negativen affektiven Klima ein geringeres Emotionswissen haben. Um hier weiter zu kommen, müßten moderierende intrapsychische Variablen, wie z.B. Intelligenz oder auch Temperament der Kinder und Eltern, systematischer einbezogen werden als es gegenwärtig der Fall ist. Wünschenswert ist auch eine Veränderung der Untersuchungspläne. Vor allem sollten Untersuchungsgruppen hinsichtlich verschiedener Merkmale parallelisiert werden.

4.3 Interindividuelle Unterschiede im Emotionswissen oder „emotionale Intelligenz"

Zu Beginn dieses Jahrhunderts hat die Psychologie versucht, interindividuelle Unterschiede in den kognitiven Fähigkeiten durch den Begriff „Intelligenz" zu beschreiben. Ein vergleichbarer Trend wird seit kurzer Zeit in einer Arbeit von Salovey und Mayer (1990; Mayer & Salovey, 1997, i. d. Bd.) sichtbar, die den Begriff der „emotionalen Intelligenz" als von der Intelligenz unabhängiges Konstrukt vorgeschlagen haben[3]. Salovey und Mayer definieren „emotionale Intelligenz" als eine Untergruppe sozialer Intelligenz, die sich auf die Fähigkeit bezieht, eigene Emotionen und die anderer zu erkennen, verschiedene Emotionen voneinander zu unterscheiden und diese Information zu nutzen, um eigene Gedanken und Handlungen zu steuern (p. 189). Als weitere Komponenten nennen sie die Fähigkeit, Emotionen bei sich und anderen zu regulieren, sowie das „Sich-zunutze-machen" von Emotionen für flexibles Planen, kreatives Denken, rückwärtsgerichtete Aufmerksamkeit sowie Motivation. Legt man diese Definition zugrunde, so finden sich Überschneidungen zwischen den Aspekten, die im vorliegenden Kapitel unter dem Begriff des Emotionswissens zusammengefaßt wurden, und den Komponenten der „emotionalen Intelligenz".

Forschungsstrategisch bedeutet die Annahme einer emotionalen Intelligenz u.a., daß (1) bedeutsame Aspekte des Emotionswissens zusammengestellt, (2) diese dann operationalisiert und meßbar gemacht werden und (3) verschiedene Aspekte des Emotionswissens gleichzeitig bei einer Vielzahl von Individuen erfaßt werden müßten, um am Ende dieses Prozesses zu belegen, daß das auf diese Weise erfaßte Emotionswissen einerseits wie Intelligenz als Fähigkeit betrachtet werden kann, andererseits aber nicht mit ihr identisch ist. Eine Arbeit von Izard, Schultz, Fine und Ackerman (in press) versucht, diesen Weg zu gehen, und wird abschließend dargestellt.

4.4 Emotionswissen und Verhaltensauffälligkeiten

Izard et al. (in press) diskutieren erstmals die Nähe der Komponenten der emotionalen Intelligenz zu den bislang als Emotionswissen bezeichneten Fähigkeiten. Emotionswissen wird von ihnen konzeptualisiert als diejenigen Aspekte der emotionalen Intelligenz, die sich auf das Verstehen von Emotionen beziehen (*emotion understanding*). Emotionswissen setzt sich ihres Erachtens zusammen aus Kompetenzen wie

---

[3] Einer breiten Öffentlichkeit wurde dieses durch Goleman (1997) zugänglich gemacht.

1. dem Erkennen des Emotionsausdrucks anderer,
2. dem Benennen der Ausdruckssignale anderer,
3. der Identifikation der Auslöser von Emotionen bei sich,
4. der Identifikation der Auslöser von Emotionen bei anderen,
5. dem Erkennen und Benennen eigener Emotionen in verschiedenen Umständen,
6. der Relation von Emotion, Motivation und Verhalten,
7. dem Verstehen familiärer und kultureller Normen für verbalen und nonverbalen Emotionsausdruck,
8. dem Wissen über die Möglichkeit der Maskierung von Emotionen und
9. dem Verstehen des Vorhandenseins multipler Emotionen bzw. von Ambivalenz.

Demgegenüber schlagen sie vor, daß Emotionsregulation als von der „emotionalen Intelligenz" separables Konstrukt behandelt werden sollte. Insgesamt messen sie dem Emotionswissen eine große Bedeutung bei: Alle genannten Fähigkeiten tragen zur Entwicklung von Empathie, Mitgefühl und prosozialem Verhalten bei. Umgekehrt könnte ihr Fehlen die Wahrscheinlichkeit von Verhaltensauffälligkeiten und antisozialem Verhalten erhöhen.

Um zu prüfen, ob Emotionswissen als Teil einer „emotionalen Intelligenz" auch von kognitiven oder sozialen Fähigkeiten unabhängige Anteile enthält, führten Izard et al. (in press) eine Längsschnittuntersuchung mit ökonomisch benachteiligten 5jährigen Kindern bis zu deren siebten Lebensjahr durch. Die zentrale Frage war, ob das Emotionswissen von 5jährigen ein Prädiktor für später auftretende Verhaltensauffälligkeiten[4] ist. Dabei wurden frühe Verhaltensauffälligkeiten und kognitive Fähigkeiten kontrolliert. Erfaßt wurde die *verbale Intelligenz,* das *Emotionserkennen* und *die Emotionsbenennung* (auf Fotografien*)*. Die *Fähigkeit zum Erkennen der Auslöser* von Emotionen bei *sich* wurde überprüft, in dem Kinder einschätzen mußten, wie oft sie bestimmte Emotionen fühlen, und drei Situationen beschreiben mußten, die diese Emotionen verursacht haben. Die *Fähigkeit, Emotionen bei anderen zu erkennen*, wurde über die Vorgabe fiktiver Szenarien erfaßt, denen die Kinder Emotionen zuordnen mußten. Als Kriteriumsvariablen wurden Verhaltensauffälligkeiten und soziale Kompetenz der Kinder mit Hilfe von Fremdbeobachtungsverfahren durch Lehrer erfaßt.

Emotionsbenennung und *Erkennen* von Emotionen im Ausdruck bei anderen korrelierten positiv mit verbaler Intelligenz. Verhaltensauffälligkeiten korrelierten negativ mit sozialer Kompetenz ($r = -0.51$). Wichtig ist jedoch, daß das Emotionswissen der Kinder im Alter von 5 Jahren mit ihrem Emotionswissen im Alter von 7 Jahren korrelierte. Weitere Analysen zeigten, daß Kinder mit deutlichen Verhaltensauffälligkeiten geringere Werte in den Komponenten (1) Emotionsbenennung, (2) Erkennen der Ursachen von Emotionen bei sich sowie (3) Erkennen der Ursachen von Emotionen bei anderen hatten. Regressionsanalysen zeigten, daß das Emotionswissen der Kinder im Alter von fünf Jahren ihre soziale Kompetenz *und* Verhaltensauffälligkeiten mit sieben Jahren vorhersagte: Der Anteil der Emotionsbenennung und -erkennung lag jeweils bei 7% für soziale Kompetenz und Verhaltensstörungen. Das Emotionswissen der Kinder im Alter von sieben Jahren trug zur Erklärung von Verhaltensauffälligkeiten im gleichen Zeitraum bei. Demgegenüber sagte die verbale Intelligenz der Kinder im Alter von fünf Jahren nur deren soziale Kompetenz im Alter von sieben Jahren, nicht aber bestehende Verhaltensauffälligkeiten (7% der Varianz) vorher.

---

[4] Der Begriff „Verhaltensauffälligkeiten" wird über den Gesamtwert der von Achenbach (1982) entwickelten Child Behavior Checklist (CBCL) operationalisiert. Diese ist auch im deutschsprachigen Raum ein gebräuchliches Verfahren zur Unterscheidung von klinischen und nicht-klinischen Gruppen (s. hierzu Remschmidt, 1998).

Je höher die Leistungen der Kinder in den Emotionsskalen waren, desto höher schätzten auch deren Lehrer ihre soziale Kompetenz ein. Umgekehrt war es bei denjenigen Kindern, die als 5jährige niedrigere Werte im Emotionswissen hatten, wahrscheinlicher, daß sie später Störungen des Sozialverhaltens, wie etwa Delinquenz und Aggression, zeigten. Somit trug das Emotionswissen der 5jährigen mehr zur Vorhersage von Verhaltensauffälligkeiten zwei Jahre später bei als das Ausmaß der Verhaltensauffälligkeiten mit 5 Jahren. Die Ergebnisse deuten insgesamt an, daß das Emotionswissen benachteiligter Vorschulkinder später auftretende Verhaltensprobleme und teilweise mangelnde soziale Kompetenz vorhersagt, und zwar unabhängig von anderen kognitiven Variablen, wie z.B. der verbalen Intelligenz. Insofern ist diese Arbeit ein erster bedeutender Schritt auf dem Weg zur Klärung der Frage, welche Bedeutung interindividuelle Unterschiede im Emotionswissen für andere Verhaltensweisen haben.

Erst zukünftige Forschung wird zeigen, ob der Begriff „emotionale Intelligenz" angemessen ist. Theoretisch ist er insofern von Bedeutung, als Emotionen eine herausragende Rolle beigemessen wird. Emotionen werden nicht, wie lange Zeit üblich, als Störungen kognitiver Prozesse aufgefaßt, sondern als bedeutsam für die Persönlichkeitsentwicklung angesehen. Die Bedeutung von Emotionen für kognitive Prozesse und das Handeln wird von Emotionsforschern (Izard, 1993) ebenso vertreten, wie sie durch neuere Entwicklungen in der experimentellen und klinischen Neurobiologie gestützt wird. Advokaten dieser Richtung sind LeDoux (1995) und Damasio (1998). Momentan hat „emotionale Intelligenz" den Status eines Konstrukts, mit dem post-hoc Verhalten erklärt wird, obwohl grundlegende Fragen ungeklärt sind. Eine dieser Fragen ist, inwieweit mit Hilfe des Konstrukts „emotionale Intelligenz" Verhaltensweisen besser erklärt und vorhergesagt werden können als mit anderen Konstrukten, wie etwa dem des Emotionswissens. Bis dahin sollte der Begriff des Emotionswissens beibehalten werden. Hierdurch wird m. E. die bislang nicht nachgewiesene Annahme, daß es sich bei der emotionalen Intelligenz um eine Fähigkeit handelt, vermieden.

Daseinsthematische Emotionen

Rolf Oerter

Einleitung	100
1. Beschreibung und Klassifikation daseinsthematischer Emotionen	101
1.1 Emotionale Grunderfahrungen der allgemeinen Thematik	101
1.2 Emotionale Grunderfahrungen der speziellen Thematik	103
1.3 Die Beziehung zwischen der allgemeinen und der speziellen Thematik	104
2. Einfluß der Kultur auf die daseinsthematischen Emotionen	105
3. Entwicklung daseinsthematischer Emotionen	107
3.1 Daseinsthematische Emotionen im Säuglingsalter	107
3.2 Daseinsthematische Emotionen im Kindesalter	109
4. Daseinsthematische Emotionen – ein Problem der Wissenschaftssprache	112

Einleitung

Emotionen werden in der Psychologie gewöhnlich als eine logische Klasse von Phänomenen angesehen, die keiner weiteren Hierarchisierung bedarf. Ganz gleich, ob man Emotionen essentialistisch betrachtet (Ekman, 1988) oder funktionalistisch (Frijda, 1986; Lazarus, 1991) versteht, stehen Emotionen wie Ärger, Furcht, Schuld/Scham, Traurigkeit, Eifersucht relativ gleichgeordnet nebeneinander. Manche Autoren gliedern Emotionen nach ihrer Intensität und ordnen auf diese Weise ursprünglich unterschiedliche Emotionsbezeichnungen auf einer Intensitätsskala, so z.B. Plutchik (1991), der bei der Grundemotion „Einverleibung" (Inkorporation) in aufsteigender Intensität Langeweile, Ekel und Abscheu und bei der Grundemotion „Schutz" Furchtsamkeit, Angst und Panik unterscheidet. Dieses Nebeneinanderstellen ist unbefriedigend, da es dem Tatbestand einer organisierten Persönlichkeit nicht gerecht wird, die ihre Handlungsziele, Lebensthematiken und Entwicklungsaufgaben formuliert und ihr Handeln nach der jeweiligen Zielhierarchie ausrichtet.

Im folgenden geht es um Emotionen, die als menschliche Grundbefindlichkeiten mit der menschlichen Existenz verknüpft sind. Sie hängen mit dem Faktum zusammen, daß der Mensch Selbstbewußtsein besitzt und seine Existenz in der Welt reflektiert. Dieses Selbstbewußtsein ist an ein organisierendes Selbst gekoppelt, das seinerseits zwar viele Leistungen ohne Beteiligung des Bewußtseins bewerkstelligt, in längerfristigen Planungen und Handlungen jedoch immer an das Bewußtsein, zu wollen und zu handeln, gebunden ist. Diese Besonderheit des Menschen ist es, die ihn durch eine besondere Kategorie von Emotionen auszeichnet, welche Tiere nicht besitzen, und mit der sich die Psychologie noch wenig auseinandergesetzt hat. Es sind dies Grundemotionen menschlicher Erfahrung des Daseins in der Welt, der Auseinandersetzung mit der Welt und der eigenen Befindlichkeit in der Welt. Theoretisch gehören diese Emotionen zur Ebene der Tätigkeit (Wygotski, 1985, 1987; Leontjew, 1982), die als jeweilige Rahmen- bzw. Sinnstruktur eines konkreten Handelns verstanden wird. Tätigkeiten falten sich im Laufe der Entwicklung in eine Vielzahl von sinnstiftenden Thematiken auf. Jedoch kann man zwei Grundthematiken, die sich durch das ganze Leben ziehen, ausmachen: eine allgemeine und eine spezielle Thematik.

Die *allgemeine Thematik* beinhaltet die aus dem Selbstbewußtsein des Menschen gegebene reflexive Auseinandersetzung mit der Umwelt und die daraus resultierende Thematik der Daseinsbewältigung: die Aufgabe, sein Dasein in der Welt zu meistern.

Bemerkenswerterweise findet man in der Motivationspsychologie eine ähnliche Bemühung um übergeordnete Orientierungen. So ist der Coping-Ansatz von Lazarus (1991) ein allgemeines Modell, in dem auch die Emotionen als Systemkomponenten verankert sind, nämlich in den Bewertungsprozessen, in der eigentlichen emotionalen Handlungsbereitschaft und im Bewältigungshandeln. Ähnlich können die Selbstwirksamkeitsmotivation (Bandura, 1994) und das Kontroll-Konzept (Heckhausen & Schulz, 1995) als generelle menschliche Thematik angesehen werden. Es wird jedoch zu zeigen sein, daß diese Konzepte, bei denen die Inhalte austauschbar sind, für die allgemeine menschliche Thematik nicht ausreichen.

Die *spezielle Thematik* bezieht sich auf das Faktum, daß der Mensch als soziales Wesen im Widerstreit zwischen Autonomie und Verbundenheit/Bindung (*relatedness*) steht und das Verhältnis zu anderen Menschen, seien es Einzelpersonen oder Gruppen, zeitlebens eine grundlegende Thematik darstellt, die aufs engste mit emotionalen Grundbefindlichkeiten verknüpft ist. Auch diese Thematik, die bei der Psychoanalyse seit ihren Anfängen im Vordergrund steht, wird heute in der Forschung mehr und mehr systematisch aufgegriffen. Während lange Zeit die Entwicklung der Autonomie und das damit verbundene Streben nach Selbstwirksamkeit und Kontrolle im Vordergrund stand, wird zunehmend die Bedeutung der Verbundenheit und ihr Wechselspiel mit Autonomie betont (Deci & Ryan, 1990). Beide Thematiken, die allgemeine und die spezielle, lassen sich in der kindlichen Entwicklung gut ausmachen. Auch die damit verbundenen Emotionen und ihr Wandel im Laufe der Entwicklung zeigen sich in einem neuen Licht, wenn man vorhandene Befunde unter dieser Perspektive analysiert.

Bevor dies geschieht, muß aber geklärt werden, was Emotionen auf der Tätigkeitsebene sind und wie sie sich theoretisch abbilden lassen. Da wir das Verhältnis des Individuums (bzw. basaler: des menschlichen Organismus) zu seiner Umwelt in den Mittelpunkt der grundlegenden menschlichen Thematik stellen, erscheint es vorteilhaft, Emotionen nicht einfach als inhaltlich abgrenzbare interne Zustände zu beschreiben, sondern als Beziehungen zwischen Person und Umwelt. Unter der Perspektive einer ökologisch orientierten Handlungstheorie sind menschliche Grundemotionen Bestandteile menschlichen Handelns. Handeln wiederum läßt sich nur als Beziehung zwischen Person und Umwelt darstellen. Somit wären Emotionen als menschliche Grunderlebnisse des Daseins in der Welt Erfahrungen der Beziehung zur Umwelt, der Positionierung des Individuums in der Umwelt und der Festigkeit von Beziehungen. Solche Beziehungen sind gleichermaßen auf Menschen wie auf andere Objekte gerichtet. Bezeichnenderweise drückt die Umgangssprache viele Gefühle bereits als Person-Umwelt-Beziehungen aus, wie etwa „sich heimisch fühlen", „geborgen sein", „außer sich sein", „sich zu jemandem hingezogen fühlen", „mit jemandem vereint sein" usw. Auch Aggression und Liebe werden als Zustände verstanden, die sich auf etwas oder auf jemanden richten. Emotionen der Tätigkeitsebene werden somit zu quasi-räumlichen Beziehungen zwischen Person und Umwelt, die darüber hinaus durch die jeweilige negative oder positive Tönung der Emotion – analog zu der üblichen Einteilung von Emotionen – eine spezifische emotionale „Färbung" erhalten. Emotionen der Tätigkeitsebene besitzen somit zwei Komponenten: eine inhaltliche, die die Beziehung zur Umwelt ausdrückt, und eine „Farbkomponente", die die Tönung zwischen positiver und negativer Valenz angibt. Diese Emotionen werden im weiteren als daseinsthematische Emotionen bezeichnet. Im folgenden sollen sie anhand der allgemeinen und der speziellen Thematik näher charakterisiert werden.

1. Beschreibung und Klassifikation daseinsthematischer Emotionen

1.1 Emotionale Grunderfahrungen der allgemeinen Thematik

Beginnen wir mit den Emotionen, die im Rahmen der allgemeinen Thematik erfahren werden: der Thematik der Daseinsbewältigung in der Person-Umwelt-Auseinandersetzung. Unter der hier gewählten handlungstheoretischen Perspektive werden Emotionen, Kognitionen und Motivationen nicht als isolierte Komponenten, sondern als integrale Aspekte des Person-Umwelt-Bezugs betrachtet. Das allgemeine Person-Umwelt-Verhältnis läßt sich durch zwei Begriffspaare handlungstheoretisch beschreiben (s. Oerter, 1997, 1998): zum einen durch das Begriffspaar „Vergegenständlichung – Aneignung" und zum anderen durch das Begriffspaar „Subjektivierung – Objektivierung". Im folgenden werden diese vier Person-Umwelt-Beziehungen und die zugehörigen emotionalen Grunderfahrungen erläutert.

Die *Vergegenständlichung* bildet die nach außen gerichtete Komponente der Handlung und führt zu Resultaten, die kürzer oder länger getrennt vom Individuum erhalten bleiben. Durch Vergegenständlichung erzeugen die Menschen im großen gesehen Kultur als die

„vom Menschen gemachte" Umwelt (Herskovits, 1948), im kleinen die häusliche bzw. die familiäre Umwelt sowie die Spielwelten des Kindes. Durch Vergegenständlichung wird der Akteur zum Schöpfer. Die emotionale Grunderfahrung, die sich durch Vergegenständlichung aufbaut, ist Selbstwirksamkeit und Kontrolle. In der Kindheit ist die Vergegenständlichung noch anschaulich. Sie erfolgt durch materialisierte Umweltveränderung wie die Herstellung von Bauwerken und Zeichnungen oder die Darstellung von sozialen Szenen im Fiktions- und Rollenspiel. Beim schulischen Lernen vollzieht sich die Vergegenständlichung in Form der abverlangten Leistungen in den einzelnen Schulfächern, die in Schulheften materialisiert werden. Im Berufsleben sind Vergegenständlichungen oft nicht faßbar, da ihre Auswirkungen in einem großen System kaum mehr zu verfolgen sind. Diese Unanschaulichkeit führt zu einem Verlust an Selbstwirksamkeit und Kontrolle, was als Entfremdungserlebnis erfahren wird. Da durch Vergegenständlichungen via Handlung etwas vom Akteur in die Umwelt hineingebracht wird, bedeutet diese Handlungsrichtung auch immer ein Stück Selbsterweiterung „nach außen". Prototyp dieser Selbsterweiterung ist die Wohnung, die manchmal buchstäblich zum Bestandteil der Bewohner wird.

Die *Aneignung* ist auf das Selbst gerichtet. Sie beginnt, wie das Wort schon sagt, mit der Inbesitznahme von Gegenständen und Personen und reicht bis zur Aneignung von Wissen und zur Internalisierung von Werten der Kultur. Durch Aneignung holt man sich die Umwelt in das Selbst hinein, sie wird ein Stück von einem selbst. Da die Umwelt nun als Teil von einem selbst nicht verloren gehen kann, gewährt Aneignung Sicherheit. Die emotionale Grunderfahrung der Aneignung ist demnach Sicherheit, aber zugleich auch Selbsterweiterung. Freud (1975) hat diesen Prozeß z.B. bei der Identifikation mit dem Aggressor generell als Introjektion beschrieben. Auch bei der Aneignung läßt sich ein quasi-räumlicher Terminus verwenden: die Selbsterweiterung „nach innen". Sie zeigt sich emotional und repräsentational als Erwerb von Weltwissen.

Die *Objektivierung* orientiert die Handlung an der Realität, die unabhängig von individuellen Wünschen und Vorstellungen existiert. Sie ist sowohl bei der Vergegenständlichung als auch bei der Aneignung wirksam. Objektivierende Vergegenständlichung muß beispielsweise physikalische Gesetzmäßigkeiten berücksichtigen, etwa bei der Herstellung von Gebrauchsgegenständen. Sie muß sprachliche Texte so formulieren, daß sie für andere verständlich sind, und damit zur sozialen Realität werden. Objektivierende Aneignung sorgt dafür, daß kulturelle Gegenstände adäquat benutzt werden, daß Wissen als objektiv richtiges Wissen aufgebaut wird und daß insgesamt die internal repräsentierte Welt der Außenwelt als kultureller und sozial vereinbarter Welt entspricht. Die emotionale Grunderfahrung der Objektivierung ist Realitätsbewußtsein, nämlich die Erfahrung, daß die Welt überhaupt besteht und unabhängig von uns existiert.

Die *Subjektivierung* orientiert die Handlung an den eigenen Bedürfnissen, Wünschen und Zielen. Sie kann als Kernprozeß der Identitätsbildung gelten. Die Artikulation eigener Wünsche und Ziele und ihre Relation zur Umwelt bildet die Grundlage des Selbstbewußtseins.

Wiederum findet die Subjektivierung sowohl bei Aneignung als auch bei Vergegenständlichung statt. Subjektivierende Vergegenständlichung gestaltet die Umwelt gemäß der eigenen Bedürfnislage. Sie formt die Welt, wenn man so will, nach eigenem Bild und Gleichnis. Subjektivierende Aneignung assimiliert die Umweltereignisse an die eigenen Schemata und Strukturen, so wie Piaget (1975, 1966) dies beschrieben hat. Der Prototyp für subjektivierende Vergegenständlichung wäre die Gestaltung der eigenen Wohnumwelt nach dem persönlichen Geschmack, und der Prototyp für subjektivierende Aneignung wäre die Umkodierung von Information gemäß der eigenen Bedürfnis- und Wissensstruktur. Die emotionale Grunderfahrung der Subjektivierung ist das „Sich-Heimisch-Fühlen", das „Vertrautsein in der Welt". Zusammen mit der Objektivierung gewährleistet die Subjektivierung also die Erfahrung einer vertrauten und vertrauenswürdigen Realität. Man kann aus dieser Perspektive leicht ableiten, unter welchen Bedingungen diese Erfahrung gelingt: Sie erfordert vor allen Dingen eine verläßliche und sichere soziale Umwelt in der Kindheit.

Tabelle 1 verdeutlicht die Grundemotionen gemäß der Kombination der beiden dialektischen Begriffspaare des Handelns. Da sich die vier Handlungskomponenten nur analytisch trennen lassen, stellen die vier Kombinationen jeweils nur eine Akzentuierung ihrer Komponenten dar. Die daseinsthematischen Emotion für Vergegenständlichung sind als „Schöpfungsgefühle" benannt, da die Konstruktion durch den Akteur Neues erzeugt und die Grunderfahrung in einem Schöpfungsakt besteht. Die Aneignung als Erwerb von Weltwissen ist emotional mit Erkenntnisgefühlen verbunden.

Tabelle 1. Daseinsthematische Emotionen im allgemeinen Person-Welt-Bezug von Subjektivierung und Objektivierung im Spannungsfeld von Vergegenständlichung und Aneignung

	Subjektivierung	**Objektivierung**
Vergegenständlichung	*Schöpfungsgefühle*	
	Gefühl der Selbsterweiterung: sich heimisch machen; Gefühl der Kompetenz, dazu in der Lage zu sein	Gefühl der Selbstwirksamkeit: Bewußtsein, in einer realen Welt etwas bewirken zu können
	„Vertrautsein in der Welt"	„Realitätsbewußtsein"
Aneignung	*Erkenntnisgefühle*	
	Gefühl der Geborgenheit: sich sicher und heimisch fühlen	„Heureka"-Gefühle: Gefühl, die reale Welt verstehen und das Selbst darin verorten zu können
	„Vertrautsein in der Welt"	„Realitätsbewußtsein"

1.2 Emotionale Grunderfahrungen der speziellen Thematik

Als spezielle menschliche Thematik haben wir das Wechselspiel von Autonomie/Unabhängigkeit und Verbundenheit/Bindung gekennzeichnet. Während Autonomie und Unabhängigkeit darauf abzielen, Herr des eigenen Handelns zu sein und somit die Initiative, Ausführung und Bewertung in eigener Regie zu haben, ist Verbundenheit und Bindung auf Gemeinsamkeit bezüglich Initiative, Ausführung und Bewertung des Handelns gerichtet. Verbundenheit, dessen biologische Basis das Bindungsverhalten ist, gewährt Sicherheit und Geborgenheit und schützt vor Einsamkeit. Autonomie vermittelt Selbsterhöhung, Selbstbestimmung und Kontrolle, die sich in Macht über die Dinge, über andere und/oder über sich selbst ausdrückt. Die emotionalen Grunderfahrungen von Bindung sind „Zuneigung", „Liebe" und „Interesse" und – bei starker Intensität – „Verschmelzungserlebnisse". Die emotionalen Grunderfahrungen der Autonomie sind „Selbsterhöhung", „Stolz" – im Extremfall – „Allmacht". Allmacht als Emotion läßt sich beispielsweise im kindlichen Spiel beobachten, wenn Kinder den Figuren Handlungen zuweisen, die im Alltag nicht möglich sind, z.B. an der Decke gehen, fliegen, riesige Kräfte besitzen und zaubern.

1.3 Die Beziehung zwischen der allgemeinen und der speziellen Thematik

Die spezielle und die allgemeine menschliche Thematik lassen sich miteinander verbinden. Die Grundemotionen von Aneignung und Vergegenständlichung sowie ihre Kombination mit Objektivierung und Subjektivierung wurden bislang so dargestellt, als würde ein Individuum als Akteur einsam in der Welt handeln. Demzufolge kommen der Aspekt des Menschen als Sozialwesen und das Verständnis von Kultur als kollektive Konstruktionsleistung zu kurz. Ohne diese Einseitigkeit nun generell auflösen zu wollen – dies ist im vorliegenden Rahmen nicht möglich – erscheint es notwendig, die spezielle menschliche Thematik des Wechselverhältnisses von Autonomie und Verbundenheit auf die allgemeine Thematik zu beziehen. Durch die Thematisierung von Autonomie und Verbundenheit erhält diese allgemeine Thematik eine jeweils besondere Akzentuierung.

Tabelle 2 verdeutlicht den Zusammenhang von Emotionen bei den beiden Grundbedürfnissen nach Autonomie und Verbundenheit mit den Handlungsrichtungen der Vergegenständlichung und Aneignung. Die Erfahrung von individueller Autonomie bei der Vergegenständlichung mag zu Stolz, dem Bewußtsein von Kontrolle und einer Vielfalt von sich ausdifferenzierenden Gefühlen führen. Die allgemeinste Emotion jedoch, die hinter diesen Einzelempfindungen steht, ist das emotionale Erleben von Schöpfung, von Erschaffen. Diese daseinsthematische Emotion läßt sich bereits bei Kindern unter zwei Jahren beobachten, wenn sie ein Ergebnis ihrer Bemühungen wie einen Turm oder eine motorische Leistung den Bezugspersonen voller Stolz zeigen. Aus der Verbindung von Vergegenständlichung und Erfahrung individueller Autonomie resultiert daher mehr als eine eng umrissene Emotion wie Freude am Effekt (White, 1959) oder später Stolz bei Erfolg. Es ist vielmehr eine anthropologische Grunderfahrung, die sich in den Schöpfungsmythen aller Kulturen zeigt und in transzendente Mächte projiziert wird.

Tabelle 2. Daseinsthematische Emotionen des speziellen Person-Welt-Bezugs von Autonomie und Verbundenheit im Spannungsfeld von Vergegenständlichung und Aneignung

	Autonomie	**Verbundenheit**
Vergegenständlichung	*Schöpfungsgefühle*	
	Gefühle der Selbstverwirklichung und der Selbstkreation „Meine Welt"	Gefühle kollektiver Wirksamkeit und Macht, Teamstolz „Unsere Welt"
Aneignung	*Erkenntnisgefühle (noetische Gefühle)*	
	Gefühle der Einzigartigkeit und der Selbsterhöhung „Meine Welt"	Gefühle der Teilhaftigkeit an kollektivem Wissen „Unsere Welt"

Wird das Streben nach Verbundenheit mit der Handlungsrichtung der Vergegenständlichung gekoppelt, so bezieht sich das Schöpfungserlebnis auf die gemeinsamen Ergebnisse der Vergegenständlichung. Es ist die gemeinsame Welt, die geschaffen wurde und als Erfahrung Gefühle des Team- oder Gruppenstolzes nach sich zieht, basal aber die Emotion der gemeinsamen Schöpfung beinhaltet („unsere Welt").

Auf der Seite der Aneignung präsentiert sich als daseinsthematische Emotion das, was wir als Erkenntnisgefühle bezeichnen und Lersch (1964) und Pfänder (1963) als „noetische

Gefühle" charakterisiert haben, und was als Wissen über sich und die Welt Gefühle von Sicherheit und Geborgenheit, Orientierung und Ordnung vermittelt (s. Tab. 2). Dieses Wissen ist individuell einmalig im Fall des Strebens nach Autonomie. Es ist kollektiv geteiltes Wissen (*shared memory*, *collective memory*) beim Streben nach Verbundenheit.

Überwiegt nun einseitig Autonomie, so stellt sich als Emotion Isolation und Einsamkeit ein. Es fehlt die Bestätigung durch die Spiegelung in den Reaktionen und Urteilen der anderen. Überwiegt hingegen Verbundenheit, so treten das Gefühl des eigenen Beitrags an der Gestaltung von Welt und das Gefühl des Wissens um eine eigene besondere Existenz in den Hintergrund.

Bei einseitiger Ausbildung der Autonomie bedeutet Vergegenständlichung die Bemühung, die anderen so zu formen, wie man selbst ist; sowohl Prozeß als auch Ergebnis vermitteln die Emotion von Allmacht. Aneignung wird bei einseitiger Autonomie demgegenüber zu Besitz, zur totalen Verfügbarkeit über andere. Partner werden nicht in ihrer Eigenwertigkeit und Unabhängigkeit erkannt, sondern entweder als Instrumente zur Vergrößerung der eigenen Machtkontrolle oder schlicht als Besitz, über den man verfügt, angesehen.

Bei einseitiger Ausbildung von Bindung und Verbundenheit dient Vergegenständlichung nicht mehr der eigenen Individualität, sondern dem Kollektiv, dessen Mitglied man ist. Es zählt nur die gemeinsame Leistung und das durch gemeinsames Handeln erzielte Ergebnis. Aneignung wird dominiert durch die Übernahme gemeinsamer Normen, Ziele und Bedürfnisse. Es zählt das Wir-Gefühl gegenüber dem Ich-Gefühl. Die Geborgenheit in der Gruppe bzw. in der Zweierbeziehung und die Verschmelzung bis hin zur Selbstaufgabe und zum Verlust eines Ich-Bewußtseins kennzeichnen die extreme Ausprägung von Bindung.

Die Charakterisierung von Extremzuständen macht verständlich, daß sowohl eine Ausgewogenheit der vier Prozesse Aneignung, Vergegenständlichung, Subjektivierung und Objektivierung als auch von Autonomie und Verbundenheit erstrebenswert ist. Somit wäre die zentrale Lebensthematik als fortlaufende Herstellung eines Gleichgewichtszustandes zwischen komplementären Komponenten anzusehen. Dieses Gleichgewicht ändert sich im Laufe der Entwicklung und sollte zunehmend höhere und komplexere Formen annehmen.

2. Einfluß der Kultur auf die daseinsthematischen Emotionen

Die individuelle Entwicklung daseinsthematischer Emotionen wird besser verständlich, wenn man vor dem Hintergrund des derzeitigen Wissens den Einfluß der Kultur auf die dargestellten Daseinsthematiken und die sich aus ihnen ergebenden Selbstkonzepte untersucht. Wir beschränken uns dabei auf die Gegenüberstellung des westlichen Kulturkreises zu fernöstlichen Kulturen (vgl. Trommsdorff & Friedlmeier; Kojima, i. d. Bd.).

Markus und Kitayama (1991) haben zur Charakterisierung von kulturellen Unterschieden zwischen einem autonomen, unabhängigen (independenten) Selbst und einem bezogenen, verbundenen (interdependenten) Selbst unterschieden. Die Stärke der Ausprägung eines autonomen bzw. eines bezogenen Selbst läßt sich unmittelbar zu den Emotionen, die der Autonomie und der Verbundenheit zugehören, in Beziehung setzen. In östlichen Kulturen dominiert das bezogene Selbst und damit die daseinsthematische Emotion von Geborgenheit. In westlichen Kulturen herrscht das autonome Selbst und damit die Emotion von Stolz vor. Auch wenn sich die Unterschiede zwischen den beiden Kulturen mehr und mehr verwischen, so ist doch in westlichen Kulturen Autonomie stärker ausgeprägt, während in östlichen Kulturen Verbundenheit und Kollektivität das Leben dominieren.

Wie Markus und Kitayama (1991) mit Recht feststellen, liegen dem unabhängigen und dem bezogenen Selbst auch unterschiedliche Erkenntnishaltungen zugrunde. Für das bezogene Selbst besitzt das Individuum die gleiche Substanz wie die Umwelt und ist somit untrennbar mit ihr verbunden. Für das unabhängige Selbst erfährt sich das Individuum hingegen als substantiell verschieden von der Umwelt, als etwas Besonderes, ja Einmaliges und Unverwechselbares. Während das bezogene Selbst danach trachtet, sich möglichst wenig von der Umwelt, sei es die Natur oder die Gesellschaft, zu unterscheiden und ihr möglichst ähnlich zu sein, legt das unabhängige Selbst Wert darauf, etwas Besonderes zu sein und sich von der Umwelt zu unterscheiden. Für das unabhängige Selbst sind die Emotionen von Stolz und Selbsterhöhung wichtige Grunderfahrungen, für das bezogene Selbst Emotionen von Sicherheit, wenn die Bezugsperson bzw. -gruppe das Verhalten billigt, und von Scham, wenn sie es mißbilligt. Während sich das unabhängige Selbst glücklich fühlen kann, wenn es eigene Ziele und Wünsche durchsetzt und unabhängig entscheiden kann, ist Glück und Zufriedenheit für das bezogene Selbst nur durch die Harmonie in der Gruppe erreichbar, was nur möglich ist, wenn andere nicht verletzt oder in ihren Gefühlen beeinträchtigt werden. Das unabhängige Selbst kennt starke Erregungen und sucht Situationen auf, in denen starke Emotionen geweckt werden. Das bezogene Selbst bevorzugt emotionale Ausgeglichenheit und vermeidet starke Erregung zur positiven wie zur negativen Seite hin (Markus & Kitayama, 1991).

Diese krasse Gegenüberstellung kennzeichnet sicherlich nur teilweise die Unterschiede im kulturellen Zusammenleben von West und Fernost, aber sie macht auf kulturelle Einseitigkeiten aufmerksam, die auch heute noch bestehen und das wechselseitige Verständnis beeinträchtigen. Da die unterschiedlichen Ausprägungen von Identität sehr stark mit den emotionalen Grunderfahrungen zu tun haben, handelt es sich um Orientierungen, die sich nicht leicht angleichen lassen, obwohl eine solche Angleichung möglich ist.

Wie unsere Untersuchungen zum Menschenbild gezeigt haben (Oerter, 1995; Oerter, Oerter, Agostiani, Kim & Wibowo, 1996), wird eine Angleichung auf der Stufe der mutuellen Identität möglich: Die befragten Probanden in Fernost und West beschrieben auf dieser Stufe den Menschen als autonomes Selbst, das sich jedoch als Identität versteht, die immer und grundsätzlich durch andere mitdefiniert ist. Personen tauschen sich aus und bestimmen sich wechselseitig durch diesen Austausch. Autonomie und Verantwortung stehen nun in Beziehung zum anderen, die Konsequenzen eigenen Handelns werden für andere mitbedacht, und umgekehrt wird das Handeln anderer in die eigenen Ziele und Aktionen einbezogen. Diese „Sozialtheorie" spiegelt auf seiten der „Persönlichkeitstheorie" ein grundsätzlich neues Verständnis wider, nämlich die Erkenntnis, daß der Mensch ein widersprüchliches Wesen ist. Muß er doch die aus dem Austausch mit anderen gewonnenen unterschiedlichen und widersprüchlichen Lebensleitbilder, Wertvorstellungen und Interessen in sich aufnehmen und sich mit ihnen auseinandersetzen.

Damit taucht aber ein emotionaler Zustand des Konflikts und Widerspruchs zwischen der eigenen Autonomie und der Verantwortung für andere auf, der zuvor nur als mehr oder minder vermeidbares, in jedem Fall aber lösbares Ungleichgewicht verstanden wurde. Für das unabhängige Selbst westlicher Kulturen ist dieser intrapsychische Konflikt gewissermaßen Normalität, er gehört zum Menschen. Für das bezogene Selbst ist der Konflikt ein Übel, das zwar immer wieder auftaucht, „weil Menschen egoistisch sind", es geht aber darum, die Balance und Harmonie mit den anderen möglichst schnell wieder herzustellen bzw. solche Konflikte von vornherein zu vermeiden. Dennoch fanden wir auch in fernöstlichen Kulturen, vor allem in Japan, die Meinung, daß intrapsychische Konflikte entwicklungsförderlich seien.

Grundlegende Daseinsthematiken und ihre unterschiedliche Akzentuierung in den verschiedenen Kulturkreisen entwickeln sich nicht von selbst und nicht nur beiläufig, sondern werden durch die Erziehung mitbestimmt. Erziehung ist auch in diesem Bereich der entscheidende Vermittler zwischen Kultur und Individuum. Das bezogene Selbst, das in fernöstlichen Kulturen immer noch schwerpunktmäßig sozialisiert wird, erfordert die Vermittlung anderer Gefühle als das unabhängige Selbst. Ein wichtiges Erziehungsmittel in östlichen Kulturen ist bekanntlich das Schamgefühl, bei dem das eigene Fehlverhalten auf die emotionale Befindlichkeit der umgebenden Gruppe bezogen wird. Für das unabhängige Selbst hingegen ist die Vermittlung von Stolz und Selbsterhöhung aufgrund von Erfolgen ein wichtiges Erziehungsmittel. Während im Westen die emotionale Handlung „Schau, was ich kann!" im Vordergrund steht, heißt die Devise in fernöstlichen Kulturen eher „Ich verhalte mich richtig und wünschenswert, damit ich mich nicht schämen muß". Wenn Gleichheit mit der Umwelt und Harmonie mit den anderen ein wichtiges Erziehungsziel ist, dann wird man auch danach trachten, starke Erregung, die das Gleichgewicht und die Harmonie zerstören könnte, zu vermeiden und nicht etwa noch zu provozieren. Wenn hingegen Autonomie wichtig ist, wie in westlichen Kulturen, dann sind starke Erregungsniveaus erwünscht, weil sie das Selbstbewußtsein und die Besonderheit der individuellen Selbsterfahrung stärken. In der Tat gibt es Hinweise, daß die Erziehung in fernöstlichen Kulturen eher auf eine ausgeglichene Gefühlslage abzielt, während im Westen starke Erregung mit nachfolgender Entspannung herbeigeführt wird. In nicht-westlichen Kulturen gilt es oft als ausgesprochen schädlich, wenn das Kind sich stärker erregt. Man versucht daher, das Kind erst gar nicht weinen zu lassen, um ihm stärkere emotionale Erregung zu ersparen, wie z.B. bei den Gusi (LeVine, 1989).

Man kann daher die prinzipiell verschiedenen Erkenntnishaltungen – der Einheit des Selbst mit der Umwelt in fernöstlichen Kulturen gegenüber der Verschiedenheit des Selbst von der Umwelt in westlichen Kulturen – als ein Ergebnis von Erziehung und Sozialisation betrachten, deren Einfluß in frühester Kindheit beginnt und zum Aufbau unterschiedlicher emotionaler „Voreingenommenheiten" beiträgt. In gewisser Weise liegt in beiden Kulturkreisen eine jeweils einseitige Akzentuierung der daseinsthematischen Emotionen vor. Eine Synthese von Bindung und Autonomie im Sinne einer mutuellen Identität ist von daher wünschenswert.

3. Entwicklung daseinsthematischer Emotionen

Im folgenden soll auf die Entwicklung von Emotionen eingegangen werden, die mit den Daseinsthematiken auf der Tätigkeitsebene einhergehen. Dabei konzentrieren wir uns allerdings auf den westlichen Kulturkreis, weil hier die meisten Forschungsergebnisse vorliegen.

3.1 Daseinsthematische Emotionen im Säuglingsalter

Piaget (1975) hat die frühe Kindheit detailliert als Prozeß der sukzessiven Erweiterung und Koordination von Schemata beschrieben, die durch Assimilation und Akkomodation aufgebaut werden. Piagets Kategorien der Assimilation und Akkomodation entsprechen in unserem handlungstheoretischen System den Kategorien der subjektivierenden Aneignung und der objektivierenden Aneignung. Prozesse der Vergegenständlichung hat Piaget nicht in

Betracht gezogen. Es zeigt sich aber, daß das Kind auch schon im ersten Lebensjahr vergegenständlicht. Damit erlebt es nicht nur die daseinsthematischen Emotionen, die der Aneignung zugehören, wie das Vertrautsein in der Welt und das Realitätsbewußtsein, sondern auch die, die der Vergegenständlichung zugehören, wie z.B. die Selbstwirksamkeit.

Aneignung zeigt sich anschaulich in der räumlichen Annäherung von Objekten an den Säugling bzw. später in der Annäherung des Säuglings an solche Objekte. So beginnt Aneignung mit Essen und Saugen, setzt sich fort mit der Exploration von Gegenständen, die ergriffen, zum Mund geführt und visuell und haptisch exploriert werden. Hören und Sehen als Prozesse der Aneignung treten deutlich früher auf als Prozesse der Vergegenständlichung, die die Motorik benötigen. So scheint das Kind bereits sehr frühzeitig ein physikalisches Wissen über Dichte und Undurchdringlichkeit von Gegenständen zu besitzen, das wohl angeboren ist (Spelke, 1991; Baillargeon, 1987). Das Kind besitzt also angeborene Schemata und auch Prozesse des Vergleichs (Foerster, 1992), die eine adäquate Aneignung ermöglichen. Das heißt, daß bereits in den ersten drei Lebensmonaten eine objektivierende Aneignung stattfinden kann.

Daß im ersten Lebensjahr nicht nur Aneignung vorliegt, sondern Aneignung und Vergegenständlichung ineinandergreifen, läßt sich besonders gut an den Kreisreaktionen und am Imitationsverhalten beobachten. Bei der sekundären Kreisreaktion führt das Kind absichtsvoll einen Effekt herbei (Vergegenständlichung), nimmt diesen Effekt als selbstverursacht wahr (Aneignung), was erneut zu der Handlung mit dem beabsichtigten Effekt führt (Vergegenständlichung). Aus der Sicht der Tätigkeitsebene bedeutet dies weit mehr als eine bloße Effektmotivation (White, 1959). Das Kind erfährt sich als Akteur (Basis für Selbstbewußtsein und Selbstwertgefühl) und erlebt emotional positive Umweltkontrolle. Spätestens ab der sekundären Kreisreaktion existiert ein Kern-Selbst, wie Stern (1992) es nennt, das Verhalten und Erleben organisiert und so zum Kristallisationspunkt von Verhalten und Erleben wird.

Bei der Imitation finden wir ebenfalls das Zusammenspiel von Aneignung und Vergegenständlichung, diesmal aber in zeitlicher Verzögerung. Gewöhnlich erfolgt die Nachahmung nicht unmittelbar nach der Aneignung, sondern zu einem späteren Zeitpunkt. Dies erfordert einen Speicherungsvorgang. Daher ist Nachahmung auf der Tätigkeitsebene mehr als die bloße Wahrnehmung und Umsetzung in motorische Muster. Das Kind eignet sich Bewegungsmuster an und macht sie durch den Speicherungsvorgang zum Bestandteil des Selbst. Wenn es dann die gespeicherten Bewegungen ausführt, so bedeutet dies auf der Tätigkeitsebene, daß das Selbst seine Persönlichkeit erweitert und neue Verhaltensmuster praktizieren kann. Je mehr der Säugling zu solchen Repräsentationsleistungen fähig und je mehr er sich selbst als Akteur bewußt wird, desto stärker spielen auch die entsprechenden daseinsthematischen Emotionen der Tätigkeitsebene eine Rolle, also Emotionen der Selbsterhöhung und -erweiterung. Wenn man Kinder im ersten und zweiten Lebensjahr beobachtet, beeindruckt immer wieder die Ganzheitlichkeit und zentrale Steuerung des Verhaltens und des (mimischen) emotionalen Ausdrucks, der das Verhalten begleitet. Es liegt daher nahe, von einer zentralen Organisation und Erlebnisqualität auszugehen und nicht nur Subsysteme anzunehmen, die durch Interaktion als Gesamtsystem wirken. Das Gesamtsystem erfährt sich jedenfalls als zentrale Steuerungs- und Erlebnisinstanz, und dies zu einem sehr frühen Zeitpunkt.

Eine Schlüsselrolle im Aufbau der daseinsthematischen Emotionen nimmt zweifellos das Bindungsverhalten ein (s. Spangler, sowie Kojima, i. d. Bd.). Die Bindungstheoretiker gehen von einem *internal working model* aus (Bowlby, 1969; Ainsworth, 1977). Dies bedeutet, daß man eine zentrale Instanz annimmt, die ein Erklärungsmodell für sich selbst und die (soziale) Umwelt aufbaut. Die emotionalen Grunderfahrungen der drei Hauptbindungstypen sind aufgrund der unterschiedlichen Arbeitsmodelle ebenfalls verschieden. Der als sicher gebunden beschriebene B-Typus kann sich sagen: „Es gibt immer Personen, auf die ich mich verlassen kann und bei denen ich Schutz suchen kann, wenn ich Angst habe". Der als unsicher-vermeidend beschriebene A-Typus hingegen vertritt eher die Überzeugung: „Am besten, ich verlasse mich auf mich selbst und nicht auf meine Bezugspersonen". Für den B-Typus ist die spezielle Thematik von Autonomie und Bindung so organisiert, daß auf der Basis einer sicheren Bindung Explorationsverhalten einsetzt und damit Autonomie realisiert werden kann. Für den A-Typus hingegen bestehen Autonomiebestrebungen ohne Bindungsrückhalt, Autonomie und Bindung sind nicht koordiniert. Der als unsicher-ambivalent beschriebene C-Typus scheint einen Konflikt zwischen Autonomie und Bindung auszutragen, denn er möchte einerseits Bindung herstellen, andererseits verweigert er Bindung zu Gunsten der Autonomie. Im Bindungsverhalten liegt also ein Prototyp für emotionale Grunderfahrungen erlebter Vereinigung und Getrenntheit vor. Wiederum fällt die Organisiertheit des Bindungsverhaltens auf und läßt den Schluß auf Erlebnisse des Selbstbewußtseins und auf existentielle Erfahrungen zu.

Das bizarre Verhalten der D-Typus-Kinder, die als desorganisiert beschrieben werden, weist möglicherweise darauf hin, daß in der Bindungssituation kein organisierendes Selbst vorhanden ist, sei es aufgrund der starken Belastung oder sei es aufgrund vorausgegangener Beeinträchtigungen beim Aufbau des Selbst. Daher kann eine Verhaltensorganisation, wie wir sie bei den drei Bindungstypen finden, nicht erfolgen.

3.2 Daseinsthematische Emotionen im Kindesalter

Die übergeordneten Daseinsthematiken der Umweltbewältigung und des Verhältnisses von Autonomie und Bindung lassen sich ab dem zweiten Lebensjahr zunehmend aus dem Spielverhalten des Kindes folgern. Obwohl die Spielforschung sich bisher fast ausschließlich mit den Einzelleistungen, etwa beim Als-Ob-Spiel und beim Rollenspiel, befaßt hat, ist das Faszinierende eigentlich, wie ganzheitlich der spielende Akteur sein Spiel gestaltet und welche Thematiken er oder sie im Spiel ausdrücken (Oerter, 1997).

Spiel ist nach Ansicht von Freud (1975, erstmals 1920), Wygotski (1980) und Piaget (1969) eine wichtige Form der Lebensbewältigung in der Kindheit. Die Gründe dafür, warum diese merkwürdige Form des Handelns in der Kindheit auftritt, sind nach Ansicht dieser Autoren folgende: Kinder sind schwach, sie werden einem großen Sozialisationsdruck ausgesetzt, und sie können sich viele Wünsche nicht erfüllen, weil diese erst viel später im Erwachsenenalter realisiert werden können. Das Spiel ist ein Instrument zur Bewältigung dieser Situation: Kinder können illusionär erwachsen sein und sich Wünsche erfüllen (Wygotski, 1980). Kinder können aktuell nicht verarbeitete Eindrücke und traumatische Erlebnisse im Spiel verarbeiten und solange im Spiel wiederholen, bis sie bewältigt sind (Piaget, 1969; Wälder, 1933); und sie können dem Sozialisationsdruck der Umwelt durch Veränderung der Realität im Spiel begegnen (Piaget, 1969).

Allgemeine Daseinsthematik und kindliches Spiel

Betrachten wir das Spielverhalten der Kinder zunächst unter der allgemeinen Thematik der Daseinsbewältigung, so sehen wir, wie sich Vergegenständlichung und Aneignung sowie Subjektivierung und Objektivierung im Spiel vereinen. Die Vergegenständlichung dient nicht nur der Nachschaffung der Realität, wie etwa im Konstruktionsspiel, sondern auch der Umformung und Neuschaffung von Realität, wie im Illusions- und Rollenspiel. Die Analyse dieser Realitätstransformation ergibt, daß es sich um eine sehr komplexe und schwierige Leistung handelt. Kern des Illusions- und Rollenspiels ist die eingebildete Situation, in der das Kind so tut, als ob es jemand anderes wäre und den im Spiel benutzten Gegenständen eine andere, nämlich spielimmanente, Bedeutung zuschreibt. Die Leistung besteht darin, daß das Kind die Bedeutungen, die es sich eben erst von den Gegenständen und Situationen gebildet hat, wiederum von diesen Gegenständen und Situationen lösen und sie mit neuen Gegenständen und Situationen koppeln muß (Leslie, 1987; Harris & Kavanaugh, 1993). Der Stock wird zum Messer und der Baustein zum Brot, das mit dem „Stock-Messer" geschnitten wird.

Die illusionäre Vergegenständlichung in einer transformierten Realität, der eingebildeten Situation, hat eine Reihe von Vorteilen. Erstens ist sie leicht durchführbar, während eine reale Vergegenständlichung sehr mühsam wäre und vom Kind nicht verwirklicht werden könnte. Zweitens kann die Realität den eigenen Wünschen und Bedürfnissen angepaßt werden und so zu einer Umwelt werden, in der das Kind Kontrolle und Macht besitzt bzw. herstellt. Drittens bleibt das Handeln in dieser Realität ohne Folgen. Sobald das Spiel zu Ende ist, verschwindet auch diese Realität wieder. Daher sind auch Handlungen mit schwerwiegendsten Folgen, wie z.B. das Töten, möglich. Im Sinne von Freud können also unerlaubte Triebwünsche und verbotene Handlungen im Spiel ausgelebt werden. In seiner Spielwelt kann das Kind die bereits beschriebenen daseinsthematischen Emotionen von Kontrollgefühl (Vergegenständlichung), Sicherheitsgefühl (Aneignung), „sich heimisch und vertraut fühlen" (Subjektivierung) und zuweilen auch Realitätssicherheit (Objektivierung) beispielsweise beim Nachbauen und Zeichnen von Gegenständen erfahren.

Die spielerische Interaktion in der Auseinandersetzung mit der Umwelt vermittelt aber auch ganz generell Erfahrungen des Person-Umwelt-Bezugs. Dies läßt sich recht deutlich im Umgang mit amorphem Material wie Wasser, Sand und Knete beobachten. Vergegenständlichung zeigt sich beim Umgang mit Wasser etwa im Umschütten oder Füllen eines Gefäßes, bei Sand und Knete in der Formung von Kuchen oder Figuren. Aneignung kann beim Wasser unmittelbar durch Trinken geschehen, beim Umgang mit Sand und Knete durch intensive taktile Erlebnisse. Erfahrungen der Verschmelzung hat das Kind genau wie der Erwachsene beim Baden, Schwimmen oder beim Buddeln im Sand. Diese Grunderfahrungen sind häufig mit intensiven lustvollen Emotionen verbunden, die wieder mehr bedeuten als ein bloßes Lustgefühl, nämlich Erfahrungen der eigenen Existenz und der Verbindung der eigenen Existenz mit der Umwelt. Dadurch wird auch verständlich, warum Jugendliche und Erwachsene ähnliche Erlebnisse aufsuchen. In Freizeit und Sport erfahren sie etwas Ähnliches wie das Vorschulkind. Besonders manche Sportarten wie Wandern, Skifahren, Klettern, Surfen und Drachenfliegen vermitteln ein intensives Gefühl der Verbundenheit, ja der Verschmelzung mit der Umwelt. Untersucht wurden solche Emotionen auch bei Motorradfahrern, die neben der Bewältigungserfahrung, das Motorrad unter Kontrolle zu haben, auch über Erlebnisse der Verschmelzung mit der Umwelt berichteten (Rheinberg, 1991).

Spezielle Daseinsthematik und kindliches Spiel

Als spezielle Daseinsthematik haben wir das Spannungsverhältnis zwischen Autonomie und Verbundenheit gekennzeichnet. Spielbeobachtungen bei Kindern zeigen diese Thematik in ausgeprägter Form. Wir finden sowohl die Darstellung von Beziehungsthematiken als auch die Thematisierung von Autonomie und Getrenntsein im kindlichen Spiel. Ausführlich wurde dies in Oerter (1997) beschrieben. Die Thematik der Unabhängigkeit und Autonomie läßt sich in zwei Komponenten unterteilen: die Bemühung um Lösung und Selbständigkeit sowie das Streben nach Macht und Kontrolle. Letzteres wäre eine Verbindung der allgemeinen Vergegenständlichungstendenz mit dem Streben nach Autonomie.

Die Thematik der Abgrenzung und Lösung zeigt sich im kindlichen Spiel etwa, wenn sich ein Kind in ein anderes Zimmer begibt, die Türe schließt und für sich allein spielen will. Vielfach benutzen Kinder für diese Thematik eindrucksvolle Metaphern. So spielt ein zweieinhalbjähriger Junge, indem er sich in eine Schachtel setzt, daß er allein mit einem Boot auf das Wasser hinausfährt. Dabei sagt er immer wieder: „Ich schwimme so in meinem Boot." (Oerter 1997, S. 219). Das Alleinsein bis zur völligen Isolation wird von manchen Kindern spielerisch ausgetestet, so z.B. von einem zweijährigen Jungen, der ins Bad geht, das Licht löscht, die Türe schließt und eine Zeit lang in vollkommener Dunkelheit verweilt. Die besondere emotionale Erfahrung des Alleinseins und auch der visuellen Lösung von der Umwelt im letzten Beispiel demonstriert wohl eindrucksvoll die Autonomiethematik auf der Tätigkeitsebene.

Bindung und Verbundenheit tauchen in Spielhandlungen besonders dann auf, wenn soziale Konflikte und Problemsituationen bewältigt werden müssen, wie z.B. die Abwesenheit und der Liebesentzug geliebter Personen oder die Schädigung und Kränkung durch die Bezugspersonen. Eine spezielle Thematik sind Geschwisterbeziehungen und Geschwisterrivalität. Die wohl dramatischste Szene, die wir beobachten konnten, war der aggressive Umgang eines dreijährigen Jungen mit einem Stoffbären, den er drangsalierte, mit dem Traktor überfuhr und mehrfach „tötete" (Oerter, 1997, S. 238). Der Bär symbolisierte die kleine Schwester, die während der Szene auch zugegen war und die der Bruder nicht in ähnlicher Weise angreifen durfte. Die Szene endete damit, daß der kleine Bär zu einer Bärenmutter gebracht wurde, mit der Bemerkung, daß der Bär noch nicht ganz tot sei. Aber selbst diese Tröstung durch die „Mutter" konnte der Junge nur kurze Zeit ertragen, dann riß er den kleinen Bären wieder von der „Mutter" weg und warf ihn von sich.

Unter dem Aspekt der Thematik von Autonomie und Verbundenheit zeigt das Rollenspiel eine Besonderheit, die zuvor noch nicht in der Entwicklung aufgetreten ist. Im Rollenspiel nämlich tritt das Kind aus seiner Identität heraus und schlüpft in eine Rolle, in der es eine andere Persönlichkeit verkörpert. Auch wenn die Rolle noch sehr einfach ist und nur rudimentär ausgeführt wird, bleibt dieser Grundtatbestand. So ist das Kind, das mit einer Krawatte des Vaters herumläuft und „Papa" sagt, emotional und illusionär für eine kurze Zeit der Vater. Alle Übernahmen von Rollen, auch schon vor dem sozialen Rollenspiel, bewerkstelligen emotional wie kognitiv eine Synthese von Autonomie und Verbundenheit in dem Sinne, daß das Kind zugleich es selbst und eine andere Person ist und somit auf dem Weg über Empathie verstehen kann, wie es ist, ein anderer zu sein. Dieses Anderssein ist gewöhnlich verbunden mit starken Gefühlen der Selbsterhöhung. Sobald das soziale Rollenspiel einsetzt, werden Autonomie und Verbundenheit permanent ausgehandelt und metakommunikativ verhandelt. Je besser die Interaktion im Spiel gelingt, desto besser die Koordination von Autonomie und Verbundenheit. Nur bei Rollen, die wenig Autonomie zulassen, ist dies nicht der Fall, wie etwa bei der Rolle des Babys, die gewöhnlich vom Jüngsten gespielt werden muß. Streit um Rollen bedeutet Streit um Autonomie-Erlebnisse. Die Lösung solcher Konflikte bedeutet die Herstellung von Verbundenheit in der Dyade oder in einer größeren Gruppe.

Als illustratives Beispiel für die Synthese von Autonomie und Verbundenheit und die damit offenkundig verbundenen daseinsthematischen Emotionen mag eine Szene dienen, die auf dem Spielplatz beobachtet wurde: Ein etwa fünfjähriges Kind fährt mit seinem Roller umher; da nähert sich ein anderes, etwas älteres Kind und nimmt ihm den Roller weg. Da die Bezugsperson zu weit entfernt ist, versucht sich das Kind selbst zu helfen, indem es einen Verkehrspolizisten spielt und dem älteren Kind bedeutet, nach seinen Anweisungen zu fahren. Nach einiger Zeit kommt es zum Rollentausch; das ältere Kind möchte nun auch den Verkehrspolizisten spielen und überläßt dem jüngeren seinen Roller. In dieser Szene wird das Bedürfnis nach der Verfügbarkeit über einen begehrten Gegenstand und die damit verbundene Autonomie mit der emotionalen Erfahrung der Verbundenheit im Zusammenspiel mit dem anderen Kind vereint.

Solche kreativen Lösungen sind in der Entwicklung auch außerhalb des Spieles permanent nötig, um die beiden Pole von Autonomie und Verbundenheit zu realisieren. Unter dieser Perspektive ist der Lösungsprozeß des Jugendlichen von den Eltern zu sehen, der Aufbau der Beziehungen in der Partnerschaft, die Familiengründung und das familiäre Zusammenleben sowie der Verlust an sozialen Beziehungen und an Autonomie im Alter. In allen Entwicklungsabschnitten lassen sich Beispiele für gelungene und mißlungene Versuche der Herbeiführung einer Synthese zwischen Autonomie und Verbundenheit finden.

4. Daseinsthematische Emotionen – ein Problem der Wissenschaftssprache

Was dem psychologischen Forscher an dem vorliegenden Ansatz und an der hier praktizierten Denkweise suspekt vorkommen mag, ist die scheinbare Ungenauigkeit, das scheinbar Spekulative und die fehlende Operationalisierbarkeit. Allen drei Einwänden ließe sich ausführlich begegnen. Hier soll nur auf ein grundsätzliches Problem hingewiesen werden, nämlich dem der zu benutzenden Wissenschaftssprache.

Hofstadter (1985) hat das Problem der Wissenschaftssprache am Computer demonstriert. Auf der basalen Ebene funktioniert der Computer mit der Maschinensprache, die für den Benutzer, der den Computer programmieren will, völlig unbrauchbar ist. Er muß eine Programmiersprache kennen, um mit dem Computer zurechtzukommen. Diese Programmiersprache ist aber ein Code, der auf der Maschinenebene völlig unverständlich ist und eigens für die Benutzer konzipiert wurde. Zwischen der Maschinensprache und der Programmiersprache gibt es die Compilersprache, die die Übersetzung in das Programmieren ermöglicht. Hofstadter demonstriert diese unterschiedlichen Sprachen und das damit verbundene unterschiedliche Komplexitätsniveau.

Folgt man Leontjews (1982) Modell der drei Handlungsebenen, so können wir auch in der Psychologie drei Wissenschaftssprachen unterscheiden, die sich auf die jeweilige Handlungsebene des untersuchten Feldes beziehen.

Die oberste Ebene ist die Tätigkeitsebene. Der Aktivitätsstrom eines Individuums zergliedert sich in eine ununterbrochene Folge einzelner Tätigkeiten. Jede Tätigkeit ist auf ein Motiv, den Gegenstand der Tätigkeit, gerichtet. Dem Motiv kommt die sinnstiftende Funktion zu. Die mittlere Ebene umfaßt die Ebene des zielgerichteten Handelns. Jede Tätigkeit existiert als Kette von Handlungen. Dennoch sind Handlung und Tätigkeit echte und nicht identische Realitäten. Ein und dasselbe Motiv kann in verschiedenen Zielen konkretisiert werden und umgekehrt. Das Verfassen eines Textes kann einem Leistungsmotiv oder einem Machtmotiv dienen. Die unterste Ebene umfaßt die Ebene der Operationen. Eine Handlung hat daher neben ihrem intentionalen Aspekt (was erreicht werden soll) auch einen operationalen Aspekt (wie es erreicht werden kann), der nicht durch das Ziel an sich, sondern durch die Bedingungen und Mittel zu seiner Erreichung bestimmt wird. Man kann einen Text mit Hilfe eines Computers oder handschriftlich verfassen – das gleiche Ziel erfordert unterschiedliche Operationen.

Die drei Handlungsebenen lassen sich nun zu drei Wissenschaftssprachen in Beziehung setzen. Auf der Ebene der Operationen handelt es sich um die Untersuchung basaler Prozesse. Dies ist Gegenstand der experimentellen Allgemeinen Psychologie bzw. auch der experimentellen Entwicklungspsychologie. Die Ebene des zielgerichteten Handelns ist die Ebene der Motivation und des Denkens sowie des Gedächtnisses, für die bereits in den meisten Fällen ein Akteur zugrundegelegt wird, der zielgerichtete Handlungen, seien es interne oder externe, ausführt. Auf dieser Ebene eignet sich bereits nicht mehr die Sprache, die basale kognitive, emotionale und motorische Prozesse beschreibt. Diese Sprache verwendet globalere Begriffe und benutzt Konstrukte, die Ziele, Mittel, Ergebnisse und Folgen von Handlungen erklären sollen. Die Emotionspsychologie ist in der Hauptsache auf dieser Ebene angesiedelt. Sie beschreibt entweder essentialistisch oder funktionalistisch Emotionen hinsichtlich Qualität und Intensität und die mit ihnen verbundenen Regulationsprozesse (Holodynski, 1997a). Auf der Tätigkeitsebene benötigt man wieder eine andere Sprache, da sie sich auf Konzepte und Konstrukte von umfassenderer und qualitativ anderer Art bezieht. Wie die vorliegende Darstellung gezeigt hat, geht es um das Gesamtverhältnis von Individuum und Umwelt, um Person-Umwelt-Beziehungen und um die Existenz des Menschen als Ganzes. Beschreibungen auf dieser Ebene finden wir in der Psychoanalyse und in der humanistischen Psychologie. Auch Versuche, grundlegende daseinsthematische Emotionen der Tätigkeitsebene darzustellen, liegen in diesen Subdisziplinen vor. Man denke nur an die Rückführung aller psychischen Prozesse auf den Lebens- und Todestrieb und die damit verbundenen Emotionen (Freud, 1975, erstmals 1938), sowie an die acht Lebenskonflikte und die je nach Lösung der Konflikte entstehenden Emotionen bei Erikson (1973). So sind entweder das Gefühl der Unversehrtheit (Integrität) oder das Gefühl der Verzweiflung die daseinsthematischen Emotionen beim letzten Lebenskonflikt im Alter.

Das Problem der Sprachen auf der Tätigkeitsebene ist, neben ihrer Nähe zur Alltagssprache, ihre theoretische Willkür. Die Begriffe passen nicht zusammen und fügen sich nicht stringent in ein theoretisches System ein. Weiterhin läßt die Sprache oft die Verbindung zur empirischen Prüfbarkeit, also die Operationalisierung, vermissen. Der vorliegende Versuch ist nur eine Skizze. Es wird versucht, den Problemen der Wissenschaftssprache auf der Tätigkeitsebene zu Leibe zu rücken, indem die Emotionskonzepte als quasi-räumliche Beziehungen formuliert und systematisch aufeinander bezogen werden. Schließlich bemüht sich der Ansatz auch um eine Reduktion auf eine möglichst geringe Anzahl von Grundkategorien. An anderer Stelle wurden methodische Wege zur Operationalisierung solcher Kategorien aufgezeigt (Oerter, 1997, S. 274f). Das bedeutet, daß Forschung nach den Kriterien der empirischen Prüfbarkeit auch auf der Ebene der Tätigkeit (der Daseinsthematiken) möglich ist.

Lern- und leistungsthematische Emotionen

Hubert Hofmann und Reinhard Pekrun

Einleitung	115
1. Emotionen in Lern- und Leistungssituationen	115
2. Emotionen und ihre Bedeutung für Lernen und Leistung	117
2.1 Lern- und Leistungssituationen als Bedingungen für Emotionen	117
2.2 Emotionen und ihre Wirkung auf Lernen und Leistung	122
3. Ontogenese lern- und leistungsthematischer Emotionen	124
3.1 Entwicklungsdeterminanten	124
3.2 Entwicklungsverläufe	127
3.3 Wechselwirkungen zwischen Emotion und Leistung und die Bedeutung des Einzelfalls	129
4. Ausblick	131

Einleitung

In der schulischen Entwicklung werden entscheidende Weichenstellungen für den späteren Lebensweg vorgenommen. Schulischer Erfolg oder Mißerfolg haben maßgeblichen Einfluß auf nachschulische Plazierungen in den beruflichen Hierarchien unserer Leistungsgesellschaft. Gleichzeitig werden in der Schule Fundamente eigenen Leistungshandelns gelegt, die für die Persönlichkeitsentwicklung bestimmend sind (Pekrun & Helmke, 1991). Die Bewältigung von schulischen Anforderungen wird daher als zentrale Entwicklungsaufgabe für das Schulalter und als Basis für erfolgreiche Weiterentwicklung gesehen (z.B. Erikson, 1961; Havighurst, 1948; Newman & Newman, 1979).

Angesichts der Bedeutung schulischer Leistungsentwicklung ist es nicht verwunderlich, daß sich Entwicklungs- und Pädagogische Psychologen seit langem mit der kognitiven Entwicklung befassen, die für schulische Leistung grundlegend ist. Daher wurden auch von pädagogischer und bildungspolitischer Seite kognitive Lernziele in den Vordergrund gerückt. Motivationale, emotionale und soziale Lern- und Entwicklungsziele hingegen blieben eher vage formuliert und gelangten über eine Erwähnung in Lehrplanpräambeln kaum hinaus.

Schulleistungen kommt aber nicht nur objektive, sondern auch subjektive Bedeutung zu. Lern- und Leistungssituationen und deren Auswirkungen erzeugen aufgrund ihrer Bedeutsamkeit zum Teil heftige Emotionen. Es sind gerade die persönlich bedeutsamen Ereignisse, in die wir stark involviert sind, in die wir viele Hoffnungen und Ängste setzen, die uns stolz machen oder beschämen, über deren Gelingen wir uns freuen und über deren Mißlingen wir uns ärgern oder betrübt sind. Sie sind in unterschiedlichen Prüfungssituationen und bei der Rückmeldung von Prüfungsergebnissen genauso zu erwarten wie in verschiedenen Lernsituationen (z.B. zu Hause, im Unterricht, in Lerngruppen). Anzunehmen ist, daß diese Emotionen ihrerseits wesentlichen Einfluß auf Motivation, Lernen, Leistung, Persönlichkeitsentwicklung und psychische Gesundheit ausüben. Trotz ihrer Auftretenshäufigkeit und Bedeutung ist der entwicklungspsychologische Kenntnisstand zu lern- und leistungsbezogenen Emotionen im Vergleich zu kognitiven Merkmalen dürftig. Eine Ausnahme bilden die Forschungsbemühungen zur Prüfungsangst (Hembree, 1988).

Im folgenden wird diskutiert, (1) welche Emotionen jenseits von Prüfungsangst in Lern- und Leistungssituationen auftreten, (2) welche Bedeutung Emotionen für Lernen und Leistung besitzen, (3) welche ontogenetischen Veränderungen im Schulalter beschreibbar sind und (4) welche Zielvorgaben sich für die zukünftige Forschung ergeben. Dabei wird sowohl auf die Entwicklung in der Schulzeit als auch auf die im Studium eingegangen.

1. Emotionen in Lern- und Leistungssituationen

Kognitive, funktionalistisch orientierte Emotionstheorien (Lazarus, 1991; Pekrun, 1988) postulieren, daß nur subjektiv relevante Situationen und Ereignisse Emotionen auslösen. Schulische Lern- und Leistungssituationen bieten vielfach emotionsauslösende Ereignisse par excellence, wie z.B. beim Schulartwechsel oder beim Schulabschluß (vgl. dazu die Metaanalyse zur Prüfungsangst von Hembree, 1988). Ist Angst jedoch die einzige Emotion, die wir mit Schule und Studium verbinden? Bereits ein kurzer Rückblick in die eigene Bildungsbiographie wird uns vom Gegenteil überzeugen.

Um der Frage nachzugehen, welche Emotionen überhaupt in schulischen und universitären Lern- und Leistungssituationen erlebt werden, wurden von uns mehrere Untersuchungsreihen durchgeführt. Dabei kamen unterschiedliche *Methoden* (halbstrukturierte Interviews, qualitative und quantitative Fragebogenerhebungen, standardisierte Tagebuchaufzeichnungen während einer Examensphase, videounterstützte Ausdrucksanalysen und physiologische Messungen in Prüfungssituationen) bei verschiedenen *Stichproben* (Schüler unterschiedlicher Jahrgangsstufen und Schularten, Studenten in unterschiedlichen Semestern und Fachrichtungen) und bezogen auf unterschiedliche *Situationsklassen* (Lernen, Unterricht, Prüfung, Rückmeldung) zum Einsatz (für einen Überblick vgl. Pekrun, 1998; Pekrun & Hofmann, 1999).

Tabelle 1 zeigt beispielhaft die Häufigkeiten emotionaler Episoden in schulischen Lern- und Leistungssituationen, wie sie von 56 Oberstufengymnasiasten in einem halbstrukturierten Interview berichtet wurden. Dabei wird deutlich, daß Angst zwar die am häufigsten erlebte Emotion ist, jedoch mehr als 80% der geschilderten Episoden andere Emotionen beinhalten. Positive und negative Emotionen halten sich insgesamt etwa die Waage. Als positive Emotionen werden am häufigsten Freude und Erleichterung erlebt, weniger oft Hoffnung und Stolz. Unter den negativen Emotionen wird am häufigsten Angst genannt, aber auch Ärger, Langeweile und etwas seltener Hoffnungslosigkeit und Scham/Schuld (im Detail vgl. Pekrun, 1992a; Pekrun, 1998; Pekrun & Hofmann, 1999).

Tabelle 1. Emotionen in schulischen Lern- und Leistungssituationen

Positive Emotionen	%	Negative Emotionen	%
Freude	15.1	Angst	16.1
Erleichterung	14.4	Ärger	9.4
Stolz	4.0	Unlust/Unzufriedenheit	6.6
Hoffnung	3.5	Enttäuschung	4.2
Neugier/Interesse	3.1	Langeweile	3.9
Zufriedenheit	2.3	Scham/Schuld	1.2
		Hoffnungslosigkeit	1.0
Andere positive oder negative Emotionen			15.1

N = 56 Gymnasiasten der Oberstufe, k = 994 emotionale Episoden.

Ähnliche Befunde finden sich in unseren Untersuchungen über alle Methoden, Stichproben und Situationsklassen hinweg. Sie belegen deutlich, daß eine Reduktion lern- und leistungsthematischer Emotionen auf Prüfungsangst – trotz ihrer besonderen Bedeutsamkeit – nicht zu rechtfertigen ist (vgl. hierzu auch Smith & Ellsworth, 1987; Weiner, 1985).

Wie läßt sich nun diese Emotionsvielfalt ordnen? Ein Kriterium für eine theoretische Klassifizierung ist die *Valenz*: Emotionen werden entweder als positiv oder negativ empfunden. Ein weiteres Kriterium ist ihr *Gegenstandsbezug*: Lern- und Leistungsemotionen können sich auf Aufgaben oder auf andere, im Lern- und Leistungskontext wichtige Personen beziehen. Schließlich lassen sich Emotionen in ein *Zeitbezugssystem* einordnen: Sie können sich auf Vergangenes (retrospektiv), auf Gegenwärtiges (prozeßbezogen) oder Zukünftiges (prospektiv) richten (s. Tab. 2).

Tabelle 2. Klassifikation lern- und leistungsrelevanter Emotionen

Gegenstandsbezug	Zeitbezug	Positive Emotionen	Negative Emotionen
Auf Aufgabe bezogen	Prozeßbezogen	Lernfreude	Langeweile
	Prospektiv	Hoffnung Vorfreude	Angst Hoffnungslosigkeit
	Retrospektiv	Ergebnisfreude Erleichterung Stolz	Traurigkeit Enttäuschung Scham/Schuld
Auf sozialen Bereich bezogen		Dankbarkeit Empathie Bewunderung Sympathie/Liebe	Ärger Neid Verachtung Antipathie/Haß

Nach Pekrun und Jerusalem (1996, S. 164).

2. Emotionen und ihre Bedeutung für Lernen und Leistung

Im folgenden Abschnitt wird zunächst auf aktualgenetische Determinanten von Lern- und Leistungsemotionen eingegangen, um anschließend mögliche Folgen von Emotionen für das Lern- und Leistungshandeln zu beschreiben. Dabei wird vorwiegend auf kognitive Erklärungsansätze der Aktualgenese von Lern- und Leistungsemotionen eingegangen, wenngleich davon auszugehen ist, daß auch andere Modi der Emotionsauslösung wesentlich sind (z.B. neurophysiologische Prozesse im limbischen System, habitualisierte Emotionsauslösung auf der Basis emotionaler Schemata).

2.1 Lern- und Leistungssituationen als Bedingungen für Emotionen

Kognitive Emotionstheorien konzentrieren sich auf die Rolle von subjektiven Interpretationen gegenwärtiger, vergangener oder zukünftiger Situationen als Mediatoren der Emotionsentstehung (z.B. Frijda, 1986; Lazarus, 1991; Leventhal & Scherer, 1987; Ortony, Clore & Collins, 1988; Pekrun, 1988; Roseman, Antoniou & Jose 1996; Smith & Ellsworth, 1987; Weiner, 1985). Gemeinsam ist diesen Ansätzen, daß mittels teilweise recht ähnlicher Einschätzungsdimensionen die aktuelle Entstehung spezifischer Emotionen vorhergesagt wird. Die meisten dieser Theorien beziehen sich nicht genuin auf Lern- und Leistungsemotionen, doch können aus diesen allgemeinen emotionstheoretischen Überlegungen fruchtbare Annahmen zu Lern- und Leistungsemotionen abgeleitet werden.

Theoretische Annahmen

Beispielsweise beschreibt der *appraisal-theoretische Ansatz* von Lazarus (1991) einen dreistufigen Ablauf von kognitiven Bewertungsschritten (*appraisals*): Die primäre Bewertung schätzt Situationen nach ihrer Bedeutung für das eigene Wohlbefinden ein. Die sekundäre Bewertung schätzt in Streßsituationen die eigenen Bewältigungsmöglichkeiten ab. In der abschließenden Neubewertung wird die Wirksamkeit der eigenen Bewältigung beurteilt. Prüfungsangst würde demzufolge dann entstehen, wenn eine Prüfungssituation als (1) wichtig für das eigene Wohlbefinden eingeschätzt wird (primäre Bewertung) und (2) das Vorhandensein adäquater Bewältigungsmöglichkeiten fraglich erscheint (sekundäre

Bewertung). Sie müßte zunehmen, wenn (3) Bewältigungsversuche in der subjektiven Sicht fehlschlagen (Neubewertung). Scheitern alle weiteren Bewältigungsstrategien und bleibt die Situation weiterhin wichtig für das Wohlbefinden, müßte die erlebte Emotion von Angst in Verzweiflung oder Hoffnungslosigkeit umschlagen (vgl. Jerusalem, 1990; Lazarus, 1991). Die appraisal-theoretische Konzeption sieht die Aktualgenese von Emotionen als dynamischen Prozeß, bei dem nacheinander oder sogar fast gleichzeitig unterschiedliche Emotionen (*mixed emotions*) erlebt werden können. Durch wiederholte Lernerfahrungen können die unterschiedlichen Bewertungen und die Auslösung von Emotionen so weit habitualisiert werden, daß sie im Sinne emotionaler Schemata gleichsam unbewußt ablaufen können (vgl. Lazarus, 1991; Leventhal & Scherer, 1987; vgl. auch Ulich, Kienbaum & Volland, i. d. Bd.).

Erwartungs-Wert-Theorien (Heckhausen, 1989) wurden zur Erklärung menschlicher Motivation formuliert. Ihre Grundannahmen aber lassen sich auf den Bereich der Beschreibung und Explikation zukunftsbezogener Emotionen übertragen (Pekrun, 1988, 1992b). So müßten situations-, selbst-, handlungs- und gegenstandsbezogene Kognitionen (Überzeugungen, Erwartungen) gemeinsam mit Valenzkognitionen zu Handlungen und ihren Folgen zukunftsbezogene lern- und leistungsspezifische Emotionen erzeugen, wie z.B. prüfungsbezogene Hoffnung, Angst und Hoffnungslosigkeit. Die Situationseinschätzungen umfassen z.B. Kognitionen zu Neuartigkeit, Komplexität, Aufgabenschwierigkeit und subjektiver Relevanz (Pekrun & Frese, 1992) und weisen eine konzeptionelle Ähnlichkeit zu Prozessen „primärer Bewertung" im Sinne von Lazarus (1991) auf. Für wesentlich werden auch Kognitionen zur Realisierbarkeit leistungsbezogener Handlungen gehalten, wie z.B. Selbstwirksamkeitserwartungen (Bandura, 1977) und Handlungskontroll-Erwartungen (Pekrun, 1988). Sie entsprechen der sekundären Bewertung bei Lazarus (1991).

Kognitionen zu Valenzen können sich direkt auf Lernhandlungen und/oder auf ihre Folgen beziehen. Folgenvalenzen wurden von der Leistungsmotivationsforschung thematisiert, die subjektive Valenzen von Erfolg und Mißerfolg und ihren motivationalen Stellenwert untersucht hat. Daß Lernhandlungen selbst Valenz zukommen kann, wurde in letzter Zeit vor allem im Rahmen der Interessenforschung diskutiert (z.B. Krapp & Prenzel, 1992). Diese intrinsischen Handlungsvalenzen können sich auf die Handlung selbst (Tätigkeitsanreize; Rheinberg, 1989) oder auf den Lerngegenstand beziehen. Beide Valenzen sind Bestimmungsstücke für das Interesse an einer Handlung oder einem Lernstoff und gehen mit Lernfreude einher, während ihr Fehlen sich durch Langeweile bemerkbar machen dürfte.

Eine Passung von situations-, gegenstands- und selbstbezogenen Kognitionen führt beim Vorliegen positiver Valenzen zu positiven Emotionen wie Freude oder Hoffnung. Dies ist z.B. der Fall, wenn die Aufgabenstellungen interessant, subjektiv lösbar, weder zu schwierig noch zu einfach erscheinen und gleichzeitig eigene Lösungskompetenzen und Bewältigungsmöglichkeiten wahrgenommen werden. Resultieren dagegen aus dem Abwägen situativer Anforderungen und eigener Selbstwirksamkeits- und Folgenerwartungen Zweifel oder ungünstige Erwartungen, so können negative Emotionen von Angst bis Hoffnungslosigkeit entstehen. Empirisch wird dies von Befunden der Prüfungsangstforschung bestätigt, nach denen niedrige leistungsbezogene Erwartungen und ein niedriges Fähigkeitsselbstkonzept mit hoher Prüfungsangst einhergehen (vgl. Hembree, 1988; Hofmann, 1997; Meece, Wigfield & Eccles, 1990; Pekrun, 1991a; Smith & Ellsworth, 1987). Ähnlich wie bei Lazarus (1991) beruht die Aktualgenese von Emotionen hier auf einer dynamischen Interaktion zwischen unterschiedlichen Erwartungen und Valenzen, die sich über kumulative Erfahrungen zu Überzeugungen generalisieren und dadurch Bestandteile emotionaler Schemata werden können.

Appraisal-theoretische und erwartungs-wert-theoretische Konzeptionen zur Aktualgenese von Lern- und Leistungsemotionen beziehen sich in erster Linie auf Zeitpunkte vor oder während eigener Handlungsausführung; sie können daher gut zur Erklärung prospektiver und prozeßbezogener Emotionen herangezogen werden.

Attributionstheoretische Ansätze thematisieren demgegenüber die Entstehung retrospektiver Lern- und Leistungsemotionen aufgrund von subjektiven Ursachenerklärungen für Erfolg oder Mißerfolg. Weiner (1985) nimmt an, daß aktualgenetisch eine Sequenz komplexer werdender Interpretationsprozesse eines Handlungsergebnisses auch zu komplexeren Emotionen führt. Zuerst werden die Ergebnisse danach beurteilt, ob ein erwünschtes Ziel erreicht (Erfolg) oder nicht erreicht (Mißerfolg) worden ist. Diese sogenannten *ergebnisabhängigen* Emotionen sind nach Weiner weniger komplex und können entweder positiv nach Erfolg (Freude) oder negativ nach Mißerfolg (Trauer, Frustration) sein. Anschließend erfolgt in einem zweiten Schritt eine Suche nach Ursachen, die zu dem Ergebnis geführt haben, falls das Ergebnis unerwartet, negativ oder von hohem persönlichem Wert war. Je nach Art der Ursachenzuschreibung für Erfolg bzw. Mißerfolg entstehen dann komplexere Emotionen, wie Überraschung bei Attribution auf Zufall oder Ruhe und Gelassenheit nach Anstrengungsattribution von Erfolg. In einem dritten Schritt wird die jeweilige Ursache einer der drei Dimensionen *Lokation* (internale vs. externale Ursache), *Stabilität* (zeitlich stabil vs. instabil) und *Kontrollierbarkeit* (kontrollierbar vs. unkontrollierbar) zugeordnet. Aufgrund dieser dimensionalen Einordnung entstehen dann sehr komplexe Emotionen, wie z.B. Stolz bei internaler Erfolgsattribution oder Scham bei Zuschreibung von internalen Mißerfolgsursachen. Ähnlich wie bei Lazarus (1991) wird hier die Aktualgenese von Emotionen als *Prozeß* gesehen, bei dem nacheinander qualitativ unterschiedliche Emotionen erlebt werden können. Dabei müssen nicht alle Schritte durchlaufen werden und die Entstehung von komplexeren Emotionen ist vom Grad der Attributionskomplexität abhängig.

Von der Lernhandlung zur Lernleistung

Um Anlässe von Lern- und Leistungsemotionen und ihre Rolle für den Lernprozeß bestimmen zu können, werden wir einen näheren Blick auf die verschiedenen Komponenten und Phasen von Lern- und Leistungshandlungen werfen.

Zunächst können *Lern*handlungen von *Leistungs*handlungen unterschieden werden. Herkömmlich versteht man unter *Lernen* alle Handlungen, die zu einer relativ dauerhaften Änderung deklarativer und prozeduraler Wissensstrukturen aufgrund von Erfahrung führen. Diese qualitativen und/oder quantitativen Strukturveränderungen bzw. Lernergebnisse lassen sich über Lerntests oder Prüfungen objektivieren und spiegeln als *Leistung* den Grad der Erfüllung leistungsbezogener Kriterien wider (Schiefele, 1996). Lernleistung ist somit ein beobachtbares Ergebnis von deklarativen und prozeduralen Lernprozessen; sie fungiert als Rückmeldung für Lernerfolg und hat demonstrativen Charakter (Holodynski, 1992b). Leistung impliziert eine *Bewertung*, d.h. eine qualifizierende Beschreibung anhand eines bestimmten Gütemaßstabs. Wird die Leistung mit der Leistung einer Bezugsgruppe verglichen, handelt es sich um eine soziale Bezugsnorm. Wird die Leistung mit eigenen früheren Leistungen oder mit Leistungen in einem anderen Gebiet verglichen, handelt es sich um eine individuelle Bezugsnorm. Wird die Leistung mit einem festgelegten Lernziel verglichen, handelt es sich um eine lernzielbezogene Bezugsnorm. Lern- und Leistungshandlungen sind also nicht identisch (vgl. Holodynski, 1992b) und dürften daher auch mit unterschiedlichem emotionalen Erleben und Verhalten einhergehen (vgl. Pekrun, 1998).

Als Voraussetzungen für Lernprozesse sind neben kognitiven Merkmalen (z.B. Intelligenz, Vorwissen) motivationale Determinanten angeführt worden (z.B. Bloom, 1976; Carroll, 1973). Allgemein wird unter Lernmotivation der Wunsch und die Absicht verstanden, bestimmte Fertigkeiten oder Inhalte zu lernen (Schiefele, 1996). Offen bleibt bei dieser Definition, aus welchen Gründen oder mit welchen Zielen Lernwünsche bzw. -absichten entstehen. Eine geläufige Unterscheidung, die dies berücksichtigt, ist die zwischen *intrinsischer* und *extrinsischer* Lernmotivation (z.B. Heckhausen, 1989; Schiefele, 1996).

Bei intrinsischer Lernmotivation liegen die Gründe für die Handlungsausführung in der Handlung selbst, weil die Lernhandlung selbst oder der Lerngegenstand besonders interessant ist (Schiefele, 1996). Intrinsisch motiviertes Lernen ist unabhängig vom Lernzweck, da das Lernen selbst Zweck der Tätigkeit ist und das Lernen um seiner selbst willen erfolgt (Holodynski, 1992b). Intrinsische Motivlagen dürften daher von positiven prozeßbezogenen Emotionen (Lernfreude) begleitet sein (vgl. hierzu auch interessenstheoretische Ansätze, z.B. Krapp & Prenzel, 1992, und die Flow-Theorie, z.B. Csikszentmihalyi & Schiefele, 1993).

Bei extrinsischer Lernmotivation werden Lernhandlungen durchgeführt, um damit positive Folgen zu erzielen bzw. negative Folgen zu vermeiden, die außerhalb der Lernhandlung liegen. Leistungsmotiviertes Lernen ist somit eine Form extrinsischer Lernmotivation, da Lernhandlungen ausgeführt werden, damit negative Leistungsbewertungen und deren Folgen vermieden bzw. positive erreicht werden. Schulische Leistungssituationen wie Prüfungen, Referate etc. dürften eher extrinsisch motiviertes Lernen fördern. Für derartige Lernsituationen ist zu erwarten, daß ein Schüler dabei immer auch Leistungssituationen antizipiert und dies je nach Situations- und Kompetenzerwartungen unterschiedliche positive oder negative prospektive Emotionen (z.B. Hoffnung oder Angst) bei ihm auslöst (vgl. Tab. 2).

Dehnt sich die Antizipation auf die Leistungsbewertung und deren Folgen aus, so können während der Lernhandlungen bereits „retrospektive" Emotionen, wie z.B. antizipierter Stolz oder antizipierte Scham, entstehen. Schulisches Lernen wird sowohl extrinsische wie (hoffentlich) intrinsische Komponenten enthalten. Das Verhältnis von extrinsischer und intrinsischer Motivation dürfte jedoch entscheidend dafür sein, welche Emotionen vor, während und nach Lernhandlungen erlebt werden. Da Leistungsbewertungen im Verlaufe der schulischen Sozialisation immer häufiger und bedeutsamer werden, dürfte sich dieses Verhältnis zugunsten extrinsischer Motivlagen verschieben. Empirische Hinweise hierfür finden sich im Rückgang der Lernfreude und der Zunahme von Prüfungsangst während der Grundschulzeit (vgl. 3.2).

Neben verschiedenen Motivlagen auf seiten des Lernenden lassen sich Lernsituationen selbst in Situationen mit eher interner und solche mit eher externer Steuerung trennen (Schiefele & Pekrun, 1996). Unter interner Steuerung (Selbststeuerung) sind all jene Lernhandlungen zusammenzufassen, deren Gestaltung von der lernenden Person selbst ausgeht, unter externer Steuerung (Fremdsteuerung) all jene, bei denen die Gestaltung der Lernsituation von anderen Personen oder Instruktionsmedien bestimmt wird. Unterschiedliche Lernsituationen bieten dabei einen unterschiedlichen Spielraum für Fremd- oder Selbststeuerung. Streng strukturierter Unterricht oder wenig flexible, linear aufgebaute Lernmedien dürften eher mit Fremdsteuerung einhergehen, während autonomes Lernen außerhalb des Unterrichts eher Selbststeuerung zuläßt bzw. ihrer auch bedarf (Eiwan, 1998).

Modelle *fremdgesteuerten Lernens* bedienen sich zumeist lerntheoretischer Grundannahmen respondenter und operanter Art (Schiefele & Pekrun, 1996; Weinert, 1996). Im Paradigma des klassischen Konditionierens können Lernhandlungen durch das Setzen bestimmter emotionsauslösender Reize beeinflußt werden. Dies kann mittel- oder langfristig dazu führen, daß Lernhandlungen selbst Signalwirkung für negative oder positive Gefühle erwerben. Operante Ansätze externer Lernsteuerung (z.B. Tokensysteme, programmierter Unterricht, Kontingenzmanagement) arbeiten mit Verstärkungen oder Bestrafungen, die als Konsequenz auf die Lernhandlung erfolgen. Je nach Belohnungs- bzw. Bestrafungshäufigkeit und -intensität können positive wie negative emotionale Zustände (z.B. Freude oder Stolz über Lob und Angst vor Strafen) mit Lernhandlungen gekoppelt werden und wie bei respondenten Reiz-Reaktions-Verknüpfungen weiteres Lernverhalten über motivationale Prozesse (extrinsische Motivation) steuern.

Modelle *selbstgesteuerten Lernens* hingegen sehen den Lernenden als aktiven, eigenverantwortlichen Gestalter seiner Lernhandlungen, der selbst über die Auswahl von Lernzielen und Steuerungsmaßnahmen bestimmen kann und den Fortgang des Lernprozesses auch selbst überwacht. Selbstgesteuerte Lernprozesse stellen an den Lernenden andere, vielfältigere Anforderungen als fremdgesteuerte: der Lernende muß sich selbst Ziele setzen und sich deren Relevanz klarmachen; er muß selbst die für den Lernprozeß, für Verstehen, Behalten und Lerntransfer notwendigen Strategien besitzen und einsetzen; er muß in der Lage sein, seinen Lernprozeß selbst zu kontrollieren und zu regulieren und seine Motivation und Konzentration aufrechtzuerhalten; er muß schließlich seine Lernleistung selbst evaluieren können (Friedrich & Mandl, 1997). Selbstreguliertes Lernen bietet höhere Freiheitsgrade bei der Auswahl des Lerngegenstands, der Lerndauer, der Lernstrategien und der Ergebniskontrolle und erlaubt eine bessere Feinabstimmung von Aufgabe und eigenen Kompetenzen bzw. eigenem Handeln und damit bessere Chancen zu positiven Lern- und Leistungsemotionen. Allerdings birgt selbstreguliertes Lernen die Gefahr der Überforderung, wenn die oben genannten Anforderungen nicht erfüllt werden können.

Im schulischen Kontext dürfte ein Übergewicht auf seiten fremdgesteuerter Lernprozesse zu verzeichnen sein, wenn vorwiegend frontale Unterrichtsmethoden zum Einsatz kommen und häusliches Lernen stark reglementiert bzw. lediglich auf schulische Leistungserbringung (Prüfungen) eingeengt wird. Probleme beim Wechsel von der Schule zur Hochschule, in der in wesentlich größerem Ausmaß eine Selbststeuerung der Lernprozesse verlangt wird, sind vor allem dann zu erwarten, wenn sich Kompetenzen zur Selbstregulation in der Schule nicht entwickeln konnten. Dies geht am Studienbeginn zu Lasten positiver Lern- und Leistungsemotionen und dürfte mit Studienproblemen und einer breiten Palette negativer Emotionen einhergehen (vgl. Hofmann, 1991).

Emotionsregulation

Da dem Erleben positiver Emotionen und dem Vermeiden negativer Emotionen eine hohe Valenz zukommen, werden selbstregulatorische Prozesse so eingesetzt, daß positive, erwünschte Emotionen beim Lernen erreicht und negative, unerwünschte Emotionen möglichst vermieden oder abgebaut werden. Allerdings können viele Lern- und Leistungssituationen nicht nach Interesse oder Tätigkeitsanreiz selbst gewählt oder strukturiert werden, so daß auch unangenehme, langweilige oder angsterzeugende Lern- und Leistungssituationen und deren emotionale Folgen bewältigt werden müssen. Im Rahmen appraisal-theoretischer Überlegungen spielt der Einsatz von Bewältigungsstrategien (auch Copingstrategien genannt) eine entscheidende Rolle bei der Entstehung und Regulation negativer Emotionen. Bewältigungshandlungen setzen dann ein, wenn das Erreichen persönlich relevanter Ziele bedroht oder verhindert wird. In der Konzeption von Lazarus (1991) werden problem- und emotionsbezogene Bewältigungsformen unterschieden.

Problembezogene Bewältigungsformen zielen darauf ab, durch direkte Handlungen die als Bedrohung wahrgenommene Situation zu ändern, zu meistern oder zu verhindern. Im schulischen Bereich sind dies vorwiegend durch Bewertungssituationen hervorgerufene Bedrohungen schulischer Ziele oder des Selbstwerts, beispielsweise bei Prüfungen. Problembezogene Bewältigungsmöglichkeiten sind z.B. Lernen, Informationssuche, Einholen lernbezogener sozialer Unterstützung durch Eltern, Lehrer und Mitschüler usw.

Emotionsbezogene Bewältigungsformen beziehen sich dagegen direkt auf die Regulierung des eigenen negativen emotionalen Zustands in einer Belastungssituation. Das kann z.B. vor Prüfungssituationen darin bestehen, sich von den Gedanken an die Prüfung abzulenken, sie als Herausforderung positiv umzudeuten, sich in Wunschvorstellungen zu flüchten, sein Anspruchsniveau zu verändern, weniger selbstwertbedrohliche Kausalattributionen vorzunehmen, sich zu entspannen, Emotionen auszudrücken oder zu unterdrücken, die subjektive Bedeutsamkeit der Prüfung herunterzuspielen, Trost bei anderen zu suchen usw.

Die Art der gewählten Bewältigungsstrategie hängt nach Lazarus (1991) von Bewertungen der Situation (primäre Bewertung) und der Bewältigungsmöglichkeiten (sekundäre Bewertung) ab. Problembezogene Bewältigung dürfte dann verstärkt eingesetzt werden, wenn die Situation als veränderbar und eigene Problemlösekompetenzen als vorhanden eingeschätzt werden. Emotionsregulierende Bewältigung dürfte vorwiegend dann zum Tragen kommen, wenn eine direkte Problemlösung im Moment schwierig oder unmöglich erscheint. Leider gibt es bislang nur wenige Theorien zur Entwicklung von Bewältigungsstrategien im Kindes- und Jugendalter (Garber & Dodge, 1991; Rossman, 1992; Schwarzer & Schwarzer, 1996; vgl. auch Friedlmeier; Zimmermann, i. d. Bd.). Zudem beziehen sie sich kaum auf den schulischen Belastungsraum, sondern auf allgemeine Belastungen (z.B. Parkes, 1984; Patterson & McCubbin, 1987; Rossman, 1992) oder spezifische kritische Lebensereignisse (z.B. Dise-Lewis, 1988). Die empirische Befundlage ist dünn und basiert zumeist auf querschnittlichen Erhebungen. Zwei Entwicklungstrends lassen sich ausmachen:

1. Ältere Kinder verwenden eine größere Anzahl verschiedener Bewältigungsstrategien.
2. Während jüngere Kinder häufiger auf problembezogene Strategien zurückgreifen, verwenden ältere Kinder und Jugendliche zunehmend auch emotionsbezogene kognitive Regulationsstrategien (Compas, Banez, Malcarne & Worsham, 1991; Compas, Malcarne & Fondacaro, 1988; Harris, 1992; Rossman, 1992).

2.2 Emotionen und ihre Wirkung auf Lernen und Leistung

Welche funktionale Bedeutung kommt Emotionen in Lern- und Leistungssituationen zu? Die Tatsache, daß in diesen Situationen eine Vielfalt von Emotionen erlebt wird, sagt noch nichts über deren Bedeutsamkeit für das Lern- und Leistungsgeschehen aus. Hinsichtlich ihrer Auswirkungen auf Lernen und Leistung lassen sich die folgenden Grobkategorien von Emotionen unterscheiden:

1. Positive Emotionen (z.B. Hoffnung, Lernfreude)
2. Aktivierende negative Emotionen (z.B. Angst, Ärger)
3. Desaktivierende negative Emotionen (z.B. Hoffnungslosigkeit, Langeweile).

Positive Lern- und Leistungsemotionen dürften meist günstige Wirkungen auf Lernen und Leistung ausüben, während desaktivierende negative Emotionen sich in der Regel ungünstig auswirken. Komplizierter sind die Verhältnisse bei aktivierenden negativen Emotionen wie Angst. Solche Emotionen können wahrscheinlich je nach Emotions- und Aufgabencharakteristika sowohl leistungsfördernd wie leistungshemmend wirken.

In einem kognitiv-motivationalen Modell der Leistungswirkungen von Emotionen (Pekrun, 1992b) werden zwei Gruppen von Vermittlungsprozessen unterschieden, nämlich (1) kognitive Prozesse der Informationsaufnahme und -verarbeitung und (2) motivationale Prozesse (s. Abb. 1).

(1) Zwei Forschungstraditionen haben sich mit den Wirkungen von Emotionen auf *kognitive Prozesse* befaßt. Befunde der *Prüfungsangstforschung* zeigen, daß sich Prüfungsangst leistungsmindernd auf Leistungen bei komplexen oder schwierigen Aufgaben auswirkt und dementsprechend negativ mit Schul- und Studienleistungen korreliert. Dies scheint insbesondere für die kognitiven Komponenten von Prüfungsangst zu gelten, wie z.B. aufgabenirrelevante Gedanken, die auf eigene Kompetenzmängel, mögliches Scheitern, dessen Folgen etc. gerichtet sind (vgl. Deffenbacher, 1978; Hembree, 1988; Liebert & Morris, 1967; Seipp, 1990). Erklären lassen sich diese Befunde anhand aufmerksamkeits- und ressourcentheoretischer Annahmen: Danach stehen dem Arbeitsgedächtnis nur begrenzte Aufmerksamkeitsressourcen zur Verfügung, die bei hoher Emotionsintensität z.T. für die Emotionsregulation abgezogen werden und dann für die eigentliche Aufgabenbearbeitung nicht mehr verfügbar sind. Derartige Aufmerksamkeitseffekte fanden sich nicht nur für Prüfungsangst, sondern ließen sich auch für andere negative Emotionen (Ellis & Ashbrook, 1988) und schließlich auch für positive Emotionen (Meinhardt, 1998) belegen, sofern sie nichts mit der Aufgabenbearbeitung direkt zu tun hatten.

Der zweite Forschungsstrang entstammt der *Stimmungsforschung* und geht der Frage nach, welchen Einfluß positive und negative Stimmungen auf Informationsverarbeitungsprozesse und kognitive Leistungen haben (Abele, 1995). Seit Anfang der 80er Jahre konnte in vielen Laborexperimenten nachgewiesen werden, daß Stimmungen einen Effekt auf Speicherung und Abruf von Informationen (zustandsabhängiges Lernen, stimmungskongruenter Abruf) haben. Untersuchungen zur „Denkstilhypothese" konnten belegen, daß bei negativer Stimmung eher analytische, sequentielle, detailorientierte Informationsverarbeitungsstile, hingegen bei positiver Stimmung holistische, intuitive und kreative Strategien bevorzugt werden (Fiedler, 1988; Isen, 1987; Kuhl, 1983; Schwarz & Bless, 1991).

(2) Bei der Abschätzung von Emotionswirkungen auf die *Motivation* sind Wirkungen auf intrinsische und auf extrinsische Aufgabenmotivation zu unterscheiden. Positive Emotionen, die sich auf bestimmte Lernhandlungen oder -gegenstände beziehen, führen vermutlich zu positivem, ausdauerndem, intrinsisch motiviertem Lernverhalten (z.B. Freude an einer Lernaufgabe), während negative Emotionen eine Verminderung intrinsischer Handlungs- oder Gegenstandsmotivation verursachen. Negative Lern- und Leistungsemotionen könnten überdies dazu führen, daß bestimmte Handlungen erst gar nicht ausgeführt werden (z.B. bei Langeweile). Extrinsische Motivation dürfte ebenfalls von positiven prospektiven Emotionen (z.B. Vorfreude, Hoffnung auf positive Ergebnisse) erhöht werden, während Hoffnungslosigkeit zu ihrer Verminderung führt. Angst vor Mißerfolg als weitere prospektive Emotion könnte bei nicht zu großer Intensität eine Zunahme extrinsischer Motivierung bewirken. Sie könnte aber auch dazu motivieren, angstbesetzte Lernhandlungen möglichst lange aufzuschieben.

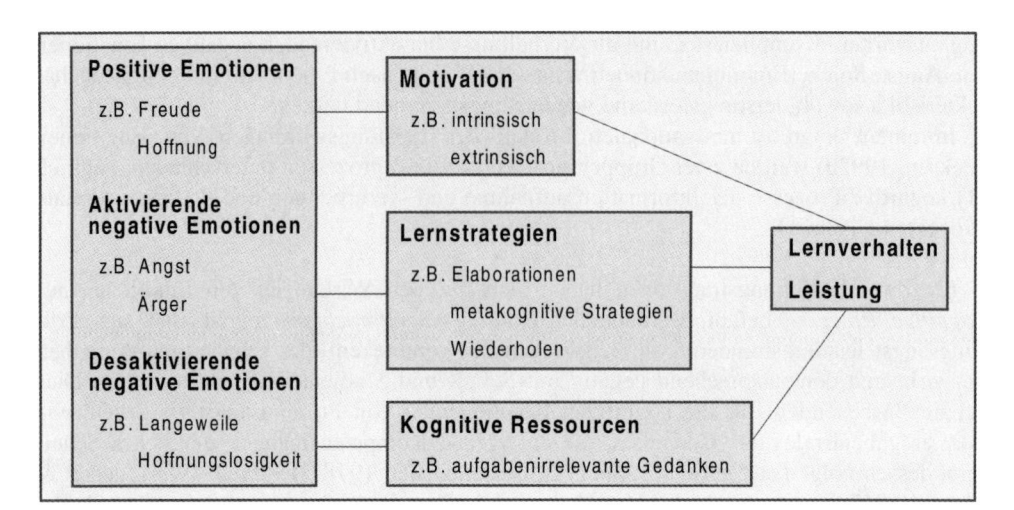

Abbildung 1. Einflüsse von Emotionen auf Lernverhalten und Leistung

```
Positive Emotionen          Motivation
z.B. Freude                 z.B. intrinsisch
    Hoffnung                     extrinsisch

Aktivierende
negative Emotionen          Lernstrategien                      Lernverhalten
z.B. Angst                  z.B. Elaborationen                  Leistung
    Ärger                        metakognitive Strategien
                                 Wiederholen
Desaktivierende
negative Emotionen          Kognitive Ressourcen
z.B. Langeweile             z.B. aufgabenirrelevante Gedanken
    Hoffnungslosigkeit
```

3. Ontogenese lern- und leistungsthematischer Emotionen

Zur Ontogenese lern- und leistungsthematischer Emotionen im Schul- und Erwachsenenalter liegen nur wenige systematische Theorieansätze und empirische Befunde vor. Die bisherige Forschung hat sich auf die Entwicklung von Prüfungsangst konzentriert (Pekrun, 1991b); offen bleibt, welche Entwicklungsverläufe für andere Emotionen typisch sind (Pekrun & Jerusalem, 1996). Problematisch an der bisherigen Befundlage ist auch, daß dieses Forschungsfeld von experimentellen Laboruntersuchungen und Querschnittstudien dominiert ist und nur verhältnismäßig wenige Längsschnittstudien existieren (u.a. Giesen, Böhmeke, Effler, Hummer, Hansen, Kötter, Krämer, Rabenstein, & Werner, 1981; Hofmann, 1991; Holodynski, 1992a; Jerusalem & Schwarzer, 1991; Meece et al., 1990; Pekrun, 1991a, 1991b; Schnabel, 1996; Weinert & Helmke, 1997).

3.1 Entwicklungsdeterminanten

Die Entwicklung von Leistungsemotionen und -motivation setzt bereits im Vorschulalter ein, wobei im Rahmen der Leistungsmotivationsforschung eine Reihe von bedeutsamen Entwicklungsparametern identifiziert wurde (Überblick bei Geppert, Helmke, & Halisch, 1997). Generell läßt sich die Entwicklung schulischer Lern- und Leistungsemotionen – wie jede menschliche Entwicklung – als Interaktion von Person- und Umweltfaktoren beschreiben (Pekrun, 1991b, Pekrun & Jerusalem, 1996).

Personbedingungen

Auf seiten der *Personbedingungen* spielen auch für die emotionale Entwicklung genotypische Prädispositionen eine Rolle (Baker, Cesa, Gatz & Mellins, 1992; Goldsmith, 1983; Thompson, Detterman & Plomin, 1991; vgl. auch Zentner, i. d. Bd.). Ferner ist der phänotypische Entwicklungsstand hinsichtlich der Ausprägung von Lern- und Leistungsemotionen und deren kognitiven Voraussetzungen entscheidend. Eine wichtige Voraussetzung ist die zunehmende Fähigkeit des Schülers, eigene Schulleistungen in Relation zu früheren Leistungserfahrungen zu setzen und sie mit denen anderer Schüler zu vergleichen. Während sich beispielsweise Vorschulkinder bei der eigenen Leistungsbewertung vorwiegend auf Konsistenzinformationen stützen, d.h. auf Informationen, die aus Erfahrungen mit ähnlichen Aufgaben stammen und sozusagen eine intraindividuelle Bezugsnorm darstellen, ziehen ältere Kinder vermehrt Konsensinformationen (Erfolg oder Mißerfolg im sozialen Vergleich) heran und entwickeln so eine soziale Bezugsnorm eigener Leistungsbewertung (Geppert et al., 1997). Dabei dürften vor allem kumulierte Erfahrungen von Erfolg und Mißerfolg und deren Konsequenzen die eigenen Erwartungen und das eigene Fähigkeitsselbstkonzept stabilisieren. Dies führt wiederum zur Bildung emotionaler Schemata und habitualisierter Formen von Lern- und Leistungsemotionen.

Weitere phänotypische Entwicklungsvoraussetzungen, die das Ausmaß von Erfolgs- und Mißerfolgserlebnissen bestimmen, sind Intelligenz und individuelle Fähigkeiten. Intelligenz und Fähigkeiten schlagen sich in entsprechenden Lernleistungen nieder, die über Erfolgs- und Mißerfolgsrückmeldungen zur Bildung von emotionserzeugenden Fähigkeitsselbstkonzepten, Leistungsüberzeugungen und überdauernden Interessen führen (Helmke, 1992; Weinert & Stefanek, 1997).

Umweltbedingungen

Zu den wesentlichen *Umweltbedingungen* lern- und leistungsthematischer Emotionsentwicklung zählen proximale Einflüsse sozialer Nahumwelten (Eltern, Schule, Gleichaltrige) und distale Einflüsse gesellschaftlicher Faktoren (z.B. Schulsystem, Gesellschaft, Kultur, Subkulturen, epochale Einflüsse). Im Bereich proximaler Einflüsse sind dies insbesondere *Erfolgs- und Mißerfolgsrückmeldungen*. Sie führen, zusammen mit selbstgesteuerten intra- und interindividuellen Leistungsvergleichen, über die Zeit hinweg zur Bildung und Stabilisierung von Selbstkonzepten eigener Leistungsfähigkeit. Dabei bilden die im deutschen staatlichen Schulwesen üblichen Leistungsrückmeldungen auf der Basis sozialer Bezugsnormen (Klassenmaßstab) und entsprechende selbstinitiierte soziale Vergleichsprozesse einen sozialen Bezugsrahmen für objektive wie subjektive Positionierungen innerhalb des Klassenverbands.

Der Einfluß solch sozialer Leistungsrangordnungen auf schulisches Erleben zeigt sich zum einen in der Grundschule spätestens mit der Einführung des Notensystems ab der 3. Klasse und zum anderen bei einem Wechsel in andere Klassen oder Schulformen mit einem neuen Leistungsgefüge innerhalb des Klassenverbands. Während beispielsweise Lernsituationen in der Vorschule und zu Beginn der Grundschule noch weitgehend frei von (sozialen) Leistungsbewertungen und eher spielerisch gestaltet sind, nimmt die Zahl leistungsthematischer Situationen im Laufe der Grundschulzeit zu. Lernen wird zunehmend ein Lernen im Hinblick auf Leistungen (vgl. Holodynski 1992a, b). Der Rückgang von Lernfreude und die Zunahme von Prüfungsangst im Verlauf des Grundschulalters sind deutliche Indikatoren für diese Entwicklung (s. 3.2). Soziale Bezugsgruppeneffekte beim Übertritt von der Grundschule ins Gymnasium bewirken für viele Schüler, die in der Grundschule im sozialen Vergleich überdurchschnittlich waren, einen relativen Positionsabstieg. Denn sie müssen sich nun mit den besseren Schülern aus anderen Grundschulklassen messen, so daß sich die Klasse aufgrund der sozialen Bezugsnorm wiederum in über- und unterdurchschnittliche Schüler aufteilt – nur eben auf höherem Leistungsniveau. Dies kann das Fähigkeitsselbstkonzept der nun unterdurchschnittlichen Schüler beeinträchtigen und ihre Prüfungsangst verstärken. Das Umgekehrte gilt für den Wechsel in eine leistungsschwächere Klasse oder Schulart (Jerusalem, 1983; Weinert & Stefanek, 1997).

Neben Erfolgs- und Mißerfolgsrückmeldungen spielen wichtige *Bezugspersonen* in Familie, Schule und Studium bei der Entwicklung von emotionsbildenden Fähigkeitsselbstkonzepten, Leistungserwartungen und Leistungsvalenzen eine wichtige Rolle. Wesentlich dürfte u.a. sein, in welchem Umfang Eltern und Lehrer Umwelten mit kognitivem Anregungsgehalt und entwicklungsangemessene Handlungsspielräume bereitstellen, welche Leistungserwartungen und -forderungen sie stellen, welche direkten und indirekten Fähigkeitszuschreibungen sie vornehmen und welche leistungskontingenten Sanktionsmaßnahmen sie ergreifen. Studien zeigen, daß Prüfungsangst mit familiärem und schulischem Leistungsdruck, mißerfolgskontingenter Bestrafung und Wettbewerbsorientierung innerhalb der Klassengemeinschaft einhergeht (Helmke, 1983; Hembree, 1988, Jerusalem & Schwarzer, 1991; Pekrun 1983).

Auf einer übergeordneten Makroebene lassen sich *schulsystemspezifische Rahmenbedingungen* als Entwicklungsdeterminanten identifizieren. Es ist anzunehmen, daß unterschiedliche Schulsysteme auch unterschiedliche Wirkungen auf die Entwicklung von Lern- und Leistungsemotionen ausüben. Institutionelle Vorgaben liefern über Curricula inhaltliche und zeitliche Prämissen für Lernprozesse, sie legen fest, wie oft, auf welche Weise und mit welchen Maßstäben Leistungsbewertungen stattfinden und welche Konsequenzen ihnen folgen.

Neben den expliziten Zielstrukturen (z.B. in Gestalt von Lehrplänen) dürften dabei implizite Zielstrukturen („heimlicher Lehrplan") von Bedeutung sein. Johnson und Johnson (1974) unterscheiden zwischen kompetitiven, kooperativen und individualistischen Strukturen dieser Art. Als „kompetitiv" bezeichnen sie Strukturen dann, wenn die Zielerreichung eines einzelnen davon abhängt, daß andere Personen ihr Ziel nicht erreichen. Unter kompetitiver Zielstruktur erfolgen Bewertungen häufig mit dem Ziel der Selektion geeigneter bzw. ungeeigneter Personen. Bei „kooperativen" Strukturen wird individuelle Zielerreichung dadurch ermöglicht, daß andere Personen ihr Ziel ebenfalls erreichen. Häufig stehen bei pädagogischen Realisierungen solcher Strukturen (z.B. in Gestalt kooperativen Lernens) die Förderung von Teamfähigkeit und soziale Integrationsziele im Vordergrund. Für „individualistische" Strukturen schließlich gilt, daß die Zielerreichung unterschiedlicher Personen voneinander unabhängig sein soll. Die in unseren Schulen und Universitäten vorherrschende soziale Bezugsnormorientierung impliziert kompetitive pädagogische Zielstrukturen, was sich sowohl auf selbstbezogene Lern- und Leistungsemotionen als auch auf das Denken und Fühlen gegenüber den Leistungen anderer auswirken dürfte (z.B. in Gestalt von Emotionen wie Bewunderung, Verachtung, Neid, Mitgefühl etc.).

Die unterschiedlichen Teilsysteme innerhalb des staatlichen Schulwesens in Deutschland bedienen sich kompetitiver Zielstrukturen, da sie in grundsätzlich ähnlicher Weise auf soziale Bezugsnormen der Leistungsbewertung und auf eine Verknüpfung von Leistungsbewertungen mit binnen- und nachschulischen Selektionskonsequenzen zurückgreifen. Mithin scheint es nicht verwunderlich, daß sich in der umfangreichen deutschen Systemforschung zum Vergleich von Gesamtschule und gegliedertem Schulwesen kaum wesentliche Schülerunterschiede in Fähigkeitsselbstkonzepten und Prüfungsangst fanden (Fend, 1982). Denn letztlich bedient sich auch die Gesamtschule kompetitiver Zielstrukturen.

Auf einer noch allgemeineren Analyseebene sind allgemeine *kulturelle und gesellschaftliche Entwicklungsbedingungen* von Lern- und Leistungsemotionen zu lokalisieren. Es ist anzunehmen, daß kulturelle und gesellschaftliche Normen und Werte auch individuelles leistungsbezogenes Denken und Fühlen beeinflussen (vgl. hierzu auch die Beiträge in Teil III dieses Bandes). Interkulturelle Vergleichsstudien zu kollektiven Leistungsüberzeugungen in den USA, Europa und Asien (z.B. Baumert & Lehmann, 1997; Chen & Stevenson, 1995; Little & Lopez, 1997) liefern bisher eher deskriptive Befunde, aus denen sich noch keine pädagogischen Schlußfolgerungen ableiten lassen. Beispielsweise wurden Hinweise darauf gefunden, daß in Asien ehrgeizigere Leistungsziele vorherrschen und asiatische Schüler verglichen mit amerikanischen vermehrt Anstrengungsattributionen zur Erklärung von Leistungsergebnissen heranziehen (Tuss, Zimmer & Ho, 1995).

3.2 Entwicklungsverläufe

Die oben skizzierten kognitiven Emotionstheorien legen nahe, daß Emotionsentwicklung nicht unabhängig von kognitiven Entwicklungsprozessen beschrieben werden kann (Lazarus, 1991). Eine zunehmende Dezentrierung des Denkens im Grundschulalter bewirkt, daß immer mehr lern- und leistungsrelevante Informationen differenziert und integriert werden können. Für prospektive Lern- und Leistungsemotionen ist es wichtig, daß Kinder Erwartungshaltungen herausbilden und Leistungshandlungen und -ergebnissen einen Anreizwert zuschreiben. Prospektive Emotionen wie Angst, Hoffnungslosigkeit oder Hoffnung bedürfen aktualgenetisch einer subjektiven Fähigkeits-, Schwierigkeits- und Valenzkalkulation (s.o.). Im Grundschulalter entwickeln sich erst im Laufe der Zeit schulische Fähigkeitsselbstkonzepte, die sich zunehmend fachspezifisch ausdifferenzieren.

Im Vorschulalter und zu Beginn der Grundschule beruhen diese Selbstkonzepte zum großen Teil auf einer individuellen Bezugsnorm in Form intraindividueller Vergleichsprozesse mit früherem Erfolg oder Mißerfolg bei ähnlichen Aufgabenstellungen. Vorschülern und Schulanfängern fällt es zudem schwer, zwischen unterschiedlichen Aufgabenschwierigkeiten zu differenzieren bzw. Aufgabenschwierigkeit und eigene Fähigkeiten als unabhängige Bezugssysteme zu erkennen. Erst im Laufe der schulischen Sozialisation mit Leistungsbemessungen an sozialen Bezugsnormen bilden sich differenzierte Bewertungskategorien für eigene Leistungen und deren Ursachen (Geppert et al., 1997; Nicholls, Jagacinski & Miller, 1986). So zeigen Schulanfänger gleichermaßen optimistische Leistungserwartungen, die sich in durchweg hohen schulischen Selbstkonzepten, einem hohen Ausmaß an Lernfreude und einer geringen Ausprägung von Schul- oder Prüfungsangst ausdrücken (Helmke, 1993, 1997; Hembree, 1988). Mit zunehmend realistischerer Einschätzung eigener Leistungsfähigkeit bilden sich über soziale Vergleichsprozesse immer validere Leistungspositionierungen der eigenen Person wie der Mitschüler. Schon ab Mitte der 2. Klassenstufe finden sich substantielle Korrelationen zwischen Schulleistungen und Selbsteinschätzungen, die bis zum Ende der 4. Klasse immer stärker werden (Geppert et al., 1997).

Aufgrund von zunehmenden Mißerfolgserfahrungen reduzieren schwächere Schüler im Verlauf der Grundschulzeit ihr anfänglich hohes schulisches Selbstkonzept, was mit einer Zunahme negativer (z.B. Angst) und einer Abnahme positiver Lern- und Leistungsemotionen (z.B. Lernfreude) einhergeht (Eccles, Wigfield, Harold & Blumenfeld 1993; Geppert et al., 1997; Hembree, 1988). Die traditionelle Verwendung sozialer Bezugsnormen unterstreicht Fähigkeitsunterschiede zwischen Schülern und festigt Leistungshierarchien innerhalb der Schulklassen. Diese teilweise erzwungenen sozialen Vergleichsprozesse bewirken über die Zeit hinweg eine Anhäufung konsistenter Erfolgs- und Mißerfolgserfahrungen, die zu immer stabileren Leistungsattributionen und -erwartungen führen. Dabei bilden sich habitualisierte emotionale Schemata für retrospektive wie prospektive Lern- und Leistungsemotionen. Gerade für Schüler im unteren Leistungsspektrum fällt dann die Emotionsbilanz negativ aus.

Empirische Hinweise hierfür finden sich in der zunehmenden positionalen Stabilität von schulischen Fähigkeitsselbstkonzepten, Prüfungsangst und Lernfreude zum Ende der Grundschulzeit und in der Zunahme der Korrelationen zwischen Fähigkeitsselbstkonzepten, schulischen Leistungen und Angst bzw. Lernfreude (Hembree, 1988; Geppert et al., 1997; Jerusalem & Mittag, 1999; Pekrun, 1991a; Wigfield & Eccles, 1989). Da gegen Ende der 4. Bzw. 6. Klassenstufe im gegliederten Schulwesen die erste wichtige Selektion für weiterführende Schulen stattfindet, erhalten schulische Leistungen hier zusätzliche Relevanz und somit positiven wie negativen Valenzcharakter, der für ein Anwachsen negativer Lern- und Leistungsemotionen mitverantwortlich gemacht werden kann. Zudem dürften Erwartungen (positiver wie negativer) Sanktionen von Eltern und Lehrern für schulische Leistungen einen zunehmenden Anreizwert für Grundschulkinder erhalten.

Vorschulkinder zentrieren bei der Leistungsbewertung noch sehr stark auf Leistungsergebnisse und machen Emotionen vorwiegend von Erfolg oder Mißerfolg abhängig. Prozesse, die zur Leistung beigetragen haben, spielen nur eine untergeordnete Rolle bei der Emotionsgenese. Grundschulkinder erwerben dagegen immer mehr die Fähigkeit, zwischen unterschiedlichen Ursachen (z.B. Fähigkeit, Anstrengung, Aufgabenschwierigkeit, Zufall) guter oder schlechter Leistungen zu unterscheiden und reagieren je nach kausaler Attribution mit komplexeren Emotionen. Erst jetzt erwerben sie unterschiedliche emotionale Schemata für Freude, Stolz, Dankbarkeit nach Erfolg und für Trauer, Scham, Enttäuschung nach Mißerfolg bei retrospektiven Leistungsemotionen, wie wir dies im Rahmen der attributionstheoretischen Emotionstheorie beschrieben hatten (s.o.; Harris, 1992; Stipek & DeCotis, 1988; Strayer, 1986; Thompson, 1987a; Wigfield, 1988).

Die im gegliederten Schulwesen stattfindenden Selektionsprozesse nach der 4. bzw. 6. Klassenstufe führen zu einer Leistungshomogenisierung in den verschiedenen Schulformen. Soziale Bezugsgruppeneffekte sind dergestalt zu erwarten, daß leistungsschwächere Schüler der Grundschule einen positionalen Gewinn in der Hauptschule verbuchen können und leistungsstärkere Grundschüler einen relativen Verlust der Leistungsposition am Gymnasium. Da soziale Vergleichsprozesse für die Entwicklung des schulischen Selbstkonzepts zunehmend an Bedeutung gewinnen, dürften sich je nach Schulart unterschiedliche Verläufe zeigen, die wiederum auf Lern- und Leistungsemotionen Auswirkungen haben. Längsschnittliche Befunde, die zwischen verschiedenen Schulformen unterscheiden, bestätigen schulartspezifische Selbstkonzept- und Prüfungsangstentwicklungen.

Während die Höhe schulischer Selbstkonzepte bei Hauptschülern relativ konstant bleibt, findet sich bei Gymnasiasten im Durchschnitt eine Abnahme (Weinert & Stefanek, 1997). Komplementär dazu zeigt sich bei Gymnasiasten eine Zunahme und bei Schülern anderer Schulformen (v.a. bei Hauptschülern) eine Reduzierung von Prüfungsangst (Lange, Kuffner & Schwarzer, 1983; Schwarzer, Royl & Lange, 1983). Affektive Einstellungen zur Schule (Schulunlust, Schulzufriedenheit) zeigen hingegen keinen derartig differentiellen Trend. Schulunlust und Schulunzufriedenheit nehmen über alle Altersstufen der Sekundarstufe zu. Sie steigen bei Gymnasiasten am stärksten, allerdings starten sie von einem geringeren Ausgangsniveau als Hauptschüler und erreichen in der 10. Klasse in etwa deren Niveau (Lange et al., 1983). Für Gesamtschüler zeigen sich ähnliche Trends (Tillmann, Faulstich-Wieland, Horstkemper & Weissbach, 1984).

Zusammenfassend lassen sich sehr bedenkliche Entwicklungen schulischer Lern- und Leistungsemotionen an den Beispielen Prüfungsangst, Schulunlust und Lernfreude beobachten. Verantwortlich hierfür scheinen zunehmende Leistungsorientierungen schulischer

Lernprozesse zu sein, die einerseits über extrinsische Motivierungen intrinsisch motiviertes Lernen unterminieren können und die andererseits über die Setzung sozialer Bezugsnormen bei schwächeren Schülern niedrige schulische Selbstkonzepte zementieren und so längerfristig negativen Lern- und Leistungsemotionen, Motivations- und Leistungsdefiziten Vorschub leisten (vgl. Jerusalem & Mittag, 1999).

3.3 Wechselwirkungen zwischen Emotion und Leistung und die Bedeutung des Einzelfalls

In Abschnitt 2.1 wurden Annahmen zu Leistungsbedingungen der Emotionsgenese, in Abschnitt 2.2 zu Emotionswirkungen auf Leistungen, also zur umgekehrten Wirkrichtung, diskutiert. Annahmen beiderlei Art implizieren unidirektionale Sichtweisen hinsichtlich der Ursache-Wirkungs-Verhältnisse. Realitätsgerechter dürfte die Annahme aktual- und ontogenetischer Rückkopplungen zwischen emotionsbildenden Kognitionen, Emotionen und Leistungen sein. So können kumulative Mißerfolgserlebnisse zu einer Verminderung subjektiver Erfolgserwartungen führen; diese führen ihrerseits zur Bildung negativer und zur Reduktion positiver Emotionen; und negative Emotionen schließlich könnten weitere Leistungsverschlechterungen nach sich ziehen (ungünstige Leistungen führen zur Erhöhung von Emotionen wie Prüfungsangst und Hoffnungslosigkeit, die ihrerseits zur Leistungsreduktion führen; Pekrun, 1991a). Bei guten Leistungsresultaten hingegen dürfte die lern- und leistungsbezogene Emotionsbilanz positiver ausfallen, und positive Lern- und Leistungsemotionen können ihrerseits zu weiterer Leistungssteigerung bzw. zur Aufrechterhaltung eines hohen Leistungsniveaus beitragen.

Auf diesem Hintergrund müssen die bisher üblichen unidirektionalen Interpretationen von Zusammenhängen zwischen Angst und Prüfungsleistungen revidiert werden. Empirisch überprüfbar werden Wechselwirkungsannahmen anhand längsschnittlicher, bedingungsanalytischer Vorgehensweisen. Pekrun (1991a, 1991b) verwendete Strukturgleichungsmodelle zur Überprüfung vermuteter Rückkopplungsprozesse. Dabei wurden erwartungs-werttheoretische Annahmen zu Beziehungen zwischen Mißerfolgserwartungen, Prüfungsangst und Leistung zugrundegelegt. Die Befunde zeigten, daß über eine Entwicklungsspanne von der 4. bis zur 10. Klasse (fünf Erhebungszeitpunkte) vorangegangene günstige Schulleistungen spätere Prüfungsangst reduzierten und Angst ihrerseits nachfolgende Leistung verschlechterte (positive ontogenetische Rückkopplung). Die Kausalmodelle legen nahe, daß die Leistungseffekte auf die Angstentwicklung vor allem über Mißerfolgserwartungen vermittelt werden.

Schnabel (1996) fand ebenfalls mittels kausalanalytischer Modelle über drei Meßzeitpunkte einer Stichprobe der 7. Jahrgangsstufe negative Effekte von Angst auf Leistung und angststeigernde Effekte von vorangehender schlechter Leistung. Helmke (1993) untersuchte Zusammenhänge zwischen Lernfreude und Mathematikleistung vom Kindergarten bis zur 4. Klasse. Auch hier fanden sich positive Wechselwirkungen zwischen Emotion und Leistung, wobei die Richtung der Effekte stärker von der vorangegangenen Mathematikleistung zur Lernfreude ging als umgekehrt.

In den genannten Untersuchungen zeigten sich positive Rückkopplungen von Emotion und Leistung. Insbesondere für die Angst-Leistungs-Beziehung muß jedoch offen bleiben, ob nicht negative Rückkopplungen bei Einzelpersonen ebenso eine Rolle spielen können. Dies könnte eine Ursache für geringe Effekte in der jeweiligen Gesamtstichprobe sein. Hinzu kommt ein weiterer Gesichtspunkt. Korrelative Befunde der üblichen differentiellpsychologischen Art geben Auskunft über interindividuelle Zusammenhänge zwischen verschiedenen Variablen. Die Resultate werden auch heute noch allzuhäufig so interpretiert, als könnte von ihnen auf intraindividuelle Funktionszusammenhänge geschlossen werden (vgl. Asendorpf, 1995; Schmitz & Skinner, 1993). Dieses Problem betrifft auch alle Versuche, Entwicklungen anhand von Strukturgleichungsanalysen interindividueller Kovariationen zu analysieren. Alternative laborexperimentelle Vorgehensweisen stellen in der Regel keinen entwicklungspsychologisch befriedigenden Ausweg dar, da sich Entwicklungsprozesse mit ihrer Hilfe meist nicht angemessen modellieren lassen.

Lohnenswert erscheinen dagegen Versuche, intraindividuellen Zusammenhangs- und Entwicklungsmustern dadurch auf die Spur zu kommen, daß über einen längeren Zeitraum an denselben Personen sehr viele Beobachtungen vorgenommen und zunächst intraindividuell aufbereitet werden. Dies erlaubt einzelfallanalytische Auswertungsstrategien (z.B. Zeitreihenanalysen), bei genügend großen Stichproben aber auch Aggregierungen individueller Befundmuster. Auf diese Weise scheint es möglich zu sein, idiographische und nomothetische Forschungsstrategien zu verknüpfen (Hofmann, 1997). Im Bereich schulischen und universitären Lernens existieren bislang nur wenige Untersuchungen, die sich dieser Vorgehensweisen bedienen, so daß diesen zunächst eher ein explorativer Charakter zuzusprechen ist (Hofmann, 1997; Schmitz & Skinner, 1993; Schmitz & Wiese, im Druck).

Abbildung 2. Häufigkeitsverteilung intraindividueller Korrelationen zwischen Lernmotivation und Lernangst

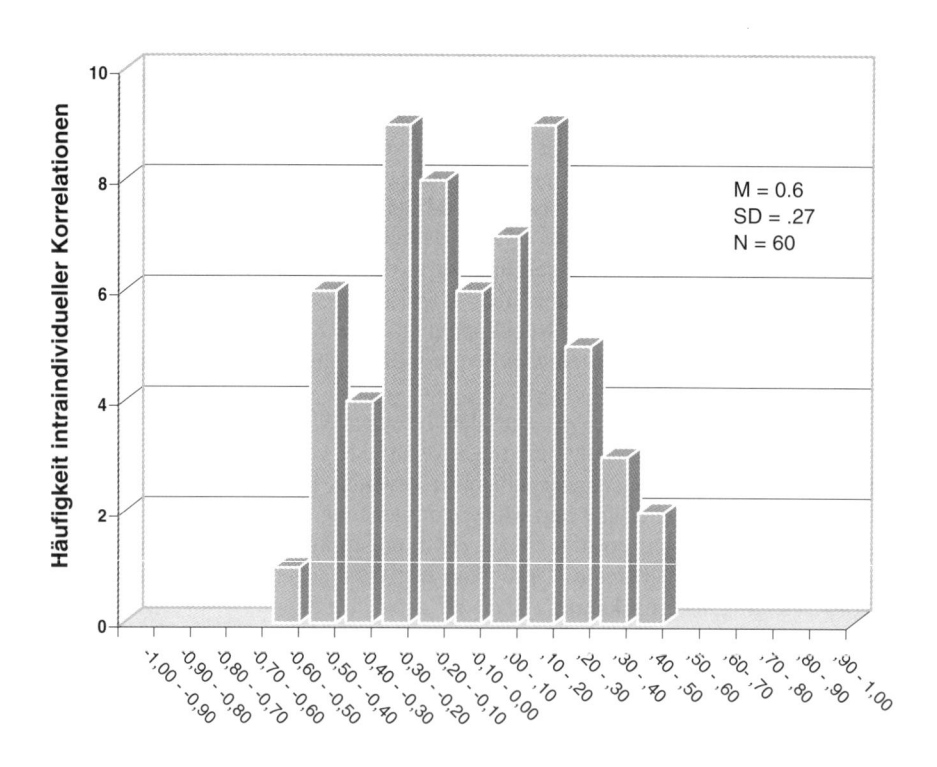

Hofmann (1997) hat in einer standardisierten Tagebuchstudie 60 Staatsexamenskandidaten sechs Wochen lang zweimal täglich nach aktuellen lern- und prüfungsbezogenen Emotionen, Erwartungen, Motivation, Lernverhalten etc. gefragt. Die resultierenden Daten wurden verwendet, um zunächst für jede einzelne Person intraindividuelle Entwicklungs- und Zusammenhangsmuster zu ermitteln. Ein Beispiel sind die individuellen bivariaten Korrelationen zwischen täglicher Lernangst und Lernmotivation (s. Abb. 2).

Im Durchschnitt lagen die intraindividuellen Korrelationen bei $r = -.06$ (SD = .26) und verteilten sich fast symmetrisch um Null. Dies läßt unterschiedliche intrapersonale Wirkungsweisen von Angst auf Motivation vermuten: So fanden sich eine Reihe von Personen (n = 11), bei denen Angst negativ mit Motivation assoziiert war [$r < -.30$; $p < .10$], bei anderen Personen (n = 5) hingegen war Angst und Motivation positiv gekoppelt [$r > .30$; $p < .10$]. Während für die zuerst genannte Gruppe Angst vermutlich eine demotivierende Wirkung hatte, läßt sich der positive Zusammenhang bei der letztgenannten Gruppe als leistungsmotivierende Funktion von Angst interpretieren.

Bei der Betrachtung der Beziehungen zwischen Lernfreude und Lernmotivation bot sich ein weniger komplexes Bild: Die intraindividuellen Korrelationen waren für alle Personen positiv, d.h., es fanden sich bei unterschiedlichen Personen keine unterschiedlichen personinternen Funktionsrichtungen.

Die Befunde aus den längsschnittlichen Bedingungsanalysen und der genannten Tagebuchstudie ergeben insgesamt gesehen sowohl für längere Entwicklungsprozesse als auch für kurzfristigere kritische Lernphasen deutliche Hinweise auf den dynamischen Charakter der Wechselbeziehungen zwischen Emotion, Lernmotivation und Lernleistungen.

4. Ausblick

Im folgenden sollen kurz die wichtigsten Aspekte zukünftiger Forschungsnotwendigkeiten dargestellt werden.

Erweiterung des Gegenstandsbereichs. Bisher konzentrierte sich die Erforschung emotionalen Erlebens und Verhaltens in Lern- und Leistungssituationen auf die zugegebenermaßen sehr wichtige Emotion Prüfungsangst. Die Befundlage stützt sich auf eine Vielzahl von Querschnittsuntersuchungen und – verglichen damit – auf relativ wenige Längsschnittstudien. Darüber hinaus liegen kaum systematische Befunde zu anderen Lern- und Leistungsemotionen und deren Entwicklung vor. Hier dürfte es notwendig sein, die Forschungsbemühungen auf die ganze Palette lern- und leistungsbezogener Emotionen, d.h. auch auf positive und soziale Emotionen, auszudehnen und mit längsschnittlichen Untersuchungsstrategien längerfristige Entwicklungen nachzuzeichnen. Dabei sollten vor allem Entwicklungsübergänge (z.B. Schulart- und Klassenwechsel, Eintritt und Verlassen der Schulausbildung, berufliche Entwicklung) und deren Folgen untersucht werden. Neben kontinuierlichen Entwicklungsprozessen sollte der Einfluß punktueller kritischer Lebensereignisse auf weitere schulische Entwicklungsprozesse gerade im emotionalen und im Leistungsbereich berücksichtigt werden.

Analyse von Funktions- und Bedingungsbeziehungen. Bis auf wenige Ausnahmen ist bisher weitgehend unklar, welchen kausalen Stellenwert Emotionen im Lern- und Leistungsprozeß außerhalb experimenteller Laborsituationen haben, in welchen Bedingungsbeziehungen sie zu Motivation, Lernen, Handlungsregulation, Schülerpersönlichkeit, schulischer und familiärer Umwelt stehen, und welchen – auch differentiellen – Entwicklungsbedingungen sie unterliegen. Die bis vor kurzem noch gängigen unidirektionalen Modelle und oft ungeprüften Annahmen linearer Funktionsbeziehungen müßten durch komplexere Modelle ersetzt werden. Hier fehlt es an bedingungsanalytischen Feldstudien kurzer und vor allem langer Zeitdauer. Unklar ist auch, welche intrapsychischen Prozesse beim Zustandekommen von Emotionseffekten und der Emotionsregulation wirksam sind. Hier könnten Studien mit größerem zeitlichen Auflösungsgrad und die Analyse von Prozeßdetails einzelner Sequenzbestandteile des Lern- und Leistungsprozesses Abhilfe schaffen.

Implikationen für Prävention und Intervention in Erziehung und Unterricht. Für einige dysfunktionale Emotionen und deren kognitive Voraussetzungen und Folgen existieren bereits empirisch fundierte Interventionsstrategien (z.B. Prüfungsangst, Reattribuierungstraining, soziale Ängstlichkeit; Perry & Penner, 1990; Strittmatter & Bedersdorfer, 1991). Wenig ist allerdings über Methoden der Prävention entwicklungsungünstiger und zur Optimierung entwicklungsgünstiger Verläufe bekannt. Pädagogisch angebracht wären z.B. Versuche der Reduktion negativer, mißerfolgsorientierter Erwartungen und Valenzen durch Förderung individueller Kompetenzen und intrinsischer Motivation statt extrinsischer Ziele. Veränderungen in den Standards der Leistungsbewertung weg von einer rein sozialen und hin zu intraindividuellen Bezugsnormorientierungen und – auf institutioneller Ebene – eine funktionale Umdeutung der Leistungsbewertung nicht mehr als Selektions- sondern vielmehr als Förderstrategie, könnten zur Minderung negativer Emotionen (Angst, Hoffnungslosigkeit, Ärger, Neid, Scham) in Schule und Universität beitragen (vgl. Jerusalem & Mittag, 1999). Daneben dürften alle Anstrengungen zur Verbesserung der Unterrichtsqualität erfolgversprechend sein. Erlebnisnahe, authentische Lernsituationen bei gleichzeitiger Gewährung entwicklungsangemessener Spielräume zu selbstreguliertem Lernen sollten positive Lern- und Leistungsemotionen fördern, indem intrinsische Motivlagen erzeugt und eine bessere Passung zwischen individuellen Lernvoraussetzungen und Lerngegenstand möglich werden. Kooperative Unterrichtsformen und Leistungsbewertungen statt kompetitiver Unterrichtsstrukturen könnten den Wettbewerbscharakter schulischer Lern- und Leistungssituationen und deren negative Emotionswirkungen vermindern helfen. Darüber hinaus müßte verstärkt Wert darauf gelegt werden, die Kooperation zwischen Schule und Elternhaus zu verbessern. Elterliche Sanktionsmacht und Leistungserwartungen tragen nicht unwesentlich zu einer Zunahme negativer schulischer Lern- und Leistungsemotionen bei. Bei all diesen Verbesserungsvorschlägen müßten allerdings längsschnittliche Feldstudien die präventiven und modifikatorischen Maßnahmen flankierend evaluieren.

Teil II

Entwicklung der Emotionsregulation: Von der sozialen Interaktion zur Selbstregulation

Symbolbildung, Emotionsregulation und soziale Interaktion

Hanuš Papoušek und Mechthild Papoušek

Einleitung	136
1. Auf dem Weg zu einer systemtheoretischen Analyse der Frühentwicklung	137
1.1 Die behavioristischen Anfänge der Frühentwicklungsforschung	137
1.2 Lernen und Emotion – erste systemtheoretische Analysen	137
1.3 Die Suche nach funktionalistischen Erklärungsmodellen	140
1.4 Exkurs: Die Entwicklung der Emotionsforschung	142
1.5 Drei Richtungen der Frühentwicklungsforschung	144
2. Der Systemcharakter der Verhaltensregulation im Säuglingsalter	146
2.1 Frühentwicklung der Verhaltensregulation	146
2.2 Symbolbildung als artspezifische Lernform des Menschen	148
2.3 Symbolbildung und soziale Interaktion	148
2.4 Intuitive elterliche Didaktik und frühkindliche Entwicklung	149
3. Anwendungsaspekte der Frühentwicklungsforschung	154

Einleitung

Auf den ersten Blick scheint das menschliche Neugeborene alles andere als ein geeignetes Objekt für das Studium emotionaler Prozesse zu sein. Man kann es nicht über seine Gefühle und Erlebnisse befragen, sein mimischer Ausdruck ist teilweise durch eingelagerte Fettpolster unter der Gesichtshaut, das sog. Bichat'sche Polster, maskiert, man hört kaum andere stimmliche Äußerungen als Schreien, statt mit verständlichen Gesten reagiert es auf Umweltereignisse mit bizarren Bewegungen der ganzen Extremitäten, und seine deutlichsten Bedürfnisse scheinen die Nahrung und den Schlaf zu betreffen.

Es wundert daher nicht, daß in der Geschichte der Frühentwicklungsforschung die Untersuchung emotionaler Prozesse erst relativ spät einsetzte. Dafür konnte sie aber um so weitreichendere Impulse gerade auch für die Emotionsforschung geben. Drei Erkenntnisse sind dabei zentral gewesen, die heutzutage fast selbstverständlich erscheinen:

1. Emotionale Prozesse spielen von Anbeginn der ontogenetischen Entwicklung eine entscheidende Rolle bei der Integration von Erfahrungen. Auch an basalen operanten Konditionierungen sind emotionale Prozesse beteiligt. Die Entschlüsselung der kindlichen Verhaltensorganisation ist damit nur aus einer systemischen Perspektive heraus möglich.
2. Auch das Erlernen der spezifisch menschlichen Kompetenzen – die Fähigkeit, Symbole bilden und gebrauchen zu können – ist mit emotionalen Prozessen eng verzahnt. Ein hinreichendes Verständnis der ontogenetischen Entstehung des Symbolgebrauchs – eigentlich eine Domäne der kognitiven Entwicklung – ist demnach ohne ein Verständnis der anderen Systemkomponenten (u.a. auch der emotionalen) nicht möglich.
3. Unter einer systemischen Perspektive ist nicht nur eine systemische Analyse der komplexen psychischen Prozesse des Säuglings zu verstehen, sondern die systemische Analyse der Einheit von Kind und Kontext, speziell der Interaktionen mit seinen Bezugspersonen. In Mikroanalysen dieser Interaktionen ist es uns gelungen, ein augenscheinlich artspezifisches und biologisch präadaptiertes Zusammenspiel zwischen den selbstregulatorischen Kompetenzen des Säuglings und den intuitiven koregulatorisch wirkenden Kompetenzen der Eltern aufzudecken. Diese intuitiven elterlichen Erziehungskompetenzen, die wir mit dem Begriff der „intuitiven elterlichen Didaktik" umschrieben haben, helfen dem Säugling maßgeblich in der Vorbereitung und Entwicklung seiner Symbolisierungsfähigkeiten.

Insofern geht es in diesem Beitrag nicht um emotionale Entwicklung an und für sich, sondern um die Funktion, die Emotionen in der systemischen Verhaltensorganisation und der Entstehung des Symbolgebrauchs im Säuglingsalter spielen.

Zunächst möchten wir in den aktuellen Stand der Frühentwicklungsforschung anhand eines forschungsgeschichtlichen Abrisses einführen. Daran kann am besten der weite Weg ermessen werden, der in diesem Forschungsgebiet zurückgelegt worden ist. Im zweiten Abschnitt wird der systemische Charakter der Verhaltensregulation im Säuglingsalter beschrieben und die intuitive elterliche Didaktik näher erläutert. Im dritten Abschnitt kommen Anwendungsaspekte der Frühentwicklungsforschung zur Sprache.

1. Auf dem Weg zu einer systemtheoretischen Analyse der Frühentwicklung

1.1 Die behavioristischen Anfänge der Frühentwicklungsforschung

Eine Reihe der früheren Theorien über Neugeborene und Säuglinge zeichneten sich durch eine erwachsenenzentrierte Perspektive und allzu großen Respekt gegenüber eng und streng definierten psychologischen Kategorien aus, ohne daß sie die damit verknüpften impliziten Vorannahmen auf ihre Angemessenheit hin überprüft hätten.

So überwog beispielsweise die Tendenz, sich auf die Analyse einer einzelnen Wahrnehmungsmodalität des Säuglings – sei es die visuelle, die auditive oder die kinästhetische Wahrnehmung – zu beschränken. Es kam nicht in den Sinn, den Organismus als ein Ganzes zu betrachten und zu fragen, ob Entwicklung und Selbstregulation überhaupt denkbar wären, ohne davon auszugehen, daß bereits der Säugling zu einer transmodalen Integration sämtlicher Wahrnehmungsmodalitäten fähig ist. Transmodale Integration meint dabei die Fähigkeit, Wahrnehmungsmuster aus der einen Modalität in eine andere übertragen und für das Lernen nutzen zu können.

Bevor sich die experimentelle Forschung im Bereich der Frühentwicklung im Laufe der sechziger Jahre etablieren konnte, rechnete man im Säuglingsalter nicht mit komplexeren integrativen Fähigkeiten, das Wahrgenommene zu bearbeiten, Zusammenhänge zu erlernen und Konzepte darüber zu bilden. Es war deshalb auch nicht verwunderlich, daß der Säugling im vorsprachlichen Alter als ein rein affektiv reagierendes Wesen galt. Diese Auffassung änderte sich erst im Laufe der siebziger Jahre, weil die Fortschritte der experimentellen und interdisziplinären Forschung nur sehr langsam Zugang zu den sehr unklar definierten und klassifizierten Emotionsphänomenen fanden (Russell & Bullock, 1986).

Ein anderes typisches Beispiel betraf die Analyse der Lernprozesse bei Säuglingen. In den 60er Jahren sah man es im Rahmen des damals vorherrschenden behavioristischen Paradigmas als hinreichend an, den Lernerfolg eines Säuglings lediglich anhand der Frequenzerhöhung einer ausgewählten verstärkten Reaktion, z.B. des Saugens, statistisch nachzuweisen, ohne dabei andere mögliche Verhaltenskomponenten, wie z.B. emotionale Prozesse, einzubeziehen.

1.2 Lernen und Emotion – erste systemtheoretische Analysen

Im Unterschied zu dieser eingeschränkten Analyse der Wahrnehmungs- und Lernprozesse bei Säuglingen wurden bereits bei unseren ersten Studien, bei denen Neugeborene und Säuglinge im vorsprachlichen Alter zielorientierte Handlungsformen erlernten (Papoušek, 1961, 1967a), auch emotionale Komponenten des Verhaltens in Mimik und Vokalisation dokumentiert. Diese ganzheitliche Vorgehensweise stand im Gegensatz zu der damals üblichen analytischen Vorgehensweise. Statt dessen wurde bei jedem Säugling der ganze Ablauf des instrumentellen Lernens analysiert: von der ersten Assoziation zwischen kindlicher Nahrungssuche und unbedingtem Signal, das die Möglichkeit ankündigte, mit einer bestimmten Handlung (Kopfwendung) Nahrung erreichen zu können, bis zur stabilen Beherrschung der erfolgreichen Handlung.

Bei diesen Lernstudien ließ sich zum ersten Mal zeigen, daß zwischen Lernprozeß und emotionalem Ausdrucksverhalten bereits zu Anfang des postnatalen Lebens deutliche und

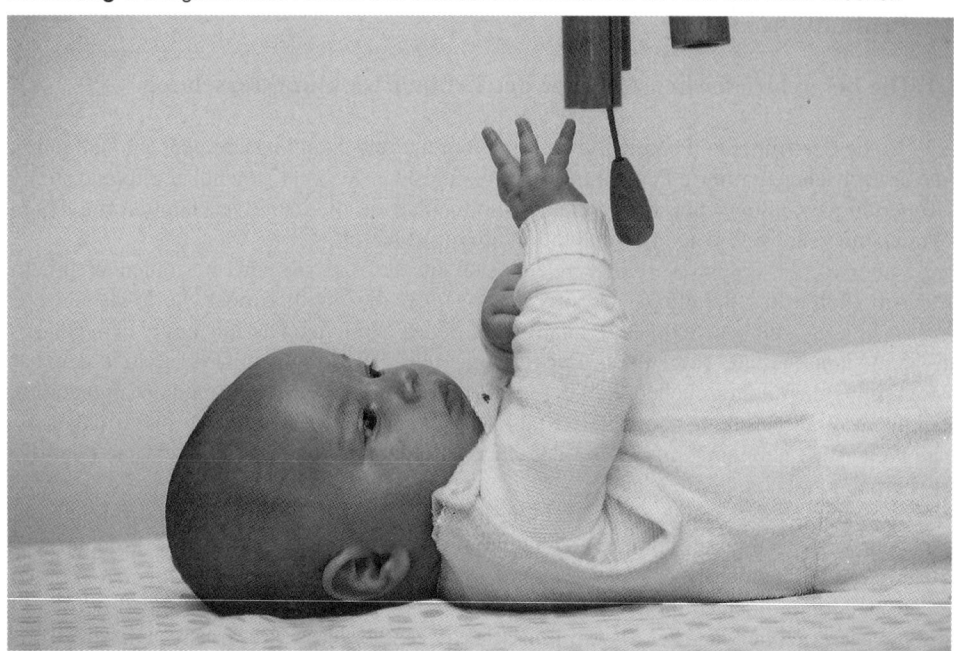

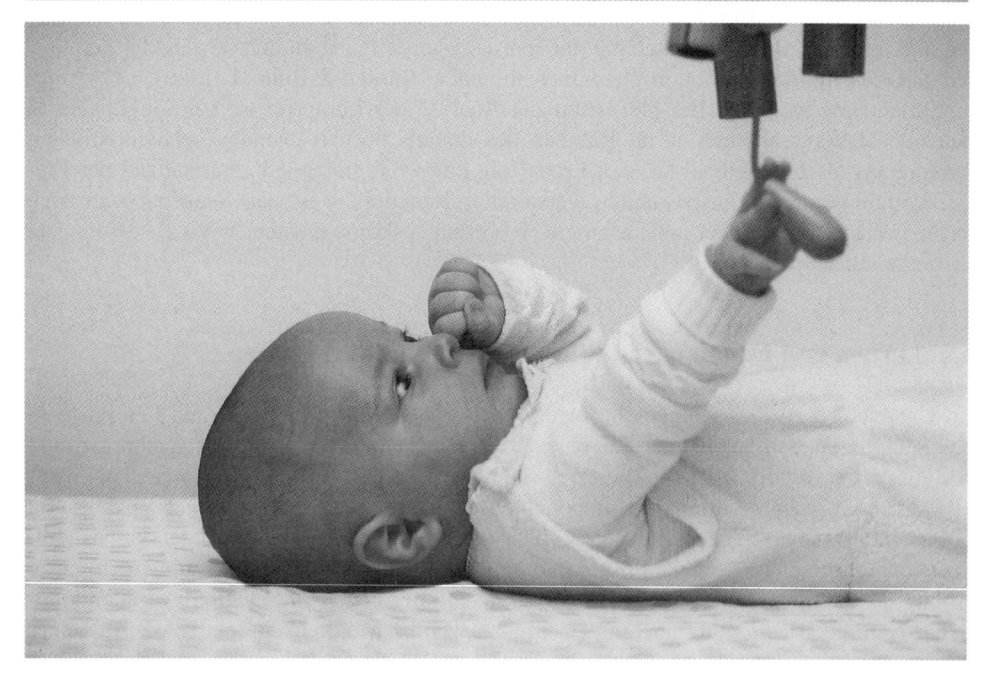

Abbildung 1. Zielgerichtetes Lernen und emotionale Reaktionen im Alter von neun Wochen

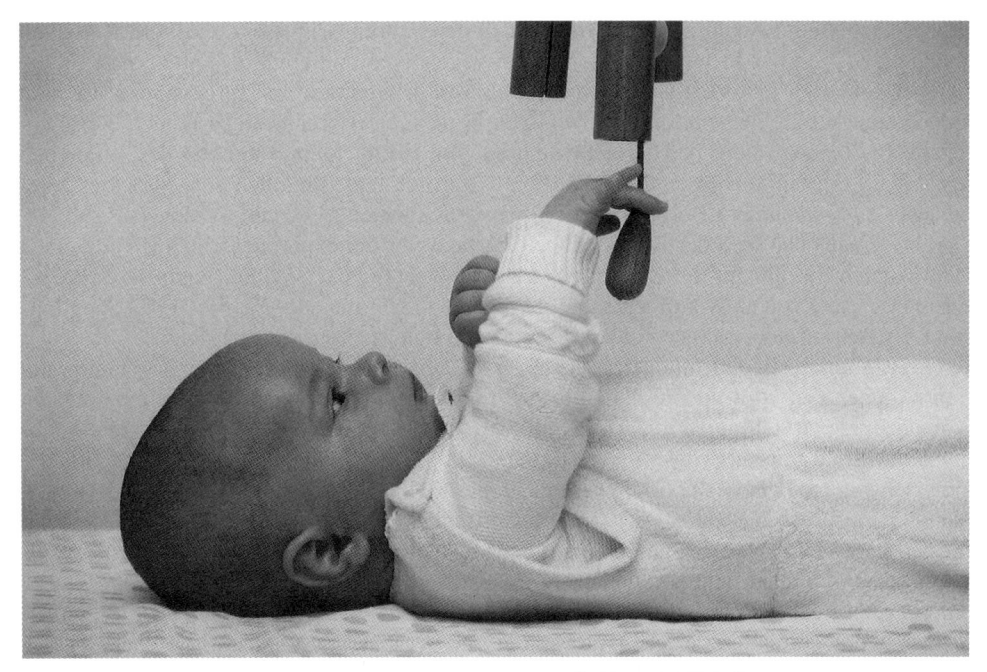

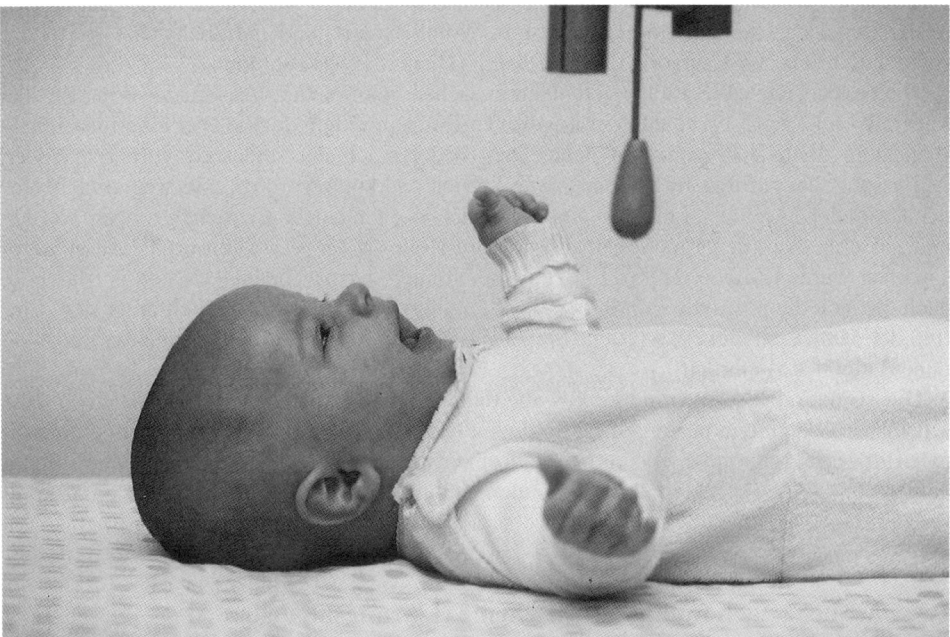

SYMBOLBILDUNG, EMOTIONSREGULATION UND SOZIALE INTERAKTION 139

(a) Signale erhöhter Aufmerksamkeit und Anspannung, ausgelöst durch die zufällige Entdeckung, daß eine Berührung der Greifkugel eines hölzernen Glockenspiels Klänge auslöst. (b) Das Bemühen, die Klangstäbe unter Kontrolle zu bekommen, kommt in gespannter Mimik und geballten Fäustchen zum Ausdruck. (c) Die zunehmende Kontrolle geht mit allmählicher Entspannung einher. (d) Die erfüllte Erwartung löst Freude aus, erkennbar in Mimik und Händchensprache.

interessante Wechselbeziehungen bestehen. Das frühe Lernen ist kein einfacher und leichter Prozeß. Sobald der Säugling herausfindet, daß die Nahrungszufuhr von seinem Verhalten abhängig ist, zeigt er in seinem motorischen, vegetativen und emotionalen Verhalten, wie stark er genetisch motiviert ist, Kontrolle über die Nahrungszufuhr zu gewinnen. Er muß jedoch nicht nur die Ausführung der richtigen Bewegung erlernen, sondern auch die signalisierte Bedingung, unter der diese Bewegung zum Erfolg führt. Während des anfänglich instabilen Lernstadiums lösen alle Mißerfolge mimisch und stimmlich ausgedrücktes Mißbehagen aus, während Erfolge mit Wohlbehagenssignalen begleitet werden (s. Abb. 1). Darüber hinaus hat auch der Befindlichkeitszustand vor der experimentellen Sitzung einen signifikanten Einfluß auf den Ablauf des Lernens während der Sitzung (Papoušek, 1967b): Beim Übergang von aktiv aufmerksamem Wachen zu Unruhe oder Passivität des Säuglings sinkt der Prozentsatz richtiger Reaktionen und ihre Latenzzeit verlängert sich.

Obwohl unsere Beobachtungen in den Lernstudien eindeutig waren, war ihre Interpretation zu jener Zeit alles andere als einfach. Problematisch war es bereits, die emotionalen Komponenten zu definieren und zu klassifizieren: Auf der einen Seite wurden sie emotionalen Ausdrucksmustern zugeordnet (Ekman, 1973), die darüber hinaus auf individuelle Unterschiede im Temperament hinweisen. In dieser Hinsicht waren emotionale Reaktionen lediglich Ausdruck individueller Temperamentsunterschiede. Inwiefern sie eine Bedeutung für den Lernprozeß haben könnten, Emotionen also eine *Funktion* in der Verhaltensorganisation haben könnten, wurde dabei nicht thematisiert. Auf der anderen Seite galten diese emotionalen Reaktionen als Äußerung des allgemeinen Verhaltenszustands im Zusammenhang mit der chronobiologischen physiologischen Anpassung an den Tag-Nacht-Zyklus (Wolff, 1967; Prechtl, 1974). Die beobachtbaren emotionalen Ausdrucksmuster ließen sich in der Regel den beiden Emotionsklassen „Wohlbehagen" und „Mißbehagen" sowie der später beschriebenen Kategorie des *well-being* (Diener, 1984) zuordnen.

Die beobachteten Wechselbeziehungen zwischen emotionalem Ausdrucksverhalten, den integrativen Lernprozessen und der kognitiven Konzeptbildung legten aber eine funktionale Beziehung dieser Komponenten nahe. Dies widersprach der seinerzeit vorherrschenden Auffassung, der zufolge am Lebensanfang Lernen und kognitive Prozesse wegen mangelnder kortikaler Myelinisierung der Nervenbahnen noch nicht in Betracht gezogen wurden und ausschließlich den Emotionen die primäre Rolle in der Verhaltensorganisation zugesprochen wurde (Zajonc, 1980). Es widersprach auch der psychoanalytischen Auffassung, nach der sich die positiven Emotionen des Säuglings nahezu ausschließlich unter dem Einfluß der Mutter entwickeln würden (Spitz, 1965) – in unseren Lernexperimenten traten sie ohne Zutun der Mutter auf.

Die strukturalistische Orientierung der damaligen Psychologie ermöglichte zwar eine scheinbare Ordnung in bezug auf Definitionen und Klassifikationen kognitiver und emotionaler Prozesse, sie konnte jedoch die den Frühentwicklungsforschern eigenen Interessen an den *funktionellen* Aspekten der Emotionen nicht befriedigen (vgl. auch Holodynski & Friedlmeier, i. d. Bd., zum strukturalistischen Paradigma der Emotionsforschung).

1.3 Die Suche nach funktionalistischen Erklärungsmodellen

Aufgrund dieser unbefriedigenden Antworten der Emotionsforschung auf die Fragen der Frühentwicklungsforscher waren sie gezwungen, sich für emotionsrelevante Erkenntnisse aus anderen Wissenschaftsdisziplinen zu interessieren. Dies dürfte auch ein Ausgangspunkt für die interdisziplinäre Orientierung der Frühentwicklungsforschung gewesen sein.

Das Interesse stieß auf die Verhaltensforschung. Biologisch orientierte Ethologen suchten den biologischen Ursprung und den Reifungsablauf von Emotionen zu analysieren und damit zu einer *funktionellen* Analyse beizutragen. Sackett (1966) beobachtete z.B., daß in sozialer Isolation aufwachsende Rhesusaffen ängstlich reagierten, wenn sie Bilder von Affen in einer Körperhaltung sahen, die Bedrohung signalisierte. Da soziale Lernprozesse in der Isolation ausgeschlossen werden konnten, sah Sackett in der dennoch erfolgten Angstreaktion einen Beweis für den genetischen Ursprung von Emotionen.

In ethologischen Konzepten wurde auch die adaptive Funktion der Emotionen in der Evolution diskutiert (Izard, 1977): Emotionen haben einerseits für die soziale Umwelt die Funktion wichtiger Signale, wie z.B. Gefahren oder Bedrohungen anzuzeigen. Andererseits verstärken sie durch ihren Einfluß auf das vegetative System entsprechende Abwehrreaktionen, wie z.B. Aggression oder Flucht. Die Universalität, mit der solche Signale auch von Menschen aus unterschiedlichen Kulturen verstanden werden, gilt als indirekter Beweis ihrer genetischen Determination (Ekman, 1973). Einen weiteren indirekten Beweis bietet der Nachweis von Vorläufern menschlicher emotionaler Reaktionen in der Tierwelt, insbesondere bei den Primaten (Chevalier-Skolnikoff, 1973).

Die Verhaltensforschung bot daher mit ihrer evolutionsbiologischen Ausrichtung ein funktionalistisches Verständnis emotionaler Prozesse. Zugleich bot sie ein methodisches Rüstzeug, das sich auch für die Säuglingsforschung nutzen ließ:

Die Methode des unvoreingenommenen und kontextsensitiven Beobachtens. Die Verhaltensbeobachtung an Säuglingen hat viel vom Austausch mit Ethologen profitiert, die das Verhalten von Tieren in ihrem natürlichen Kontext beobachten. Unvoreingenommenes Beobachten bietet ein unverzichtbares Gegengewicht zum hypothesengeleiteten Testen. Es wird überall dort zur primären Arbeitsmethode, wo es noch keine standardisierten Testverfahren gibt und wo Fragebögen versagen, was gerade in der Frühentwicklung der Fall ist.

Die vergleichende Methode des zwischenartlichen Vergleichs. Ursprünglich galt das Interesse der komparativ orientierten Entwicklungsforscher den *Ähnlichkeiten* zwischen Mensch und anderen Tierarten. Man suchte nach phylogenetischen Vorläufern des menschlichen Verhaltens oder aber nach Tiermodellen für experimentelle Studien, die am Menschen nicht durchführbar sind. Ein bekanntes Beispiel sind die Studien von Harlow (1962), der im Bereich der emotionalen Bindung bei Rhesusaffen die Folgen früher mütterlicher Deprivation untersuchte. Diese bahnbrechenden Studien haben wesentlich zur Ausarbeitung der Bindungstheorie (Bowlby, 1969) beigetragen. Auf diese Weise konnten Ergebnisse der Tierforschung für die Analyse der menschlichen Entwicklung nutzbar gemacht werden. In der Bindungsforschung ist die Analyse emotionaler Prozesse ebenfalls weiter fortgesetzt worden (vgl. Spangler, i. d. Bd.), wenngleich sie auch zunächst beschränkt blieb auf den engen Bereich der Bindungsentwicklung.

Ethologen haben aber auch wiederholt daran erinnert, daß nicht nur die Gemeinsamkeiten, sondern gerade auch die Unterschiede zwischen Tier und Mensch interessant sind, weil sie darauf hinweisen, wo man nach artspezifischen Anpassungsfähigkeiten in der menschlichen Evolution, der Humanogenese, suchen sollte. Diese Suche intensivierte das Interesse an der Humanogenese und der Rolle der Kultur (Papoušek & Papoušek, 1997b) für die menschliche Entwicklung. Darüber hinaus lenkte sie die Aufmerksamkeit auf die Bereiche der Verhaltensregulation, die dank ihrer phylogenetischen Bedeutung in besonderem Maße mit intrinsischen Motivationen und affektiven Komponenten verbunden sind und deren Störungen pathogenetisch besonders ins Gewicht fallen können. Hier rückte die

Analyse der artspezifischen Fähigkeit des Menschen, Symbole zu bilden und für seine Verhaltensorganisation zu gebrauchen, in den Vordergrund und die Frage, wie diese Symbolisierungsfähigkeit im Laufe des ersten Lebensjahres entsteht.

Es stellte sich bald heraus, daß die Erforschung der Frühentwicklung eine Reihe von Vorteilen hat, die ihre Schwierigkeiten aufwogen. Intrapsychische Prozesse laufen bei Säuglingen noch langsamer und mit deutlich sichtbaren Merkmalen im äußeren Verhalten ab, werden noch nicht willkürlich oder aufgrund kultureller Konventionen maskiert und erreichen noch nicht die Vielfalt und Freiheitsgrade, die im späteren Alter die Interpretation willkürlich gesteuerter Verhaltensregulationen erschwert.

Des weiteren hat die überlebenswichtige Abhängigkeit des Neugeborenen und Säuglings von seinen Bezugspersonen die Frühentwicklungsforscher geradezu darauf gestoßen, die systemische Analyse nicht auf das Kind als Untersuchungseinheit zu beschränken, sondern die Aufmerksamkeit auf die Einheit des Systems „Eltern-Kind" mit seinen dialektischen Wechselbeziehungen zu richten und darüber hinaus auch dessen Wechselbeziehungen mit den umgebenden sozialen und ökologischen Systemen in die Analyse einzubeziehen.

Ende der 60er Jahre erschienen die ersten systemtheoretisch begründeten Versuche, die Prozesse der psychischen Entwicklung aus der Sicht der organismischen Biologie auf eine neue Weise zu erklären (von Bertalanffy, 1968). Sie ordneten die entscheidende Rolle den kommunikativen Prozessen zwischen Kind und Bezugsperson zu. In den letzten Jahren wurden diese Theorien durch reichhaltige empirische Forschungen untermauert: in bezug auf basale psychobiologische Entwicklungsprozesse (Michel & Moore, 1995) ebenso wie in bezug auf kognitiv determinierte Handlungen bei Kindern (Thelen & Smith, 1994) und in bezug auf das emotionale Verhalten (Lewis & Haviland 1993).

1.4 Exkurs: Die Entwicklung der Emotionsforschung

Auch die Emotionsforschung ist nicht bei einer strukturalistischen Klassifikation emotionaler Phänomene mit klar abgrenzbaren Ausdrucks- und physiologischen Mustern stehengeblieben, sondern hat sich unter dem Eindruck der empirischen Befundlage zu einem interdisziplinären, systemisch orientierten Forschungszweig weiterentwickelt.

Allerdings suchte man anfangs mit Hilfe der experimentellen Tierforschung noch nach anatomisch abgrenzbaren neuronalen Schaltkreisen, die für die jeweiligen Basisemotionen zuständig sein sollten. Anfangs ging man von der Annahme von Papez (1937) aus, nach der für die emotionalen Reaktionen ein subkortikaler Schaltkreis die Hauptrolle spielen sollte, zu dem Hypothalamus, Thalamus anterior, Gyrus cingulatus und Hippocampus gezählt wurden. MacLean (1949) rechnete diesem Schaltkreis als limbischem System weitere Hirnstrukturen zu (Amygdala, septale Kerne, orbito-frontale Hirnrinde und Teile der Basalganglien). Er suchte die Rolle des limbischen Systems in der Phylogenese der Säugetiere mit Hilfe des zwischenartlichen Vergleichs zu erhellen, indem er mit seinen Mitarbeitern die phylogenetische Entwicklung des limbischen Systems von den Nagetieren bis zu den Primaten zu rekonstruieren versuchte.

MacLeans Theorie zur Funktion des limbischen Systems wurde in neurophysiologischen Studien kritisch überprüft und in Teilaspekten korrigiert. Brodal (1982) und Swanson (1983) haben z.B. auf die Vernetzung des Hypothalamus mit anderen Arealen des Gehirns hingewiesen. Squire (1987) bewies experimentell, daß Hippocampus und Corpora mamillaria als klassische Teile des limbischen Systems für *kognitive* Prozesse, insbesondere für das deklarative Gedächtnis, wichtiger sind als für emotionale Prozesse. Darüber hinaus ergaben neuere Forschungen, daß der Amygdala eine entscheidende Rolle in bezug auf die Fähigkeit zukommt, einzelne Reizkonfigurationen hinsichtlich ihrer emotionalen Bedeutung zu differenzieren (LeDoux, 1984). Dieser Hirnstruktur hatten sowohl Papez als auch MacLean kaum Aufmerksamkeit geschenkt. Kluver und Bucy berichteten schon 1937, daß eine bilaterale Beseitigung des Temporallappens bei Primaten auffällige Symptome im Sinne einer „emotionalen Blindheit" verursachte (das sog. Kluver-Bucy Syndrom): Die Tiere fraßen z.B. zuvor gemiedene Sachen, suchten mit fremden Tierarten zu kopulieren und verloren die Angst vor sonst angstauslösenden Reizen. In ausführlicheren Studien konnte Weiskrantz (1956) als Ursache dieses Syndroms eine Zerstörung der Amygdala identifizieren. Eine Reihe von weiteren Studien zeigte, daß die Amygdala den wahrgenommenen Reizen ihre emotionale Bedeutung zuordnet und dementsprechend die für einzelne Emotionen typischen motorischen und vegetativen Verhaltensformen auslöst (LeDoux, 1984; Halgren, 1981).

Auch die Analyse vegetativer Begleiterscheinungen emotionaler Reaktionen erlaubte keine eindeutigen Zuordnungen. Von den möglichen kardiovaskulären Messungen kann z.B. die Herzrate nur einige Emotionen deutlich voneinander differenzieren: z.B. Trauer von Ekel, Angst von Ekel oder Ärger von Ekel, nicht aber Freude von Angst oder Überraschung von Trauer oder Angst. Die Herzrate bietet deshalb kein verläßliches Unterscheidungskriterium (Wagner, 1989).

Mit den Fortschritten der Forschung wuchsen Anzahl und Form der möglichen Kombinationen von motorischen und vegetativen Komponenten im emotionalen Verhalten bald über den Umfang der von Ekman (1973) oder Izard (1977) postulierten „Basisemotionen" hinaus. Einerseits wurden zwischen dem emotionalen System und anderen Hirnstrukturen immer neue neuronale Verbindungen auf unterschiedlichen Ebenen gefunden (Davis, 1985), andererseits wurden humorale Faktoren (körpereigene Botenstoffe wie z.B. Hormone und Neurotransmitter) entdeckt, die die neuronalen Funktionen und die Übertragung von neuronalen Potentialen auf synaptischer Ebene wesentlich beeinflussen können (Panksepp, 1986).

Schachter und Singer (1962) kamen aufgrund dieser Ergebnisse zu der Überzeugung, daß in ambivalenten Situationen adaptive vegetative Reaktionen oft gleichsinnig aktiviert werden: Wenn es z.B. im Ärger zum Angriff oder aber aus Angst zur Flucht kommen soll, müssen in beiden Situationen die körperlichen Energiereserven mobilisiert werden. Nach Schachter und Singer sind vegetative Reaktionen nicht emotionsspezifisch, sondern entsprechen einer allgemeinen Aktivierung. Sie werden durch den jeweiligen emotionalen Zustand kontrolliert, der in solchen Situationen den vegetativen Reaktionen bestimmte Bedeutungen zuordnet. Dafür sind jedoch Attributionsprozesse und perzeptive Bewertungsprozesse notwendig – und damit auch eine Beteiligung von Lernerfahrungen und kognitiven Prozessen (Cacioppo, Berntson & Klein, 1992).

Die daraus resultierende Koregulation von emotionaler und kognitiver Erlebnisverarbeitung bietet günstige Voraussetzungen dafür, daß einzelne Erlebnisse durch Emotionen bewertet und kodiert werden und dadurch im Gedächtnis leichter zu speichern und abzurufen sind als ohne eine solche emotionale Markierung (Squire, 1987). Zum einen wird der Informationszugang durch eine emotionale Kodierung und emotionsbedingte selektive Aufmerksamkeit erleichtert, zum anderen können die Emotionen selbst als globale Information über die persönliche Bedeutsamkeit der wahrgenommenen Reize dienen (Schwarz & Clore, 1988). Darüber hinaus erhöhen positive Emotionen das Vertrauen in die eigenen Handlungsfähigkeiten (Lazarus, 1991) und die Bereitschaft zur Exploration. Negative

Emotionen hingegen schränken solches Vertrauen und solche Bereitschaften eher ein und verstärken die Neigung zur Vermeidung neuer, unbekannter Situationen. In diesem Forschungsbereich treffen sich die allgemeinpsychologischen Interessen mit entwicklungspsychologischen, pädagogischen und klinischpsychologischen Interessen.

Zusammenfassend kann man sagen, daß die alten strukturalistischen Emotionstheorien davon ausgingen, daß es deutlich abgrenzbare anatomische Substrate und klar definierbare Grundformen von Emotionen gibt. Sie wurden aber zunehmend damit konfrontiert, daß das emotionale System so komplex und mit anderen Systemen der Verhaltensregulation – vom Immunsystem bis zu kognitiven und kommunikativen Systemen – so eng vernetzt ist, daß man es nicht mit einer einfachen Klassifikation erfassen und seine Beziehungen zu anderen Systemen nicht mit linearen Korrelationen analysieren kann. Zwar können eine kleine Zahl von Emotionen wie Freude, Trauer, Ärger, Angst und Ekel ihrem universellen Gesichtsausdruck nach transkulturell identifiziert werden, wie dies Ekman (1973) angenommen hatte. Weitere diskrete Emotionen entstehen aber im Zusammenspiel mit anderen nicht-emotionalen Komponenten der Verhaltensregulation (Ortony & Turner, 1990).

Damit hängt auch die Frage zusammen, ob der Gesichtsausdruck allein eine Emotion definieren kann und ob die einzelnen Emotionen notwendigerweise mit jeweils spezifischen Veränderungen im autonomen (vegetativen) Nervensystem verbunden sind (vgl. Sroufe, 1996; Holodynski, i. d. Bd.). Diese Frage ist für Entwicklungsforscher sowohl aus theoretischen als auch aus methodischen Gründen besonders interessant. Sie führte zum Einsatz von objektiven Methoden in neurophysiologischen Studien, die eine Auswertung von mimischen Reaktionen ergänzen oder sogar ersetzen sollten.

Im Zuge dieser Erkenntnisse verlagerte sich daher in der Emotionsforschung das Interesse auf die Frage, wie Emotionen im Gesamtsystem der Verhaltensregulation eingebunden sind und welche *Funktionen* ihnen darin zukommen. Einen Wendepunkt in der Emotionsforschung markierte die Arbeit von Frijda (1986), mit der die Ablösung einer strukturalistisch orientierten Erforschung von Emotionen durch eine funktionalistisch und systemtheoretisch orientierte eingeläutet wurde. Frijda (1986) definiert die menschlichen Emotionen anhand ihrer Funktion im System der Verhaltensregulation: Emotionen sind das Ergebnis von Bewertungsprozessen, bei denen bewußt oder unbewußt ein Ereignis in bezug auf die Anliegen und Ziele einer Person bewertet werden. Wenn letztere durch das Ereignis gefördert werden, wird es als positiv erlebt, verhindert es die Anliegen und Ziele, wird es als negativ erlebt. Des weiteren beinhaltet eine Emotion eine Bereitschaft zum Handeln (*action readiness*). Die Emotion ordnet dem Ereignis eine Bedeutung zu und gibt den Impuls für die Wahl und Ausübung der am besten geeigneten Reaktion aus dem vorhandenen Verhaltensrepertoire.

Insofern hat auch die Emotionsforschung zu einem interdisziplinären, systemisch orientierten Herangehen an ihren Gegenstand gefunden, so daß man von einer paradigmatischen Verwandtschaft zwischen Emotions- und Frühentwicklungsforschung sprechen kann.

1.5 Drei Richtungen der Frühentwicklungsforschung

Die Frühentwicklungsforschung hat insgesamt dazu beigetragen, daß auch im Bereich der emotionalen Entwicklung neue Erkenntnisse aus Psychobiologie, Neurowissenschaften, Neuropsychoimmunologie, Verhaltensforschung und Kommunikationsforschung integriert werden und entscheidende Aspekte dieser Entwicklung – die Beziehungen zu kognitiven, sozialen und kommunikativen Prozessen – erklären werden können.

Auch wenn auf die Bedeutung der Emotionen für die menschliche Frühentwicklung vielfach hingewiesen wurde, fiel es den Forschern auf diesem Gebiet nicht leicht, überzeugende Erklärungen für die frühesten Stadien der emotionalen Entwicklung zu finden. Um so verlockender war die Gelegenheit, die eingangs erwähnten vorteilhaften Möglichkeiten der Frühentwicklungsforschung zu nutzen, um zu den problematischen Aspekten der strukturalistischen Emotionstheorien durch eigene Forschungen neue Erkenntnisse hinzuzufügen. Im Zuge dessen differenzierten sich drei Forschungsrichtungen:

1. Die erste Richtung folgte den Traditionen der Bindungstheorie und behielt dabei die strukturalistischen Positionen bei. Sie klassifizierte Emotionen eindeutig als primäre und autonome Formen der Verhaltensregulation im ersten Lebensjahr. Dabei spielte die Klassifikation der Bindung am Ende des ersten Lebensjahres die Hauptrolle als Ausgangspunkt für weitere Studien zur Kontinuität und Auswirkung der Bindung auf die weitere Persönlichkeitsentwicklung. Weniger Aufmerksamkeit wurde den Entstehungsbedingungen und Funktionen der Bindung während des ersten Lebensjahres und der objektiven Überprüfung der grundlegenden Annahmen der Bindungstheorie geschenkt (vgl. Spangler & Zimmermann, 1995; Spangler, i. d. Bd.).
2. Eine zweite Richtung konzentrierte sich auf den Ursprung und die Entwicklung von individuellen Unterschieden im Temperament und betrachtete Emotionen als eine der Komponenten, die dabei neben kognitiven, sozialen und kommunikativen Komponenten eine wichtige Rolle spielen (Kagan, 1994). Biochemische und elektrophysiologische Methoden wurden eingesetzt, um die interindividuellen Temperamentsunterschiede auch durch objektive physiologische Messungen zu untermauern. Auch in dieser Richtung wurde den späteren Lebensjahren mehr Aufmerksamkeit als den frühesten Stadien der Entwicklung gewidmet (vgl. Zentner, 1998; Zentner, i. d. Bd.).
3. Die dritte Richtung repräsentierten diejenigen Forscher, die sich für die früheste Entwicklung der Regulationsprozesse interessierten, die jedoch die Verhaltensregulation viel breiter als die Bindungstheoretiker betrachteten. Emotionen stellen in den überwiegend systemtheoretischen Konzepten dieser Forscher nur einen Teil der Regulationsprozesse dar, der mit anderen Regulationsformen untrennbar verbunden ist und zusammen mit ihnen der Selbstregulation in komplexen Systemen dient. Die konzeptuelle Position dieser Forschung profitierte auch von den Erkenntnissen über die Evolution. Sie bemühte sich jedoch auch um Ergänzung bzw. Bestätigung dieser Erkenntnisse (Papoušek & Papoušek, 1979). Wir möchten diese Forschungsrichtung daher als „entwicklungspsychobiologisch" bezeichnen.

Im weiteren Beitrag werden wir der letztgenannten entwicklungspsychobiologischen Forschungsrichtung mehr Raum geben, weil die globale, systemtheoretische Perspektive auf die Frühentwicklung des menschlichen Organismus in den letzten Jahren zunehmend an Bedeutung gewonnen hat. Die neuen Entdeckungen über neuronale Vernetzung und humorale Wechselbeziehungen unter den psychischen, vegetativen und immunologischen Systemen haben auch im Hinblick auf die Körper-Seele-Dualität die Notwendigkeit einer kritischen konzeptuellen Überprüfung in die Diskusion gebracht, seitdem in der neuen Disziplin der Psychoneuroimmunologie (Schmoll, Tewes & Plotnikoff, 1992) bereits mehrere Mechanismen von Wechselbeziehungen zwischen physiologischen und psychologischen Faktoren entdeckt worden sind. Die Koregulation betrifft dabei auch das emotionale System. Die Diskussionen führen von neuem zu dem Problem, welche Regulationsebene beim Menschen die entscheidende Rolle spielt und welche der Humanogenese zugrunde liegt.

2. Der Systemcharakter der Verhaltensregulation im Säuglingsalter

Die jüngsten Fortschritte in den vergleichenden biologischen Wissenschaften und Neurowissenschaften ergänzen sich und ermöglichen auch die Frühentwicklung des menschlichen Organismus unter einer vergleichenden Perspektive zu betrachten, die auch für die Interpretation der emotionalen Entwicklung bedeutsam ist. Eine solche Perspektive ermöglicht es, in der Phylogenese eine Stufenfolge von Vorläufern der spezifisch menschlichen Fähigkeiten zu entdecken. Sie kann damit helfen, in der menschlichen Ontogenese die einzelnen Entwicklungsstufen bis zur Entstehung der komplexen menschlichen Fähigkeiten zu identifizieren und ihre Abfolge zu rekonstruieren. Dabei wird davon ausgegangen, daß eine Fähigkeit um so wahrscheinlicher eine adaptive Funktion in der Evolution und eine genetische Grundlage besitzt, je früher sie in der Ontogenese auftritt.

Dies trifft in besonderem Maß auf die Kommunikation zwischen dem Säugling und seiner sozialen Umwelt zu. Wie wir zeigen wollen, neigen z.B. Eltern intuitiv dazu, die kommunikative und integrative Entwicklung des Säuglings von seiner Geburt an in deutlicher Reihenfolge zu fördern: zuerst kulturunabhängige prozedurale Formen der Kommunikation, kontingentes Lernen und rhythmische Spielchen und danach kulturabhängige deklarative Formen der Kommunikation, symbolisches Spiel und eine verbal bedingte Steuerung des Verhaltens. Diese Folge entspricht der Reihenfolge, in welcher sich auch die integrativen und kommunikativen Prädispositionen des Säuglings entfalten.

2.1 Frühentwicklung der Verhaltensregulation

Aus Studien an Frühgeborenen ist zwar bekannt, daß sich einfache Formen von Lernen und affektiven Reaktionen bereits in den letzten Monaten der pränatalen Entwicklung geltend machen können, über emotionale Erlebnisse und ihre Folgen können wir jedoch nur spekulieren.

Bewegungsmuster im Bereich der Mimik und oberen Extremitäten, die bei Primaten nicht nur bei der Fortbewegung, sondern auch in der Kommunikation und im Ausdruck von Emotionen eine besondere Rolle spielen, tauchen sowohl im reflektorischen wie auch im spontanen Verhalten bereits in der 12. bis 16. Woche der fetalen Entwicklung auf (de Vries, Visser & Prechtl, 1984). Hypothetisch betrachtet, bieten sie dem Fötus die ersten Möglichkeiten, die Kategorien „etwas berühren", „berührt werden" und „sich selbst berühren" zu differenzieren und Selbstwahrnehmung einzuüben (Papoušek, 1997). Aber schon während der intrauterinen Periode hat er die prosodischen Merkmale der mütterlichen Stimme kennen und „lieben" gelernt. So bevorzugt er gleich nach der Geburt die mütterliche Stimme vor anderen Stimmen (DeCasper & Fifer, 1980).

Bei Neugeborenen wurden Lernprozesse bereits ausführlich analysiert (Papoušek, 1967a) ebenso wie differenzierte emotionale Reaktionen auf gustatorische Reize (Steiner, 1979). Enge Zusammenhänge zwischen Lernen und Emotionen konnten in neuerer Zeit auch neurowissenschaftlich von Robinson, Arnold, Spear und Smotherman (1993) untermauert werden: Sie wiesen an neugeborenen Ratten unter strenger experimenteller Kontrolle nach, daß bereits die allerersten postnatalen Lernprozesse zur Sekretion von Endorphin, einem emotionsregulierenden Hormon, führten. Demnach scheinen beim Lernen von Anfang an Stoffe beteiligt zu sein, die auch emotionale Prozesse begleiten.

Nach der Geburt entwickelt sich die Verhaltensregulation in einer Folge von sinnvoll aneinandergereihten und mit neuronalen Transformationen verbundenen Phasen (Überblick

s. Rauh, 1995), in denen die integrativen, kommunikativen und emotionalen Komponenten nicht immer beobachtbar sind und doch von ihnen profitieren und auch für die spätere Symbolisierungsfähigkeit von Bedeutung sein können. Das erste Lebensjahr des Kindes ist nicht, wie früher angenommen, eine einzige Phase der Hilflosigkeit und Unreife. Der Säugling ist zwar weitgehend von seinen Bezugspersonen abhängig, bewältigt jedoch gleich nach der Geburt physiologische Anpassungsprobleme, die ein erwachsener Organismus kaum lösen könnte. Die immunologische Auseinandersetzung mit der massiven bakteriellen Invasion und der Übergang zu neuen Regulationsformen in Metabolismus, Sauerstoffzufuhr, Körpertemperatur und zirkadianen Biorhythmen sind anspruchsvoll. Dies muß z.T. gelernt werden, dauert ungefähr sechs Wochen und läßt relativ wenig an aktiver Wachzeit für soziale Interaktionen übrig.

Während dieser Zeit äußert das Neugeborene bereits seine Intentionalität, wie mit Hilfe von Präferenzstudien nachweisbar ist (Papoušek, 1967a; Harris & MacFarlane, 1974; DeCasper & Fifer, 1980), es fehlt ihm jedoch, abgesehen vom Schrei, der geeignete Resonanzraum für die Modulation der Stimme. Der Eingang zum Vokaltrakt befindet sich noch zu nah der Schädelbasis, wodurch in den ersten zwei Lebensmonaten die Koordination der Atmung und des Schluckens erleichtert wird. Erst dann entfernt er sich von der Schädelbasis und ermöglicht eine Erweiterung des Resonanzraumes. Zu gleicher Zeit beschleunigt sich die Lernfähigkeit des Säuglings (Papoušek, 1967a), und eine verbesserte Koordination seiner orofazialen und manuellen Bewegungen erlaubt ausdrucksvollere mimische, gestische und stimmliche Signale, an denen sich seine Stimmung, der Ablauf der integrativen Prozesse und seine Initiativen zu sozialem Kontakt ablesen lassen.

Wie sich Motivation und Emotionen durch postnatales Lernen verändern können, zeigen Experimente an 4monatigen Säuglingen: Sie wurden für eine richtige Antwort auf ein bedingtes Signal hin mit Milch belohnt, und zwar so viele Male, bis sie aufgrund der erreichten Sättigung begannen, die Belohnung abzulehnen. Sie reagierten danach auf weitere bedingte Signale noch immer schnell, richtig und mit positiven Emotionen, verweigerten jedoch die angebotene Milch und wendeten sich mit Ekel ab (Papoušek & Papoušek, 1979). Bei dieser Versuchsanordnung wurde deutlich, daß über den motivierenden Effekt der Milch hinaus auch Freude am Erfolg als positive Motivation beteiligt war.

In die gleiche Richtung weisen die Ergebnisse der bereits eingangs erwähnten Lernstudien an Säuglingen, bei denen während des anfänglichen instabilen Lernstadiums beobachtet werden konnte, daß Erfolge mimische und stimmliche Signale von Wohlbehagen auslösten, während Mißerfolge von Signalen des Mißbehagens begleitet waren (Papoušek, 1961, 1967a).

Eine bislang noch unzureichend geklärte Frage bei der Analyse frühkindlicher Lernprozesse ist, welche Bedeutung den frühen Lernerfahrungen für die spätere Entwicklung zukommt. Da diese Erfahrungen allesamt vorsprachlich und damit nicht mit Hilfe des bewußten, sprachvermittelten Erinnerungsvermögens zugänglich sind, hielt man eine Amnesie dieser Erfahrungen durch den Säugling für wahrscheinlich. Zumindest konnte die Frage nicht eindeutig beantwortet werden.

Neurowissenschaftler (Squire, 1987) unterscheiden jedoch das Gedächtnissystem, das mit der deklarativen, sprachabhängigen (expliziten) Erfahrungsverarbeitung zusammenhängt, von dem Gedächtnissystem, das der prozeduralen (impliziten) Erfahrungsverarbeitung dient. Das implizite Gedächtnis, das Handlungen, einfache Lernformen und emotionale Erlebnisse einschließt, entstand im Laufe der Evolution vor dem expliziten Gedächtnis. Es arbeitet langsamer, ist jedoch gegen Amnesie besonders resistent (Schacter & Moscowitch, 1984). Daraus läßt sich ableiten, daß der emotionale Reichtum der Eltern-Säuglings-

Interaktionen im vorsprachlichen Alter nicht verloren geht, sondern die prozedurale Integration und Speicherung der interaktiven Erfahrungen erleichtert. Demnach dürften Kinder prozedural erworbene Fähigkeiten lebenslang beibehalten. Ein Beispiel ist die dialektbedingte Färbung der im vorsprachlichen Alter von der Umwelt übernommenen Vokale (Kuhl & Meltzoff, 1996).

2.2 Symbolbildung als artspezifische Lernform des Menschen

Das Interesse an der Humanogenese führt zu der Frage, welche Prozesse den typisch menschlichen Eigenschaften – Sprache, Kultur und Selbstbewußtsein – zugrundeliegen. Aus philosophischer Perspektive hat Cassirer (1953) die wichtigste Rolle der Symbolisierungsfähigkeit zugeordnet, der Fähigkeit, Symbole zu bilden und zu gebrauchen. Entsprechend hat er den Menschen als *animal symbolicum* gekennzeichnet. Von Bertalanffy (1968) erweiterte diese Idee in seinem Versuch, die menschliche Entwicklung systemtheoretisch zu erklären. Entscheidend ist seiner Auffassung nach die Fähigkeit, alle Aspekte der realen Umwelt mit frei gewählten repräsentativen Symbolen bezeichnen und mit diesen unabhängig von physikalischen oder anderen Gesetzmäßigkeiten der Umwelt frei in Gedanken operieren zu können. Diese Fähigkeit ermöglicht sprachliche Abstraktion und Kategorisierung, beschleunigt und ökonomisiert den Austausch von Informationen und erleichtert das Ansammeln von Kenntnissen auch über Generationen und Kontinente hinweg, wodurch sie maßgeblich an der Entstehung der menschlichen Kulturen beteiligt ist. Ohne die Fähigkeit zur Symbolbildung wäre es auch nicht denkbar, in der inneren repräsentativen Welt eines Individuums Selbsterkenntnis und Selbstbewußtsein zu integrieren.

So überzeugend aber dieses zentrale Charakteristikum der Humanogenese klingen mag, genauere Kenntnisse über neurowissenschaftliche Grundlagen der repräsentativen Symbole und ihrer ontogenetischen Entwicklung fehlen noch (Gazzaniga, 1995). Vielleicht ist die Suche nach den verantwortlichen Hirnstrukturen oder Neurotransmittern umsonst, weil allein die enorm anwachsende Komplexität zum Auftauchen des Symbolgebrauchs als einer neuen Regulationsform führt, wie es durchaus in physikalischen dynamischen Systemen bekannt ist. Die Frühentwicklungsforscher haben bisher keine neurowissenschaftliche Erklärung gefunden, sie haben jedoch die bislang wenig genutzte Chance, mit eigenen ontogenetischen Beobachtungen interessante Ansätze für die weitere Forschung zu finden.

2.3 Symbolbildung und soziale Interaktion

Plutchik (1958) vereinte bereits in seiner frühen Emotionstheorie psychoanalytische Konzepte mit psychoevolutionären, um zu erklären, daß artspezifische Verhaltensformen – bei Primaten z.B. das soziale Verhalten – wegen ihrer adaptiven Bedeutung mit besonders starker Motivation und ausgeprägten emotionalen Komponenten verbunden sind. Diese Zusammenhänge lassen sich auch auf den Menschen übertragen. Nach Auffassung von Bertalanffy (1968) können wir beim Menschen ähnliche Zusammenhänge vor allem bzgl. der Entwicklung der Symbolisierungsfähigkeit erwarten, da die Bildung und der Gebrauch von Symbolen die wesentliche artspezifische Verhaltensform des Menschen darstellt. Dafür können kommunikative Verhaltensformen aller Art (mimische, gestische, stimmliche) und im kognitiven Bereich neben der Intelligenz vor allem spielerische, kreative und erfinderische Fähigkeiten als Bausteine dienen (Papoušek & Papoušek, 1997b).

Um zu genaueren Erkenntnissen über diese Zusammenhänge zu gelangen, war es erforderlich, die Entwicklung des Säuglings in Einheit mit seiner sozialen Umwelt zu analysieren. Dabei hat die Einführung einer objektiven audiovisuellen Dokumentation eine Mikroanalyse der Interaktionen zwischen Säugling und Bezugsperson ermöglicht und damit wichtige Entdeckungen vorbereitet (Papoušek, 1981), daß nämlich die Entwicklung der Symbolisierungsfähigkeit durch ein artspezifisch präadaptiertes Zusammenspiel zwischen Säugling und Bezugsperson abgesichert ist. Daran läßt sich auch die Bedeutung motivationaler und emotionaler Komponenten in der interaktiv gesteuerten Verhaltensorganisation des Säuglings durch die Bezugsperson aufzeigen. Darüber wird im folgenden berichtet.

2.4 Intuitive elterliche Didaktik und frühkindliche Entwicklung

Bei diesen Mikroanalysen der frühen Interaktionen zwischen dem Säugling und seinen Bezugspersonen fanden sich im Verhalten der Eltern neben willkürlichen und bewußten Verhaltensformen, über die sie in Fragebögen oder Interviews Auskunft geben konnten, eine Reihe von Verhaltensformen, die unbewußt und unwillkürlich gesteuert wurden. Wegen ihrer Universalität in bezug auf Geschlecht, Alter und Kultur wurden sie als intuitives, sehr wahrscheinlich genetisch determiniertes Verhalten betrachtet. Da sie augenscheinlich darauf ausgerichtet sind, die kognitive Entwicklung des Säuglings in Richtung auf den sprachlichen Symbolgebrauch zu fördern, wurden sie als intuitive elterliche Didaktik interpretiert (Papoušek & Papoušek, 1987): Sie erweckten nämlich den Eindruck, als seien sie rational von Pädagogen für diese Zwecke ausgearbeitet worden. Dabei gab es zum damaligen Zeitpunkt keine vergleichbare Pädagogik für das vorsprachliche Alter.

Mit erstaunlicher Kompetenz nehmen Eltern Schlüsselsignale der neu entstehenden kindlichen Fähigkeiten wahr und beantworten sie mit einem reichen Repertoire an angemessenen unterstützenden Verhaltensformen. Wie sich bei Befragungen im Anschluß an Beobachtungen spontaner Interaktionen zeigte (Schötzau & Papoušek, 1977), sind sich Eltern ihrer Verhaltensanpassungen nicht bewußt. Denn sie erfolgen oft so rasch, daß eine bewußte Kontrolle ausgeschlossen ist, insofern als der Mensch allein zur bewußten Wahrnehmung eines Ereignisses ein Minimum von 500 ms benötigt. Die fehlende bewußte Kontrolle der elterlichen Interventionen erklärt, warum sie lange der wissenschaftlichen Aufmerksamkeit entgangen waren. Umgekehrt weist die intuitive elterliche Verhaltenssteuerung auf eine biologisch determinierte Grundlage der elterlichen Kompetenz hin, die vermutlich in der Humanogenese in Verbindung mit den artspezifischen Merkmalen der verbalen Symbolisierung komplementär zu den kindlichen Voraussetzungen selektiert wurde.

Die „intuitive elterliche Didaktik" umfaßt ein breites Spektrum an Verhaltensformen (Papoušek & Papoušek, 1987). Ein Teil dieser Verhaltensformen ist darauf angelegt, die emotionalen Ausdrucksmuster des Kindes als Signale für seinen aktuellen Befindlichkeitszustand zu nutzen und die eigenen emotionalen Ausdrucksformen für die Unterstützung der kindlichen Verhaltensregulation einzusetzen. Ein anderer Teil der Verhaltensweisen ist inhaltlich spezifischer und darauf gerichtet, das Kind Schritt für Schritt auf die Ausbildung des Symbolgebrauchs vorzubereiten.

Gemeinsame Emotionsregulation in der Eltern-Kind-Interaktion

Eltern als Koregulatoren der kindlichen Emotionen. Die Eltern erfassen den Befindlichkeitszustand und die Interaktionsbereitschaft des Kindes und stimmen ihre Stimulation, ihr mimisches, stimmliches und gestisches Verhalten darauf ab. So testen sie beispielsweise den kindlichen Muskeltonus, indem sie versuchen, Mund oder Händchen des Kindes zu öffnen. Ein schlaffer Muskeltonus deutet darauf hin, daß der Säugling müde ist. Ein hungriger Säugling reagiert mit Suchbewegungen des Mundes. Fingerspiel bei leicht geöffneten Händchen signalisiert Interaktionsbereitschaft. Zeigt das Baby Zeichen von Spannung, Erschöpfung oder Übererregung, reduzieren Eltern Häufigkeit und Intensität der Stimulation und beruhigen es. Ist das Baby passiv und unaufmerksam, versuchen sie mit unterschiedlichen Strategien, den Wachheitsgrad des Kindes zu steigern und es zu ermuntern, seinen Part in der Interaktion zu übernehmen. So optimieren sie die Aufmerksamkeit und Aufnahmebereitschaft des Säuglings für die eigenen unbewußt-erzieherischen Anregungen.

Emotionale Ausdrucksmuster der Eltern in der Steuerung kindlichen Verhaltens. Eltern bieten dem Baby in ihrer Sprechweise stimmliche Modelle an und unterstützen sein Nachahmungsverhalten. Bemüht sich das Kind, wird es kontingent mit positiven Emotionen belohnt. Die Mutter leitet das Baby durch Verhaltenskorrektive, indem sie bestimmte kindliche Verhaltensformen belohnend, andere eher ablehnend beantwortet. Dadurch daß der positive bzw. negative Emotionsausdruck der Bezugspersonen im Säugling durch Gefühlsansteckung eine vergleichbare Emotion auslösen kann, wird der Emotionsausdruck als positiver bzw. negativer Verstärker in der Regulation des kindlichen Verhaltens wirksam.

Darüber hinaus leitet die Mutter das Baby in unbekannten, beunruhigenden Situationen bereits im frühen Alter vor allem durch mimische und stimmliche Signale und gibt ihm eine Orientierung, ob das Unbekannte bedrohlich oder angenehm ist. Schon im Alter von vier Monaten konnten wir nachweisen, daß sich das Baby in unbekannten Situationen durch Blickzuwendung an den Signalen der Mutter orientiert und ihr Verhalten nachahmt. Dieses Phänomen der sozialen Rückversicherung (*social referencing*) spielt mit seinen emotionalen Komponenten in allen frühen Entwicklungsphasen eine wichtige Rolle bei der Integration neuer Erfahrungen (s. Abb. 2; vgl. auch Friedlmeier, i. d. Bd.).

Emotionale Ausdrucksmuster des Kindes in der Steuerung elterlichen Verhaltens. Ebenso wirkt das emotionale Ausdrucksverhalten auch in umgekehrter Richtung. An der Steuerung der intuitiven elterlichen Kompetenzen ist der Säugling mit seinen Auslöse- und Rückkoppelungssignalen maßgeblich beteiligt. Positive Rückkoppelungssignale – wie visuelle Aufmerksamkeit, Lächeln, ruhige Vokalisationen oder Anschmiegen als Antwort auf elterliche Interventionen – wirken sich als intensive Belohnung und Quelle positiver emotionaler Erlebnisse für die Eltern aus und zugleich als Bestärkung im Verlaß auf ihre eigenen intuitiven Kompetenzen. Indem Eltern „alles" tun, um beim Kind positive Emotionen hervorzulocken und negative zu vermeiden bzw. abzustellen, richten sie sich intuitiv an den Bedürfnissen des Kindes aus und fördern sein Lernverhalten, da – wie wir gesehen haben – erfolgreiches Lernen mit positiven Emotionen einhergeht. Hingegen können negative Rückkoppelungssignale des Säuglings, wie z.B. Abwendung, Blickvermeidung, Quengeln oder Schreien, Eltern verunsichern und, falls sie sich nicht in der Lage sehen, diese negativen Signale durch geeignete erzieherische Maßnahmen abzustellen, sie nachhaltig irritieren und ihre intuitiven Kompetenzen hemmen.

Vorstufen der Symbolbildung in der Eltern-Kind-Interaktion

Eltern passen ihr Verhalten intuitiv dem jeweiligen Lernniveau des Säuglings an. Ganz allgemein äußert sich die intuitive Kompetenz der Eltern darin, daß sie ihr Verhalten in

Abbildung 2. Früheste Erfahrungen eines Neugeborenen mit der unbekannten Umwelt beim ersten Bad in einer neuen Wanne

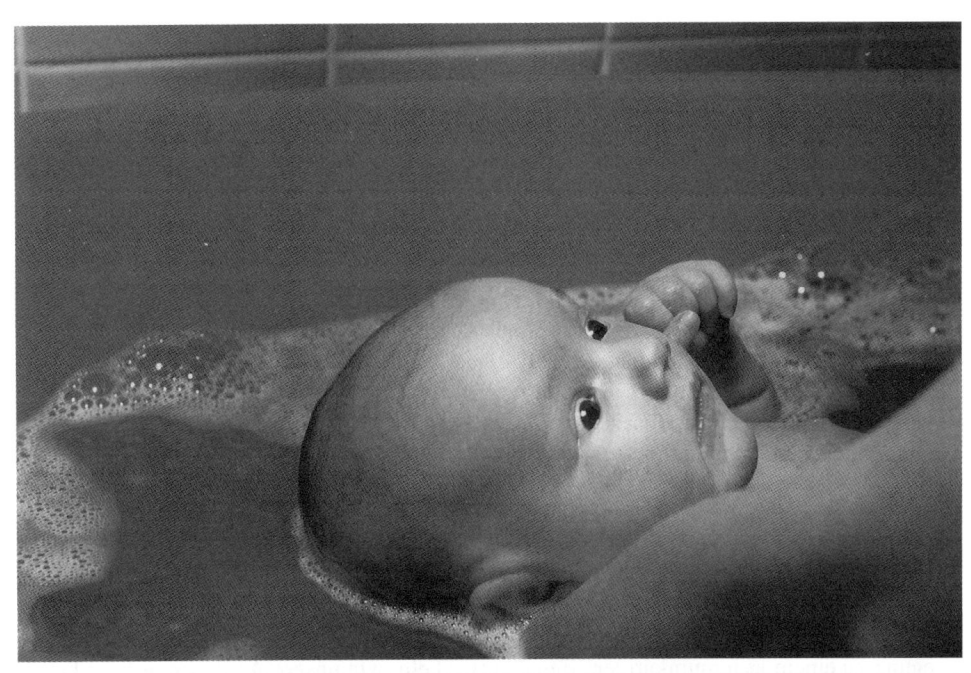

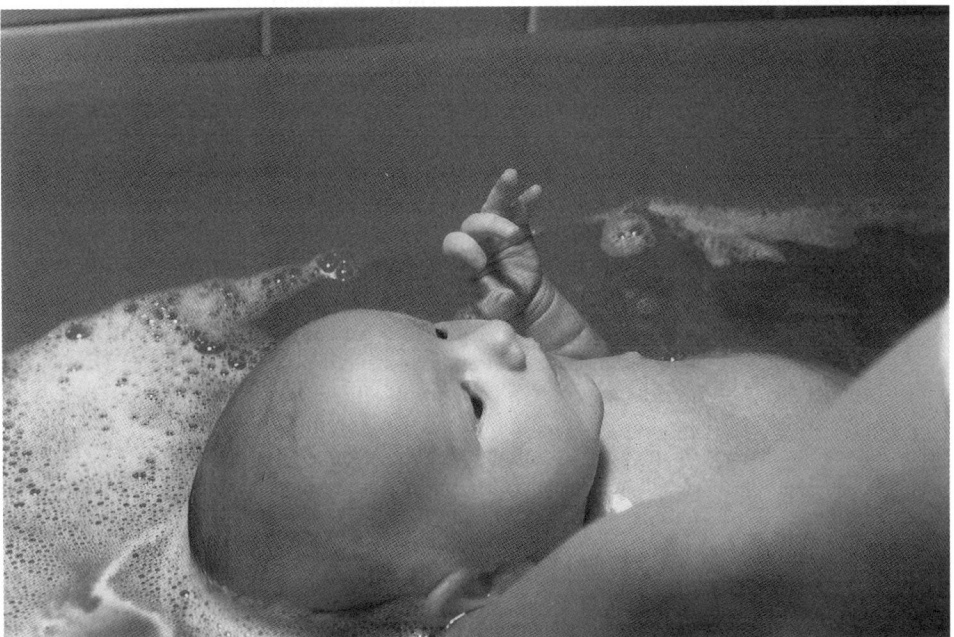

(a) Signale ängstlicher Anspannung: weit geöffnete Augen als Zeichen von Sympathikotonie, A-förmiger Mund, geballte Fäustchen und rückversichernder Blick zur Mutter, die mit beruhigender Stimme und entspannter Mimik antwortet. (b) Nach kurzer Gewöhnungsphase entspannt sich auch das Neugeborene.

langsame, einfache, kontrastreiche und häufig wiederholte Verhaltensmuster umwandeln, die dem langsamen Ablauf der frühen Lernprozesse entsprechen. Andererseits ist der Säugling augenscheinlich mit einer besonders sensiblen Nachahmungsfähigkeit ausgestattet.

Die frühe Nachahmungsfähigkeit des Kindes äußert sich zunächst vor allem im Bereich der Mundbewegungen (Meltzoff & Moore, 1977) und der Mimik (Field, Woodson, Greenberg & Cohen, 1982) und erst später in der Vokalisation. Das Neugeborene kann zwar seine Ausatmung für das Schreien verlängern, nicht jedoch für andere Formen ruhiger Vokalisation. Trotzdem verlängern die Eltern in ihrer Sprechweise zum Baby von Anfang an auffallend die Vokale, als wollten sie es mit hilfreichen Modellen zur Nachahmung in Richtung der sprachlichen Kommunikation lenken.

Vom emotionalen Ausdruck zur kommunikativen Prosodie des Sprechens. Ab dem dritten Lebensmonat bieten die bereits erwähnte Beschleunigung der Lernfähigkeit, die Entwicklung der gestischen „Händchensprache" und die Erweiterung des stimmlichen Repertoires des Säuglings, vor allem in bezug auf vokalartige und konsonantartige Laute mit melodischen Konturen (Papoušek, 1994), wachsende Möglichkeiten in der Eltern-Kind-Kommunikation. Es ermöglicht ausdrucksvollere mimische, gestische und stimmliche Signale, an denen sich seine Stimmung, der Ablauf der integrativen Lernprozesse oder seine Initiativen zu sozialem Kontakt ablesen lassen. Der Säugling beginnt, sich die Prosodie seiner Muttersprache, ihre melodischen Konturen, anzueignen und sie als kommunikative Signale zur Regulation der Interaktion mit seinen Bezugspersonen zu nutzen.

Das Schreien des Säuglings kann sich während des vorsprachlichen Alters in Abhängigkeit von seinen Erfahrungen von einem Ausdruck unspezifischer vegetativ-emotionaler Erregung zu einem kommunikativen Signal entwickeln, wie unsere Analysen gezeigt haben (Papoušek, Papoušek & Koester, 1986). Der ursprünglich tonische Charakter des Schreiens mit allmählichem Beginn und langsamem Abklingen gewinnt vom siebten Lebensmonat an während sozialer Interaktionen gelegentlich rein phasische Züge eines gezielten kommunikativen Signals mit raschem Beginn und Ende, das von den Eltern auch als solches interpretiert wird. Der Ausdruck einer Emotion, der Schrei, wird gezielt und gelegentlich manipulativ eingesetzt, um ein bestimmtes Ziel zu erreichen.

Die melodischen Anpassungen in der Sprechweise der Eltern, ihr langsames Sprechtempo, die häufigen Wiederholungen und die prototypischen Merkmale sind komplementär auf die Wahrnehmungs- und Lernfähigkeiten des Säuglings abgestimmt (Papoušek, 1994; Fernald, 1984). Die melodischen Konturen der Ammensprache bedeuten im Sinne einer Koevolution das adaptative Gegenstück zu den sich entwickelnden Vokalisationsfähigkeiten des Babys (Papoušek & Papoušek, 1987). Im Vergleich zur Erwachsenensprache ist die Ammensprache prototypisch vereinfacht und durch erhöhte Frequenzlage und Frequenzumfang charakterisiert. Melodische Konturen, die regelmäßig mit einem bestimmten situativen Kontext verbunden sind, stellen möglicherweise die ersten sprachlichen Untereinheiten dar, die der Säugling differenzieren und deren Bedeutung er prozedural bearbeiten kann. Sie werden damit zu ersten kategorialen Botschaften. Auf diese Weise wandelt sich die Vokalisation von einem Mittel des emotionalen Ausdrucks aktueller Befindlichkeit zu einer Vorstufe symbolischer Kommunikation.

Den Anfang einer gezielten gestischen Kommunikation illustriert das Ausstrecken des Zeigefingers in Richtung darauf, was den Säugling interessiert (Trevarthen, 1979a). Es bleibt nur selten unbeantwortet: Die Bezugspersonen neigen dazu, dem Kind das Gezeigte nahezubringen und es zu benennen. Wie schnell sich neu erlernte Verhaltensmuster in symbolartige Muster verwandeln können, zeigten Experimente an 5monatigen Säuglingen.

Sie lernten, daß jede zweite explorative Kopfbewegung mit einer attraktiven visuellen Stimulation belohnt wurde (Papoušek, 1969). Ihre anfänglich langsamen Suchbewegungen veränderten sich nach wenigen Wiederholungen zu einem ganz neuen symbolartigen Bewegungsmuster einer rasch und ökonomisch ausgeübten Doppelbewegung des Kopfes. Je nach vorgegebener Belohnungsregel wurde das Bewegungsmuster auf ähnliche Weise zu Dreier- oder Vierermustern adaptiert, als könnten die Säuglinge bereits zählen. Auch bei solchen Aufgaben sind dem Ablauf des Lernens entsprechende lebhafte emotionale Reaktionen beteiligt.

Von der kommunikativen Prosodie zum ersten Protowort. Zu den wichtigen Vorstufen des Symbolgebrauchs gehört die Fähigkeit zu kategorisieren, indem sie erlaubt, mit einem kommunikativen Signal eine ganze Gruppe vergleichbarer Objekte oder Erfahrungen zusammenzufassen. Die Kategorisierung setzt voraus, daß Vergleichbares wenigstens in zwei Varianten erlebt wird und das Invariante vom Variablen differenziert werden kann. Ein Beispiel dafür ist, wenn der Säugling erkennt, daß Mutter und Vater mit einer vergleichbar modulierten Stimmlage zu ihm sprechen, obwohl sich ihre Stimmen um eine Oktave unterscheiden. Schon früh kann der Säugling differenzieren, was ihn selbst und was andere Personen betrifft, worin seine Bezugspersonen vergleichbar oder unterschiedlich sind und unter welchen Bedingungen seine Erfahrungen gelten oder nicht.

Die Zusammenhänge zwischen der Abfolge der kindlichen Lautentwicklung und der Abfolge im Repertoire der intuitiven elterlichen Didaktik lassen sich anhand des sukzessiven Auftretens rhythmischer Spielangebote bei der Mutter, rhythmischer Silbenfolgen beim Kind, deklarativer Wortmodelle bei der Mutter und erster Protoworte und Worte beim Kind aufzeigen (Papoušek, 1994). Das Erscheinen kanonischer Silben wie z.B. „da-da" oder „ma-ma" im stimmlichen Repertoire des Säuglings verdient als Meilenstein der Entwicklung besondere Aufmerksamkeit. Infolge ihrer phonetischen Ähnlichkeit mit Silben der reifen Sprache erwecken sie den Eindruck, das Kind könne sprechen. Dieser Eindruck wird durch die ausgeprägte intrinsische Motivation des Säuglings zum stimmlichen Spiel mit den Silbenketten noch verstärkt. Die kanonischen Silben gewinnen für die Eltern die Funktion von Schlüsselsignalen, auf die sie mit neuen didaktischen Strategien antworten: Sie nutzen die Doppelsilben des Kindes als potentielle Protoworte, ordnen ihnen eine von der jeweiligen kulturellen Konvention abhängige Bedeutung zu und leiten den Säugling zu einem systematischen deklarativen Training an, indem sie das Protowort zu jeder möglichen Gelegenheit wiederholt und ausdrucksvoll mit dem bezeichneten Gegenstand oder Ereignis im gemeinsamen Aufmerksamkeitsfokus in Verbindung bringen.

Während die Eltern im Vorsilbenstadium überwiegend prozedurale Aspekte der Kommunikation – das Produzieren von Lauten, das Nachahmen, das Abwechseln im Dialog – fördern, unterstützen sie im Silbenstadium zusätzlich die deklarativen Fähigkeiten, Dinge zu benennen. Dies fällt ungefähr mit dem Beginn der Hemisphärenlateralisation im Alter von acht Monaten zusammen (de Schonen & Mathivet, 1989). Es ist sicher schwierig zu entscheiden, welche elterlichen Interventionen zu welchen Aspekten der mentalen Entwicklung beitragen, ob zu den kognitiven, kommunikativen, emotionalen, spielerischen oder symbolischen Fähigkeiten. Sie sind eng miteinander verflochten.

Die Analysen der intuitiven elterlichen Didaktik belegten damit exemplarisch die Einheit der emotionalen, kognitiven und kommunikativen Komponenten in den frühen Interaktionen zwischen Säugling und Bezugsperson und die psychobiologische Bedeutung dieser Komponenten als Vorstufen der Fähigkeit zur symbolischen Repräsentation.

3. Anwendungsaspekte der Frühentwicklungsforschung

Wie in den vorangegangenen Abschnitten dargestellt, hat die moderne Frühentwicklungsforschung im Hinblick auf Emotionen zu einer synthetisierenden, systemtheoretischen Perspektive gefunden, die erlaubt, die wichtige Rolle der Emotionen in ihren Wechselbeziehungen mit anderen Regulationsformen in einem ganzheitlichen Organismus zu verstehen. Eine solche Perspektive ist auf interdisziplinären Austausch von Erkenntnissen und Erfahrungen und gegenseitige Anerkennung von Wissenschaftlern und Klinikern angewiesen. Sie würde durch territoriale Abkapselung und Berührungsängste der jeweiligen Spezialisten in ihrem Fortschritt nur behindert. So kann z.B. eine klinische Beobachtung die Aufmerksamkeit auf ein auffälliges Phänomen lenken und zur Aufstellung einer wichtigen neuen Hypothese führen, die wiederum eine Vielfalt experimenteller Verifikationsstudien in Gang setzen kann. Ebenso könnte eine unscheinbare experimentelle Entdeckung das gesamte therapeutische Denken verändern. Die Tatsache, daß Emotionen von Anfang des postnatalen Lebens an eng mit integrativen psychischen Prozessen zusammenhängen, vermindert weder die Bedeutung der Emotionen noch die der Integration.

Ohne Zweifel bietet der Dialog zwischen Säugling und Bezugsperson eine Quelle reicher emotionaler Erlebnisse auf beiden Seiten. Vor Einführung von Verhaltensmikroanalysen der frühen Dialoge konnten Bezugspersonen die emotionalen Auswirkungen nicht anders erklären, denn als Auswirkung einer nicht näher beschreibbaren Emotion – der Mutterliebe. Eine alternative wissenschaftliche Erklärung weist auf eine Reihe von sinnvollen, vorprogrammierten Handlungsbereitschaften mit besonders ausgeprägten emotionalen Komponenten hin, die deshalb nicht beschreibbar sind, weil sie intuitiv bzw. unbewußt reguliert werden.

Der Sinn solcher Regulation dürfte darin liegen, daß die Mutter ihr Baby in einen Zustand optimaler Aufnahmebereitschaft für das Lernen versetzt, ihm dann auf didaktische Weise Anregungen gibt, Lektionen vorführt und prüft, ob ihr das Baby mit Nachahmung folgt. Das Baby lernt dabei, das Verhalten der Mutter selbst zu beeinflussen und Wiederholungen von Dialogsequenzen auszulösen. Eine Quelle von positiven Emotionen kann z.B. die mütterliche Freude an den Fortschritten des Babys und die Freude des Babys an der Kontrolle des mütterlichen Verhaltens sein. In Wirklichkeit sind solche Abläufe der Dialoge noch komplexer. Sie schließen auch die Fähigkeit ein, in bereits vertrauten Kontexten Hinweissignale auf spätere Ereignisse zu entdecken und bereits darauf mit Handlungen und Emotionen zu reagieren, die den späteren Ereignissen gelten. Solche Signale scheinen als psychobiologische Meilensteine den Weg zu den späteren repräsentativen Symbolen zu bahnen. Die Bedeutung und Verbreitung der unbewußten Verhaltensregulation weckt in der kognitiven Psychologie (Kihlstrom, 1987) und in den Neurowissenschaften (Gazzaniga, 1995) wachsendes Interesse.

Aus heutiger entwicklungspsychobiologischer Perspektive ändert sich auch die Interpretation der emotionalen Bindung zwischen Bezugsperson und Kind (Papoušek & Papoušek, 1984). Bindung ist allen Säugetieren gemeinsam und dient bekanntlich den Bedürfnissen der Jungen nach Nahrung, Schutz, Hygiene, Transport und Geborgenheit beim spielerischen Einüben wichtiger Verhaltensmuster u. ä. Beim Menschen wäre diese Liste unvollkommen, da sie nicht die artspezifischen Bedürfnisse einschließt. In bezug auf die Entwicklung der Fähigkeit zur Symbolbildung und zum Symbolgebrauch dient die Bindung den Bedürfnissen des Kindes, von früh an Erfahrungen zu sammeln, zu integrieren und mit anderen zu teilen, und damit seinen kognitiven und kommunikativen Bedürfnissen (Papoušek & Papoušek, 1979, 1987). Auch diese Bedürfnisse sind, wie bereits erklärt, mit starken intrinsischen Motivationen und emotionalen Komponenten verbunden. Ihnen stehen artspezifische Handlungsbereitschaften zur Verfügung, wie z.B. das Einüben von Blickkontakt, von rhythmischen Bewegungen oder die Förderung des aufrechten Ganges. Die lokomotorische Einschränkung des Säuglings verlängert die Chance des „Traglings", die elementaren stimmlichen Modelle von der Mutter aus der Nähe zu erleben und zu erlernen.

Die heutigen Kenntnisse über die emotionale Frühentwicklung verbessern die Fürsorge für Familien mit kleinen Kindern ebenso wie die diagnostischen und therapeutischen Möglichkeiten bei der Behandlung von frühen Interaktionsstörungen (Papoušek & Papoušek, 1992). Im Hinblick auf das intuitive elterliche Verhalten sind zwei Aspekte hervorzuheben. Erstens ist es nicht ratsam, das intuitive Verhalten mit rationalen Empfehlungen korrigieren zu wollen. Für seinen glatten Ablauf sind nach Bastick (1982) vielmehr entspannte Stimmung und streßfreie Lebensbedingungen wichtig. Bewußte Kontrolle würde den Ablauf verlangsamen, die kindliche Antizipation stören und die Synchronisierung zwischen elterlichem und kindlichem Verhalten hemmen. Zweitens soll man nicht erwarten, daß das intuitive elterliche Verhalten wegen seines biologischen Ursprungs gegen ungünstige Einflüße erhöht resistent sei. Im Gegenteil, es kann unter ungünstigen biologischen oder soziokulturellen Umständen besonders leicht beeinträchtigt oder sogar vollständig gehemmt werden.

Unerwünschte Schwangerschaften – und der damit verbundene Zerfall der mütterlichen Wunschvorstellungen über Ehe und Mutterschaft – oder postpartale Depression der Mutter können sich während der Frühentwicklung des Kindes gehäuft hemmend auf die intuitive elterliche Didaktik auswirken (Papoušek & Papoušek, 1997a). Umgekehrt können Regulationsstörungen auf seiten des Säuglings, wie exzessives Schreien, Schlaf-, Fütter- und Gedeihstörungen, die Mutter im Wochenbett hochgradig erschöpfen, verunsichern und in depressive Krisen stürzen, die ihrerseits die intuitiven Kompetenzen blockieren können. In anderen Fällen kann primär die kommunikative Kompetenz des Säuglings leiden, wenn seine emotionalen Reaktionen in Mimik, Stimme und allgemeiner Motorik z.B. infolge eines verminderten Muskeltonus und perinatalen Sauerstoffmangels nach traumatischer Geburt nur schwach ausgeprägt sind und dadurch für Eltern unlesbar werden. In mannigfaltigen Kombinationen können sich multiple pathogenetische Faktoren addieren oder potenzieren. Sie können jedoch unter dem Einfluß positiv erlebter Zwiegespräche und gemeinsamer Spiele zwischen Bezugsperson und Säugling an Wirksamkeit verlieren.

Dank des Zusammenspiels der selbstregulatorischen Kompetenzen des Säuglings und der intuitiven koregulatorisch wirkenden Kompetenzen der Eltern dient die vorsprachliche Kommunikation als Puffersystem, das anfängliche Anpassungsprobleme auf seiten des Kindes oder der Eltern auffangen und überwinden kann. Eine gut funktionierende und von positiven Emotionen begleitete vorsprachliche Kommunikation kann auch extreme Belastungen kompensieren und damit als Schutzfaktor wirken, der therapeutisch nutzbar gemacht werden kann.

Temperament und emotionale Entwicklung

Marcel R. Zentner

Einleitung		157
1.	Eine psychologiegeschichtliche Betrachtung des Temperamentskonzepts	158
2.	Neuere Konzepte der Temperamentsforschung bei Kindern	160
2.1	Biologische Grundlagen	163
2.2	Stabilität von Temperamentsmerkmalen über die Zeit	164
2.3	Langzeitfolgen von Temperamentsmerkmalen	167
3.	Das Passungsmodell	168
3.1	Zusammenhänge zwischen elterlichem Erziehungsverhalten und kindlichem Temperament	168
3.2	Forschungsansätze zum Passungsmodell	169
4.	Temperament und Emotionsregulation	171
4.1	Temperament und Attributionsstil der Eltern	171
4.2.	Positive Deutung kindlicher Temperamentsmerkmale	173
4.3.	Die reziproke Natur der Passung	174
5.	Ausblick	174

Einleitung

Temperamentseigenschaften in enger Verbindung mit Emotionen zu betrachten, ist eine Auffassung mit langer Tradition, die bis auf die hippokratisch-galenische Vorstellung zurückgeht, gemäß der ein Choleriker z.B. zu Ärger, ein Melancholiker vor allem zu Traurigkeit neigt. Auch Immanuel Kant (1798) beschäftigte sich mit dieser Frage. Wilhelm Wundt (1903) betrachtete das Temperament als eine Funktion der Stärke und Veränderbarkeit von Emotionen und für Kretschmer (1921) und Allport (1937), um zwei weitere Klassiker zu nennen, ist das Temperament ein Konzept, das weitgehend über Stimmungen und Emotionen definiert wird. Auch wenn heute der Bezug von Temperament und Emotion selten explizit hervorgehoben wird, so werden in neueren Ansätzen bestimmte Temperamentsmerkmale als *Emotionsbereitschaften* betrachtet (z.B. Goldsmith, 1993; Malatesta, 1990; Mehrabian, 1991; Strelau, 1987). Dabei werden Temperamentsmerkmale als Faktoren der Emotionalität im Sinne von Dispositionen beschrieben, die das Erleben bestimmter emotionaler Zustände beeinflussen.

Die eher zurückhaltende Verwendung des Emotionsbegriffs in der Temperamentsforschung hat hauptsächlich wissenschaftshistorische Gründe. Das Wiederaufleben der Temperamentsforschung vollzog sich in einem spätbehavioristisch-neopositivistischen Wissenschaftsklima, in dem nur äußerlich unzweideutige Verhaltensindikatoren als Grundlage für ein Temperamentsmodell in Frage kommen konnten. So finden wir in gängigen Temperamentsmodellen Faktoren wie Annäherungstendenzen oder Ablenkbarkeit, die sich auf der Verhaltensebene relativ einfach operationalisieren lassen. Es ist jedoch nie ernsthaft in Frage gestellt worden, daß eine Vielzahl dieser Verhaltensdispositionen eine emotionale „Innenseite" hat. Dank methodischer Fortschritte in der Emotionsforschung, der Möglichkeit, den Emotionsausdruck in Mimik, Stimme und Gestik reliabel zu messen (vgl. Lewis & Haviland, 1993), wird in neuerer Zeit die bereits in der Antike angenommene Integration emotionaler Komponenten in ein Temperamentsmodell wieder thematisiert. In führenden entwicklungspsychologischen Fachzeitschriften begegnet man dem Begriff „Emotionalität" als Ausdruck für Temperamentsmerkmale emotional-stimmungsmäßiger Prägung immer häufiger (s. Eisenberg et al., 1993; Kochanska, Coy, Tjebkes & Husarek, 1998).

Die Frage, wie sich kurzfristige Emotionen – das momentane Eintreten von Freude, Angst oder Traurigkeit – zu Temperament bzw. Emotionalität als zeitüberdauernde Eigenschaften verhalten, ist bisher nur unzureichend geklärt. Man kann sich jedoch vorstellen, daß Temperamentsfaktoren als relativ konstante psychologische Größe (Disposition) die Schwelle für die Auslösung bestimmter Emotionen festlegen und zwischen äußeren Anlässen und dem Erleben von Emotionen *vermitteln*. Bei Menschen mit hoher Angstneigung läge die Schwelle für die Auslösung von Angst relativ niedrig. Bei Menschen mit positiver Emotionalität läge die Schwelle für die Auslösung von Freude relativ niedrig. So hatten bereits antike Philosophen wie Chrysipp oder Epiktet erkannt, daß bestimmte Anlässe oder situative Bedingungen (z.B. eine Beleidigung oder der Verlust eines nahen Angehörigen) keine feststehenden Bedeutungen haben und somit auch keine rigiden Reize für die Auslösung bestimmter Emotionen darstellen.[1] Dieselbe Situation kann zum Auslöser verschiedenartigster Emotionen werden je nach der Bedeutung, die diesem Ereignis zugeschrieben wird. Solche emotionsrelevanten Bedeutungen hängen nicht ausschließlich, jedoch in

---

[1] Eine Zusammenfassung über diese antiken Auffassungen bietet z.B. Galenus in seiner Schrift *De Placitis Hippocratis et Platonis* (*Über die Ansichten des Hippokrates und Platon*) (De Lacy, 1978-80). Diskutiert werden sie neuerdings ausführlich in Nussbaum (1994).

bedeutendem, wenn auch bislang noch unzureichend verstandenem Ausmaß von Temperamentsfaktoren ab. Die Emotionsbezogenheit des Temperaments läßt sich auch vor einem gänzlich anders gelagerten Hintergrund aufzeigen. Je nachdem, ob wir eine bestimmte Handlung oder eine Serie zusammenhängender Handlungen eines Menschen als temperamentsabhängig interpretieren oder nicht, werden wir emotional unterschiedlich darauf reagieren. Hier ist weniger das Temperament an sich, als vielmehr das *Wissen* um das Temperament das emotionsbestimmende Moment.

Der folgende Beitrag gibt einen Überblick über die Bedeutung des Temperaments für die Emotionsentwicklung. Dazu werden die Temperamentseigenschaften beim Kind und ihre Wiederentdeckung durch die neuere Temperamentsforschung, ihre Definition und Klassifikation, ihre biologischen Grundlagen, ihre zeitliche Stabilität und ihre psychopathologische Relevanz dargestellt. Der letzte Aspekt leitet zur bislang wenig beachteten sozialpsychologischen Dimension des Temperaments über. In diesem Teilkapitel wird gezeigt, daß nicht die Temperamentsmerkmale per se, sondern auch die Reaktionen der Bezugspersonen darauf eine wesentliche Bedingung für die emotionale Entwicklung darstellen.

1. Eine psychologiegeschichtliche Betrachtung des Temperamentskonzepts

Die Popularität der Emotionsforschung hat sich in den vergangenen Jahrzehnten parallel zur Renaissance des Temperaments entwickelt. Es handelt sich um Konzepte, die sich leicht – wenn auch nicht immer zu Recht – antithetisch zu kognitivistischen Ansätzen verstehen lassen. Letztere erreichten in den 60er und 70er Jahren den Gipfel der Popularität. Die „kognitive Wende" selbst war eine Reaktion auf den Behaviorismus und dessen ausschließlich methodische Ausrichtung auf beobachtbares Verhalten. Die Anfänge des Behaviorismus lassen sich auf die Entdeckungen des Physiologen Iwan P. Pawlow zurückführen, der vor 100 Jahren in St. Petersburg arbeitete. Diese Entdeckungen, erstmals 1903 auf einem Physiologenkongreß in Madrid vorgestellt, betrafen den an Untersuchungen mit Hunden erprobten Mechanismus der Konditionierung.

Auf der Grundlage von Pawlows Arbeiten zur Konditionierung entwickelte John Watson in den USA in den Jahren vor dem ersten Weltkrieg den außerordentlich einflußreichen Behaviorismus. Watson ließ dabei eine fundamentale Beobachtung Pawlows außer acht, nämlich daß sich nicht alle Hunde in gleicher Weise konditionieren ließen. Aus der unterschiedlichen Lernbereitschaft der Hunde leitete Pawlow eine Lehre angeborener Temperamente ab, die er auch als übertragbar auf den Menschen erachtete, und die in Grundzügen mit der Galenischen Auffassung übereinstimmt (vgl. Gray, 1964; Pawlow, 1953a, 1953b). Die Pawlow-Rezeption durch die amerikanischen Begründer des Behaviorismus erfolgte somit einseitig. Sie drängten die Temperamentenlehre an den Rand und rückten die klassische Konditionierung als Mechanismus des Lernens ins Zentrum:

> *Gebt mir ein Dutzend gesunde (...) Kinder und meine eigene Umwelt, um sie darin großzuziehen und ich garantiere, daß ich irgendeines aufs Geratewohl herausnehmen und es so erziehen kann, auf daß es zu einem Fachmann meiner Wahl wird – Arzt, Jurist, Künstler, Kaufmann, ja sogar Bettler und Dieb, ungeachtet seiner Talente, Neigungen, Absichten, Fähigkeiten und der Herkunft seiner Vorfahren* (Watson, 1924, p. 82; Übers. d. A.)

Bei der Ausblendung nativistischer Elemente in der Rezeption Pawlows spielten politische Hintergründe eine zentrale Rolle (vgl. Cravens, 1988; Kagan, 1989; May, 1959). Im ersten Jahrzehnt dieses Jahrhunderts – um die Geburtsstunde des Behaviorismus – saß die amerikanische Gesellschaft auf einem Pulverfaß. In einer unvergleichlich konfliktgeladenen Situation nahmen rassistische Vorurteile gegenüber Schwarzen und ständig neu ankommenden europäischen Immigranten zu und steuerten in der Periode um die wirtschaftliche Depression von 1914 einem ersten Höhepunkt entgegen. Als besonders brisant erwies sich hierbei die Auffassung, daß Unterschiede in ethnischen Gewohnheiten, Interaktionsmustern und besonders in der intellektuellen Leistungsfähigkeit zwischen weißen amerikanischen Bürgern und dem Rest der Bevölkerung genetischen Ursprungs seien. Diese Auffassung wurde verstärkt, als Intelligenztests, die man anläßlich der Aushebung von Rekruten für den Ersten Weltkrieg durchführte, ergaben, daß Schwarze und ethnische Minderheiten aus Europa die niedrigsten Werte erzielten, wobei die offizielle, von den einflußreichen Psychologen der damaligen Zeit, wie Terman (1916), vorgebrachte Erklärung lautete, die Unterschiede in der intellektuellen Leistungsfähigkeit seien biologischen Ursprungs.

Wichtig für das Verständnis der sozialpolitischen Rahmenbedingungen, die dem Behaviorismus zum Durchbruch verhalfen, ist, daß die durch solche Interpretationen geschürten Vorurteile gegenüber Schwarzen und Einwanderern bei zahlreichen liberal orientierten Bürgern, die zumeist der gebildeten weißen Mittelschicht angehörten, einen Protest auslösten, der sich auf das schon von den Gründungsvätern der amerikanischen Verfassung hervorgehobene Postulat der *Gleichbeschaffenheit aller Menschen* berief. Diese, im amerikanischen Gesellschaftssystem verankerte, *egalitäre Ethik* wurde dahingehend interpretiert, daß alle Kinder von Natur aus gleich seien und damit Erfahrung als einzige Ursache individueller Unterschiede in Frage kommen durfte. Im *Atlantic Monthly,* ungefähr dem heutigen *Time Magazine* vergleichbar, wurde die genetische Gleichheit aller Menschen beschworen: „Während die menschliche Natur stets dieselbe bleibt, bringen das Wachstum und der Einfluß der Zivilisation aus dieser gleichen Natur immer wieder andere Resultate hervor" (Chittenden, 1912; zit. nach Kagan, 1989, p. 72; Übers. d. A.).

Watson lieferte in dieser Situation genau das, was Chittenden und seinen Gleichgesinnten fehlte: Eine wissenschaftliche Begründung dieses Postulats, eine Theorie, die es möglich machen würde, die Hypothese rassischer Minderwertigkeit zu widerlegen und die Nation von enormen gesellschaftlichen Spannungen zu befreien.

Die Macht der Umwelt und das Lernen als Schlüsselmechanismus psychischer Entwicklung wurde nunmehr für amerikanische Psychologen zur unantastbaren, heiligen Kuh. In den 50er Jahren deklarierten John Dollard und Neal Miller in ihrem populären Lehrbuch der Psychologie: „Human behavior is learned – precisely that behavior which is widely felt to characterize man as a rational being" (Dollard & Miller, 1950, p. 25).

Diese einseitig umwelttheoretische Ausrichtung war im übrigen nicht nur für die lerntheoretisch orientierte akademische Psychologie, sondern auch für die Psychoanalyse und Bindungstheorie charakteristisch, womit sie über das akademische Lager hinaus Psychotherapeuten und Laien im ganzen Land erreichte. Natürlich sind es bei letzteren Theorien nicht mehr Konditionierungs- und Lernprozesse, die als Mechanismen der Umweltübertragung agieren, sondern z.B. die emotionale Responsivität der Eltern, wie dies in der Bindungstheorie angenommen wird.

In Mitteleuropa präsentierte sich das Bild während der amerikanischen Verbreitung des Behaviorismus in den 20er Jahren grundlegend anders. Hier hatten Temperamentskonzepte noch Hochkonjunktur. 1921 erschien das bekannte Werk Ernst Kretschmers „Körperbau und Charakter", das nicht nur Zusammenhänge zwischen Körperbau und psychischen

Krankheiten, sondern auch zwischen Somatotyp und Temperament postuliert. Die Ursachen für die große Verbreitung von Temperamentskonzepten waren zweifach: Zum einen lassen sie sich als Fortsetzung einer bis in die Antike zurückreichenden, jedoch ab der Hälfte des 19. Jh. besonders lebhaften Tradition der Temperamentsforschung verstehen. Auch wenn die sozialpolitischen Hintergründe dieser Popularität in Europa weniger greifbar waren als in den Vereinigten Staaten, so ist eine weitere Ursache darin zu sehen, daß die Vorstellung angeborener Unterschiede gut in die bis über das *fin de siècle* hinausreichenden feudal-aristokratischen Herrschaftsformen paßte. Da sich aber die rassistischen Auffassungen nationalsozialistischer Psychologen und Ideologen stark an Temperamentskonzepte angelehnt hatten, war nach dem Zweiten Weltkrieg die Temperamentsforschung in Kontinentaleuropa und besonders im deutschsprachigen Raum zu sehr in Verruf geraten, als daß sie hätte weiter lebensfähig bleiben können. Bis in die 70er Jahre hinein war das Temperamentskonzept sowohl in den USA als auch in Europa tabu (vgl. Zentner, 1998).[2]

Heute ist die Situation grundlegend anders. Einseitig umwelttheoretische Erklärungsmodelle haben die großen Erwartungen, die man in sie setzte, nicht erfüllen können. Trotz enormer Forschungsanstrengungen ließen sich eindeutige und generalisierbare Bezüge zwischen frühkindlichen Entwicklungsumständen und psychischen Störungen im Erwachsenenalter kaum nachweisen (Kagan & Zentner, 1996; Maccoby & Martin, 1983). Und selbst dort, wo sich Bezüge zwischen psychischen Auffälligkeiten und dem elterlichen Erziehungsstil abzeichneten (z.B. Baumrind, 1971), ist die Richtung der Kausalität keineswegs klar. Obschon man lange Zeit davon ausging, dies könne dahingehend interpretiert werden, daß ein dysfunktionaler Erziehungsstil zu den Auffälligkeiten führte, ist ebenso denkbar, daß es schwierige Kinder und Säuglinge gibt, die einen solchen Erziehungsstil begünstigen. Die Grenzen zwischen „Opfer" und „Täter" verschwimmen. Angeregt wurde diese dynamische Sichtweise psychischer Entwicklung durch eine Beobachtung, die im Grunde allen Eltern mehrerer Kinder seit jeher intuitiv geläufig ist, nämlich die, daß sich Säuglinge von Geburt an in ihrem Verhaltensprofil voneinander unterscheiden (vgl. Birns, Barten & Bridger, 1969; Brazelton, 1973; Strauss & Rourke, 1978; Übersicht bei Tourrette, 1991).

2. Neuere Konzepte der Temperamentsforschung bei Kindern

Die Unterschiede im Verhaltensstil und in der emotionalen Reagibilität, die sich schon im Säuglingsalter äußern, stellten den Ausgangspunkt für die erste große moderne Temperamentsuntersuchung dar: die im Jahre 1956 von Stella Chess und Alexander Thomas begonnene New York Longitudinal Study (NYLS). Um festzustellen, in welchen Verhaltensaspekten sich Säuglinge voneinander unterscheiden, wurden die Eltern ausführlich interviewt. Aufgrund einer inhaltsanalytischen Auswertung der ersten 22 Interviews schlugen die Forscher neun Temperamentsmerkmale vor. Bei der Ausarbeitung dieser Liste von Temperamentsfaktoren waren vor allem zwei Kriterien leitend: Die entsprechenden Verhaltensaspekte sollten bei allen Kindern vorkommen, und ihre Kategorisierung sollte aus klinisch-entwicklungspsychologischer Sicht Sinn machen, da die Autoren insbesondere an den Langzeitfolgen des Temperaments interessiert waren (vgl. Chess & Thomas, 1987; Thomas, Chess & Birch, 1968).

Auf dieser Grundlage wurden neun Temperamentsdimensionen erstellt, die sich nach

---

[2] Noch immer wird in Standardwerken der Psychologie, wie z.B. das psychologische Wörterbuch von Dorsch, Häcker und Stapf (1995), die Temperamentsforschung des vergangenen Vierteljahrhunderts völlig übergangen.

Aussage der Autoren schon beim Neugeborenen dazu eignen, Unterschiede im Verhaltensstil zu beschreiben (s. Tabelle 1). Temperament wurde dabei genauer definiert als das „Wie" des Verhaltens, im ausdrücklichen Gegensatz zum „Was" (Inhalt) oder „Warum" (Motive) des Verhaltens. Damit grenzten die Autoren Temperament auf einen Ausdruck zur Kennzeichnung *individueller Besonderheiten in Formaspekten des Verhaltens* ein:

Tabelle 1. Temperamentsfaktoren von Kindern

Temperamentsfaktoren	Beschreibungsmerkmale
1. Annäherung/Vermeidung	Die charakteristische Reaktion auf neue Leute oder neue Situationen.
2. Aktivität	Niveau motorischer Tätigkeit. Ausmaß körperlicher Bewegung während Essen, Schlaf, Spiel usf.
3. Intensität	Die Heftigkeit bzw. das Energieniveau von Reaktionen.
4. Stimmungslage	Die vorherrschende Stimmungslage.
5. Ablenkbarkeit	Die Leichtigkeit, mit welcher das Kind von Reizen abgelenkt wird.
6. Ausdauer	Länge des Ausharrens bei einer Tätigkeit trotz vorhandener Hindernisse und Schwierigkeiten.
7. Anpassungsfähigkeit	Toleranz gegenüber Veränderungen. Die Leichtigkeit, mit der das Kind sich an neue oder veränderte Situationen gewöhnt.
8. Sensorische Empfindlichkeit	Empfindlichkeit sinnlichen Reizen gegenüber, wie Geräusch, Licht, Geruch, Geschmack, Berührung, Schmerz und Temperatur.
9. Regelmäßigkeit	Berechenbarkeit biologischer Funktionen wie Hunger, Schlaf-Wach-Rhythmus, Stuhlgang.

Nach Thomas und Chess (1977).

Aus klinisch-praktischer Perspektive handelte es sich dabei um eine plausible und brauchbare Einteilung. Unter Wissenschaftlern wurde sie aber immer wieder kritisiert. Ein Problem bestand in der Redundanz der Dimensionen, die durch den Einsatz psychometrischer Verfahren, wie z.B. der Faktorenanalyse, verringert werden konnte. Ein anderer Mangel war die „Emotionsferne" des Modells. Noch im Dunstkreis des Spätbehaviorismus arbeitend, war für Chess und Thomas offenbar nur ein Modell mit klaren, quantifizierbaren Verhaltensindikatoren annehmbar, wenn sie auch bereits diesen Rahmen überschritten, z.B. mit der Dimension „Stimmungslage". Die im Laufe der Jahrzehnte aus dieser Kritik hervorgegangenen psychometrischen und konzeptuellen Korrekturen führten zur Auffassung, daß das kindliche Temperament vier bis sieben Dimensionen umfaßt (s. Tab. 2).

Für die meisten Temperamentsforscher ist diese Liste von Temperamentsdispositionen akzeptabel, wobei je nach theoretischer Ausrichtung die einen oder anderen Aspekte in den Vordergrund gerückt bzw. weiter ausdifferenziert werden (vgl. Goldsmith, Buss, Plomin, Rothbart, Thomas, Chess, Hinde & McCall, 1987; Kohnstamm, Bates & Rothbart, 1989).

Tabelle 2. Temperamentsfaktoren der psychometrisch korrigierten und inhaltlich erweiterten Version des NYLS-Modells

Temperamentsfaktoren	Verwandte Konstrukte
1. Annäherung/Vermeidung (approach/withdrawal)	Hemmung (inhibition); soziale Hemmung (social inhibition); soziale Ängstlichkeit (social fearfulness); Schüchternheit (shyness).
2. Aktivität (activity level)	
3. Negative Emotionalität (negative emotionality)	Negative Reaktivität (negative reactivity); Stimmung (mood); Irritierbarkeit (irritability); ängstlicher Distress (fearful distress).
4. Aufmerksamkeit/Ausdauer (distractibility/persistence)	Aufmerksamkeitsspanne (attention span); Aufgabenausdauer (task persistence); Interesse/Beharrlichkeit (interest/persistence).
5. Anpassungsfähigkeit (adaptability)	Umgänglichkeit (agreeableness); Flexibilität (flexibility); Kooperation/Fügsamkeit (cooperation/manageability); Friedfertigkeit (placidity).
6. Regelmäßigkeit biologischer Funktionen (biological rhythmicity; regularity)	
7. Sensorische Reizschwelle (sensory threshold)	Sensorische Sensitivität (sensory sensitivity); Reizschwelle (threshold); Reaktivität (reactivity); Essensverweigerung (food fussiness).

Nach Martin, Wisenbaker und Huttunen (1994). Die in der Tabelle gewählte Abfolge richtet sich danach, wie gut die jeweiligen Temperamentsmerkmale nach psychometrischen Kriterien etabliert sind. Die Temperamentsfaktoren wurden nach dem NYLS-Modell benannt.

Die unterschiedlichen Temperamentstheorien spiegeln in der Regel die unterschiedlichen Forschungsinteressen, Methoden und Auffassungen ihrer Urheber wider. Drei wichtige Forschungsausrichtungen seien genannt:

1. Für psychophysiologisch ausgerichtete Forscher steht die Funktion des Temperaments bei der Reizverarbeitung und Verhaltensregulation im Vordergrund. Sie definieren Temperament als konstitutionsbedingte Merkmale der Reaktivität und Selbstregulation des Organismus (Rothbart & Derryberry, 1981; ähnlich Strelau, 1984). Dabei bezieht sich die Reaktivität auf die biologische Empfindlichkeit gegenüber der Umwelt, während die Selbstregulation Verhaltensmuster kennzeichnet, die diese Reaktivität modulieren, d.h. hemmend oder verstärkend in den Ablauf der reaktiven Prozesse eingreifen.
2. Für eine weitere Gruppe von Forschern werden Temperamentskonzepte anhand interindividueller Unterschiede in erbbedingten, früh in der Ontogenese auftretenden Eigenschaften abgestützt (Buss & Plomin, 1984). Aus Ergebnissen von Adoptions-, Zwillings- und Familienuntersuchungen leiten diese Autoren drei Temperamentseigenschaften ab, die diese Kriterien erfüllen: Emotionalität (Erregbarkeit negativer Emotionen), Aktivität (Tempo, Heftigkeit und Ausdauer) und Geselligkeit (Zuwendung und Responsivität).
3. Für eine dritte Gruppe (z.B. Goldsmith & Campos, 1982) umschreibt das Temperamentskonzept Regulationsaspekte von Emotionen, die nicht die inneren psychophysiologischen, sondern die sozialen Prozesse regulieren. Die Basis der Temperamentsdefinition dieser Gruppe bilden meßbare Verhaltensweisen im Säuglingsalter.

Trotz aller Unterschiede lassen sich diese divergierenden Temperamentskonzeptionen dennoch auf einen gemeinsamen definitorischen Nenner bringen:

> *Temperament conventionally refers to stable behavioral and emotional reactions that appear early and are influenced in part by genetic constitution* (Kagan, 1994, p. 40)

Die biologische Fundierung, das frühe Auftreten in der Ontogenese und die zeitliche Stabilität sind zentrale Kriterien von Temperamentsmerkmalen[3]. Diese sollen im folgenden anhand wichtiger Befunde näher ausgeführt werden.

2.1 Biologische Grundlagen

Zwei Aspekte biologischer Grundlagen des Temperaments lassen sich unterscheiden: genetische Einflüsse und physiologische Korrelate. Ein Grund für die Annahme genetischer Grundlagen liegt in der wachsenden Anzahl verhaltensgenetischer Untersuchungen, die für eine relativ starke genetische Determination bestimmter Temperamentsmerkmale sprechen. Ermitteln läßt sich der relative Einfluß beider Faktoren u.a. durch den Vergleich von Zwillingen. Eineiige Zwillinge (EZ) sind mit derselben genetischen Information ausgestattet. Zweieiige Zwillinge (ZZ) teilen demgegenüber nur 50% des genetischen Materials, gleichen sich demnach nicht mehr als gewöhnliche Geschwister. Unter der Voraussetzung, daß sich die Umwelten von EZ und ZZ nicht unterscheiden, wäre die Varianz in Merkmalsausprägungen, die sich zwischen EZ und ZZ konstatieren läßt, ausschließlich auf genetische Unterschiede zurückzuführen. Je größer die Ähnlichkeit von EZ im Vergleich zur Ähnlichkeit von ZZ in verschiedenen Temperamentsmerkmalen ist, desto größer ist der genetische Einfluß auf diese Temperamentsfaktoren. Neuere Daten belegen, daß die Ähnlichkeiten zwischen EZ für sämtliche Temperamentsfaktoren deutlich höher sind als die Ähnlichkeiten zwischen ZZ (s. Tabelle 3).

Wie jede Variante der Zwillingsforschung ist der Vergleich von EZ und ZZ alles andere als frei von methodischen Problemen (Zentner, 1998). Überdies führen unterschiedliche verhaltensgenetische Methoden oft zu voneinander abweichenden Einflußschätzungen, wobei im übergreifenden Vergleich zwei wesentliche Ergebnisse recht robust zu sein scheinen: Der genetische Anteil bei den meisten bisher untersuchten Temperamentsfaktoren bewegt sich zwischen 40 und 60%, wobei die genetische Determination bei den Faktoren „Aktivität" und „Annäherung/Vermeidung" besonders deutlich ist (s. Goldsmith, Buss & Lemery, 1997; Angleitner, Riemann, Spinath, Hempel, Thiel & Strelau, 1995). Die Angaben spiegeln mittlere Werte von Populationen und nicht Werte einzelner Personen wider.

Wie kann man sich die Übertragung von Temperamentsmerkmalen vorstellen? Gene entsprechen bekanntlich einer Reihe von Regeln für die Spezifikation und Erhaltung von Körperstrukturen. Die genetische Übertragung von Temperamentsmerkmalen muß in diesem Kontext betrachtet werden. Sie geschieht nicht direkt, sondern über die Vererbung von Körperstrukturen, die verhaltensrelevant sind. Hierbei handelt es sich primär um Eigen-

---

[3] Zweifellos werden nicht sämtliche Verhaltens- oder Emotionsbereitschaften mit früher ontogenetischer Verankerung, zeitlicher Stabilität und biologischen Grundlagen als Temperamentseigenschaften bezeichnet werden können, und gelegentlich wird man eine Eigenschaft, die diese Kriterien nur teilweise erfüllt, dennoch dem Temperament zurechnen. Bei einer solchen Differenzierung sind teils eine Reihe sekundärer Kriterien (vgl. Eysenck, 1991), teils jedoch rein konzeptuelle Erwägungen ausschlaggebend (s. Czeschlik, 1993).

schaften des zentralen Nervensystems. Viel wird derzeit über die Verhaltenswirksamkeit bestimmter Neurotransmitter gesprochen und geschrieben, über Dopamin, Noradrenalin und Serotonin, die im Mittelpunkt einiger biologisch ausgerichteter Temperamentstheorien stehen (vgl. Cloninger, 1994; Panksepp, 1998b).

Tabelle 3. Ähnlichkeitsbeziehungen in verschiedenen Temperamentsmerkmalen zwischen eineiigen und zweieiigen Zwillingen

Temperamentsfaktoren	Eineiige Zwillinge (198 Paare)	Zweieiige Zwillinge (187 Paare)
Annäherung/Vermeidung	.67	-.03
Aktivität	.59	.05
Intensität	.62	.30
Stimmungslage	.60	.41
Ablenkbarkeit	.76	.55
Ausdauer	.70	.41
Anpassungsvermögen	.66	.39
Regelmäßigkeit	.86	.79
Sensorische Reizschwelle	.77	.52

Nach der Metaanalyse von Goldsmith, Buss und Lemery (1997).

In der Kindertemperamentsforschung erscheinen derzeit Zusammenhänge zwischen einigen Temperamentsmerkmalen und ausgesuchten psychophysiologischen Variablen am besten abgesichert. So hat man in verschiedenen Studien, in denen EEG-Messungen eingesetzt wurden, zeigen können, daß im frühen Kindesalter Verhaltensweisen wie Hemmung und Vermeidung mit einer stärkeren Aktivierung der frontalen rechten Hirnhälfte, Verhaltensweisen wie Annäherung aber mit einer stärkeren Aktivierung der frontalen linken Hirnhälfte einhergehen (Calkins, Fox & Marshall, 1996). In Übereinstimmung dazu stehen Befunde von Kagan, der die Temperatur der Stirnoberfläche als Maß für die Hirnaktivität in Form einer erhöhten Blutzirkulation heranzog. Es konnte ein Zusammenhang zwischen einer kühleren rechten (im Vergleich zur linken) Stirnoberfläche und gehemmtem Temperament festgestellt werden (Kagan, Arcus, Snidman & Rimm, 1995). Insofern diese Resultate eine Aktivierung der gleichseitigen frontalen Hirnhälfte anzeigen – was die Autoren vermuten –, weisen sie in dieselbe Richtung wie die Befunde der Gruppe um Fox.

2.2 Stabilität von Temperamentsmerkmalen über die Zeit

Die Frage nach der zeitlichen Stabilität hat seit jeher auf Angehörige psychosozialer Berufe eine unwiderstehliche Anziehungskraft ausgeübt, und zwar insbesondere die Frage, ob früh identifizierbare Merkmale – Merkmale des Temperaments etwa oder frühkindliche Entwicklungsbedingungen – als Hinweise für später auftretende Störungen angesehen werden können, und welche Rolle etwaigen prophylaktischen Bemühungen in diesem Zusammenhang zuerkannt werden kann.

In der Temperamentsforschung ist das Kriterium der zeitlichen Stabilität zur Kennzeichnung eines Temperamentsmerkmals besonders bedeutsam, und dies nicht nur bezogen auf die Dauer, sondern auch auf den Beginn des Meßzeitpunktes. Denn je mehr sich die Genese des entsprechenden Merkmals bis ins Säuglingsalter zurückverfolgen läßt, um so eher kann man von einer Temperamentseigenschaft sprechen. Die Suche nach einem Merkmal, das diesem Anforderungsprofil entsprechen könnte – zeitlich stabil und bis in die früheste Kindheit zurückgehend – war jedoch lange Zeit nicht erfolgreich. Die Wiederaufnahme einer liegengelassenen Spur aus den 60er Jahren führte schließlich zum Erfolg. Eine Reihe von Längsschnittstudien, veröffentlicht in den 60er Jahren, ließen erkennen, daß eine in der frühen Kindheit feststellbare Schüchternheit zu den zeitlich stabilsten Merkmalen gehörte. Im Gegensatz zu anderen Eigenschaften schien sie gewisse Voraussagen zu ermöglichen: Ehemals sehr schüchterne Kinder heirateten später, waren emotional von ihren Ehepartnern abhängiger und wählten Berufe, in denen ein Minimum an Risikobereitschaft gefordert war (s. Kagan & Moss, 1962; vgl. auch Honzik, 1965; Tuddenham, 1959).

Es war insbesondere Kagan, der sich zu Beginn der 80er Jahre entschloß, diese Spur wieder aufzunehmen. Da sich an seinen Untersuchungen das methodische Vorgehen, wie man die Zeitstabilität einer Temperamentseigenschaft für das frühe Kindesalter nachweisen kann, exemplarisch vertiefen läßt, wird hier auf diese Arbeiten ausführlicher eingegangen. Kagan begann seine Forschungen damit, aus einer Stichprobe von über 300 Kleinkindern im Alter von 21 Monaten diejenigen zu identifizieren, die entweder sehr gehemmt (*inhibited*) oder überhaupt nicht gehemmt (*uninhibited*) waren. Die Selektion erfolgte aufgrund direkter Verhaltensbeobachtung im Labor, in dem die Kinder mit einer ganzen Reihe verschiedener unvertrauter Personen und Objekte konfrontiert wurden. Ungefähr 15% der Kleinkinder reagierten auf die neuen Situationen auf extrem scheue Art und wurden daher für die Untersuchung ausgewählt. Als Vergleichsgruppe wählte Kagan diejenigen 15%, die in den gleichen Situationen genau umgekehrt, also extrem furchtlos und explorativ reagiert hatten. Diese Kinder wurden im Alter von 5 1/2 und 7 1/2 Jahren erneut untersucht, um zu sehen, ob sie ihre frühkindliche Art, auf Neues zu reagieren, beibehalten hatten.

Zwei verschiedene Arten von Messungen wurden verwendet. Zum einen wurde das Verhalten der Kinder untersucht, zum Beispiel ihr Verhalten in einer Testsituation in Anwesenheit eines unbekannten erwachsenen Versuchsleiters, oder ihre Art, mit anderen unvertrauten Kindern in einem „Party-Setting" zu interagieren. Es zeigte sich folgendes Ergebnis: 75% der Kinder, die im Alter von 21 Monaten als gehemmt oder ungehemmt klassifiziert worden waren, zeigten auch noch im Alter von 7.5 Jahren die entsprechenden Verhaltensmerkmale (Kagan, Reznick & Snidman, 1987; 1988). Da Kagan und seine Kollegen vermuteten, es könnte sich bei dem von ihnen studierten Merkmal um ein Temperamentsmerkmal handeln, untersuchten sie auch eine ganze Reihe physiologischer Variablen in beiden Gruppen. Diese umfaßten Herzschlagrate, Pupillenerweiterung und Cortisolgehalt des Blutes während der Testsituationen. Diese Variablen wurden deshalb herangezogen, weil sie gemeinhin bei menschlichen Streßreaktionen auftreten (Fox, 1989; Kagan, Reznick & Snidman, 1987). Auch hinsichtlich dieser Variablen ließ sich eine bemerkenswerte Stabilität feststellen: Kinder, die im Alter von 21 Monaten als gehemmt klassifiziert worden waren, zeigten auch mit 7 1/2 Jahren stärkere physiologische Erregung angesichts neuer Situationen als Kinder in der Vergleichsgruppe. Besonders auffallend dabei war die überdauernde Stabilität der höheren und regelmäßigeren Herzschlagraten der extrem scheuen Kinder (Kagan, Reznick & Snidman, 1988).

Diese Befunde bestärkten Kagan in der Annahme, daß es sich bei bestimmten Arten von Schüchternheit um ein Temperamentsmerkmal handeln könnte. Allerdings blieb der Zweifel bestehen, ob 21 Monate nicht eine erhebliche Zeitspanne darstellten, in der ebenso gut die Umwelt für die im zweiten Lebensjahr beobachteten Unterschiede verantwortlich sein könnte. Es stellte sich daher die Aufgabe, noch weiter zurückzugehen und zu prüfen, ob sich die zwei Temperamentsformen bereits im frühen Säuglingsalter identifizieren lassen.

Bei dieser Aufgabe sieht sich der Entwicklungspsychologe einem Grundproblem gegenübergestellt, nämlich daß sich im frühen Säuglingsalter Schüchternheit noch nicht beobachten läßt. Die Furchtreaktion setzt bekanntlich erst im Alter von sieben bis acht Monaten ein. Man muß also nach Indikatoren suchen, aus denen sich spätere Schüchternheit vorhersagen läßt. Glücklicherweise hatten Entwicklungspsychologen in diesem Zusammenhang schon Vorarbeit geleistet.

Bereits Anfang der siebziger Jahre hatten Bell, Weller und Waldorp (1971) aufgrund von Längsschnittstudien von einer Umkehrung des Aktivitätsniveaus vom Neugeborenen bis ins Vorschulalter berichtet. Neugeborene, die sich durch Geschwindigkeit, Häufigkeit und Heftigkeit des Verhaltens auszeichneten, wiesen im Vorschulalter eine erhöhte Passivität, Schüchternheit und mangelndes Engagement auf, während ruhige und passive Neugeborene im Vorschulalter durch erhöhte Aktivität, Regsamkeit und Engagement auffielen. Für die Forscher war dieser Befund rätselhaft, und sie schlossen ihren Bericht mit der Vermutung, daß es so etwas wie eine Umkehrung des Aktivitätsniveaus zwischen dem Säuglings- und dem Vorschulalter geben müsse.

Neuere Untersuchungen wiesen jedoch in eine andere Richtung. In einer an der Brown University in Providence, USA, durchgeführten Studie konnten LaGasse, Gruber und Lipsitt (1989) zeigen, daß zwei Tage alte Babys, die ihre Saugrate überdurchschnittlich erhöhten, wenn das Wasser, an dem sie saugten, durch die Zugabe von Sacharose versüßt wurde, sich tendentiell sowohl zu gehemmten 2jährigen, im Sinne Kagans, als auch zu unsicher gebundenen 18monatigen Kleinkindern, im Sinne von Ainsworth, entwickelten. Demgegenüber erwies sich eine unterdurchschnittliche Erhöhung der Saugrate bei Versüßung der Flüssigkeit als Prädiktor eines eher ungehemmten Temperaments- bzw. sicher gebundenen Bindungsstils. Die Reagibilität des Saugreflexes schien auf eine Form angeborener Erregbarkeit hinzuweisen, die mit späterer Gehemmtheit zusammenhing.

Gestützt auf solche Überlegungen prüfte Kagan die Erregbarkeit von nahezu 100 vier Monate alten Säuglingen anhand einer Testbatterie visueller, auditorischer und olfaktorischer Stimulation (Kagan & Snidman, 1991; für genauere Angaben zur Testbatterie s. Kagan, 1994). Als Gradmesser der Erregbarkeit wurden Schreiverhalten und motorische Aktivität ausgewählt. Es ergaben sich vier Gruppen: Säuglinge, die sich wenig bewegten und wenig schrien (niedrig-reaktive); solche, die viel schrien und sich heftig bewegten (hoch-reaktive); und zwei entsprechend „gemischte Typen". Es zeigte sich, daß jene Säuglinge, die im Alter von vier Monaten auf die Stimulation mit starkem Schreiverhalten und starker motorischer Aktivität reagiert hatten, im Alter von 14 Monaten zu signifikant mehr Ängstlichkeit neigten im Vergleich zu den ehemals ruhigen Babys, die mit 14 Monaten überwiegend nicht-ängstliches und exploratives Verhalten an den Tag legten (s. Tabelle 4). Die kombinierten Typen lagen ungefähr in der Mitte.

Ermutigt durch diese Ergebnisse führte Kagan eine weitere Längsschnittstudie mit über 400 Kindern durch, wobei sich ähnliche Muster zeigten. Die Kinder aus beiden Kohorten wurden im Vorschul- und im Schulalter weiter untersucht. Im Alter von 4 1/2 Jahren unterschieden sich hoch- und niedrig-reaktive nach wie vor in schüchternheitsrelevanten Verhaltensindizes, wie z.B. in ihrer Schweigsamkeit oder in der Häufigkeit des Lächelns in einer unvertrauten Situation, wobei die niedrig-reaktiven Kinder erwartungsgemäß sowohl signifikant häufiger lächelten als auch weniger schweigsam waren (Kagan, 1997).

Die Arbeiten Kagans wurden hier als ein besonders gründliches Beispiel für Studien zur zeitlichen Stabilität angeführt. Eine ganze Reihe anderer Arbeiten bestätigten und erweiterten unterdessen die Befunde der Harvard-Gruppe (s. Zentner, 1998).

Tabelle 4. Ängstlichkeit mit 14 Monaten in Abhängigkeit der Erregbarkeit mit vier Monaten

Gruppenzugehörigkeit im Alter von vier Monaten	Mittlere Anzahl von Ängsten im Alter von 14 Monaten
1. Hoch-reaktive Säuglinge	5.0
2. Gemischt-reaktive Säuglinge 1 (hoch in Motorik, niedrig im Schreiverhalten)	3.5
3. Gemischt-reaktive Säuglinge 2 (niedrig in Motorik, hoch im Schreiverhalten)	3.1
4. Niedrig-reaktive Säuglinge	1.5

Nach Kagan und Snidman (1991). Max. Anzahl von Ängsten: 17. Mit 14 Monaten wurden die Kinder im Labor mit 17 unvertrauten Episoden von unterschiedlichem Verängstigungspotential konfrontiert (beispielsweise ein metallener Roboter oder ein finster dreinblickender und in verärgertem Ton sprechender Examinator). Die operationale Definition von Angst auf solche Episoden war Wimmern oder Schreien.

2.3 Langzeitfolgen von Temperamentsmerkmalen

Im Hinblick auf die beschriebenen Langzeitfolgen des Temperaments stellt sich die Frage, ob es auch früh erfaßte Temperamentsmerkmale gibt, die in besonderer Weise spätere psychische Störungen vorhersagen. So wurde im Rahmen der Studie von Kagan untersucht, inwieweit die Zugehörigkeit zu einer Reaktivitätsgruppe (s. Tab. 4) als Prädiktor von Angststörungen im Schulalter angesehen werden kann (Kagan, Snidman, Zentner & Peterson, 1999). Unsere Befunde sprechen dafür, daß hoch-reaktive Babys tatsächlich einem erhöhten Risiko ausgesetzt sind, im Schulalter Angststörungen zu entwickeln. Zu einem ähnlichen Ergebnis gelangten aufgrund einer umfassenden Längsschnittstudie jüngst auch Robins, Johns und Caspi (in press).

Bereits Thomas und Chess (1977) hatten in ihrer Studie herausgefunden, daß insbesondere diejenigen Kinder zur Entwicklung von Symptomen neigten, die schüchtern waren und ein „schwieriges" Temperament hatten, d.h., Vermeidungsreaktionen gegenüber neuen Menschen und Situationen, langsames Anpassungsvermögen an Veränderungen, unregelmäßige biologische Rhythmen und hohe Intensität von Reaktionen zeigten.

Es gibt mittlerweile eine Reihe von Arbeiten, die Bezüge zwischen Temperamentsfaktoren im Säuglingsalter und später beobachtbaren psychischen Störungen nachweisen konnten (vgl. Caspi, 1998; Rothbart & Bates, 1998). Die Zusammenhänge sind jedoch bescheiden und die Vorhersagekraft nimmt zu, wenn andere Variablen einbezogen werden. So lassen Temperamentsfaktoren in Verbindung mit elterlichem Erziehungsstil oder anderen frühkindlichen Umständen bessere Vorhersagen für das Auftreten und Nichtauftreten zukünftiger psychischer Störungen zu (vgl. Zentner, 1998).

3. Das Passungsmodell

3.1 Zusammenhänge zwischen elterlichem Erziehungsverhalten und kindlichem Temperament

Bei genauerer Betrachtung der Fallgeschichten aus der NYLS fiel folgendes auf: Obschon Kinder mit bestimmten Merkmalen des Temperaments einem erhöhten Risiko ausgesetzt waren, psychische Störungen zu entwickeln, wurde jedes Kind als gefährdet angesehen, dessen Temperament mit den Erwartungen und Anforderungen der Umwelt nicht „zusammenpaßte". Daraus folgerten Chess und Thomas, daß Temperamentseigenschaften nicht deterministisch agieren.

Der Grund hierfür ist, daß sie keine feststehenden Bedeutungen haben, die unabhängig von einem bestimmten Kontext existieren. Vielmehr ist es der Kontext in Form von Werten, Normen und Erwartungen eines sozialen Umfeldes, der einer Temperamentsstruktur erst seine Bedeutung verleiht. Dies legt die Schlußfolgerung nahe, daß die bisher ermittelten Temperamentsfaktoren auch in ihren extremen Ausprägungen grundsätzlich als Variationen innerhalb *normaler Grenzen* anzusehen sind.

Ein Mädchen mit starkem Aktivitäts- und Bewegungsdrang muß dann als gefährdet angesehen werden, wenn es in einer engen Stadtwohnung ohne Spielfläche aufwächst. Auf einem Bauernhof unter einer Reihe männlicher Geschwister würde ein solches Mädchen nicht auffallen. Das hat nichts mit dem Temperament des Mädchens per se zu tun, sondern nur damit, wie sehr die gegebene individuelle Eigenart des Kindes mit den Eigenschaften des Umfeldes harmoniert.

Als Bezeichnung für entsprechende Harmonien und Disharmonien habe ich den Begriff „Passung" bzw. „Fehlpassung" gewählt (s. Zentner, 1998). Bei Vorhandensein einer Passung wurden in der NYLS positive Entwicklungen beobachtet, während Fehlentwicklungen aus einem ausgeprägten Mangel an einer solchen Übereinstimmung hervorzugehen schienen. Störungen, Konflikte und Fehlentwicklungen werden somit weder auf eine Pathologie oder ein Fehlverhalten der Eltern (oder auf andere Umweltnoxen) zurückgeführt, noch auf eine wie auch immer zu erklärende Störung des Kindes, sondern auf eine *Unvereinbarkeit der normalen Variationen der beiden Aspekte*.

Vergleicht man diesen Ansatz mit kausalen Modellen der Bindungstheorie oder der Psychoanalyse, so lassen sich charakteristische Unterschiede feststellen. In der klassischen Bindungsforschung wird z.B. ein unsicherer Bindungsstil auf unzureichende mütterliche Responsivität zurückgeführt (Ainsworth, Blehar, Waters & Wall, 1978; Bowlby, 1969). Dem können auch Vertreter der Passungshypothese zustimmen, da eine unzureichende mütterliche Responsivität häufig das ist, was als Endresultat beobachtet werden kann. Aber hinsichtlich der Frage, was die Ursache für dieses mütterliche Verhalten ist, unterscheiden sich die Auffassungen. Für Bindungstheoretiker ist die unzureichende Responsivität von der Mutter selbst verursacht, die somit in den Verdacht gerät, psychische Probleme zu haben.

Für Passungstheoretiker ist die folgende Perspektive realitätsnäher: Babys unterscheiden sich in ihrem Temperament. Jedes Elternpaar ist somit mit einem anderen Individuum konfrontiert. Vielfach wird sich Übereinstimmung allmählich einstellen. Gelegentlich wird jedoch auch der Fall eintreten, in dem sich die Mutter auf das besondere Temperament ihres Kindes nicht einstellen kann. Ihre Erwartungen sind auf einer Ebene, die Reaktionen des Säuglings auf einer anderen Ebene gelagert. Beide Varianten sind normal, aber die Übereinstimmung fehlt. Man geht davon aus, daß Übereinstimmung mit bestimmten Temperamentsfaktoren schwieriger herzustellen ist als mit anderen; die Anforderungen eines „Schreibabys" sind offensichtlich andere als diejenigen eines ruhigen Säuglings (Engfer, 1991; Papoušek & Papoušek, 1996).

Das Passungskonzept gibt m.E. einen fruchtbaren Rahmen für das Verständnis einer Reihe von Phänomenen ab, die für die emotionale Entwicklung sehr bedeutsam sind, z.B. die Entwicklung des Selbstwertgefühls.

So wird jede Reaktion, Einstellung oder Verhaltensweise der Eltern, die in Einklang mit der Eigenart und den Bedürfnissen des Kindes steht, die Entwicklung eines starken Selbstwertgefühls anregen. Elterliche Verhaltensmuster, die demgegenüber zu einer Fehlpassung mit dem Kind führen, werden das Selbstwertgefühl und Selbstvertrauen des Kindes unterminieren. Wenn, um es noch deutlicher zu sagen, ein Temperamentsmerkmal den Erwartungen des Erziehers in einem bestimmten sozialen Umfeld entgegenkommt, dann wird das Kind, das jenes Temperamentsmerkmal hat, gut mit seinem Umfeld harmonieren. Die Folge hiervon sind positive Interaktionen, Erlebnisse des Erfolgs und des Gelingens, d.h. überwiegend positive Emotionen, die die Basis für die Entwicklung eines positiven Selbstwertgefühls darstellen.

Im umgekehrten Fall, wenn ein Kind aufgrund eines oder mehrerer Temperamentsmerkmale die Erwartungen seines sozialen Umfelds nicht zu erfüllen vermag, werden negative Interaktionen und wiederholtes Scheitern in der frühkindlichen Entwicklung dem Aufbau eines positiven Selbstwertgefühls im Wege stehen. Dabei ist zu berücksichtigen, daß das Kind noch nicht die Mittel hat, um seine sich laufend ausdifferenzierenden Attribute an einem faktischen Standard zu messen; es wird diese somit primär im Lichte der elterlichen Ideale, Erwartungen und Standards evaluieren. Je größer die Diskrepanz zwischen dem aktuellen Selbstbild und dem wahrgenommenen elterlichen Ideal gegenüber dem Selbst, desto wahrscheinlicher eine gestörte Beziehung zu den Eltern und die Entwicklung von Gefühlen der Unzulänglichkeit, Traurigkeit und Hoffnungslosigkeit.

3.2 Forschungsansätze zum Passungsmodell

Die Passungshypothese ist somit kein Prärogativ einiger Temperamentsforscher; sie verortet sich im Gegenteil an einer äußerst spannenden Schnittstelle entwicklungspsychologischer, sozialpsychologischer und klinischer Interessen, die vermehrt zur Formulierung angemessener Forschungsparadigmen anregen.

Ein schon fast als klassisch zu bezeichnender Ansatz in diesem Forschungsbereich wurde von Lerner und seinen Mitarbeitern entwickelt. Aus dem Vergleich zwischen dem tatsächlichen Temperament einer Person und dem von den Bezugspersonen erwünschten Temperament werden Prognosen über die psychische Entwicklung dieser Person abgeleitet. Die Passungshypothese träfe dann zu, wenn die Prognosen, die sich aus der Diskrepanz zwischen Temperaments- und Anforderungsprofil der Umwelt ableiten lassen, zutreffender wären als die Prognosen, die sich nur aufgrund des Temperament ableiten lassen (s. Lerner, Lerner, Windle, Hooker, Lernez & East, 1986). Die Diskrepanz wird mittels eines Fragebogens, der sowohl eine Selbstberichts- als auch eine Erwünschtheits-Version enthält, operationalisiert. Dabei füllt das Kind oder der Jugendliche die Selbstberichtsversion aus und die Eltern die Erwünschtheitsversion.

Untersuchungen dieser Art erbrachten signifikante Korrelationen zwischen Diskrepanzwerten (Temperament-Erwünschtheit) und späteren Anpassungsmaßen, z.B. Verhaltensprobleme, äußere Erscheinung, soziale Beliebtheit und Integration, schulische und sportliche Kompetenz (z.B. Talwar, Nitz, Lerner & Lerner, 1991; vgl. auch Juang, Castellino & Hill, 1995). Diese Anpassungsmaße wurden sowohl von den Eltern bzw. Lehrern als auch vom Jugendlichen selbst eingeschätzt. Hingegen zeigten sich keine signifikanten Korrelationen zwischen Temperament und späteren Anpassungsmaßen. Somit hat sich tendenziell bestätigt, daß das Passungsmodell einen besseren Erklärungs- und Prognosewert hat als ein Modell direkter Beziehungen zwischen Temperament und Fehlanpassung.

Diese Methode ist in mehrfacher Hinsicht kritisiert worden (z.B. Asendorpf, 1997; Rothbart & Bates, 1998). So wurde bislang die Frage vernachlässigt, welche Diskrepanz genau betrachtet werden soll. Geht es um die Diskrepanz zwischen den elterlichen Erwartungen an das Kind und dem von den Eltern wahrgenommenen Temperament oder dem objektiven Temperament des Kindes? Umgekehrt gilt auch die Frage: Soll das vom Kind oder Jugendlichen eingeschätzte eigene Temperament zu den von ihm selbst wahrgenommenen Erwartungen oder aber zu den elterlichen Erwartungen in Beziehung gesetzt werden? „Passung" ist offensichtlich ein facettenreiches Phänomen, das wir derzeit im Rahmen eines von der Jacobs-Stiftung unterstützten Projekts in Genf untersuchen.

Neben Untersuchungen im Rahmen des familiären Umfelds bieten sich auch *inter*kulturelle Vergleiche für Untersuchungen zur Passungshypothese an. Ein besonders drastisches Beispiel führt die kulturell variierenden Deutungen des Konzepts „schwieriges Kind" vor Augen. DeVries (1984) untersuchte 47 Säuglinge im Alter zwischen zwei und vier Monaten aus dem Masai-Stamm in Kenia. Er identifizierte je zehn Babys mit einem sehr schwierigen und einem sehr einfachen Temperament gemäß den Kriterien von Chess und Thomas. Die Daten wurden kurz vor einer schweren Dürreperiode erhoben. Als DeVries fünf Monate später zurückkehrte, war 97% des Viehbestandes infolge der Dürreperiode verendet. DeVries konnte nur noch sieben Familien der „schwierigen" und sechs Familien der als „einfach" eingestuften Babys orten. So fand DeVries, daß von den sieben „einfachen" Babys fünf gestorben waren, während alle „schwierigen" Babys überlebt hatten.

Sind in unseren westlichen Mittelschichtsgesellschaften die Prognosen für das Kind mit „einfachem" Temperament vorteilhafter als für das Kind mit „schwierigem" Temperament, so verhielt es sich beim Masai-Stamm gerade umgekehrt. Eine naheliegende Interpretation ist, daß die „schwierigen" Babys entweder aufgrund ihres ausgeprägten Schreiens mehr Aufmerksamkeit erzwangen oder daß ein „schwieriger" Säugling in dieser Kultur höher eingeschätzt wird.

Eine weitere Illustration des Passungskonzepts stammt aus einer Längsschnittstudie, in welcher besonders schüchterne Kinder in den USA und in Schweden nach denselben Kriterien identifiziert und bis ins Erwachsenenalter hinein weiter untersucht worden waren. Es zeigte sich, daß in den USA Schüchternheit im Kindesalter ein Prädiktor für unterdurchschnittlichen späteren Berufserfolg war, nicht aber in Schweden (Caspi, Elder & Bem, 1988; Kerr, Lambert & Bem, 1996). Dieses Resultat läßt sich gut vor dem Hintergrund der unterschiedlichen Toleranz beider Kulturen gegenüber einem reservierten, introvertierten Verhaltensprofil verstehen. Größere Toleranz gegenüber Schüchternheit in Schweden mag dazu führen, daß schüchterne Menschen mehr Achtung und Respekt erfahren, ein entsprechend gutes Selbstwertgefühl entwickeln und damit in ihren Karrierechancen nicht behindert werden. In den USA mochte die relativ geringe Wertschätzung schüchternen Verhaltens zur gegenteiligen Entwicklung geführt haben.

4. Temperament und Emotionsregulation

4.1 Temperament und Attributionsstil der Eltern

Im Zuge des Wiederauflebens der Temperamentsforschung hat sich ein neues Gebiet etabliert, in dessen Zentrum die praktische Frage nach dem Umgang mit dem Temperament eines Kindes in Familien, Schulen, Tageseinrichtungen, Kinderkrippen und einer Reihe weiterer Institutionen für Kinder und Jugendliche steht (vgl. Bates, Wachs & Emde, 1994; Carey & McDevitt, 1989; 1994; Chess & Thomas, 1996; Zentner, 1998).

In einer Studie zur Wirksamkeit einer temperamentsbezogenen Beratung (Cameron, Rice, Rosen & Chesterman, in press) füllten Eltern vier Monate alter Babys einen Fragebogen aus, der das spezifische Temperamentsprofil des Babys erfassen soll. Die Eltern wurden anschließend in eine Experimental- und eine Kontrollgruppe eingeteilt. Die Eltern in der Experimentalgruppe (n = 151) erhielten aufgrund der Fragebogenergebnisse ein Temperamentsprofil ihres Säuglings zugesandt, einschließlich schriftlicher Informationen über (1) Probleme, die ein solches Profil im Altersabschnitt zwischen 4 und 16 Monaten mit sich bringen kann, und (2) über Möglichkeiten, mit diesen Schwierigkeiten umzugehen. Von den Kindern der Eltern in der Kontrollgruppe (n = 154) wurde zwar auch ein Temperamentsprofil hergestellt, den Eltern wurde dieses Profil jedoch nicht bekanntgegeben und ebensowenig irgendwelche temperamentsbezogenen Details.

Es zeigte sich, daß Eltern besonders aktiver und reizbarer Säuglinge von der Beratung profitierten: Im Vergleich zur Kontrollgruppe wurden bei den Eltern der Experimentalgruppe signifikant weniger Besuche beim Kinderarzt verbucht. Im Durchschnitt ergab sich eine Reduktion von ungefähr drei Sitzungen pro Jahr. Darüber hinaus führte die Beratung nach dem subjektiven Urteil der Betroffenen zu (1) einem besseren Verständnis für das Verhalten ihres Kindes, (2) einer erhöhten Akzeptanz diesem gegenüber, (3) einer größeren Selbstsicherheit und Kompetenz als Erzieher, (4) einer verbesserten Kommunikation mit anderen Eltern und (5) einer insgesamt besseren Beziehung zum Kind (Cameron et al., in press; vgl. für ein ähnliches Ergebnis auch Smith, 1994). Das Bemerkenswerte an diesem Resultat ist nicht so sehr, daß die Vermittlung temperamentsbezogener Konzepte den Eltern geholfen hätte, sondern daß dazu lediglich schriftliche Informationen ausreichten.

Es stellt sich hierbei die Frage nach den zugrundeliegenden Wirkungsmechanismen. Nun liegen präzise formulierte, empirisch überprüfbare Hypothesen zu den Auswirkungen einer Sichtweise, so wie sie sich aus der modernen Temperamentsforschung und der Passungshypothese ergibt, noch nicht vor. Allerdings lassen sich diese Ergebnisse anhand der Attributionstheorie erklären (vgl. Zentner, 1998). Information über das kindliche Temperament bringt die Eltern zunächst dazu, das Verhalten ihres Kindes anders zu sehen und zu erklären. Schon Zenon, Chrysipp, Seneca, Epiktet, Marc Aurel und andere Philosophen der Antike wußten, daß unterschiedliche Erklärungen entsprechend unterschiedliche emotionale Reaktionen und oftmals auch unterschiedliche Verhaltensreaktionen zur Folge haben. Im Bereich kognitiver Bewertungstheorien, insbesondere der Attributionsforschung, wurde diese antike Idee wieder aufgegriffen und führte zu einem reichhaltigen und differenzierten Forschungsprogramm, dessen Resultate in kognitiv ausgerichteten Therapieformen mit Erfolg genutzt werden. Die Attributionstheorie liefert einen Erklärungsansatz dafür, welche emotionalen und verhaltensmäßigen Folgen eine temperamentsbezogene Attribution haben könnte. Zur Illustration sei hier ein klassisches Beispiel aus der Attributionsforschung angeführt (Weiner, 1986).

Es ist einer der ersten schönen Frühlingstage. Sie haben sich mit einem Freund oder Partner in der Stadt verabredet. Sie warten 10, 30, 45 Minuten bis endlich ihr Partner erscheint. Nun stellen sie sich zwei verschiedene Szenarien vor. In einem Fall sagt ihnen der Partner: „Ich habe mir Zeit gelassen, da es heute draußen so schön ist." Diese Erklärung wird bei ihnen sofort den Eindruck erwecken, daß ihr Partner hätte *anders* handeln können. Die andere Person hätte also durchaus ihr unerwünschtes Verhalten kontrollieren können. Stellen sie sich nun vor, ihr Partner sagt ihnen: „Mein Auto ist mitten im Verkehr steckengeblieben." In diesem Fall stellen sich die Ursachen für das Fehlverhalten als nicht kontrollierbar heraus.

Die Attributionsforschung hat wiederholt zeigen können, daß im ersten Fall in der Regel Ärger, im zweiten Fall eher Verständnis und Mitgefühl die emotionalen Konsequenzen sind. Der entscheidende Attributionsfaktor ist eine Interpretation hinsichtlich der Kontrollierbarkeit des Verhaltens. Im ersten Fall hätte das unerwünschte Verhalten vermieden werden können, im zweiten nicht. Im ersten Fall *wollte* die Person nicht anders handeln, im zweiten *konnte* sie nicht anders. Schuld wiederum ist ein Gefühl, das sich nach Weiner (1986) dann einstellt, wenn die wahrgenommenen Ursachen eines unerwünschten Anlasses nicht das Verhalten einer anderen Person, sondern unser eigenes Verhalten betreffen, wobei wir wissen, daß dieses Verhalten kontrollierbar war, daß wir also anders hätten handeln können.

In jüngerer Zeit ist vermehrt auf die große Bedeutung hingewiesen worden, die diesen experimentell gut abgesicherten Erkenntnissen im Bereich der Kindererziehung beizumessen ist (s. Dix, 1991). Im Attributionsverhalten der Eltern ist daher das eigentliche Bindeglied zwischen dem Fehlverhalten des Kindes und der elterlichen Reaktion zu suchen. Bestimmte störende Verhaltensweisen wie Ungehorsam oder Aggressivität des Kindes führen bei den Eltern zu bestimmten Attributionen, die bestimmte Emotionen auslösen, die dann eine entsprechende Verhaltensreaktion zur Folge haben. In mehreren Studien konnte die Dimension der Kontrollierbarkeit als zentraler Attributionsfaktor bestätigt werden (s. Miller, 1995). Wenn Eltern denken, das Kind hätte auch anders handeln können, d.h., je mehr sie sein Verhalten als absichtlich interpretieren, desto ärgerlicher reagieren sie darauf.

Es ist anzunehmen, daß eine temperamentsorientierte Erklärung die Wahrnehmung der Kontrollierbarkeit und der Absichtlichkeit eines Verhaltens *tendenziell herabsetzen* wird. Stellen wir uns ein Kind mit Temperamentseigenschaften wie Vermeidung von Neuem, lautem Schreien und Unvorhersagbarkeit in Schlaf-, Eß- und Stuhlganggewohnheiten vor. Eltern sehen sich hier mit störendem Verhalten konfrontiert, das sich immer wieder einstellt und das sie mehr und mehr überfordert – ein Umstand, der verschiedenste emotionale Reaktionen auslösen kann. Welche es im einzelnen sind, wird – ähnlich wie im Fall der sich verspätenden Person – von den Attributionen der Eltern abhängen.

Vor dem Wiederaufleben der Kinder-Temperamentsforschung konnten die Erklärungen für auffälliges Verhalten, stark vereinfacht ausgedrückt, die folgenden Formen annehmen:

1. Das schwierige Verhalten resultiert daraus, daß die Erziehung versagt hat, daß wir etwas falsch machen.
2. Das Problemverhalten ist Symptom einer tiefliegenden psychischen Störung.
3. Das Problemverhalten ist auf den Trotz des Kindes zurückzuführen, darauf, daß das Kind es darauf angelegt hat, uns herauszufordern, die Grenzen zu testen.

Attributionstheoretischen Erkenntnissen gemäß darf man im ersten Fall Schuldgefühle und Selbstzweifel erwarten. Der zweite Fall ist nicht so einfach zu entscheiden: Hier wäre ein ebenfalls wenig konstruktiver Zustand zu erwarten, geprägt von allgemeiner Verunsicherung und ebenfalls von Gefühlen der Schuld wie im ersten Fall. Der dritte Fall ist wiederum sehr klar: Hier werden Gefühle der Feindseligkeit und des Ärgers die Oberhand gewinnen. Betrachten wir nun den vierten Fall: Die Aktionen werden manchmal von den besonderen Temperamentsmerkmalen des Kindes bestimmt, und diese variieren innerhalb normaler Grenzen. Je besser man sie versteht, desto einfacher wird der Umgang mit dem Kind.

Eine temperamentsorientierte Betrachtung des Problems kann erhebliche Entlastung mit sich bringen. Sie kann dazu führen, daß Eltern die problematischen Verhaltensweisen des Kindes weniger der eigenen Verantwortung anlasten (erster Fall), weniger pathologisieren (zweiter Fall) und auch weniger einer absichtsvollen Haltung des Kindes zuschreiben (dritter Fall). Das wahrscheinliche emotionale Resultat ist weniger Ärger, weniger Schuldgefühle und weniger Verunsicherung, was den Eltern letztlich einen entspannteren und konstruktiveren Umgang mit dem Kind ermöglicht.

4.2. Positive Deutung kindlicher Temperamentsmerkmale

Ein verändertes Attributionsverhalten ist lediglich ein Beispiel für die Art und Weise, in der eine temperamentsbezogene Sichtweise hilfreich sein kann. Die Entlastung, die durch ein ausgewogeneres Attributionsverhalten herbeigeführt werden kann, schafft die Voraussetzung für ein weiteres potentielles Wirkelement: Eine positive Deutung der besonderen Eigenschaften des Kindes.

Oft werden Temperamentsmerkmale, die im Mittelpunkt von Schwierigkeiten zwischen Eltern und Kind stehen, ausschließlich in bezug auf das Problemverhalten des Kindes wahrgenommen. Damit verbunden ist eine einseitig negative Einschätzung der Eigenart des Kindes, die dann zu Bedenken und Sorgen Anlaß geben mag wie: „Wird es ein schwieriges Kind bleiben?" „Es wird keine Freunde haben." „Wird eine wilde Person aus ihm?" „Kann es überhaupt gut in der Schule sein?" „Es wird immer stur bleiben." Nun ist bekannt, daß eine optimistische Haltung der Eltern ihren Kindern gegenüber mit positiven, pessimistische Erwartungen und Einstellungen aber eher mit negativen Entwicklungsverläufen der Kinder assoziiert sind (s. Gretarsson & Gelfland, 1988). In diesen Studien zeigte sich auch, daß Eltern in ihrem erzieherischen Engagement und Elan bestärkt werden, wenn sie den Eindruck haben, daß sich das Kind positiv entwickeln wird.

Die Wiederherstellung einer optimistischen Sicht der Eigenart des Kindes stellt für eine temperamentsbezogene Sichtweise insofern keine Probleme dar, als mit jedem Temperamentsmerkmal Schwächen *und* Stärken verbunden sind. So kann eine weitere Verbesserung in der Beziehung zum Kind dadurch erfolgen, daß man von Temperamentsmerkmalen, auch wenn sie zunächst problematisch erscheinen, die positiven Aspekte verdeutlicht und herausstreicht.

Ein Kind mit niedriger Regelmäßigkeit biologischer Funktionen mag entnervten und erschöpften Eltern nur noch als unberechenbar erscheinen; positiv gesehen ist mit einem solchen Temperamentsmerkmal jedoch auch *Flexibilität* verbunden. Ein anderes Kind mit starker Ausdauer mag oft als stur erscheinen. Weshalb sehen wir nicht das Positive und würdigen, daß ein solches Kind an seinen *Absichten festhält*. Ein hochaktives Kind erscheint uns vielleicht als wild und aufgedreht. Wie wäre es, sein Temperament als *energisch* einzustufen? Ein Kind mit hoher Intensität wird uns vielleicht nur noch durch sein Herumlärmen auffallen. Was dies aber auch bedeutet, ist ein *begeisterungsfähiges* Kind. Ein ablenkbares Kind ist vielleicht ablenkbar, weil es viel wahrnimmt; also ist es doch auch besonders *hellhörig* und *sensibel*. Kinder mit geringer Anpassungsfähigkeit mögen uns als stur erscheinen, weil sie Veränderungen zunächst ablehnen; viele Erwachsene in verantwortungsvollen Positionen werden jedoch aufgrund dieser Eigenschaften sehr geschätzt. Man würdigt bei ihnen die *traditionelle* oder *konservative* Einstellung. Andere Eltern machen sich vielleicht Sorgen wegen eines schüchternen Kindes – es mag das gleiche Kind sein, das zehn Jahre später, wenn sich seine Mitschüler leichtsinnig verhalten, *vorsichtig* und damit klüger handelt. Man könnte mit einer Reihe weiterer Beispiele fortfahren.

4.3. Die reziproke Natur der Passung

Passung ist kein Zustand, sondern ein Prozeß, der im wesentlichen reziproker Natur ist. Nicht nur die Eltern können regulierend in den Temperamentsausdruck des Kindes eingreifen, indem sie günstige Bedingungen schaffen; auch das Kind kann Kompetenzen entwickeln, um sein Temperament bzw. seine Emotionalität zu regulieren, wenn die Umstände es erfordern. Dieser Aspekt ist sogar von ganz besonderer Bedeutung, wie aus folgendem hervorgeht.

Verschiedene Meilensteine in der Entwicklung des Kindes, vom Annehmen bestimmter Essensgewohnheiten und der Sauberkeitserziehung über das Erlernen von Grundregeln des Sozialverhaltens bis zur Bewältigung schulischer Grundanforderungen, sind je nach Temperamentsstruktur leichter oder schwieriger zu bewältigen. Auch wenn wir grundsätzlich dafür eintreten, daß das Kind seinem Temperament gemäß leben sollte, wird man dennoch gelegentlich auf die Grenzen dieses Prinzips stoßen. Man kann dem Kind die Bewältigung solcher Aufgaben nicht einfach aus „Temperamentsgründen" erlassen. Bestimmte Kinder neigen zum Beispiel zu übertriebener Furchtlosigkeit, sie gehen auf alle möglichen gefährlichen Gegenstände und fremde Menschen bedenkenlos zu. Dieses Verhalten nicht als provokativ oder abnormal fehlzuinterpretieren, das Positive darin zu sehen, und die Unternehmungslust eines solchen Kindes nicht unnötig zu unterdrücken, ist wichtig, aber kein Ersatz dafür, daß das Kind lernen sollte, potentielle Risiken zu erkennen und zu meiden. Vorsicht gehört aber gerade nicht zum gegebenen Verhaltensrepertoire des Kindes und nicht zu jenen Verhaltensweisen, die es leicht hervorbringen oder erlernen kann. Um die notwendigen Lern- bzw. Regulationsprozesse zu erleichtern, können bestimmte Übungen eingesetzt werden (s. Zentner, 1998).

Der Umgang mit dem Temperament erweist sich somit stets als zweigleisiger Prozeß. Dies gilt selbstverständlich nicht nur für Eltern-Kind-Dyaden. All das, was bisher gesagt wurde, läßt sich auf ein Verständnis von Konflikten unter Erwachsenen übertragen, auch wenn das Konfliktlösungspotential einer passungsbezogenen Sichtweise in diesem Kontext bisher kaum ausgeschöpft worden ist. Dennoch haben Chess und Thomas, die Pioniere moderner Temperamentsforschung, immer wieder darauf aufmerksam gemacht, wie sie das Passungsmodell zur Behandlung von Ehekrisen eingesetzt haben, mit denen sie in ihrer Arbeit als Psychiater immer wieder konfrontiert worden waren (Chess & Thomas, 1996).

5. Ausblick

Die Bezüge zwischen Temperament und Emotionsentwicklung lassen sich, abschließend beurteilt, auf verschiedenen Ebenen nachzeichnen. Temperamentsfaktoren können einerseits als teilweise angeborene „emotionale Brillengläser" betrachtet werden, durch die hindurch wir von früh an unsere Umwelt in einer bestimmten Art und Weise erleben und interpretieren. Der zweite Teil dieses Beitrages weist allerdings über diese klassische Bedeutung hinaus und legt die soziale Dimension des Temperaments offen. Wir kommen so zu der Schlußfolgerung, daß eine Inhaltsbestimmung der Kinder-Temperamentsforschung als Gebiet, das sich hauptsächlich mit den Ursprüngen und biologisch-endogenen Grundlagen von Persönlichkeitsunterschieden befaßt, zwar nicht falsch ist, aber unvollständig bleibt. Immer wichtiger wird das Konzept des Temperaments als Mittel zur Beschreibung und zum Verständnis von individuellen Unterschieden im frühen Kindesalter. Unabhängig davon, was diese Unterschiede im einzelnen verursacht, stellen sie für alle, die mit Kindern zu tun haben, eine ständige Realität dar. Wie wir diese individualtypischen Verhaltens- oder Emotionsbereitschaften repräsentieren, interpretieren, bewerten und wie wir mit ihnen umgehen, kann in bedeutsamer Weise unsere Beziehung zum Kind und infolgedessen auch dessen emotionale Entwicklung beeinflussen.

Diese immer aktueller werdende Erkenntnis war z.B. das zentrale Thema einer im März 1999 vom Rheinländischen Amt für Kinder und Familien organisierten Fachtagung, in der Erzieher von mehreren tausend Tageseinrichtungen für Kinder über Möglichkeiten des Umgangs mit unterschiedlichen Temperamenten orientiert wurden. Das Interesse, auf das diese Tagung stieß, scheint Zeichen eines wachsenden Bedürfnisses, Erziehungsformen zu finden, die auf radikale Umerziehung verzichten und im Sinne einer stärkeorientierten Förderung das Kind in seiner Individualität akzeptieren.[4] Im Sinne dieser Umorientierung fragt Panksepp (1998a), ein führender Spezialist auf dem Gebiet der neurobiologischen Emotionsforschung[5]:

Should one extreme of the normal population be stigmatized or drugged because their natural tendencies conflict with societal demands, or should educational systems be redesigned to address the natural diversity that exist in human children? Could we create a healthier society by modifying educational practices to better handle such differences? (p. 3)

---

[4] Über diese Tendenzen äußerte sich auch R. Dollase in einem Interview (vgl. Jugendhilfe-Report, 1997, Nr. 3)
[5] s. auch Panksepp (1998). Attention deficit hyperactivity disorders, psychostimulants, and intolerance of childhood playfulness: A tragedy in the making? *Current Directions in Psychological Science, 7,* 91-98.

Frühkindliche Bindungserfahrungen und Emotionsregulation

Gottfried Spangler

Einleitung	177
1. Allgemeine Aspekte der Bindungsentwicklung	177
1.1 Was ist Bindung?	177
1.2 Die Funktion von Emotionen in der Organisation des Bindungsverhaltens	178
1.3 Bezugspersonen als externe Regulationsinstanz kindlicher Emotionen	179
1.4 Die Bedeutung der elterlichen Feinfühligkeit	181
2. Differentielle Aspekte der Bindungsentwicklung	184
2.1 Die Erfassung der Bindungsqualität mit der Fremde-Situation	185
2.2 Feinfühligkeit und Bindungssicherheit	186
3. Emotionale Regulationsmuster und Bindungsqualität	187
3.1 Emotionale Ausdrucksmuster und Bindungsqualität	187
3.2 Psychophysiologische Reaktionsmuster und Bindungsqualität	189
3.3 Differentielle emotionale Regulationsmuster	193
4. Konsequenzen von Bindungsunterschieden für die weitere sozio-emotionale Entwicklung	194

Einleitung

Die Bindungstheorie (Bowlby, 1984; Ainsworth, Blehar, Waters & Wall, 1978; Grossmann, Becker-Stoll, Grossmann, Kindler, Schieche, Spangler, Wensauer & Zimmermann, 1997; Spangler & Zimmermann, 1995) stellt eine motivational-emotionale Entwicklungstheorie dar, die sowohl biologische und soziale Elemente als auch kognitive und emotionale Elemente miteinander verbindet. Sie geht im Rahmen der sozio-emotionalen Entwicklung von biologisch vorgegebenen Verhaltenssystemen aus, die aufgrund sozialer Erfahrungsprozesse im Verlauf der Entwicklung in spezifischer Weise organisiert werden und dabei auch kognitive Organisationselemente in sich aufnehmen. Emotionale Entwicklung ist in der Bindungstheorie eng verknüpft mit dem Aufbau bzw. der Entwicklung von sozialen Beziehungen (Bindungen) zwischen dem Kind und seinen primären Bezugspersonen. Emotionen besitzen dafür einerseits eine wichtige Regulationsfunktion, andererseits wird diese Funktion in ihrer Wirkungsweise durch spezifische Erfahrungen mit den primären Bezugspersonen modifiziert. In diesem Beitrag soll auf die Regulationsfunktion von Emotionen und ihre Einbettung in den Prozeß der Bindungsentwicklung eingegangen werden, wobei die Entwicklung individuell unterschiedlicher Regulationsmuster im Vordergrund stehen wird.

1. Allgemeine Aspekte der Bindungsentwicklung

1.1 Was ist Bindung?

Die Bindungstheorie geht von einem grundlegenden Bedürfnis des Kindes nach Geborgenheit, Kontakt und Liebe aus. Nach diesem Verständnis ist Bindung ein emotionales Band zwischen zwei Personen, eine stabile Neigung, Nähe und Kontakt zur anderen Person zu suchen. Das Bedürfnis nach Bindung wird phylogenetisch durch seine biologische Funktion erklärt, die darin besteht, daß dem Kind durch die Nähe zur Bezugsperson Schutz vor Gefahren gewährt wird und Möglichkeiten zum Lernen geboten werden.

Bindung wird als Primärbedürfnis betrachtet – im Gegensatz zu sekundärtriebtheoretischen Vorstellungen von Freud oder der klassischen Lerntheorie. Sie ist als ein Verhaltenssystem konzipiert, welches sich zur Näheregulation zweier Unterklassen von Verhalten bedient: (1) aktives Bindungsverhalten, mit dem das Kind die Nähe zur Bezugsperson herstellt, sei es durch Suchen, Hinkrabbeln oder -laufen, und (2) Signal- oder Ausdrucksverhalten, bei dem das Kind durch emotionalen Ausdruck wie Weinen, Jammern und Trauer- oder Freudemimik an die Bezugsperson appelliert, Nähe und Kontakt zu ihm herzustellen. Beide Verhaltensklassen können auch zusammen auftreten. Bindung wird als ein hypothetisches Konstrukt für die innere Organisation dieser Bindungsverhaltensweisen aufgefaßt.

Die Bindung eines Kindes zu seiner Bezugsperson entsteht im Laufe des ersten Lebensjahres. Bindungsverhaltensweisen wie Weinen, Schreien, Anklammern oder Saugen gehören bereits zur Verhaltensausstattung im Neugeborenenalter. Sie haben Signalcharakter für die Bezugsperson, die ihrerseits mit einem Pflegeverhaltenssystem ausgestattet ist, das es ihr ermöglicht, prompt und fürsorglich auf die kindlichen Signale zu reagieren. Das Neugeborene ist also prä-adaptiv an die soziale Umwelt angepaßt und umgekehrt.

Die Entstehung der Bindung erfolgt in vier Phasen (vgl. Bowlby, 1984; Ainsworth et al., 1978):

1. In der ersten Phase, die etwa bis zum zweiten oder dritten Lebensmonat dauert, zeigt das Kind deutlich Orientierungsverhalten gegenüber Menschen, reagiert bevorzugt auf soziale Reize, differenziert aber noch kaum zwischen verschiedenen Personen. Während dieser Phase werden allerdings beim Kind schon gewisse Erwartungen bezüglich des Verhaltens von Bezugspersonen aufgebaut.
2. In der zweiten Phase, die etwa bis zum sechsten Lebensmonat dauert, wird das Orientierungsverhalten zunehmend auf vertraute Personen beschränkt. Von einer Bindung wird aber noch nicht gesprochen, da das Kind kaum aktives Bindungsverhalten zeigt.
3. In der dritten Phase ab dem sechsten Lebensmonat zeigt das Kind zunehmend differenziertes Verhalten im Umgang mit anderen. Fremden begegnet es mit Zurückhaltung und Vorsicht. Das Kind ist darum bemüht, Nähe zur Bezugsperson aufrechtzuerhalten. Es benutzt sie als „sichere Basis" für seine Erkundungen der Umwelt. Das Kind reagiert mit Schreien auf das Weggehen der Bezugsperson und läßt sich, wenn es schreit, nur von ihr trösten. Mit fortgeschrittener lokomotorischer Entwicklung zeigt es zunehmend aktives Bindungsverhalten in Form von Kontaktaufnahme, Nachfolgen etc. anstelle von ausschließlich emotionalem Ausdrucksverhalten. Das Verhalten des Kindes wird zunehmend zielorientiert. Die einzelnen Bindungsverhaltensweisen werden zu einem Verhaltenssystem organisiert, dem sie funktionell untergeordnet werden. Das heißt, in Abhängigkeit vom Aktivierungszustand des Bindungsverhaltenssystems bzw. von Kontextbedingungen können Bindungsverhaltensweisen nach Art und Intensität zunehmend flexibel eingesetzt werden.
4. In der vierten Phase, die etwa im dritten Lebensjahr beginnt, bildet das Kind eine zielkorrigierte Partnerschaft zu seinen Bezugspersonen aus. Das Kind ist aufgrund seiner kognitiven Entwicklung immer mehr in der Lage, auch Erwartungen und Bedürfnisse seiner Bezugspersonen in seine eigene Verhaltenssteuerung einzubeziehen.

1.2 Die Funktion von Emotionen in der Organisation des Bindungsverhaltens

Für die Organisation des Bindungsverhaltenssystems spielen nach Bowlby (1984) Emotionen eine zentrale Rolle. Er charakterisiert sie als „Phase der intuitiven Einschätzung der eigenen organismischen Zustände und Handlungsantriebe" oder „der Aufeinanderfolge der vom Individuum erfaßten Umweltsituationen" (S. 107). Demzufolge sind Emotionen eng mit Bewertungsprozessen verbunden. Sie liefern dem Organismus in einer gegebenen Situation Informationen darüber, inwiefern sie der Befriedigung der eigenen Bedürfnisse dienlich oder hinderlich ist, und tragen somit zur Aktivierung eines angemessenen Bewältigungsverhaltens bei (vgl. Holodynski & Friedlmeier, i. d. Bd.). Diese Bewertungsprozesse können auf unterschiedlichen Ebenen ablaufen, auf bewußter Ebene (Erleben), auf der Verhaltensebene (Ausdruck) und auf physiologischer Ebene.

Solche kontinuierlich ablaufenden Bewertungsprozesse dienen nach Bowlby sowohl als Warnsystem zur Regulation der eigenen Verhaltensweisen als auch – über den emotionalen Ausdruck – als Kommunikationssystem zur Regulation der Verhaltensweisen eines Kommunikationspartners. Im Einführungskapitel dieses Buches wird ersteres mit dem Begriff „intrapsychische Regulationsfunktion" und letzteres mit dem Begriff „interpsychische Regulationsfunktion" bezeichnet. Emotionen erfüllen demnach in der Verhaltensorganisation eine Doppelfunktion. Entfernt sich beispielsweise die Mutter eines Kleinkindes in einer fremden Umgebung etwas zu weit von ihrem Kind, so treten bei ihm negative Emotionen in Form von Kummer oder Angst auf und aktivieren sein Bindungsverhaltenssystems. Das

Kind zeigt Ausdrucksverhalten wie Weinen, ängstliches Rufen und/oder aktives Bindungsverhalten wie Suchen oder Nachfolgen. Letzteres offenbart die interne (intrapsychische) Regulationsfunktion der Emotionen: Das Kind stellt von sich aus die nötige Nähe zur Bezugsperson wieder her. Ersteres offenbart die soziale (interpsychische) Regulationsfunktion der Emotionen: Der emotionale Ausdruck des Kindes veranlaßt die Bezugsperson über die Aktivierung ihres Pflegeverhaltenssystems die nötige Nähe zum Kind wieder herzustellen, indem sie z.B. wieder umkehrt, Körperkontakt zu ihm aufnimmt, es tröstet (Bowlby, 1984). Durch das emotionale Ausdrucksverhalten bewirkt das Kind somit eine durch soziale Prozesse vermittelte Verhaltensregulation.

Langfristig führen solche Erfahrungen zum Aufbau spezifischer Erwartungen des Kindes bezüglich der Verfügbarkeit der Bezugsperson. Das Kind erwirbt eine gewisse Sicherheit in seiner Bindung zu dieser spezifischen Bezugsperson. Nach Bowlby entwickelt sich ein sog. „inneres Arbeitsmodell" von Bindung, welches in bindungsrelevanten, emotional belastenden Situationen entscheidend zur Verhaltens- und Emotionsregulation beiträgt. In der sensomotorischen Phase bis zur Mitte des zweiten Lebensjahres ist das Innere Arbeitsmodell prozedural organisiert, d.h. die kindlichen Erwartungen gehen mit spezifischen Verhaltensstrategien einher. Mit fortschreitender kognitiver Entwicklung bzw. mit dem Spracherwerb spielen mentale Strategien eine zunehmend wichtige Rolle in der Organisation des Inneren Arbeitsmodells. Die Bindungsrepräsentation beim älteren Kind oder Erwachsenen umfaßt Vorstellungen und Erwartungen über sich selbst und über die Bezugsperson und deren Verfügbarkeit sowie Vorstellungen und Bewertungen über die Bedeutung von Bindungen. Das Innere Arbeitsmodell ist demzufolge auch deklarativ organisiert.

Bei der Bindung handelt es sich um ein umweltstabiles Phänomen. Jedes Kind wird eine Bindung entwickeln, sofern überhaupt eine Bindungsperson zur Verfügung steht. Allerdings haben Lernprozesse einen deutlichen Einfluß auf die qualitative Ausprägung von Bindung, die sich in der spezifischen Organisation des Inneren Arbeitsmodells manifestiert (Grossmann & Grossmann, 1986). Kinder können sehr unterschiedliche Erfahrungen bezüglich der Verfügbarkeit der Bezugsperson machen, denn prä-adaptiv angemessene soziale Reaktionen der Bezugspersonen treten nicht notwendigerweise auf, d.h., es wird von interindividuellen Unterschieden in der Qualität des Pflegeverhaltenssystems ausgegangen. Wenn unangemessenes Verhalten in systematischer Weise auftritt, kann dies entscheidende Konsequenzen für die Entwicklung des Inneren Arbeitsmodells haben und damit für die Art und Weise der Verhaltens- und Emotionsregulation in belastenden Situationen.

1.3 Bezugspersonen als externe Regulationsinstanz kindlicher Emotionen

Schon Neugeborene verfügen über basale Fähigkeiten, ihr Verhalten zu regulieren (Brazelton, 1984). So sind sie beispielsweise in der Lage, ihr Verhalten auf soziale oder nicht-soziale Stimuli auszurichten (Orientierungsfähigkeit) sowie störende taktile, visuelle oder akustische Reize auszublenden (Habituationsfähigkeit), wenn sie sich als nicht schädigend erwiesen haben. Sie können einen negativen Erregungszustand modulieren, indem sie ihre Aufmerksamkeit auf „interessante" Stimuli in der Umgebung lenken oder sich mit Hilfe sozialer Stimuli (Stimme, Berührung, Körperkontakt) beruhigen.

Die Regulationsfähigkeiten eines Neugeborenen sind jedoch noch sehr eingeschränkt. Holodynski (i. d. Bd.) spricht von der eingeschränkten handlungsregulierenden Funktion von Emotionen beim Säugling. So ist beispielsweise Selbstberuhigung nicht jederzeit und oft nur solange möglich, bis ein gewisser Erregungszustand überschritten wird. Ausgeprägtes Orientierungsverhalten ist von optimalen Bedingungen im Hinblick auf den kindlichen Wachheitszustand abhängig (Brazelton, 1984). Darüber hinaus unterliegt die Regulationsfähigkeit beim Neugeborenen oder kleinen Säugling aufgrund der relativ großen Zustandsvariabilität großen Schwankungen (vgl. Spangler & Scheubeck, 1993).

Daraus folgt, daß Neugeborene oft auf eine interpsychische Regulation durch ihre Bezugspersonen angewiesen sind. Aufgrund ihrer bevorzugten Reaktivität auf soziale Stimuli sind sie phylogenetisch darauf vorbereitet. Ältere Säuglinge können ihr Verhalten in vertrauten Alltagssituationen, die nur geringe emotionale Belastungen mit sich bringen, zu einem gewissen Grad selbst organisieren (Als, 1986); sie benötigen aber insbesondere in Situationen, die bei ihnen negative Emotionen auslösen, die Unterstützung ihrer Bezugsperson, um die Situation angemessen bewältigen zu können.

Die Regulationsfunktion elterlichen Verhaltens konnte in vergleichenden Tierstudien auch experimentell nachgewiesen werden. So konnten Hofer und Mitarbeiter (vgl. Hofer, 1995) bei Ratten den Einfluß spezifischer mütterlicher Verhaltensregulatoren (z.B. Nähe, Wärme, Ablecken, Füttern) sowohl auf physiologische Prozesse als auch auf das Verhalten bei den Jungtieren belegen. Ebenso konnte eine Vermittlung dieser Einflüsse über spezifische sensorische Systeme und Rezeptoren nachgewiesen werden. Ein simultaner Entzug aller Regulatoren (wie dies beispielsweise bei einer Trennung der Fall ist) führt zu einem deutlichen Anstieg der negativen Vokalisationsrate.

Für die menschliche Entwicklung verbieten sich experimentelle Manipulationen der elterlichen Regulationsfunktion. Hier sind statt dessen längsschnittliche Beobachtungsstudien an Eltern-Kind-Paaren die Methode der Wahl.

In einer Längsschnittstudie haben wir Säuglinge von 3, 6 und 9 Monaten in verschiedenen Situationen beobachtet, die sich im Grad der Anforderung an das Kind unterschieden (Spangler, 1992; Spangler, Schieche, Ilg, Maier & Ackermann, 1994). Dies waren zum einen eine freie Spielsituation mit der Mutter, zum anderen kurze Szenen, in denen das Kind allein war, und schließlich ein Entwicklungstest, der von einem fremden Versuchsleiter durchgeführt wurde. Zur Erfassung des negativen emotionalen Ausdrucksverhalten der Kinder während dieser Situationen wurde das Ausmaß negativer Vokalisation und motorischer Unruhe mit 6-Punkte-Skalen erfaßt. Diese wurden über die Beobachtungssituationen hinweg in Intervallen von je 30 Sekunden angewandt. Für einzelne Situationen bzw. Phasen wurden dann durch Mittelwertsbildung über die Intervalle Gesamtwerte für die emotionalen Ausdrucksparameter (negative Vokalisation, motorische Unruhe) bestimmt.

Ein Vergleich der Werte über die Altersstufen hinweg zeigte deutlich eine altersabhängige Abnahme negativer emotionaler Reaktionen. Dies deutet auf die zunehmende Fähigkeit der Kinder hin, die emotionale Stabilität in diesen Situationen aufrechtzuerhalten (vgl. Spangler, 1992). Im Alter von drei Monaten zeigten die Säuglinge selbst in der freien Spielsituation mit der Mutter ein relativ hohes Ausmaß an negativem Ausdruck. Diese freien Spielsituationen stellten also noch eine gewisse Anforderung und emotionale Belastung dar. Später, im Alter von 9 Monaten, wurde hingegen ein hohes Ausmaß an negativen emotionalen Reaktionen nur noch in den stärkeren Anforderungs- und Belastungssituationen beobachtet, während beim freien Spiel negative Emotionen nur vereinzelt bzw. kurz zu Beginn feststellbar waren (Spangler, 1992).

Säuglinge sind also insbesondere in den ersten Lebensmonaten und auch noch später in spezifischen Anforderungssituationen sehr stark auf ihre Bezugsperson als eine externe Organisationsinstanz angewiesen (Spangler et al., 1994).

1.4 Die Bedeutung der elterlichen Feinfühligkeit

Damit das elterliche Verhalten dem Säugling gegenüber in optimaler Weise zu seiner Verhaltens- und Emotionsregulation beitragen kann, muß es bestimmten Anforderungen genügen. Nach den Ergebnissen der Bindungsforschung ist die Feinfühligkeit der Bezugsperson sehr entscheidend (Ainsworth et al., 1978). Feinfühligkeit ist die Fähigkeit, (1) kindliche Signale wahrzunehmen, (2) sie richtig zu interpretieren und (3) prompt und (4) angemessen darauf zu reagieren. Den Bezugpunkt für die Beurteilung der Feinfühligkeit stellen sowohl das kindliche Verhalten als auch sein emotionaler Ausdruck dar. Sie dienen als Zeichen, aus denen sich die augenblickliche Bedürfnislage des Kindes und seine an die Bezugsperson gerichteten Appelle erschließen lassen. Die Wahrnehmung und Interpretation dieser kindlichen Appelle setzt auf seiten der Mutter Bewältigungshandlungen in Gang, die zu einer Reorganisation der kindlichen Verhaltensweisen bezüglich seiner Bedürfnislage beitragen.

In diesem interpsychischen Regulationsprozeß zwischen Kind und Bezugsperson spielen auf seiten der Bezugsperson zunächst Aufmerksamkeits- und Bewertungsprozesse eine wesentliche Rolle. Eine feinfühlige Bezugsperson ist in der Lage, das teilweise sehr unspezifische und subtile Ausdrucksverhaltens des Kindes richtig wahrzunehmen und auf dieser Basis die kindlichen Bedürfnisse richtig zu erschließen, und zwar unabhängig von ihren eigenen augenblicklichen Bedürfnissen.

Dies ist insbesondere im Säuglingsalter notwendig, da die Möglichkeiten des Kindes, auf seine Umwelt einzuwirken, noch sehr begrenzt sind. Kommunikation vollzieht sich vor allem durch den Emotionsausdruck, mit dem der aktuelle Befriedigungsgrad der kindlichen Bedürfnisse der Bezugsperson signalisiert wird. So weint beispielsweise das Kind, um der Mutter zu signalisieren, daß es Nahrung, Wärme, Nähe, Körperkontakt oder Geborgenheit braucht. Negativer emotionaler Ausdruck ist daher in diesem Entwicklungsstadium des Kindes eine angemessene Form der kindlichen Kommunikation, die im Lauf der weiteren Entwicklung zugunsten differenzierterer und wirksamerer Kommunikationsformen reduziert wird (Ainsworth & Bell, 1974).

Sehr entscheidend hierfür sind aber neben Aufmerksamkeits- und Bewertungsprozessen vor allem die konkreten Reaktionen der Bezugsperson auf die kindlichen Appelle. Auf seiten der Bezugsperson muß die Bereitschaft und die Fähigkeit gegeben sein, auf die kindlichen Signale prompt und den Fähigkeiten und Bedürfnissen des Kindes angemessen einzugehen. Wenn das kindliche Weinen Signalfunktion bezüglich kindlicher Bedürfnisse besitzt, ist das Eingehen der Mutter auf das Weinen des Kindes in Form von Trostspenden und weiteren Bewältigungshandlungen, die die Bedürfnisse des Kindes befriedigen helfen, die einzig angemessene Reaktion. Sie führt nicht, wie aus verhaltenstheoretischer Sicht ursprünglich angenommen (z.B. Gewirtz & Boyd, 1977), zu einer generalisierten Verstärkung und Ausweitung des Weinens. Das Kind macht vielmehr die Erfahrung, daß der Ausdruck seiner Bedürfnisse eine wirksame Strategie zur Verhaltensregulation ist, denn Weinen erweist sich als effektives Kommunikationsmittel für bestimmte Bedürfnislagen. Empirischen Untersuchungen aus der Arbeitsgruppe von Ainsworth zufolge können durch sehr feinfühliges Reagieren der Mutter auf kindliches Weinen in den ersten Lebensmonaten ein vermindertes Auftreten von Weinen sowie differenzierte Kommunikationsfertigkeiten gegen Ende des ersten Lebensjahres vorhergesagt werden (Bell & Ainsworth, 1972; Ainsworth & Bell, 1974).

Feinfühligkeit besteht jedoch nicht in einer stereotypen Anwendung unterstützender Verhaltensweisen. Was jeweils für die kindliche Verhaltensregulation förderlich ist, wandelt sich mit dem Alter des Kindes. Entscheidendes Kriterium hierfür sind die jeweils in einem bestimmten Alter bei einem bestimmten Entwicklungsstand gegebenen kindlichen Verhaltenskompetenzen. Mit zunehmendem Alter und unterstützt durch die interpsychische Regulation wird das Kind immer mehr zur intrapsychischen Verhaltensregulation in der Lage sein und deshalb die Unterstützung der Bezugsperson von sich aus immer weniger in Anspruch nehmen bzw. nur dann, wenn eigene Möglichkeiten erschöpft sind (vgl. Sroufe, 1979). Auch eine Ermunterung oder Hinführung des Kindes von seiten der Mutter zu einer intrapsychischen Verhaltensregulation steht nicht im Widerspruch zum Feinfühligkeitskonzept, solange dies nicht in Situationen geschieht, die für das Kind eine Überforderung darstellen.

Mütterliche Feinfühligkeit wird mit Hilfe der Ainsworth'schen Feinfühligkeitsskala erfaßt (Ainsworth et al., 1978; deutsche Version in Grossmann, 1977), einer in Anlehnung an die oben genannten Kriterien definierten Verhaltenszuordnungsskala, deren Reliabilität und Validität sich in einer Vielzahl von Studien erwiesen hat (z.B. Ainsworth et al., 1978, Grossmann, Grossmann, Spangler, Suess & Unzner, 1985; Spangler, Fremmer-Bombik & Grossmann, 1996; van IJzendoorn, 1995).

Die interpsychische Regulationsfunktion des elterlichen Verhaltens läßt sich beim Kind sowohl auf Verhaltensebene als auch auf physiologischer Ebene nachweisen (Spangler et al. 1994; Gunnar, Larson, Hertsgaard, Harris & Brodersen, 1992). Bei unserer bereits angeführten Längsschnittstudie konnten wir dies bei den dreimonatigen Säuglingen während des freien Spiels deutlich beobachten. Kinder wenig feinfühliger Mütter zeigten im Gegensatz zu den anderen Kindern im Verlauf der Spielsituation eine deutliche Zunahme des negativen Emotionsausdrucks, d.h. sowohl der negativen Vokalisation als auch der motorischen Unruhe (vgl. Abb. 1). Im Alter von sechs Monaten erschien die emotionale Stabilität der Kinder im freien Spiel schon relativ unabhängig vom aktuellen mütterlichen Verhalten, was sich bis zum Alter von neun Monaten weiter fortsetzte. Mit neun Monaten kommt allerdings bei den Kindern wenig feinfühliger Mütter zu Beginn der Spielsituation in der motorischen Unruhe noch eine erhöhte emotionale Anspannung zum Ausdruck, die sich aber im Verlauf der Spielsituation reduziert (vgl. Abb. 1).

Auf physiologischer Ebene haben wir das Hormon Cortisol erfaßt, welches in Streßsituationen ausgeschüttet wird und daher als physiologischer Indikator für Streßreaktionen herangezogen werden kann. Zu allen drei Alterszeitpunkten war bei den Kindern wenig feinfühliger Mütter der Anteil der Kinder mit einem Cortisolanstieg höher (vgl. Abb. 2). Der Unterschied konnte aber nur mit 3 und 6 Monaten statistisch nachgewiesen werden (vgl. Spangler et al., 1994).

Während also mit 3 Monaten die Kinder noch deutlich auf soziale bzw. interpsychische Regulation angewiesen sind, ist mit 9 Monaten für die meisten Kinder eine autonome Regulation in einer entspannten Spielsituation möglich. Obwohl sich bei den Kindern wenig feinfühliger Mütter zu Beginn Anpassungsschwierigkeiten andeuteten, konnte eine Regulation auf der Verhaltensebene doch noch erfolgen. Dagegen gelang bei immerhin der Hälfte dieser Kinder die Regulation auf physiologischer Ebene nicht. Interessanterweise tauchten in unserer Studie gerade in diesem Altersabschnitt, in dem die individuelle Regulation zunehmend an Bedeutung gewinnt, erstmals signifikante Korrelationen zwischen negativem emotionalem Ausdruck und Cortisol auf (vgl. Spangler et al.,1994). Bei Kindern, welche sich nur wenig auf soziale bzw. interpsychische Regulation stützen können und die gleichzeitig noch nicht zur eigenständigen Regulation in der Lage sind, geht also hier die Erregung auf emotionaler Ebene mit einer Erregung auf physiologischer Ebene einher.

Abbildung 1. Motorische Unruhe und negative Vokalisationen bei Kindern im Alter von 3 und 9 Monaten während einer freien Spielsituation

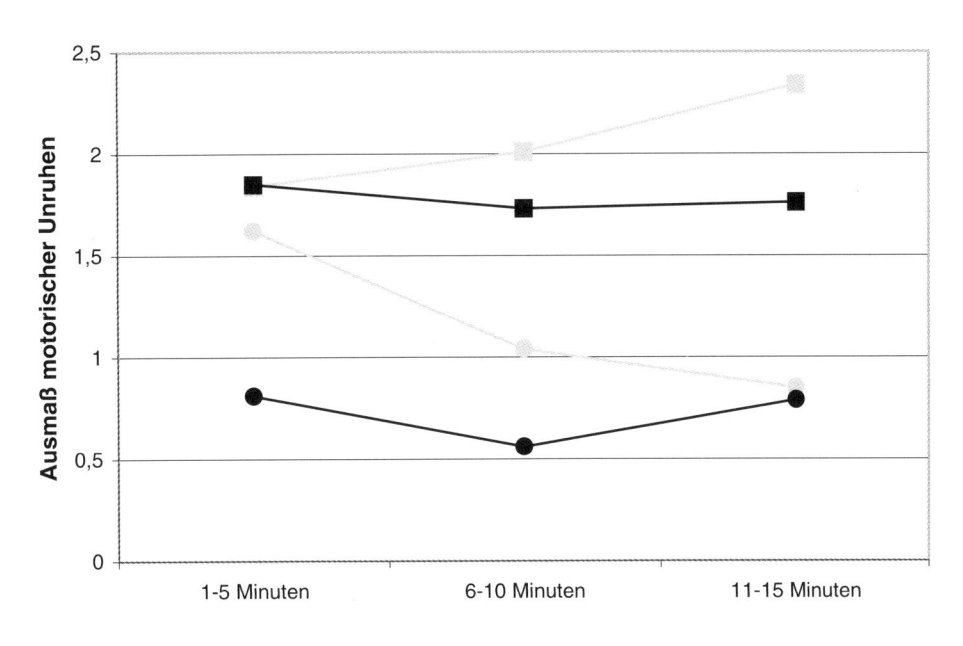

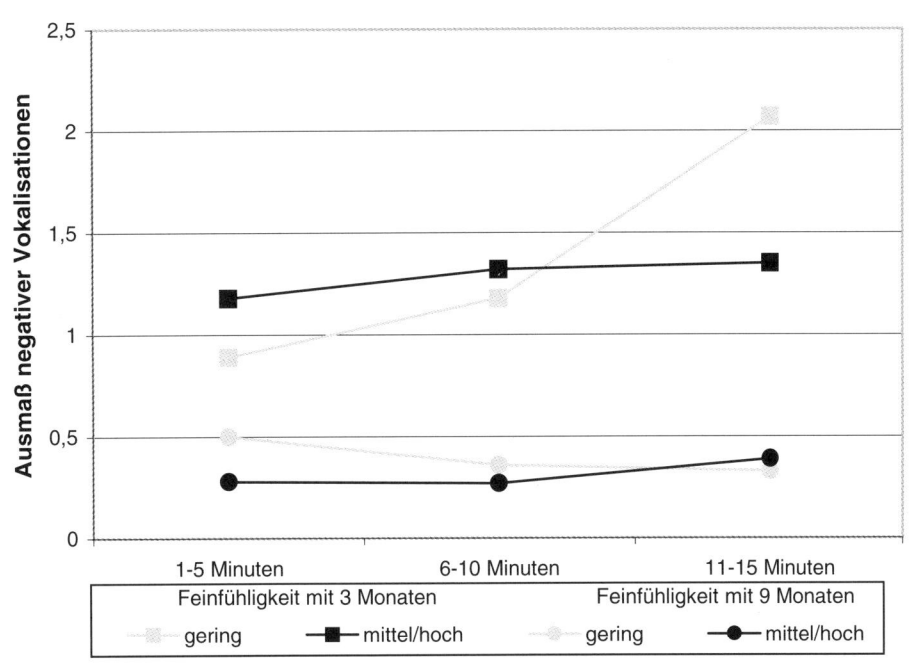

Nach Spangler et al. (1994)

Die „Anfangsschwierigkeiten" im Alter von 9 Monaten könnten auf eine situationsübergreifende, ggf. erfahrungsbedingt eingeschränkte Regulationsfähigkeit bei diesen Kindern hindeuten. Augenscheinlich werden in den ersten Lebensmonaten die kindlichen Emotionen und ihre Regulation vom aktuell gegebenen sozialen Verhalten der Bezugsperson moderiert. Mit zunehmendem Alter baut das Kind aber aufgrund der spezifischen Erfahrungen mit seiner Bezugsperson Erwartungen bezüglich ihres Verhaltens und ihrer Verfügbarkeit auf, die sich in einem spezifischen Verhaltensmodus niederschlagen, wie die Bezugsperson für die eigene emotionale Regulation genutzt wird. Dieser Aspekt betrifft die unterschiedlichen Bindungsqualitäten, die ein Kind offensichtlich als Produkt der Interaktion mit seinen Bezugspersonen ausbildet. Darauf wird im folgenden eingegangen.

Abbildung 2. Kindliche Cortisolreaktionen (Indikator von Streß) im Alter von 3, 6 und 9 Monaten in Abhängigkeit von der mütterlicher Feinfühligkeit während einer freien Spielsituation

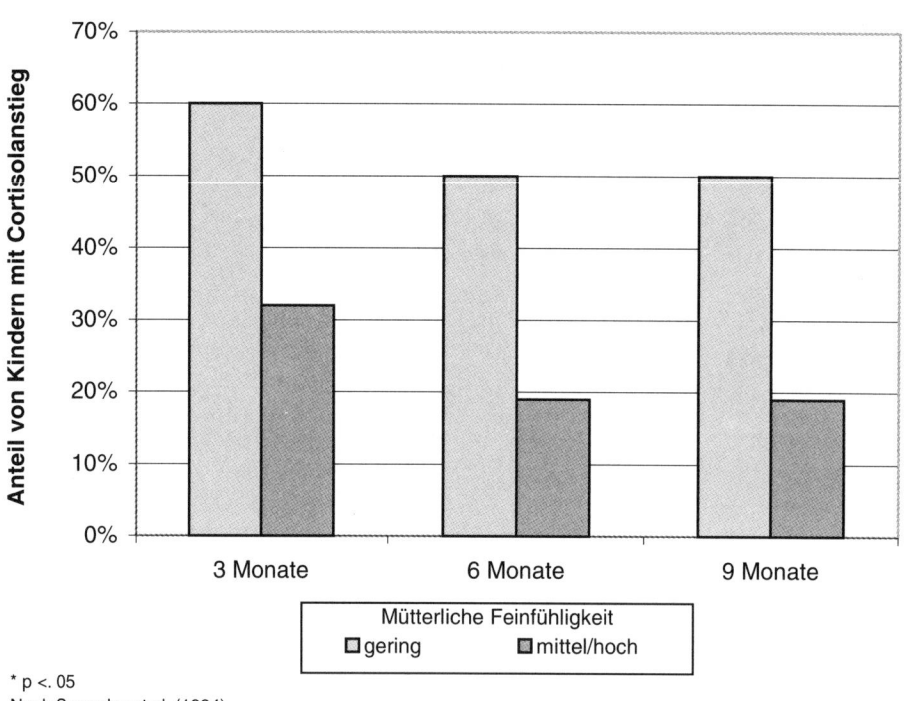

* $p < .05$
Nach Spangler et al. (1994)

2. Differentielle Aspekte der Bindungsentwicklung

Aufgrund der phylogenetischen Fundierung ist Bindung ein umweltstabiles Merkmal, d.h., jedes Kind wird, sofern eine Bezugsperson zur Verfügung steht, auf jeden Fall eine Bindung entwickeln. Hingegen ist die Qualität der Bindung ein umweltvariables Merkmal, da sie durch die spezifischen Erfahrungen mit der Bezugsperson beeinflußt wird. Dabei zeigen sich auch deutliche interindividuelle Unterschiede in der Qualität der Bindung.

2.1 Die Erfassung der Bindungsqualität mit der Fremde-Situation

Deutlich unterschiedliche Bindungsqualitäten lassen sich bereits am Ende des ersten Lebensjahres diagnostizieren. Prototypische Situationen, die für ein Kind emotional belastend sind und sein Bindungsverhaltenssystem aktivieren, sind die Konfrontation mit fremden Personen und die kurzfristige Trennung von seiner Bezugsperson. Solche Situationen werden von der Bindungsforschung verwendet, um das Bindungsverhaltenssystem eines Kindes zu beobachten und interindividuelle Unterschiede in Form differentieller Bindungsqualitäten zu diagnostizieren. Dazu wurde von Ainsworth und Wittig (1969) ein standardisiertes Verfahren, die sog. „Fremde-Situation" entworfen, die sich in acht Episoden gliedert:

1. Mutter und Kind werden von einem Versuchsleiter in ein Spielzimmer gebracht.
2. Mutter und Kind verbringen gemeinsam eine Weile im Spielzimmer. Das Kind hat Gelegenheit zur Exploration.
3. Dann betritt eine fremde Person den Raum und versucht, allmählich mit dem Kind Kontakt aufzunehmen.
4. Die Mutter verläßt den Raum und läßt das Kind mit der fremden Person allein (erste Trennung).
5. Nach drei Minuten – wenn das Kind deutlichen Distress zeigt, schon eher – kommt die Mutter wieder zurück (erste Wiedervereinigung).
6. Nach weiteren drei Minuten verläßt die Mutter wieder den Raum, und das Kind bleibt ganz allein im Spielzimmer zurück (Beginn der zweiten Trennung).
7. Als nächstes betritt wieder die fremde Person das Spielzimmer. Das Kind ist jetzt mit ihr allein.
8. Schließlich kommt die Mutter wieder zum Kind zurück (zweite Wiedervereinigung).

Die Fremde-Situation ist also so angelegt, daß zunächst Explorationsverhalten angeregt wird, danach aber das Bindungsverhaltenssystem des Kindes durch die Konfrontation mit der fremden Person und durch die zweimalige Trennung von der Mutter zunehmend aktiviert wird. Anhand der kindlichen Verhaltens- und Ausdrucksweisen in den beiden Trennungs- und Wiedervereinigungsepisoden wird die jeweilige Bindungsqualität eines Kindes bestimmt. Anhand einer Klassifikation der Beobachtungen ließen sich vier verschiedene Bindungsqualitäten unterscheiden (vgl. Ainsworth et al., 1978; Main & Solomon, 1990):

1. Sichere Bindung: Das Kind zeigt expressives und aktives Bindungsverhalten, indem es seinen Kummer deutlich äußert und/oder die Nähe zur Bezugsperson durch Nachfolge- oder Suchverhalten wiederherzustellen versucht. Wenn die Mutter wieder zurückkommt, nimmt es Kontakt auf und stabilisiert sich wieder mit Hilfe der Mutter und kann schließlich weiterspielen. Dieses kindliche Reaktionsmuster entspricht dem optimalen Muster gemäß bindungstheoretischen Vorstellungen.
2. Unsicher-vermeidende Bindung: Kinder mit einer solchen Bindung zeigen während der Trennung kaum emotionale Reaktionen, bei der Wiedervereinigung ignorieren sie die Bezugsperson und/oder vermeiden deutlich Körperkontakt.
3. Unsicher-ambivalente Bindung: Während der Trennung können bei diesen Kindern massive emotionale Reaktionen beobachtet werden. Wenn die Mutter zurückkommt, nehmen sie Kontakt auf, zeigen aber gleichzeitig ihr gegenüber Ärger und Widerstand. Sie sind nicht in der Lage, sich mit Hilfe der Bezugsperson wieder relativ bald emotional zu stabilisieren und zum Spiel zurückzukehren.

4. Desorganisierte Bindung: Bei diesen Kindern können in der Fremde-Situation ungeordnete oder unterbrochene Bewegungen, sich widersprechende Verhaltensweisen, Verwirrung oder Furcht vor der Bezugsperson festgestellt werden (vgl. Main & Solomon, 1990). Das Verhalten dieser Kinder wirkt desorganisiert, obwohl Hinweise auf zugrundeliegende klassische Bindungsmuster (sicher, unsicher-vermeidend, unsicher-ambivalent) erkennbar sind. Es wird daher angenommen, daß Desorganisation eine zu den drei vorher beschriebenen Mustern orthogonal gelagerte Dimension ist.

Aufgrund des Verhaltens in der Fremde-Situation können Kinder sowohl im Hinblick auf ihre Bindungssicherheit (sicher, unsicher-vermeidend, unsicher-ambivalent; Ainsworth et al., 1978) als auch im Hinblick auf ihre Desorganisation (desorganiert/nicht-desorganisiert; Main & Solomon, 1990) klassifiziert werden.

2.2 Feinfühligkeit und Bindungssicherheit

Welche Faktoren sind für die Entstehung der unterschiedlichen Verhaltensmuster im Umgang mit Trennungssituationen verantwortlich? Neben individuellen Merkmalen (vgl. Spangler, 1995; Spangler et al., 1996) ist vor allem die mütterliche Feinfühligkeit entscheidend (Ainsworth et al., 1978; Grossmann et al., 1985; Spangler, 1992; Spangler et al., 1996; van den Boom, 1994; van IJzendoorn, 1995).

Kinder mit feinfühligen Müttern. Sie haben die Erfahrung gemacht, daß ihre Mutter auf ihre Signale zuverlässig reagiert und auf ihre Bedürfnisse prompt und bedürfnisangemessen eingeht. Sie haben ein Inneres Arbeitsmodell von der Mutter als responsive und verfügbare Bindungsperson entwickelt. In der Fremde-Situation zeigen sie ein sicheres Bindungsmuster, sie scheinen Vertrauen in die Verfügbarkeit ihrer Mutter entwickelt zu haben. In belastenden Situationen sind sie in der Lage, ihre negativen Gefühle zu erleben und sie der Bezugsperson mitzuteilen, um sie damit zum Helfen und emotionalen Beistand zu veranlassen (intra- und interpsychische Funktion).

Kinder mit nicht-feinfühligen Müttern. Diese Kinder zeigen dagegen in der Fremde-Situation unsichere Bindungsmuster. Mütter unsicher-vermeidend gebundener Kinder zeigen eher konsequent nicht-feinfühliges und zurückweisendes Verhalten im Verlauf des ersten Lebensjahres. In der Fremde-Situation suchen ihre Kinder, wenn die Mutter nach der Trennung zurückkommt, nicht die Nähe zur Mutter, sondern vermeiden deutlich den Kontakt mit ihr. Diese Vermeidung wird als defensives Manöver und die augenscheinliche Nichtbetroffenheit als Erfolg dieses Abwehrprozesses interpretiert. Aufgrund ihres Inneren Arbeitsmodells von der Mutter als zurückweisende und nicht verfügbare Bindungsperson entsteht bei diesen Kindern bei jeder Aktivierung des Bindungsverhaltenssystems ein Annäherungs-Vermeidungs-Konflikt: Wie die anderen Kinder wünschen sie Kontakt mit der Mutter, werden ärgerlich, weil sie Zurückweisung erwarten, haben aber Angst vor dieser Zurückweisung und davor, ihren Ärger auszudrücken. Deshalb sind sie nicht in der Lage, zur emotionalen Regulation die Hilfe der Mutter in Anspruch zu nehmen

Unsicher-ambivalent gebundene Kinder haben bei ihren Müttern eine eher inkonsistente Feinfühligkeit erfahren. Aufgrund der eingeschränkten Vorhersagbarkeit des mütterlichen Verhaltens sind sie in der Fremde-Situation sehr um die Nähe zur Mutter besorgt, solange sie da ist, und reagieren emotional sehr intensiv auf die Trennung. Bei der Rückkehr der

Mutter ist ihr Bindungsverhalten aber mit Ärger verbunden, da sie aufgrund ihrer Erfahrungen erwarten, daß ihr Bedürfnis nach Nähe nicht erfüllt wird. Diese Kinder haben kein Vertrauen in die Verfügbarkeit der Mutter, weshalb sie zu einer emotionalen Regulation mit Hilfe der Mutter nur eingeschränkt in der Lage sind. Sie entwickeln ein inneres Arbeitsmodell von der Mutter als inkonsistent responsive Bindungsperson.

Bindungssicherheit bzw. -unsicherheit scheint also im wesentlichen durch mütterliche Feinfühligkeit beeinflußt zu sein. Bezüglich der Prädiktoren desorganisierter Bindung gibt es unterschiedliche Vorstellungen. In unseren Untersuchungen konnten wir bei Kindern, die später in der Fremde-Situation als desorganisiert klassifiziert wurden, bereits im Neugeborenenalter eine eingeschränkte Verhaltensorganisation feststellen, aber im Vergleich zu nicht-desorganisiert gebundenen Kindern keine Unterschiede in der mütterlichen Feinfühligkeit (Spangler et al., 1996). Demnach scheinen individuelle Dispositionen auf seiten des Kindes für die Desorganisation verantwortlich zu sein. Dafür sprechen auch Befunde aus der Regensburger Längsschnittstudie II, nach denen Desorganisation bezugspersonübergreifend festgestellt wurde (Spangler & Grossmann, in press). Dagegen vermuten Main und Hesse (1990), daß die Desorganisation dadurch zustande kommt, daß sich die Bezugsperson ihrem Kind gegenüber aufgrund eigener unverarbeiteter emotionaler Traumata verängstigt oder beängstigend verhält (vgl. auch Ainsworth & Eichberg, 1991). Während hierfür noch keine direkten empirischen Belege vorliegen, gibt es allerdings Befunde über ein häufigeres Vorkommen von Desorganisation bei Kindern von Eltern, die in ihrer Kindheit mißhandelt oder vernachlässigt worden sind (Carlson, Cicchetti, Barnett & Braunwald, 1989; Lyons-Ruth, Repacholi, McLeod & Silva, 1991).

3. Emotionale Regulationsmuster und Bindungsqualität

Im folgenden soll näher auf die Funktion des emotionalen Ausdrucksverhalten der Kinder in der Fremde-Situation eingegangen werden. Theoretische Annahmen dazu werden mit Hilfe von verhaltensbegleitenden physiologischen Prozessen belegt. Schließlich wird aufbauend auf empirischen Befunden die These vertreten, daß bei Kindern unterschiedlicher Bindungsqualität differentielle psychobiologische Regulationsmuster vorliegen.

3.1 Emotionale Ausdrucksmuster und Bindungsqualität

Im vorigen Abschnitt ist bereits deutlich geworden, daß das emotionale Ausdrucksverhalten des Kindes in der Fremde-Situation als bedeutsamer Indikator zur Beschreibung seiner Bindungsqualität herangezogen werden kann. Im folgenden Abschnitt soll das Ausdrucksverhalten, das man bei den verschiedenen Bindungsqualitäten beobachten kann, auf die Funktionalität für die Regulation des eigenen Verhaltens analysiert werden.

Sicher gebundene Kinder. Das emotionale Ausdrucksverhalten dieser Kinder ist in den einzelnen Phasen der Fremde-Situation situationsangepaßt und eindeutig in seinem Signalcharakter. Es ist darauf angelegt, die jeweils optimale Nähe zur Bezugsperson herzustellen und sie als „Mittel" zur Regulation der eigenen Emotionen zu nutzen.

In Anwesenheit der Mutter sind diese Kinder fröhlich gestimmt und zeigen interessiertes Spiel- und Explorationsverhalten. Dies wird auch durch die Ankunft einer fremden Person nicht wesentlich beeinträchtigt. Dadurch bedingte Irritationen kann das Kind durch soziale

Bezugnahme auf die Mutter (vgl. Klinnert, Campos, Sorce, Emde & Svejda, 1983) auflösen. Wird es von der Mutter getrennt, zeigt es seine emotionale Betroffenheit deutlich durch negativen Emotionsausruck in Form von Weinen. Dies ist ein unmißverständlicher Appell an die Bezugsperson, den Kontakt wieder herzustellen, da das Kind dies von sich aus nicht tun kann. Bei der Rückkehr der Mutter sucht es den (körperlichen) Kontakt zu ihr, um sich durch ihr trostspendendes Verhalten wieder beruhigen zu lassen und sich von neuem seinem Spiel zuwenden zu können. In der typischen situationsabhängigen Variation des emotionalen Verhaltens dieser Kinder zeigt sich dessen motivationale und soziale Funktion sehr deutlich. Die motivationale Funktion äußert sich im aktiven Bindungsverhalten: Die Kinder suchen die Mutter, folgen ihr nach und nehmen schließlich Kontakt mit ihr auf, und können damit die Situation in einer für sie günstigen Weise verändern. Die soziale Funktion zeigt sich im klaren emotionsspezifischen Appellcharakter ihres Ausdrucksverhaltens: Sie drücken Freude, Kummer und Erleichterung aus. Dadurch erhält die Bezugsperson Informationen über den emotionalen Zustand des Kindes und kann von sich aus durch angemessenes Verhalten zur emotionalen Stabilisierung des Kindes beitragen. Das kohärente Zusammenwirken interner und externer Regulationsprozesse ermöglicht eine effektive Verhaltensregulierung.

Unsicher-ambivalent gebundene Kinder. Das emotionale Ausdrucksverhalten dieser Kinder scheint gegenüber dem sicher-gebundener Kinder weniger effektiv zu sein. Es ist insgesamt eher negativ getönt und vor allem durch eine deutliche Dysfunktionalität gekennzeichnet. Bereits in den Spielepisoden der Fremde-Situation gemeinsam mit der Bezugsperson wirken diese Kinder eher ängstlich und anklammernd und finden nur zögerlich zum Spiel, das durch die Ankunft einer fremden Person bereits stark beeinträchtigt werden kann. Bei der Trennung von der Bezugsperson zeigen sie zum Teil ein extrem negatives Ausdrucksverhalten, das auf eine außerordentlich starke emotionale Belastung hindeutet. Obwohl die Kinder aktives Bindungsverhalten zeigen und bei der Rückkehr der Bezugsperson auch Körperkontakt zu ihr aufnehmen, sind sie zu einer emotionalen Stabilisierung nicht ohne weiteres bzw. nur verzögert in der Lage. Ihre Emotionsregulation ist demnach ineffektiv.

Unsicher-vermeidend gebundene Kinder. Bei diesen Kindern kann man ebenfalls nicht von einem kohärenten Zusammenwirken interner und externer Regulationsprozesse sprechen. Die im Verlauf der Fremde-Situation hervorgerufenen emotionalen Belastungen spiegeln sich bei ihnen kaum im emotionalen Ausdrucksverhalten wider. In Anwesenheit der Bezugsperson und auch nach Ankunft der fremden Person zeigen sie interessiertes Spiel- und Explorationsverhalten. Auf die Trennungssituation reagieren sie nur mit geringem emotionalen Ausdruck, so als ob sie kaum betroffen wären. Gelegentlich ist eine Reduzierung der Spielqualität zu beobachten. Bei der Rückkehr der Bezugsperson ignorieren sie diese und vermeiden auch, Körperkontakt zu ihr aufzunehmen. Da im Gegensatz zu den sicher gebundenen Kindern das emotionale Ausdrucksverhalten dieser Kinder nur wenig Rückschlüsse auf ihre emotionalen Belastungen in den spezifischen Episoden der Fremde-Situation zuläßt, ist ihr Verhalten schwierig zu interpretieren. Nach bindungstheoretischen Vorstellungen kommt es auch bei diesen Kindern zu einer Aktivierung des Bindungsverhaltenssystems. Der Ausdruck negativer Emotionen und auch anderes Bindungsverhalten wird allerdings – so die Interpretation – aus Angst vor Zurückweisung eingeschränkt (Cassidy, 1994). Offen bleibt hier, ob „nur" die Signalfunktion des emotionalen Ausdrucks beeinträchtigt ist oder ob die Verdrängungsprozesse auch das emotionale Erleben selbst betreffen. Da die Kinder ihre negative Betroffenheit nicht durch einen entsprechenden emotionalen Ausdruck zeigen, wird die soziale Funktion des emotionalen Ausdrucks außer Kraft gesetzt und eine effektive Verhaltens- und Emotionsregulation mit Hilfe der Bezugsperson erheblich eingeschränkt.

Es gibt unterschiedliche Hinweise dafür, daß auch die unsicher-vermeidend gebundenen Kinder trotz des geringen emotionalen Ausdrucks durch die Trennungen während der Fremde-Situation betroffen sind. Zum einen zeigen diese Kinder während der Trennungsphasen Einschränkungen in ihrem Spiel- und Explorationsverhalten, und zwar sowohl im Niveau als auch in der Motivation (Grossmann & Grossmann, 1986). Zum anderen deutet das Auftreten von Vermeidungsverhalten gegenüber der Bezugsperson im Anschluß an die Trennung auf eine gewisse emotionale Anspannung hin.

Ein weiteres wichtiges Indiz kann die Beobachtung solcher physiologischer Reaktionen sein, die als Indikator für emotionale Belastungszustände bekannt sind. In der Tat konnten bei unsicher-vermeidend gebundenen Kindern physiologische Reaktionen festgestellt werden, die auf eine emotionale Belastung hindeuten (Spangler & Grossmann, 1993). Dies soll im nächsten Abschnitt ausführlicher behandelt werden.

3.2 Psychophysiologische Reaktionsmuster und Bindungsqualität

Physiologische Reaktionen stellen eine wesentliche Komponente von Emotionen bzw. emotionaler Regulation dar (vgl. Scherer, 1990). In der Bindungsforschung gibt es neben einzelnen Studien, in denen individuelle Unterschiede zwischen sicher und unsicher gebundenen Kindern in der Herztätigkeit untersucht wurden (vgl. Donovan & Leavitt, 1985; Spangler & Grossmann, 1993), vor allem Studien, in denen Cortisolreaktionen als Indikator für die Aktivierung des Hypophysen-Nebennierenrindensystems erfaßt wurden (z.B. Gunnar, Mangelsdorf, Larson & Hertsgaard, 1989; Spangler & Grossmann, 1993).

So beschleunigte sich nach Spangler und Grossmann (1993) die Herzfrequenz während der Trennungsphase nicht nur bei den sicher und unsicher-ambivalent gebundenen Kindern, was als Anzeichen emotionaler Anspannung gedeutet wird, sondern auch bei den unsicher-vermeidend gebundenen Kindern. Dies könnte als Aktivierung des Bindungsverhaltenssystems interpretiert werden. Ein deutlicheres Indiz ist, daß unsicher-vermeidend gebundene Kinder im Gegensatz zu den sicher gebundenen mit einem Anstieg des Streßhormons Cortisol im Anschluß an die Fremde-Situation reagieren. Dies deutet darauf hin, daß auch für diese Kinder die Trennungsphasen emotional belastend waren, aber daß sie über keine angemessenen (sozial gerichteten) Verhaltensstrategien verfügen. Die genannten physiologischen Cortisolreaktionen von Kindern unterschiedlicher Bindungsqualität weisen auf ein spezifisches Zusammenspiel unterschiedlicher Emotionskomponenten hin. Dies soll im folgenden eingehender behandelt werden.

Psychophysiologische Modelle der Streßbewältigung

Eine vermehrte Ausschüttung des Streßhormons Cortisol wird als Indikator für eine Aktivierung des Hypophysen-Nebennierenrindensystems betrachtet. Diese Aktivierung erfolgt vor allem in Streß- bzw. Belastungssituationen, insbesondere im Zusammenhang mit negativen Emotionen wie Angst, Furcht und Kummer, bzw. bei neuartigen intensiven Reizen (Levine, 1983). Das Nebennierenrindensystem mobilisiert dadurch Energiereserven, beeinflußt andere streß-sensitive Systeme (z.B. Immunsystem, Nebennierenmarksystem) und scheint

Auswirkungen auf psychische Funktionen zu haben, wie z.B. Lern- und Gedächtnisprozesse (Gunnar, 1991).

Durch Feedbackprozesse zum Gehirn trägt es insbesondere auch zur physiologischen Homöostase in Streßsituationen bei. Da das Nebennierenrindensystem vor allem durch aversive oder streßvolle Situationen aktiviert wird, sollte es insbesondere auch sensibel gegenüber Trennungsstreß bei Kleinkindern sein, weshalb psychophysiologische Zusammenhänge in der Fremde-Situation zu erwarten sein dürften. Für das Nebennierenrindensystem sind zur Beschreibung und Erklärung solcher psychophysiologischer Zusammenhänge unterschiedliche Modelle vorstellbar.

Aus der Perspektive eines *Erregungsmodells* würde man erwarten, daß physiologische Erregungsprozesse mit erlebter emotionaler Erregung einhergehen. Übertragen auf die Fremde-Situation müßte ein Cortisolanstieg vor allem bei denjenigen Kindern feststellbar sein, die durch die Trennung von der Mutter emotional stark betroffen sind. Dies betrifft vor allem die unsicher-ambivalent gebundenen Kinder und diejenigen der sicher gebundenen Kinder, die in vergleichbarer Weise sehr negatives emotionales Ausdrucksverhalten zeigen. Cortisolreaktionen wären dann unabhängig von der Bindungsqualität.

Aus der Perspektive eines *Bewältigungsmodells* würde man erwarten, daß physiologische Reaktionen vor allem dann auftreten, wenn es dem Individuum nicht oder nur eingeschränkt möglich ist, auf dem Wege des Verhaltens eine Veränderung der Situation herbeizuführen. Demnach wäre in der Fremde-Situation ein Cortisolanstieg vor allem bei Kindern zu erwarten, die keine oder keine adäquate Verhaltensstrategie zur Bewältigung der Situation besitzen. Aus bindungstheoretischer Perspektive müßte man folglich bei den unsicher gebundenen Kindern eine Cortisolreaktion feststellen können, da sie inadäquate Bewältigungsstrategien verwenden, und zwar sowohl bei den unsicher-vermeidend gebundenen Kindern, die ihren Emotionsausdruck und ihr aktives Bindungsverhalten unterdrücken, als auch bei den unsicher-ambivalent gebundenen Kindern, die ihren Emotionsausdruck und ihr Bindungsverhalten nicht funktional einsetzen können. Bowlby (1984) hat diese Überlegungen bereits mit seiner Unterscheidung in einen inneren Homöostasering, der für innerorganismische Anpassungsprozesse, und einen äußeren Homöostasering, der für verhaltensbezogene Anpassungsprozesse zuständig ist, vorweggenommen.

Empirische Ergebnisse zur psychophysiologischen Organisation und Bindungsqualität

In bisherigen Studien konnten die theoretischen Annahmen des Bewältigungsmodells teilweise bestätigt werden (vgl. Tab. 1). Zunächst kann festgestellt werden, daß in keiner der bislang vorliegenden Studien für die Gruppe der sicher gebundenen Kinder ein Cortisolanstieg beobachtet wurde. Dagegen wurden bei den unsicher gebundenen und den desorganisiert gebundenen Kindern wiederholt (aber nicht immer) erhöhte Cortisolwerte nach der Fremde-Situation festgestellt. Es sei insbesondere darauf hingewiesen, daß die meisten der beobachteten sicher gebundenen Kinder emotional negativ reagierten, manche von ihnen sogar sehr stark, so daß die fehlende Aktivierung des Nebennierenrindensystems hier deutlich gegen ein Erregungsmodell spricht.

Erstmals konnten Spangler und Grossmann (1993) in der Fremde-Situation sowohl bei den desorganisiert gebundenen Kindern als auch bei den nach der Ainsworth'schen Klassifikation unsicher gebundenen Kindern (die allerdings bis auf eines unsicher-vermeidende Kindern waren) einen Cortisolanstieg nachweisen. Diese Ergebnisse wurden von Hertsgaard, Gunnar, Erickson und Nachmias (1995) für desorganisiert gebundene Kinder repliziert, nicht aber für unsicher-vermeidend gebundene Kinder. In zwei weiteren Studien aus der Arbeitsgruppe um Megan Gunnar (Nachmias, Gunnar, Mangelsdorf, Parritz & Buss, 1996; Gunnar, Broderson, Nachmias, Buss & Rigatuso, 1996) zeigten sich Bindungseffekte in Wechselwirkung mit individuellen Temperamentsdispositionen der Kinder. In diesen Studien wurde neben der Bindungssicherheit das Ausmaß der kindlichen Verhaltenshemmung als Temperamentsdimension erfaßt. Sowohl in der Fremde-Situation als auch in einer weiteren Anforderungssituation wurden nur bei verhaltensgehemmten Kindern Cortisolreaktionen festgestellt. Dies allerdings nur dann, wenn bei ihnen gleichzeitig eine unsichere Bindung vorlag (wobei hier nicht zwischen unsicher-vermeidend und unsicher-ambivalent gebundenen Kindern unterschieden wurde). Kinder mit geringer Verhaltenshemmung sind demnach zu einer eigenständigen angemessenen Regulation in der Lage. Bei den verhaltensgehemmten Kindern dagegen scheint eine sichere Bindung als sozialer Puffer gegen die physiologischen Auswirkungen einer dispositionell eingeschränkten Fähigkeit zur Verhaltensregulation zu wirken. Eine derartige Wechselwirkung wurde auch in der Regensburger Längsschnittstudie IV in der Fremde-Situation festgestellt (Spangler & Schieche, 1998). In dieser Studie wurden erstmals auch unsicher-ambivalent gebundene Kinder separat berücksichtigt. Bei ihnen konnten erwartungsgemäß erhöhte Cortisolwerte im Anschluß an die Fremde-Situation nachgewiesen werden.

Tabelle 1. Cortisolreaktionen in Abhängigkeit von der Bindungsqualität: Ein Überblick über vorliegende Studien.

Studien zu Cortisolreaktionen	Bindungsqualität des Kindes			
	sicher	unsicher-vermeidend	unsicher-ambivalent	desorganisiert
Spangler & Grossmann (1993)	O		↑	↑
Hertsgaard et al., (1995)	O	O	—²	↑
Gunnar et al., (1996)	O		↑¹	—²
Nachmias et al. (1996)	O		↑¹	—²
Spangler & Schieche (1998)	O	O	↑ ↑¹	O

O – kein Cortisolanstieg; ↑ – Cortisolanstieg; ¹ Cortisolanstieg nur bei verhaltensgehemmten Kindern; ² diese Gruppe wurde nicht berücksichtigt.

Lassen sich aus diesen Befunden für Kinder mit unterschiedlicher Bindungsqualität unterschiedliche emotionale Regulationsmuster ableiten? Für eine angemessene Interpretation ist es wichtig, nicht nur die psychophysiologischen Reaktionsmuster zu berücksichtigen, sondern ihre Wechselwirkung mit dem jeweils beobachteten negativen Ausdrucksverhalten der Kinder während der Fremde-Situation. Die in allen Studien durchgängig fehlenden Cortisolreaktionen der sicher gebundenen Kinder stehen in Einklang mit den Annahmen eines Bewältigungsmodells bzgl. der sozialen Funktion negativer Vokalisation. Aus bindungstheoretischer Perspektive stellt das Weinen in der Fremde-Situation im Zusammenhang mit der Trennung ein angemessenes Verhalten dar, da es die Bezugsperson auffordert, von sich aus die Nähe zum Kind wieder herzustellen. Diese Kinder verfügen über angemessene Verhaltensstrategien im Umgang mit der kurzen Trennung. Nach Bowlby (1984) erfolgt die Regulation im äußeren Homöostasering, was durch unterschiedliche Bindungsverhaltensweisen, vor allem auch durch den negativen Emotionsausdruck, und schließlich durch Nutzung sozialer Ressourcen bewerkstelligt wird. Eine Anpassung im inneren Homöostasering ist somit nicht notwendig.

Unsicher-vermeidend gebundene Kinder zeigen demgegenüber aus Angst vor Zurückweisung wenig negativen Emotionsausdruck während der Fremde-Situation (s. Ainsworth et al., 1978). Das heißt, die Kinder sind nicht in der Lage, ihre emotionale Belastung mit Hilfe ihres Verhaltens und damit über soziale Regulationsprozesse zu regulieren. Die in unserer ersten Studie gefundenen erhöhten Cortisolwerte (Spangler & Grossmann, 1993) scheinen somit aus der Perspektive eines Bewältigungsmodells durchaus erwartungsgemäß. Nachdem diese Befunde in nachfolgenden Studien (z.B. Hertsgaard et al., 1995; Spangler & Schieche, 1998) nicht repliziert werden konnten, stellt sich aber die Frage nach der Zuverlässigkeit dieser Befunde bzw. nach einer alternativen Erklärung. Ergeben sich daraus Schlußfolgerungen für die Bewertung der vermeidenden Strategie?

Wenn bei vermeidend gebundenen Kindern erhöhte Cortisolwerte in der Fremde-Situation nicht regelmäßig festgestellt werden konnten, so könnte dies bedeuten, daß es sich beim vermeidenden Bindungsmuster um eine Strategie handelt, mit deren Hilfe zumindest ein Teil der Kinder die Verhaltensorganisation aufrechterhalten bzw. wiederherstellen kann, wenn dies auch im Sinne der Bindungstheorie nicht in angemessener Weise geschieht. So betrachtet Main (1981) das vermeidende Bindungsmuster als die „zweitbeste Strategie", die für ein gegebenes Mutter-Kind-Paar durchaus eine gewisse Funktionalität besitzt. Denn das vermeidende „Ersatzverhalten" ist in der gegebenen Situation funktional, indem es eine gewisse Nähe zur Bezugsperson erlaubt und diese Nähe nicht durch mütterliche Zurückweisung gefährdet, was beim Ausdruck negativer Emotionen der Fall wäre.

Nach Hinde und Stevenson-Hinde (1990) kann vom biologischen Anpassungswert eines Verhaltenssystems nicht ohne weiteres auf den kulturellen Anpassungswert geschlossen werden. Demnach sollte die Angemessenheit von verschiedenen Bindungsstrategien mit unterschiedlichen kulturellen Anforderungen variieren. So könnte die Strategie der unsicher-vermeidenden Kinder in einer Gesellschaft, die frühe Selbständigkeit oder soziale Distanz sehr hoch achtet, durchaus einen Anpassungswert haben. Dies würde bedeuten, daß spezifische Regulationsmuster aus bindungstheoretischer Sicht zwar als unangemessen betrachtet werden könnten, daß sie aber für Kinder in einem spezifischen kulturellen Kontext durchaus funktional und effektiv sind.

Im Einklang mit bindungstheoretischen Vorstellungen stehen die hohen Cortisolwerte der unsicher-ambivalent gebundenen Kinder. Diese Befunde wurden bislang noch nicht empirisch widerlegt. Diese Kinder zeigen in der Fremde-Situation ihre emotionale Betroffenheit sehr deutlich in ihrem Ausdrucksverhalten. Sie versuchen, ihren negativen emotionalen Zustand zwar auf der Verhaltensebene durch Kontaktaufnahme mit der Bezugsperson zu regulieren, sind aber gleichzeitig nicht in der Lage, sich von ihr beruhigen zu lassen. Diese Dysfunktionalität der emotionalen Regulation auf der Verhaltensebene erfordert eine Anpassung auf physiologischer Ebene in Form einer erhöhten Cortisolreaktion. Die hohen Cortisolwerte sind also nach dem Bewältigungsmodell erklärbar.

Da die unsicher-ambivalent gebundenen Kinder jedoch gleichzeitig ein sehr deutliches negatives Ausdrucksverhalten zeigen, wären die Befunde aber auch im Sinne eines Erregungsmodells interpretierbar, nach dem höhere Cortisolwerte mit größerer emotionaler Erregung einhergehen. Unter der Annahme eines Erregungsmodells müßten dann aber auch bei sicher gebundenen Kindern Cortisolreaktionen feststellbar sein, sofern sie ebenfalls deutlich negative emotionale Erregung zeigen. Um dies zu überprüfen, wurden in unserer Studie (Spangler & Schieche, 1998) die Cortisolwerte der unsicher-ambivalent gebundenen

Kinder mit den Cortisolwerten einer Untergruppe von sicher gebundenen Kindern verglichen, die im Ausmaß ihres negativen Ausdrucksverhaltens miteinander vergleichbar waren. Es zeigte sich, daß hohe Cortisolwerte nur bei den unsicher-ambivalent gebundenen Kindern gefunden werden konnten, nicht aber bei den sicher gebundenen Kindern. Letztere hatten Cortisolwerte, die sich von den anderen sicher gebundenen Kindern nicht unterschieden. Nicht das Ausmaß negativen Emotionsausdrucks, sondern vielmehr seine Funktionalität für die Verhaltens- und Emotionsregulation scheint demnach ausschlaggebend zu sein. Diese Befunde sprechen gegen ein Erregungsmodell und für ein Bewältigungsmodell zur Erklärung der Zusammenhänge zwischen Bindungsqualität und Cortisolreaktionen in der Fremde-Situation. Während bei den sicher gebundenen Kindern beim emotionalen Ausdrucksverhalten die soziale Funktion als Bindungsverhalten und damit in der gegebenen Trennungssituation die Bewältigungsfunktion im Vordergrund steht, scheint bei den unsicher-ambivalenten Kinder emotionales Ausdrucksverhalten auf die Ausdrucksfunktion reduziert zu sein.

3.3 Differentielle emotionale Regulationsmuster

Bislang wurde bei der Frage nach psychophysiologischen Zusammenhängen jeweils untersucht, inwieweit sich Kinder unterschiedlicher Bindungsqualität in ihren expressiven und physiologischen Reaktionen unterscheiden und inwieweit bestimmte expressive Reaktionen mit spezifischen physiologischen Reaktionen einhergehen. Psychophysiologische Zusammenhänge wurden über die Gruppen hinweg untersucht und es wurde ein varianzanalytisches Auswertungsdesign verwendet.

Pawlik (1995) hat darauf hingewiesen, daß sich interindividuelle Unterschiede nicht nur in einer unterschiedlichen Ausprägung von einzelnen Verhaltensdimensionen zeigen, sondern darüber hinaus auch unterschiedliche Zusammenhangsmuster zwischen verschiedenen Merkmalen einer Person oder einer Gruppe von Personen vorliegen können. Auf psychophysiologische Prozesse in der Emotionsregulation bei Kindern übertragen, stellt sich damit die Frage, ob sich Zusammenhänge zwischen psychologischen (expressiven) und physiologischen Parametern bei Kindern unterschiedlicher Bindungsqualität in verschiedener Weise darstellen, ob also bei unterschiedlichen Bindungsgruppen unterschiedliche Zusammenhangsmuster feststellbar sind.

Zur Beantwortung dieser Frage ist eine korrelationsanalytische Auswertung sinnvoll. Dazu haben wir die Korrelationen zwischen dem negativen emotionalen Ausdrucksverhalten und den Cortisolreaktionen in der Fremde-Situation über die Bindungsgruppen hinweg verglichen (vgl. Spangler & Schieche, 1998). Tatsächlich konnten unterschiedliche Zusammenhangsmuster identifiziert werden (vgl. Tab. 2)

Während bei sicher gebundenen Kindern keine systematischen Zusammenhänge zwischen dem Ausmaß an negativer Vokalisation und Cortisolausschüttung sowohl in der Trennungs- als auch in der Wiedervereinigungsphase feststellbar waren, konnten bei allen Gruppen unsicher gebundener Kinder signifikante positive Korrelationen zwischen negativer Vokalisation und Cortisolausschüttung festgestellt werden. D.h., bei unsicher gebundenen Kindern sind die Cortisolwerte um so höher, je mehr negativen Emotionsausdruck sie zeigen. Bei diesen Kindern sind also gleichgerichtete psychophysiologische Reaktionen i.S. eines Erregungsmodells zu beobachten. Anzunehmen ist, daß dies auf die Einschränkung der sozialen Funktion des kindlichen Weinens als Bindungsverhalten bzw. auf die Reduktion der Ausdrucksfunktion bei den unsicher gebundenen Kindern zurückzuführen ist.

Tabelle 2. Intragruppen-Korrelationen zwischen negativem emotionalen Ausdruck während der Trennung und der Wiedervereinigung und Cortisolreaktionen

Cortisol	Bindungsqualität							
	Sicher (n = 54-57)		unsicher-vermeidend (n = 17)		unsicher-ambivalent (n = 12-13)		desorganisiert (n = 20-21)	
	T^1	W^2	T	W	T	W	T	W
Nach 15 Min.	-.08	-.10	-.07	.00	.23	.88**	.22	.71**
Nach 30 Min.	.16	-.04	.13	.69**	.14	.89*	.23	.51**

Nach Spangler und Schieche (1998). T – Trennung; W – Wiedervereinigung. Bei den Bindungsgruppen A, B und C handelt es sich um eine Klassifikation nach Bindungssicherheit, also ohne Berücksichtigung von Desorganisation. *p < .05 ** p < .01 (zweiseitig).

Sicher und unsicher gebundene Kinder unterschieden sich in der angeführten Studie nicht oder nicht nur darin, daß sie unterschiedliche Reaktionen zeigten, sondern daß die zugrundeliegenden psychophysiologischen Prozesse qualitativ unterschiedlich organisiert sind. Während bei sicher gebundenen Kindern psychologische und physiologische Prozesse als flexibles Zusammenspiel primär unabhängiger Systeme organisiert sind, scheint bei den unsicher gebundenen Kindern, bei denen der negative Emotionsausdruck seine ursprüngliche Funktion als Bindungsverhalten verloren hat, die Organisation eher in Form einer mehr oder weniger großen, allgemeinen expressiven und physiologischen Erregung zu erfolgen.

4. Konsequenzen von Bindungsunterschieden für die weitere sozio-emotionale Entwicklung

Aufbauend auf den ersten Bindungserfahrungen entwickelt ein Kind eine innere Repräsentation von Bindung, das sog. „innere Arbeitsmodell" (vgl. Fremmer-Bombik, 1995). Dies beinhaltet Vorstellungen des Kindes über sich selbst (eigene Selbstwert- und Kompetenzeinschätzung) und über seine Bezugspersonen sowie deren Verfügbarkeit und damit verbundene Erwartungen und Gefühle, welche wesentlich an der Verhaltensregulation v. a. in emotional anfordernden Situation beteiligt sind. Diese psychologische Repräsentation enthält sowohl emotionale als auch kognitive Komponenten. Sie stellt im gewissen Sinne zielkorrigierte Pläne oder „kognitive Landkarten" dar, die zur Verhaltensregulation in spezifischen (insbesondere belastenden) Situation beitragen. Die Arbeitsmodelle sind Verinnerlichungen früher Erfahrungen des Individuums mit seinen ersten Bezugspersonen, die im Laufe der Entwicklung zunehmend auch in Abwesenheit der Bezugsperson wirken. Beim Vorliegen eines sicheren Arbeitsmodells dürfte eine Person eher in der Lage sein, insbesondere in emotionalen Anforderungssituationen auftretende Gefühle wahrzunehmen, zu erkennen und für die Verhaltensregulation zu nutzen. Durch das Vertrauen in die Verfügbarkeit bzw. Zugänglichkeit von Bezugspersonen kann sie ihre Gefühle offen ausdrücken und somit auf soziale Ressourcen zur Verhaltenssteuerung zurückgreifen.

Davon ausgehend ist zu erwarten, und daran besteht mittlerweile aufgrund einer Reihe von Längsschnittstudien kein Zweifel mehr, daß frühkindliche individuelle Unterschiede in der Bindungsqualität im Verlauf der weiteren Entwicklung eine gewisse Kontinuität aufweisen sowie auch langfristige Konsequenzen für das individuelle Verhalten bzw. die Verhaltensregulation, insbesondere im sozioemotionalen Bereich, besitzen.

Nach bisherigen Befunden ist von einer Stabilität individueller Unterschiede in der Bindungsqualität von der frühen Kindheit bis zum Ende des Vorschulalters auszugehen. Bei Kindern, die am Beginn des zweiten Lebensjahres in der Fremde-Situation beobachtet worden waren, wurden auch mit 6 Jahren deutliche Unterschiede im Wiedervereinigungsverhalten mit der Mutter nach einer etwa einstündigen Trennung beobachtet (Main & Cassidy, 1988; Wartner et al., 1994). Während altersentsprechend die Körperkontaktaufnahme nicht mehr im Vordergrund stand, zeigten sich dennoch Interaktionsmuster, die mit den in der Fremde-Situation erfaßten korrespondierten. Früher als sicher gebunden klassifizierte Kinder zeigten sich bei der Wiedervereinigung von vornherein gesprächsbereit, interaktionsinteressiert und der Bezugsperson gegenüber offen und zugewandt (vgl. auch Grossmann, 1997). Während die vormals unsicher-vermeidend gebundenen Kinder wenig Begrüßungsverhalten zeigten, eher abgewandt waren, und die Bezugspersonen kaum an ihrem Tun teilhaben ließen, war das Verhalten der ehemals unsicher-ambivalent gebundenen Kinder durch übertriebene Kleinkindhaftigkeit und dramatisierte Wünsche nach Interaktion und Fürsorge und wechselhafte Stimmung gekennzeichnet. Desorganisation im Kleinkindalter ging am Ende des Vorschulalters mit stark kontrollierendem Verhalten einher. Während sich also auf der Verhaltensebene deutliche altersabhängige Veränderungen ergaben, deuten auf der Ebene der emotionalen Regulation vergleichbare altersstabile Muster in der Interaktion mit der Bezugsperson auf Kontinuität von individuellen Unterschieden hin.

Frühkindliche Bindungsunterschiede scheinen auch noch am Ende des Grundschulalters in der Beziehungsqualität zum Ausdruck zu kommen. Nach Scheuerer-Englisch (1989) gaben 10jährige Kinder, die in der frühen Kindheit eine unsichere Bindung aufwiesen, im Interview an, in subjektiv belastenden Situationen die Bezugsperson eher zu vermeiden und eigene Gefühle zu verstecken. Sie sprachen weniger klar über ihre Verhaltensstrategien in solchen belastenden Situationen und leugneten oder bagatellisierten häufiger Kummer.

Langfristige Konsequenzen dieser individuellen Unterschiede in der sozioemotionalen Regulation konnten auch in anderen, über die Beziehungsdyade hinausgehenden Situationen festgestellt werden. Beim Eintritt in die Kinderkrippe zeigen sicher gebundene Kinder, die zu Beginn ihren Unmut über die Trennung deutlich zum Ausdruck bringen (und damit ggf. wiederum externe Regulationsmechanismen in Gang setzen), langfristig weniger Anpassungsprobleme (Rottmann & Ziegenhain, 1988). Nach Suess, Grossmann und Sroufe (1992) spielten Kinder, bei denen zu Beginn des zweiten Lebensjahres eine sichere Bindung festgestellt worden war, im Kindergarten konzentrierter und ausgeglichener. Sie waren weniger feindselig und interpretierten uneindeutige Konfliktsituationen positiver. Sie waren weniger in Konflikte mit anderen Kindern verwickelt. Wenn solche aber auftraten, so lösten sie diese selbständiger und nachhaltiger. Nach Sroufe (1983) waren Kinder mit einer unsicher-vermeidenden Bindung aggressiver, feindseliger gegenüber anderen Kindern, emotional isolierter und zeigten mehr Abhängigkeit. Kinder mit einer unsicher-ambivalenten Beziehung zeigten weniger Kompetenz im Umgang mit anderen Kindern, hatten ein geringeres Selbstwertgefühl und brauchten viel Unterstützung und Kontakt mit Erziehern.

Die angemessenere Nutzung von individuellen und sozialen Ressourcen bei sicher gebundenen Kindern läßt eine bessere Bewältigung von Problemlösesituation erwarten, von solchen Situationen also, welche eine besondere Anforderung an eine Person stellen, und in denen deshalb auch emotionale Regulationsprozesse eine wichtige Rolle spielen. Sroufe (1979) geht davon aus, daß Kinder aufbauend auf einer sicheren Bindung leichter eine gewisse Autonomie entwickeln können, und er belegt dies auch anhand von Beobachtungen an zweijährigen Kindern bei der Bearbeitung von Problemlöseaufgaben. Sicher gebunde

Kinder zeigten hier mehr Ausdauer, Enthusiasmus, Kooperation und Effektivität (Matas, Arend & Sroufe, 1978). Auch Schieche (1996) konnte zeigen, daß sicher gebundene Zweijährige in einer Problemlösesituation eine bessere Bindungs-Explorations-Balance, d.h. ein ausgewogenes Verhältnis von Aufgaben- und Mutterorientierung aufwiesen. Unsicher-vermeidende Kinder zeigten kaum Mutterorientierung, vor allem auch dann, wenn sie mit der Aufgabe nicht zurecht kamen. Lütkenhaus, Grossmann und Grossmann (1985) untersuchten Kinder im Alter von drei Jahren in einem Wetteiferspiel. Nach Mißerfolg zeigten hier vormals als sicher gebunden klassifizierte Kinder zunächst häufiger offen negative Emotionen, gleichzeitig konnte bei ihnen im nachfolgenden Durchgang im Vergleich zu unsicher gebundenen Kindern vermehrte Anstrengung festgestellt werden.

Zusammenfassend läßt sich sagen, daß einem Kind durch günstige Bindungserfahrungen wichtige Grundlagen für die Entwicklung seiner Emotionsregulation geschaffen werden. In einer sicheren Bindung erworbene effektive emotionale Regulationsmuster befähigen das Kind zu einer angemesseneren Bewältigung von emotionalen Anforderungssituationen. Bindungsunterschiede werden also insbesondere in Situationen und Entwicklungskontexten zum Ausdruck kommen, in denen emotionale und soziale Prozesse eine wichtige Rolle spielen, z.B. beim Eintritt in neue Lebenssituationen (Kinderkrippe, Kindergarten, Schule), beim Aufbau und der Gestaltung neuer sozialer Beziehungen, bei der Lösung von spezifischen Aufgaben, bei denen das Kind an die Grenzen eigener (kognitiver) Fähigkeiten und Fertigkeiten stößt, und beim Auftreten von emotionalen Belastungssituationen.

Crittenden (1995) zufolge sind sicher gebundene Kinder in solchen Anforderungssituationen in der Lage, kognitive und emotionale Bewertungsprozesse zu integrieren. Solange eine Situation entspannt ist, können sie auf der Basis gegebener Bindungssicherheit konzentriert und ausdauernd spielen. Bei Problemen oder Konflikten können sie die damit im Zusammenhang auftretenden Emotionen unverfälscht erleben und sie ihrer Funktion entsprechend unter Berücksichtigung kognitiver Bewertungsprozesse und im Wissen um verfügbare soziale Unterstützungsmöglichkeiten in ihre Verhaltensregulation einbeziehen. Dagegen nehmen unsicher-vermeidend gebundene Kinder emotionale Informationen nur eingeschränkt oder verfälscht wahr. Dadurch ist die Bewertungsfunktion von Emotionen eingeschränkt und es kommt zu einer einseitigen Nutzung kognitiver Ressourcen, was vor allem beim Auftreten von emotionalen Belastungen eine angemessene bzw. realistische Regulation erschwert. Bei unsicher-ambivalent gebundenen Kindern kommt es zu einer Einschränkung der emotionalen Bewertungsprozesse. Emotionale Informationen stehen im Fokus der Aufmerksamkeit, können aber nicht effektiv genutzt werden. Die Dominanz emotionaler Prozesse beeinträchtigt darüber hinaus Bewertungs- und Bewältigungsprozesse auf kognitiver Ebene (vgl. Spangler & Zimmermann, 1999).

Bindungsunterschiede äußern sich also langfristig in der Qualität der emotionalen Regulation, die vor allem in der Fähigkeit zum Ausdruck kommt, auftretende Emotionen zur Aktivierung von angemessenen individuellen und sozialen Bewältigungsmechanismen zu nutzen. Nach dem hier vertretenen Ansatz hat dies auch Konsequenzen für die psychobiologische Organisation, da bei gegebener Dysfunktionalität spezifischer Regulationsmuster ggf. physiologische Anpassungsreaktionen erforderlich sind. Emotionale Regulation muß deshalb unter der erweiterten Perspektive einer psychobiologischen Organisation betrachtet werden. Nach den o.g. Befunden entwickeln sich schon sehr früh individuelle psychobiologische Regulationsmuster. Offen bleibt, wie sich solche psychobiologische Regulationsmuster im weiteren Entwicklungsverlauf verändern bzw. inwieweit auch auf psychobiologischer Ebene langfristig Kontinuität oder Stabilität festgestellt werden kann.

Emotionsregulation in der Kindheit

Wolfgang Friedlmeier

Einleitung	198
1. Entwicklungsmodelle der Emotionsregulation	199
1.1 Was wird reguliert?	199
1.2 Allgemeine Entwicklungstrends der Regulationsstrategien	202
1.3 Interaktive Regulationsstrategien als Entwicklungsfaktor	204
2. Von der interpsychischen zur intrapsychischen Emotionsregulation	205
2.1 Die ersten beiden Monate	206
2.2 Drei bis sechs Monate	206
2.3 Zweite Hälfte des 1. Lebensjahres	207
2.4 Zweites bis fünftes Lebensjahr	208
2.5 Die weitere Entwicklung im Schulalter	211
3. Individuelle Unterschiede in der Entwicklung der Emotionsregulation	212
3.1 Herstellen gemeinsam geteilter Aufmerksamkeitsprozesse	213
3.2 Qualität des Aufmerksamkeitsprozesses: Sensitivität	214
3.3 Affektabstimmung	216
4. Zusammenfassung und Ausblick	217

Einleitung

Gemäß einer funktionalistischen Perspektive sind Emotionen nicht nur psychische Zustände, sondern auch Prozesse, die der Aufrechterhaltung, Herstellung und Unterbrechung der Beziehung zwischen Person und innerer und äußerer Umwelt dienen, wenn diese Beziehungen für das Individuum persönlich bedeutsam sind (Campos, Campos & Barrett, 1989). Emotionen beinhalten somit einen dynamischen und regulativen Aspekt, der in der Emotionsforschung lange Zeit nicht beachtet worden ist.

In neueren Ansätzen wird zwischen emotionaler Erregbarkeit und regulativen Prozessen (Bridges & Grolnick, 1995; Eisenberg & Fabes, 1992) unterschieden. Ersteres bestimmt die emotionale Intensität und Schwelle der Erregbarkeit, letzteres die Initiierung, Modulierung, Aufrechterhaltung und Beendigung von emotionalen Zuständen. Die Regulation kann den emotionalen Zustand beschleunigen oder verlangsamen, die Dauer begrenzen oder verlängern. Beide Komponenten stehen in einer Wechselwirkung: So wird eine spezifische Emotion, z.B. Freude oder Ekel, sowohl durch die Intensität als auch durch den zeitlichen Verlauf wie Latenz, Dauer und Erholung bestimmt (s. Thompson, 1994). Während die Reaktivität als Temperamentsmerkmal angesehen wird, entwickelt sich die Emotionsregulation erfahrungsabhängig.

Säuglinge verfügen weder über ein ausdifferenziertes Emotionssystem noch über vielfältige Regulationsstrategien. Es sind vor allem die Bezugspersonen, die stellvertretend für die Säuglinge die Regulationsfunktion übernehmen. Ein Erwachsener hingegen verfügt über ein differenziertes Repertoire von Emotionen und spezifischen Bewältigungsstrategien, die in Abhängigkeit von der Situation und des emotionalen Erlebens mehr oder weniger flexibel eingesetzt werden können. Offensichtlich nimmt die Emotionsregulation des Kindes in der Eltern-Kind-Interaktion ihren Ausgangspunkt und entwickelt sich zu einer selbstgesteuerten Regulation.

Gerade im Bereich der Forschung zur sozioemotionalen Entwicklung hat das Konzept „Emotionsregulation" in den letzten zehn Jahren an großer Bedeutung gewonnen. Dies spiegelt sich in verschiedenen Forschungsbereichen wider: Forschungen zum Temperament (Rothbart, 1991), zur Entwicklung des Ausdrucksverhaltens (Malatesta, Culver, Tesman & Shepard, 1989), Studien zu *face-to-face* Interaktionen (Tronick, 1989), zur Bindungsbeziehung zwischen Eltern und Kind (Cassidy, 1994) und Studien zu fehlangepaßten Verhaltensweisen (Dodge & Garber, 1991).

Ziel dieses Beitrags ist es, die wichtigsten Trends in der Entwicklung der Emotionsregulation in der Kindheit zu skizzieren. Im ersten Teil werden drei Entwicklungsansätze der Emotionsregulation dargestellt. Das Modell von Thompson (1994) zeigt die Vielgestaltigkeit der Regulationsprozesse und die damit verbundenen Entwicklungsaufgaben für Kinder. Das Modell von Bridges und Grolnick (1995) konzentriert sich auf die Regulationsstrategien im Sinne von Bewältigungshandlungen. Im Unterschied zu den ersten beiden Modellen wird im dritten Ansatz ein starker Zusammenhang zwischen den interaktiven Regulationsprozessen und den später auftretenden selbstgesteuerten Prozessen beschrieben. Dabei wird angenommen, daß das Kind die vormals interaktiven Regulationsstrategien („interpsychische Regulation") verinnerlicht und sich zu eigen macht („intrapsychische Regulation"). Im zweiten Teil wird die Entwicklung von einer interpsychischen zu einer intrapsychischen Regulation in fünf Schritten beschrieben. Dabei wird auch deutlich, daß neben allgemeinen Entwicklungstrends bereits zu einem sehr frühen Zeitpunkt interindividuelle Unterschiede auftreten. Mögliche Ursachen für interindividuelle Unterschiede in der Entwicklung der Emotionsregulation sind Thema des dritten Teils.

1. Entwicklungsmodelle der Emotionsregulation

1.1 Was wird reguliert?

Emotionen umfassen ein Bündel an Komponenten, wie Aufmerksamkeits- und Bewertungsprozesse, Aktivierung, Ausdrucksverhalten und Handlungsbereitschaften. Darüber hinaus spielt sich emotionales Geschehen oftmals in einem sozialen Kontext ab, so daß auch soziale Prozesse, z.B. in Form einer stellvertretenden Regulation durch die Bezugsperson, eine Rolle spielen. Alle diese Komponenten wirken in einem komplexen System zusammen und sind Gegenstand von Regulationsprozessen. Unter einer entwicklungspsychologischen Perspektive ist zu fragen, inwiefern sich diese Regulationsprozesse vom Säugling zum Erwachsenen verändern. Nach Thompson (1994) lassen sich sieben verschiedene Ebenen der Emotionsregulation unterscheiden. Jede Regulationsebene folgt ihrer eigenen Entwicklungslogik. Die einzelnen Ebenen sind daher nicht als eine ontogenetische Abfolge anzusehen. Im folgenden werden die Ebenen kurz skizziert.

Zentralnervöse Erregungs- und Hemmungsprozesse

Zentralnervöse Regulationsmechanismen stellen einen wichtigen ontogenetischen Ausgangspunkt für die Emotionsregulation dar. Das Nervensystem des Menschen, bei dem die Verhaltensaktivierung durch das Zusammenspiel von Erregungs- und Hemmungsmechanismen reguliert wird, ist bei der Geburt funktional noch nicht ausgereift. Es überwiegen subkortikale Erregungsprozesse, die zugleich auch diffuser und ungerichteter sind. Die Reifung und Konsolidierung kortikaler Regulationsprozesse in Form intentional regulierbarer Hemmungs- und Erregungsprozesse ermöglichen eine zunehmend bessere Kontrolle der basaleren Erregungsprozesse. Dabei spielen auch Erfahrungsprozesse und äußere Regulationseinflüsse eine wichtige Rolle.

Thompson hebt zwei Entwicklungstrends der zentralnervösen Regulationsebene hervor. Zum einen findet eine Entwicklung von diffusen subkortikalen Erregungsprozessen zu differenzierteren kortikalen Erregungsprozessen statt, die auf Veränderungen im Parasympathikus zurückgeführt werden (Izard et al., 1991; Porges, 1991). Zum anderen entwickeln sich kortikale Hemmungsprozesse, die die Erregung kontrollieren. So führt die Reifung des Frontallappens und dessen subkortikalen Verbindungen dazu, hemmend auf Erregung einwirken zu können. Dies stärkt die Fähigkeit des Säuglings, mit emotionaler Erregung zunehmend besser umgehen zu können (Tucker & Frederick, 1989).

Aufmerksamkeitsprozesse

Die Aufmerksamkeit und die Aufnahme von Informationen, die emotionale Bedeutung besitzen, werden zunehmend besser reguliert. Die Aufmerksamkeitsprozesse verändern sich in den ersten Lebensjahren deutlich. Bereits im Alter von ca. 3 bis 6 Monaten erwerben Säuglinge die Fähigkeit, ihre Aufmerksamkeit von einer Erregungsquelle abwenden zu können. Eltern können dies durch Ablenkung oder Lenkung der kindlichen Aufmerksamkeit auf positive Merkmale der Situation interaktiv steuern. Selbstregulatorische Strategien sind z.B. das Zuhalten von Augen oder Ohren, von der Reizquelle weggehen oder die Situation verlassen. Weitere sich in der Kindheit entwickelnde Formen sind Regulationen der Aufmerksamkeit, die eine Umdeutung der Situation zur Folge haben, indem man z.B. in einer furchterregenden Situation oder bei Erleben eines Unbehagens die Aufmerksamkeit auf schöne Dinge, die man sich innerlich vorstellt, lenkt oder die Aufmerksamkeit auf die

Zukunft richtet und sich einredet, daß alles gut gehen werde. So gaben z.B. 8- und 13jährige in einer Befragung an, daß das Denken an etwas Positives helfen kann, Heimweh zu verringern (Harris & Lipian, 1989).

Deutung emotionaler Anlässe

Mit dem Aufbau einer subjektiven Bedeutungsebene in der zweiten Hälfte des ersten Lebensjahres verändern sich die Qualität und Flexibilität der Bewertungsprozesse und damit das, was zum Emotionsanlaß werden kann. Bewertungsprozesse können dann im Sinne von Umdeutungen auch als Regulationsstrategien eingesetzt werden.

Eine Veränderung der *Qualität der Bewertungsprozesse* zeigt sich darin, daß die gleiche Situation von der selben Person zu späteren Alterszeitpunkten qualitativ anders bewertet werden kann (z.B. Trennungen von den Eltern). Darin spiegeln sich neben individuellen Besonderheiten auch altersspezifische Trends wider, die durch die dominanten Motive und Entwicklungsthematiken der jeweiligen Altersphasen bedingt sind (vgl. Sroufe, 1989). So ist z.B. vom 6. bis zum 15. Lebensmonat der Aufbau einer Bindungsbeziehung zu den Bezugspersonen die vorherrschende Entwicklungsthematik. In dieser Altersperiode nimmt das Kind fremde Personen als Bedrohung wahr und reagiert entsprechend mit Angst („Fremdeln"). Im Vergleich zu anderen Altersstufen sind autonomierelevante Situationen im zweiten Lebensjahr deutlich häufiger Auslöser starker emotionaler Reaktionen (typische „Trotzanfälle"). Das Kind deutet Eingriffe in seinen Handlungsvollzug als willkürliche Beschränkung seiner Autonomie und reagiert entsprechend mit Ärger und Trotz.

Zu den Regulationsstrategien der *Umdeutung von Anlässen* zählt die gesamte Bandbreite von Abwehrmechanismen, z.B. Leugnung, Rationalisierung, Projektion, Umdeutung etc. Solche Strategien lassen sich bereits bei Kindern im Vorschulalter beobachten. In einer Studie (Thompson, 1994) wurde Vorschulkindern eine Geschichte vorgelesen, in der dem Protagonisten etwas Fürchterliches zustieß und er daraufhin starb. Die Kinder reagierten darauf oft mit einer Umdeutung in Richtung auf einen positiven Ausgang der Geschichte (z.B.: „Er starb nicht wirklich!"). Auch die Regulationsstrategien, das gewünschte Ziel zu ersetzen oder die kausale Attribution zu verändern, treten bereits im Vorschulalter auf. Beispiel: Die Eltern haben keine Zeit, ihrem Kind eine Geschichte vor dem Schlafengehen vorzulesen, obwohl das Kind es sich wünscht. Das Kind sagt sich, daß Musik hören genauso gut sei.

Solche Umdeutungsstrategien reduzieren das negative Erleben. Dies ist sinnvoll, weil nie alle Wünsche eines Kindes erfüllt werden können und daher negative emotionale Erfahrungen unvermeidlich sind. Eine Strategie von Eltern ist es daher, das Kind auf unvermeidliche negative Erfahrungen vorzubereiten, wie dies z.B. beim Arztbesuch der Fall ist, wenn eine Spritze gegeben wird. Zur Vorbereitung können Eltern das Kind zwicken und dabei Lächeln oder eine positive Miene aufsetzen.

Eine Veränderung der *Flexibilität der Bewertungsprozesse* zeigt sich darin, daß im Laufe der Entwicklung für die Interpretation einer Situation nicht nur eine Deutung, sondern mehrere verschiedene Deutungen zugleich herangezogen und miteinander verglichen werden können.

Dekodierung internaler Emotionsindikatoren

Der emotionale Zustand wird nicht nur durch die Deutung der Situation reguliert, sondern auch durch die Deutung der internalen Indikatoren emotionaler Erregung. Dies ist ein wichtiger Entwicklungsschritt. Die Deutung der physiologischen Reaktionen, wie z.B.

Herzklopfen, Schweißausbruch, schneller Atem, trockener Mund, kann die Person entweder verunsichern und überfordern – und die Reaktion ihrerseits noch verstärken – oder als Hinweis über den körperlichen Zustand gedeutet und für das weitere Handeln berücksichtigt werden. Thompson (1994) vermutet, daß Kinder, die gelernt haben, ihre Emotionen sozial angemessen zu regulieren, die internalen Indikatoren als Unterstützung für die Zielerreichung wahrnehmen und nutzen können. Hingegen nehmen Kinder, die von einer inneren Erregung überfordert werden, diese Hinweisreize als Ausdruck ihrer eigenen Inkompetenz wahr. Allerdings ist bislang wenig darüber bekannt, wie Kinder solche Hinweisreize tatsächlich deuten und damit umgehen, noch wie Eltern diese Deutungen der Kinder vermitteln und beeinflussen.

Zugang zu externen Bewältigungsressourcen

Die Suche nach externer Unterstützung und deren Verfügbarkeit stellen wichtige Bewältigungsressourcen dar. Wenn ein Kind ängstlich ist, sucht es Schutz; wenn es traurig ist, sucht es Trost; wenn es ärgerlich ist, sucht es Verständnis oder Beruhigung. Die Art dieser Suche nach Unterstützung ist u.a. abhängig von frühkindlichen Bindungserfahrungen (s. Spangler, i. d. Bd.). Ein allgemeiner Entwicklungstrend ist, daß sich mit zunehmendem Alter die Strategien verfeinern, die einen Zugang zu zwischenmenschlichen Ressourcen ermöglichen, und die eine vorausschauende aber auch eine unmittelbare Nutzung sozialer Partner und anderer externer Ressourcen beinhalten. So wählen sich Kinder Freunde aus, bei denen sie erwarten, emotionale Unterstützung zu erhalten und Verständnis zu finden (Gottman & Mettetal, 1986). Dabei wählen sie sich Gleichaltrige als Vertraute aus, die sich in anderen Situationen bereits als vertrauenswürdig erwiesen haben. Gegenüber solchen vertrauenswürdigen Personen zeigen sie auch einen intensiveren Emotionsausdruck, wohl in der Absicht durch einen unmißverständlichen Appell auch eine prompte Reaktion in Form von Unterstützung und Beistand zu erhalten.

Unklar ist bislang, inwiefern Emotionswissen, z.B. wie man andere über die eigenen Anliegen täuschen kann, für Zwecke der Emotionsregulation eingesetzt wird. Beispielsweise kann ein Kind nach einer tollpatschigen Handlung, bei der es sich leicht verletzt hat, eine größere Verletzung vortäuschen, um nicht ausgelacht zu werden, d.h. um Schamgefühl zu vermeiden.

Emotionale Belastungen im vertrauten Umfeld

Eine häufige Auseinandersetzung mit neuen Situationen und unvertrauten Umgebungen führt zum Erleben von hoher Unsicherheit. Um diese Unsicherheit zu reduzieren, besteht eine Form der Regulation auch darin, sich eine Umwelt zu schaffen, die die emotionalen Anforderungen von allgemein anzutreffenden Situationen vorhersagbar und kontrollierbar macht. Man wählt sich solche Kontexte und Lebensumstände, die die emotionalen Anforderungen als handhabbar erscheinen lassen.

In den ersten Lebensjahren erfüllen die Eltern diese Regulationsebene für ihre Kinder, indem sie die möglichen emotionalen Belastungen an ihr Kind antizipieren und entsprechende Maßnahmen ergreifen, um sie in Formen zu halten, die das Kind meistern kann. Ein erster Ansatz einer selbstgesteuerten Regulation ist der Versuch des Kindes, bei Explorationen der nahen Umwelt die Bezugsperson möglichst in seiner Nähe zu halten. Die Auswahl und Gestaltung der sozialen Umgebung wird mit zunehmendem Alter immer mehr selbstgesteuert und zugleich immer mehr den eigenen Motiven angepaßt – einschließlich der Tolerierung solcher emotionaler Belastungen, mit denen man noch zurechtkommt. Dies bezieht sich im Vorschulalter z.B. auf die Auswahl der Spielpartner, die Auswahl der Spiele und der Spielorte.

Auswahl geeigneter Reaktionsalternativen

Die eingesetzten Strategien der Emotionsregulation werden nicht nur aufgrund ihrer Wirkung auf das emotionale Erleben ausgewählt, sondern sie werden mit zunehmendem Alter auch mit den angestrebten Zielen und kontextspezfischen Bedingungen in Zusammenhang gebracht. Emotionen werden in einer Weise ausgedrückt und reguliert, die befriedigende Konsequenzen hat, nämlich sein Ziel zu erreichen. So muß ein Kind lernen, daß es besser ist, den erlebten Ärger zu verbalisieren anstatt den „Schuldigen" zu attackieren oder zu beschimpfen, wenn es sein Ziel, z.B. ein gemeinsames Spiel trotz Meinungsverschiedenheiten mit dem Spielpartner fortzusetzen, erreichen will. Dies macht es notwendig, möglichst flexible Strategien zu entwickeln, um entsprechend variabel auf unterschiedliche Situationen und Personen reagieren zu können.

Ein wichtiger Schritt ist dabei u.a. die Entwicklung der Sprache. So zeigte Kopp (1992) in einer Studie, in der sie Kinder zu Hause beobachtete, daß das Schreien im zweiten Lebensjahr einen Höhepunkt erreichte und im dritten Lebensjahr deutlich abnahm. Die Abnahme erklärt sie durch die Entwicklung der Sprache als alternative Möglichkeit, Emotionen und emotionsbezogene Erfahrungen auszudrücken. Diese Art des Ausdrucks wird auch von den Bezugspersonen gefördert, z.B. „Wehr dich mit Worten, statt zu schlagen!"; „Sag was dir nicht paßt, anstatt so ein Gesicht zu machen!".

Zusammenfassung

Thompson betrachtet die Entwicklung der Emotionsregulation nicht als einen homogenen Prozeß. Sie umfaßt eine Vielfalt von Regulationsstrategien, die ein unterschiedliches Entwicklungstempo haben und auf unterschiedlichen Erfahrungen aufbauen. Insgesamt weiten sich die Verhaltensalternativen in der Kindheit mit zunehmendem Alter aus und ermöglichen eine flexiblere Regulation emotionaler Reaktionen.

1.2 Allgemeine Entwicklungstrends der Regulationsstrategien

Im Gegensatz zu Thompson (1994) beschränken andere Forscher den Begriff der „Emotionsregulation" auf die Strategien, die als Bewältigungshandlungen eingesetzt werden. Die Befundlage zur Frage, wie sich Strategien der Emotionsregulation entwickeln ist, noch recht spärlich, wenn man nach Studien sucht, die sich explizit auf das Konzept „Emotionsregulation" beziehen. Allerdings ändert sich das Bild, wenn man auch Studien berücksichtigt, die sich mit Fragen beschäftigen, wie Kinder Distress-Situationen bewältigen. Diese Fragen wurden vor allem in der Streßforschung gestellt, so daß in diesem Bereich viele entwicklungspsychologische Studien vorliegen. Hier wurde auch der Begriff „Coping" geprägt, der sich auf Bewältigungsstrategien von Distress-Situationen bezieht.

Diese vergleichbare Forschungsthematik hat zu einer Diskussion darüber geführt, ob die Konzepte „Coping" und „Emotionsregulation" gleichzusetzen oder zu unterscheiden sind. Einige Forscher vertreten die Auffassung, daß man beide Begriffe gleichsetzen kann. Ein Argument lautet, daß die Streßforschung immer schon Emotionen berücksichtigt hat, weil für die Beantwortung der Frage, ob bei einer Person Streß vorliegt, anwachsender Distress bzw. emotionale Erregung als Indikatoren verwendet werden (Rossman, 1992). Ein weiteres Argument ist, daß sich für Emotionsregulation und Coping vergleichbare Klassifikationen finden lassen: Beide Konzepte umfassen kognitive und verhaltensbezogene Strategien, die entweder auf die Emotion oder auf das Problem gerichtet sein können. Schließlich zeigen Befunde beider Forschungsbereiche für die frühe Kindheit einen großen Überschneidungsbereich bzgl. der beobachteten Strategien:

- Aufmerksamkeitslenkung, z.B. Blick abwenden;
- Vermeidung, z.B. Augen schließen, Ohren zuhalten;
- Ablenkung, z.B. sich mit einem anderen Objekt beschäftigen;
- Selbstberuhigung, z.B. Haare drehen, sich am Arm reiben, Daumenlutschen;
- Problemorientierte Strategien, z.B. Hindernis beseitigen;
- Suche von Unterstützung bei Bezugspersonen, z.B. Blickkontakt oder körperliche Nähe suchen.

Bridges und Grolnick (1995) hingegen unterscheiden zwischen Emotionsregulation und Coping, und zwar hinsichtlich der Art des Anlasses, der damit verbundenen Häufigkeit des Auftretens und der Verarbeitungsebene. So bezieht sich ihrer Meinung nach Coping auf die Reaktion auf besonders negative und streßvolle Anlässe, während Emotionsregulation auch innerhalb von alltäglichen schwächeren Anlässen auftreten kann. Emotionsregulation tritt somit weitaus häufiger auf als Coping und sie kann sowohl nicht-bewußt (gewohnheitsmäßig entwickelte Regulationsabläufe) als auch reflexiv gesteuert sein. Coping hingegen tritt eher seltener auf und die Strategien werden bewußt eingesetzt.

Unabhängig von der Frage, ob diese beiden Konzepte (Emotionsregulation und Coping) identisch sind oder nicht, ist es aufgrund der inhaltlichen Überlappung sinnvoll, die in der Streßforschung bereits vorliegenden Erkenntnisse zur Entwicklung der Copingstrategien in der Kindheit und Jugend (s. Zimmermann, i. d. Bd.) einzubeziehen. Dies wird in diesem Kapitel allerdings nur bedingt geschehen, da viele Studien der Streßforschung sich ausschließlich auf eine Klassifikation der Bewältigungsstrategien konzentriert haben, ohne den Aspekt der ontogenetischen Entwicklung berücksichtigt zu haben. Der Schwerpunkt in diesem Beitrag liegt jedoch auf dem letztgenannten Aspekt.

Bridges und Grolnick (1995) haben ein Entwicklungsmodell für die Strategien der Emotionsregulation formuliert. Dabei unterscheiden sie vier Etappen der Emotionsregulation, die sich auch überlagern. Eine Form löst nicht die andere ab, sondern das Repertoire der Regulation wird immer mehr erweitert.

Aufmerksamkeitsregulation

Säuglinge gewinnen ab dem Alter von zwei Monaten Kontrolle über ihre Blickbewegungen (Olson & Sherman, 1983). Sie können damit die visuelle Aufmerksamkeit selbst regulieren und setzen die Blickabwendung auch in periodischen Abständen ein, um ihre Erregung in Interaktionen mit Bezugspersonen zu regulieren (s. auch 2.2).

Selbstberuhigungsstrategien

Selbstberuhigende Strategien, z.B. Daumenlutschen oder Haare drehen, treten bereits zu einem sehr frühen Zeitpunkt auf. Nach Demos (1986) haben sie ab dem Alter von vier Monaten selbstregulierende Funktion, da sie zweckgerichtet eingesetzt werden. So berichtet Stifter (1993, zit. n. Bridges & Grolnick, 1995), daß in einer Studie mit 5 bis 10 Monate alten Säuglingen körperbezogene Selbstberuhigungsstrategien, wie z.B. das Nuckeln am

Daumen oder Schnuller, in gemäßigten Frustrationssituationen am häufigsten auftraten. Diese Strategien waren im Vergleich zu Blickabwendungsstrategien im Hinblick auf die Beendigung der negativen emotionalen Reaktion (Distress-Reaktion) wirksamer.

Interaktive Regulationsstrategien

Die beiden vorher genannten Strategien können allerdings nur dann eingesetzt werden, wenn die Erregung nicht zu stark ist. In allen anderen Fällen erfordert die Regulation die Unterstützung durch Bezugspersonen. Diese Form der Unterstützung ist eine wichtige Form der Regulation auch über die frühe Kindheit hinaus. Allerdings zeigt sich in der zweiten Hälfte des ersten Lebensjahres eine deutliche Veränderung. Aufgrund der motorischen Entwicklung können Kinder die Nähe und den Kontakt zur Bezugsperson aktiv, d.h. von sich aus, suchen und initiieren. Damit erhält diese interaktive Regulation eine selbstinitiierte Qualität im Unterschied zum früheren Alterszeitpunkt.

Symbolische und sprachliche Regulationsstrategien

Mit der Entwicklung der Sprache und der weiteren kognitiven Entwicklung entwickeln sich symbolische und sprachliche Regulationsstrategien. So kann das Kind sich selbst regulieren, indem es sich bestimmte Sachverhalte ins Gedächtnis ruft. Wenn das Kind z.B. die Absichten einer Person verstehen kann, kann es aufkommende Traurigkeit über den Weggang der Bezugsperson durch die Vergegenwärtigung dessen, warum sie weggegangen ist und wann sie zurückkommt, regulieren und kontrollieren. Oder die Kinder können „Als ob"-Szenarien einsetzen und so tun, als wäre die Situation ganz anders oder als wären sie eine andere Person. Der damit einhergehende Perspektivenwechsel führt auch zu einer Umdeutung der emotionsrelevanten Auslöser. Viele Autoren, die sich mit dem kindlichen Spiel befaßt haben, sprechen dem Rollenspiel, dem „so tun als ob", eine psychohygienische Funktion in der Bewältigung emotionaler Belastungen zu (Oerter, 1997; Mogel, 1991). Die hierbei auftretenden Regulationsstrategien stehen vermutlich in einem engen Zusammenhang mit der Entwicklung des Emotionswissens (s. Janke, i. d. Bd.).

1.3 Interaktive Regulationsstrategien als Entwicklungsfaktor

In den beiden vorgestellten Ansätzen wurde neben der Entwicklung selbstregulativer Strategien auch immer die Bedeutung der interaktiven Strategien durch den Einbezug erwachsener Bezugspersonen hervorgehoben. Dennoch beschränkt sich in diesen Ansätzen die Funktion der Bezugspersonen auf eine unterstützende Rolle. Sie haben nicht die Funktion eines eigenständigen Entwicklungsfaktors für die Herausbildung einer selbstgesteuerten Emotionsregulation beim Kind. Als wesentlichere Entwicklungsfaktoren werden Reifungsprozesse sowie kognitive und verhaltensbezogene Entwicklungsprozesse angesehen.

Im Unterschied zu diesen Ansätzen läßt sich eine weitergehende theoretische Perspektive formulieren, gemäß der die interaktiven Prozesse zentrale Voraussetzung für die Entwicklung der selbstgesteuerten Regulation sind, da in der anfänglichen interaktiven Regulation der Säugling die Erfahrungen macht, wie und auf welche Weise emotionale Zustände reguliert werden können. Die externen Regulationshilfen, die anfänglich durch die Eltern gegeben werden, werden zunehmend internalisiert und fungieren als selbstregulierende Strategien, wenn das Kind älter wird (Carter, Mayes & Pajer, 1991; s. auch Holodynski; Josephs, i. d. Bd.). Diese interaktiven Regulationserfahrungen liefern den „Rohstoff", den das Kind sich im Laufe der Entwicklung zu eigen macht. Es ist wenig plausibel anzunehmen, daß ein Kind sich seine eigenen Regulationsstrategien unabhängig von den vorausgehenden Erfahrungen selbst konstruieren und erarbeiten muß.

Gemäß dieser Auffassung stellt der Übergang von einer interpsychischen zu einer intrapsychischen Regulation einen zentralen Entwicklungsmechanismus der Emotionsregulation dar. Als theoretischer Hintergrund für diese Perspektive kann u.a. die Theorie der Entwicklung höherer geistiger Funktionen von Wygotski (1992/1931) herangezogen werden, da sich dem emotionalen Geschehen auch eine Symbolfunktion zuschreiben läßt (s. Holodynski, 1997a, i. d. Bd.). Sowohl das eigene Erleben als auch der Ausdruck emotionaler Zustände durch den Interaktionspartner sind Zeichen, denen Bedeutung zugewiesen werden. Mit der mehr oder weniger bewußt vollzogenen Dissoziation von Ausdruck und Erleben im Grundschulalter können emotionale Ausdrucksmuster als Symbole benutzt werden und auf diese Weise auch in der Interaktion flexibel und situationsangemessen zur Realisierung eigener Motive eingesetzt werden. Emotionen als Systeme von Zeichen lassen sich dann in bestimmten Aspekten in Analogie zur Entwicklung von Gesten oder Sprache konzeptualisieren.

Ein zentraler psychischer Entwicklungsprozeß ist nach Wygotski die Internalisierung vormals äußerlich wahrnehmbarer Verhaltensweisen. Diesen Prozeß beschreibt Wygotski als Zone der nächsten Entwicklung: Das Kind kann die Regulationsformen und -strategien, die es zunächst nur mit Unterstützung der Bezugsperson anwenden kann (*interpsychische Regulation*), in der nächsten Phase bereits selbständig anwenden (*intrapsychische Regulation*). Dabei wendet das Kind die Mittel, die vormals in der Interaktion auftauchten, auf sich selbst an.

Für dieses Entwicklungsmodell gibt es bislang keine spezifischen Befunde hinsichtlich des Strategietransfers. Der empirische Nachweis stellt hohe Anforderungen. So wäre eine Voraussetzung die Planung einer Längsschnittstudie mit mehreren Zeitpunkten, und zu jedem Zeitpunkt müßte Mutter und Kind zusammen und das Kind allein untersucht werden. Dabei müßten auch ähnliche emotionale Reaktionen induziert werden. Allerdings liegen mehrere Studien vor, die Zusammenhänge zwischen Merkmalen der Bezugsperson bzw. der Beziehungsqualität und der Emotionsregulation ihrer Kinder aufzeigen.

2. Von der interpsychischen zur intrapsychischen Emotionsregulation

Der zentrale Entwicklungsprozeß läßt sich als eine schrittweise Veränderung von einer interpsychischen zu einer intrapsychischen Regulation beschreiben (s. Holodynski & Friedlmeier, i. d. Bd.). Im folgenden wird versucht, auch in Anlehnung an Sroufe (1996), die Entwicklung der Emotionsregulation unter besonderer Berücksichtigung der interaktiven Regulationsprozesse in der Kindheit zu charakterisieren. Dabei werden jeweils spezifische Aspekte hervorgehoben und beispielhaft Ergebnisse empirischer Studien berichtet. Unter einer funktionalistischen Perspektive wird deutlich, daß sich emotionale Entwicklung nicht als eine isolierte Komponente beschreiben läßt, sondern daß zum einen die Emotionsregulation einen wichtigen Teil des emotionalen Geschehens darstellt und zum anderen die Verbindung zu anderen funktionalen Bereichen (kognitive und soziale Entwicklung) bedeutsam ist. Emotionale Entwicklung ist somit als Teil der Entwicklung einer umfassenden Verhaltensorganisation zu betrachten (s. Papoušek & Papoušek, i. d. Bd.).

2.1 Die ersten beiden Monate

Die erste Phase umfaßt die ersten beiden Lebensmonate. Neugeborene verfügen zwar über basale Strategien, sich selbst zu beruhigen, z.B. Saugen oder selbststimulierendes visuelles Fixieren (Tronick, 1989). Diese Strategien können sie aber nur in sehr begrenztem Maße einsetzen. Es ist daher *Aufgabe der Bezugsperson, das Erregungsniveau des Säuglings zu regulieren*, indem sie ihn vor Übererregung schützt und im Fall von negativer emotionaler Reaktion beruhigt. Die Vermittlung von weichen und harmonischen Abläufen in Interaktionen mit den Bezugspersonen bilden eine gute Basis für die weitere Entwicklung. Es werden Interaktionsmuster von körperlichem Kontakt und Halten hergestellt. Das Kind fängt allmählich an, zwischen den Ereignissen Kontingenzen zu entdecken (s. Papoušek, Papoušek & Bornstein, 1985). Die Phase aktiver Interaktionen wird vorbereitet.

2.2 Drei bis sechs Monate

In der zweiten Phase, die den dritten bis sechsten Lebensmonat umfaßt, *übernimmt das Kind selbständige Anteile in der interpsychischen Regulation*. Erregungszustände sind ein unvermeidliches Ergebnis bei der Exploration von neuen Dingen, so daß die Regulation solcher Erregungen eine zentrale Entwicklungsthematik darstellt. Die Regulation erfolgt vor allem in *face-to-face* Interaktionen. Die Bezugsperson vermittelt positive Erregung und Beruhigung bei Distress durch wechselseitiges Lächeln und Lachen. Der Säugling erlernt in diesen Interaktionen ein erstes einfaches Geben und Nehmen, Agieren und Reagieren (Fogel, 1993).

Es geht zu diesem Alterszeitpunkt nicht mehr nur um Vermeidung von Überstimulation oder Beruhigung von Spannungszuständen, sondern wichtig ist vor allem die Entwicklung von Distress-Erholungs-Zyklen und die Herstellung und interaktive Reparation von Unterbrechungen der Eltern-Kind-Synchronie (Sroufe, 1996). Diese Zyklen ermöglichen den Aufbau einer grundlegenden Erregungsmodulation und der Erwartung, daß die Verhaltensorganisation nach einem Zusammenbruch wieder hergestellt werden kann. Dabei geht es sowohl um negative als auch positive Spannungszustände. Die Bezugsperson hilft dem Kind, die Verhaltensorganisation auch angesichts neuer Stimulation aufrechtzuerhalten. Lernprozesse der Erregungsreduktion im Umgang mit „Neuheit" treten auch in alltäglichen Routinen wie Füttern, Baden oder Spielen auf (s. Tronick, 1989; Fogel, 1993; Stern, 1992). Das Kind toleriert in zunehmendem Ausmaß im interaktiven Spiel auch hohe Erregungszustände.

Die Interaktionen zwischen Mutter und Kind lassen sich als eine Abfolge dyadisch passender Zustände, die mit positivem Affekt, und nicht-passender Zustände, die mit negativem Affekt besetzt sind, beschreiben. Um die kindlichen Reaktionen auf nicht-passende Zustände zu untersuchen, wurde die *still-face* Methode als methodisches Paradigma eingeführt. Es sei im folgenden kurz erläutert:

Es wird eine Situation geschaffen, bei der die Mutter die Interaktion zu ihrem Kind einseitig abbricht. Die Mutter wird vom Versuchsleiter aufgefordert, nach einer natürlichen *face-to-face* Interaktion keine mimische und gestische Reaktion mehr auf ihr Kind zu zeigen. Die *still-face* Phase führt zu einem irreparablen Interaktionsfehler, denn selbst Versuche des Säuglings, das Verhalten der Mutter zu verändern, sind zum Scheitern verurteilt. Die Wiederaufnahme der Interaktion beginnt erst in der Vereinigungsphase. Die Untersuchungsmethode besteht somit aus drei Episoden: (1) *Face-to-face* Interaktion zwischen

Mutter und Kind, (b) *Still-face* Phase, in der die Mutter ihren Ausdruck einfriert und nicht mehr mimisch auf ihr Kind reagiert, und (c) Reparationsphase, in der die Mutter die *face-to-face* Interaktion wieder herstellt. Jede Phase dauert 2 bis 3 Minuten. Es werden sowohl physiologische Maße (z.B. Herzfrequenz) als auch Ausdrucksmaße (Mimik) beim Kind erhoben.

Der Vergleich des emotionalen Ausdrucks für 6monatige Säuglinge in den drei Phasen ergab folgende Ergebnisse (Weinberg & Tronick, 1994): In der *still-face* Phase nahm das Lächeln ab, das Kind wendete den Blick von der Mutter weg und die motorische Unruhe wuchs deutlich an. Emotionaler Ausdruck von Ärger und Trauer zeigten sich gleich häufig in der *still-face* Phase und der Reparationsphase. Blickabwendung erfolgte am seltensten in der Reparationsphase. In dieser Phase traten auch negative Vokalisationen und Schreien sehr häufig auf sowie positive Vokalisationen und Gesten. Auf der physiologischen Ebene lag die Herzrate, die als Streßindikator interpretiert werden kann, in der *still-face* Phase am höchsten und nahm in der Reparationsphase deutlich ab.

Eine wichtige Schlußfolgerung dieser Untersuchung war, daß die Säuglinge offensichtlich einen ambivalenten emotionalen Zustand in der Reparationsphase erleben. Das Anwachsen an unruhiger Bewegung und Schreien spiegelt die Erwartung des Kindes wider, daß die Mutter intervenieren soll, um den negativen Affekt zu regulieren, nachdem sie die Interaktion zuvor unterbrochen hatte. Zugleich zeigt das Kind positive Verhaltensmerkmale wie z.B. Lächeln und positive Vokalisationen. Diese positiven Verhaltensmerkmale zeigen in der Reparationsphase die stärksten Ausprägungen. Die Kinder freuten sich augenscheinlich über die Wiederaufnahme der Beziehung, zeigten aber auch noch Kummer.

Zusätzlich ergab sich eine Dissoziation zwischen Ausdruck und physiologischem Zustand. dem augenscheinlich neutralen physiologischen Erregungszustand. Während die Intensität der beobachtbaren negativen Ausdrucksmerkmale in der Reparationsphase noch sehr hoch war, hatte sich der Erregungszustand bereits normalisiert. Die Säuglinge waren offensichtlich nicht so gestreßt, wie ihr Emotionsausdruck vermuten ließ. Dies könnte bedeuten, daß die positive Wiederaufnahme der Interaktion durch die Mutter ein Puffer-Effekt für die physiologische Ebene der kindlichen Reaktion sein könnte bzw. daß der „übertriebene" Ausdruck als kommunikative Aufforderung an die Mutter eingesetzt wird, die angenehme *face-to-face* Interaktion wieder verläßlich herzustellen.

2.3 Zweite Hälfte des 1. Lebensjahres

In Anlehnung an Sroufe (1996) entwickeln sich in diesem Altersabschnitt die ersten diskreten Emotionen, da die Säuglinge anfangen, Ereignisse zu bewerten. Es bildet sich Intentionalität aus. Dies impliziert auch eine qualitative Veränderung der emotionalen Reaktion. Zu Beginn der Entwicklung ist sie durch das bestimmt, was dem Kind zustößt, d.h. durch die Reizqualitäten an und für sich. Jetzt hängt die emotionale Reaktion davon ab, welche Erwartungen das Kind ausgebildet hat und welche Bedeutung es dementsprechend dem aktuellen Ereignis zuspricht. Das Kind kann seine Motive und Erwartungen eindeutiger mitteilen, so daß die Bezugsperson die Bewältigungshandlungen besser auf den Bedarf des Kindes abstimmen kann. Mit der weiteren motorischen Entwicklung erweitert sich auch das Repertoire an Regulationsstrategien, z.B. vom negativen Reiz wegzukrabbeln. Die Rolle des Erziehers bleibt gleich, aber das Kind wird aktiver, indem es spezifischere Intentionen ausbildet und für deren Erreichung auch die Unterstützung durch die Bezugsperson einfordert.

Während der zweiten Hälfte des ersten Lebensjahres – wenn ein Säugling bedeutungsvermittelte Emotionen zeigt und die Grundlage der Emotionen sich somit nicht mehr auf eine hedonistische Tönung, sondern auf die subjektive Bedeutungsebene stützt – *übernimmt er zugleich eine aktivere Rolle in der Emotionsregulation* (s. Sroufe, 1996). Diese aktive Übernahme zeigt sich vielleicht am deutlichsten in dem Phänomen des *emotional referencing*, das am Ende des ersten Lebensjahres auftaucht. Das Kind sucht die Bedeutung der Situation und des eigenen Erlebens aus dem Emotionsausdruck und der Reaktion des Erziehers abzuleiten (s. Feinman, 1992). *Emotional referencing* ist die aktive Kontaktaufnahme des Kindes mit der Bezugsperson, um Informationen darüber zu erhalten, wie es sich fühlen und verhalten soll (s. Klinnert, Campos, Sorce, Emde & Svejda, 1983). Wenn die Mutter in ihrem Gesicht Angst ausdrückt, zeigen Kinder am Ende des ersten Lebensjahres einen ängstlicheren Ausdruck als auf einen neutralen und positiven Ausdruck. Eine solche Reaktion kann zu einem früheren Alterszeitpunkt noch nicht beobachtet werden. Auch hier gilt, daß eine Kontingenz zwischen kindlicher Rückversicherung und mütterlicher Ausdrucksantwort viel dazu beiträgt, daß *emotional referencing* zustandekommt. Die Reaktion der Mutter muß innerhalb der ersten drei Sekunden erfolgen. Die Motivation des Kindes, sich an die Mutter zu wenden und sich an ihrem Ausdruck zu orientieren, reflektiert Merkmale der Bindungsbeziehung und beruht vielleicht sogar auf dem Bindungsprozeß (Masters, 1991).

2.4 Zweites bis fünftes Lebensjahr

In dieser Phase findet der Wechsel von einer interpsychischen zu einer intrapsychischen Emotionsregulation statt. Dies zeigt sich u.a. in der Art, wie sich das *emotional referencing* im zweiten Lebensjahr verändert: Die Kinder beziehen sich noch auf die Eltern als Referenten, aber sie lächeln jetzt auch während furchtauslösender Durchgänge, da sie anfangen, zwischen aufgesetztem und natürlichem Ausdruck der Bezugsperson zu unterscheiden. Sie beginnen, immer öfter und ausgiebiger über die Interpretation der Situation mit der Bezugsperson zu „verhandeln" (Walden, 1991). Somit ist die Präsenz der Bezugsperson noch wichtig, aber es wird nicht mehr auf das Ausdrucksverhalten der Bezugsperson unhinterfragt Bezug genommen.

Das Kind richtet sich an die Bezugsperson, braucht aber keine direkte Unterstützung, sondern kann eine Lösung für sich selbst aufgreifen und eine emotional negative Situation selbständig lösen.

Altersspezifische Veränderungen in der Art der Regulationsstrategien konnten Bridges und Grolnick (1995) in einer Studie mit 5 Altersgruppen (12 Monate – 18 Monate – 24 Monate – 32 Monate – 45 Monate) feststellen. Die Kinder wurden in zwei Situationen mit Belohnungsaufschub untersucht. Zum einen wurde ein begehrter Snack (Cracker in Tierformen) und zum anderen ein schön eingewickeltes Geschenk in Aussicht gestellt. Das Kind mußte aber noch warten, ehe es das „begehrte" Objekt erhielt, da die Versuchsleiterin aus einem vorgeschobenen Grund nochmals den Raum verlassen mußte. Dabei wurde das Objekt innerhalb des Blickfeldes, aber außerhalb der Reichweite des Kindes hingestellt. Die Mutter war im Raum anwesend. Sie wurde in einer passiven Bedingung angehalten, Zeitschriften zu lesen, in der zweiten (aktiven) Bedingung war sie nicht beschäftigt. Somit wurde die Verfügbarkeit der Mutter in diesen beiden Bedingungen variiert. Zwei wichtige Ergebnisse beziehen sich darauf, ob die Verfügbarkeit der Mutter mit der emotionalen Reaktion bzw. den Regulationsstrategien des Kindes in Zusammenhang stehen:

Zusammenhang zwischen Verfügbarkeit und emotionaler Reaktion. Es zeigte sich ein deutlicher Zusammenhang derart, daß die Kinder bei Nicht-Verfügbarkeit der Mutter (passive Bedingung) eine stärkere negative emotionale Ausdrucksreaktion zeigten als bei ihrer Verfügbarkeit (aktive Bedingung). Diese Kontextabhängigkeit des Ausmaßes der emotionalen Reaktion wurde auch in anderen Studien bestätigt (Bridges, Grolnick & Connell, 1997). Die Nicht-Verfügbarkeit der Mutter ist offensichtlich ein zusätzlicher Stressor, der die Stärke der negativen emotionalen Reaktion erhöht.

Zusammenhang zwischen Verfügbarkeit und Strategien. Selbstinitiierte Regulationsstrategien der Ablenkung, d.h. spielen mit anderen Objekten im Raum, nahmen vor allem in der passiven Bedingung über die Altersgruppen hinweg zu. So zeigten 13% der 12 Monate alten, 25% der 32 Monate alten und 61% der 45 Monate alten Kinder solche Strategien. Selbstinitiierte Strategien der Einbeziehung der Mutter in ein Spiel oder ein Gespräch (Lächeln, Spielsachen zeigen, verbale Aufforderung zum Spiel) stieg ebenfalls deutlich an, vor allem in der nicht-passiven Bedingung, und zwar von 1% der 12 Monate alten zu 4% bei den 32 Monate alten und 25% der 45 Monate alten Kinder. Zugleich zeigte sich eine deutliche Abnahme der Suche nach Trost und Unterstützung bei der Mutter in der passiven Bedingung, die vor allem im Vergleich der 32 Monate alten Kinder (28%) zu den 45 Monate alten Kindern (1%) drastisch abnahm.

Dies verdeutlicht, daß die älteren Kinder in solchen frustrierenden Situationen bereits ein hohes Maß von selbständiger Regulation aufweisen. Eine Form dieser Regulation bezieht auch die Mutter aktiv ein, ohne Trost und Unterstützung zu benötigen. Zugleich berücksichtigen die älteren Kinder auch den Kontext immer besser. Wenn die Bezugnahme auf die Mutter aus irgendwelchen Gründen nicht gegeben ist, weil sie z.B. mit einer Aufgabe beschäftigt ist, dann zeigen sie im Vergleich zur Situation, in der die Mutter frei verfügbar ist, ein deutlich geringeres Ausmaß von Strategien, die auf die Mutter gerichtet sind. Die selbständige Regulation durch Verwendung aktiver nicht-sozialer Strategien tritt wesentlich häufiger auf.

Zusammenhang zwischen Verlauf der emotionalen Reaktion und Regulationsstrategie. Bislang wurden Studien angeführt, in denen die altersmäßige Veränderung von Regulationsstrategien untersucht wurde. Dabei blieb ungeklärt, wie erfolgreich die jeweiligen Strategien für die Kinder sowohl hinsichtlich der Regulation des emotionalen Zustands als auch hinsichtlich der gewünschten Zielerreichung waren. Zur Beantwortung dieser Frage ist es notwendig, nicht nur die Regulationsstrategien von Kindern, sondern auch den Verlauf der emotionalen Reaktionen zu erfassen. In einer eigenen Studie gingen wir diesen Fragen nach (Friedlmeier & Trommsdorff, in Vorb.).

2jährige (n = 20) und 3jährige Mädchen (n = 35) wurden in zwei Situationen beobachtet und videografiert: Zum einen in einer „Enttäuschungssituation" – ein Spielzeug, mit dem sie sich beschäftigten, wurde abrupt von einer fremden Person weggenommen – und zum anderen in einer „Empathiesituation" – sie erlebten das Mißgeschick und die Traurigkeitsreaktion der Spielpartnerin. Die erste Situation wird als Induktion einer selbstbezogenen Emotion aufgefaßt, da das Kind unmittelbar selbst betroffen ist. Die zweite Situation als Induktion einer personbezogenen Emotion, da die emotionale Reaktion aufgrund der Betroffenheit mit der anderen Person stellvertretend ausgelöst wird (s. auch Trommsdorff & Friedlmeier, i. d. Bd.). Durch die Beobachtung jedes Kindes in zwei Situationen konnte auch die Frage der intraindividuellen Stabilität der emotionalen Reaktion untersucht werden.

Als Indikator für die Emotionen wurde in beiden Situationen die Intensität des negativen emotionalen Ausdrucks anhand von Mimik, Gestik und Körperhaltung zu vier Zeitpunkten auf einer 6stufigen Skala kodiert: a) Baseline – vor Wegnahme bzw. vor Mißgeschick; b) 10 Sekunden nach Wegnahme bzw. Beginn der Trauerreaktion der Spielpartnerin; c) eine Minute später und d) zwei Minuten später. Nach zwei Minuten kam die Versuchsleiterin zurück bzw. beendete die Spielpartnerin ihre Trauerphase. Neben der Kodierung des Verlaufs von Emotionen wurden diskrete Verhaltensmerkmale des Kindes und der Mutter erfaßt: In der „Enttäuschungssituation" wurde die Sensitivität der Mutter auf einer 6stufigen Skala kodiert und in der „Empathiesituation" die Regulationsstrategie des Kindes eingestuft. Dabei wurden drei Strategien beim Kind unterschieden: a) keine Unterstützungssuche bei der Mutter; b) Aufnahme eines Blickkontakts (*emotional referencing*) und c) körperliche Nähe zur Mutter suchen. Die erste Form entspricht einer intrapsychischen Emotionsregulation, die beiden letzten Formen einer interpsychischen Emotionsregulation. Die wichtigsten Ergebnisse lauteten:

a) Sowohl das maximale Ausmaß der negativen emotionalen Reaktion als auch die Stärke des Verlaufs war erwartungsgemäß bei dem selbstbezogenen Anlaß deutlich höher als bei dem personbezogenen Anlaß. Dies galt für beide Altersgruppen. Die 3jährigen zeigten in beiden Situationen eine stärkere Veränderung des negativen emotionalen Ausdrucks (s. Abb. 1).

Abbildung 1. Verlauf der Intensität des negativen Emotionsausdrucks beim Erleben eigener Enttäuschung (selbstbezogener Anlaß) und stellvertretendem Miterleben (personbezogener Anlaß) bei 2- und 3jährigen Mädchen

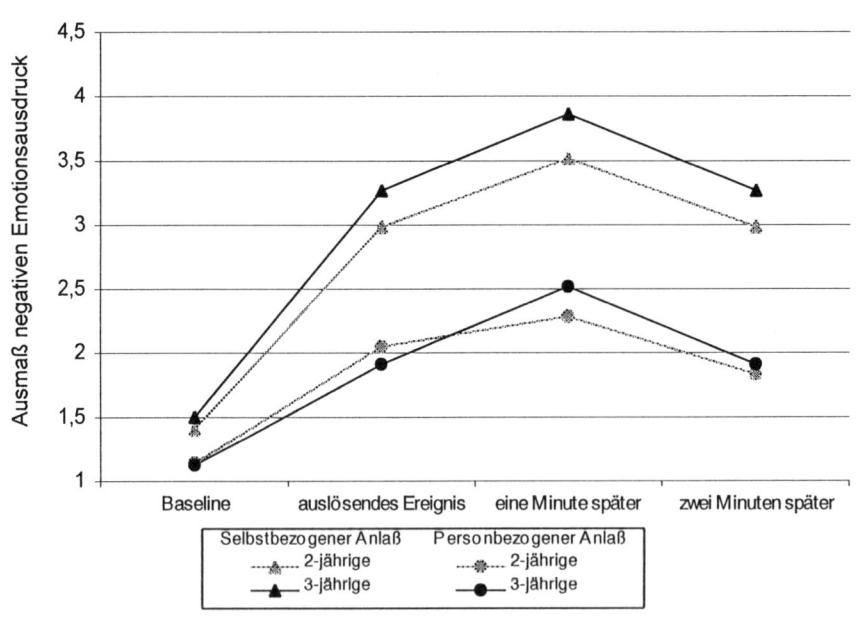

Skala von 1 - keine bis 6 - sehr starke negative Ausdrucksmerkmale

b) Der Verlauf der emotionalen Reaktionen über die selbst- und personbezogenen Anlässe war individuell stabil. Die Mädchen, die in der einen Situation weniger negative Ausdrucksmerkmale im Verlauf zeigten, reagierten auch in der anderen Situation entsprechend weniger negativ. Dies bedeutet, daß trotz unterschiedlicher Anlässe das Ausmaß der Reaktionsverläufe interindividuell stabil blieb.
c) Die angewendeten Strategien veränderten sich tendenziell in der erwarteten Richtung, nämlich Zunahme der intrapsychischen Regulation.
d) Das interessanteste Ergebnis war der Befund, daß die Art der Regulationsstrategie mit dem Verlauf des negativen Emotionsausdrucks in altersspezifischem Zusammenhang stand: Während die Blickkontaktaufnahme bei den 2jährigen noch mit einem stärkeren negativen Ausdruck verbunden war im Vergleich zu den Kindern, die die Nähe zur Mutter suchten, drehte sich der Zusammenhang bei den 3jährigen um: Gerade die Mädchen, die körperliche Nähe suchten, zeigten den stärksten Ausdruck über die Zeit. Während die 2jährigen durch die Nähe zur Mutter mehr beruhigt wurden, wirkte bei den 3jährigen *emotional referencing* beruhigender.

Dieses Ergebnis kann als Ausdruck normativ geleiteter Regulationsentwicklung interpretiert werden, nämlich derart, daß *die körperliche Nähe* zur Mutter bei den 2jährigen und der *Blickkontakt* bei 3jährigen die jeweils altersangemessenere Strategie zu sein scheint. Dementsprechend haben 3jährige Kinder, die noch die Nähe zur Mutter suchen, Mühe, ihre emotionale Reaktion angemessen zu regulieren und lassen sich auch nicht so leicht beruhigen. Der aktuelle Erkenntnisstand zu diesen Fragen reicht aber bei weitem noch nicht aus, um hier eine verbindliche Antwort geben zu können.

2.5 Die weitere Entwicklung im Schulalter

Die fünfte Phase ist dann erreicht, wenn das *Kind Emotionen ohne soziale Rückversicherung selbständig reguliert*. Dies bedeutet nicht, daß die Kinder in emotional belastenden Situationen nicht mehr die Unterstützung der Eltern suchen, sondern sie tun dies jetzt in aktiver Weise von sich aus. Allerdings verändert sich auch diese Strategie möglicherweise altersbezogen. So suchten 7jährige bei streßvollen Erlebnissen noch häufiger die Unterstützung bei der Mutter als 10jährige (Kliewer, 1991). Während Kliewer die Strategien aufgrund individueller spezifischer Erlebnisse abfragte, erfaßte Ryan (1989) die Strategien bei 8- und 12jährigen in Form eines allgemeinen Selbstberichts. Aber auch hier zeigte sich ein Altersunterschied dahingehend, daß die älteren Kinder die Strategie „Unterstützungssuche bei der Mutter" seltener nannten.

Die Herausbildung der selbständigen Regulation steht auch mit anderen Entwicklungsmerkmalen im Zusammenhang. Die Fähigkeit, eigene Emotionen und die Emotionen anderer zu verstehen, nimmt zu. Die Bewältigungsstrategien werden vielfältiger. Die Regulationsstrategien werden immer mehr unter Berücksichtigung der eigenen Motivlage sowie der Angemessenheit der situativen Anforderung gemäß ausgewählt. So ist die Auswahl der Regulationsstrategien von der Kontrollierbarkeit der Situation abhängig. Je unkontrollierbarer die Situation, desto eher sind emotionsbezogene Strategien (z.B. Ablenkungs- und Vermeidungsstrategien) angemessen (Rossman, 1992).

Ein Zusammenhang zwischen Emotionsregulation und sozialer Kompetenz und sozialer Kognition entwickelt sich bereits im Vorschulalter. Die Regulationsstrategien werden immer mehr auch auf das Sozialverhalten und die Akzeptanz bzw. Ablehnung von Gleichaltrigen ausgerichtet (Eisenberg, Fabes & Losoya, 1997). Im Verlauf der Entwicklung entstehen aufgrund von Erfahrungen viele Verhaltensroutinen, jedoch kann sich die Anzahl, die Qualität und der flexible Wechsel zwischen verschiedenen Handlungsschemata ändern. So werden z.B. bei jüngeren Kindern Freundschaften durch Streit schnell, wenn auch oft nur kurzfristig beendet, während bei älteren Kindern oder Jugendlichen bei Streit häufiger die Aushandlung von Konflikten zu beobachten ist. Außerdem kann sich die Schwelle, mit der Verhalten durch Gefühle ausgelöst wird, wie auch das Verhalten, das mit bestimmten Gefühlen in Verbindung steht, verändern und zu Veränderungen in bezug auf angemessene gegenüber unangemesenen Regulationsstrategien führen.

Bei Kindern im Schulalter wird auch deutlich, daß die Regulationsstrategien im Dienste der Zielerreichung ausgewählt werden. So konnten z.B. Fabes und Eisenberg (1992) zeigen, daß ältere Kinder bei Streit mit Gleichaltrigen weniger Verunsicherung und mehr nichtaggressive Selbstverteidigungsstrategien zeigten und auch häufiger Regulationsstrategien anwendeten, die der Aufrechterhaltung der Beziehung dienen. Die Ausweitung der Strategien – von konkreten Verhaltensstrategien zu immer mehr mentalen Strategien – und die zunehmende Flexibilität steht sicherlich auch mit der kognitiven Entwicklung und insbesondere mit der Entwicklung des Emotionswissens im Zusammenhang (s. Janke, i. d. Bd.)

Es können sich auch früh angelegte negative Entwicklungstendenzen verstärken. Ängstliche Kinder, die in der frühen Kindheit ihre Angst schlecht regulieren konnten, werden sozial zurückgezogen. Anfänglicher Selbstausschluß aufgrund von Schüchternheit verhindert die positiven Folgen sozialer Interaktion mit Gleichaltrigen zu erfahren. Dies führt zu sozialer Inkompetenz. Die Selbstzuschreibung von sozialer Inkompetenz und die Erfahrungen negativer Beziehungen zu Gleichaltrigen verstärken Gefühle und Gedanken eines negativen Selbst (Rubin, Coplan, Fox & Calkins, 1995). Leicht erregbare Kinder, die Ärger schlecht regulieren können, werden eher aggressiv und feindlich gegenüber Gleichaltrigen. Aggression führt zur Zurückweisung durch die Angegriffenen und schließt die aggressiven Kinder von positiven Erfahrungen in ihren Beziehungen zu Gleichaltrigen aus (Dodge, 1991). Beides führt langfristig zu negativen Entwicklungen. Doch verlaufen diese Entwicklungen nicht zwangsläufig in der vorgezeichneten (negativen) Bahn, sondern können auch andere Richtungen nehmen.

3. Individuelle Unterschiede in der Entwicklung der Emotionsregulation

Innerhalb der Eltern-Kind-Beziehung lernt das Kind durch die Erfahrung interpsychischer Emotionsregulation, welche Reaktions- und Regulationsmöglichkeiten wirksam sind und baut dadurch Erwartungen auf, welche Folgen die verschiedenen emotionalen Ausdrucksformen und damit verbundenen Regulationsstrategien in bestimmten Situationen nach sich ziehen. Aufgrund der normativ gelenkten Entwicklung der Emotionsregulation läßt sich diese auch als *Entwicklung einer Kompetenz* beschreiben, auf Anlässe emotional zu reagieren, mit Emotionen in selbstgesteuerter Weise umgehen zu können. Diese ist das Ergebnis vorauslaufender Erfahrungen, bei der vor allem in der frühen Kindheit Temperamentsmerkmale und Aktivität des Kindes einerseits und externe Regulation und Unterstützung der Bezugspersonen andererseits zusammenwirken (s. Zentner, i. d. Bd.). Dabei ist anzunehmen, daß die in der interpsychischen Regulation gemachten spezifischen Erfahrungen eine wichtige Grundlage für die Internalisierung und später auftretende intrapsychische Regulation sind.

Aus sozialisationstheoretischer Sicht lassen sich in Abhängigkeit davon, wie unmittelbar oder mittelbar die Bezugsperson in den Regulationsprozeß des Kindes involviert ist, verschiedene Formen unterscheiden (Casey & Fuller, 1994; Saarni & Crowley, 1990). Zu den unmittelbaren Formen zählen alle Strategien, die in die Interaktion mit dem Kind direkt eingebracht werden, wie z.B. die stellvertretende Übernahme der Regulationsstrategie, die Induktion von Emotionen durch Empathie oder verbale Anweisungen bzgl. der Angemessenheit emotionaler Reaktionen und Regulationsstrategien. Diese unmittelbaren Formen werden auch als proximale Bedingungen bezeichnet. Weniger unmittelbare Formen umfassen Strategien, bei denen das Kind sich bei seiner Bezugsperson im Sinne eines *emotional referencing* rückversichert, bei denen die Bezugsperson als Modell fungiert, wie man Emotionen regulieren kann, und selektive Verstärkung von positivem Emotionsausdruck des Kindes. Zu den mittelbaren Bedingungen, auch distale Bedingungen genannt, gehören u.a. das Familienklima, der familiäre Zusammenhalt und die Organisation von Erfahrungsräumen.

Die Bedeutsamkeit dieser verschiedenen Formen von Sozialisation verändert sich im Entwicklungsverlauf. Während in den ersten Lebensjahren die proximalen Bedingungen wesentlich sind, gewinnen die distalen Bedingungen mit zunehmendem Alter des Kindes immer mehr an Bedeutung (s. Friedlmeier, 1999).

Im folgenden werden diejenigen proximalen Bedingungen kurz skizziert, die einen guten interaktiven Rahmen für die Entwicklung der Emotionsregulation schaffen. Dies sind das Herstellen gemeinsam geteilter Aufmerksamkeit zwischen Bezugsperson und Kind, die Sensitivität (Feinfühligkeit) der Bezugsperson und die Affektabstimmung zwischen Bezugsperson und Kind. Es liegen mittlerweile einige Studien vor, die einen Zusammenhang zwischen diesen erzieherischen Bedingungen und der emotionalen Reaktion des Kindes bzw. dessen Emotionsregulation aufweisen.

3.1 Herstellen gemeinsam geteilter Aufmerksamkeitsprozesse

Gemeinsam geteilte Aufmerksamkeit beschreibt eine Interaktion zwischen Mutter und Kind, bei der beide dem gleichen Gegenstand ihre Aufmerksamkeit schenken und dies auch voneinander wissen. Diese Form der Aufmerksamkeit stellt für ein Kind eine wichtige Quelle seiner interaktiven Erfahrungen dar, wobei es allerdings auch interindividuelle Unterschiede im Ausmaß dieser Erfahrungsquelle gibt. Gemäß der hier vertretenen Annahme, daß die interaktiven Erfahrungen der Emotionsregulation die Entwicklung der intrapsychischen Regulation beeinflussen, ist zu erwarten, daß sich zwischen den Kindern Unterschiede in ihrer intrapsychischen Regulationskompetenz ergeben, die vom Ausmaß der gemeinsam geteilten Aufmerksamkeitsprozesse zwischen Bezugsperson und Kind abhängen. Diese Annahme konnte in einer Studie von Carter, Mayes und Pajer (1991) bestätigt werden: Je mehr Zeit das Kind in freien Spielepisoden mit gemeinsam geteilter Aufmerksamkeit mit seiner Mutter verbracht hat, um so mehr Zeit wendete es für intrapsychische Regulationsversuche auf, sich selbst von einer Distressquelle abzulenken, und um so weniger Zeit für die Unterstützungssuche bei der Mutter.

Raver (1996) sieht in einem hohen Ausmaß gemeinsam geteilter Aufmerksamkeit von Mutter und Kind eine optimale dyadische Struktur. Sie verwendete in einer Studie mit 15 Monate alten Kindern und deren Müttern (n = 58 Dyaden) eine Belohnungsaufschubsituation als Auslöser eines negativen emotionalen Zustands bei den Kindern. Die Kinder mußten auf ein Geschenk warten. Die Mütter waren instruiert, in einer Ecke des

Raumes sitzend Fragebögen auszufüllen und sich nicht einzumischen. Zur Erfassung der dyadischen Struktur (Ausmaß der gemeinsam geteilten Aufmerksamkeit) wurden Mutter und Kind in einer freien Spielphase beobachtet.

Die Ergebnisse bestätigten einerseits ihre Annahme des Zusammenhangs zwischen dyadischer Struktur und Regulationsstrategien: Je optimaler die dyadische Strukur, d.h. je mehr Zeit Mutter und Kind in gemeinsam geteilter Aufmerksamkeit während der freien Spielphase verbrachten, um so mehr wendeten die Kinder intrapsychische Strategien an und um so weniger Unterstützung suchten sie bei der Mutter in der Wartesituation auf das Geschenk. Andererseits zeigte sich auch ein erwartungswidriger Zusammenhang. Je passiver sich die Mutter verhielt, d.h., je weniger sie auf positive Reaktionen des Kindes in der freien Spielphase reagierte, um so häufiger zeigten diese Kinder ebenfalls intrapsychische Regulationsstrategien. Dieser Zusammenhang galt auch, wenn bei der Analyse das Geschlecht des Kindes und das kindliche Temperament kontrolliert wurde.

Dieses letzte Ergebnis verdeutlicht, daß nicht nur Kinder, die eine „optimale" dyadische Struktur mit ihrer Mutter hatten, in der Belohnungsaufschubsituation mit mehr intrapsychischen Strategien als die anderen Kinder reagierten, sondern auch Kinder, deren Mütter positive Initiativen des Kindes ignorierten (s. Raver, 1996). Dies führt zu zwei Schlußfolgerungen: (1) Interaktive Prozesse in der Eltern-Kind-Beziehung spielen vom Säuglingsalter an eine wichtige Rolle für die Entwicklung der intrapsychischen Emotionsregulation (s. Sroufe, 1996). (2) Die Betrachtung der dyadischen Struktur (gemeinsam geteilte Aufmerksamkeitsprozesse) reicht zur Erklärung individueller Unterschiede in der Emotionsregulation und vor allem zur Vorhersage der weiteren Entwicklung nicht aus. Diese Unterschiede lassen sich unter bindungstheoretischer Perspektive erklären: Eine hohe Aufmerksamkeitsstruktur entspricht dem Interaktionsmuster einer sicheren Bindung, während die Passivität der Mutter eher einem unsicher-vermeidenden Muster entspricht (s. 3.2).

3.2 Qualität des Aufmerksamkeitsprozesses: Sensitivität

Die Wirksamkeit der Regulationsstrategien, die Eltern gegenüber ihren Kindern einsetzen, hängt nicht nur von der Art der Strategien ab, sondern vor allem von der Art der Beziehung zwischen Eltern und Kind. Die elterliche Sensitivität, auf kindliche Signale prompt und angemessen zu reagieren, ist ein wichtiges Merkmal für die Qualität der dyadischen Aufmerksamkeitsstruktur, denn hohe Grade gemeinsam geteilter Aufmerksamkeit und Reziprozität setzen Sensitivität der Eltern voraus (s. Raver & Leadbeater, 1993).

Die affektive Kommunikation zwischen Bezugsperson und Kind schafft den Kontext, innerhalb dessen das Kind seine emotionalen Reaktionen versteht und organisiert. Eine sensitive Bezugsperson vermittelt dem Kind den Eindruck, daß Emotionen „nützlich" sind, weil sie bei der Bezugsperson in negativen Reizsituationen eine Reaktion hervorrufen. Sensitive Reaktionen der Bezugsperson auf kommunikative Signale der Kindes vermitteln dem Kind das Gefühl, mit seinen Appellen und Handlungen etwas bewirken und verändern zu können. Durch diese Erfahrung entwickelt sich das Gefühl des Kindes für Vorhersagbarkeit und Kontrollierbarkeit der Modulierung eigener Emotionen (Kopp, 1989). Die sensitive Reaktion stärkt das Wirksamkeitsgefühl der Emotionsregulation beim Kind (Bell & Ainsworth, 1972).

In unserer vorher erwähnten Studie mit den 2- und 3jährigen Mädchen wurde auch überprüft, ob die Sensitivität der Mutter mit der Intensität des emotionalen Ausdrucks der Kinder zusammenhängt. Die Ergebnisse zeigten, daß es für beide Altersgruppen jeweils in einer der beiden Regulationssituationen einen Zusammenhang gab. Die Mädchen, deren Mütter als sensitiv eingestuft wurden, zeigten einen deutlich ausgeprägteren Verlauf im negativen Emotionsausdruck im Vergleich zu den Mädchen, deren Mütter als weniger sensitiv bewertet wurden. Die Sensitivität der Mutter fördert die Reaktion des Kindes, seinen emotionalen Zustand klar auszudrücken, ohne mit Zurecht- oder Zurückweisung rechnen zu müssen. Diese Interpretation setzt voraus, daß die Sensitivität der Mütter auch zeitlich relativ stabil ist.

Die Auswirkungen unterschiedlicher Sensitivität der Bezugsperson auf die kindliche Entwicklung läßt sich anhand der Bindungstheorie erklären. Bindung als ein soziales Motiv reguliert das Sicherheitsgefühl (Verfügbarkeit der Bindungsperson) und die Exploration des Kindes. Die Bindungsqualität des Kindes entwickelt sich gegen Ende des ersten Lebensjahres in Abhängigkeit der Interaktionen mit den Bezugspersonen und steht mit der Sensitivität der Bezugsperson in Zusammenhang. Jeder Art der Bindungsqualität läßt sich ein spezifisches Muster der Emotionsregulation zuordnen (vgl. Spangler, i. d. Bd.).

Sicher gebundene Kinder machten die Erfahrung, daß es akzeptiert ist, Unwohlsein auszudrücken, daß die Unterstützung der Eltern aktiv eingefordert werden kann, und daß diese in streßvollen Situationen beruhigend darauf eingehen. Daher zeigen sicher gebundene Kinder im Fall von negativen Emotionen in der Regel offenen, direkten und gerichteten Emotionsausdruck gegenüber den Eltern und suchen Unterstützung, wenn sie nicht zurechtkommen. Sie drücken auch positive Emotionen deutlich aus. Dies kann als Ausdruck des Interesses an der Aufrechterhaltung der Beziehung oder der gemeinsamen Aktivität gedeutet werden (s. Cassidy, 1994).

Unsicher-vermeidende Kinder unterdrücken in der Regel emotionales Ausdrucksverhalten, weil sie die Erfahrung gemacht haben, daß ihre Bezugspersonen auf ihren expressiven Ausdruck negativer Emotionen nicht angemessen reagiert oder das Kind sogar zurückgewiesen haben. Es drückt gegenüber der Bindungsperson seine Gefühle, vor allem seine negativen Gefühle, nicht so deutlich und intensiv aus, da ein solcher Emotionsausdruck die Beziehung zur Bindungsperson gefährden bzw. zur Zurückweisung führen könnte. Die Unterdrückung expressiver Ausdrucksformen ist zwar für den unmittelbaren Kontext angemessen, kann sich aber auf die weitere Entwicklung negativ auswirken. So werden die emotionale Reaktionsbereitschaft und das Aufsuchen von Unterstützung bei Bezugspersonen gehemmt. Dies mag dazu führen, daß das Kind sich bereits sehr früh auf intrapsychische Regulationsstrategien stützt, die jedoch nicht erfolgreich sein müssen. In einer Studie von Braungart und Stifter (1991) zeigten vermeidend gebundene Kinder bei Wiedervereinigung mit der Mutter in der Fremde-Situation mehr selbstbezogene Verhaltensweisen, wie z.B. Daumenlutschen und weniger Orientierung zur Mutter. Die Erfassung physiologischer Maße bei den Kindern in der Fremde-Situation führte zu dem Ergebnis, daß die unsicher-vermeidenden Kinder mehr Streßreaktionen auf der physiologischen Ebene aufwiesen, die sich aber nicht auf der Ausdrucksebene widerspiegelten. Sie unterdrückten ihre Erregung (s. Spangler & Grossmann, 1993). Sie verringern auch den Ausdruck positiver Emotionen, denn Freude signalisiert Offenheit und Bereitschaft zur Interaktion und fördert die Enge der Beziehung. Eine solche Investition könnte aber wiederum enttäuscht werden (s. Cassidy, 1994).

Unsicher-ambivalent gebundene Kinder zeigen in der Regel einen verstärkten Emotionsausdruck. Aufgrund der inkonsistenten Verfügbarkeit der Bindungsperson steigern sie die Suche nach Aufmerksamkeit und zeigen große Abhängigkeit. Die Aufmerksamkeit ist daher stark auf die Verfügbarkeit der Bindungsperson ausgerichtet, die sie auch daran hindert, ihre physikalische und soziale Umgebung zu entdecken und zu explorieren. So waren

Kinder, die im Alter von 12 Monaten als unsicher-ambivalent gebunden klassifiziert wurden, auch im Vorschulalter vorsichtiger in der Exploration einer neuen Umgebung im Vergleich zu den anderen Kindern (s. Jacobson & Wille, 1986).

Aufgrund der Annahme, daß sich die frühkindlichen Bindungserfahrungen in internen Arbeitsmodellen niederschlagen, wird in der Bindungstheorie die individuelle Entwicklungsgeschichte als zentrale Determinante der Entwicklung der Emotionsregulation angesehen (Bowlby, 1973), die sich auf die gesamte Lebensspanne bezieht (für Jugendliche, s. Zimmermann, i. d. Bd.).

3.3 Affektabstimmung

Nach Stern (1992) läßt sich in der frühkindlichen Interaktion mit der Mutter ein Phänomen beobachten, das nicht durch Nachahmung oder Empathie beschrieben werden kann: die Affektabstimmung. Dieses Konzept ist zentral für den interaktiven Austausch von emotionalen Reaktionen und läßt sich folgendermaßen kennzeichnen: Die Bezugsperson gibt das Verhalten des Säuglings wieder, aber nicht in genau derselben Form oder Modalität, sondern in einer abgewandelten Form oder einer anderen Modalität, bei der aber der Rhythmus und der „Duktus" des kindlichen Verhalten erhalten bleiben. Diese abgewandelte Form oder der Wechsel der Modalität führen dazu, daß die Verhaltensmerkmale variieren und nur die affektive Stimmung konstant bleibt. Diese Entsprechung bezieht sich daher nicht auf das Verhalten, sondern auf den emotionalen Zustand, das Gefühl.

> *Ein neun Monate alter Junge haut auf ein weiches Spielzeug los, zuerst ein bißchen wütend, allmählich aber mit Vergnügen, voller Spaß und Übermut. Er entwickelt einen stetigen Rhythmus. Die Mutter fällt in diesen Rhythmus ein und sagt, „kaaaaa-ham, kaaaaaa-ham", wobei das „ham" auf den Schlag fällt und das „kaaaa" die vorbereitende Aufwärtsbewegung und das erwartungsvolle Innehalten des Arms vor dem Schlag begleitet.* (Stern, 1992, S. 200-201)

Die Affektabstimmung beschreibt einen wichtigen interaktiven Prozeß, wie durch das Verhalten der Bezugsperson Kindern der Zusammenhang zwischen emotionalem Zustand, Gefühl und Ausdruck vermittelt werden kann. Die Mutter imitiert nicht die Verhaltensweise, sondern ihre Äußerungen und Gesten beziehen sich auf den Rhythmus und Duktus des Verhaltens. Merkmale der Affektabstimmung sind daher Intensität, Takt, Rhythmus, Dauer und Gestalt des Ausdrucksverhaltens, in dem sich die Erlebensebene des Kindes widerspiegelt. So entsteht eine zeitliche Kontingenz zwischen dem Ausdruck der Mutter, den das Kind wahrnehmen kann, und dem emotionalen Erleben des Kindes. Dies ermöglicht dem Kind, Korrespondenzen zwischen Ausdruck und Erleben erfassen zu können.

Mütter zeigen diese Affektabstimmung verstärkt ab dem Zeitpunkt, wenn das Kind neun Monate alt ist. Dabei ist ihnen dieses Verhalten nicht bewußt. Es ist somit Teil der intuitiven elterlichen Didaktik (s. Papoušek & Papoušek, i. d. Bd.). Die Abstimmung bezieht sich dabei nicht nur auf diskrete Emotionen, sondern auch auf „Vitalitätsaffekte" (Lebhaftigkeit, Überschwenglichkeit, Aufgeregtheit etc.) und Stimmungen (explodieren, abklingen).

Stern (1992) konnte in Experimenten auch nachweisen, daß Fehlabstimmungen den Säugling tatsächlich beeinflussen. Aufgrund vorausgehender Beobachtungen von Mutter-Kind-Interaktionen wurden typische Abstimmungsepisoden zwischen Mutter und Kind ausgewählt. Die Mütter wurden dann aufgefordert, Fehlabstimmungen zu erzeugen, indem sie absichtlich das Ausmaß der widergespiegelten kindlichen Emotionalität über- oder untertrieben. Während bei angemessenen Affektabstimmungen die Verhaltensweisen und Reaktionen der Bezugsperson das aktuelle Verhalten des Kindes nicht unterbrachen, riefen Fehlabstimmungen eine Irritation oder Unterbrechung des aktuellen kindlichen Verhaltens hervor. Dies wird als ein Indiz genommen, daß das Kind die Fehlabstimmung wahrnimmt.

Die durch Affektabstimmung geschaffene Korrespondenz zwischen Ausdruck und Erleben ermöglicht es, daß das Kind Gefühlszustände als Formen menschlichen Erlebens erkennt, die man mit anderen Menschen teilen kann. Gefühlszustände, auf die sich nie ein anderer Mensch abstimmt, werden nur allein erlebt und gewinnen für das Kind vermutlich nur eine diffuse Gestalt.

4. Zusammenfassung und Ausblick

In diesem Kapitel wurden allgemeine und differentielle Perspektiven der Entwicklung der Emotionsregulation in der Kindheit aufgezeigt. Gemäß dem bisherigen Erkenntnisstand lassen sich bereits erste Konturen eines allgemeinen Entwicklungsmodells beschreiben. Allerdings sind Aussagen über individuelle Entwicklungsverläufe noch vorsichtig zu interpretieren, da aufgrund der Vielfältigkeit der involvierten diskreten Emotionen, der Vielfalt der Regulationsprozesse und der Komplexität des Zusammenspiels unterschiedlicher Komponenten die Erfassung der personspezifischen Kontinuität noch ungeklärt ist.
Die wichtigsten allgemeinen Entwicklungsschritte, die aufgezeigt worden sind, lassen sich wie folgt charakterisieren. Neugeborene weisen eine basale Erregungseskalation und -modulation auf, und es gibt eine physiologische Anlage von basalen Erwartungen bezogen auf diese Spannungsregulation. Die sich entwickelnden emotionsauslösenden Bewertungsprozesse bauen auf vorauslaufenden physiologischen Prozessen auf. Eine Koordination zwischen physiologischer Reaktion, Bewertungsprozessen und Regulation muß hergestellt werden. Diese Entwicklung wird durch den Erziehungsprozeß ermöglicht. Zuerst hängt die Emotionsregulation von den Reaktionen der Bezugsperson ab. Durch das Eingehen auf angeborene emotionale Ausdruckssignale des Säuglings fördert sie die Erwartung, daß er Einfluß auf die Umwelt hat. Sie fördert damit aber auch seine Überzeugungen, daß besonders in der Interaktion mit den Bezugspersonen seine Verhaltensorganisation aufrechterhalten werden kann, selbst wenn eine hohe Erregung besteht. In einer nächsten Phase übernimmt der Säugling Anteile der Emotionsregulation, indem er in der Interaktion mit der Bezugsperson immer deutlichere und gerichtetere Appelle in seinem Ausdrucksverhalten zeigt. Gegen Ende des ersten Lebensjahres entwickeln sich erste selbstgesteuerte Formen der Emotionsregulation. In dieser Phase ist allerdings die Präsenz und Ansprechbarkeit der Bezugsperson noch wichtig. Diese vermittelt die Sicherheit, sich im Falle des Scheiterns die Unterstützung der Bezugsperson holen zu können. Schließlich entwickelt das Kind im Vorschulalter immer mehr intrapsychische Regulationsformen. Aber auch dabei ist der Entwicklungsstand von der Verfügbarkeit der Bezugsperson abhängig, und zwar sowohl in bezug auf die Präsenz als auch in Bezug auf die Art der Beziehung zur Bezugsperson, die von den vorauslaufenden interaktiven Erfahrungen geprägt sein dürfte.

In diesem Entwicklungsprozeß bilden sich allgemeine Erwartungen an die Umwelt und charakteristische Schwellen von emotionalen Reaktionen aus. Die frühkindliche interpsychische Regulation wirkt sich dahingehend aus, daß sie sowohl die Entwicklung der Reagibilität als auch der Regulationsstrategien beeinflußt, die sich das Kind in den interaktiven Erfahrungen zu eigen macht. Die individuelle Entwicklung der Emotionsregulation wird durch die Erziehung sowohl durch die interaktiven Erfahrungen mit den Eltern und anderen Bezugspersonen als auch durch die Vermittlung normativer Vorgaben bestimmt. Gemäß dieser differentiellen Perspektive scheinen Sozialisations- und Erziehungsprozesse die emotionale Entwicklung insgesamt mehr zu beeinflussen, als bisher angenommen wurde (s. Friedlmeier, 1999). Die Tatsache, daß die Bezugspersonen ihrerseits die emotionalen Reaktionen des Kindes deuten, und diese Deutungsmuster aus kulturellen Konzepten abgeleitet sind (Saarni & Crowley, 1990), verweist zusätzlich darauf, daß die Entwicklung von Emotionen und der Emotionsregulation auch kulturspezifisch variiert (s. Beiträge im Teil 3, i. d. Bd.).

Die funktionale Perspektive hebt hervor, daß emotionale Entwicklung als Herausbildung einer emotionalen Kompetenz, also einer erlernten Fähigkeit, betrachtet werden kann. Dabei wurde aufgezeigt, daß eine Veränderung von einer interpsychischen zu einer intrapsychischen Regulation stattfindet und sich eine immer größere Flexibilität von Regulationsstrategien entwickelt. Diese Flexibilität zeigt sich darin, daß die Strategien nicht nur darauf gerichtet sind, die eigenen Motive zu befriedigen, sondern die situativen Anforderungen des sozialen Kontextes immer mehr berücksichtigt werden. Diese Flexibilität und Anpassung entwickelt sich im Jugendalter noch weiter (s. Zimmermann, i. d. Bd.).

Da die Entwicklung der Emotionsregulation eine normativ geleitete Entwicklung darstellt, verwundert es nicht, daß manche Forschungsansätze versuchen, eine „optimale" Entwicklung zu beschreiben. Der Fokus ist darauf gerichtet, Aussagen über die Persönlichkeitsentwicklung zu gewinnen. Die beobachteten interindividuellen Unterschiede werden als personspezifische Unterschiede interpretiert. So wird oftmals zwischen funktionalen und dysfunktionalen, angemessenen und unangemessenen Regulationsformen unterschieden (z.B. Garber & Dodge, 1991). Dies ist aber eine vorschnelle Generalisierung, deren Gültigkeit erst noch nachzuweisen ist. So bedeutsam das Verständnis interindividueller Unterschiede und ihrer Ursachen auch ist, insbesondere auch für die pädagogische Anwendung, so warnt doch Thompson (1994) nicht zu Unrecht vor einer allzu schnellen Interpretation von Ergebnissen in Studien als persönlichkeitsspezifische Merkmale. Kinder werden meist nicht in mehr als zwei Situationen beobachtet. Wir wissen bislang zu wenig über die transsituative Stabilität von emotionalen Reaktionsverläufen und Strategien. Es ist auch unklar, ob sich eine personspezifische Tendenz der Regulation in Abhängigkeit von einzelnen diskreten Emotionen oder ihrer allgemeinen Valenz (positive vs. negative Färbung der Emotion) ausbildet. Erst recht ist der Wissensstand dürftig, wie sich der Gebrauch unterschiedlicher Strategien bei Kindern gleichen Alters deuten läßt und welche Entwicklungswege möglich sind. Schließlich sei noch erwähnt, daß aufgrund des theoretischen Interesses an Prozessen, z.B. Reaktionsverlauf und Art der eingesetzten Regulationsstrategien, Studien zur Entwicklung der Emotionsregulation idealerweise kombinierte mikrogenetische und längsschnittliche Designs erfordern. Derartige Studien sind bislang noch selten durchgeführt. Somit öffnet sich mit diesem Thema ein Forschungsbereich, der zwar erste Antworten aufweist, aber noch viele offene Fragen für zukünftige Forschung in sich trägt.

Emotionsregulation im Jugendalter

Peter Zimmermann

Einleitung	220
1. Emotionen und Emotionsregulation	220
1.1 Eine prozeßorientierte Analyse von Emotionen	221
1.2 Emotionsregulation als zielkorrigierte Anpassungsleistung	223
1.3 Emotionsregulation als Teil der individuellen Handlungsorganisation	223
2. Allgemeine und differentielle Entwicklung der Emotionsregulation	224
2.1 Ein Modell der Emotionsregulation	224
2.2 Entwicklungsaspekte der drei Modellkomponenten	224
3. Allgemeine Entwicklung der Emotionsregulation im Jugendalter	227
3.1 Situationsbewertung und emotionale Reaktionen	227
3.2 Handlungsaktivierung und Bewältigungsstrategien	229
3.3 Zielkorrigierte Selbststeuerung	231
4. Differentielle Unterschiede in der Emotionsregulation	232
4.1 Das Konzept internaler Arbeitsmodelle	233
4.2 Bindungsmuster im Jugendalter	234
4.3 Bindungsrepräsentation und Emotionsregulation	237
5. Ausblick	239

Einleitung

Über die Jahrhunderte hinweg scheint das Bild von Jugendlichen kontinuierlich negative Merkmale aufzuweisen, geprägt durch mangelnde Impulskontrolle und sozial unangemessene Verhaltensweisen. So schrieb bereits Aristoteles (384-322 v. Chr.), unsere Jugend sei unerträglich, unverantwortlich und entsetzlich anzusehen. Sokrates (469-339 v. Chr.) vertrat nach Platon (1982) eine ähnliche Ansicht: Ohne rechte Erziehung lebt der Jugendliche

> *in den Tag hinein, schenkt sich dem Trieb, der ihn befällt (...) bald übt er Gymnastik, bald lungert er träge und sorgt sich um nichts, bald will er gar (...) philosophieren. (...) Kein ordnender Zwang waltet über sein Leben, doch süß nennt er es und frei und selig. (...) Der Vater gewöhnt sich, dem Kinde zu gleichen und die Söhne zu fürchten. (...) Der Lehrer fürchtet in dieser Lage die Schüler und schmeichelt ihnen.* (Platon, S. 388-390)

Die moderne Entwicklungspsychologie bestätigt zwar, daß das Jugendalter sowohl für die Jugendlichen selbst als auch für ihre Eltern eine Zeit von Aufregung und Angst, von Glück und Belastung, von Neuentdeckungen und auch von Erstaunen und Verwirrung ist (Lerner & Galambos, 1998). Zugleich hat die wissenschaftliche Perspektive dieses „negative" Bild sehr stark relativiert und wie noch genauer ausgeführt wird, die Bewältigungsfähigkeit des Jugendlichen stärker betont (Olbrich, 1990).

Das Jugendalter ist offensichtlich schon immer vom Auftreten intensiver Gefühle, von Stimmungsschwankungen und dem (manchmal) deutlichen Ausdruck eigener Gefühle und Bedürfnisse geprägt. Der Umgang mit diesen Gefühlen scheint somit ein zentrales Thema gerade für das Jugendalter zu sein, das als eine Entwicklungsphase gilt, die mit der Biologie beginnt und in der Gesellschaft endet (Peterson, 1988).

Aus entwicklungspsychologischer Sicht kann man das Auftreten emotionaler Reaktionen von unterschiedlichen Ansätzen her betrachten. Man kann, im Vergleich verschiedener Alterszeitpunkte, die Häufigkeit des Auftretens bestimmter Qualitäten von Gefühlen, der Art des Emotionsausdrucks und des Grades an kognitiver Zugänglichkeit von Darbietungsregeln von Gefühlen unterscheiden. Dies macht gleichzeitig die Breite der Forschung zur emotionalen Entwicklung deutlich.

1. Emotionen und Emotionsregulation

In der Forschung zur Emotionsentwicklung haben sich mehrere Teilgebiete herausgebildet, die z.T. nur wenig Überschneidungsbereiche aufweisen. Ein Schwerpunkt war lange Zeit herauszufinden, ob verschiedene, diskrete Emotionen wie z.B. Trauer, Angst, Scham und ihre Ausdrucksmuster bei Erwachsenen wie auch bei Kleinkindern beobachtbar sind, wann welche Muster erstmals bei Kindern auftreten, und ob diese Ausdrucksmuster stabil bleiben oder sich verändern (z.B. Izard & Malatesta, 1987; Malatesta, 1990). Andere Forschungsrichtungen beschäftigten sich mit der Entwicklung des Emotionsverständnisses, d.h. dem expliziten Wissen von Kindern oder Jugendlichen darüber, in welchen Situationen Gefühle aus welchem Grund auftreten, und wann man sie wem gegenüber in welcher Form ausdrückt (Harris, 1992; Smiley & Huttenlocher, 1989). So zeigte sich, daß Kinder zwar schon zu einem sehr frühen Zeitpunkt in der Lage sind den Ausdruck eigener Gefühle zu kontrollieren, aber erst zu einem späteren Alter fähig sind, explizit darüber berichten.

Die Sozialisationsforschung andererseits beschäftigte sich mit dem Einfluß elterlicher Erziehungsstile (Krohne & Hock, 1994; Baumrind, 1991) oder von Bindungserfahrungen, also elterlicher Feinfühligkeit, emotionaler Verfügbarkeit und Unterstützung auf die Persönlichkeitsentwicklung (Bowlby, 1973; Grossmann & Grossmann, 1991; Sroufe, 1996; Spangler & Zimmermann, 1995). Ziel dieser Forschungsrichtungen ist es, die Entwicklung der Persönlichkeit oder differentieller emotionaler Organisationen zu beschreiben, indem sie den Einfluß von Erfahrungen mit Bezugspersonen auf Anpassungsfähigkeit, emotionale Ausdrucksmuster oder Bewältigungsstile von Personen untersucht.

Das Thema der Emotionsregulation ist in den letzten zehn Jahren als Gegenstand der Forschung zur emotionalen Entwicklung aufgegriffen worden (s. Kopp, 1989; Thompson, 1990; Garber & Dodge, 1991; Fox, 1994). Diese Thematik integriert die Forschung zur emotionalen Entwicklung und die Forschung zum Einfluß von Sozialisationserfahrungen auf adaptive Bewältigungsmuster. Dabei werden sowohl Emotionen als auch deren Regulation unter funktionalistischer Perspektive betrachtet (s. Holodynski & Friedlmeier, i. d. Bd.). Innerhalb dieser Perspektive gibt es verschiedene Ansätze.

Im folgenden wird kurz aufgezeigt, daß die Beschränkung auf eine ausschließlich evolutionsbiologisch begründete Betrachtung der Emotionsfunktionen oder eine epiphänomenale Betrachtung von Emotionen als Erklärungsgrundlage für die Entwicklung der Emotionen zu kurz greifen. Dem wird eine prozeßorientierte Analyse emotionaler Prozesse gegenübergestellt.

1.1 Eine prozeßorientierte Analyse von Emotionen

Aus einer evolutionsbiologischen Perspektive betrachtet, ermöglichen Emotionen im Vergleich zu rein reflexhaften Reaktionen einem Lebewesen mehr Flexibilität im Verhalten (Schneider & Dittrich, 1990). Für viele Emotionen lassen sich aus funktionalistischer Perspektive spezifische, relevante Ausrichtungen von Aufmerksamkeit, Verhalten und Intentionen finden (Malatesta, 1990).

So tritt Ärger z.B. dann auf, wenn ein Ziel blockiert ist, um das Individuum zu mobilisieren, sein Ziel verstärkt zu verfolgen. Trauer tritt dann auf, wenn ein Ziel unerreichbar wird oder unerreichbar erscheint und eine Neuorientierung hinsichtlich eigener Ziele oder Absichten bedingt. Emotionen dienen somit einer besseren Anpassung des Individuums an die jeweilige Lebenssituation. Hierbei werden bestimmte Emotionsqualitäten als Auslöser für gleichzeitige oder nachfolgende Veränderungen in der Informationsverarbeitung und der Handlungsbereitschaft interpretiert (vgl. Frijda, 1986; Sembill, 1992).

Im Gegensatz dazu stellen nach Dörner (1994) Emotionen keine eigenständige psychische Entität dar, sondern werden als nur indirekt erkennbar angenommen. Durch Beobachtung der Konstellation intrapsychischer Parameter, wie kognitiver Auflösungsgrad einer Situation, Selektionsschwelle für Handlungen, Auffrischungsrate der eigenen Sichtweise der Situation und Aktivierungsniveau, ergibt sich ein Gesamteindruck, der für die Zuschreibung einer spezifischen Emotion bei einer Person dient.

Sowohl die Annahme von Emotionen als Vorläufer adaptiven Verhaltens als auch die Sichtweise von Emotionen als spezifische Modulation solchen Verhaltens betonen jeweils die wechselseitige Verbundenheit von Emotion und Handlung. Beide Ansätze gehen jedoch von eher statisch auftretenden Emotionsqualitäten aus, die jeweils „an- oder abgeschaltet" sind, und denen jeweils verschiedene funktionelle Verhaltenskorrelate zugeschrieben werden können. Eine solche Sicht weist drei Beschränkungen auf:

1. Gefühle unterscheiden sich nicht nur in ihrer Qualität und der damit verbundenen Funktion, sondern auch in ihrer Intensität oder Dauer. Dies beeinflußt den Zusammenhang zwischen Emotion und Informationsverarbeitung bzw. Handlungen ebenso wie die spezifische Qualität selbst. So geht geringer Ärger mit mehr Realitätsorientierung einher als intensiver Ärger.
2. Welche Handlungen auf eine emotionale Reaktion folgen, läßt sich nicht durch die Qualität der Emotion bestimmen, sondern variiert individuell. Daher ist bei Emotionen sowohl Äquikausalität, d.h., gleiche Gefühle führen zu unterschiedlichen Handlungen, als auch Äquifinalität, d.h., funktionell unterschiedliche Gefühle führen zu gleichen Handlungen oder zur gleichen Informationsverarbeitung, zu berücksichtigen. Ärger kann z.B. funktional oder dysfunktional sein, je nachdem, ob er in der Intensität und für die jeweilige Situation angemessen ist, d.h. ob er die Person ihren Zielen näherbringt, und kann deshalb mit adaptivem oder maladaptivem Handeln, Denken oder Erleben einhergehen (vgl. Bowlby, 1973).
3. Eine Person ist nicht nur passiv aktuell auftretenden Emotionen „ausgesetzt", die es zu Verhalten bewegen oder mit Verhaltensbereitschaft einhergehen. Eine Person kann – mehr oder weniger bewußt – Gefühle beeinflussen, verändern und regulieren bzw. durch andere Personen „reguliert" werden.

Die Forschung zur Emotionsregulation greift diese Themen auf und beschäftigt sich mit dem Zusammenspiel von Emotion und Handeln und deren Passung in subjektiv bedeutsamen Situationen. Emotionale Entwicklung unter dem Gesichtspunkt der Emotionsregulation trägt der Tatsache Rechnung, daß es nicht nur eine Reihe diskreter Emotionen gibt, die unterscheidbar sind und die sich in ihrem Auftreten abwechseln. Sie beschäftigt sich mit interindividuellen Unterschieden in der Veränderung einzelner Emotionen in Intensität, Dauer und Schnelligkeit bzw. der Schwelle, mit der sie ausgelöst und wieder abgeschwächt werden.

Thompson (1994) umschreibt dies mit einer musikalischen Analogie. Die diskreten Emotionen geben die Tonart vor, während Emotionsregulation die Dynamik und Intensität emotionalen Erlebens, von Emotionsausdruck und Handeln beschreibt. Emotionsregulation umfaßt Prozesse der Kontrolle, Bewertung und Veränderung emotionaler Reaktionen hinsichtlich Intensität und zeitlichem Verlauf. Sie dient dazu, das Individuum in die Lage zu versetzen, eigene Ziele zu verfolgen, wobei sie vom Individuum selbst, aber auch von Außenstehenden (interpsychisch) erfolgen kann. Sie ist damit nicht nur als individuelle Fähigkeit zu sehen, sondern es wird deutlich, daß Emotionsregulation auch sozial auftritt, z.B. durch Eltern, Freunde, Partner etc., die beruhigend, tröstend, ermutigend oder tadelnd eingreifen können. Emotionsregulation resultiert somit sowohl in der Verringerung von Gefühlen als auch in ihrer Verstärkung und Modifikation.

Die Regulationsprozesse lassen sich darüber hinaus nach internaler und externaler Regulation unterscheiden: Die internale Regulation umfaßt die Prozesse der Aufmerksamkeitslenkung, der (Neu-)Bewertung emotional bedeutsamer Ereignisse und der (Neu-)Bewertung innerer Erregung. Die externale Regulation beinhaltet die Bewältigung von Situationen bzw. die Suche nach Bewältigungsmöglichkeiten und die Wahl einer Lebensumgebung, die subjektiv kontrollierbar erscheint.

1.2 Emotionsregulation als zielkorrigierte Anpassungsleistung

Die beschriebenen Regulationsprozesse können der Situation angemessen sein und auf diese Weise adaptiv wirken. Sie können aber auch zur Dysregulation führen, falls sie nicht situationsadäquat sind. Gefühle können zu intensiv oder zu flach, zu kurz oder zu lang andauernd oder zu selten bzw. zu häufig ausgedrückt werden. Die Qualität, Intensität, Dauer oder der Verlauf von Gefühlen beeinträchtigt damit entweder das Individuum in seiner Zielerreichung oder verletzt soziale bzw. kulturelle Regeln des Emotionsausdrucks in spezifischen Situationen. Emotionale Dysregulation findet zum einen auf der Ebene der Informationsverarbeitung statt, die z.B. in einer eingeschränkten Wahrnehmung und Interpretation sozialer Situationen bei aggressiven Kindern und Jugendlichen deutlich wird (Crick & Dodge, 1994). Neben dieser inneren Bewertungsebene von Situationen zeigt sich Dysregulation zum anderen auch auf der Ebene externaler Regulation, z.B. im unangemessenen Ausdruck.

Dysregulation bedeutet jedoch nicht, daß die Gefühle unreguliert sind, sondern daß die emotionale Organisation nicht adäquat ist und somit zu starke oder zu schwache Regulation zu beobachten ist. Emotionsregulation ist demnach nicht nur reduzierbar auf die direkte Beeinflussung eines Gefühls, sondern umfaßt auch den Aspekt, Gefühle durch die Veränderung der Situation, also durch Handeln zu regulieren. Somit sind Emotions- und Handlungsregulation als Prozeß zwar konzeptuell trennbar, stellen jedoch verschiedene Facetten des gleichen Phänomens, nämlich zielkorrigierter Anpassungsleistung dar (vgl. Lazarus, 1996).

1.3 Emotionsregulation als Teil der individuellen Handlungsorganisation

Block und Block (1980) haben mit ihrem Konzept der Ich-Kontrolle und Ich-Flexibilität eine gute Beschreibung von adaptiver und maladaptiver Emotionsregulation entwickelt. Ich-Kontrolle umschreibt das Ausmaß, in dem eine Person eigene Gefühle, Bedürfnisse oder Handlungsimpulse direkt ausdrückt oder umsetzt bzw. diese kontrolliert. Eine hohe Ich-Kontrolle zeigt sich somit in Rigidität auf emotionaler wie auf Handlungsebene. Mangelnde Ich-Kontrolle zeigt sich in Impulsivität und geringer Hemmung der Umsetzung eigener Handlungsimpulse. Beide Handlungstendenzen sind nur in spezifischen Situationen adaptiv.

Ich-Flexibilität ist ein Maß dafür, wie situationsangemessen und variabel Emotionen, Handlungsimpulse und Bedürfnisse vom Individuum kontrolliert werden können. Sie beschreibt, inwieweit eine Person fähig ist, das Ausmaß an Ich-Kontrolle so zu verändern, daß sie den jeweiligen Anforderungen der Umwelt gewachsen ist. Dies zeigt sich vor allem auch in Anforderungssituationen oder Belastungssituationen, bei denen eine Lösungsmöglichkeit nicht sofort möglich ist. In solchen Augenblicken äußert sich Ich-Flexibilität darin, die Unsicherheit aufgrund mangelnder Bewältigungsstrategien zu tolerieren und weiterhin fähig zu sein, zielgerichtet nach Lösungen zu suchen. Mangelnde Ich-Flexibilität (*ego-brittleness*) hingegen würde sich im Festhalten an einem Lösungsweg oder in einem „aus dem Felde gehen" zeigen. In Anlehnung an Piaget beschreibt Block (1982) Ich-Flexibilität als Fähigkeit zur situationsangepaßten Assimilation bzw. Akkomodation eigener Handlungs- und Denkschemata und übernimmt somit auch Grundkonzepte des Ansatzes von Haan (1977). Als generelle Strategie ist weder Assimilation noch Akkomodation allein sinnvoll. Das erste wäre die rigide Anwendung eines einzigen Handlungsschemas, ohne die Erfordernisse der Situation zu berücksichtigen, das zweite, die ständige, kurzfristige Anpassung an die jeweilige Situation. Ich-Flexibilität umschreibt die Fähigkeit zwischen Assimilation und Akkomodation situationsangemessen zu wechseln.

2. Allgemeine und differentielle Entwicklung der Emotionsregulation

Eine entwicklungspsychologische Betrachtung der Emotionsregulation muß einerseits die allgemeinen Veränderungen im Umgang mit Emotionen über die Lebensspanne beschreiben und erklären, andererseits aber auch die interindividuellen Organisationsmuster der Emotionsregulation und deren Konstanz oder Veränderung im Lebenslauf berücksichtigen. Deshalb wird im folgenden ein allgemeines Modell der Emotionsregulation formuliert, und entwicklungspsychologische Veränderungen werden anhand dieses Modells verdeutlicht.

2.1 Ein Modell der Emotionsregulation

Ein allgemeines Modell der Emotions- und Handlungsregulation sollte die *grundlegenden Prozesse internaler und externaler Emotionsregulation und deren Verbindung* umfassen, wie sie z.B. Lazarus (1991) oder Haan (1977) beschreiben. Außerdem sollte es *als Modell zur Selbstregulation* organisiert sein, die in der Entwicklung vom Kind zum Erwachsenen zunimmt, wie es z.B. Carver und Scheier (1981), Kanfer (1996) oder auch sehr differenziert Dörner, Schaub, Stäudel und Strohschneider (1988) vorschlagen. In Abbildung 1 ist ein allgemeines Modell dargestellt, das qualitative Unterschiede in der Adaptivität der Emotionsregulation beinhaltet, und so Entwicklungsveränderungen in allgemeiner wie differentieller Sicht beschreibbar macht. Drei Basisprozesse lassen sich unterscheiden (s. Abb. 1):

1. Die Bewertung und emotionale Reaktion aufgrund einer Situation oder eines äußeren oder inneren sensorischen Inputs. Dies entspricht den ersten beiden theoretischen Teilprozessen, wie sie von Holodynski und Friedlmeier (i. d. Bd.) nochmals differenziert werden. Allerdings ist die Abgrenzung zwischen Bewertungsprozessen und subjektivem Erleben empirisch schwer zu treffen (LeDoux, 1996; Lazarus, 1996), weshalb sie hier nicht weiter spezifiziert wird.
2. Die Handlungsaktivierung bzw. die kognitive Produktion möglicher Bewältigungshandlungen i.S. eines inneren Probehandelns. Die Handlungsseite ist mit der Gefühlsseite eng verbunden, da auftretende Handlungsimpulse oder Handlungstendenzen von der Intensität der Gefühlsreaktion wesentlich beeinflußt werden (vgl. Lazarus, 1996).
3. Eine mögliche zielkorrigierte Selbststeuerung hinsichtlich der erfolgten Bewertungsprozesse und emotionalen Reaktion, der Handlungsaktivierung und der ausgeführten Bewältigungshandlungen.

Das Modell beinhaltet lediglich drei wesentliche Prozesse der Emotionsregulation, die in ihrer möglichen inneren Struktur hier nicht näher beschrieben werden (vgl. hierzu Dörner et al., 1988; Holodynski & Friedlmeier, i. d. Bd.).

2.2 Entwicklungsaspekte der drei Modellkomponenten

Situationsbewertung und emotionale Reaktionen

Der erste Teil des Modells beschäftigt sich mit den Anlässen von emotionalen Reaktionen. Dabei spielen Bewertungen der Situation hinsichtlich der subjektiven Relevanz oder der Passung mit individuellen Bedürfnissen eine entscheidende Rolle. Nach Lazarus (1991) kann man diese Bewertungen zumindest in drei Oberkategorien als herausfordernd, bedrohlich oder schädigend unterteilen. Bewertungsprozesse können automatisch und somit unreflektiert (oder unbewußt) ablaufen, oder sie sind bewußt und somit deklarativ zugänglich. Nicht-bedeutsame Situationen oder Probleme, in denen ein gut eingeübtes Handlungsschema schnell zur (erfolgreichen) Lösung führt, werden in der Regel kaum oder eher wenig intensive Emotionen auslösen.

Veränderung der Anlässe. Allgemeine Entwicklungsveränderungen der Emotionsregulation zeigen sich darin, welche Situationen in welchem Alter „normativ" von Bedeutung sind und emotionale Reaktionen bedingen. So lösen fremde Personen bei Säuglingen im Alter von ca. 8 Monaten große Angst aus („Fremdeln"). Diese Angst tritt vor dem 6. Lebensmonat und nach dem 15. Lebensmonat weniger häufig und intensiv auf. Für unterschiedliche Alterszeitpunkte gibt es dominante altersspezifische Bedürfnisse oder Entwicklungsthematiken (vgl. Sroufe, 1989), wie z.B. das Autonomiebedürfnis im zweiten Lebensjahr. Im Vergleich zu anderen Altersstufen sind autonomierelevante Situationen deutlich häufiger Auslöser starker emotionaler Reaktionen (typische „Trotzanfälle"), wobei sich die Fähigkeit zur selbständigen intrapsychischen Regulation erst entwickelt. Hier führt die Lerngeschichte zu verschieden organisierten Kopplungen zwischen motivauslösendem sensorischem Input und der jeweiligen Aktivierung einer emotionalen Reaktion (vgl. Dörner, 1996).

Veränderung der Qualität und Flexibilität der Bewertungsprozesse. Die gleiche Situation kann von derselben Person zu späteren Alterszeitpunkten qualitativ anders bewertet werden (z.B. Trennungen von den Eltern), und es können im Laufe der Entwicklung mehrere Ursachen für die Interpretation einer Situation herangezogen und miteinander verglichen werden. Auch kann sich die Qualität der internalen Emotionsregulation, z.B. der Aufmerksamkeitslenkung, verändern.

Handlungsaktivierung und Bewältigungsstrategien

Der zweite Teil des Modells, die Handlungsaktivierung, bezieht Entwicklungsveränderungen hinsichtlich der Bewältigung von Anforderungen und der Fähigkeit, Lösungen zu generieren, mit ein. Zum einen können im Laufe der Entwicklung viele Handlungsroutinen entstehen, zum anderen kann sich die Anzahl, die Qualität und der flexible Wechsel zwischen verschiedenen Handlungsschemata ändern. So werden z.B. bei jüngeren Kindern Freundschaften durch Streit schnell, wenn auch oft nur kurzfristig beendet, während bei älteren Kindern oder Jugendlichen bei Streit häufiger die Aushandlung von Konflikten zu beobachten ist. Außerdem können sich die Schwelle, mit der Handlungen durch Emotionen ausgelöst werden, wie auch diejenigen Handlungen, die mit bestimmten Emotionen in Verbindung stehen, verändern und zu Veränderungen in bezug auf eine adaptive vs. maladaptive Regulation führen.

Zielkorrigierte Selbststeuerung

Der dritte Teilprozeß ist die zielkorrigierte Selbststeuerung. Bereits Kleinkinder sind in der Lage, beim Problemlösen zielkorrigiert zu handeln, indem sie z.B. Hindernisse, die ihr Ziel blockieren, aus dem Weg räumen (vgl. Oerter & Dreher, 1995). Allerdings treten flexible Aufgabenlösungen, die z.B. einen Umweg erfordern, erst zu einem späteren Zeitpunkt auf (Lewin, 1987). Entwicklungsveränderungen sind vor allem für die innere Kohärenz der Bewertung eigenen Handelns festzustellen, da Kinder im Laufe der kognitiven Entwicklung lernen, mehrere Perspektiven und Informationen in ihre Überlegungen einzubeziehen. Damit verbessert sich die innere Stimmigkeit wie auch die Korrespondenz zwischen der eigenen Sicht und der Wirklichkeit. Die Wahrnehmung und Integration eigener Emotionen bei der Bewältigung von Situationen führen zu Qualitätsunterschieden in der Selbststeuerung, sie können sich aber auch durch das zunehmende explizite Wissen über Emotionen optimieren (vgl. auch Janke, i. d. Bd).

Abbildung 1. Allgemeines Modell der Emotionsregulation im Entwicklungsverlauf

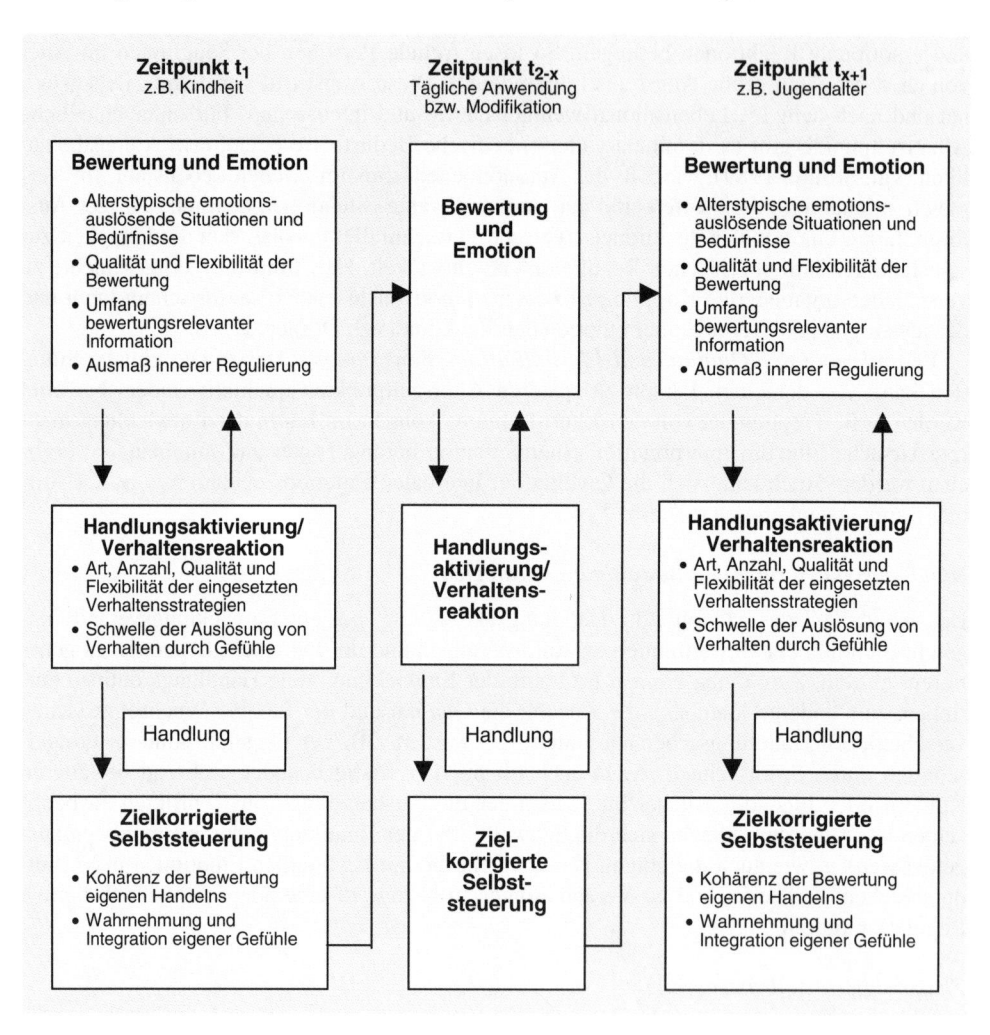

Zeitpunkt t_1 z.B. Kindheit	Zeitpunkt t_{2-x} Tägliche Anwendung bzw. Modifikation	Zeitpunkt t_{x+1} z.B. Jugendalter
Bewertung und Emotion • Alterstypische emotionsauslösende Situationen und Bedürfnisse • Qualität und Flexibilität der Bewertung • Umfang bewertungsrelevanter Information • Ausmaß innerer Regulierung	**Bewertung und Emotion**	**Bewertung und Emotion** • Alterstypische emotionsauslösende Situationen und Bedürfnisse • Qualität und Flexibilität der Bewertung • Umfang bewertungsrelevanter Information • Ausmaß innerer Regulierung
Handlungsaktivierung/ Verhaltensreaktion • Art, Anzahl, Qualität und Flexibilität der eingesetzten Verhaltensstrategien • Schwelle der Auslösung von Verhalten durch Gefühle	**Handlungsaktivierung/ Verhaltensreaktion**	**Handlungsaktivierung/ Verhaltensreaktion** • Art, Anzahl, Qualität und Flexibilität der eingesetzten Verhaltensstrategien • Schwelle der Auslösung von Verhalten durch Gefühle
Handlung	Handlung	Handlung
Zielkorrigierte Selbststeuerung • Kohärenz der Bewertung eigenen Handelns • Wahrnehmung und Integration eigener Gefühle	**Zielkorrigierte Selbststeuerung**	**Zielkorrigierte Selbststeuerung** • Kohärenz der Bewertung eigenen Handelns • Wahrnehmung und Integration eigener Gefühle

Zusammenfassung

Eine entwicklungspsychologische Analyse der Emotionsregulation sollte zu verschiedenen Alterszeitpunkten die Organisation der drei skizzierten Prozesse – Situationsbewertung und emotionale Reaktion, Handlungsaktivierung und Bewältigungsstrategien sowie zielkorrigierte Selbststeuerung – vergleichen. Auf diese Weise können normative Veränderungen über die Lebensspanne erfaßt und differentielle Entwicklungsverläufe beschrieben werden (s. Abb.1). Dabei ist aus entwicklungspsychologischer Sicht zwischen der Ausdrucksform und der Struktur der Handlungsorganisation zu unterscheiden, denn es kann trotz alterstypischer Veränderungen in den Ausdrucksformen im Verhalten eine Kontinuität der Struktur vorliegen. So konnte z.B. Block (1993) in seiner Längsschnittstudie eine beachtliche Stabilität im Grad der Ich-Flexibilität zeigen (Strukturkontinuität), obwohl sich deutliche individuelle Veränderungen in der Persönlichkeitsorganisation von der Kindheit bis zum jungen Erwachsenenalter ergaben (Ausdrucksdiskontinuität). Neben der Beschreibung allgemeiner Entwicklungsverläufe muß schließlich auch die personspezifische Organisation und deren Kontinuität betrachtet werden.

3. Allgemeine Entwicklung der Emotionsregulation im Jugendalter

Ausgehend von dem oben beschriebenen Modell ergeben sich zu den drei Prozeßebenen folgende Fragen: (1) Welche Situationen werden von Jugendlichen im Vergleich zu Kindern als bedeutsam und somit als emotional relevant betrachtet und welche Entwicklungsschritte tragen hierzu bei? (2) Welche Veränderungen ergeben sich in der Art, emotional bedeutsame Situationen zu bewältigen bzw. auf diese zu reagieren? (3) Wie verändert sich die Fähigkeit zur zielkorrigierten Selbststeuerung?

3.1 Situationsbewertung und emotionale Reaktionen

Die kognitive Entwicklung hin zur formal-operationalen Phase nach Piaget (1972), die körperliche Entwicklung und die neue soziale Rollendefinition fördern die Fähigkeit des Jugendlichen, Situationen durch die Berücksichtigung mehrerer Perspektiven komplexer deuten und selbständiger handeln zu können, als dies in der Kindheit möglich war. Aber diese Veränderungen bringen auch Belastungen oder Schwierigkeiten mit sich, wodurch sie zu alterstypischen Auslösern von Emotionen werden. Die Auswirkungen dieser Veränderungen im Jugendalter zeigen sich dabei nicht nur individuell, sondern auch im sozialen Kontext: in der Familie, mit Gleichaltrigen oder im schulischen bzw. Ausbildungsbereich. Eine allgemeine Beschreibung der Entwicklung der Emotionsregulation beim Übergang zum Jugendalter beinhaltet (a) eine Veränderung hinsichtlich alterstypischer emotional relevanter Situationen und (b) die Veränderung der Qualität der Prozesse, die bei der Bewertung und Interpretation eine Rolle spielen und die Ursache für alterstypische belastende Situationen sind.

Veränderung der Anlässe

Die Auswahl emotional relevanter Situationen speziell für Jugendliche ist notgedrungen verallgemeinernd und besagt nicht, daß es auf jeder Altersstufe nicht individuelle Unterschiede und auch Situationen gibt, die für alle Altersgruppen vergleichbar emotional relevant sind, wie z.B. Verlusterfahrungen oder Unfälle.

Normative Anforderungssituationen stellen vor allem Entwicklungsaufgaben dar. Für das Jugendalter sind dies z.B. der Aufbau beruflicher Perspektiven und der dazu notwendigen Fähigkeiten, die Identitätsfindung (sich über die eigenen Eigenschaften, Werte und Ziele klar werden), der Aufbau von engen, vertrauensvollen Freundschaftsbeziehungen zu

Gleichaltrigen beiderlei Geschlechts, die Akzeptanz der eigenen körperlichen Erscheinung, die Entwicklung von Autonomie und der Umgang mit der eigenen Sexualität (vgl. Dreher & Dreher, 1985). Belastungen treten vor allem hinsichtlich der eigenen Zukunftsperspektive, des schulischen Bereichs und der Auseinandersetzung mit der eigenen Person auf (Seiffge-Krenke, 1995). In diesen Bereichen werden wir also im Jugendalter eine größere Häufigkeit von emotionalen Reaktionen und demzufolge auch einen erhöhten Bedarf an Emotionsregulation im Vergleich zu früheren oder späteren Entwicklungsabschnitten beobachten können.

Veränderung der Bewertungsprozesse

Neben der Suche nach jugendtypischen Anlässen zur Emotionsregulation kann man auch die Qualität der Informationsverarbeitung betrachten, d.h., inwieweit die Art der Interpretation von potentiell belastenden Situationen sich im Entwicklungsverlauf verändert. Die Entwicklung des formal-operationalen Denkens (Piaget, 1972) ermöglicht es Jugendlichen im Vergleich zu Kindern, bei der Analyse von Problemen oder Anforderungen mehrere Dimensionen gleichzeitig in Betracht zu ziehen und verschiedene Perspektiven einer Situation zu deren Interpretation einzubeziehen. Allerdings entwickelt sich diese Qualität der Problemanalyse nicht auf allen Gebieten gleichzeitig (horizontale Verschiebung), so daß gerade im frühen Jugendalter manche Bereiche noch immer anschauungsgebunden (eher konkret-operational) beurteilt werden, während in anderen Fällen bereits auf abstrakt-logischem Niveau analysiert wird. Für den Umgang mit emotional relevanten Situationen bedeutet die weitere kognitive Entwicklung, daß im Jugendalter im Vergleich zur Kindheit vielschichtigere und damit realistischere Einschätzungen möglich sind und viele Situationen damit weniger bedrohlich werden bzw. die damit verbundenen Bewertungsprozesse und Emotionen differenzierter sein können. Dies zeigt sich z.B. in der Fähigkeit Personen oder das eigene Selbst nicht – wie bei Jüngeren – nur nach äußeren Merkmalen zu beschreiben (hat eine Brille, ist frech etc.), sondern dies nach zugrundeliegenden Eigenarten oder Motiven zu tun (Hatcher, Hatcher, Berlin, Okla & Richards, 1990). So gesehen ändert sich auch die Art der sozialen Perspektivenübernahme von subjektiver Interpretation hin zur Erkenntnis, daß auch die Sichtweise des anderen von der eigenen Person und der Beziehung die Interaktion bestimmt (vgl. Selman, 1980). Dies bedeutet insgesamt betrachtet nicht, daß Kinder unrealistisch sind, sondern daß sie weniger komplex analysieren.

Die wachsenden kognitiven Fähigkeiten bergen aber auch das Risiko, sich unangenehmer Realitäten deutlicher bewußt zu werden. Die Möglichkeit, zwischen der Realität und mehreren möglichen Alternativen zu vergleichen, kann dazu führen, andere Bewertungen als früher vorzunehmen. So kann z.B. die negative Bewertung der Familienverhältnisse, die zu einem früheren Zeitpunkt zwar auch erfolgte, aber eher hingenommen wurde, im Jugendalter zu entgegengesetzten emotionalen Reaktionen führen, wie z.B. Melancholie oder Rebellion (vgl. Elkind, 1967). Trotz der sich weiterentwickelnden kognitiven Fähigkeiten ist jugendlicher Egozentrismus nicht untypisch. Elkind (1967) beschrieb, daß Jugendliche aufgrund hoher Selbstaufmerksamkeit soziale Situationen so interpretieren und so handeln, als ob sie die einzigen wären, die dies so erlebten, bzw. daß andere sie ebenso aufmerksam beobachten würden wie sie sich selbst. Dieses Verhaltensmuster konnte auch in einer anderen Studie zumindest bis ins mittlere Jugendalter hinein beobachtet werden (Lapsley, Jackson, Rice & Shadid, 1988).

Da die Interpretation von Situationen auch von persönlichen Wertesystemen beeinflußt wird, kann die emotionale Bewertung auch davon abhängen, inwieweit bereits eine erarbeitete Identität aufgebaut ist oder noch diffuse Wert- und Zielvorstellungen für das eigene Leben vorherrschen (vgl. Marcia, 1980). Eine diffuse Identität geht mit einer erhöhten emotionalen Belastung einher, da noch wenig gelungene innere Regulationsmechanismen ausgebildet worden sind (Berzonsky, 1989). Dies macht deutlich, daß trotz der insgesamt erweiterten Fähigkeiten von Jugendlichen der individuelle Entwicklungsverlauf zu Anpassung oder Fehlanpassung führen kann. Dies und die Tatsache, daß es Anlässe gibt, die nicht bei allen auftreten, wie z.B. Verlusterfahrungen oder Unfälle, verdeutlicht die Wichtigkeit, auch die individuelle Ebene bei der Beschreibung der Emotionsregulation einzubeziehen.

3.2 Handlungsaktivierung und Bewältigungsstrategien

Das Gelingen von effektiver Emotionsregulation kann danach beurteilt werden, inwieweit Gefühle funktional im Sinne der Zielerreichung der Bedürfnisse oder Interessen von Personen sind. Dies äußert sich deutlich in Verhaltensreaktionen, also dem Versuch der Veränderung des Gefühls oder der Ursache bzw. des Auslösers des Gefühls.

Die entwicklungspsychologische Forschung zum Jugendalter zeigt, daß dieser Altersabschnitt nicht normativ zu emotionalen Krisen oder Fehlanpassung führt, wie aufgrund von Konzepten aus der klinischen Praxis lange Zeit angenommen wurde (Freud, 1980; Blos, 1977). Vielmehr scheint die Jugendphase für die meisten ohne generelle soziale oder intrapsychische Belastungen oder Konflikte zu verlaufen und eher eine Verbesserung des Selbstkonzepts zu finden zu sein (Offer, 1984; Fend, 1990; Pollmer, 1991; Mullis, Mullis & Normandin, 1992). Allerdings zeigen genauere längsschnittliche Analysen, daß trotz relativ hoher interindividueller Stabilität, durchaus bedeutsame intraindividuelle Veränderungen im Selbstwertgefühl auftreten (Block & Robins, 1993).

Im Umgang mit den Emotionen Trauer, Angst und Ärger wird eine differentielle Entwicklung deutlich. Im Vergleich zum Kindesalter findet sich im Jugendalter eine erhöhte Rate an depressiven Stimmungen (vor allem für Mädchen) (Rutter, 1995), wobei die Rate an klinischen Fällen gering ist. Die Selbstmordrate steigt an, es treten häufiger Eßstörungen auf und der Drogenkonsum nimmt zu (Rutter, 1995; Silbereisen, 1995). Eine mangelnde Fähigkeit zur Emotionsregulation kann sich aufgrund erweiterter Selbständigkeit und veränderter Beziehungsstrukturen in neuen Formen von Fehlanpassung zeigen. Demgegenüber nimmt die Anzahl von Ängsten im Vergleich zur Kindheit ab (Walden & Garber, 1994). Der Ausdruck von Ärger oder Aggression findet weniger mit körperlichen Mitteln, sondern zunehmend mit verbalen Mitteln statt, wobei die Intensität aggressiver Handlungen Jugendlicher im Vergleich zu Kindern höher ist (Loeber & Stouthamer-Loeber, 1998).

Die Fähigkeit zur Regulierung von Gefühlen auf der Verhaltensebene hängt von den Fertigkeiten ab, die im Laufe der Entwicklung aufgebaut werden, sich selbst oder die Umwelt effektiv zu beeinflussen. Die Verhaltensreaktion bzw. die Generierung potentieller Handlungen geht mit der Abschätzung deren Wirkungen und Nebenwirkungen einher. Im folgenden werden entwicklungsbedingte Veränderungen dieser Verhaltensregulierung als Emotionsregulierung auf individueller und sozialer Ebene aufgezeigt.

Individuelle (selbständige) Emotionsregulation

Die Entwicklung von der frühen Kindheit bis zum Erwachsenenalter ist gekennzeichnet durch eine zunehmende Fähigkeit zur Selbstregulation eigener Ziele, Wünsche, Gefühle, Impulse und Handlungen. Eine interpsychische und externale Regulation der kindlichen

Emotionen durch Bezugspersonen (wie z.B. Aufmerksamkeitslenkung, Trost, Beruhigung, Anleitung etc.) wird zunehmend durch eine selbständige und internale Regulation ersetzt. Solche Veränderungen in Richtung auf eine Selbstregulation im Übergang von der Kindheit zum Jugendalter sind im Bereich der Copingforschung eingehender untersucht worden.

Studien zeigen, daß im Verlauf des Jugendalters nicht nur mehr aktive Bewältigungsstrategien verwendet werden, sondern sich auch die Fähigkeit entwickelt, Belastungen und negative Gefühle intrapsychisch und internal zu regulieren. So stellten Brotman-Band und Weisz (1988) für den Übergang von der Kindheit zur frühen Adoleszenz fest, daß 12jährige im Vergleich zu 6- und 9jährigen mehr sekundäre Bewältigungsstile berichteten. Darunter fallen Strategien wie Suche nach Beistand, direkter Ausdruck der Emotion oder kognitives Vermeiden im Sinne von Ablenkung bzw. emotionaler Beschwichtigung (Weisz, 1990). Dies galt vor allem für Situationen, die aktiv nicht wesentlich verändert werden können, wie z.B. Umgang mit Verletzungen, Unfällen, Arztbesuche.

Auch Seiffge-Krenke (1990; 1995) berichtete, daß Jugendliche zwischen 12 und 19 Jahren mit zunehmendem Alter häufiger internale Bewältigungsstrategien (z.B. „Ich denke über das Problem nach und spiele verschiedene Lösungsmöglichkeiten in Gedanken durch") angaben. Jugendliche unter 16 Jahren gaben in der Regel einen einzigen Bewältigungsstil (aktiv vs. vermeidend) an, während Jugendliche über 16 Jahren häufiger mehrere Strategien angaben, und zwar sowohl externale (aktive und vermeidende) als auch internale Strategien (Kavsek & Seiffge-Krenke, 1996). Internale Bewältigung, i.S. von Selbstberuhigung oder auch der Suche nach Lösungen aus verschiedenen Blickwinkeln, ist somit eine Möglichkeit zur Emotionsregulierung, die zunehmend an Bedeutung gewinnt. Drei Bewältigungsstrategien, die als dauerhaftes Muster wenig adaptiv sind, zeigen interessanterweise keine Veränderung über das Jugendalter hinweg: „Ich tue so, als ob alles in Ordnung wäre", „Ich versuche mich abzureagieren, durch laute Musik, Motorrad fahren, etc." und „Ich denke erst an Probleme, wenn sie auftreten". Alle drei Strategien sind Versuche, Aufmerksamkeit von den negativen Gefühlen wegzulenken, bzw. durch Tätigkeiten die innere Spannung der Emotion zu verringern, ohne die Aufmerksamkeit auf die Ursache des Gefühls zu richten.

Andere Reaktionsmuster, die als Bewältigungsstrategien im Umgang mit negativen Gefühlen zu betrachten sind, zeigen sich im Jugendalter verstärkt in betonter Selbstdarstellung, vor allem mit Symbolen wie z.B. Musik, Kleidungsstil oder Sticker, die eine spezifische Gruppenzugehörigkeit nach außen hin deutlich machen sollen. Zur Erklärung dieser Verhaltensweisen läßt sich die Theorie der symbolischen Selbstergänzung heranziehen. Negative Gefühle entstehen durch mangelnde Zufriedenheit mit dem eigenen Selbst in bezug auf subjektiv relevante Bereiche (als Bewertung der Diskrepanz zwischen Selbst und dem Ziel, eine bestimmte Entwicklungsaufgabe zu meistern), so daß die symbolische Ergänzung der eigenen Person in diesem Bereich zur Emotionsregulation benutzt wird. Die nach außen gezeigte *coolness* mancher Jugendlichen könnte eine ähnliche Funktion haben.

Interpsychische (interaktive) Emotionsregulation im Kontext von Beziehungen

Beziehungen sind für die Emotionsregulation deshalb ein sehr wichtiger Bereich, weil zum einen gerade in engen Beziehungen sehr intensive Gefühle wie Freude, Ärger, Eifersucht, Neid etc. entstehen (Bowlby, 1979) und zum anderen Beziehungen auch zur interaktiven Emotionsregulation, z.B. beim Trostsuchen und -spenden, dienen können. Beziehungen sind somit Anlaß und zugleich Instanz der Emotionsregulation.

Die Beziehungen Jugendlicher zu ihren Eltern verändern sich nach Youniss und Smollar (1985) zu mehr Gleichberechtigung und stärkerer Autonomie auf seiten der Jugendlichen.

Allerdings geschieht dies weder in normativer Konflikthaftigkeit noch automatisch. Bei abnehmender Dauer der gemeinsam verbrachten Zeit erhöht sich der Anteil an Interaktionen, bei denen es um Meinungsverschiedenheiten und die Durchsetzung eigener Interessen geht. Dabei steigt die Zahl der Konflikte mit den Eltern mit der Pubertät bis zur Mitte der Adoleszenz an und verringert sich dann wieder (Steinberg, 1989; Hill, 1993). Der Anteil der Eltern-Jugendlichen-Beziehungen, die häufig Auseinandersetzungen oder sogar Zerrüttung zeigen, ist gering (Rutter, Graham, Chadwick & Yule, 1976; Montemayor, 1986) bzw. nicht höher als zwischen erwachsenen Paaren. In Fällen, in denen ernsthafte Schwierigkeiten zwischen Eltern und Jugendlichem auftreten, finden sich häufiger psycho-soziale Anpassungsschwierigkeiten (Rutter, 1995) und somit auch eine eingeschränkte Emotionsregulation.

Während für Kinder die Eltern oder andere Bezugspersonen als externale interpsychische Organisatoren der Emotionsregulation dienen, nimmt im Jugendalter die Suche nach elterlicher Unterstützung in belastenden Situationen ab. Dennoch gaben nach Seiffge-Krenke (1995) Jugendliche diese Strategie am zweihäufigsten an. Am häufigsten wurde die Strategie genannt, gemeinsam mit Freunden die Belastung zu meistern. Beziehungen zu Gleichaltrigen werden demnach im Jugendalter zunehmend zur Emotionsregulation genutzt. Die Entwicklung des Freundschaftskonzepts, also der Vorstellungen und Erwartungen bzgl. Freundschaft, zeigt für das Jugendalter, daß enge Freundschaften bevorzugt werden, in denen über eigene Gefühle und persönliche Gedanken gesprochen werden kann (Selman, 1980). Freunde dienen zur gegenseitigen Validierung eigener Erfahrungen und erlebter Belastungen (Youniss & Smollar, 1985), einer wichtigen Art der alterstypischen sozialen Emotionsregulierung.

Soziale Emotionsregulierung als gelungene Fähigkeit zur Konfliktregulierung oder als Suche nach Unterstützung bei emotionaler Belastung ist jedoch keine Fähigkeit, die sich automatisch und normativ im Jugendalter entwickelt. Die effektive Nutzung enger Beziehungen zur Emotionsregulierung hängt deutlich mit Beziehungserfahrungen in der Entwicklung des Individuums zusammen. Deshalb ist es wichtig, auch im Verhaltensbereich die Fähigkeit zur angemessenen Regulation sowie deren Entstehungsbedingungen differentiell zu betrachten.

3.3 Zielkorrigierte Selbststeuerung

Entwicklungsveränderungen im Bereich der zielkorrigierten Selbststeuerung basieren zum Teil auf der kognitiven Entwicklung, dem zunehmenden Wissen über eigene und fremde Motive und über die Entstehung von Emotionen. Die bereits oben skizzierten Veränderungen in der Fähigkeit, mehrere Perspektiven einer Situation oder eigener Erfahrungen zu vergleichen und zu bewerten, schaffen die Möglichkeit, Inkohärenzen in der eigenen Bewertung von Situationen oder Beziehungen zu überdenken. Ebenso nimmt das explizite Wissen darüber zu, wann und wie welche Art von Emotionen entsteht und wie diese wem gegenüber ausgedrückt werden (vgl. Harris, 1992). Dadurch wird die Überprüfung der Übereinstimmungen zwischen eigenen Modellen der Realität und der Realität selbst erleichtert. Dies kann sich in einer Neubewertung gemachter Erfahrungen, des Selbstbilds, übernommener Werte und Normen zeigen. Ergebnisse der Bindungsforschung zeigen, daß ab dem Jugendalter eine Neubewertung der Beziehungserfahrungen mit den Eltern und der eigenen Rolle in diesen Beziehungen häufiger zu finden ist als in der Kindheit. Für die Identitätsentwicklung im Jugendalter sind gerade das Überprüfen vorgegebener Wertesysteme auf die Passung zu subjektiv gewählten Werten und zum eigenen Verhalten entscheidende Schritte zu einer klaren Identität. Die Fähigkeit, eigenes Verhalten und eigene Gefühle im Vergleich mehrerer Perspektiven oder Ansichten zu bewerten, birgt natürlich auch die Gefahr, daß man zu keiner endgültigen Beurteilung kommt, und so im Grübeln über Situationen verbleibt, wie es eher einer diffusen Identität entspricht.

Die Entwicklung einer kohärenten Sichtweise des eigenen Selbst und der Interaktionen im Kontext von Beziehungen sowie eine Integration positiver wie negativer Gefühle ist eher durch eine Vielzahl an Sozialisationserfahrungen im Umgang mit Emotionen erklärbar als durch normative Entwicklungsschritte. Allerdings ist die empirische Datenbasis für eine Klärung dieser Frage sehr gering. Die Fähigkeit zur situationsangepaßten Selbststeuerung wird jedoch in der Forschung zur Persönlichkeitsentwicklung wieder aufgegriffen. So lassen sich Jugendliche über verschiedene Kulturen hinweg nach einer Typologie unterscheiden, die auf den bereits erwähnten Konzepten von Block und Block (1980) der Ich-Kontrolle und der Regulation dieser Ich-Kontrolle basiert (Ich-Flexibilität). Robins, John, Caspi und Moffitt (1996) unterscheiden impulsive (*undercontrolled*), stark gehemmte (*overcontrolled*) und flexible (*resilient*) Jugendliche (s. auch van Aken, van Liedhout & Scholte, 1998). Diese Studien zeigen, daß sich die im Verhalten auftretenden interindividuellen Unterschiede auf verschiedene Arten der bewußten oder automatisierten (unbewußten) zielkorrigierten Selbststeuerung zurückführen lassen.

4. Differentielle Unterschiede in der Emotionsregulation

Ausgehend von dem oben skizzierten Modell der Emotionsregulation ergeben sich Unterschiede in der adaptiven Qualität einzelner Muster auf drei Ebenen: der Situationsbewertung und emotionalen Reaktion, der Handlungsaktivierung und der zielkorrigierten Selbststeuerung. Regulation oder Dysregulation von Handlungen und Emotionen zeigt sich in:

1. *Flexibilität der Bewertung von Situationen* in der Vielzahl der Informationen und Erklärungsmuster, die eine Person in die Bewertung mit einbezieht und der Qualität und Intensität der Gefühle, die sie damit verbindet.
2. *Flexibilität der angewandten Bewältigungsstrategien*, um die Situation oder die eigenen Gefühle zu verändern und
3. der *Fähigkeit, den Effekt der eigenen Regulation und der eigenen Handlungen zu überprüfen*, d.h., sich und die Situation kohärent beurteilen und die parallel auftretenden Gefühle in die Handlungssteuerung einbeziehen zu können.

Sozialisationserfahrungen spielen für die Erklärung differentieller Unterschiede der Emotionsregulation auf allen drei Ebenen eine wichtige Rolle. Eine Reihe von Studien machte den Zusammenhang zwischen der aktuellen Beziehung Jugendlicher zu ihren Eltern und ihrer effektiven Bewältigung jugendspezifischer Entwicklungsaufgaben deutlich (Hauser & Bowlds, 1990; Hill, 1993).

Shulman, Seiffge-Krenke und Samet (1987) konnten zeigen, daß ein Familienklima, das von Zusammenhalt, Kohäsion und Förderung individueller Entwicklung geprägt war, eher mit aktiven Bewältigungsstrategien auf seiten der Jugendlichen einherging. Ein Familienklima mit einem Mangel an Struktur und Zusammenhalt hingegen hing eher mit vermeidenden Strategien im Umgang mit Belastungen zusammen. Eine Untersuchung nach bindungstheoretischen Gesichtspunkten ergab, daß Jugendliche, die ihre Eltern aktuell als sichere Basis wahrnahmen, bei emotionaler Belastung, mit der sie allein nicht mehr zurechtkamen, mehr aktive und weniger vermeidende Bewältigungsstrategien aufwiesen (Zimmermann, 1994). Das Suchen nach elterlicher Unterstützung in Überforderungssituationen ist somit kein Zeichen von Abhängigkeit, sondern hängt eher mit autonomer Bewältigung zusammen.

Im Jugendalter ist jedoch die Fähigkeit zur Emotionsregulation nicht nur durch die aktuelle Beziehungsqualität und die momentan erfahrene Unterstützung durch die Bezugspersonen beeinflußt, sondern auch durch psychische Strukturen, die sich aufgrund früherer Erfahrungen ausgebildet haben. Interindividuelle Unterschiede in Bewertungsmustern, Erwartungen, Zugang zu eigenen Gefühlen und die Koppelung von Gefühlen an bestimmte nachfolgende Reaktionen werden im Laufe der Entwicklung in einer Vielzahl an Interaktionserfahrungen aufgebaut, eingeübt und automatisiert, so daß sie die Reaktionsmuster von Personen steuern. Die Bindungstheorie (Bowlby, 1969; 1973; 1980) liefert hierfür einen entwicklungspsychologischen Ansatz, der zu erklären versucht, warum Menschen dazu neigen, enge emotionale Beziehungen einzugehen, und warum eine eingeschränkte Fähigkeit zur Emotionsregulation mit spezifischen Interaktionserfahrungen zusammenhängt, die Bindungen beeinträchtigen, unterbrechen oder beenden. Wie die Interaktionserfahrungen mit wichtigen Bezugspersonen in der Kindheit mit der individuellen Emotionsregulation im Jugendalter zusammenhängen, soll im folgenden ausführlich dargestellt werden.

4.1 Das Konzept internaler Arbeitsmodelle

Unter Bindung versteht man ein lang andauerndes affektives Band zu bestimmten Personen, die nicht ohne weiteres auswechselbar sind und deren (körperliche oder psychische) Nähe und Unterstützung gesucht wird, wenn z.B. Furcht, Trauer, Verunsicherung, Krankheit, Fremdheit etc. in einem Ausmaß erlebt werden, das nicht mehr selbständig regulierbar ist. Dabei wird ein zugrundeliegendes Bindungsverhaltenssystem angenommen, dessen Aktivierung je nach Altersstufe von unterschiedlichen Situationen und den subjektiv wahrgenommenen Bewältigungsmöglichkeiten abhängt (vgl. auch Spangler, i. d. Bd.). Die Aufrechterhaltung, Unterbrechung oder Erneuerung von Bindungsbeziehungen ist von intensiven Gefühlen wie Sicherheit, Freude bzw. Furcht, Ärger und Trauer begleitet. Somit ist die Beziehung zu den Bindungspersonen sowohl Ursache einer Vielzahl von intensiven Gefühlen als auch Kontext zur externalen oder interpsychischen Emotionsregulation beim Kind.

Die Arten der Bindungsorganisation als Muster der Emotionsregulation mit den Eltern zeigen eine gewisse Kontinuität sowohl im Beziehungskontext als auch im Umgang mit Anforderungen. So gibt es eine hohe Übereinstimmung der Bindungsmuster vom ersten bis zum sechsten Lebensjahr (Main & Cassidy, 1988; Wartner, Grossmann, Fremmer-Bombik & Suess, 1994). Auch zeigt sich, daß Kinder mit einer sicheren Bindung an die Mutter im ersten Lebensjahr auch mit zehn Jahren noch bei starker emotionaler Belastung bei den Eltern Unterstützung suchen (Scheuerer-Englisch, 1989). Andererseits sagt die Bindungsorganisation im ersten Lebensjahr auch die Art der Emotionsregulierung bei den Anforderungen späterer Entwicklungsthematiken, wie Autonomie oder Gleichaltrigenbeziehungen, vorher (vgl. Sroufe, 1989; Spangler & Zimmermann, 1999). Das Konzept internaler Arbeitsmodelle dient dabei als Erklärungsgrundlage für den Einfluß frühkindlicher Muster der Handlungsorganisation auf spätere Altersstufen (Bowlby, 1969).

Internale Arbeitsmodelle sind psychische Strukturen, die die Informationsverarbeitung und die Handlungs- und Emotionsregulation steuern. Sie entstehen aufgrund von Interaktionserfahrungen zunächst mit den Bindungspersonen und steuern das Bindungsverhaltenssystem in Passung an die jeweilige Beziehungsqualität. Sie stellen aktive Konstruktionen der Wirklichkeit auf seiten des Kindes oder Jugendlichen dar. Aufgrund tagtäglicher Interaktionen lernt das Kind bestimmte Arten der Emotions- und Handlungsregulation in den Bindungsbeziehungen, so daß sich zunehmend stabilere Muster etablieren, die weitgehend auf automatisierter Ebene und somit eher unbewußt und prozedural ablaufen. Internale Arbeitsmodelle beeinflussen die Wahrnehmung, die Interpretation und aufgrund von Erwartungen auch die Antizipation von Situationen. Außerdem steuern sie spezifische Muster der Emotions- und Verhaltensregulation. Kernelemente solcher Arbeitsmodelle sind Vorstellungen, wie die Bindungspersonen bei eigener emotionaler Belastung reagieren und die Bewertung des eigenen Selbstwerts und der eigenen Selbstwirksamkeit.

Der Effekt internaler Arbeitsmodelle zeigt sich in emotional bedeutsamen Bereichen, wie im Umgang mit Anforderungen, der Gestaltung von Beziehungen und dem Erhalt des Selbstwerts (Zimmermann, 1998). Internale Arbeitsmodelle von Bindung entstehen bereits in der frühen Kindheit und sind in zunehmend geringerem Ausmaß durch spätere Erfahrungen mit den Bezugspersonen bis zum Jugendalter modifizierbar.

4.2 Bindungsmuster im Jugendalter

Die Erfassung internaler Arbeitsmodelle von Bindung im Jugend- und Erwachsenenalter erfolgt über ein Interview (*Adult Attachment Interview*; George, Kaplan & Main, 1985). In diesem Interview über die individuelle Bindungsgeschichte werden verschiedene Muster der Bindungsrepräsentation erfaßt (Main & Goldwyn, in press), die nicht retrospektiv, subjektiv erinnerte Erfahrungen erfassen, sondern die aktuelle Organisation der Gedanken, Erinnerungen und Gefühle hinsichtlich dieser Erfahrungen repräsentieren. Diese Organisation von Gedanken zeigt sich im Kriterium der Kohärenz (Main, 1991), d.h. der sprachlichen Klarheit, Vollständigkeit, Angemessenheit und Verständlichkeit der geschilderten Beziehungserfahrungen und dem Kriterium der Integration der emotionalen Bedeutung dieser Erfahrungen. Es lassen sich fünf verschiedene Muster unterscheiden, von denen die drei Hauptmuster hier kurz beschrieben werden (s. Abb. 2):

1. *Die sichere Bindungsrepräsentation.* Das sichere Arbeitsmodell bei Jugendlichen und Erwachsenen wird als autonom oder *free to evaluate* bezeichnet. Für diese Menschen haben Bindungen einen hohen Stellenwert, und sie betrachten Erfahrungen, die sie mit Bindungspersonen gemacht haben, als wesentlich für ihre Entwicklung. Sie können die emotionale Bedeutung der Erfahrungen schildern, bewerten und so regulieren, daß sie auch negative Erfahrungen mit den Bezugspersonen in eine positive Grundhaltung integrieren. Sie haben die „emotionale Freiheit", solche Erfahrungen (neu) zu bewerten.
2. *Die unsicher-distanzierte Bindungsrepräsentation.* Jugendliche oder Erwachsene mit einem unsicher-distanzierten internalen Arbeitsmodell von Bindung geben sich im Interview als nicht betroffen von Beziehungsthemen. Sie erinnern sich kaum an bindungsrelevante Ereignisse aus ihrer Kindheit, vor allem aber können sie nicht mehr nachempfinden, was sie in den Ereignissen, an die sie sich erinnern können, gefühlt haben. Sie berichten sehr häufig ein idealisiertes Bild ihrer Eltern. Widersprüche zwischen dem idealisierten Bild der Eltern und einzelnen Episoden, an die sie sich erinnern und die

Zurückweisung oder mangelnde Nähe erkennen lassen, werden von ihnen selbst während des Interviews nicht bemerkt. Sie beschreiben sich als betont selbständige, unabhängige Menschen, für die Nähe zu anderen und Bindungen wenig bedeuten.
3. *Die unsicher-verwickelte Bindungsrepräsentation.* Jugendliche mit einer unsicher-verwickelten Bindungsrepräsentation haben eine niedrige Schwelle dafür, sehr ausführlich und wenig kohärent über ihre Bindungsgeschichte zu berichten. Kennzeichnend für die emotionale Verstricktheit in frühen Beziehungen ist die Verwirrtheit, Widersprüchlichkeit, geringe Objektivität und die mangelnde Fähigkeit, die als belastend berichteten Erfahrungen abschließend eindeutig zu bewerten. Es liegt zu diesem Thema somit keine gelungene Emotionsregulation vor. Sie sind in ihren frühen Bindungserfahrungen ebenso wie in den gegenwärtigen gefangen, dabei aber im Interview hinsichtlich der Bindungspersonen passiv, ängstlich oder auch ärgerlich. Sie sind besonders schlecht in der Lage, widersprüchliche Gefühle hinsichtlich der Bindungsgeschichte zu integrieren, und sie sind sich der Inkohärenzen in ihren Angaben nicht bewußt.

Crittenden (1995) beschreibt Personen mit distanzierter Bindungsrepräsentation als dominant kognitiv gesteuert und Personen mit unsicher-verwickelter Bindungsrepräsentation als eher emotional gesteuert. Dies trifft jedoch eher auf die Bewältigungsstrategien zu, die nach außen als Handeln sichtbar werden, nicht jedoch auf ihre Informationsverarbeitung, also Wahrnehmung und Interpretation. Im klinischen Bereich ist vor allem eine Häufung zweier zusätzlicher Muster von Bedeutung, da sie bei Personen mit großen Anpassungsschwierigkeiten zu finden sind. Eines dieser Muster ist die Klassifikation als „unverarbeitet-traumatisiert", bei der sprachliche Auffälligkeiten beim Diskurs über traumatisierende Erfahrungen (Mißhandlung oder Verlust) auftreten. Diese Kategorie wird zusätzlich zu den drei Hauptklassifikationen vergeben. In letzter Zeit gewinnt ein Muster an Bedeutung, das Elemente von zumindest zwei der drei Hauptmuster im Interview beinhaltet und deshalb als „nicht-klassifizierbar" beurteilt wird (vgl. Zimmermann & Fremmer-Bombik, im Druck).

Entwicklungspsychologisch ist die Bindungsrepräsentation von Jugendlichen nicht eine einfache Fortführung der Bindungsmuster der frühen Kindheit (Zimmermann, 1995), da hier nicht mehr die Organisation von Bindungsverhalten gegenüber einer spezifischen Bezugsperson erfaßt wird (prozedurale Ebene), sondern die explizite Organisation von Gedanken, Bewertungen und Gefühlen hinsichtlich der Bindungserfahrungen (deklarativ-evaluative Ebene). Dennoch hängt die Qualität der Bindungsrepräsentation bei Jugendlichen mit früheren Bindungserfahrungen zusammen. Die Bindungsrepräsentation im Jugendalter läßt sich anhand der erfahrenen emotionalen Unterstützung durch die Eltern und ihre Repräsentation als emotional verfügbar auf seiten der Kinder (Zimmermann & Scheuerer-Englisch, 1997), sowie anhand der feinfühlig-herausfordernden Umgangsweise des Vaters mit dem Kind in der frühen Kindheit vorhersagen (Kindler, Grossmann & Zimmermann, im Druck).

Die Qualität der Bindungsrepräsentation bildet die Organisation internaler Arbeitsmodelle hinsichtlich der eigenen Bindungsgeschichte ab. Ergebnisse der Bindungsforschung zeigen, daß diese Organisation mit der Qualität der Emotionsregulation im Umgang mit Belastungen wie auch in der Gestaltung von Beziehungen in Verbindung steht. Eine sichere Bindungsrepräsentation hängt mit größerer Ich-Flexibilität zusammen, d.h. sicher gebundene Jugendliche regulieren Emotionen, Handlungsimpulse und Handlungen situationsangemessener. Personen mit unsicherer Bindungsrepräsentation zeigen hingegen geringe Ich-Flexibilität, und mehr Ängstlichkeit, Feindseligkeit und Hilflosigkeit, also deutliche Anzeichen mangelhafter Emotionsregulation (Kobak & Sceery, 1988; Zimmermann, Gliwitzky & Becker-Stoll, 1996; Zimmermann & Grossmann, 1997). Kobak, Cole, Ferenz-Gilles, Fleming und Gamble (1993) konnten nachweisen, daß Jugendliche mit unsicherer Bindungsrepräsentation in Interaktion mit ihren Müttern mehr dysfunktionalen Ärger aufwiesen (bei Jungen in Form aktiver Abwertung, bei Mädchen in Form von sich dominieren lassen durch die Mutter). Becker-Stoll (1997) konnte in ähnlicher Weise zeigen, daß eine unsichere Bindungsrepräsentation bei Jugendlichen mit weniger Autonomie und Verbundenheit in Interaktionen mit der Mutter einherging.

Abbildung 2. Internale Arbeitsmodelle und Emotionsregulation in Belastungssituationen

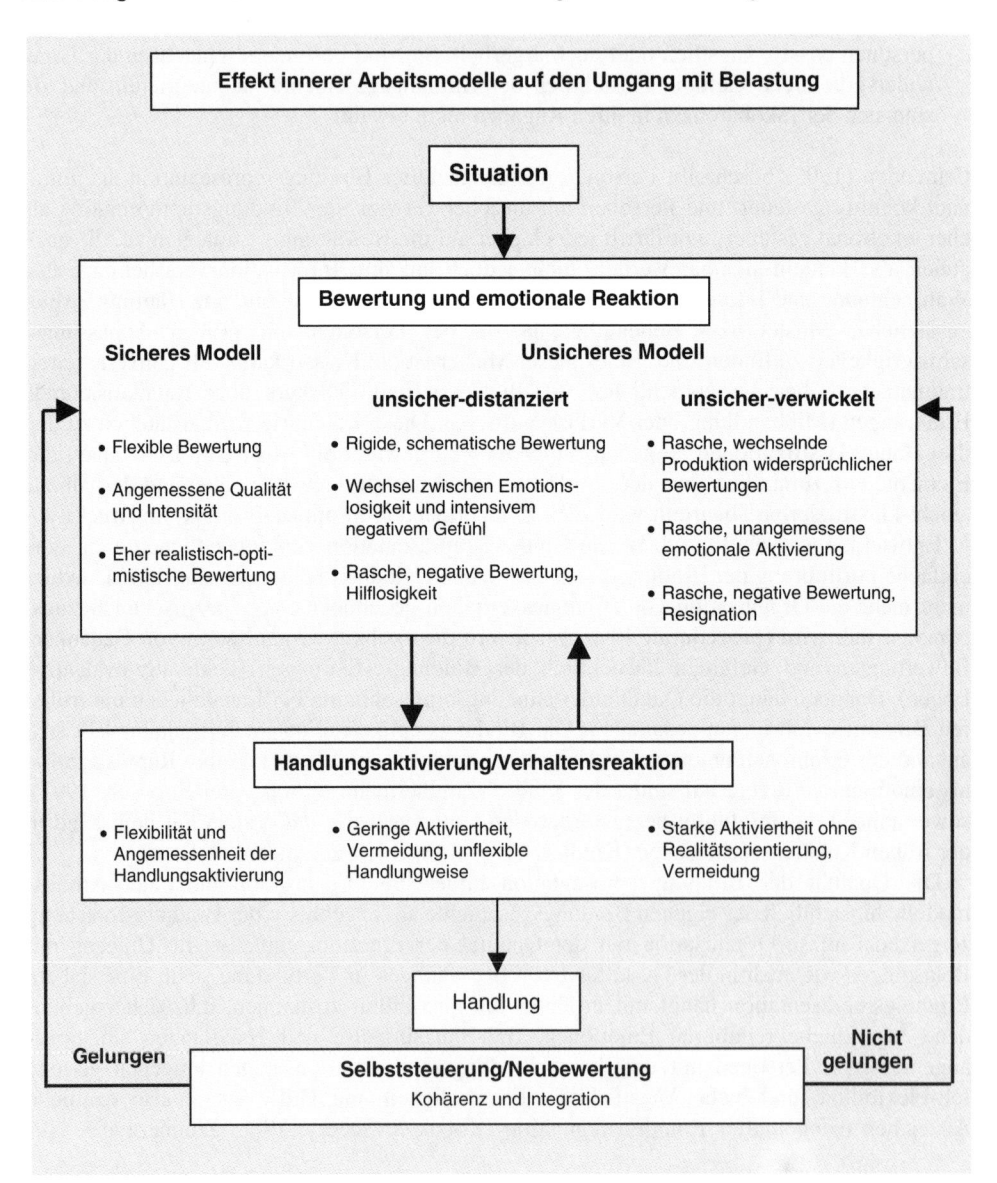

Effekt innerer Arbeitsmodelle auf den Umgang mit Belastung

Situation

Bewertung und emotionale Reaktion

Sicheres Modell	Unsicheres Modell	
	unsicher-distanziert	unsicher-verwickelt
• Flexible Bewertung	• Rigide, schematische Bewertung	• Rasche, wechselnde Produktion widersprüchlicher Bewertungen
• Angemessene Qualität und Intensität	• Wechsel zwischen Emotionslosigkeit und intensivem negativem Gefühl	• Rasche, unangemessene emotionale Aktivierung
• Eher realistisch-optimistische Bewertung	• Rasche, negative Bewertung, Hilflosigkeit	• Rasche, negative Bewertung, Resignation

Handlungsaktivierung/Verhaltensreaktion

| • Flexibilität und Angemessenheit der Handlungsaktivierung | • Geringe Aktiviertheit, Vermeidung, unflexible Handlungsweise | • Starke Aktiviertheit ohne Realitätsorientierung, Vermeidung |

Handlung

Gelungen — **Selbststeuerung/Neubewertung** Kohärenz und Integration — Nicht gelungen

4.3 Bindungsrepräsentation und Emotionsregulation

Internale Arbeitsmodelle hinsichtlich der eigenen Bindungsgeschichte stehen in engem Zusammenhang mit differentiellen Mustern der Emotions- und Handlungsregulation. In Abbildung 2 wird dies mit Hilfe des eingangs skizzierten Regulationsmodells verdeutlicht.

Bei sicherer Bindungsrepräsentation findet sich bereits in der Bewertung der Situation mehr Flexibilität, so daß auch alternative Bewertungen mit einbezogen werden. Außerdem sind die Gefühle, die damit verbunden sind, eher situationsangemessen, differenziert und auch eher bewußt zugänglich. Bei Personen mit unsicherer Bindungsrepräsentation ist die Bewertung von Situationen eher rigide und schematisch und bezieht weniger Alternativen mit ein. Die Qualität und Intensität der emotionalen Reaktion ist gleichzeitig meist wenig situationsangemessen.

Bei der Handlungsaktivierung zeigen sich bei einer sicheren Bindungsrepräsentation eher konstruktive und wenig vermeidende Handlungen, die in der Intensität der Situation eher angepaßt sind und flexibel verändert werden können. Emotionale Belastung kann so effektiv reguliert werden. Bei unsicherer Repräsentation finden sich eher überschießende oder vermeidende Reaktionen, die in der Intensität nicht zur Situation passen. Das Verhalten erweist sich bei Belastung als weniger effektiv, so daß Gefühle dysfunktional werden.

Bei der zielkorrigierten Selbststeuerung eigenen Handelns finden wir bei einer sicheren Bindungsrepräsentation die Fähigkeit, positive wie negative Gefühle bewußt wahrnehmen und integrieren zu können, so daß eine effektive Rückkopplung zur Modifikation eigenen Handelns möglich ist. Bei unsicherer Repräsentation werden hingegen Aspekte der Wirklichkeit, die mit negativen Gefühlen verbunden sind, eher ausgeblendet bzw. nicht integriert, so daß ein Verharren im negativen emotionalen Zustand und somit keine Regulation erfolgt.

Die verschiedenen Komponenten dieses Modells und ihr Zusammenhang mit der Bindungsrepräsentation wurden in einer Reihe von eigenen Untersuchungen empirisch überprüft. Die Bindungsrepräsentation wurde mit dem Bindungsinterview für Erwachsene erhoben und mit der *Q-Sort*-Methode ausgewertet. Gemäß dieser Methode werden die Aussagen auf verschiedenen Dimensionen eingeschätzt (vgl. Zimmermann, Becker-Stoll & Fremmer-Bombik, 1997) (s. Tab. 1).

An Studie 1 nahmen 44 Jugendliche teil. Neben dem Interview zur Bindungsrepräsentation wurden noch folgende Daten erhoben (vgl. Zimmermann, 1994; Zimmermann, 1995; Zimmermann & Scheuerer-Englisch, 1997): die Art der Bewertung von hypothetischen sozialen Zurückweisungssituationen (in Anlehnung an Crick & Dodge, 1994), die Einschätzung von Bewältigungsstrategien (nach Seiffge-Krenke, 1995), die aktuelle Beziehungsgestaltung zu Eltern und Gleichaltrigen sowie die Selbst- und Fremdbeschreibung (*California Adult Q-Sort*, Block, 1978). In einer weiteren Studie mit 35 Jugendlichen wurde die Selbsteinschätzung des Umgangs mit schwierigen Situationen erfaßt (Stäudel, 1988) und in einer Teilstichprobe (n = 23) das Verhalten und die emotionale Selbsteinschätzung in der komplexen Problemsituation „Moro" (Dörner, Stäudel & Strohschneider, 1986) erhoben (s. Zimmermann, Maier & Winter, 1997). Wesentliche Ergebnisse dieser Studien werden in Tabelle 1 aufgelistet.

Eine sichere Bindungsrepräsentation stand in Zusammenhang mit der Fähigkeit, in einer potentiellen Zurückweisungssituation verschiedene Ursachen zu finden, die die Situation erklären konnten, anstelle einer eindimensionalen Selbst- oder Fremdabwertung. Des weiteren ging sie mit besserer Emotionsregulation (bei Angst und Ärger) und mit geringerer emotionaler Belastung in schwierigen Situationen einher. Je unsicher-distanzierter die Bindungsrepräsentation, desto starrer sind die Bewertungsmuster, je unsicher-verwickelter die Bindungsrepräsentation, desto intensiver die emotionale Reaktion.

Betrachtet man die Ergebnisse zur Handlungsaktivierung, also Emotionsregulation durch Bewältigung und Veränderung der Situation, so zeigte sich, daß eine sichere Bindungsrepräsentation mit der Fähigkeit einherging, mehrere Handlungsalternativen zur Lösung von Zurückweisungssituationen zu produzieren, eher aktiv anstatt vermeidend und resignativ an Probleme heranzugehen und bei Konflikten nach gemeinsamen Lösungen mit den Interaktionspartnern zu suchen. Eine distanzierte Bindungsrepräsentation ging mit Verharren bei eingeschränkten Handlungsschemata, mehr vermeidenden Bewältigungsstrategien und Beziehungsabbruch bzw. vermeidenden Tendenzen bei sozialen Konflikten einher. Eine verwickelte Bindungsrepräsentation zeigt sich vor allem in vermeidenden Bewältigungsstrategien und Resignation bei Alltagsproblemen sowie in konfliktträchtigeren Beziehungen zu den Eltern und zu Gleichaltrigen.

Tabelle 1. Zusammenhänge zwischen Bindungsrepräsentation und Emotionsregulation bei Jugendlichen in den drei Komponenten des Regulationsmodells

Prozeßmaße der Emotionsregulation	Dimensionen der Bindungsrepräsentation			
	sicher-autonom	unsicher-distanziert	unsicher-verwickelt	deaktiviert[1]
1. Bewertung und Emotion				
Soziale Zurückweisungssituationen				
Flexibilität der Bewertung	.30*	-.32*	-.14	-.28+
Emotionale Reaktion				
Ängstlichkeit und Feindseligkeit	-.32*	.28+	.36*	.15
Umgang mit schwierigen Situationen				
Heuristische Kompetenz	.10	-.04	-.24	.13
Emotionale Belastetheit	-.34*	.27	.43**	.03
2. Handlungsaktivierung				
Soziale Zurückweisungssituationen				
Flexibilität der Verhaltensmöglichkeiten	.35*	-.32*	-.29+	-.21
Bewältigungsstrategien				
Aktive Strategien	.35*	-.34*	-.28+	-.25+
Vermeidende Strategien	-.45**	.43**	.34*	.35*
Umgang mit schwierigen Situationen				
Resignation	-.32+	.27	.34*	.09
Kooperative Konfliktregulierung				
Gegenüber Eltern	.54***	-.54***	-.41*	-.40*
Gegenüber Gleichaltrigen	.50***	-.50***	-.36*	-.39*
3. Zielkorrigierte Selbststeuerung				
Soziale Zurückweisungssituationen				
Eindeutigkeit emotionaler Bewertungen und Klarheit ihrer Ursachen	.39**	-.45***	-.15	-.43***
Problemlösen				
Differenziertheit emotionaler Selbstwahrnehmung	.44*	-.46*	-.28	-.41*

+ $p < .10$, * $p < .05$, ** $p < .01$. [1] deaktiviert bzgl. Bindungsthemen. Die Stichprobengröße variiert von n = 23 bis n = 44.

Hinsichtlich des Zugangs zu eigenen Emotionen und ihrer Kohärenz ergaben sich Zusammenhänge zwischen einer sicheren Bindungsrepräsentation mit einer klaren Beschreibung von Qualität und Intensität eigener Gefühle in sozialen Zurückweisungssituationen und mit einer differenzierten Selbstbeschreibung hinsichtlich verschiedener Gefühle während einer komplexen Problemlöseaufgabe. Gerade hier fand sich bei unsicher-distanzierter Bindungsrepräsentation nur ein undifferenzierter Zugang zu eigenen Gefühlen.

Ergänzend konnte gezeigt werden, daß eine unsichere Bindungsrepräsentation auch mit wenig planvollem Handeln und nicht angepaßter Handlungsintensität in Zusammenhang steht. Negative Gefühle wie Ärger und Enttäuschung führen bei Personen mit sicherer Bindungsrepräsentation zu effektivem Handeln in einer komplexen Problemlösesituation, während dies bei Jugendlichen mit unsicherer Bindungsrepräsentation zu größerer Ineffektivität führt (Zimmermann, Fremmer-Bombik, Spangler & Grossmann, 1997). Die Koppelung zwischen emotionaler Bewertung und anschließendem Handeln kann somit je nach Organisation bindungsrelevanter Gedanken und Gefühle funktional oder dysfunktional sein. Dies ist ein deutliches Zeichen für unterschiedlich adaptive Muster der Emotionsregulation.

Insgesamt betrachtet wird deutlich, daß die Bindungsrepräsentation, und somit die Qualität, der Kohärenz und Integration von Gefühlen hinsichtlich der Bewertung der eigenen Bindungsgeschichte, einen deutlichen Zusammenhang zur Qualität der Handlungs- und Emotionsregulation im Jugendalter aufweist.

Nach Bowlby (1980) sind sowohl das Eingehen emotionaler Bindungen als auch deren Unterbrechungen von intensiven Gefühlen begleitet, so daß der Umgang mit Gefühlen ein Kernbereich dessen ist, was Kinder in Bindungsbeziehungen lernen. Dies bedeutet, daß Emotionsregulation im Jugendalter von früheren Bindungserfahrungen und den darin enthaltenen interpsychischen Mustern der Emotionsregulation beeinflußt ist. Eine sichere Bindungsqualität zum Vater im Kleinkindalter sowie eine spätere unterstützende Anleitung beim gemeinsamen Spiel sagt die Anwendung aktiver und wenig vermeidender Bewältigungsstrategien im Jugendalter vorher (Zimmermann & Grossmann, 1997; Kindler et al., im Druck). Die Fähigkeit zur Nutzung enger Beziehungen zur sozialen bzw. interpsychischen Regulation eigener Gefühle weist ebenfalls Kontinuität auf. Eine sichere Bindungsqualität zur Mutter im ersten Lebensjahr sagt die Qualität des Bindungsverhaltens gegenüber den Eltern bei starker emotionaler Belastung mit zehn Jahren vorher und diese wiederum wechselseitige Offenheit und emotionale Unterstützung in engen Freundschaftsbeziehungen (Zimmermann, 1995). Somit werden bereits in der Kindheit Muster individueller und sozialer Emotionsregulation erlernt, die Auswirkungen bis ins Jugendalter zeigen. Die Bindungstheorie als Erklärungsrahmen für die Entwicklung von Anpassungsfähigkeit im Sinne einer effektiven und sozial verträglichen Erreichung eigener Ziele beschreibt mit dem Konzept internaler Arbeitsmodelle die Wirkungsweise von Emotionsregulationsmustern und ihren familiären Bedingungsfaktoren.

5. Ausblick

Die meisten Studien zur Entwicklung von Emotionsregulierung beziehen sich bislang auf die Kindheit. Die entwicklungspsychologische Literatur zum Jugendalter beschäftigt sich zum großen Teil mit Aspekten, bei denen Emotionsregulation zwar als Thema zugrunde liegt, ohne dies allerdings explizit so zu benennen. Denn obwohl mittlerweile das Jugendalter als Übergangsphase betrachtet wird, die nicht normativ als belastend oder als Zeit des Sturm und Drang gesehen wird, beschäftigt sich dennoch ein Großteil der wissenschaftlichen Untersuchungen mit Problemverhalten Jugendlicher, wie Umgang mit Drogen, körperlichen Veränderungen, Streit mit Eltern oder sozialer Isolation. Längsschnittstudien, die mögliche Fehlinterpretationen normativer Veränderungen aus Querschnittsstudien aufgrund von Kohortenunterschieden oder Entwicklungsstand kontrollieren würden, sind eher die Ausnahme. So führen Durchschnittsbildungen über einen Alterszeitpunkt unter Umständen zu einer zu positiven Sichtweise der Bewältigung von Veränderungsprozessen im Jugendalter.

Von den drei Prozessen der Emotionsregulation ist der Aspekt der Verhaltensregulierung am besten erforscht. Während es hier viele, auch längsschnittliche, Studien zum Vergleich von Copingstrategien zu verschiedenen Altersstufen gibt, wurden längsschnittliche, normative Veränderungen subjektiv emotional relevanter Situationen oder Bewertungsmuster kaum untersucht. Eine Orientierung bieten die Entwicklungsthematiken des Jugendalters, aber eine ökologisch valide längsschnittliche Erhebung von dem, was von Jugendlichen im Laufe der Adoleszenz als belastend empfunden wird, wäre ein erster Weg Entwicklungsveränderungen in diesem Bereich genauer zu erfassen.

Auch die Entwicklung zielkorrigierter Selbststeuerung, also der Fähigkeit kohärent eigene Erfahrungen und Verhaltensweisen zu beurteilen und die beteiligten Gefühle zur Bewältigung konstruktiv zu nutzen, wird als normative Veränderung nicht untersucht. Hier wäre es wünschenswert allgemeine Entwicklungsverläufe zu erfassen, und diese mit den differentiellen Mustern, wie sie z.B. in der Bindungsforschung unterschieden werden, zu vergleichen.

Allerdings gibt es auch für die Forschung zum Bewältigungsverhalten im Jugendalter Fragestellungen, die unter Emotionsregulationsaspekten bedeutsam werden. Beispielsweise sind Gründe oder Einflußfaktoren für den Übergang von vermeidenden vs. aktiven Bewältigungsstrategien hin zu eher internalen Bewältigungsformen nicht geklärt. Ebensowenig, ob sich Reaktionshierarchien von Copingstrategien, wie sie z.B. Thomae (1984) beschreibt, aktuell in gleicher Weise noch finden lassen.

Das Zusammenspiel zwischen den drei Prozessen Bewertung, Handlung und Selbststeuerung ist für das Jugendalter noch zu wenig untersucht. Hier wäre eine „Sturm und Drang"-Phase an längsschnittlichen Studien zur Persönlichkeitsentwicklung und ihrer Einflußfaktoren im Jugendalter sehr wünschenswert.

Teil III

Emotionale Entwicklung im kulturellen Kontext

Eine kulturpsychologische Analyse der Emotionen[1]

Carl Ratner

Einleitung	244
1. Die kulturelle Natur der Emotionen	245
1.1 Vygotskys kulturhistorische Analyse der Emotionen	245
1.2 Aktuelle Forschung zur psycho-physiologischen Beschaffenheit von Emotionen	246
1.3 Der Einfluß kultureller Tätigkeiten auf Emotionen	247
1.4 Der Einfluß kultureller Begriffssysteme auf Emotionen	249
2. Kulturelle Merkmale von Emotionen	250
2.1 Situationsbewertung und Emotionsqualität	250
2.2 Ethnotheorien von Emotionen	251
2.3 Der Ausdruck von Emotionen	252
2.4 Emotionsvermittelte Handlungsregulation	253
2.5 Emotionsregulation	254
2.6 Die Klassifikation von Emotionen	254
2.7 Zusammenfassung	255
3. Die kulturvermittelte Entwicklung von Emotionen	256
4. Schlußfolgerungen	257

---

[1] Mein Dank gilt Susan Frances, Guli Bao, Wolfgang Friedlmeier und Manfred Holodynski für ihre Kommentare zu einer früheren Version dieses Beitrags.

Einleitung

Dewey schrieb 1910 eine Aussage nieder, die als Motto der Kulturpsychologie angesehen werden kann:

Die Prozesse, die das menschliche Bewußtsein hervorbringen, liegen außerhalb des Bewußtseins im sozialen Leben. Daher ist es das Ziel von Psychologen, Bewußtseinsphänomene, zu denen auch Emotionen gehören, als Anhaltspunkte für die Erforschung der Lebensprozesse zu nehmen, die sie hervorbringen. Diese Aufgabe ähnelt der eines Paläontologen, der eine Zahl verschiedener Fußspuren entdeckt. (p. 249, Übers. d. Hrsg.)

Der Paläontologe scheitert, wenn er seine Aufmerksamkeit darauf beschränkt, nur die Fußspuren zu beschreiben, z.B. ihre Anordnung und ihr Alter, und dabei vergißt, die lebenden Organismen, von denen die Fußspuren Zeugnis ablegen, zu erforschen. Die Fußspuren sind nicht für sich interessant, sondern als Zeichen, buchstäblich als Phänomene, anhand derer man auf charakteristische Merkmale ihrer Verursacher (Träger) schließen kann. Genauso scheitert auch ein Psychologe, wenn er seine Aufmerksamkeit nur darauf richtet, Bewußtseinsphänomene zu beschreiben – und dabei vergißt, sie mit realen Lebensprozessen von Menschen in Verbindung zu bringen.

The supposition that these states [of consciousness] are somehow existent by themselves and in the existence provide the psychologist with ready-made material is just the supreme case of the psychological fallacy. (Dewey, 1910, p. 250)

Die sozialen Lebensprozesse, die den Bewußtseinsphänomenen zugrundeliegen, sind kulturelle Tätigkeiten. Kulturelle Tätigkeiten sind sozial konstruierte und sozial geteilte Unternehmungen, die aus kulturellen Handlungen und deren Produkten bestehen. Daher sind auch Bewußtseinsphänomene kulturell in dem Sinne, daß sie sozial konstruiert und geteilt werden. Gordon (1981) erklärte, in welchem Sinne auch Emotionen kulturell bedingt, d.h. sozial konstruiert sind:

Social life produces emergent dimensions of emotion that resist reduction to properties inherent in the human organism. (...) Socially emergent dimensions of emotion transcend psychological and physiological levels of analysis in terms of (1) origin, (2) temporal framework, (3) structure, and (4) change (p. 563). Although each person's experience of emotion has idiosyncratic features, culture shapes the occasion, meaning, and expression of affective experience. Love, pity, indignation, and other sentiments are socially shared patterns of feeling, gesture, and meaning. (p. 562)

Die Kulturpsychologie untersucht die Art und Weise, wie Bewußtseinsphänomene aus kulturellen Gegebenheiten hervorgebracht werden. Dabei wird angenommen, daß die Kultur biologische, individuelle und ökologische Faktoren überlagert, wenn auch nicht eliminiert. Im nachfolgenden Beitrag wird eine kulturpsychologische Analyse von Emotionen vorgenommen, indem deren kulturelle Ursprünge, Merkmale, Entwicklung und Funktionen beschrieben werden. Dabei werde ich mich vorwiegend auf die Ideen von Vygotsky beziehen, der als einer der Begründer der Kulturpsychologie angesehen werden kann.

1. Die kulturelle Natur der Emotionen

1.1 Vygotskys[2] kulturhistorische Analyse der Emotionen

Die aus meiner Sicht profundeste Erklärung, warum Emotionen kulturelle Phänomene sind, findet sich in Vygotskys kulturhistorischer Psychologie. Zwar widmete Vygotsky der Analyse von Emotionen nur wenig Aufmerksamkeit, aber seine Erklärung der Psychologie des Menschen im allgemeinen ist auch auf Emotionen anwendbar. Vygotsky (1981) argumentierte, daß biologische Mechanismen nur die Form und den Inhalt einfacher, stereotyper und unwillkürlicher Reaktionen bestimmen, die er als „niedere", „elementare" Reaktionen bezeichnete. Beispiele für solche Reaktionen sind Instinkte, Reflexe und kindliche Temperamentsfaktoren. Niedere Prozesse bestimmen das Verhalten von niederen Organismen und das menschliche Verhalten in frühen Entwicklungsstadien. Sie werden aber durch soziale Prozesse überformt, die dann erst die eigentlichen Bewußtseinsphänomene hervorbringen. Diese sind komplex, kontrollierbar, intentional, variabel und symbolvermittelt. Es sind höhere, bewußte und sozial vermittelte Funktionen. Sie unterscheiden sich von den niederen Funktionen hinsichtlich ihrer Ursprünge, Merkmale, Entwicklungsverläufe und Funktionen (cf. Bernard, 1926, pp. 123-141). Nach Vygotsky (1998) besteht die psychologische Entwicklung „(...) aus dem Übergang von unvermittelten und angeborenen Verhaltensformen zu symbolvermittelten und künstlichen Verhaltensformen, die sich im Prozeß der kulturellen Entwicklung herausbilden" (p. 168, Übers. d. Hrsg.).

Vygotsky war überzeugt, daß die Einheit der psychischen Prozesse durch eine grundsätzliche Integration erreicht werde, in der die „höheren" Prozesse den „niederen" Prozessen übergeordnet werden. Dabei übernehmen höhere Prozesse ihrerseits die Form und den Inhalt der sozialen Erfahrung, wodurch sie sozial konstituiert sind. Hirnphysiologische und mentale Prozesse stehen sich somit nicht inkongruent und als unabhängige Qualitäten einander gegenüber, sondern es entsteht eine Kongruenz zwischen diesen Prozessen aufgrund hierarchischer Beziehungen. Auch wenn mentale Prozesse notwendigerweise auf hirnphysiologischen Prozessen beruhen, können sie nicht auf die physiologischen Merkmale dieser Prozesse reduziert werden (Vygotsky, 1997a, p. 113; Ratner, 1991, pp. 224-237). Durch die Unterscheidung dieser zwei Prozeßebenen befreite Vygotsky die Analyse der Bewußtseinsphänomene von biologischen Beschränkungen und ermöglichte es, kulturelle Konstruktionen in die Analyse einbeziehen zu können.

Wendet man Vygotskys Auffassung auf den Bereich der Emotionen an, führt das zu der Annahme, daß auch menschliche Emotionen nicht ausschließlich durch hirnphysiologische und niedere psychische Prozesse bestimmt sind. Ihre Ursprünge, Merkmale, Entwicklungsverläufe und Funktionen sind qualitativ anders. Menschliche Emotionen sind ebenfalls höhere psychische Funktionen, die sozial konstruiert sind. Einige Empfindungen und Verhaltensweisen von Tieren oder Säuglingen mögen auch bei emotionalen Prozessen Erwachsener auftauchen. Allerdings nehmen sie dann neue Merkmale und Funktionen an. Jedes ursprüngliche Element, das unter eine höhere psychische Funktion subsumiert wird, wird diesem höheren Niveau angepaßt und nicht umgekehrt (vgl. Ratner, 1991, pp. 167-168).

---

[2] In diesem Beitag wird die englische Schreibweise „Vygotsky" anstelle der deutschen Schreibweise „Wygotski" verwendet, da sich die entsprechenden Literaturangaben auf englische Ausgaben beziehen.

1.2 Aktuelle Forschung zur psycho-physiologischen Beschaffenheit von Emotionen

Vygotskys Auffassung vom sozialen Ursprung der menschlichen Emotionen ist ungewöhnlich und wird entsprechend kontrovers diskutiert. Seine Auffassung soll daher mit aktuellen Forschungsergebnissen untermauert werden. Eine Vielzahl von biologischen und psychologischen Studien zeigt, daß menschliche Emotionen von biologischen Determinanten funktional unabhängig sind (s. Ratner, 1991, pp. 219-224; Ratner, 1998). Demgegenüber fehlen Emotionen bei solchen Tierarten, bei denen autonome Nervenprozesse in starkem Maße das Verhalten beeinflussen. Das Verhalten dieser Tiere erscheint als eine biologisch programmierte Reaktion auf einen Stimulus, ohne daß eine vermittelnde psychische Erfahrung notwendig ist. Emotionen tauchen erst dann in der Evolutionsgeschichte auf, wenn biologische Programme in ihrem Einfluß abnehmen und ein „psychologischer Raum" zwischen Stimulus und Reaktion entsteht. Je weniger biologische Mechanismen den Charakter dieses psychologischen Raums bestimmen, um so ausgefeilter und komplexer werden die Emotionen. Tierarten wie Insekten, Mäuse, Vögel oder Fische, die z.B. einen Reiz aufgrund dessen Farbe, Aussehen oder Größe vermeiden, haben kein psychologisches Verständnis oder Gefühl in bezug auf den Reiz. Höhere Tierarten, wie z.B. Hunde oder Menschenaffen, haben einige wenige stereotype Emotionen; und auch menschliche Emotionen basieren auf dem Erkennen der Reizart und der Bewertung seiner möglichen Wirkungen auf die eigene Person (vgl. auch Schneirla, 1972).

Die Fähigkeit, Dinge erkennen und bewerten zu können, verfeinert die menschlichen Emotionen in einer Weise, die denen im Tierreich nicht eigen ist. Das Glückserleben beim Beobachten eines Sonnenuntergangs über einem klaren Bergsee ist sehr verschieden von dem Glückserleben, wenn das eigene Lieblingsteam beim Fußball ein Tor in der letzten Sekunde des Spiels schießt und damit gewinnt. Diese unterschiedlichen Glückserfahrungen resultieren aus den verschiedenen Bedeutungen – einerseits die Einsamkeit und die Klarheit der Naturerfahrung, andererseits das wettbewerbsorientierte Besiegen des Gegners –, die diese Ereignisse haben.

Cacioppo, Klein, Berntson und Hatfield (1993) konnten zeigen, daß so gegensätzliche Emotionen wie Glück und Traurigkeit sehr ähnliche physiologische Reaktionsmuster hinsichtlich Herzrate, Hautleitfähigkeit, Blutdruck, Atmungsrate, Temperatur und Pulsschlag erzeugten. Unterschiedliche Emotionen können demnach aus dem gleichen Substrat autonomer Nervenprozesse entstehen, wie umgekehrt unterschiedliche autonome Reaktionsmuster mit einem gleichen emotionalen Erleben assoziiert sein können.

Ein anderer Forschungsbereich in bezug auf die psycho-physiologische Beschaffenheit menschlicher Emotionen betrifft die Analyse von Hormonwirkungen. So wird die Wirkung von Testosteron mit aggressivem Verhalten in Verbindung gebracht. Wie Bernhardt (1997) jedoch zeigte, ist dieses Hormon mit sehr vielfältigen Verhaltensweisen, Gedanken und Gefühlen verbunden. Testosteronwerte stiegen und fielen je nachdem, ob ein Schachspieler das Spiel gewann oder verlor, ob eine Person an sozialem Status gewann oder verlor oder ob ein Zuschauer seinen Favoriten bei einem Sportereignis gewinnen oder verlieren sah. Beim Menschen scheint daher Testosteron auf eine breite Palette erfolgreicher und nicht erfolgreicher Tätigkeiten bezogen zu sein, sogar auf solche, die stellvertretend miterlebt und nicht selbst ausgeführt werden. Die Aggression gegen eine andere Person kann ein Beispiel einer erfolgreichen Aktivität sein; jedoch ist Aggression nicht ein spezifisches Merkmal von Testosteronausschüttungen. Letztere sind nicht die Ursache des Verhaltens, sondern dessen Folge.

Wie Candland (1977, p. 127) bemerkte, scheinen hormonelle Ausschüttungen, die einer kognitiven Bewertung folgen, eher aus einer allgemeinen Innervation zu bestehen, als daß sie spezifische Korrelate einer bestimmten Emotion wären. Hormone führen zu einem Anwachsen an verfügbarer Energie. Es mag sein, daß diese erhöhte Energiemobilisierung die wichtigste Funktion hormoneller Ausschüttungen ist, die emotionale Episoden begleitet. Eine spezifischere physiologische Erregung, die das Erleben und das Verhalten in rigider Weise beschränken würde, würde auch der Flexibilität, Kreativität und Anpassungsfähigkeit menschlicher Emotionalität widersprechen. Sie würde verhindern, daß wir Erleben und Verhalten auf der Grundlage von Verstehen, Nachdenken und moralischen Vorgaben steuern könnten.

Einschränkend muß gesagt werden, daß dieses Merkmal menschlicher Emotionen nicht bei allen Personen existieren dürfte. So zerstören bestimmte physiologische Beeinträchtigungen die Fähigkeit von Emotionen und reduzieren sie auf Nebenprodukte von niederen biologischen Prozessen (vgl. Goldstein, 1963/1940). Ebenso muß einschränkend gesagt werden, daß Menschen dann keine Emotionen erleben, wenn sie reflexhaft auf einen Reiz reagieren und diesen nicht kognitiv verarbeiten. Wenn man z.B. plötzlich einen lauten Lärm hinter sich hört, springt man reflexhaft von dieser Quelle weg. Erst nachdem man reagiert hat und erkennt, daß eine Tür vom Wind ins Schloß gefallen ist, erlebt man ein Gefühl der Überraschung oder Furcht.

1.3 Der Einfluß kultureller Tätigkeiten auf Emotionen

Wenn gesagt wurde, daß Kultur aus Tätigkeiten und deren Produkten besteht, die sozial konstruiert und geteilt werden, dann ist das eine sehr abstrakte Definition. Sie muß durch eine Analyse der verschiedenen Tätigkeitsformen konkretisiert werden. Eines der Ziele der Kulturpsychologie ist es, den relativen Einfluß der verschiedenen Tätigkeiten auf psychische Prozesse, darunter auch auf Emotionen, abzuschätzen. Die kulturellen Ursprünge und Merkmale von Emotionen zu identifizieren, ist wesentlich für das Verständnis ihrer kulturellen Qualität. Welche Erklärung bietet nun die kulturhistorische Tätigkeitstheorie Vygotskys für diese Fragestellung? (s. dazu auch Ratner, 1997, Kap. 3; Ratner, 1999).

Eine grundlegende Auffassung der Tätigkeitstheorie ist, daß Menschen kulturell geschaffene Tätigkeiten ausführen, um ihre lebenspraktischen Bedürfnisse wie das Herstellen von Waren, die Erziehung von Kindern, das Behandeln von Krankheiten usw. zu erfüllen. Diese ökonomischen, erzieherischen und medizinischen Tätigkeiten sind sozial koordiniert. Sie beinhalten für ihre Agenten Rechte, Privilegien und Belohnungen, aber auch Verpflichtungen und Einschränkungen, die gewöhnlich ungleich auf die Gesellschaftsmitglieder verteilt sind. Darüberhinaus sind diese kulturellen Tätigkeiten besonderen Personengruppen zugeordnet. So ist es nicht jedem erlaubt, an allen Tätigkeiten teilzunehmen. Tätigkeiten sind arbeitsteilig organisiert und durch politische Entscheidungen und Gesetze vorgeschrieben.

Um diese Tätigkeiten selbständig und erfolgreich ausführen zu können, bedarf es tätigkeitsspezifischer Fähigkeiten. Dies beschränkt sich nicht nur auf kognitive Faktoren wie Wahrnehmungs-, Denk- oder Gedächtnisfähigkeiten, sondern auch auf emotionale Faktoren, wie z.B. tätigkeitsspezifische Emotionen erleben bzw. dysfunktionale Emotionen kontrollieren zu können oder gar nicht erst zu erleben. Der Einfluß, den kulturelle Tätigkeiten auf das Erleben spezifischer Emotionen haben, läßt sich anhand der psychohistorischen Analysen von Stearns (1993) illustrieren, die zeigen, daß Personengruppen, die verschiedene Tätigkeiten ausfüllen, sich in ihren Emotionen unterscheiden: Während der viktorianischen Epoche ab Mitte des 19. bis ins frühe 20. Jahrhundert gab es in der Bürgerschicht eine strikte Arbeitsteilung zwischen männlichen und weiblichen Tätigkeiten. Männer waren auf aggressive, wettbewerbsorientierte Tätigkeiten außerhalb des Hauses in Geschäft und Politik festgelegt, Frauen auf spirituelle, ästhetische und erzieherische Tätigkeiten im Hause. Das Erleben von Furcht beeinträchtigte nun diejenigen Tätigkeiten, die dem Mann zugedacht waren, weil sie die Aggressivität und die Wettbewerbsfähigkeit in der Arbeitswelt und Politik geschwächt hätte, während das Erleben und Ausdrücken von Ärger dem nutzte. Dementsprechend erwartete man von Männern, daß sie Ärger erleben und ausdrücken konnten, Furcht hingegen nicht. Aufgrund der gegenteiligen Anforderungen der den Frauen zugedachten Tätigkeiten erwartete man von ihnen das umgekehrte Emotionsmuster: nämlich Furcht erleben und ausdrücken zu können, nicht aber Ärger. Dementsprechend wurden bereits die Jungen und Mädchen auf diese Tätigkeitsanforderungen hin erzogen, wodurch die bestehenden Geschlechtsrollen verstärkt wurden.

Beginnen sich die Tätigkeiten von Männern und Frauen anzugleichen, gleicht sich auch ihre emotionale Kultur an. Stearns (1993) zeigt dies anhand der sich angleichenden Tätigkeiten von Männern und Frauen im 20. Jahrhundert. Frauen gingen in die Arbeitswelt und übernahmen ähnliche Tätigkeiten wie Männer. Dort, wo Frauen genauso wie Männer eingestellt wurden, war es vorgeschrieben, daß beide Geschlechter mit ähnlichen Emotionen reagieren sollten. Männer wurden z.B. aufgefordert, ihren Ärger zu beherrschen, um negative Effekte auf das weibliche Personal zu verhindern. Frauen wurden ermahnt, Eifersüchteleien zu unterlassen, die die Arbeitsatmosphäre vergiften könnten. Ebenso erforderte die Einführung der Massenproduktion in großen Firmen und das Arbeiten in großen bürokratischen Institutionen soziale Fähigkeiten des Gehorsams und der Kooperationsbereitschaft, bei der Ärgerreaktionen fehl am Platze waren. Nicht nur von Arbeitern, sondern auch von Vorgesetzten wurde erwartet, daß sie eher positive Wege finden sollten, auf die Probleme ihrer Arbeiter zu reagieren, anstatt sie aggressiv zurechtzuweisen. Des weiteren dürfte die Einführung koedukativer Schulen und gemischtgeschlechtlicher Freizeitangebote die Angleichung der emotionalen Kultur zwischen Männern und Frauen gefördert haben.

Ein Einwand gegen die von Stearns berichteten Daten besteht darin, daß sie lediglich aus Essays und Ratgeberkolumnen in Zeitungen und Magazinen entnommen und nicht aus umfangreichen Befragungen abgeleitet sind. Stearns erkennt an, daß sich das emotionale Erleben der Menschen von solchen veröffentlichten Meinungen über Emotionen unterscheiden kann, gibt aber zu bedenken, daß sie sicherlich nicht völlig aus der Luft gegriffen seien und man von einer gewissen Überschneidung beider Quellen ausgehen könne.

Demnach werden Personen, die das Bestreben haben oder sich vor die Notwendigkeit gestellt sehen, eine bestimmte erzieherische, politische, ökonomische, wissenschaftliche oder medizinische Tätigkeit erfolgreich ausführen zu können, vergleichbare psychische Funktionen ausbilden. Und Personen, die unterschiedliche Tätigkeiten ausführen, werden sich demnach auch in ihren angeeigneten psychischen Funktionen unterscheiden. Auf diese Weise bedingen die kulturellen Tätigkeiten die Bewußtseinsphänomene ihrer Agenten.

The structure of higher mental functions represent a cast of collective social relations between people. These [mental] structures are nothing other than a transfer into the personality of an inward relation of a social order that constitutes the basis of the social structure of the human personality. (Vygotsky, 1998, pp. 169-170)

Zwei Punkte müssen allerdings in bezug auf den Einfluß einer Tätigkeit auf psychische Prozesse beachtet werden:

- Manche Tätigkeiten sind für die Entstehung einer gegebenen psychischen Funktion bedeutsamer als andere Tätigkeiten. Eines der Ziele der Kulturpsychologie ist, den relativen Einfluß der verschiedenen Tätigkeiten auf eine gegebene psychische Funktion zu bestimmen.
- Jede kulturelle Tätigkeit stellt ein komplexes soziales Gebilde dar. Sie schließt Menschen mit unterschiedlichen Qualifikationen und sozialen Hintergründen ein, die verschiedene Rollen einnehmen und verschiedene Erfahrungen und Interessen mitbringen. Jede Tätigkeit wird daher unterschiedliche psychische Reaktionen bei den verschiedenen sie ausführenden Individuen hervorrufen. Darüber hinaus ist auch eine intraindividuelle Variabilität zu berücksichtigen.

1.4 Der Einfluß kultureller Begriffssysteme auf Emotionen

Emotionen werden durch die jeweiligen Tätigkeiten konstituiert. Welche Mechanismen hierbei wirksam werden, ist im einzelnen noch zu erforschen. Eine mögliche Art ist, daß in Tätigkeiten sozial geteilte Bedeutungen über die Dinge mit Hilfe von Begriffssystemen generiert werden, die das menschliche Bewußtsein restrukturieren. Vygotsky (1991/1931) beschrieb die wechselseitigen Zusammenhänge zwischen sozialem Leben, Begriffen und psychischen Funktionen wie folgt:

> *[Life problems] lead to the development of central and leading function of all mental development, to the formation of concepts, and on the basis of the formation of concepts a series of completely new mental functions arises; perception, memory, attention, [etc.] are reconstructed on this new basis [and] they are united in a new structure.* (Vygotsky, 1991/1931, p. 88)

Vygotsky (1997a) bezeichnete Begriffe als psychologische Werkzeuge. In Analogie zu handwerklichen Werkzeugen sind Begriffe sozial konstruierte künstliche Mittel, um fremde und eigene Handlungen anzuleiten. Sie sind soziale und nicht organische oder individuelle Zeichen. Beispiele für psychologische Werkzeuge sind die Sprache, die verschiedenen Formen zu zählen und zu addieren, Mnemotechniken, Kunst und Literatur.

Emotionen stehen in einem engen Zusammenhang mit anderen psychischen Funktionen, wie z.B. mit der Wahrnehmung, dem Gedächtnis und dem Denken, die ihrerseits durch kulturell geschaffene Begriffssysteme vermittelt sind. Die Emotion, die eine Person erlebt, hängt von der Wahrnehmung der Situation, der Erinnerung an verwandte Ereignisse, den von ihr zugeschriebenen Gründen und Folgen, den eigenen Werthaltungen und von ihrem Selbstkonzept ab. Somit strukturieren kulturelle Tätigkeiten und die dazugehörigen Begriffssysteme Emotionen sowohl direkt als auch indirekt über andere darauf bezogene psychologische Funktionen, die ihrerseits kulturelle Merkmale tragen.

2. Kulturelle Merkmale von Emotionen

Eines der Kennzeichen kulturpsychologischer Analysen ist die Identifikation der kulturellen Spezifik und Variabilität psychischer Merkmale. Eine Vielzahl von Studien zeigt, daß die folgenden Emotionsmerkmale kulturspezifisch und veränderlich sind: (1) die Bewertung der Situation und die ausgelöste Emotionsqualität, (2) das naive Vorverständnis über die Natur der Emotionen in Form von emotionsbezogenen Ethnotheorien, (3) der Ausdruck von Emotionen, (4) die emotionsvermittelte Handlungsregulation, wie Emotionen eigene und fremde Handlungen regulieren, (5) die Emotionsregulation, wie eine Emotion willkürlich in ihrer Qualität und Intensität beeinflußt werden kann, und (6) die Klassifikation von Emotionen, welche Emotionen unterschieden werden und welche als ähnlich gelten. Die kulturelle Spezifik dieser Emotionsmerkmale wird im folgenden ausführlicher behandelt.

2.1 Situationsbewertung und Emotionsqualität

Ein bestimmter Geruch oder Klang, ein Gemälde, ein Kleidungsstil, ein Gedicht, eine Speise, Formen von Berührungen oder auch von Sexualpraktiken mögen bei manchen Völkern Abneigung auslösen, bei anderen Wohlgefallen. Voodoo löst bei bestimmten lateinamerikanischen Volksgruppen starke Angstgefühle aus, während er von Menschen westlicher Kulturen als Unsinn entlarvt wird, der keiner emotionalen Reaktion wert ist. Dafür löst in westlichen Kulturen der Verlust des Arbeitsplatzes starke negative Emotionen aus, während dies in kollektivistisch strukturierten Gesellschaften nicht der Fall sein muß, weil die Individuen ihre materielle und soziale Position behalten, ob sie arbeiten oder nicht.

Ebenso kann die gleiche Personengruppe, je nach der jeweiligen tätigkeitsvermittelten Bewertung des Betrachters, Anlaß für völlig unterschiedliche Emotionen sein. Kinder sind im heutigen Nordamerika in der Regel beliebt und lösen fast automatisch Emotionen der Zuneigung aus. Dies ist nicht in allen Kulturen und zu allen Zeiten notwendigerweise der Fall. So zeigte Scheper-Hughes (1990) am Beispiel einer armen brasilianischen Gemeinde, daß in Armutsgegenden die hohe Säuglingssterblichkeit die Mütter dazu veranlaßte zu glauben, daß ihre Kinder bald sterben würden. Dieser Glaube hatte zur Folge, daß sie keine emotionale Bindung zu ihnen aufbauten und damit auch keine Zuneigung zu ihnen empfanden. Ein anderes Beispiel ist das koloniale Amerika: In der puritanischen Ideologie wurden Neugeborene als durch und durch verkommene Kreaturen betrachtet, die durch strenge, unnahbare und wachsame Mütter diszipliniert werden mußten. Daher bestand die mütterliche Fürsorge für die Kinder in einer distanzierten, wachsamen und didaktisierten Erziehung. Es gab kein warmes, intimes Nähegefühl, das die meisten heute lebenden amerikanischen Mütter kennen.

Die Emotion, die eine Person erlebt, wird auch durch die Bewertung des auslösenden Ereignisses bestimmt (Kleinman & Good, 1985, p. 65; Armon-Jones, 1986b). Ein Beispiel dafür, wie ein kultureller Wert eine Emotion hervorrufen kann, ist die Art und Weise, wie das westliche Kulturkonzept des Individualismus bei den Amerikanern das Auslösen von Ärger nahelegt. Dieser kulturelle Wert stärkt die Vorstellung, daß Individuen für ihre Handlungen verantwortlich sind. Amerikaner benutzen dieses Konzept auch für die Interpretation solcher Handlungen, die persönlich kränkend sind, mit der Folge, daß sie dem Akteur die Absicht unterstellen, kränken zu wollen. Entsprechend schnell sind Amerikaner verärgert, weil sie kränkende Handlungen als vom Handelnden beabsichtigt bewerten. Im Gegensatz dazu fehlt in buddhistischen Kulturen ein kulturelles Konzept der persönlichen

Absicht oder Verantwortlichkeit. Kränkende Handlungen werden dem Schicksal zugeschrieben. Eine solche Interpretation ruft wenig Ärger hervor, weil es keine persönlichen Fehler gibt, über die man ärgerlich sein müßte (cf. Ratner, 1991, p. 78).

Es gibt zweifellos auch einige Situationen, die in allen Kulturen die gleiche Emotion hervorrufen. Diese fallen in zwei Kategorien:

1. Situationen, die reflexhafte Reaktionen auslösen. So ruft das plötzliche Auftauchen von unerwarteten Reizen, die uns erschrecken, im allgemeinen Überraschung und/oder Furcht hervor. Die anfänglichen Bewegungen, den Reiz zu vermeiden, sind reflexhaft und schließen keine emotionale Reaktion ein. Letztere wird durch die nachfolgende Bewertung des Reizes als nicht vorhersehbar und potentiell gefährlich erzeugt. Dies löst dann eine kulturübergreifende Reaktion von Überraschung und/oder Furcht aus.
2. Situationen, denen kulturübergreifend gleiche Bewertungen zugrundeliegen. Menschen in allen Kulturen lernen, ihr eigenes Leben und das Leben derjenigen, die ihnen viel bedeuten, wertzuschätzen (s. Oerter, i. d. Bd.). Wenn das eigene Leben oder das Leben von geliebten Personen gefährdet ist, fühlen wir Furcht oder Trauer. Und wenn die Gefahr und damit auch die Furcht vorüber ist, fühlen wir Freude über die Wiedergewinnung dessen, was uns teuer ist. Bestimmte gefährliche Situationen rufen ebenfalls kulturübergreifend Furcht hervor. Wahrscheinlich fürchtet sich jeder, der eine Flutwelle, ein Erdbeben oder ein Feuer wahrnimmt – Ereignisse, die das Überleben unmittelbar bedrohen.

Kulturell universale emotionale Reaktionen sind daher nicht notwendigerweise biologisch determiniert. Sie gründen sich auf universale kulturelle Bewertungen, die sich aus universalen Tätigkeitsmerkmalen ableiten lassen.

2.2 Ethnotheorien von Emotionen

In jeder Kultur gibt es mehr oder minder explizit ein naives Verständnis davon, was eine Emotion sei und welche Bedeutung ihr zukommt. Solche „Ethnotheorien" von Emotionen beeinflussen auch das emotionale Erleben ihrer Mitglieder, die sich die jeweilige Ethnotheorie zu eigen machen. So haben viele moderne Amerikaner eine Ethnotheorie, nach der Emotionen als unabhängig von Kognitionen, als irrational, unkontrollierbar, individuell, subjektiv, körperbezogen, natürlich, unkontrollierbar, vital im Ausdruck und typisch weiblich gelten. Wenn man Emotionen als unkontrollierbaren Ausdruck des eigenen Selbst ansieht, ist es schwierig, sich von einer Emotion zu distanzieren oder sie zu verändern. Dies wäre gleichbedeutend damit, sich von sich selbst zu distanzieren und sich abzulehnen (Kleinman & Good, 1985, pp. 77-84; Kovecses, 1990, pp. 54-62, 146-151; Lutz, 1990).

Andere Kulturen haben andere Ethnotheorien über Emotionen. Zahlreiche Völker haben keinen Begriff für die übergeordnete Kategorie „Emotion". Sie betrachten Emotionen eher als integrierten Teil von Einstellungen, Bedürfnissen, Verhaltens- und Denkprozessen oder des Schicksals (*fate/fortune*), nicht aber als etwas Distinktes und Eigenständiges (Russell, 1991, p. 429). Fidji-Indianer, die in ländlichen Gebieten leben, unterscheiden zwischen sozialen und individuellen Emotionen und zählen nur erstere zu den eigentlich wahren Emotionen. Soziale Emotionen, wie z.B. Kameradschaft, haben positive Valenz. Sie werden nur in der Gemeinschaft erzeugt und erlebt, und zwar typischerweise in religiösen

Riten. Bei diesen rituellen Interaktionen dürfen nur Männer teilnehmen. Emotionen, die außerhalb eines solchen Gemeinschaftskontextes erfahren werden, werden demgegenüber als individuelle Quasi-Emotionen abgewertet, die gelegentlich und unwillkürlich auftauchen (Brenneis, 1990).

Es ist anzunehmen, daß die konzeptuellen Unterschiede von Emotionen auch zu wichtigen Unterscheidungen im emotionalen Erleben führen. Als Beispiel sei die Ethnotheorie über die Liebe, die im kolonialen Amerika unter den Puritanern vorherrschte, angeführt. Sie dürfte sich auch auf das Erleben ausgewirkt haben. Die Puritaner glaubten, daß Liebe eher ein spirituelles Phänomen sei als eine Leidenschaft. Sie standen der irrationalen Leidenschaft sehr skeptisch gegenüber, unabhängig davon, ob sie auf Erwachsene oder auf Kinder gerichtet war. Ihr Erleben der Liebe war daher eine spirituelle Art der Frömmigkeit, der Pflicht und des Respekts (Rothman, 1984; Ryan, 1983). Im Gegensatz dazu dürfte die Ethnotheorie der modernen romantischen Liebe ein völlig anderes Gefühl erzeugen. Viele moderne Menschen in industrialisierten Ländern glauben, daß es die wahre Liebe gibt, die sich durch folgende Merkmale auszeichnet: Die andere Person zieht einen unwiderstehlich an; die Anziehung erfolgt sehr schnell; die Intensität der Liebe ist maximal; Liebe ist ein Zustand, den man nicht kontrollieren kann; sie ist ein Zustand von vollkommener Harmonie und Einheit mit dem anderen; das Objekt der Liebe ist unersetzlich; Liebe gewährleistet eine stabile Beziehung; jeder braucht Liebe; Liebe dauert ewig; Liebe sollte mit psychophysischen Reaktionen wie Erröten oder steigender Herzrate und mit sexuellen Handlungen verbunden sein.

Ethnotheorien kann man als selbsterfüllende Prophezeiungen auffassen. Indem man sie für wahr hält, erzeugen sie die beschriebenen emotionalen, physischen und sozialen Beziehungsmuster (Kovecses, 1990, p. 36). Kinder lernen diese Ethnotheorien, bevor sie die vorhergesagten emotionalen Erfahrungen selbst machen. So sehen Kinder westlicher Kulturen viele Darstellungen romantischer Liebe in den Medien, die die vorgenannten Merkmale enthalten, und die in den Kindern eine klare Vorstellung über romantische Liebe wecken. Diese Vorstellungen fungieren als Bewertungsgrundlage, die emotionalen Erfahrungen des Verliebtseins im späteren Leben zu strukturieren.

2.3 Der Ausdruck von Emotionen

Es ist allgemein anerkannt, daß der Ausdruck von Emotionen in vielen Fällen durch kulturelle Ausdrucksregeln reglementiert wird. Ein besonders extremes Beispiel für Mitglieder westlicher Kulturen mag die Beobachtung sein, daß südamerikanische Yanomano-Frauen das Interesse und die Liebe ihres Mannes zu ihnen an der Häufigkeit der Schläge und Brandmale, die er ihnen zufügt, messen (Heelas, 1986, p. 251). Liebe drückt sich bei diesen Frauen augenscheinlich durch physischen Schmerz aus, der nach unseren Vorstellungen normalerweise einen Fluch für die Liebe darstellt.

Kulturelle Ausdrucksregeln bestimmen nicht nur den spezifischen Ausdruck von Emotionen, sondern auch den generellen Habitus, mit dem Emotionen ausgedrückt oder nicht ausgedrückt werden. Hemphill (1998) beschreibt, daß im Amerika des 18. Jahrhunderts bei Männern und Frauen der Mittelschicht im Vergleich zu früheren Zeiten eine bemerkenswerte Restriktion des Emotionsausdruck auftauchte. Männer mehr noch als Frauen waren aufgefordert, ihren emotionalen Ausdruck einschließlich Mimik und Sprache zu beherrschen. Dies war Teil einer Selbstdisziplinierung, um auf dem Arbeitsmarkt konkurrieren und in der Geschäftswelt bestehen zu können. Der Geschäftspartner sollte berechenbar sein, frei von allen Gefühlen und persönlichen Voreingenommenheiten. Daher arbeiteten Männer an sich selbst, nicht nur um ihre Arbeitsfähigkeiten zu entwickeln, sondern auch um ein ordentliches Erscheinungsbild von Kompetenz, Fleiß und Zuverlässigkeit verkörpern zu können. Zugleich war emotionsloses Auftreten eine wichtige Strategie, dem Konkurrenten in Geschäft und Politik Informationen über die eigene Befindlichkeit vorzuenthalten, die dieser zu seinem Vorteil hätte nutzen können.

Ebenso wie eine gegebene Emotion durch eine Vielzahl an Ausdruckszeichen ausgedrückt werden kann, so kann ein gegebenes Ausdruckszeichen eine Vielzahl an Emotionen ausdrücken. Weinen kann Traurigkeit, aber auch Freude oder Erleichterung ausdrücken. Ein gerötetes Gesicht ist nicht ausschließlich ein Zeichen für Ärger, es kann auch Verlegenheit anzeigen. Ein finsteres Gesicht kann sowohl Ärger als auch Mißbilligung oder Bestürzung signalisieren. Diese unbestimmte Beziehung zwischen einem Gefühl und seinem Ausdruck führt zu bedeutsamen kulturellen Diskrepanzen hinsichtlich des Emotionserkennens anhand des Ausdrucks. Menschen verschiedener Kulturen erreichen nur eine geringe Übereinstimmung hinsichtlich des Emotionserkennens anhand nachgestellter, fotographierter Gesichtsausdrücke. So wurden z.B. amerikanischen Versuchspersonen Bilder mit verschiedenen Gesichtsausdrücken von den Fore in Neuguinea vorgelegt. Nur 18% erkannten den Fore-Ausdruck für Furcht und nur 27% erkannten Überraschung richtig, 46% ordneten Ekel und 51% Ärger korrekt zu. Umgekehrt, wenn den Fore Fotos mit Ärgerausdruck, der von amerikanischen Personen nachgestellt worden war, vorgelegt wurden, benutzten sie das Wort, das im Englischen als „Ärger" übersetzt wird, um den Ausdruck von Traurigkeit zu bezeichnen (Russell, 1991, 1994; Russell & Fernandez-Dols, 1997; Wierzbicka, 1995).

2.4 Emotionsvermittelte Handlungsregulation

Emotionen erfüllen in der menschlichen Tätigkeit eine handlungsregulierende Funktion, indem sie helfen, die eigenen Handlungen oder die der Interaktionspartner zu regulieren. Wie im Beitrag von Holodynski (i. d. Bd.) ausgeführt, dienen eine Reihe von Emotionen dem Zweck, gemeinschaftsorientiertes und normkonformes Verhalten zu fördern. So ist z.B. die Funktion der Emotion „Dankbarkeit", den Austausch und die Reziprozität von Beziehungen zu regulieren, indem die dankbare Person motiviert sein wird, ihrem Wohltäter in reziproker Weise etwas Gutes zu tun (Gordon, 1981, pp. 563-564). In ähnlicher Weise helfen Liebe und Bindungsemotionen, die Verpflichtung gegenüber schwangeren Frauen und Kleinkindern, die sich nicht selbst schützen können, aufrechtzuerhalten. Intensive mütterliche Liebe läßt eine persönliche Beziehung zwischen Mutter und Kind wachsen, die mit der häuslichen Rolle der Frauen zusammenhängt (Ratner, 1991, pp. 80-81). Respekt und Loyalität stärken die Kohäsion einer Gruppe; sie sind daher für das soziale Zusammenleben notwendig. Schuld und Scham zementieren in ähnlicher Weise die Wirksamkeit sozialer Normen: Sie motivieren die Person, sich durch eigene Verhaltenskontrolle an die Normen zu halten, so daß dies nicht durch eine soziale Autorität überwacht werden muß (Kemper, 1984, p. 373). Neid verstärkt das kompetitive Verhalten, weil er die Person dazu motiviert, das zu versuchen und zu erhalten, was andere erreicht haben (ebd., p. 374). Angst vor einer Autorität motiviert zu Gehorsam gegenüber der Autorität. Eifersucht motiviert zu Besitzverhalten. So verstärkt sie exklusive intime Beziehungen durch den Kampf gegen mögliche Rivalen, die versuchen, den Geliebten abspenstig zu machen (Armon-Jones, 1986a).

Je nach kulturellem Kontext wird die Auftretenshäufigkeit der beschriebenen Emotionen variieren. Dabei sind Emotionen in spezifischer Weise in die Reproduktion der kulturellen Traditionen eingebunden. Als Beispiel seien die Beobachtungen von Abu-Lughod (1990) in einer Beduinenkultur angeführt: Danach hat bei den Beduinenfrauen die sexuelle Scham die Funktion, die patriarchalischen, patrilinear ökonomischen und familiären Beziehungen fortdauern zu lassen. Hochzeiten werden zur ökonomischen Verbesserung der Väter arrangiert, nicht für Braut und Bräutigam. Die väterliche Verwandtschaft des Ehemannes bleibt nach der Heirat dominant und das eheliche Band zwischen Braut und Bräutigam wird dieser untergeordnet. Sexuelle Scham bei den Frauen unterstützt dieses soziale System dadurch, daß die Fähigkeit der Frauen, persönliche Bande mit einem Mann herzustellen, reduziert wird. Sexuelle Scham hält einerseits unverheiratete Frauen von attraktiven Männern ab, die für den Vater nicht akzeptabel wären; und sie hält andererseits auch verheiratete Frauen davon ab, eine intime Beziehung zu ihrem Ehemann aufzubauen, die zum Konflikt mit der väterlichen Kontrolle führen könnte. Sexueller Ausdruck und die Liebe, die sich daraus ergeben könnte, könnten Bande zwischen Mann und Frau entstehen lassen, die der gegebenen sozialen Ordnung zuwiderlaufen würden. Die Emotionen „Scham" und „Liebe" unterstützen demnach die Tradierung und Aufrechterhaltung eines sozialen Systems.

2.5 Emotionsregulation

Die Art und Weise, wie Personen die Intensität und Qualität ihrer eigenen Emotionen und die anderer regulieren, ist ebenfalls kulturspezifisch. So hat Rosaldo (1984) bei den Ilongot auf den Philippinen beobachtet, daß sie eine große Angst vor der Macht des Ärgers haben, da er soziale Beziehungen gefährdet. Sie versuchen daher aufkommenden Ärger sofort zu zerstreuen, um den Fortbestand der freundschaftlichen Beziehung zu sichern. Eine Strategie dabei ist es, den Ärger schlichtweg zu vergessen. Rosaldo betont, daß die Ilongots den Ärger nicht unterdrücken, sondern buchstäblich vergessen, so daß er auch nicht zu indirekten haßerfüllten Handlungen führen kann (vgl. auch Robarchek, 1977).

Mitglieder westlicher Kulturen hingegen gehen mit Ärger ganz anders um, und zwar in Übereinstimmung mit dem Kulturkonzept des Individualismus und dem damit verbundenen personalisierten Ärgerverständnis. Um Ärger im zwischenmenschlichen Bereich zu überwinden, wird eine Entschuldigung erwartet, die beinhaltet, daß die andere Person ihre Verantwortlichkeit für die Untat anerkennt und büßt. Diese Erwartung leitet sich daraus ab, daß die Verursachung auf das Selbst der Person, d.h. auf ihren Charakter, attribuiert wird und der Betroffene gekränkt ist. Gesellschaften, die der Individualität keinen so hohen Stellenwert beimessen, bestehen nicht darauf, daß eine Person, die Unrechtes getan hat, ihr persönliches Versagen anerkennen muß. Sie sind mit einer Kompensation, die das Unrecht einfach ausgleicht, zufrieden. Dies trifft z.B. auf die Kaluli auf Neuguinea zu. Anstelle einer persönlichen und tief empfundenen Entschuldigung und einem Eingeständnis des Fehlers läßt sich ihr Ärger nach Erhalt einer einfachen Kompensation, z.B. in Form von Geld, auflösen (Schieffelin, 1985; für weitere Beispiele vgl. Kleinman & Good, 1985, pp. 160-164).

2.6 Die Klassifikation von Emotionen

Die Art und Weise, in der Emotionen voneinander unterschieden und miteinander in Zusammenhang gebracht werden, ist ein weiteres wichtiges Merkmal zur Charakterisierung einer diskreten Emotion. Einige Kulturen haben viele Begriffe für diskrete Emotionen, während andere nur wenige haben (Russell, 1991). Ärger und Trauer werden in Uganda mit dem gleichen Begriff bezeichnet, Furcht und Scham werden bei den Aborigines in Australien auf einen Begriff reduziert, Haß und Ekel sind auf Samoa äquivalent. Die Ifaluk in Sibirien betrachten Enttäuschung als eng bezogen auf Schreck, da beide ein unerwartetes negatives Geschehen verbinden (Lutz, 1986). Amerikaner hingegen halten beide Emotionen für unabhängig. Die Ifaluk verbinden mehrere Emotionen zu einer einzigen komplexen Emotion, die sie *fago* nennen. *Fago* umfaßt die englischen Begriffe „Mitleid, Traurigkeit, Liebe, Respekt, Dankbarkeit". *Fago* repräsentiert ein globales Konzept und Gefühl, das in den USA verschiedenen Gefühlen in diversen Situationen entspricht (Lutz, 1988). Andere Kulturen machen überaus feine Unterscheidungen zwischen Emotionen. So unterscheiden z.B. die Pintupi 15 verschiedene Arten von Furcht, einschließlich der Furcht vor jemandes Rache, Furcht vor Verwandten und plötzliche Furcht. Aufgrund dieser kulturspezifischen Einbettung einer Emotion in andere Emotionen ist anzunehmen, daß unser Verständnis von diskreten Emotionen signifikant verschieden von dem anderer Kulturen ist.

2.7 Zusammenfassung

Eine gegebene Emotion mag einige allgemeine Qualitäten in allen Kulturen haben. Traurigkeit manifestiert sich beispielsweise als allgemeine und universale Dysphorie, die überall so erfahren wird. Jedoch wird diese universale Qualität durch die oben beschriebenen sechs Merkmale in kulturspezifischer Weise konkretisiert: (1) Die emotionsauslösende Situation und ihre unterschiedliche kulturelle Bedeutungszuschreibung bestimmt die Qualität einer Emotion. Dies wurde an der kulturspezifischen Deutung einer kränkenden Handlung als intentional oder schicksalshaft illustriert, die nur im ersten Fall zu Ärger führt. (2) Die jeweiligen Ethnotheorien von Emotionen beeinflussen die Emotionsqualität. Dies wurde am Beispiel des Verständnisses von romantischer und puritanischer Liebe aufgezeigt. (3) Die unterschiedlichen Ausdrucksweisen einer Emotionen umfassen auch ein unterschiedliches Erleben: die Liebe, die sich im Schlagen des Geliebten ausdrückt, muß eine andere Qualität haben als die Liebe, die sich in liebevollen Berührungen ausdrückt. (4) Die handlungsregulierende Funktion von Emotionen ist ebenfalls kulturspezifisch. Zur Illustration wurde die sexuelle Scham als eine normorientierte Emotion verwendet. (5) Des weiteren gibt es kulturspezifische Strategien der Emotionsregulation. So sind die Strategien des Übergehens (Vergessens) und der Erwartung einer Entschuldigung als Reaktionen auf Ärger Formen kulturspezifischer Emotionsregulation, die mit dem kulturellen Konzept der „Person" zusammenhängen. (6) Schließlich bestimmt auch die kulturspezifische Klassifikation von Emotionen deren jeweiligen Erlebensqualitäten. Diese kulturellen Unterschiede sind auch der Grund, warum Shweder (1993) zu der Schlußfolgerung kommt, daß

> (...) *happiness, surprise, and most of the basic emotions on Ekman's list do not have close analogies among the basic emotions of the Indian Rasadhyaya, and any sense of easy familiarity with the Sanskrit list is more apparent than real.* (p. 421)

Die kulturelle Konkretisierung reifer menschlicher Emotionen ist das, was sie als eigentliche psychische Funktionen von den Quasi-Emotionen der Säuglinge und Tiere unterscheidet.

3. Die kulturvermittelte Entwicklung von Emotionen

Die kindliche Entwicklung insgesamt wird durch Sozialisation und Erziehung stimuliert und beeinflußt. Dies trifft auch auf die Emotionsentwicklung zu. Vygotsky (1998) nannte die Erziehung „(...) ein Gesetz der Entwicklung und Strukturierung der höheren mentalen Funktionen". Nach diesem Gesetz „(...) waren alle internalen höheren Funktionen notwendigerweise externale [soziale]. Im Entwicklungsverlauf wird jedoch jede externale Funktion internalisiert und zu einer internalen Funktion." (p. 170, Übers. d. Hrsg.).

Im Erziehungsprozeß werden kulturelle Normen in einer zweifachen Weise übertragen. Zum einen wird ein spezifischer kultureller Inhalt vermittelt, zum anderen sind die meisten Erziehungsprozesse selbst kulturspezifisch. Daher werden kulturelle Normen sowohl durch den Inhalt der Erziehung als auch durch die Erziehungsmethoden, also durch die Form der Erziehung, vermittelt (Kemper, 1984, p. 370; Ratner, 1991; pp. 172-173).

Ein Beispiel für die Vermittlung kultureller *Inhalte*, in denen sich kulturelle Tätigkeiten und Normen widerspiegeln, ist die Art, wie Eltern ihre Söhne und Töchter zu einer unterschiedlichen Emotionalität erziehen und auf diese Weise die Geschlechtsrollenerwartungen im Erwachsenenalter reproduzieren. Dieses geschlechtsspezifische Erziehungsverhalten zeigt sich bereits bei sehr kleinen Kindern. So lächelten Mütter von 3 bis 6 Monate alten Kindern ihre Töchter öfter an als ihre Söhne (Malatesta & Haviland, 1982). Eine Studie zur Mutter-Kind-Interaktion mit Kleinkindern im Alter von 22 Monaten zeigte, daß Mädchen einem breiteren Spektrum an Emotionen ausgesetzt waren als Jungen (Brody & Hall, 1993, pp. 454-455): Gibt man Eltern ein Bilderbuch ohne Text und bittet sie, dazu für ihre Kinder eine Bildergeschichte zu erfinden, dann verwenden Väter wie Mütter mehr Emotionsworte, wenn sie für ihre Töchter Geschichten erfinden, als für ihre Söhne. Allerdings vermeiden beide Elternteile Emotionsworte für Ekel. Des weiteren sprechen Mütter mit ihren Töchtern mehr über das emotionale Erleben an sich, während sie mit ihren Söhnen mehr über Ursachen und Konsequenzen von Emotionen diskutieren.

Doch sind nicht nur die übertragenen Inhalte, sondern auch die Erziehungsmethoden kulturspezifisch. Die folgenden Methoden sind vor allem in westlichen Ländern populär (Ratner, 1991, Kap. 4):

- bereits Säuglingen diskrete Emotionen wie Ärger oder Traurigkeit zuschreiben;
- mit Säuglingen in einer vereinfachten Sprache kommunizieren, um sich ihnen verständlich zu machen;
- Ereignisse und Verhaltensweisen begrifflich benennen;
- Kinder eigenes und fremdes Verhalten nachahmen lassen;
- das Verhalten, das man von Kindern fordert, begründen und erklären;
- den Kindern Wahlmöglichkeiten für ihr Verhalten geben;
- gegenüber ihrem Emotionsausdruck nachsichtig sein, sie sogar zum Ausdruck von Emotionen ermutigen.

Diese Erziehungsmethoden sind kindzentriert, da sie das Verhalten des Erwachsenen an die noch unentwickelten Fähigkeiten der Kinder anpassen. Viele Gesellschaften benutzen diese Techniken nicht. Sie schenken entweder den Kindern wenig Aufmerksamkeit, bis sie alt genug sind, die Tätigkeiten der Erwachsenen zu verstehen und sich diesen anpassen zu können, oder sie zwingen die Kinder, bereits in einem frühen Alter an diesen Tätigkeiten mitzuwirken. Westliche Erziehungsmethoden lassen im Kind ein Gefühl der Individualität aufkommen, indem seinen realen und vorgestellten Bedürfnissen und Fähigkeiten viel

Aufmerksamkeit geschenkt wird. Nicht-westliche Erziehungsmethoden lassen im Kind einen Sinn für Sozialität entstehen, denn sie drängen es, sich an die Welt der Erwachsenen anzupassen (vgl. Trommsdorff & Friedlmeier, i. d. Bd.). So berichtet Chao (1995) in einer Studie mit amerikanischen und chinesischen Müttern, daß 40% der amerikanischen Mütter ihre Kinder ermutigten, auf ihren Gefühlen zu bestehen, während dies keine chinesische Mutter tat. Dies führt dazu, daß chinesische Kinder persönliche und internale Attribute weniger beachten und stärker sozial orientiert werden.

In der gesamten Sozialisation gibt es eine Spannung zwischen dem, was gelehrt wird, und dem, was gelernt wird. Das Kind ist kein mechanisches Abbild seiner Erzieher. Es identifiziert sich mit bestimmten Erziehern (wegen der Freude, die sie ihm bereiten, oder wegen des gleichen Geschlechts) und akzeptiert ihren Einfluß mehr als den anderer. Es übernimmt soziale Wertvorstellungen und weist den Erzieher zurück, der diese verletzt – entsprechend verliert dieser Erzieher an Einfluß auf das Kind. Ein Kind paßt sich nicht nur der Kultur an, es paßt auch die Kultur an sich an, indem es diejenigen kulturellen Angebote auswählt und nutzt, die zu seiner bereits gewordenen Persönlichkeit passen. Auf diese Weise entwickelt es individuelle Besonderheiten, sogenannte Idiosynkrasien (vgl. dazu Josephs, i. d. Bd.).

Inwiefern diese Idiosynkrasien zur möglichen Grundlage für einen kulturellen Wandel werden, hängt wiederum sehr stark von den sozialen Erfahrungen und den sozialen Bedingungen ab, unter denen eine Person lebt. Die Spannung zwischen persönlicher und kollektiver Kultur umfaßt nicht notwendigerweise eine Entwicklung hin zu mehr Kreativität, sozialer Befreiung oder persönlicher Erfüllung. Auch kreatives Denken, das seinerseits die Person befähigt, die Kultur analysieren und verbessern zu können, bedarf zu seiner Entwicklung wie alle menschlichen Fähigkeiten der Erziehung (vgl. Vygotsky, 1997b, p. 153). Dabei führen nur bestimmte Erziehungsmethoden zur Kultivierung von Kreativität, während andere Konformität und Passivität stärken. So kann sich die Spannung zwischen individueller und kollektiver Kultur zu einer bedeutsamen individuellen Veränderung und zu einem bedeutsamen sozialen Wandel ausweiten. Sie kann aber auch auf triviale nebensächliche Idiosynkrasien beschränkt bleiben, die nur scheinbar die kulturellen Traditionen überschreiten, die sie in Wirklichkeit nur reproduzieren (Ratner, 1991, pp. 35, 179-187).

4. Schlußfolgerungen

Die kulturelle Analyse der Emotionen sollte verdeutlichen, daß Emotionen kulturelle Phänomene sind. Darüber hinaus sollte die Analyse einen Beitrag zu einer umfassenden, systematischen Theorie der Emotionen liefern, die auch andere psychische Phänomene einbezieht. Diese Theorie behauptet, daß die allgemeine Beschaffenheit der Emotionen, ihr Ursprung, ihre Entwicklung, ihre Merkmale und Funktionen ein integriertes Ganzes bilden. Jeder Aspekt ist auf die anderen abgestimmt, ergänzt sie, erscheint in ihnen und wird durch ähnliche Prinzipien bestimmt.

Diese Prinzipien sind erklärende Konzepte, die über eine unzusammenhängende Merkmalsbeschreibung von Emotionen hinausgehen, mit dem Ziel, alle Emotionsaspekte mit einer einheitlichen Begrifflichkeit zu erklären.[3]

---

[3] Die Entwicklung dieser Art von logisch konsistenten und einheitlichen Erklärungen von diversen Phänomenen war eine starkes Anliegen von Einstein, Kopernikus, Galilei, Newton, Darwin und allen großen Wissenschaft-

Die kulturhistorische Tätigkeitstheorie Vygotskys stellt die Grundlage für eine solche integrative Theorie dar. Gemäß dieser Theorie basieren Emotionen auf biologischen Grundlagen, die eine große Breite von emotionalen Reaktionen ermöglichen, aber gleichzeitig auch keine Emotion im strikten Sinne determinieren. Erst kulturelle Faktoren bestimmen diskrete Emotionen, denn sie haben ihren Ursprung in sozial vermittelten Tätigkeiten und den mit ihnen verbundenen Begriffssystemen, denen sie funktional untergeordnet sind. Emotionen werden durch Erziehungs- und Sozialisationsprozesse geformt, wodurch sie Merkmale annehmen, die kulturell spezifisch und veränderbar sind.

Es wurde eine Reihe an empirischen Belegen angeführt, die die Plausibilität dieser Theorie erhöhen. Doch ist weitere Forschung notwendig, um zu entdecken, auf welche Art und Weise kulturelle Tätigkeiten, kulturelle Begriffssysteme und psychische Phänomene sozial vermittelt sind.

Gemäß der Tätigkeitstheorie stellen soziale Beziehungen, Institutionen und soziale Bedingungen Formen menschlicher Tätigkeit dar, die veränderbar sind. Sicherlich ist ihre strukturelle Veränderung schwieriger und im Vergleich zur Veränderung individueller Vorstellungen eher eine politische Frage. Da aber Emotionen und alle psychischen Phänomene kulturelle Phänomene sind, die sozial vermittelt werden, können sie nur durch kollektive Handlungen, die sie restrukturieren, verändert werden.

Aus der Perspektive der Tätigkeitstheorie ist es utopisch und naiv zu glauben, daß Menschen ihre psychische Verfassung ändern können, ohne ihre realen praktischen Lebenstätigkeiten zu verändern. Sicherlich besitzt innerhalb des Systems der Tätigkeiten und Begriffssysteme jede individuelle emotionale Erfahrung idiosynkratische Merkmale, die aus der einzigartigen Kombination der sozialen Tätigkeiten und ihrer Merkmale sowie anderer komplexer kulturpsychologischer Vermittlungen, wie z.B. dem Selbstkonzept, bestehen. Allerdings sind diese idiosynkratischen Merkmale gewöhnlich kleinere Variationen der emotionalen Themen, die durch die übergeordneten kulturellen Tätigkeiten begrenzt werden. Bedeusame Veränderungen in den Emotionen werden vor allem durch Veränderungen in den kulturellen Tätigkeiten und Begriffssystemen bewirkt und stabilisiert werden. Dies sind die praktischen Implikationen einer kulturpsychologischen Analyse der Emotionen aus der Perspektive der Tätigkeitstheorie.

---

lern. Einsteins primärer Ehrgeiz lag darin, das wissenschaftliche Weltbild so vollständig als möglich zu machen, indem er nach der größtmöglichen logischen Einheit im Weltbild suchte. Er erklärte wiederholt sein Interesse an dem Aufbau einer einheitlichen Weltkonzeption, „Das einheitliche Weltbild", das die notwendige Grundlage der physischen Phänomene aufdecken und zugleich die getrennten und zergliederten Wissenschaften vereinigen würde. Darwin suchte nach einer ähnlich kohärenten Erklärung für die Entwicklung aller Lebensformen (Holton, 1986).

Emotionale Entwicklung im Spannungsfeld zwischen persönlicher und kollektiver Kultur

Ingrid E. Josephs

Einleitung	260
1. Strukturalistische Theorien emotionaler Entwicklung – ein Beispiel	260
1.1 Ausdrucks- und Gefühlsregeln	261
1.2 Entwicklung von Ausdrucksregeln	262
1.3 Soziale Vermittlungsformen von Ausdrucksregeln	262
2. Eine kokonstruktivistische Theorie emotionaler Entwicklung	263
2.1 Emotionen als dynamische Felder zwischen Person und Welt	263
2.2 Kollektive und persönliche emotionale Kultur als interdependente Prozesse	264
2.3 Regulatoren als kulturelle Medien emotionaler Entwicklung	266
3. Soziale Vermittlungsformen von Regulatoren und deren Internalisierung	267
3.1 Positive Präsenz	268
3.2 Negative Präsenz	269
3.3 Absenz als Präsenz	270
3.4 Quasi-Präsenz	271
3.5 Ein Beispiel	272
3.6 Internalisierung von Regulatoren	272
4. Ausblick	274

Einleitung

Emotionen stehen im Spannungsfeld zwischen Kultur und Person: Sie sind kultureller und gleichzeitig persönlicher Natur. Wie kanalisiert die Kultur einerseits das, was auf der Personebene stattfindet, und was geschieht andererseits auf der Personebene mit den kulturellen Gegebenheiten und Angeboten? Wie läßt sich dieses Spannungsfeld unter einer entwicklungspsychologischen Perspektive beschreiben? Um die Beantwortung dieser Fragen geht es im vorliegenden Beitrag. Dabei werden biologische bzw. physiologische Aspekte von Emotionen ausgeklammert. Die Diskussion beschränkt sich auf die Gefühls- und Ausdruckskomponente.

Ausgangspunkt der Argumentation ist eine kritische Diskussion der *neurokulturellen Emotionstheorie* von Paul Ekman, da sie erstens zu den bekanntesten psychologischen Emotionstheorien gehört und zweitens längere Zeit Basis meiner eigenen empirischen Forschung war (Josephs, 1993, 1994). In Ekmans Ansatz werden Emotionen als universelle, neurophysiologisch verankerte Affektprogramme verstanden, in denen bei Vorhandensein emotionsspezifischer Auslöser die Gefühlskomponente einerseits und ein spezifischer Gesichtsausdruck andererseits gebündelt aktiviert werden. Lediglich die Auslöser für die Aktivierung dieser Affektprogramme und vor allem der aus der Anwendung von Ausdrucksregeln *(display rules)* resultierende mimische Ausdruck werden als kulturvermittelt verstanden. Diesem Ansatz ist meines Erachtens berechtigte Kritik entgegengebracht worden (z.B. Fridlund, 1994), die in diesem Beitrag nicht wiedergegeben wird (s. hierzu Holodynski & Friedlmeier, i. d. Bd.).

Der folgende Beitrag beschäftigt sich mit zwei Problemstellungen: Zum einen werden aus dem Blickwinkel der neurokulturellen Theorie Gefühle und emotionaler Ausdruck als „Dinge" oder „Essenzen" betrachtet, die ungeachtet individueller und kultureller Variation eine Eigenexistenz führen, die es sozusagen greifbar „gibt". Im Gegensatz dazu werden hier Emotionen als dynamische Felder verstanden, die sich zwischen der Person und ihrer Welt aufspannen und deren Genese sozialer Natur ist. Zum zweiten bietet die neurokulturelle Emotionstheorie wenig Raum für eine entwicklungspsychologische Perspektive. Lediglich die Analyse des Beherrschens von Ausdrucksregeln einerseits (Verhaltensebene) und des Wissens um das Wirkprinzip von Ausdrucksregeln andererseits (kognitive Ebene) haben sich hier als entwicklungspsychologisch orientierte Themen durchgesetzt. Ausdrucksregeln, d.h. Regeln, die vorschreiben, welcher Ausdruck in welcher Situation angemessen ist, gehören jedoch zu der Gruppe der *regulativen Regeln* (Averill, 1986). Sie setzen somit voraus, daß es etwas gibt, was reguliert wird. Wie aber kommt dieses „etwas" – und hier spricht Averill von *konstitutiven Regeln* – zustande? Durch welche Vermittlungsmechanismen „lernen" Kinder im Austausch mit ihrer sozialen Welt zu fühlen und diese Gefühle auszudrücken? Wie ist dabei die Aktivität der sozialen, kulturellen Seite einerseits und die Aktivität der sich entwickelnden Person andererseits zu beschreiben?

1. Strukturalistische Theorien emotionaler Entwicklung – ein Beispiel

Ausgangspunkt der neurokulturellen Emotionstheorie von Paul Ekman (z.B. Ekman, 1972) ist eine dualistische Trennung von Kultur und Natur. *Basisemotionen* (wie z.B. Freude, Trauer oder Ärger) werden als universelle, genetisch determinierte Verkopplungen von neurophysiologischen Reaktionen, Gefühlen und Ausdruck in einem „Affektprogramm" konzipiert. Wann und wie auch immer das Affektprogramm angeregt wird, reagiert es mit demselben vorhersagbaren Output. Gefühle und ihr korrespondierender Ausdruck sind gemäß dieser Perspektive „punktförmige", abgrenzbare und universell auftretende Zustände, die automatisch in Erscheinung treten, sobald sie ausgelöst werden.

1.1 Ausdrucks- und Gefühlsregeln

Person und Kultur wirken über das Konzept der *Ausdrucksregeln* lediglich modifizierend, nicht aber grundsätzlich mitgestaltend, auf dieses basale, natürliche und biologische Geschehen ein (Ekman, 1972; Ekman & Friesen, 1975). Wir zeigen häufig aus unterschiedlichen persönlichen oder sozialen Gründen einen Ausdruck, der nichts mit unseren „wahren" Gefühlen zu tun hat. Wir folgen damit *persönlichen* und *kulturellen Ausdrucksregeln* (Josephs, 1993, 1994; Saarni, 1982; s. auch Ekman & Friesen, 1975). Kulturelle Ausdrucksregeln basieren auf sozialen Konventionen und schreiben mehr oder weniger explizit vor, welcher Gesichtsausdruck in welcher Situation ungeachtet des gefühlsmäßigen Erlebens angemessen ist. Für uns gilt beispielsweise, in Kirchen oder auf Beerdigungen nicht laut zu lachen oder uns höflich lächelnd auch für ein unattraktives Geschenk zu bedanken. Persönliche Ausdrucksregeln hingegen stellen Copingstrategien dar, die der unmittelbaren Regelung des Gefühlslebens dienen. Beispielsweise kann man in einer Situation versuchen, ein Scham- oder Verlegenheitsgefühl mit einem Lächeln „in den Griff zu kriegen". Die Anwendung von Ausdrucksregeln kann den Gesichtsausdruck in unterschiedlicher Form modifizieren: So läßt sich der genuine Emotionsausdruck maskieren, neutralisieren, abschwächen oder steigern, oder es kann eine nicht vorhandene Emotion vorgetäuscht werden (s. Ekman & Friesen, 1975).

Die Regeln, so muß man im Rahmen dieser Theorie annehmen, existieren per se. Die Person bzw. die kulturelle Gruppe hat lediglich die Aufgabe, zwischen unterschiedlichen bereitliegenden Regeln eine Selektion zu treffen, und die gewählte Regel anzuwenden. Ausdrucksregeln werden damit als fertige Produkte und nicht als Prozesse betrachtet. Schon in seinen frühen sozialpsychologischen Arbeiten zeigte jedoch Sherif, daß Regeln in jeder neuen Situation kontinuierlich konstruiert und rekonstruiert werden, und jede Situation ist in gewisser Weise neu (Sherif, 1936; Sherif, Harvey, White, Hood & Sherif, 1961).

Aus soziologischer Perspektive geht Hochschild (1979, 1990) mit dem Konzept der Gefühlsregeln (*feeling rules*) über das Konzept der Ausdrucksregeln hinaus. Nicht nur der Ausdruck wird ihren Überlegungen zufolge den gesellschaftlichen Erwartungen und Normen angepaßt, sondern auch die eigene Gefühlswelt richtet sich nach impliziten oder expliziten Schablonen und Anweisungen. So sollen nordamerikanische Stewardessen nicht nur einen positiven, freundlichen Gesichtsausdruck aufsetzen, sie sollen sich auch dementsprechend fühlen. Hochschild unterscheidet dabei zwischen „natürlichen" authentischen Gefühlen einerseits und gesellschaftlich normierten Gefühlen andererseits, die besonders in bestimmten Berufsgruppen verinnerlicht werden, bzw. verinnerlicht werden sollen. Doch auch hier stellt sich die Frage, woher die natürlichen Gefühle stammen und wie der Internalisierungsprozeß hin zu den gesellschaftlich vorgegebenen Erwartungen funktioniert.

Betrachtet man beide Ansätze – Ausdrucks- und Gefühlsregeln – gemeinsam, so wird deutlich, daß sowohl der Entstehung der Gefühls- und Ausdrucksregeln als auch der Entstehung des den Regeln zugrundeliegenden Gefühls und Ausdrucks nicht genügend Rechnung getragen wird. Im folgenden wird exemplarisch die entwicklungspsychologische Forschung im Bereich der Ausdrucksregeln näher betrachtet.

1.2 Entwicklung von Ausdrucksregeln

Aus entwicklungspsychologischer Sicht ist die Frage des Zustandekommens und der Vermittlung von Ausdrucksregeln interessant. Die entwicklungspsychologische Forschung hat sich hier allerdings weit weniger mit der Analyse des Entwicklungs*prozesses* beschäftigt als vielmehr mit der Frage, ab wann Kinder bestimmte verhaltens- oder verstehensmäßige Entwicklungs*produkte* zeigen.

So gibt es in der kognitiven Tradition (unter dem Stichwort *theory of mind*) eine reichhaltige Forschung zu der Frage, ab wann Kinder auf kognitiver Ebene das Konzept der Ausdruckskontrolle verstehen (s. Carroll & Steward, 1984; Gardner, Harris, Ohmoto & Hamazaki, 1988; Gnepp & Hess, 1986; Gross & Harris, 1988; Harris, Olthof & Terwogt, 1981; Harris, Donnelly, Guz & Pitt-Watson, 1986; Nannis & Cowan, 1987; Saarni, 1979, 1988, 1989; Taylor & Harris, 1984; Underwood, Coie & Herbsman, 1992; s. zusammenfassend Josephs, 1993). „Verstehen" impliziert hier das Wissen darüber, daß Gefühle privat und anderen zunächst einmal unzugänglich sind, daß Ausdruck und Gefühl nicht notwendigerweise eine Einheit bilden müssen und schließlich, daß der Ausdruck auch strategisch eingesetzt werden kann, um einen Beobachter zu täuschen. Ein wichtiger Entwicklungsschritt scheint sich im Alter zwischen vier und sechs Jahren zu vollziehen. Für vierjährige Kinder fallen Ausdruck und Gefühl noch untrennbar zusammen, während sechsjährige Kinder um die mögliche Inkongruenz zwischen einem internen, unsichtbaren Gefühlszustand und dem externen Ausdrucksverhalten wissen (Josephs, 1993, 1994).

Andere Autoren und Autorinnen befaßten sich mit der Frage, ab wann Kinder auf welche Weise in ihrem aktuellen, spontanen Verhalten Ausdruckskontrolle zeigen (Saarni, 1984; Cole, 1986; Cole, Jenkins & Shott, 1989; Lewis, Stanger & Sullivan, 1989; Reissland & Harris, 1991; Josephs, 1993, 1994). So wurden Kinder beispielsweise mit einem unerwartet enttäuschenden Geschenk konfrontiert und ihr Ausdrucksverhalten beim Auspacken dieses Geschenks beobachtet. Es zeigte sich hier, daß Kinder schon vom vierten Lebensjahr an ihren Ausdruck im Einklang mit den sozialen Erwartungen kontrollieren können, obwohl ihnen die Einsicht in diesen Prozeß zu diesem Zeitpunkt noch fehlt.

1.3 Soziale Vermittlungsformen von Ausdrucksregeln

Wie aber entwickelt sich nun in sozialen Interaktionen die Fähigkeit, Gefühle in bestimmter Weise auszudrücken? Als Erklärungsprinzipien werden vor allem allgemeine Lernmechanismen, wie das Modellernen oder das Lernen durch selektive Verstärkung, verwendet. So ist u.a. die Modellwirkung von Medien, speziell von Film (Denzin, 1990) und Fernsehen (Dorr, 1985) zu berücksichtigen. Noch wesentlicher und wirksamer dürften diese Lernmechanismen jedoch in *face-to-face* Interaktionen zwischen Mutter und Kind sein. So fanden Malatesta und Haviland (1982) heraus, daß Mütter den Gesichtsausdruck ihrer drei und sechs Monate alten Kinder in *face-to-face* Interaktionen selektiv verstärkten. Die Mütter reagierten hauptsächlich mit einem positiven Gesichtsausdruck auf ihre Kinder, zeigten aber bei ihren Töchtern eine größere Ausdrucksvielfalt als bei den Söhnen. Miller und Sperry (1987) demonstrierten in einer eindrucksvollen ethnographischen Studie, wie drei alleinerziehende Mütter, die in sozial schwierigen Verhältnissen in Baltimore lebten, ihren zweieinhalbjährigen Töchtern den Ausdruck von Ärger verbunden mit aggressiven Verhaltensweisen in kleinen Interaktionsspielen regelrecht beibrachten, damit ihre Töchter für das Leben, das sie erwartet, vorbereitet sind:

Now she likes to wrestle with me. I'll take her upstairs and we go on the bed and start wrestling. And I'll say, 'Take your fist and hit me.' 'Cause I try to teach her in case somebody else is doin'it. 'Cause some kids do take their fist and hit you hard. [laughs] I let her punch me. Sometimes she sneaks a good one in on me. (p. 17)

Problematisch an diesen Ansätzen bleibt die implizite Annahme einer einseitigen Gerichtetheit entwicklungspsychologischer Prozesse. Die soziale Welt wirkt auf das Kind durch Regelvermittlung in Sprache und Handlung ein, das Kind selbst jedoch erscheint in vielen empirischen Studien als passiver Empfänger. Weder wird die aktive Rolle des Kindes gewürdigt, das aus den heterogenen Umweltangeboten erst „etwas machen" muß, noch wird die Rückwirkung vom Kind oder ganz generell von der sich entwickelnden Person auf die soziale Welt in den Fokus gerückt. Im folgenden soll daher ein konstruktivistisches dynamisches Emotionskonzept vorgestellt werden. Im Anschluß daran wird dieser bidirektionale entwicklungspsychologische Aspekt nochmals explizit aufgegriffen.

2. Eine kokonstruktivistische Theorie emotionaler Entwicklung

Da die bisherige Diskussion der sozialen Seite der Emotionsentwicklung ergänzungsbedürftig ist, wird im folgenden ein neuer Ansatz aufgezeigt: Prozesse des Modellernens und der selektiven Verstärkung werden reformuliert und um weitere Aspekte ergänzt. Es wird erläutert, wie auf theoretischer Ebene die Aktivität der sich entwickelnden Person zu konzipieren ist. Die Diskussion wird nicht auf den Bereich des emotionalen Ausdrucks und seiner Regulation eingeschränkt, sondern es wird vor allem die Gefühlskomponente berücksichtigt. Dabei gewinnen semiotische Prozesse – Sprache im externalen und internalen Diskurs – eine zentrale Bedeutung.

2.1 Emotionen als dynamische Felder zwischen Person und Welt

Emotionen können als semiotisch strukturierte, dynamische Felder aufgefaßt werden, die sich „zwischen" der Person in ihrem unmittelbaren Hier-und-Jetzt und ihrer externalen und internalen Welt aufspannen.[1] Nach William Stern (1935) sind emotionale Prozesse exakt in dem konstruktiven Moment des Hier-und-Jetzt anzutreffen, wo Person und Welt aufeinandertreffen (s. Abb. 1). Das Hier-und-Jetzt ist die Schnittstelle zweier interdependenter, gerichteter Prozesse (nach innen und nach außen). Beide Prozesse sind konstruktiv, d.h., sie können zu neuen Ergebnissen – zu einer Rekonstruktion der Welt und der Person – führen.

Genau in diesem Sinne ist hier auch die Definition von Campos, Campos und Barrett (1989) zu verstehen, derzufolge Emotionen Prozesse sind, die die Beziehungen zwischen der Person und ihrer Umwelt herstellen, aufrechterhalten oder abbrechen, wenn diese Beziehungen für die Person persönlich bedeutsam ist.

---

[1] vgl. vor allem Denzins (1984) phänomenologische Emotionstheorie und Dembos frühe Arbeit „Der Ärger als dynamisches Problem", die unter dem Einfluß von Kurt Lewin entstand (s. Lewin & Dembo, 1931).

> (...) emotions are (...) processes of establishing, maintaining, or disrupting the <u>relations between the person and the internal or external environment</u>, when such relations are significant to the individual. (p. 395; Hervorhebung d. A.)

Emotionen sind damit keine abgeschlossenen Entitäten oder „Dinge", die wir in uns tragen oder „haben" (Lewin & Dembo, 1931; Harré, 1986; Harré & Parrott, 1996) und die auf andere „Dinge", z.B. unsere Gedanken oder unsere Umwelt, einwirken, wie dies unser Alltagsverständnis und gelegentlich auch der wissenschaftliche Sprachgebrauch nahelegen.

Abbildung 1. Konzeption der Person-Welt-Beziehung

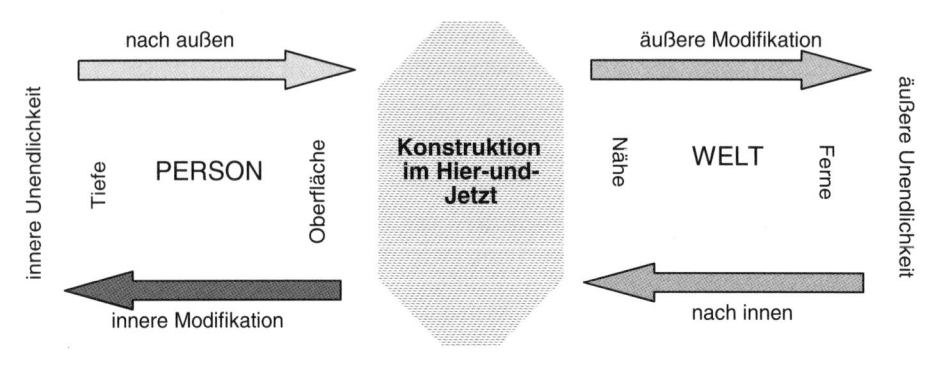

[Diagramm: PERSON (mit Tiefe, Oberfläche, innere Unendlichkeit) — Konstruktion im Hier-und-Jetzt — WELT (mit Nähe, Ferne, äußere Unendlichkeit); Pfeile: nach außen, äußere Modifikation, nach innen, innere Modifikation]

Adaptiert nach William Stern (1935)

Emotionen sind an der Genese, der Aufrechterhaltung und der Veränderung aller Person-Welt-Relationen beteiligt. Dies gilt sowohl für mikrogenetische Prozesse, wie die Erfassung einer tachistoskopisch dargebotenen Wortfolge oder einer Melodie (Werner, 1926, 1927, 1940), als auch für längerfristige Prozesse, wie z.B. die Genese und Aufrechterhaltung von Werten und Normen (Sherif, 1936). Wir „haben" keine Emotionen als verdinglichte Essenzen in uns, sondern wir „tun" Emotionen in Richtung auf und in Relation zu einem Gegenstand hin (Josephs, 1995), der uns, aus welchen Gründen auch immer, *persönlich bedeutsam* ist. Emotionen sind jedoch keinesfalls rein subjektive Prozesse: Sie konstituieren sich in sozialen Interaktionen, die wiederum in einen kulturellen Kontext eingebunden sind. Wie läßt sich dieses Spannungsfeld zwischen Person und Kultur allgemein konzeptualisieren?

2.2 Kollektive und persönliche emotionale Kultur als interdependente Prozesse

Der Zusammenhang zwischen Kultur und Person läßt sich unter zwei Blickwinkeln beschreiben (s. Abb. 2). Vergleicht man zwei kulturelle Gruppen auf höchster Ebene (Blick 1), so wird man viele Unterschiede zwischen diesen beiden „auf den ersten Blick" homogenen Einheiten feststellen: Während Westeuropäer beispielsweise auf Blockaden von Handlungsabsichten und -zielen in der Regel mit Ärger reagieren, sind die Inuit „niemals ärgerlich" (Briggs, 1970). Die Westeuropäer als *heterogene* Gruppe individuell einzigartiger Personen interessieren unter diesem Blickwinkel genauso wenig wie die Inuit als *heterogene* Gruppe individuell einzigartiger Personen. Blick 1 erlaubt uns weder Aussagen über einzelne Personen zu machen, noch die Unterschiede zwischen zwei „Kulturen" auf der obersten Hierarchieebene zu *erklären*. Wir können lediglich Unterschiede zwischen Gruppen feststellen (Boesch, 1991) – und auch die gelten zumeist nur für die „gemittelte" Person in der jeweiligen Gruppe. Dennoch kann Blick 1 ein heuristisch wertvoller Ausgangspunkt in der Forschung sein, so er denn mit Blick 2 verbunden wird.

Folgen wir dem „zweiten Blick", so wird das Bild der Kultur als Einheit aufgebrochen: Heterogenität und Dynamik verbergen sich hinter dem einheitlichen, statischen Bild. Die Kultur, die auf den ersten Blick als Entität erschien, wird auf den zweiten Blick als *Prozeß* deutlich: Es ist die Aktivität einzelner Personen, einzelner Akteure oder *persönlicher Kulturen (personal cultures,* s. Valsiner, 1989), die in kleineren und größeren sozialen Einheiten zusammengeschlossen sind und *kollektive Kultur* „von unten herauf" schaffen.

Abbildung 2. Zwei Perspektiven auf das Konzept der Kultur

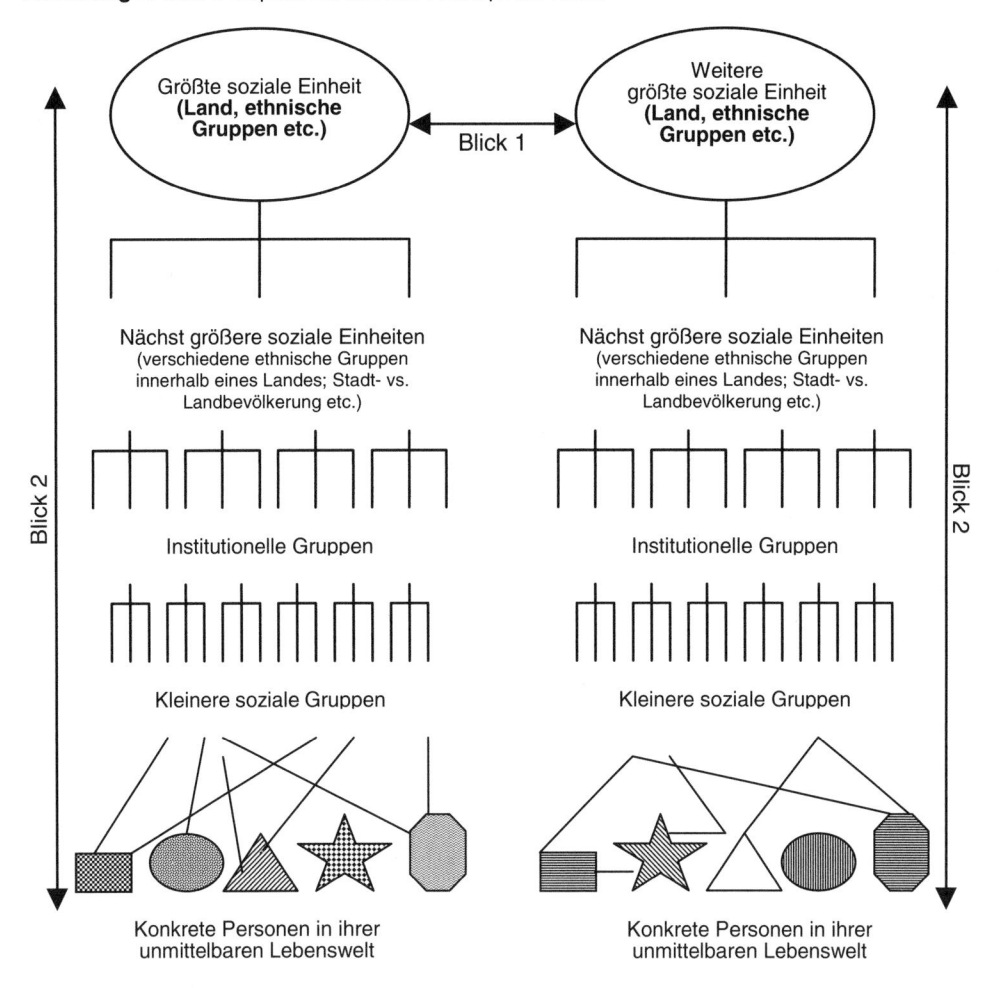

2.3 Regulatoren als kulturelle Medien emotionaler Entwicklung

Die Aktivitäten auf den einzelnen Ebenen sind dabei nicht chaotisch, unreglementiert und ungerichtet. *Regulatoren* kanalisieren den Rahmen der Möglichkeiten, die auf Personebene realisiert werden können und vor allem: realisiert werden *sollen* (Lutz, 1983). Unter Regulatoren werden im folgenden Normen, Werte, Praktiken, Anweisungen, Rituale und Mythen verstanden. Sie sind symbolische Netzwerke (Boesch, 1991), die in einer Kultur – auf ganz unterschiedlichen Abstraktionsniveaus – wirksam werden und die emotionale Welt der Person *etablieren, organisieren und regulieren*. Letzteres vollzieht sich in erster Linie auf sprachlicher Ebene. Wir sind täglich von einer Flut sprachlich vermittelter Gefühlskonzepte und Gefühlsanweisungen umgeben, und wir werden ebenfalls ständig dazu aufgefordert, daraus persönlichen Sinn zu schaffen und anderen oder uns selbst gegenüber Stellung zu beziehen. Einige hypothetische Beispiele, in denen Regulatoren sprachlich in Handlungskontexten realisiert werden, sollen das Regulatorkonzept verdeutlichen:

- Vater zum Schulkind: „Wenn Du mich wirklich lieb hast, dann räumst Du jetzt dein Zimmer auf!"
- Mutter zum Jugendlichen: „Wenn Dein Freund nicht wenigstens ein bißchen eifersüchtig ist, dann liebt er Dich nicht richtig."
- Jugendlicher zum Jugendlichen: „Die Frau ist nicht cool. Ich an Deiner Stelle würde nicht mit ihr ausgehen."

Regulatoren sind in die Zukunft gerichtet und zielen darauf ab, die Entwicklung des Person-Weltsystems zu kanalisieren. Sie beziehen sich auf

> *(....) the move from the present to the immediate future state of the developing organism-environment system, which delimits the full set of possible ways of that move, thus enabling the developing organism to construct the actual move under a reduced set of possibilities.* (Valsiner, 1998, p. 52)

Regulatoren sind durch Heterogenität gekennzeichnet. Liebe *soll* beispielsweise in westlichen Gesellschaften des 20. Jahrhunderts auf der einen Seite ganz emotional und romantisch erfahren werden (wie Medien immer wieder vermitteln), auf der anderen Seite gelten Eigenständigkeit, Unabhängigkeit und ein nüchterner Realitätssinn in Anbetracht der hohen Scheidungsrate als wünschenswerte Qualitäten (Hochschild, 1996). Weiterhin müssen die Normen und Werte, die in der jeweiligen Peer-Gruppe bedeutsam sind, nicht identisch sein mit denen der Eltern oder denen, die von Institutionen propagiert werden.

Internalisierung und Externalisierung. Regulatoren wirken bildlich gesprochen wie Lichtstrahlen unterschiedlicher Taschenlampen, die, jede für sich, Heterogenität auf Personseite kanalisieren. Eine bestimmte Zone wird fokussiert. Was sich innerhalb dieser Zone abspielt, auf welche Weise Kultur qua Regulatoren in die persönliche Kultur „eingebaut" oder *internalisiert* wird, ist ein offener Konstruktionsvorgang (Lawrence & Valsiner, 1993).

Die Wirksamkeit der Regulatoren ist davon abhängig, daß sie auf Personebene aufgegriffen und internalisiert werden. Damit operieren sie nicht nur auf der interpsychischen, sondern auch auf der intrapsychischen Ebene. Dieser Vorgang ist konstruktiv: Schon Karl Bühlers (1984/1934) Organon-Modell der Zeichenfunktion mit den Prinzipien der *abstrak-*

tiven Relevanz und der *apperzeptiven Ergänzung* verdeutlicht, daß ein Hörer ein (hier sprachliches) Zeichen *konstruiert* und nicht einfach so, wie es gesendet wurde, übernimmt. Bestimmte Eigenschaften des Schallphänomens werden dabei übersehen, andere hinzugefügt, und so wird das Zeichen als Zeichen vom Hörer mitgeschaffen. Das konstruktive Aufgreifen von Regulatoren führt damit zu einer qualitativen Veränderung derselben.

Regulatoren führen also keine Eigenexistenz: Gefühlsanweisungen werden von realen Menschen innerhalb eines sozialen Kontextes vermittelt, Gefühlsgeschichten werden in einem Handlungskontext erzählt. Sie sind also bereits subjektiviert oder personalisiert und werden dann *externalisiert*, wobei der Empfänger sie erneut beim Einbau in seine persönliche Kultur transformiert (Boesch, 1991). Andere persönliche Kulturen werden mit diesen Externalisierungen konfrontiert, und so entsteht ein neues Potential für Veränderung. Persönliche Kultur (Valsiner, 1989) oder *subjektive Kultur* (Simmel, 1908) auf der einen Seite und kollektive oder *objektive Kultur* auf der anderen Seite konstituieren sich damit gegenseitig (Fuhrer & Josephs, 1998).

Entwicklung. Der Vorgang der gegenseitigen Konstituierung und Konstruktion von Person und Welt ist ein entwicklungspsychologischer Prozeß. Dieses Verständnis von Entwicklung mag zunächst verwundern, zumal dann, wenn man Entwicklung mit altersgebundener Veränderung des Individuums gleichsetzt. Hier jedoch soll Entwicklung in einem weiteren Sinne als *Transformation der Person-Welt-Beziehung in der Zeit* verstanden werden. Entwicklung umspannt damit sowohl kurzfristige, in der Terminologie von Heinz Werner (1956) *mikrogenetische* Prozesse, als auch langfristige, ontogenetische Veränderungen. Diese Prozesse spielen sich nicht ausschließlich „in" der Person ab, sondern „zwischen" Person und Welt (vgl. auch Abb. 1). Transformation führt sowohl zu Veränderung, zur Genese qualitativ neuer Formen auf Person- und Weltseite, denn Entwicklung ist bidirektional. Transformation führt aber auch zu einem dynamischen Gleichgewicht, einer dynamischen Stabilität.

3. Soziale Vermittlungsformen von Regulatoren und deren Internalisierung

Im folgenden soll nun die soziale Seite des Vermittlungsprozesses von Emotionen reformuliert und um weitere Aspekte ergänzt werden. Bestimmte Prinzipien – wie beispielsweise selektive Verstärkung und Modellernen – wurden bereits bei der Diskussion der Ausdrucksregeln erwähnt. Sie beruhen auf der Prämisse, daß Eltern und andere Erziehungsagenten bei der Erziehung aktiv Ziele verfolgen (Lutz, 1983). Ein wünschenswerter Ausgang wäre demzufolge, wenn Kinder in einer „eins-zu-eins" Transmission genau das aufnehmen, was ihnen ihre soziale Umwelt nahelegt. Regulatoren werden jedoch häufig in indirekter, selten eindeutiger Weise vermittelt, wie anhand des folgenden Beispiels illustriert wird.

Inuit sind „*never in anger*", so der Titel des Buches der Anthropologin Jean Briggs (1970), die eineinhalb Jahre in einer Inuitgemeinschaft lebte. Damit sind die Inuit natürlich eine äußerst interessante Gruppe für das Studium von Emotionen. Bei Ereignissen, die Westeuropäer normalerweise verärgern, bewahren die Inuit eine gleichmäßige und ausgeglichene Ruhe. Dies wird zum Teil sprachlich mitgesteuert und unterstützt. So mag der Gebrauch der Redewendung „da kann man nichts dran ändern" (*ayuqnaq*) verdeutlichen, wie die Inuit ganz anders als wir auf Störungen, Frustrationen und andere Ärgerauslöser reagieren:

> *One hears the word ayuqnaq all the time, in all sorts of situations in which uncontrollable circumstances, including the will of others, interfere with one's own wishes or activities, and always it is said in a perfectly calm or mildly amused tone: when one spills one's only cup of tea or loses one's knife; when a sudden thaw brings the iglu dome heavily down one's head during a sound sleep; or when one's neighbor evades a request for assistance.* (Briggs, 1970, p. 365)

Wie kann man das Phänomen der Abwesenheit von Ärger erklären? Bei den Inuit werden im Laufe der Entwicklung die Konzepte von *isuma* (ruhige Vernunft, die sich in Kontrolle über Impulsivität und ruhigem Durchdenken von Problemen ausdrückt) und *nallik* (sich um andere kümmern und sorgen) gefördert, die in Opposition zu Ärger und Ärgerausdruck stehen. *Isuma* und *nallik* sind in der hier entwickelten Terminologie als Regulatoren zu verstehen, deren Internalisierung zur Abwesenheit von Ärger führt.

3.1 Positive Präsenz

Briggs hat über Jahre *Modellernen* als entscheidenden Vermittlungsmechanismus in der Sozialisation angenommen: Die Erwachsenen geben den Kindern gute verbale und verhaltensbezogene Modelle für *nallik* und *isuma*, die die Kinder „übernehmen". Dieser Mechanismus wird hier als *positive Präsenz* bezeichnet (s. Tab. 1).

Tabelle 1. Positive Präsenz von Regulatoren

Kulturebene	Interaktionsebene zwischen Kulturträgern und Novizen	Personebene
Abstrakter Regulator der kollektiven Kultur	Realisierung des Regulators in konkreten Handlungskontexten	Internalisierung des Regulators in die persönliche Kultur als
A_K Fürsorge für den anderen (*nallik*)	A' reale Fürsorglichkeit gegenüber einem Kind als positives Modell A" Lob des Kindes bei fürsorglichem Verhalten A''' Tadel bei ärgerlichem Verhalten Positive Formulierung des Regulators A_K in Sprache und Verhalten	A_P: einfache Transmission oder B_P: Transformation Kind soll Regulator unverändert übernehmen

Ein auf der Ebene der kollektiven Kultur angesiedelter „abstrakter" Regulator A_K (hier *isuma* und *nallik*) wird im konkreten Handlungskontext vermittelt (als A', A" etc.). Es wird davon ausgegangen, daß der Novize auf Personebene dadurch den Regulator als solchen internalisiert (A_P). Die kollektive Kultur wäre in einem solchen Modell maximal erfolgreich, da Regulatoren unverändert zirkulär generiert und regeneriert werden. Es handelt sich um eine einfache Transmission des Regulators. Diese Vorstellung liegt dem klassischen Emotionsansatz, z.B. hinsichtlich der Sozialisierung von Ausdrucksregeln, zugrunde. Internalisierung kann jedoch auch zu anderen, potentiell nicht vorhersagbaren Ergebnissen kommen: Der Regulator wird nicht unverändert übermittelt, sondern *transformiert* (B_P, C_P, D_P etc. – im folgenden immer durch B_P symbolisiert).

3.2 Negative Präsenz

Inkonsistenzen seitens der Erwachsenen hat Briggs in ihren ersten Beobachtungen übersehen, wie sie später feststellte (s. Briggs, 1987). Eine nähere Analyse zeigte nämlich, daß *nallik*, *isuma* und die Sozialisation eines Kindes zu einem niemals ärgerlichen Erwachsenen weit komplexer sind als einfaches Modell- oder Verstärkungslernen erklären können. Damit soll nicht geleugnet werden, daß die Erwachsenen in der Tat überzeugende Modelle für *isuma* und *nallik* anbieten. Briggs wurde aber darauf aufmerksam, daß Aggressionen nicht vollständig abwesend sind, sondern als „benevolente Aggressionen", die von Sorge und protektivem Verhalten (*nallik*) motiviert werden, auftreten. Ein Beispiel für diese benevolente Aggression sind kleine „interpersonale Dramen", die von den Erwachsenen Kindern gegenüber initiiert werden:

- *Bist Du liebenswert? Ja? Bist Du sicher?*
- *Wer ist Dein Vater? Du hast keinen Vater! (...)*
- *Soll ich Deine schreckliche alte Mutter verletzten?*
- *Beiß mich – mehr! Autsch! Das macht Spaß, nicht wahr?*
- *Welch' schönes neues Hemd! Warum stirbst Du nicht, dann kann ich das Hemd für mich haben!*
- *Warum tötest du nicht Deinen neugeborenen Bruder! Ich mach's dir vor! (demonstriert die Technik).*

(Briggs, 1987, p. 12-13, Übers. d. A.)

In all diesen „Dramen" wird mit *nallik*-Gefühlen gespielt – jedoch in genau gegenteiliger Form. Im Gegensatz zu den Erwachsenen empfinden die Kinder diese „Spiele" keinesfalls als lustig, sie reagieren ängstlich, verschreckt oder irritiert darauf. Auf den ersten Blick artikulieren die Erwachsenen genau das Gegenteil von dem, was gemeint ist und vermittelt werden soll. Das Gemeinte muß das Kind nun selbst elaborieren: Aus der Formulierung: „Warum stirbst Du nicht, dann kann ich das Hemd für mich haben!" können und sollen die Kinder lernen, daß es gefährlich ist, etwas zu besitzen, was andere nicht besitzen. Aus den Worten „Warum tötest Du nicht Deinen kleinen Bruder?" können und sollen sie lernen, daß sie ihre engsten Angehörigen verteidigen und beschützen möchten. All diese resultierenden, erarbeiteten Gefühle werden natürlich bei den Inuit sehr positiv bewertet. Interessanterweise operieren Mythen und Märchen auf ganz ähnliche Weise: Eine manifeste Bedeutung tritt in eine Relation mit einer latenten, nicht manifesten, gegenteiligen Bedeutung, die erst vom Leser erschlossen oder erarbeitet werden muß (Gupta & Valsiner, 1996).

Auch in unserer westlichen Welt finden wir viele Beispiele, in denen die Formulierung des Gegenteils dessen, was eigentlich erzielt werden soll, äußerst wirksam ist. Wir alle kennen Sätze wie „du kannst natürlich tun und lassen was du willst...", deren Ziel es ist, eben nicht „was man will" zu machen, sondern ein spezifisches X, Y oder Z auszuführen.

Zurück zu den Inuit: Die Kinder können aber auch durch die Beobachtung der Erwachsenen bei diesen „Spielen" entdecken, daß es Spaß macht, aggressiv zu sein und andere zu verletzen oder die Regeln zu brechen. Sie lernen dadurch, oder besser, sie *erfahren emotional*, daß es einen Feind „in" ihnen gibt, mit dem sie sich dann bewußt auseinandersetzen können und müssen, um *isuma* zu entwickeln.

Only if we understand valuing at an emotional level will we be able to understand how values become internalized. Not just as whole-cloth imitations of a model's values, but in a reworked form which has strong personal meaning – in a sense, recreated by individuals on the basis of their experience with the values. (Briggs, 1987, p. 15)

Die Regulatoren, hier *nallik* und *isuma* (A_K), werden also in der Sozialisation nicht immer direkt als fertiges Modell (A') angeboten (s. Tab. 2). Auf der Handlungsebene wird möglicherweise gerade das Gegenteil von dem artikuliert, was als Regulator greifen soll (non-A'). Etwas nicht direkt zu formulieren, bietet den Vorteil, es der Erarbeitung durch die Person anheimzustellen, persönlich für sich Sinn zu schaffen.

Tabelle 2. Negative Präsenz von Regulatoren

Kulturebene		Interaktionsebene zwischen Kulturträgern und Novizen		Personebene	
Abstrakter Regulator der kollektiven Kultur		Realisierung des Regulators in konkreten Handlungskontexten		Internalisierung des Regulators in die persönliche Kultur als	
A_K	Fürsorge für den anderen (*nallik*)	non-A' non-A'' non-A'''	„Bist Du wirklich liebenswert?" „Du hast keinen Vater!" „Soll ich Deine schreckliche alte Mutter verletzen?"	A_P: oder B_P:	Transmission Transformation
		Negative Formulierung des Regulators A_K in Sprache und Verhalten		Kind soll die gegenteilige Botschaft aus dem Gesagten elaborieren	

Einfache Sozialisationsmodelle hingegen, die von einer unidirektionalen Transmission einer sozialen Botschaft ausgehen, die unverändert vom Novizen aufgenommen wird, können diese komplexen Prozesse nicht erklären. Das Problem wird noch komplizierter, wenn wir daran denken, daß die Präsenz eines Regulators häufig in seiner Absenz besteht.

3.3 Absenz als Präsenz

Häufig drücken wir etwas aus, indem wir es nicht ausdrücken (s. Tab. 3). Das macht zum Beispiel „Schweigen" so wirksam: Durch Schweigen kann auf etwas hingewiesen, etwas ausgedrückt werden, was „da" ist, ohne daß wir dazu einen materiellen Zeichenträger (z.B. ein Wort) benötigen (Basso, 1970). Rommetveit und Blakar (1979) haben dieses Phänomen als *Prolepsis* bezeichnet: Indem ich etwas bewußt oder unbewußt auslasse, wird es trotzdem (und gerade deswegen) verstanden und wirksam (vgl. auch Kojima, i. d. Bd.).
Ohnuki-Tierney (1994) wählte den Begriff „*zero signifier*" zur Beschreibung eines ähnlichen Phänomens. *Zero signifiers* sind semiotische Mittel, die die Absenz von etwas benutzen, so als wäre sie „etwas" in sich selbst. „Nichts" ist damit „etwas". Sie haben keine materielle Basis, aber sie sind keinesfalls „nichts": Im Gegenteil, die Abwesenheit einer materialisierten Basis, z.B. eines Zeichenträgers, zeigt ihre besondere Kraft (z.B. im Falle von Gottheiten, die häufig nicht beim Namen genannt werden dürfen; man denke hier auch ganz generell an Tabus). Überschreitungen, also z.B. explizites „Beim-Namen-Nennen", zeigen die Stärke und Relevanz der vorher nicht verbalisierten Bedeutung.

> *If the most sacred is too powerful to be objectified, its/their objectification is a blasphemous transgression, which, in turn, is purposely used not only to defy the sacred but also to use them for secular insults. (...) Curse words in American English center on sex and religion, <u>many of which are objectifications in words of the unmentionables and those not to be mentioned. In either case, the taboo against verbalization dictates that the most powerful must remain as zero signifiers whose meanings are of extreme cultural significance.</u>* (Ohnuki-Tierney, 1994, p. 68, Hervorhebung d. A.)

Tabelle 3. Absenz als Regulator

Kulturebene	Interaktionsebene zwischen Kulturträgern und Novizen		Personebene
Abstrakter Regulator der kollektiven Kultur	Realisierung des Regulators in konkreten Handlungskontexten		Internalisierung des Regulators in die persönliche Kultur als
A_K Fürsorge für den anderen (*nallik*)	abwesendes-A' abwesendes-A"	(peinliches) Schweigen Themawechsel, wenn „es" zur Sprache kommt	A_P: Transmission oder B_P: Transformation
	Regulator A_K wird im Handeln oder im Gespräch nicht realisiert		Kind soll Bedeutung des abwesenden Regulators erkennen

3.4 Quasi-Präsenz

Ohne die Bedeutung der *zero signifiers* leugnen zu wollen, dürften sie dennoch in der Entwicklung eher die Ausnahme als die Regel sein, denn sie laufen Gefahr, tatsächlich übersehen zu werden. Die Regel könnte in sogenannten *quasi signifiers* liegen, unscharfen und ambivalenten Komplexen, die erst vom Rezipient elaboriert werden müssen, um wirksam zu werden (s. Tab. 4).

Tabelle 4. Quasi-Präsenz als Regulator

Kulturebene	Interaktionsebene zwischen Kulturträgern und Novizen		Personebene
Abstrakter Regulator der kollektiven Kultur	Realisierung des Regulators in konkreten Handlungskontexten		Internalisierung des Regulators in die persönliche Kultur als
A_K Fürsorge für den anderen (*nallik*)	quasi-A'	„Was tut man, wenn man Schokolade hat und der kleine Bruder hat keine?"	A_P: Transmission oder
	quasi-A"	„Du weißt doch, wie man sich einem Freund gegenüber verhält, nicht wahr?"	B_P: Transformation
	quasi-A'"	„Denk mal dran, was die Mama Dir neulich gesagt hat!"	
	Regulator A_K wird im Handeln oder im Gespräch unscharf realisiert		Kind soll angedeutete Bedeutung herausarbeiten

3.5 Ein Beispiel

An einem einfachen Beispiel (s. Tab. 5) sollen abschließend die unterschiedlichen Formen der Vermittlung von Regulatoren dargestellt werden. Gehen wir von dem typischen Szenario innerhalb der Forschung über Ausdrucksregeln aus: Ein Kind hat ein Geschenk von seiner Großmutter erhalten, über das es sich nicht freut. Die Mutter, die den Vorgang beobachtet, möchte, daß das Kind der Oma gegenüber zumindest Freude ausdrückt, wenn nicht gar diese Freude auch fühlt. A_K als abstrakter Regulator würde hier lauten: Man freut sich immer über ein Geschenk und zeigt diese Freude auch. Tabelle 5 illustriert, wie man sich die unterschiedliche Realisierung von A im Handlungskontext vorstellen kann.

Tabelle 5. Beispiel für die unterschiedliche Realisierung von Regulatoren

Kulturebene	Interaktionsebene zwischen Kulturträgern und Novizen		Personebene
Abstrakter Regulator der kollektiven Kultur	Realisierung des Regulators in konkreten Handlungskontexten		Internalisierung des Regulators in die persönliche Kultur als
A_K Man freut sich über ein Geschenk und zeigt diese Freude auch	A'	„Oh, das ist aber eine wunderschöne Puppe, gib der Oma ein Küßchen!"	A_P: Transmission
	non-A'	„Was ist los? Du siehst ja aus, als spränge ein Monster aus dem Päckchen!"	oder
	abwesendes-A'	peinliches Schweigen oder Themawechsel	B_P: Transformation
	quasi-A'	„Oma hat Dir die Puppe geschenkt, möchtest Du ihr etwas sagen?"	

3.6 Internalisierung von Regulatoren

Ein wichtiges Ziel dieses Beitrages bestand darin, an einem konkreten Beispiel herauszuarbeiten, wie die soziale Welt qua Regulatoren Emotionen auf Personebene kanalisiert. Die Personebene selbst blieb dabei bislang weitgehend unbeachtet. Es war – wie schon angedeutet – eine Vereinfachung, auf der rechten Seite der im letzten Abschnitt präsentierten Tabellen dasselbe A zu postulieren, welches auf der linken Seite den Ausgangspunkt (abstrakter Regulator) bildete, denn es sind auch andere Ausgänge (B_p, C_p, D_p etc.) auf Personebene möglich.

Die Person ist in diesem Prozeß nicht passiv, sie ist nicht bloß Empfänger einer sozialen und kulturellen Botschaft, sondern ihr aktiver Mitkonstrukteur. Externe Regulatoren haben nur einen Effekt, wenn sie auf intrapsychischer Seite wirksam werden. Dieser Prozeß kann als Internalisierung beschrieben werden. Durch die Internalisierung kann sich die Person im Laufe ihrer Entwicklung von der unmittelbar einwirkenden Welt *distanzieren* (Valsiner, 1998) und wird somit „quasi-autonom". Abbildung 3 verdeutlicht den Prozeß der Internalisierung auf theoretischer Ebene (vgl. auch Valsiner, 1998, p. 304ff.; Josephs & Wolgast, 1996).

Zunächst einmal muß ein im Handlungskontext realisierter Regulator wahrgenommen werden. Alternativ kann er übersehen oder aktiv zurückgewiesen werden und tritt somit nicht in den Prozeß der Internalisierung ein. In den drei Schritten der Wahrnehmung,

Generalisierung und Integration (s. auch Werner, 1957) wird der Regulator qualitativ verändert und rekonstruiert, um auf intrapsychischer Ebene wirksam zu werden. Dieser Prozeß wurde bereits in Abbildung 1 deutlich.

Abbildung 3. Ein Modell der Internalisierung

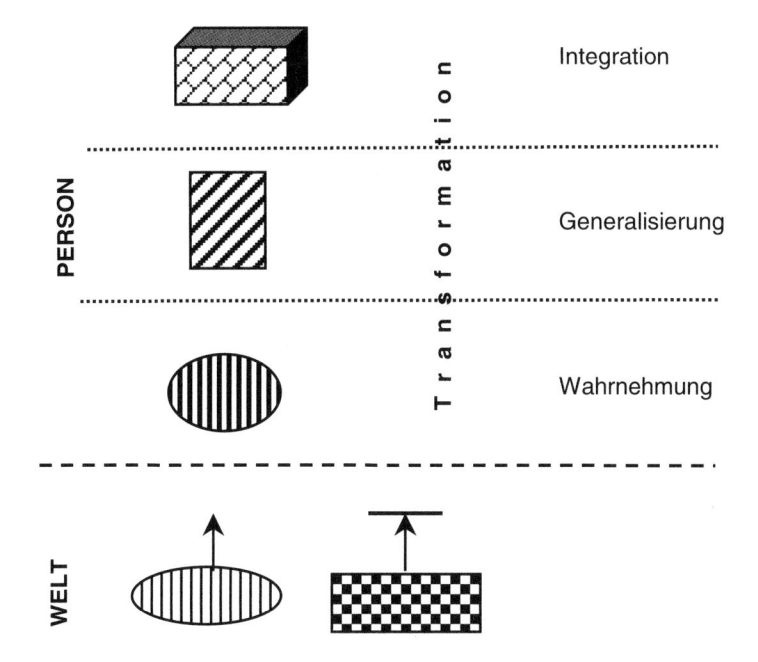

Die drei Schritte sollen nun an einem Beispiel illustriert werden. Stellen wir uns vor, ein Vater sagt vorwurfsvoll zu seiner jugendlichen Tochter: „Ich schäme mich, daß ich eine Tochter habe, die immer so schlampig herumläuft!" Die Tochter kann zum einen das Wirksamwerden dieser Botschaft auf intrapsychischer Ebene durch Generalisierung blockieren (z.B.: „Immer dasselbe Theater!" oder „Eltern verstehen ihre Kinder einfach nicht"). Generalisierung kann aber auch zu einer intrapsychischen Weiterverarbeitung führen (z.B.: „Ich kann es ihm nie recht machen!"). Gelangt die so transformierte Botschaft auf die dritte Ebene der Internalisierung (Integration), so wird sie intrapsychisch maximal wirksam (z.B.: „Ich bin eben eine Versagerin"), und damit auch emotional maximal wirksam. Die soziale Botschaft hat sich also auf dem Weg in das intrapsychische System der Person qualitativ verändert. Diese Veränderung ist jedoch nicht beliebiger oder vollständig unbegrenzter Natur. Sie findet im Rahmen aktuell wirksamer Regulatoren und der vorausgehenden Internalisierungsgeschichte der Person statt.

Aus entwicklungspsychologischer Perspektive ergäbe sich nun die Aufgabe, diesen hier sehr vereinfacht dargestellten Internalisierungsprozeß zu beschreiben und vor allem mikrogenetische Prozesse (wie im Beispiel dargestellt) auf ontogenetischen Wandel zu beziehen, denn neue Internalisierungsprozesse sind – auf eine noch von der Forschung zu klärende Weise – an die vorhergehende Internalisierungsgeschichte der Person geknüpft.

Die Psychoanalyse hat zum Problem der Internalisierung sicherlich einen entscheidenden Beitrag geleistet, allerdings im Rahmen eines theoretisch immunen Systems und ohne angemessene Empirie. Hier stoßen wir also auf einen dringenden Forschungsbedarf, denn eine Theorie der emotionalen Entwicklung braucht notwendigerweise weitere konzeptuelle und empirische Elaborationen des Internalisierungskonzepts.

4. Ausblick

In diesem Kapitel wurde versucht, das Konzept der Regulatoren im Bereich der emotionalen Entwicklung auf sozialer und intrapsychischer Seite weiter auszuarbeiten. Die Frage der Externalisierung persönlicher Kultur, und damit die aktive Veränderung von kollektiver Kultur, wurde hier nicht ausgeführt. Dennoch ist sie von zentraler Bedeutung, denn wir leben nicht in einem statischen, unveränderlichen emotionalen Raum. „Neue" Emotionen (z.B. etwas „cool" finden) und „neue" emotionale Regeln (man denke hier zum Beispiel an Bereiche wie Aggression und Sexualität) werden immer wieder in einem Internalisierungs-/Externalisierungszyklus kreiert und rekreiert.

Es bleibt natürlich zu fragen, wie man der Komplexität der hier eingeführten Konzepte auf empirischer Seite gerecht werden könnte. Im Bereich der emotionalen Entwicklung wurden in der Bindungsforschung (s. die Beiträge von Spangler; Friedlmeier; Zimmermann, i. d. Bd.) einige Versuche unternommen, sowohl die soziale Seite (konkretes Verhalten der Mütter und Väter) als auch die Personseite (erfaßt im Verhalten und Verbalreport) längsschnittlich zu analysieren. Kombiniert man einen solchen konsequent längsschnittlichen Ansatz zudem noch mit einer einzelfallorientierten Perspektive, so kann man die möglicherweise sehr heterogenen Entwicklungspfade, die sich aus mikrogenetischen Internalisierungs-/Externalisierungszyklen ergeben, zunächst einmal genau beschreiben. Daraus ließen sich neue Erkenntnisse über die Funktionsweise der Regulatoren auf externaler und internaler Ebene ableiten, was letztendlich auch zu einer Weiterentwicklung auf theoretischer Ebene führen würde.

Emotionale Entwicklung im Kulturvergleich

Gisela Trommsdorff und Wolfgang Friedlmeier

Einleitung	276
1. Komponenten einer kulturpsychologischen Analyse emotionaler Entwicklung	278
2. Kulturspezifische Kontextmerkmale emotionaler Entwicklung in Japan und westlichen Kulturen	279
2.1 Person-Welt-Bezug und Selbstkonzept	279
2.2 Erziehungsziele und Erziehungspraktiken	280
2.3 Mütterliche Aufmerksamkeitslenkung und Sensitivität	280
3. Emotionale Entwicklung in der Mutter-Kind-Interaktion in Japan und in westlichen Kulturen	281
3.1 Bindungssicherheit und *amae*	281
3.2 Entwicklung von Empathie	282
3.3 Emotionale Reaktionen auf frustrierende Situationen	286
3.4 Emotionale Regulationsmuster und ihre Entwicklung	288
4. Kulturspezifische emotionale Regulationsmuster und die Entwicklung eines Person-Welt-Bezugs	290
5. Ausblick	292

Einleitung

Ob Emotionen universell oder kulturspezifisch sind, ist in der Forschung umstritten. Die hier vertretene kontextualistische Perspektive bezogen auf emotionale Entwicklung ist in der kulturvergleichenden Psychologie erst in den letzten Jahren formuliert worden und setzt eine funktionale Betrachtung von Emotionen voraus (s. Matsumoto, 1996; Saarni, 1998). Diese Perspektive läßt sich als Synthese aus zwei traditionellen Ansätzen beschreiben, die entweder die Universalität oder die kulturelle Variation fokussieren. Wie zu zeigen sein wird, wirft diese Perspektive ein ganz neues Licht auf Fragen der emotionalen Entwicklung, denen bislang wenig Aufmerksamkeit geschenkt wurde.

Kulturvergleichende Studien im Rahmen des biologisch-evolutionstheoretischen Ansatzes verfolgen das Ziel, die Universalität der Basisemotionen vor allem hinsichtlich des Gesichtsausdrucks zu belegen. In diesem Ansatz wird ein genetisches Affektprogramm für Basisemotionen (z.B. Freude, Trauer, Ärger, Überraschung, Ekel) angenommen. Danach besitzen Basisemotionen ein angeborenes mimisches Ausdrucksmuster; sie werden bereits im ersten Lebensjahr gezeigt und auch bei anderen Personen erkannt (s. Ekman & Friesen, 1975). Die Universalitätsannahme ist dadurch begründet, daß Auslösebedingungen und Ausdrucksverhalten durch physiologische Prozesse vermittelt werden und eine Isomorphie von Ausdruck und Erleben besteht.

Studien der anthropologischen Emotionsforschung hatten hingegen zum Ziel, die Variabilität der Emotionen zwischen Kulturen aufzuzeigen. In den meisten Kulturen besteht zwar eine sprachliche Bezeichnung für das Konzept „Emotion", aber die Bedeutung des Begriffs, die Art der Kategorisierung und der Bezeichnung für spezifische Emotionen variiert (s. Russell, 1991). Linguistische Analysen von Emotionsbegriffen machen deutlich, daß verschiedene Kulturen den emotionalen Bereich unterschiedlich differenzieren und strukturieren (s. Lutz & White, 1986). Emotionale Konzepte und Begriffe sind daher kulturgebunden. Auch die Frage, wo Emotionen lokalisiert werden, führt zu kulturell variierenden Auffassungen. So ist es für westliche Kulturen typisch, daß das individuelle Erleben das wichtigste Merkmal von Emotionen ist. In anderen Kulturen sind Emotionen als Qualitäten von Beziehungen zwischen Personen und zwischen Personen und Ereignissen lokalisiert; sie werden auf eine Situation bezogen, und zwar unabhängig davon, ob der einzelne sie im Falle des Auftretens individuell selbst erlebt oder nicht. Diese Auffassung entspricht einer kontextualistischen Perspektive, gemäß der Emotionen als kulturelle Konzepte betrachtet werden, deren Verständnis kulturell variiert und die innerhalb einer Kultur einem historischen Wandel unterliegen (s. Lutz & White, 1986; Ratner, 1991; i. d. Bd.).

Eine kontextualistische Perspektive scheint im Widerspruch zur Auffassung zu stehen, daß Emotionen aufgrund biologischer Grundlagen universell sind. Dieser Widerspruch wird durch die je einseitige Sichtweise in diesen Ansätzen verstärkt. Wenn man Emotionen hingegen nicht ausschließlich als statische Merkmale oder verbale (bewußte) Merkmale, sondern als dynamische Prozesse versteht, wird offensichtlich, daß emotionales Geschehen eine angeborene physiologische Grundlage besitzt, die aber nicht ausreicht, um die emotionale Reaktion einer Person zu bestimmen. Bewertungsprozesse spielen für die Auslösung von Emotion eine wichtige Rolle; diese Bewertungsprozesse sind nicht angeboren, sondern kulturell vermittelt (s. Holodynski & Friedlmeier, i. d. Bd.).

Die hier vertretene kontextualistische Perspektive soll exemplarisch an der Prozeßtheorie von Scherer (1984, 1986) erklärt werden. In dieser Theorie werden u.a. die subjektive Bewertung der emotionsauslösenden Situation, Dauer und Intensität des Erlebens, verbale und physiologische Reaktionen, Handlungsbereitschaften und Bewältigungsstrategien berücksichtigt (s. auch Mesquita, Frijda & Scherer, 1997). In einer Fragebogenstudie mit japanischen und US-amerikanischen Studenten konnten Matsumoto, Kudoh, Scherer und Wallbott (1988) nachweisen, daß sich bzgl. der emotionalen Reaktion und der damit verbundenen Bewältigungshandlungen kulturspezifische Unterschiede zeigten. Amerikanische Studenten gaben im Vergleich zu japanischen an, daß sie Emotionen länger und intensiver erlebten. Gemäß ihren Angaben reagierten sie physiologisch stärker, verbaler und expressiver. Ihre Emotionen wirkten sich auch stärker auf ihr Selbstwertgefühl aus. Hinsichtlich der Handlungsbereitschaft und Bewältigungsstrategien zeigten sich ebenfalls deutliche Unterschiede. Die japanischen Studenten gaben bei Furcht, Ärger, Ekel, Scham und Schuld häufiger an, daß sie passiv blieben. Solche Reaktionen hängen mit der Ursachenzuschreibung zusammen: Japanische Studenten erlebten diese Gefühle als durch Zufall oder Schicksal ausgelöst. Die amerikanischen Studenten glaubten hingegen, daß sie im Fall von Furcht etwas tun können, um die Situation positiv zu beeinflussen. Bei Emotionen wie Scham und Schuld versuchten Japaner an etwas anderes zu denken. Trotz der deutlichen Unterschiede hinsichtlich der emotionalen Reaktion und der Emotionsregulation stimmten die japanischen und amerikanischen Studenten jedoch in der Auffassung überein, wie stark einzelne Emotionen im allgemeinen regulierbar und kontrollierbar sind.

Entwicklung von Emotionen

In den beiden genannten traditionellen Ansätzen spielen entwicklungspsychologische Fragen eine untergeordnete Rolle. Die linguistischen Analysen in anthropologischen Studien setzen bereits die subjektive Konzeptbildung, d.h. die Etablierung eines aktiven Wissens über Emotionen, voraus. Gemäß dem evolutionstheoretischen Ansatz wurde der kulturspezifischen Entwicklung von Emotionen nur in bezug auf die Frage Aufmerksamkeit geschenkt, welche Darbietungsregeln in welchem Alter erworben werden, d.h., wann Kinder lernen, Emotionen zu maskieren, zu negieren, zu übertreiben oder zu neutralisieren. Da sich die konzeptbasierte Ebene und die Darbietungsregeln zum Ende des Vorschulalters bzw. im Schulalter entwickeln, beziehen sich die meisten entwicklungspsychologischen Studien dieser Ansätze auf diese Altersgruppen.

Die Ergebnisse der Studie von Matsumoto et al. (1988) machen jedoch deutlich, welche kulturspezifischen Gemeinsamkeiten und Unterschiede sich auf verschiedenen Ebenen und Dimensionen des emotionalen Geschehens zeigen können[1]. Die Übereinstimmung in der Einschätzung, ob und wie stark bestimmte Emotionen reguliert werden können, und die Unterschiede auf der Erlebens- und der Regulationsebene weisen darauf hin, daß Prozesse emotionaler Reaktion und Regulation sehr früh erworben und gelernt werden, und zwar so gut, daß sie automatisch ablaufen (s. Matsumoto et al., 1988). So ist die Wahrnehmung eigener und fremder Emotionen, der Ausdruck und das Erleben von Emotionen genetisch nicht festgelegt. Diese emotionalen Komponenten entwickeln sich in der Ontogenese aus dem Zusammenwirken von physiologischen Prozessen (z.B. angeborene Temperamentsmerkmale) und sozialer Vermittlung (s. Zentner, i. d. Bd.). Die Vermittlung erfolgt vor allem in der Interaktion mit den Bezugspersonen, da Säuglinge und Kleinkinder auf ihre externe Unterstützung für die emotionale Regulation angewiesen sind. Dabei bringen die

---

[1] Dabei sind allerdings universelle Merkmale nicht mit „angeboren" gleichzusetzen, da diese Gemeinsamkeiten auch kulturell bedingt sein können. Umgekehrt können Unterschiede nicht selbstverständlich auf Kulturunterschiede zurückgeführt werden, sondern es könnten auch spezifische angeborene Unterschiede dafür verantwortlich sein.

Bezugspersonen ihre eigenen Verständnisweisen von Emotionen ein, die ihrerseits vom kulturellen Kontext geprägt sind.

Die kontextualistische Perspektive betont die Wichtigkeit und Notwendigkeit, kulturvergleichende Studien zur emotionalen Entwicklung bereits im frühkindlichen Alter unter Berücksichtigung der spezifischen Sozialisationsbedingungen durchzuführen (s. Friedlmeier, 1999). Besondere Aufmerksamkeit gilt dabei der Mutter-Kind-Beziehung, da diese in den ersten Lebensjahren eine zentrale Rolle einnimmt. Im folgenden sollen deshalb zunächst universelle und kulturspezifische Merkmale der Mutter-Kind-Beziehung dargestellt sowie der kulturelle Kontext näher bestimmt werden, bevor ausgewählte emotionale Entwicklungsaspekte im Kulturvergleich diskutiert werden.

1. Komponenten einer kulturpsychologischen Analyse emotionaler Entwicklung

Die angeborene Fähigkeit und Bereitschaft von Eltern zur Empathie gegenüber ihren Nachkommen und das damit verbundene intuitive Wissen über Emotionen kann als universelle Voraussetzung für die Entwicklung von Emotionen angenommen werden (s. Papoušek & Papoušek, i. d. Bd.). Mikrogenetische Untersuchungen, wie sie z.B. Bornstein (1989) an Mutter-Kind-Dyaden verschiedener Kulturen durchgeführt hat, belegen zum einen den Einfluß von biologischen Faktoren und zum anderen von kulturspezifisch geprägten sozioemotionalen Faktoren, wie z.B. der verbale und nonverbale Umgang der Mutter mit dem Kind. Eine Kontextabhängigkeit der emotionalen Entwicklung ist nach diesen Studien keinesfalls als „Einwegstraße" zu sehen, sondern als Prozeß der Interaktion von Kontext- und Kindfaktoren. Relevante soziale Kontexte sind in der frühen Entwicklung sicher die Bezugspersonen in der Familie; später eröffnen sich jedoch weitere soziale Kontexte, die jeweils spezifische Bedeutung für das Kind und dessen emotionale Entwicklung haben. Auch ist je nach kulturellem Kontext sowohl die Funktion als auch die Qualität von Mutter-Kind-Beziehungen unterschiedlich. Kulturspezifika von Eltern-Kind-Beziehungen sind seit der bekannten Six Cultures Study von Whiting und Whiting (1975) in zahlreichen kulturvergleichenden Studien nachgewiesen worden. Für eine kulturpsychologische Analyse emotionaler Entwicklung sind daher folgende Faktoren zu berücksichtigen:

- die biologischen Ausgangsbedingungen bei Bezugsperson und Kind
- die frühen wechselseitigen Einflüsse in der Interaktion von Bezugsperson und Kind
- die Kontextbedingungen dieser Interaktionen von seiten der Kultur in ihrer hierarchischen Gliederung und
- die Kontextbedingungen von seiten des Kindes in Form anderer emotionsrelevanter psychischer Entwicklungsprozesse.

Bislang liegen kaum kulturvergleichende Längsschnittstudien zur Bedeutung von Mutter-Kind-Interaktionen für die emotionale Entwicklung des Kindes vor. Dies scheint um so erstaunlicher, weil inzwischen die Rolle des sozialen Kontextes, in dem Kinder aufwachsen, für die Emotionssozialisation differenziert behandelt wurde (vgl. Saarni & Harris, 1989). Ein Grund mag darin zu sehen sein, daß die Durchführung kulturvergleichender empirischer Studien von universellen und kulturspezifischen Bedingungen der Emotionsentwicklung mit hohem Aufwand verbunden ist. So erfordert die Untersuchung von Emotionen in der frühen Kindheit Beobachtungsstudien, da Fragebogen oder Interviewstudien bereits ein Emotionswissen voraussetzen, das erst im Vorschulalter erlernt wird. Zugleich sind verbale Aussagen über Emotionen hinsichtlich der Frage, wie Emotionen in einer bestimmten Situation wahrgenommen, erlebt und ausgedrückt werden, nicht so aussagekräftig, da Wahrnehmungs- und Erinnerungsfehler möglich sind. Die nachfolgend dargestellten Aspekte emotionaler Entwicklung wurden in erster Linie unter dem Kriterium ausgewählt, daß zu dieser Thematik Beobachtungsstudien vorliegen, die eine empirische Grundlage zur Erklärung emotionaler Entwicklung bilden können.

2. Kulturspezifische Kontextmerkmale emotionaler Entwicklung in Japan und westlichen Kulturen

Eine psychologisch gut begründete Auswahl von Kulturen für kulturvergleichende Untersuchungen, insbesondere für die emotionale Entwicklung, ist schwierig. Ein Problem besteht darin, daß nicht angenommen werden kann, daß der kulturelle Kontext immer in gleicher Weise wirksam ist. Vielmehr wird er durch vielfältige Vermittlungsprozesse und verschiedene ökologische Kontexte auf Makro-, Meso- und Mikroebene in seiner Wirkung modifiziert (z.B. durch unterschiedliche familiale Bedingungen). Dazu kommt, daß Kulturen keine homogenen Gebilde, sondern historisch gewachsene, höchst komplexe Phänomene sind, die fortwährenden Wandlungsprozessen unterliegen. Nichtsdestotrotz werden im folgenden vor allem Studien zur emotionalen Entwicklung bei japanischen und amerikanischen bzw. deutschen Kindern vorgestellt, und dies aus zwei Gründen: Zum einen weisen die USA und Deutschland als Vertreter westlicher Kulturen und Japan als eine fernöstliche Kultur Gemeinsamkeiten hinsichtlich ihres industriellen Entwicklungsstands auf. Zum anderen beinhalten die beiden westlichen Länder im Vergleich zu Japan kulturelle Besonderheiten, die relevante Kontextbedingungen für die emotionale Entwicklung von Kindern darstellen könnten.

2.1 Person-Welt-Bezug und Selbstkonzept

Seit der bekannten Studie von Hofstede (1980) ist es üblich geworden, zwischen individualistischen und kollektivistischen Kulturen zu unterscheiden (vgl. Triandis, 1994, 1995). Es besteht weitgehend Übereinstimmung in der Beschreibung der Individualismus-Kollektivismus-Variablen als Ausmaß, in dem eine Kultur den Bedürfnissen, Zielen, Wünschen und Werten eines autonomen und einzigartigen Individuums gegenüber denen der Bezugsgruppe den Vorzug gibt. So müßten sich kulturspezifische Entwicklungskontexte darin unterscheiden, in welchem Ausmaß sie die Erfüllung individueller Bedürfnisse und Ziele gegenüber den Bedürfnissen und Zielen einer Gruppe fördern. Entsprechend müßten sich Mitglieder individualistischer Kulturen als unabhängige, autonome Individuen sehen, also eine independente Selbstauffassung ausbilden. Demgegenüber müßten sich Mitglieder kollektivistischer Kulturen als voneinander abhängige bzw. miteinander verbundene Personen erleben, also eine interdependente Selbstauffassung ausbilden (vgl. Markus & Kitayama, 1991).

Diese Unterscheidung wird zwar wegen der unterstellten Eindimensionalität kritisiert (u.a. von Kâgitçibâsi, 1994, 1996), sie hat sich aber bisher zur Erklärung von Kulturunterschieden bei vielen Verhaltensweisen bewährt (Fijneman, Willemsen & Poortinga, 1996).

Die skizzierten kulturspezifischen Selbstauffassungen verweisen auch auf Unterschiede im emotionalen Bereich. In Kulturen mit independenter Selbstauffassung, wie z.B. in westlichen Kulturen, haben Emotionen eine persönlichere „individuelle" Bedeutung. Emotionen werden als private und innere Erfahrungen wahrgenommen und gedeutet, weshalb westliche Kulturangehörige die Erlebenskomponente als ein zentrales Emotionsmerkmal ansehen. In Kulturen mit interdependenter Selbstauffassung, wie z.B. in fernöstlichen Kulturen, werden Emotionen als situationsspezifische Hinweise über Beziehungen zwischen Menschen und ihrer Umwelt wahrgenommen und gedeutet. Emotionen sind demnach situationsgebundener und nicht so sehr vom tatsächlichen Erleben des einzelnen abhängig.

Die heutige japanische Kultur ist trotz Globalisierung und Amerikanisierung immer noch durch konfuzianisches und buddhistisches Denken mit einer hohen Wertschätzung für die Harmonie und die Einbindung des einzelnen in seine soziale Bezugsgruppe geprägt. Westliche Kulturen stehen demgegenüber in der Tradition des christlich-abendländischen Denkens, das in der Entfaltung des Individuums einen hohen Wert sieht. Empirische Untersuchungen verweisen darauf, daß in Deutschland Werthaltungen bevorzugt werden, die stärker auf Individualität ausgerichtet sind, während in Japan solche bevorzugt werden, die auf die soziale Gruppe hin orientieren (vgl. Hayashi, Suzuki & Hayashi, 1984; Trommsdorff, Suzuki & Sasaki, 1987; Trommsdorff, 1993).

2.2 Erziehungsziele und Erziehungspraktiken

Die genannten unterschiedlichen Werthaltungen sind auch in unterschiedlichen Erziehungszielen und im unterschiedlichen Erziehungsverhalten japanischer und deutscher Mütter erkennbar (vgl. Kornadt, 1989b; Kornadt & Trommsdorff, 1994, 1997; Trommsdorff, 1989, 1997). So sehen japanische Mütter ihr Kind (im Vorschulalter) bei Alltagskonflikten in erster Linie als ein *Kind*, das entwicklungsbedingt (noch) Fehler macht, die man ihm nachsehen muß. Demgegenüber erleben deutsche Mütter ihr Kind als verantwortlich für den Konflikt und führen sein Verhalten eher auf dessen Ungehorsam (bzw. böse Absicht) zurück. Als Erziehungsziel streben japanische Mütter die Einbindung des Kindes in die Gruppe an (einschließlich der Sensibilität für die Bedürfnisse der anderen), während deutsche Mütter auf die Selbständigkeit ihres Kindes Wert legen. Japanische Mütter erleben die Beziehung zu ihrem Kind häufiger als symbiotisch, während deutsche Mütter die Beziehung zu ihrem Kind als konfliktreich erleben. Während japanische Mütter ihre eigene Rolle als Mutter eher akzeptieren, fühlen sich deutsche Mütter häufig überfordert; sie suchen für sich persönlich „Frei-Zeiten" von Mutterpflichten.

2.3 Mütterliche Aufmerksamkeitslenkung und Sensitivität

In der frühen Mutter-Kind-Beziehung spielen Prozesse gemeinsam geteilter Aufmerksamkeit, bei der Mutter und Kind dem gleichen Gegenstand ihre Aufmerksamkeit schenken und dies auch voneinander wissen, eine sehr wichtige Rolle (s. Fogel, 1993; Moore & Dunham, 1995; Raver, 1996; Tomasello, Kruger & Ratner, 1992). Die genannten Autoren betonen, daß ein hohes Ausmaß gemeinsam geteilter Aufmerksamkeit einen optimalen interaktiven Rahmen schafft, der die emotionale Entwicklung fördert. Emotionale Ausdrucksmuster beinhalten Appelle, die sowohl eine Handlungsaufforderung als auch eine gefühlsansteckende Qualität enthalten. In diesen interaktiven ausdrucksvermittelten Prozessen entwickelt sich das gegenseitige Verstehen und Reagieren auf die emotionalen Zustände des anderen in reziproker Weise. Das kontingente Eingehen auf kindliche Ausdruckssignale erhöht das Gefühl der Vorhersagbarkeit und Regulierbarkeit der eigenen Emotionen (s. Kopp, 1989). Die Qualität dieser Kontingenzleistung hängt von der Sensitivität der Mutter (bzw. der Bezugsperson) ab. Nicht nur zu niedrige Grade, sondern auch zu hohe Grade an Kontingenz haben negative Folgen. Letztere sind Indikatoren für eine Überstimulierung des Kindes (Stern, 1992).

Hinsichtlich der Frage, ob eine gemeinsam geteilte Aufmerksamkeit in allen Kulturen in gleicher Weise wirkt, gibt es Zweifel. Denn dieses Konzept wurde bislang nur in westlichen Kulturen, in denen der dyadischen Beziehung ein hoher Wert beigemessen wird, eingehender untersucht. Möglicherweise kommt diesem Prozeß in nicht-westlichen Kulturen weniger Bedeutung zu. Die mütterliche Sensitivität hingegen kann als universelles Merkmal angesehen werden, wenn ihre konkrete Ausgestaltung kulturelle Variationen zuläßt. Sensitivität fördert die Internalisierung von interaktiven Erfahrungen und die Entwicklung einer positiven Selbstauffassung. Auf der Grundlage unterschiedlicher soziokultureller Erwartungen ist anzunehmen, daß gerade die sensitiven Mütter in verschiedenen Kulturen den Transfer kulturspezifischer Muster am besten zu leisten imstande sind (Friedlmeier & Trommsdorff, 1999).

3. Emotionale Entwicklung in der Mutter-Kind-Interaktion in Japan und in westlichen Kulturen

3.1 Bindungssicherheit und *amae*

Eine Besonderheit der Mutter-Kind-Beziehung in Japan besteht in einer sehr engen emotionalen Bindung (vgl. Azuma, 1986; Doi, 1974). Diese quasi symbiotische Mutter-Kind-Beziehung läßt sich als ein besonderes kulturspezifisches Merkmal von sozialen Beziehungen in Japan deuten. Doi (1974) hat dies mit dem Begriff *amae*, dem Bedürfnis nach gegenseitiger Bindung und Abhängigkeit, umschrieben (vgl. auch Kojima, i. d. Bd.). Gemäß kulturvergleichenden Beobachtungsstudien zeichnet sich die Mutter-Kind-Beziehung in Japan vor allem durch körperliche Nähe und nonverbale Kommunikation und weniger durch verbale Kommunikation aus (vgl. Hess, Kashiwagi, Azuma, Price & Dickson, 1980; Caudill & Weinstein, 1974; Stevenson-Barrett, 1996; Mizuta, Zahn-Waxler, Cole & Hiruma, 1996; Friedlmeier & Trommsdorff, 1998; Trommsdorff & Friedlmeier, 1993, 1999; Trommsdorff, 1997; s. auch Lebra, 1994; Rothbaum, Pott, Azuma, Miyake & Weisz, 1998).

Diese Verhaltensweisen haben einige Merkmale mit Verhaltensweisen unsicherer Bindung gemeinsam. Miyake (1990) kam in einer Untersuchung der Bindungsqualität bei einjährigen japanischen Kindern zu dem Ergebnis, daß diese zwar kaum unsicher-vermeidendes Bindungsverhalten, aber in hohem Ausmaß unsicher-ambivalentes Bindungsverhalten zeigten. Grossmann und Grossmann (1996) führten mit den japanischen Beobachtungsdaten aus dem Fremde-Situation-Test Reanalysen durch. Dabei berücksichtigten sie die Tatsache, daß es für japanische Kleinkinder unüblich ist, von der Mutter mit einem Fremden alleingelassen zu werden. Sie kamen zu dem Ergebnis, daß japanische Kinder häufiger bindungssicher als deutsche Kinder waren. Die ungewohnte Situation der Trennung der japanischen Dyaden löste starke negative emotionale Reaktionen aus, die Verhaltensweisen wie z.B. starkes Klammern bei der Wiedervereinigung bedingten. Allerdings blieben auch in der Reanalyse die kindliche Reaktion auf die Trennung und das *amae*-Verhalten des Kindes bei der Wiedervereinigung konfundiert. Es wäre interessant, das spezifische *amae*-Verhalten bei diesen Kindern separat zu kodieren, so wie dies in der kulturvergleichenden Studie mit Vorschulkindern von Mizuta et al. (1996) erfolgte.

In dieser Studie zeigte sich noch bei Vorschulkindern der Wunsch, auf passive und bedingungslose Weise geliebt zu werden, ein Gefühl des Einsseins herzustellen. Dies drückte sich in engem Körperkontakt aus, z.B. auf den Schoß der Mutter zu klettern oder das Gesicht an ihre Brust zu pressen. Dabei wissen sowohl die Mutter als auch das Kind, daß solche Verhaltensweisen unreif sind, aber sie bewerten sie nicht negativ. Im Gegenteil, sie bewerten diese Situationen positiv und freuen sich beide, wenn sich die Gelegenheit ergibt, dies auszudrücken.

Mizuta et al. (1996) gingen der Frage nach, ob es sich bei *amae* um eine von Bindungssicherheit unabhängige Dimension handelt. Sie beobachteten die Trennung und Wiedervereinigung von Müttern und ihren 5jährigen Kindern in den USA und in Japan und analysierten ihre jeweiligen Verhaltensweisen sowie dyadische Merkmale in beiden Situationen. Die japanischen Kinder suchten bei der Wiedervereinigung häufiger die körperliche Nähe der Mutter, während die amerikanischen Kinder ihre Spielaktivität fortsetzten und der Mutter über die Ereignisse erzählten. Als Reaktion auf das kindliche *amae*-Verhalten bemühten sich auch die japanischen Mütter ihrerseits um mehr Annäherung. Sie tätschelten das Kind auf den Kopf und auf den Rücken, rückten Kleider und Haare zurecht. Wenn dieses *amae*-Verhalten der Kinder als Zeichen von Distress interpretiert würde, dann wären diese Kinder unsicherer gebunden als die amerikanischen. Jedoch zeigten sich keine Zusammenhänge mit den bindungsrelevanten Maßen. Zusätzlich war das *amae*-Verhalten der amerikanischen Kinder mit Verhaltensauffälligkeiten verbunden. Da diese Auffälligkeiten aufgrund von Einschätzungen durch die Mütter erhoben wurden, legen diese Ergebnisse den Schluß nahe, daß die US-Mütter gerade die Kinder, die Nähe und Unterstützung suchten, nicht nur als unreif, sondern auch als problematisch betrachteten, während japanische Mütter diese Bewertungen nicht vornahmen.

Diese kulturspezifische Wahrnehmung aufgrund unterschiedlicher Bewertung der Beziehung zeigt sich auch in anderen Studien. So gaben in einer Untersuchung von Lewis (1989) auf die Frage, welche Emotion sie bei einer Trennung vom Kind erleben würden, amerikanische Mütter zu 70% Furcht, japanische Mütter zu 76% Traurigkeit an. Ein ähnliches Ergebnis erbrachte die Analyse eines Gesprächs zwischen Mutter und Kind über erlebte Trennungssituationen (Mizuta et al., 1996). Japanische Dyaden bezogen sich auf Traurigkeit und Verlust, während die amerikanischen Dyaden die Emotion Furcht und wahrgenommene Gefahren thematisierten. Diese unterschiedlichen Emotionen heben die Bedeutsamkeit der Verbundenheit bei den japanischen Dyaden nochmals hervor.

Auch wenn *amae* als unabhängig von Bindungssicherheit angesehen wird, so bleibt offen, ob und wie sich *amae* von „Abhängigkeit" unterscheidet. Vereijken (1995) kommt aufgrund seiner Ergebnisse zu dem Schluß, daß beide Konzepte sehr eng verbunden seien, während Kojima (i. d. Bd.) auch bezüglich dieser beiden Konzepte Unterschiede feststellt.

3.2 Entwicklung von Empathie

Empathie umfaßt eine Teilidentifikation mit dem emotionalen Zustand einer anderen Person (vgl. Eisenberg, 1986; Friedlmeier, 1993; Trommsdorff, 1993). Empathie ist eine emotionale Reaktion, die sich auf Eindrucksbildung bezieht. Die Person nimmt die emotionale

Lage der anderen Person wahr und fühlt den emotionalen Zustand stellvertretend mit. Daher müßte die Entwicklung der Empathie mit den gegebenen kulturellen Werten und sozialen Regeln verknüpft sein, die im Prozeß der Emotionssozialisation (vgl. Saarni & Harris, 1989) wirksam werden.

Die Entwicklung der Empathie ist ein wichtiger Meilenstein der emotionalen Entwicklung im Alter von etwa zwei Jahren (Zahn-Waxler, Robinson & Emde, 1992; Kopp, 1989). Sie erfolgt in Interaktion mit der sozialen Umwelt (vgl. Malatesta-Magai, 1991), ähnlich wie dies für die Entwicklung von Emotionen beschrieben wurde (vgl. Campos, Campos & Barrett, 1989). Die Gefühlsansteckung (*emotional contagion*) im frühen Kindesalter scheint eine angeborene emotionale Reaktion zu sein – bereits Säuglinge weinen, wenn sie ein anderes Kind weinen hören (vgl. Sagi & Hoffman, 1976; Zahn-Waxler et al., 1992). Die Fähigkeit zur Gefühlsansteckung verwandelt sich in die Fähigkeit zur Empathie mit der Entwicklung eines ersten globalen Selbstkonzepts (Selbst-Andere-Differenzierung) im Alter von 18 bis 24 Monaten (Bischof-Köhler, 1989; Staub, 1986; Hoffman, 1982). Empathie kann sich auch in altruistischem Verhalten wie Teilen, Schenken oder Trösten zeigen. Mit der weiteren kognitiven Entwicklung – u.a. der Entwicklung der Perspektivenübernahme – wird die unmittelbare emotionale Empathiereaktion mit komplexeren Prozessen der Situations- und Selbstwahrnehmung verknüpft (s. Hoffman, 1982).

Im Fall des Miterlebens eines negativen emotionalen Zustands einer anderen Person können neben der empathischen Reaktion auch Distress-Reaktionen, d.h. Unbehagen und Unwohlsein, ausgelöst werden. Diese Distressreaktionen sind entweder durch zu starke Identifikation mit dem Zustand der anderen Person oder durch mangelnde soziale Kompetenz, der Empathie entsprechende prosoziale Verhaltensweisen folgen zu lassen, bedingt.

Die Entwicklungsgrundlagen für Empathie werden in der frühen Kindheit gelegt, und zwar durch die Art der elterlichen Beziehung zum Kind. Insbesondere die Sensitivität der Eltern gegenüber den Bedürfnissen des Kindes und kontingente Reaktionen auf Signale des Kindes werden als förderliche Bedingungen für die Entwicklung von Empathie gesehen (Zahn-Waxler et al., 1992). Dabei kommt der frühen Koordinierung gemeinsam geteilter Aufmerksamkeit zwischen Eltern und Kind eine wichtige Rolle zu: Hierdurch erhält das Kleinkind die Gelegenheit zu erfahren, welche Gefühle und Bedürfnisse die Eltern erleben und wie eigene und elterliche Bedürfnisse koordiniert werden können (Adamson & Bakeman, 1991; Bretherton, Fritz, Zahn-Waxler & Ridgeway, 1986). Unter Berücksichtigung kulturspezifischer Merkmale lassen sich zwei Hypothesen ableiten:

1. Empathie müßte in einer kollektivistisch orientierten Kultur nicht nur eine höhere Prävalenz aufweisen, sondern auch einen hohen Stellenwert in der Sozialisation einnehmen. Dies führt zu der Hypothese, daß japanische Kinder im Vergleich zu deutschen zu einem früheren Zeitpunkt und ausgeprägter Empathie zeigen.
2. Die Berücksichtigung, daß eine empathische Reaktion ein gewisses Maß an sozialer Kompetenz erfordert (s.o.), und daß die enge Mutter-Kind-Beziehung bei japanischen Dyaden weniger selbstreguliertes Handeln auf seiten des Kindes fördert, führt zur Hypothese, daß japanische Kinder im Vergleich zu deutschen häufiger und stärker mit Distress reagieren.

In einer kulturvergleichenden Beobachtungsstudie mit 2- und 5jährigen deutschen und japanischen Mädchen gingen wir diesen Fragen nach. Die Mädchen erlebten die Traurigkeit einer Spielpartnerin, nachdem ihr ein Spielzeug (2jährige: Teddybär verlor seinen Arm; 5jährige: ein selbstgebasteltes Luftballonmännchen platzte) kaputtgegangen war. Bei den

2jährigen war die Mutter im Raum, wurde aber angehalten, sich nicht aktiv zu beteiligen, sondern nur auf Ansprache des Kindes zu reagieren. Bei den 5jährigen war die Mutter nicht im Raum[2]. Die auf die Traurigkeit der Spielpartnerin gezeigten emotionalen Reaktionen und Handlungen des Kindes wurden videografiert und auf 6stufigen Skalen von deutschen und japanischen Experten eingeschätzt. Zusätzlich wurde durch einen Vergleich der Skalenwerte die dominante emotionale Qualität bestimmt. Zur Erfassung der mütterlichen Sensitivität wurde jede Dyade in einer strukturierten Mutter-Kind-Interaktion beobachtet. Die Kinder erhielten eine für ihre Altersgruppe zu schwere Aufgabe (2jährige: Turmbau; 5jährige: Bilderlegen-Subtest aus HAWIK für 8jährige). In einem zweiten Teil wurde durch abrupte Wegnahme eines Spielobjekts (2jährige: eine Puppenstube; 5jährige: ein unfertiges Bild), mit dem sich die Mädchen gerade beschäftigten, Enttäuschung induziert. In der Aufgaben- und Enttäuschungssituation wurde die Erfassung der mütterlichen Sensitivität in verschiedene Komponenten mit 6stufigen Skalen aufgeteilt (Wärme, Empathie und Akzeptanz der Mutter). Für die Aufgaben- und Enttäuschungssituation wurde jeweils ein Indikator für die mütterliche Sensitivität gebildet.

Die japanischen Mütter der 2- und 5jährigen waren im Vergleich zu den deutschen Müttern insgesamt signifikant sensitiver in beiden Situationen (s. Tab. 1). Außerdem waren Mütter beider Kulturen insgesamt gegenüber den 2jährigen Kindern signifikant sensitiver als gegenüber den 5jährigen Kindern (s. Tab. 1). Dabei waren japanische Mütter 5jähriger Kinder etwa ähnlich sensitiv wie deutsche Mütter 2jähriger Kinder. Dies verdeutlicht, daß das Entwicklungsalter des Kindes die Sensitivität japanischer Mütter weniger beeinflußte. Eine situationsübergreifende Stabilität im Ausmaß der Sensitivität zeigte sich nur bei den deutschen Müttern der 5jährigen Mädchen [$r(28) = .53, p < .01$].

Tabelle 1. Sensitivität japanischer und deutscher Mütter in zwei verschiedenen Interaktionssituationen mit ihrer Tochter

Sensitivität der Mutter in	Japanische Mütter von		Deutsche Mütter von		F-Wert (gesamt) (R^2)	Effekte	
	2jährigen (n = 19) M (SD)	5jährigen (n = 17) M (SD)	2jährigen (n = 17) M (SD)	5jährigen (n = 30) M (SD)			
Aufgaben-situation	5.41 (.63)	4.95 (.59)	4.90 (.92)	4.42 (1.29)	4.25** (.13)	A: B: C:	4.89* 6.06* <1.00
Enttäuschungs-situation	5.42^c (.69)	5.13^b (.87)	5.16^b (.89)	4.25^a (1.42)	5.58** (.17)	A: B: C:	6.11* 5.49* 1.61

*$p < .05$, **$p < .01$. Skala von 1 – überhaupt nicht sensitiv bis 6 – sehr sensitiv. Mittelwerte mit gleichen Buchstaben unterscheiden sich nicht signifikant. A: Alter, B: Kultur, C: Interaktion Alter*Kultur.

Bei den 2jährigen Mädchen beider Kulturen dominierte in gleichem Ausmaß die Distressreaktion [$Chi^2(2) = 1.09$, n.s.] (s. Abb. 1). Hingegen trat bei den 5jährigen ein deutlicher Kulturunterschied auf [$Chi^2(2) = 6.50, p < .05$]: Die meisten japanischen Mädchen

---

[2] Die hier berichteten Untersuchungen sind von der Deutschen Forschungsgemeinschaft sowie von der Japan Foundation gefördert worden. Für die Unterstützung bei der Erhebung der Daten der 2jährigen japanischen Kinder und ihrer Mütter ist U. Schmidt und A. Gotoh, und für die Erhebung der Daten für die 5jährige japanische Stichprobe M. Kobayashi und H. Namiki zu danken.

reagierten mit Distress, während bereits ein knappes Drittel der deutschen Mädchen Empathie als dominante emotionale Reaktion zeigte (s. Abb. 1). In bezug auf die Intensität der Empathie ergaben sich weder Alters- noch Kulturunterschiede, aber signifikante Unterschiede in bezug auf Distress (s. Tab. 2): 2- und 5jährige japanische Mädchen zeigten mehr Distress als gleichaltrige deutsche Mädchen. Außerdem war der Distress bei den jüngeren Kindern stärker als bei den älteren. Die Interaktionseffekte zwischen Kultur und Alter waren nicht signifikant. Ein Zusammenhang zwischen den emotionalen Reaktionen und der mütterlichen Sensitivität zeigte sich nur bei den deutschen 5jährigen Mädchen: Je stärker die Distressreaktion der Mädchen, um so sensitiver waren die Mütter in der Enttäuschungssituation [r(28) = .35, p < .06].

Abbildung 1. Verteilung der dominanten emotionalen Reaktion bei 2- und 5jährigen deutschen und japanischen Mädchen

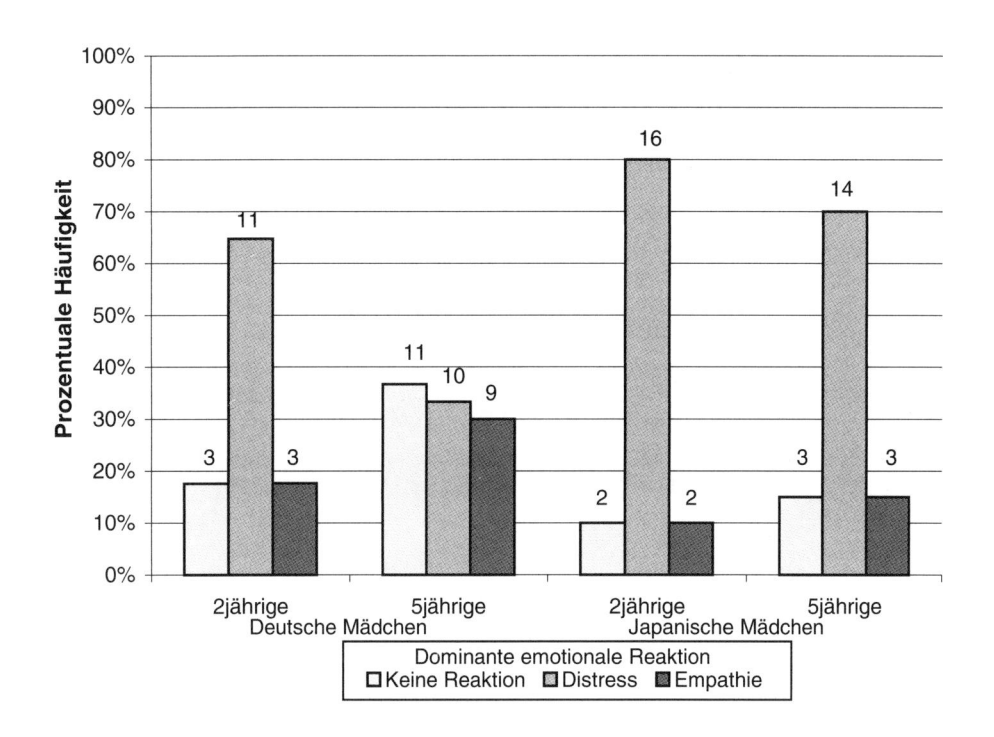

Eine höhere Sensitivität der japanischen Mütter konnte auch in dieser Studie belegt werden. Bei den japanischen Mädchen dominierte Distress. Es fehlte ihnen noch an emotionaler Selbstregulationskompetenz. Die Nähe und Unterstützung durch die Mutter war noch wichtiger als bei den deutschen Mädchen. Da bei den 2jährigen die Mütter im Raum waren, führten wir für diese Altersgruppe eine Sequenzanalyse mit fünf Meßzeitpunkten durch: (1) Die Distanz zwischen Mutter und Kind vor der Unglückssituation, (2) die emotionale Reaktion des Kindes, (3) seine soziale Bezugnahme auf die Mutter, (4) die mütterliche

Reaktion und (5) der emotionale Zustand des Kindes am Ende der Situation. Jede Komponente wurde in dichotomer Weise eingeschätzt.

Dabei zeigte sich, daß die japanischen Kinder bereits in der Spielsituation mehr Nähe zur Mutter suchten und oftmals die Spielpartnerin veranlaßten, das Spiel näher bei der Mutter durchzuführen. Die japanischen Mädchen suchten auch *nach* dem Unglück am häufigsten die physische Nähe zur Mutter, während die deutschen Kinder häufiger Blickkontakt zur Mutter aufnahmen, ohne sich ihr anzunähern. Bei den deutschen Dyaden zeigte sich ein Zusammenhang dahingehend, daß eine sensitive Reaktion der Mutter zu einem entspannten emotionalen Zustand führte, während sich bei den japanischen Dyaden kein Zusammenhang ergab. Dieser Unterschied ist möglicherweise eine Folge eines stärkeren Distress-Erlebens der japanischen Mädchen. Dies mag aber ein Ergebnis kulturspezifischer Sozialisationsbedingungen sein, da japanische Kinder aufgrund des stärkeren Beschütztwerdens in diesem Alter vermutlich noch nicht so viele Erfahrungen mit sozialen Streßsituationen haben (s. Friedlmeier & Trommsdorff, 1999).

Diese Sequenzanalysen verdeutlichen, daß es nicht nur wichtig ist, die Qualität und Ausdrucksintensität einzelner Emotionen zu analysieren, sondern daß es erforderlich ist, die Verläufe von emotionalen Reaktionen und die Regulationshandlungen des Kindes bzw. der Mutter einzubeziehen. Denn es ist anzunehmen, daß der Verlauf des emotionalen Geschehens kulturspezifisch variiert und der gesamte Ablauf Folgen für das zukünftige Auftreten ähnlicher Situationen und Erlebensqualitäten hat.

Tabelle 2. Ausmaß von Empathie und Distress bei 2- und 5jährigen japanischen und deutschen Mädchen

Emotionale Reaktion	Japanische Mädchen		Deutsche Mädchen		F-Wert (gesamt) (R^2)	Effekte	
	2jährige (n = 19) M (SD)	5jährige (n = 17) M (SD)	2jährige (n = 17) M (SD)	5jährige (n = 30) M (SD)			
Empathie	1.11 (1.66)	1.35 (1.50)	1.41 (1.54)	2.00 (1.26)	1.68 (.06)	A: B: C:	1.60 2.08 <1.00
Distress	3.47^c (1.05)	2.53^b (.99)	2.41^b (1.55)	1.50^a (1.16)	10.91*** (.29)	A: B: C:	12.55*** 15.79*** <1.00
Frustration/ Ärger	5.22^c (.81)	2.90^a (1.41)	4.94^c (.77)	4.57^b (1.01)	19.14*** (.42)	A: B: C:	33.03*** 8.70** 17.34***

**$p < .01$, ***$p < .001$. Skala von 1 – tritt nicht auf bis 6 – tritt sehr deutlich auf. Mittelwerte mit gleichen Buchstaben unterscheiden sich nicht signifikant. A: Alter, B: Kultur, C: Interaktion Alter*Kultur.

3.3 Emotionale Reaktionen auf frustrierende Situationen

Bislang haben wir mit der Empathie eine emotionale Reaktion betrachtet, die eine spezifische Bedeutung für die Eindrucksbildung hat. Im folgenden beschäftigen wir uns mit negativen emotionalen Reaktionen, die unmittelbar auf das Kind selbst bezogen sind, nämlich mit emotionalen Reaktionen auf frustrierende Situationen. Es läßt sich allgemein annehmen, daß Frustration Ärger auslöst (s. Dollard & Miller, 1950); aber gerade Ärgerreaktionen weisen kulturspezifische Merkmale auf, die bestimmten kulturellen Regeln und damit verbundenen Sozialisationsbedingungen unterliegen.

Offene Ärgerreaktionen sind vor allem in einer kollektivistischen Kultur nicht erwünscht, da sie die Harmonie der Gruppe gefährden. Nicht nur das Zeigen von Ärger, sondern auch das Erkennen von Ärger zeigt kulturspezifische Unterschiede: In einer Studie von Matsumoto und Kishimoto (1983) war bei den untersuchten 8- bis 9jährigen japanischen Kinder diese Fähigkeit weitaus geringer ausgeprägt als bei den amerikanischen Kindern. Die Autoren interpretierten diesen Befund so, daß die Ursache des Nichterkennens nicht in der mangelnden Genauigkeit des kindlichen Urteils läge, sondern im Antwortverhalten der Kinder. Die Kinder wollten keine Antwort geben, die deutlich machte, daß sie Ärger wahrgenommen und erkannt hätten. Dieses vermeidende Antwortverhalten kann als Wirkung früher Sozialisationsprozessse angesehen werden, in denen sie angehalten wurden, keine Ärgerreaktion zu zeigen. Sie hatten also Hemmungen, die Wahrnehmung von Ärger dem Versuchsleiter mitzuteilen.

Diese Unterschiede in emotionalen Reaktionen stehen auch mit unterschiedlichen Erziehungszielen im Zusammenhang. Während deutsche Mütter bereits zu einem frühen Zeitpunkt sehr viel Wert auf die Selbständigkeit ihres Kindes legen, wird dieses Ziel von japanischen Müttern weniger verfolgt (Kornadt & Trommsdorff, 1990; Trommsdorff, 1997). Diese unterschiedlichen Erziehungsziele im Kontext der unterschiedlichen sozialen Struktur und kulturellen Werte führen dazu, daß japanische Mütter eher darauf bedacht sind, ihre Kinder vor negativen emotionalen Situationen zu schützen, und frühzeitig aktiv regulierend eingreifen. Deutsche Mütter hingegen setzen ihre Kinder öfter emotional belastenden Situationen aus, damit sie selbständiger werden.

In der oben beschriebenen Enttäuschungssituation unserer Studie, die als Teil der Mutter-Kind-Interaktion bei den 2- und 5jährigen deutschen und japanischen Mädchen durchgeführt wurde, schätzten wir auch die Intensität ihrer negativen Emotionen auf einer 6stufigen Skala ein. Der Vergleich erbrachte einen signifikanten Interaktionseffekt für Kultur und Altersgruppe (s. Tab. 2). In beiden Kulturen war das Ausmaß des negativen Emotionsausdrucks bei den älteren Kindern geringer. Die 2jährigen japanischen Kinder zeigten von allen den negativsten Emotionsausdruck und die 5jährigen japanischen Kinder den geringsten. Dieser altersspezifische Unterschied war bei den deutschen Kindern ähnlich, aber geringer (s. Tab. 2).

Ein Vergleich zwischen den beiden Formen negativer emotionaler Reaktionen (Distress und Frustration/Ärger) mittels einer Varianzanalyse mit Meßwiederholung führte gleichfalls zu einem signifikanten Interaktionseffekt zwischen Art der Emotion, Altersgruppe und Kultur [$F(1,79) = 6.80$, $p < .01$] (s. Abb. 2): Dabei wird deutlich, daß sich jeweils kulturspezifisch eine der beiden negativen emotionalen Reaktionen zwischen den beiden Altersgruppen deutlich veränderte: Bei den 5jährigen japanischen Mädchen war der Ausdruck der Frustration im Vergleich zu den 2jährigen japanischen Mädchen weitaus geringer, während bei den 5jährigen deutschen Mädchen vor allem die Distress-Reaktion geringer ausgeprägt war. Dies deutet darauf hin, daß die beiden Emotionsformen (Frustration ist auf das Selbst bezogen, Distress ist auf eine andere Person bezogen) einer unterschiedlichen kulturellen Bedeutung und Bewertung unterliegen, die Erziehungseinstellungen und -verhalten beeinflußt und deren Wirksamkeit bei den älteren Kindern deutlich wird (s. Abschnitt 4.).

Wiederum zeigte sich ein Zusammenhang zwischen der mütterlichen Sensitivität und der emotionalen Reaktion nur bei den 5jährigen deutschen Mädchen in der Aufgabensituation [$r(28) = .40$, $p < .05$]: Je stärker die Mädchen ihre negative Emotion ausdrückten, um so sensitiver gingen die Mütter darauf ein. Die Sensitivität der Mütter der anderen drei Gruppen war offenbar nicht so stark durch die emotionale Reaktion des Kindes bestimmt.

Abbildung 2. Ausmaß negativer emotionaler Reaktionen (Distress, Frustration) in zwei verschiedenen Situationen bei 2- und 5jährigen deutschen und japanischen Mädchen

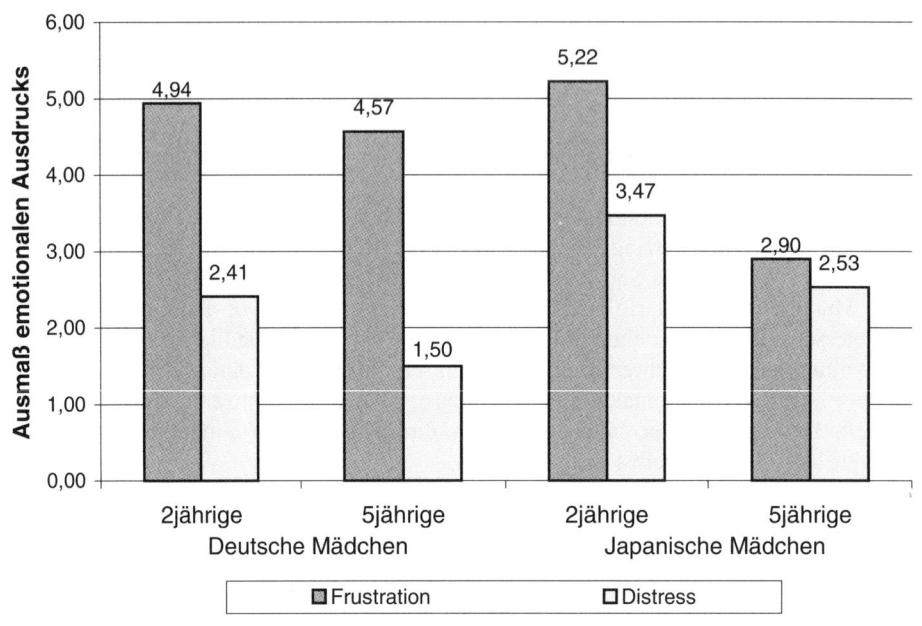

Skalenwerte von 0 - kein emotionaler Ausdruck bis 6 - starker emotionaler Ausdruck

Auch der Vergleich zwischen Empathie, Distress und negativer emotionaler Reaktion lieferte wiederum nur Zusammenhänge bei den deutschen 5jährigen Mädchen: Je weniger die Mädchen negative Reaktionen in der Enttäuschungssituation zeigten, um so ausgeprägter war ihre Empathie [$r(28) = -.49$, $p < .01$] und um so geringer ihre Distressreaktion [$r(28) = .39$, $p < .05$]. Es bleibt offen, ob diese Zusammenhänge aufgrund der unterschiedlichen Stichprobengrößen ein methodisches Artefakt sind oder ob die 5jährigen deutschen Mädchen aufgrund der Erziehung zu mehr Selbständigkeit tatsächlich bereits eine stärkere intrapsychische Emotionsregulation entwickelt haben, die sich bei den japanischen Mädchen erst zu einem späteren Zeitpunkt aufbaut.

3.4 Emotionale Regulationsmuster und ihre Entwicklung

Die frühe Erfahrung der dyadischen Regulation zwischen Kleinkind und Mutter ist eine der ersten Grundlagen für die Emotionsregulation (Sroufe, 1996). Wenn das Kleinkind bei negativen Emotionen die einfühlsamen Reaktionen der Mutter erlebt, kann es Vertrauen in die Fähigkeit und Bereitschaft der Mutter entwickeln, daß diese im Falle von negativen Emotionen helfend zur Seite steht. Diese Erfahrung entspricht im wesentlichen den Annahmen der Bindungsforschung (vgl. Bowlby, 1969), nach der bei sicherer Bindung negative eigene Emotionen besser kontrollierbar sind. Besonders die Erfahrung von kontingenten Interaktionen mit den Eltern vermitteln dem Kleinkind wichtige Voraussetzungen für die Regulation negativer Emotionen. Adamson und Bakeman (1991) nehmen an, daß Mutter und Kleinkind im Laufe des zweiten Lebensjahres in Episoden gemeinsam geteilter Aufmerksamkeit Erfahrungen sammeln, wie man die Emotionen des jeweils anderen regulieren kann. Zunächst unterstützen die Eltern interaktiv die Emotionsregulation beim Kind, wie z.B. mit der Strategie, die Aufmerksamkeit des Kindes von der Quelle der negativen Emotionen abzuwenden. Strategien der interaktiven Emotionsregulation werden im Laufe der Entwicklung vom Kind internalisiert und funktionieren schließlich selbstregulierend. Dies bedeutet nicht, daß 5jährige Kinder keine interaktive Regulation mehr zeigen, sondern daß diese Kinder aktiv die Unterstützung der Mutter einfordern können.

Eine wichtige Frage dabei ist, welche interaktiven Regulationsstrategien Eltern benutzen, und wie sich diese auf den weiteren Verlauf der emotionalen Reaktion auswirken. Um dieser Frage nachzugehen, haben wir in der oben beschriebenen Studie mit deutschen und japanischen Mädchen die Verläufe der emotionalen Reaktionen für die 5jährigen analysiert. Als Indikatoren wurde die Intensität des negativen emotionalen Ausdrucks anhand von Mimik, Gestik und Körperhaltung zu vier Zeitpunkten jeweils in einem Zeitintervall von ca. 10 Sekunden auf einer 6stufigen Skala von 1 – kein negativer emotionaler Ausdruck – bis 6 – sehr deutlicher negativer emotionaler Ausdruck – kodiert: (1) baseline – vor dem frustrierenden Ereignis, (2) unmittelbar nach dem frustrierenden Ereignis, (3) nach ca. einer Minute und (4) nach ca. zwei Minuten (unmittelbar vor der Rückkehr der Versuchsleiterin). Die Veränderung des Emotionsausdrucks über die vier Meßzeitpunkte wurde als Indikator für die individuellen Emotionsverläufe verwendet. Zur Verlaufsanalyse wurde das Hierarchisch Lineare Modell (HLM) verwendet. Diese Methode ermöglicht die Bestimmung von individuellen Verlaufsparametern. Die Verläufe der emotionalen Reaktion waren bei den deutschen und japanischen Mädchen ähnlich, mit dem einzigen Unterschied, daß die Ausdrucksintensität der deutschen Mädchen höher war. Auch zeigte sich für beide Gruppen, daß es beträchtliche interindividuelle Unterschiede in den Emotionsverläufen gab.

Zur Überprüfung von möglichen subgruppenspezifischen Verlaufsmustern wurde das Ausmaß der mütterlichen Sensitivität in der Enttäuschungssituation herangezogen. Es zeigten sich klare kulturspezifische Unterschiede: Die Kinder der hoch sensitiven deutschen Mütter reagierten mit intensiverem negativen Emotionsausdruck, der mit der Zeit abklang. Hingegen veränderte sich der Emotionsausdruck bei den Kindern von gering sensitiven Müttern kaum (s. Abb. 3). Die Verlaufsmuster der zwei Gruppen japanischer Kinder entsprachen jeweils dem entgegengesetzten Verlaufsmuster der deutschen Kinder (s. Abb. 3).

Eine mikrogenetische Analyse des mütterlichen Verhaltens in dieser Situation verwies auf kulturspezifische Merkmale. Die deutschen sensitiven Mütter thematisierten das emotionsauslösende Ereignis, während dies japanische sensitive Mütter zu keinem Zeitpunkt taten. Statt dessen lenkten japanische Mütter ihr Kind vom negativen Ereignis ab, indem sie durch eine Umdeutung der Situation einen Rahmen der Kontinuität schufen und ihr Kind aufforderten, an der Aufgabe weiterzumachen. Die deutschen sensitiven Mütter hingegen machten dem Kind nochmals das emotionsauslösende Ereignis und das damit verbundene Erleben deutlich. Dieses Ergebnis stimmt mit Befunden aus anderen kulturvergleichenden Studien überein (z.B. Chao, 1995; Harkness & Super, 1982).

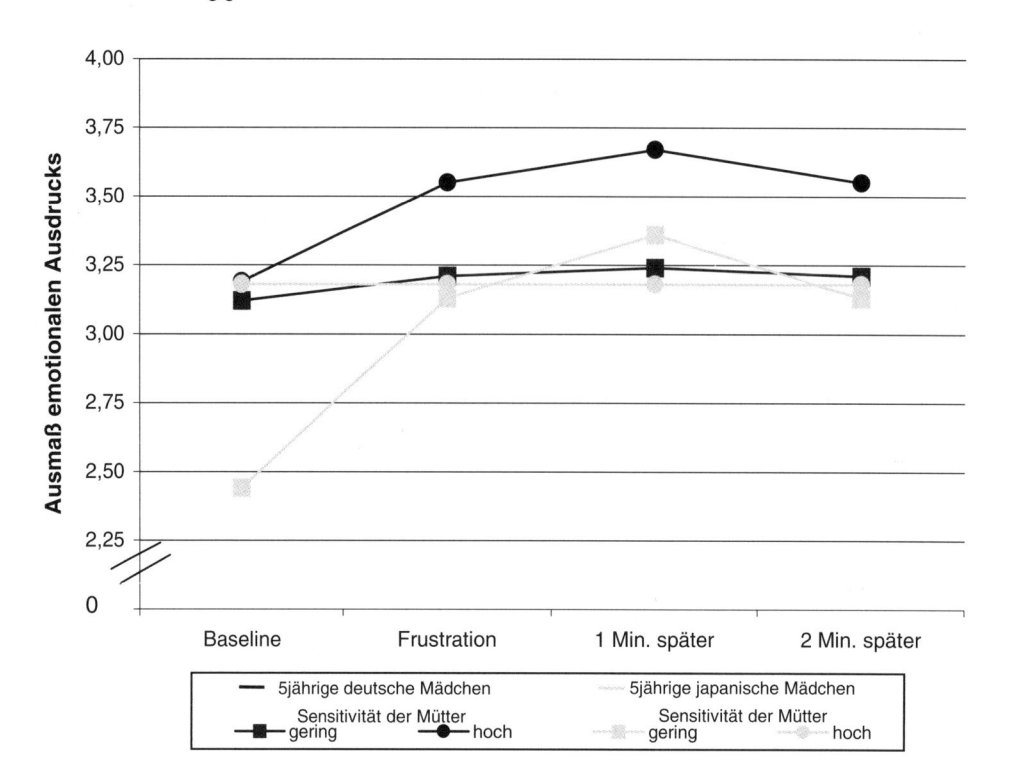

Abbildung 3. Verlauf negativer emotionaler Reaktionen bei japanischen und deutschen 5jährigen Mädchen in Abhängigkeit von der mütterlichen Sensitivität

4. Kulturspezifische emotionale Regulationsmuster und die Entwicklung eines Person-Welt-Bezugs

Die in unserer Studie analysierten negativen Emotionen in der Enttäuschungs- und der Unglückssituation sind qualitativ verschieden: In der Enttäuschungssituation erlitt das Kind selbst einen Schaden, in der Unglückssituation aber die Spielpartnerin. Im ersten Fall entstehen selbstbezogene Emotionen, z.B. Ärger, Enttäuschung, im zweiten Fall personbezogene Emotionen, z.B. Empathie, Distress. Die japanischen Mädchen unterschieden sich in beiden Situation von den deutschen Mädchen: Sie zeigten weniger selbstbezogene, aber mehr personbezogene Emotionen. Diese Befunde weisen auf kulturelle Besonderheiten hin, die jedoch als Hypothesen in weiteren kulturvergleichenden Untersuchungen zu prüfen sind: Selbst- und personbezogene Emotionen haben in einem individualistischen Kulturkontext eine andere Prävalenz, und sie werden auch in anderer Weise reguliert als in einem kollektivistischen Kontext. Die unterschiedliche Bedeutsamkeit ist auf die vorherrschenden kulturellen Werthaltungen bezogen. Entsprechend kulturabhängig werden der Ausdruck und die Regulation solcher Emotionen akzeptiert und gefördert oder ignoriert.

Der entwicklungspsychologische Zusammenhang zwischen emotionalen Regulationsmustern und der Entwicklung einer Selbstauffassung soll nun genauer beschrieben werden. In einem kollektivistischen Kulturkontext wie in Japan, in dem die Interdependenz der eigenen Person mit anderen Personen, also zunächst der Mutter, betont wird, haben selbstbezogene negative Emotionen keinen angemessenen Platz. Kinder lernen früh, ihre Emotionen so zu regulieren, daß sie die Harmonie der Gruppe nicht stören. Andererseits haben personbezogene Emotionen, insbesondere das Mitfühlen mit den Bedürfnissen und Emotionen einer anderen Person (Empathie, Distress), eine besonders wichtige Bedeutung, sichern sie doch, ohne daß verbale Kommunikation erforderlich ist, eine Abstimmung auf die Bedürfnisse der Gruppenmitglieder und erhalten so die Harmonie in der Gruppe (vgl. Trommsdorff, 1997).

In einem individualistisch orientierten Sozialisationskontext wie in Deutschland sind die Bezugspersonen – also in erster Linie die Mütter – darauf eingestellt, daß sie und ihr Kind eigenständig und autonom sind, wobei sie durchaus unterstützend in die weitere Selbständigkeitsentwicklung des Kindes eingreifen. Damit entwickeln deutsche Kinder frühzeitig die Einstellung, ihre Emotionen als authentischen Teil ihrer Persönlichkeit anzusehen. Negative Emotionen müssen nicht versteckt werden.

Sensitive Reaktionen der deutschen Mütter können dabei geradezu eine Verstärkung für den selbstbezogenen emotionalen Zustand ihres Kindes haben, wie dies in der oben angeführten Studie zum Emotionsverlauf bei den 5jährigen deutlich wurde. Japanische Mütter reagieren in anderer Weise sensitiv auf die Bedürfnisse ihres Kindes als deutsche Mütter. Sie setzen mehr Ablenkungsstrategien ein und vermitteln damit dem Kind sowohl emotionale Geborgenheit als auch eine Orientierung auf externe Erwartungen. Dies dürfte dem Kind helfen, eine auf die eigenen negativen Emotionen fokussierte Wahrnehmung zu reduzieren. Diese unterschiedlichen kulturspezifischen Regulationsstrategien haben zur Folge, daß deutsche Kinder bereits am Ende des Vorschulalters ihre negativen Emotionen relativ selbständig regulieren können, während japanische Gleichaltrige weiterhin auf die Unterstützung der Mutter zurückgreifen.

Die in unserer Studie aufgedeckten Verhaltensweisen der Kinder und Mütter sind offensichtlich kulturspezifisch adaptiv: Im *Prozeß der interaktiven Emotionsregulation* findet nicht nur eine kulturspezifische Ausformung des emotionalen Geschehens statt, sondern auch die Internalisierung und Stabilisierung allgemeiner kultureller Muster, wie z.B. die Entwicklung der Selbstauffassung (s. Abb. 4): Die Ermutigung der deutschen Mütter an ihre Kinder, ihre Gefühle zu erleben, unterstützt die Ausbildung eines Emotionskonzepts, in dem die persönlichen Anteile an der Emotionsentstehung eine zentrale Rolle spielen. Der Aufmerksamkeitsfokus liegt auf der eigenen Person. Dies fördert die Entwicklung einer *independenten Selbstauffassung*. Die Ablenkungsstrategie hingegen vermeidet es, die persönlichen Anteile an der Emotionsentstehung zu sehen. Sie unterstützt vielmehr eine situationsspezifische Attribution von Emotionen. Der Aufmerksamkeitsfokus liegt auf der Situation bzw. der anderen Person. Dies fördert die Ausbildung einer *interdependenten Selbstauffassung*. Es entsteht ein kulturspezifischer positiver Rückkopplungseffekt zwischen der Art der interaktiven Emotionsregulation durch die Mütter und der Ausbildung einer entsprechenden Selbstauffassung ihrer Kinder.

Zusammenfassend läßt sich sagen: Emotionen entstehen im Verlauf von sozialen Interaktionen, und sie werden auch in ihnen reguliert. Dabei geht es nicht um beliebige Interaktionen, sondern um die frühkindlichen Interaktionen zwischen Kind und Bezugsperson (meistens der Mutter). Bestimmte situative Bedingungen sind je nach kulturellem Kontext für die Entwicklung von Emotionen und deren Regulation funktional. So hat die Sensitivität von Müttern nicht nur eine andere Qualität, sondern auch eine andere Funktion in bezug auf die interaktive Regulation der kindlichen Emotionen in Abhängigkeit von den kulturspezifischen Sozialisationsbedingungen, in die auch Werte- und Verhaltenspräferenzen einfliessen. Solche komplexen Kontextbedingungen lassen sich als kulturelle Nischen (*cultural niche*) (Super & Harkness, 1986, 1997; Harkness & Super, 1994) verstehen. Dabei sind die einzelnen Elemente (z.B. elterliche Erziehungswerte und -verhaltensweisen; Familiensystem) nicht unabhängig voneinander zu betrachten; vielmehr bilden sie ein ganzheitliches System aufeinander bezogener Elemente, die nur zusammengenommen eine bestimmte Wirkung entfalten können.

Abbildung 4. Interpsychische Emotionsregulation und die Entwicklung kulturspezifischer Selbstauffassungen

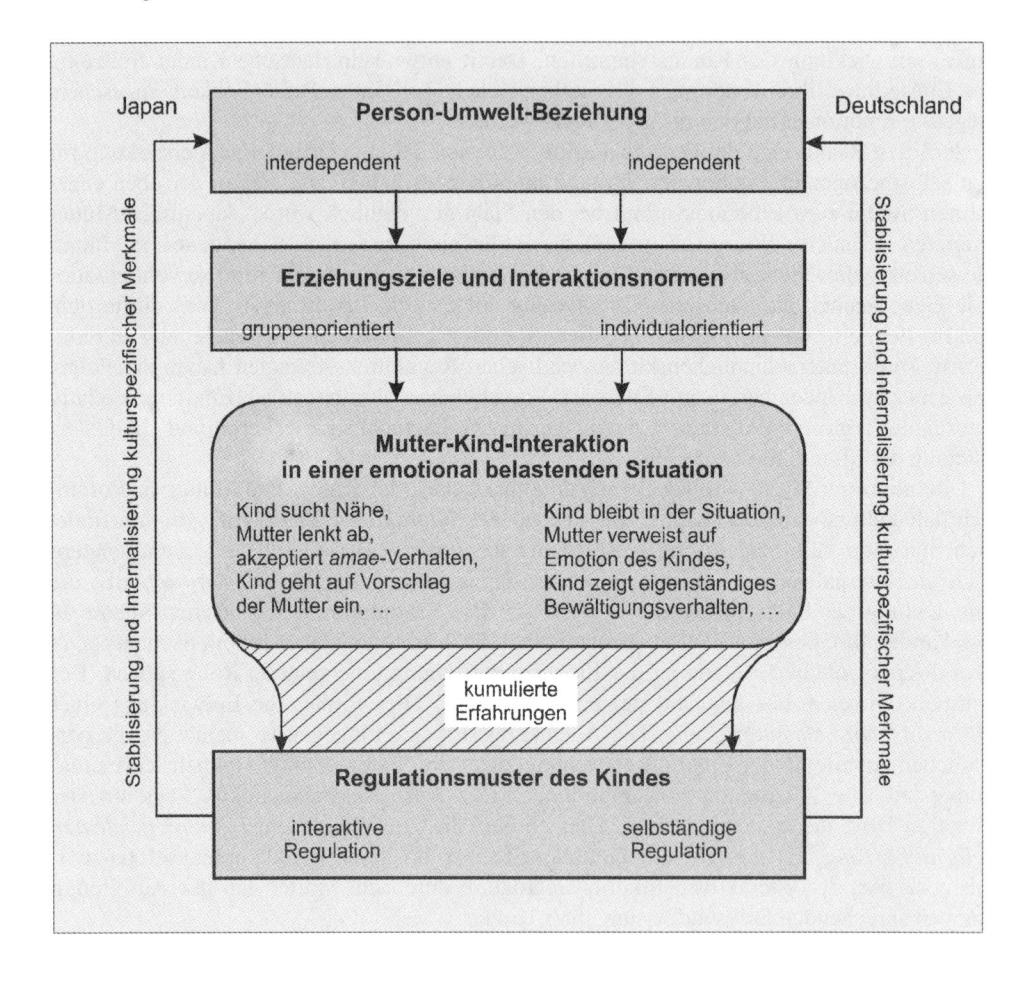

5. Ausblick

Kulturvergleichende Beobachtungsstudien leisten einen wichtigen Beitrag zur Aufklärung universaler und kulturspezifischer Prozesse in der emotionalen Entwicklung. Die Entwicklung von einer interaktiven (interpsychischen) zu einer selbständigen (intrapsychischen)

Emotionsregulation erfolgt bei Kindern der hier betrachteten Kulturen unterschiedlich. Der Analyse interpsychischer Emotionsregulation in der frühen Kindheit kommt vor allem deshalb eine große Bedeutung zu, weil die Regulationsstrategien der Bezugspersonen nicht nur Konsequenzen für die Internalisierung solcher Strategien haben, sondern auch Konsequenzen für die Entwicklung der Emotionsform – mit der Folge, daß die Bewertung von emotionsauslösenden Situationen, das Erleben und die damit verbundenen Handlungsbereitschaften kulturell variieren.

Die dargestellten Untersuchungen leisten keinen Beitrag zur Aufklärung biologischer Faktoren. Der Einfluß genetischer Faktoren, z.B. Temperamentsmerkmale, Reizschwellen, ist jedoch zu beachten, da diese Faktoren auch eine wichtige Grundlage für die personspezifische Emotionsentwicklung darstellen. Daher ist zu fordern, daß zukünftige Studien zur Emotionsentwicklung Kenntnisse sowohl der biologischen als auch der kulturpsychologischen Forschungsrichtungen miteinander verknüpfen (s. auch Zentner, i. d. Bd.).

Die kulturvergleichenden Studien machen aber deutlich, daß Emotionen und ihre Regulation als Teil von sozialen Interaktionen entstehen und Bedeutung gewinnen, und daß diese sozialen Interaktionen wiederum in umfassendere Kontexte der Familie, der Gesellschaft und Kultur eingebettet sind. Es ist zu erwarten, daß das Studium von Emotionen und ihrer Entwicklung im Kulturvergleich dazu beitragen kann, die Prozesse genauer zu verstehen, die einerseits zu einer Tradierung kultureller Werte – und damit zu einer Sozialisierung – und andererseits zu einer Individualisierung der Entwicklungsverläufe führen. Mit der emotionalen Entwicklung werden vermutlich nicht nur Voraussetzungen für die weitere Entwicklung in der Lebensspanne gelegt, sondern auch Kulturmuster über Generationen hinweg tradiert.

Emotionale Entwicklung und zwischenmenschliche Beziehungen im kulturellen Kontext Japans[1]

Hideo Kojima

Einleitung	295
1. Kulturhistorischer Hintergrund	296
1.1 Ein traditionelles Klassifikationssystem emotionsbezogener Begriffe	296
1.2 Emotionen und zwischenmenschliche Beziehungen im vormodernen Japan	297
1.3 Emotionsregulation und Emotionsverstehen im historischen Kontext	301
2. Emotionen in zwischenmenschlichen Beziehungen	303
2.1 *amae* und Bindungssicherheit	303
2.2 Fürsorglichkeit: Empathie und Entwicklungsförderung	307
2.3 Verstehen von Emotionen	310
3. Schlußbemerkungen	312

---

[1] Dieses Kapitel wurde während eines Arbeitsaufenthaltes als Fellow-in-Residence am niederländischen Institut für fortgeschrittene Studien in den Human- und Sozialwissenschaften in Wassenaar angefertigt. Die professionelle Unterstützung des Instituts und die Anregung durch Kollegen sollen an dieser Stelle dankbar anerkannt werden.

Einleitung

Das Hauptanliegen dieses Beitrags ist es zu untersuchen, wie Emotionen und Gefühle mit zwischenmenschlichen Beziehungen im Leben der Japaner verbunden sind. Dabei werden sowohl kulturelle und historische Aspekte als auch ontogenetische Aspekte berücksichtigt.

Da die Semantik des gleichen Begriffs in verschiedenen Sprachen sehr variieren kann, ist eine sprachliche Begriffsklärung als Einstieg notwendig. In diesem Beitrag kommt dem japanischen Begriff *jo* eine zentrale Rolle zu, um den Zusammenhang zwischen emotionalem Erleben und zwischenmenschlichen Beziehungen in Japan zu verstehen. Beginnen wir mit der näheren Betrachtung der Konzepte „Emotion" und „Gefühl". Als fachspezifische Begriffe unterscheiden japanische Psychologen „Emotion" und „Gefühl" in einer ähnlichen Weise, wie dies westliche Psychologen tun (s. Holodynski & Friedlmeier, i. d. Bd.); sie verwenden *jodo* oder *jocho* für „Emotion" und *kanjo* für „Gefühl". Auch im Alltagsgebrauch entspricht *kanjo* dem „Gefühl" und wird häufig so benutzt. Es gibt aber in diesem Zusammenhang noch einen anderen Begriff, der ebenfalls häufig gebraucht wird: *kimochi*. Dieser Begriff bezieht sich mehr auf den Inhalt des Gefühls und die damit verbundenen Gedanken als auf die abstrakte Funktion des Gefühls. Im Gegensatz zu *kanjo* wird *jodo* normalerweise nicht in der Alltagskommunikation benutzt, und *jocho* wird oft in einer anderen Bedeutung verwendet. Es stellt sich deshalb die Frage, wie Japaner Emotionen im Alltag sprachlich ausdrücken.

Einige Leser haben vielleicht bereits bemerkt, daß die drei japanischen Wörter *kanjo*, *jodo* und *jocho* eine gemeinsame Komponente haben, nämlich *jo*. Tatsächlich besteht jedes dieser Wörter aus zwei chinesischen Schriftzeichen; und eines von ihnen ist allen drei Wörtern gemeinsam, nämlich das Zeichen, das im Japanischen „jo" ausgesprochen wird. Das Wort „jo" hat verschiedene Bedeutungen, aber seine primäre Bedeutung ist „Emotion". Wenn *jo* benutzt wird, um das innere Erleben der Menschen zu beschreiben, ist es natürlich, daß *jo* Gefühle meint. Das Wort *kanjo* kann im Japanischen in „gefühlte" (*kan-*) „Emotion" (*jo*) zerlegt werden. Auch wenn *jo* und *kanjo* nicht vollständig austauschbar sind, werden diese beiden Begriffe im japanischen Alltagsgebrauch nicht unterschieden, d.h., es wird nicht zwischen Emotion und Gefühl unterschieden.

Das japanische Wort *jo* hat verschiedene Bedeutungen. Es bezieht sich (1) auf Emotionen und Gefühle im allgemeinen, aber spezifischer bedeutet es auch oft (2) mitmenschliche Gefühle (*ninjo*) und (3) Zuneigung. Daher ist *jo* eng mit zwischenmenschlichen Beziehungen verbunden. *Jo no aru hito* (wörtlich: eine Person, die *jo* hat) bezieht sich auf eine warmherzige, fürsorgliche und rücksichtsvolle Person und *jo* (oder *ninjo*) *no atsui hito* (eine Person mit dickem *jo*) ist ein hoch geschätztes Merkmal eines Erwachsenen. Eine weichherzige Person, die sich leicht durch Emotionen (*jo ni moroi*) beeinflussen läßt, wird in den meisten Kontexten sehr geschätzt. Auf der anderen Seite haben *hakujo* (dünnes *jo*) und *mujo* (kein *jo*) eine stark negative Bedeutung.

Die Schlüsselbegriffe, die *jo* und *ninjo* einbeziehen, werden nicht zur Charakterisierung von Kindern verwendet. Allerdings gibt es Schlüsselbegriffe mit ähnlicher Bedeutung, die zur Charakterisierung von Kindern benutzt werden und sich auch auf die Beschreibung eines idealen Kindes beziehen. Es wird nicht nur ein warmherziges (*yasashii*) und mitfühlendes (*omoiyari no aru*) Kind von Eltern und Lehrern hoch geschätzt, sondern dieses Kind ist auch beliebt unter Gleichaltrigen.

Die oben gegebenen Beispiele zeigen, daß *jo* im Japanischen kein wertneutraler Begriff ist. Die japanische Kultur scheint insbesondere diejenigen positiven Emotionen hervorzuheben, die dazu beitragen, enge zwischenmenschliche Beziehungen aufzubauen und aufrechtzuerhalten. Nach meiner Auffassung ist diese Voreingenommenheit mit einer positiven Sichtweise auf die menschliche Natur, vor allem hinsichtlich der Wichtigkeit der zwischenmenschlichen Beziehungen für die einzelne Person verbunden. Tatsächlich wird die enge, liebevolle Bindungsbeziehung zwischen Eltern und Kind als *oyako no jo* (*jo* zwischen Eltern und Kind) bezeichnet und in den meisten Fällen bezieht es sich auf eine positive emotionale Qualität. Das Wort *ninjo* (menschenfreundliches Gefühl) setzt ebenfalls die positive Natur der zwischenmenschlichen Beziehung voraus. Wie im nächsten Abschnitt gezeigt werden wird, ist diese positive Sichtweise keine moderne Erfindung in Japan, sondern geht mindestens bis in die Mitte des 17. Jahrhunderts zurück.

In diesem Beitrag werden Erkenntnisse aus historischen Quellen und aus aktuellen empirischen Studien verwendet. Nach meiner Ansicht haben sich in Japan die grundlegenden naiven Vorstellungen und Ethnotheorien zur kindlichen Entwicklung seit mehr als drei Jahrhunderten trotz der deutlichen Veränderungen in den sozialen und ökonomischen Bedingungen nicht substantiell verändert (Kojima, 1996b). Des weiteren sind die Gefühle der Erwachsenen gegenüber Kindern und dem Familienleben im städtischen Japan des 18. und 19. Jahrhunderts im Grunde genommen mit den Gefühlen der Erwachsenen im heutigen Japan vergleichbar. Daher ist historische Kontinuität in bezug auf die kindliche Entwicklung und das Familienleben ein zentrales Merkmal der japanischen Kultur. Eine solche historische Perspektive ist nützlich, um emotionsbezogene Phänomene in der japanischen Kultur zu verstehen, selbst wenn die verfügbaren Daten hinsichtlich der analysierten geschichtlichen Epochen und des Themenspektrums zur menschlichen Entwicklung noch nicht vollständig sind.

Unter dieser Perspektive werden im folgenden Beitrag Bereiche behandelt, die für die emotionale Kultur Japans bedeutsam sind: Im ersten Abschnitt werden die historischen und kulturellen Bedingungsfaktoren emotionsbezogener Phänomene in der japanischen Kultur dargestellt und der Zusammenhang zwischen Emotionen und zwischenmenschlichen Beziehungen behandelt. Im zweiten Abschnitt werden die Phänomene anhand von drei unterschiedlichen Bereichen ausführlicher analysiert: (1) *amae* und Bindung als Emotionen, die eng mit zwischenmenschlichen Beziehungen verbunden sind, (2) Fürsorglichkeit unter dem Fokus der Lebensspanne und (3) die Entwicklung des Verstehens von Emotionen.

1. Kulturhistorischer Hintergrund

1.1 Ein traditionelles Klassifikationssystem emotionsbezogener Begriffe

Beginnen wir mit einer Erläuterung des traditionellen Klassifikationssystems emotionsbezogener Begriffe im Japanischen. Vormoderne Schriftsteller (vom 17. bis zur Mitte des 19. Jahrhunderts) nannten oft sieben Gefühle (*shichi jos*) für Erwachsene und alte Menschen. Die sprachliche Darstellung dieser Gefühle erfolgte unter Verwendung chinesischer Schriftzeichen. Jedes Zeichen wurde gemäß der chinesisch orientierten Lesart ausgesprochen, obwohl die Japaner verfeinerte verbale Bezeichnungen für Gefühle und Empfindungen entwickelt hatten. Dies lag vor allem daran, daß die Klassifikation der Gefühle aus dem Buddhismus und dem alten chinesischen Denken abgeleitet worden war. Buddhismus wurde in Japan von China aus eingeführt, und auch die chinesischen Übersetzungen der buddhistischen Schriften wurden benutzt. Das Sieben-Kategorien-System war nicht notwendigerweise erschöpfend, aber es repräsentierte die wichtigsten Gefühle: *ki, do, ai, raku, ai, o* und *yoku*. Diese Begriffe können grob übersetzt werden als „Freude", „Ärger", „Traurigkeit", „Wohlbefinden", „Liebe", „Haß" und „Begierde". In der alten konfuzianischen Beschreibung wurde Wohlbefinden in dem oben genannten Sieben-Kategorien-System durch Furcht ersetzt (*ku*). Die ersten vier Begriffe in der buddhistischen Klassifikation, (*ki-do-ai-raku*) werden als zusammenfassender Begriff für Emotionen und Gefühle noch im heutigen Japan benutzt. Ein Kind zum Beispiel, das emotional sehr labil ist, wird als *ki-do-ai-raku ga hageshii kodomo* (ein Kind mit flatterhaftem *ki-do-ai-raku*) bezeichnet; *ki-do-ai-raku o arawasu hito* meint eine Person, die ihre Emotionen zeigt.

Es ist an dieser Stelle wichtig, an das Argument von Wierzbicka (1992) zu erinnern, daß sogenannte Basisemotionen auch kulturelle Artefakte sein könnten. Gemäß ihrer Auffassung sind Emotionen wie Glück, Furcht und Ärger, von denen angenommen wird, daß sie grundlegend und universal sind, Artefakte der englischen Sprache. Daher ist die oben gegebene Übersetzung, die Begriffe aus dem Chinesischen und dem Englischen enthält, problematisch und sollte als eine grobe Annäherung an die Qualität des emotionalen Erlebens sowohl im heutigen als auch im vormodernen Japan gelten.

1.2 Emotionen und zwischenmenschliche Beziehungen im vormodernen Japan

Im vormodernen Japan (vom 17. bis Mitte des 19. Jahrhunderts) wurden eine Reihe unterschiedlicher Erziehungsbüchern von Experten veröffentlicht. Die Inhalte dieser Ratschläge und ihre kulturellen, sozialen und ökonomischen Kontexte sind vom Autor bereits ausführlich analysiert worden (Kojima, 1986a; Kojima, 1996a). Im Alltagsleben des vormodernen Japans standen Emotionen und zwischenmenschliche Beziehungen, insbesondere die Eltern-Kind-Beziehung, sehr stark im Vordergrund. Nachfolgend werden einige Beispiele aus den Richtlinien und Verhaltensvorschriften in Ratgebern, aus populären Romanen und beschreibenden Tagebüchern dargestellt.

Schriften im 17. Jahrhundert

Als ein Experte unter den Erziehungsratgebern des 17. Jahrhunderts kann der Konfuzianist und Militärstratege Yamaga (1976/1663-1665) gelten. Seine Argumentation läßt sich wie folgt zusammenfassen: Sogar unter Vögeln, Vieh, Insekten und unzivilisierten Barbaren besteht eine tiefe Zuneigung zwischen Eltern und Kind. Sie liegt in der Natur aller Lebewesen einschließlich der Pflanzen, die spontan ohne vorausgehendes Lernen erscheint. Unnötig zu erwähnen, daß Eltern-Kind-Beziehungen beim Menschen, der Spitze aller Lebewesen, besonders tief sind. Unbeteiligte Erwachsene mögen ein schreiendes und zappelndes Kind ungehörig finden, aber der Vater und die Mutter werden nie so fühlen. Sogar ein Tyrann hat Mitgefühl mit seinem Kind, und der Säugling in Windeln lächelt den Vater an. Dies bedeutet, daß die Eltern-Kind-Beziehung nicht künstlich ist, sondern von der Natur vorgeschrieben.

Yamagas primäres Prinzip basierte auf den Schriften der Klassiker des chinesischen Konfuzianismus. Seine aktuellen Vorschriften für seine Schüler der Kriegerklasse jedoch gründeten auf seinem eigenen Denken und schienen mit seinem Familienleben zusammenzuhängen, das er in seinem Tagebuch beschrieb.

Als ein Experte formuliert Yamaga eine ideale Eltern-Kind-Beziehung. Dabei erläutert er Ursachen für aktuelle Beziehungsprobleme und gibt Ratschläge, wie man diesen Problemen vorbeugen kann. Nach Yamaga ist eine enge aber geordnete Eltern-Kind-Beziehung der ideale Zustand und beide, Eltern und Kind, sollten ihre Beziehung über das ganze Leben aufrechterhalten. Er behauptete, daß es in der Natur des Menschen angelegt sei, daß Eltern Zuneigung zu ihrem Kind empfinden und Kinder Achtung vor den Eltern haben. Wenn das Kind klein ist, ist die Beziehung sehr eng. Was eine gute Beziehung beeinträchtigen kann, so argumentiert Yamaga, hängt von den Begierden und Interessen auf beiden Seiten ab. Beide, Eltern und Kind, entwickeln ihre Begierden und tendieren dazu, in Abhängigkeit ihrer eigenen Vorlieben und Abneigungen aufeinander zu reagieren, d.h. bedingt und egoistisch. Diese Art von Interaktion macht die Beziehung unvermeidlich gefühlskalt und das *jo* zwischen Eltern und Kind stirbt ab. Um diesen unglücklichen Ausgang zu verhindern, sollten beide Seiten, insbesondere aber die Eltern, ihre Begierden beschränken und sich immer die gute Eltern-Kind-Beziehung vor Augen halten. Wie bereits oben erwähnt, war Begierde eine der sieben Emotionen im traditionellen japanischen Sprachgebrauch.

Schriften im 18. und im frühen 19. Jahrhundert

Im Japan des 18. und frühen 19. Jahrhunderts trugen so verschiedene Verfasser wie Konfuzianisten, Mediziner, Gelehrte der Bürgerethik für Kaufleute und Handwerker, Gelehrte des japanischen Denkens und der japanischen Kultur, Priester, Volkswirte und Landreformer zur Veröffentlichung von Erziehungsratgebern bei. Die Schriften waren nicht mehr nur an die Kriegerklasse gerichtet, wie im 17. Jahrhundert, sondern jetzt auch für Bürger und Pächter/Bauern gedacht. In diesen Schriften wurden konkrete Anweisungen ausgearbeitet, die auch den Prozeß der Eltern-Kind-Interaktion und die Entwicklung der Beziehung erklärten. In diesen Erläuterungen trat die Rolle der Emotionen in Interaktionen und Beziehungen deutlich in den Vordergrund. Im folgenden soll je ein Beispiel für das Säuglingsalter, die frühe und die mittlere Kindheit gegeben werden.

Der Mediziner Kazuki (1976/1703) schrieb, daß das Baby sechzig Tage nach der Geburt anfängt, Menschen zu erkennen und sie daher anlächelt und ihnen gegenüber Laute äußert. Wenn ein Erzieher kontingent auf die Ansprache des Babys reagiert, wird das Baby lächeln, ihn nachahmen und gut vokalisieren. Wenn diese Interaktion oft wiederholt wird, dann wird das Baby vielleicht früher zu sprechen beginnen und frei von Furcht gegenüber unvertrauten Personen sein.

Nach dem bürgerlichen Sittenlehrer Wakisaka (1976/1803) beginnen kleine Kinder, die noch nicht weit genug entwickelt sind, um die Motive ihrer Eltern verstehen zu können, sich vor strengen Eltern zu fürchten. Wakisaka empfahl daher, eher das gute Benehmen eines Kindes zu loben als körperliche Strafe für Fehlverhalten zu verwenden. Seine Argumente lauteten: (1) ein Kind, das für eine gute Tat gelobt wird, wird diese spontan wiederholen, mit dem Wunsch, mehr gelobt zu werden; (2) das Motiv des Kindes, gute Dinge zu tun, wird natürlicherweise dazu führen, daß es diese Dinge auch mag, und (3) schließlich wird es ein gutes Kind werden. Wenn, im Gegensatz dazu, die Eltern streng sind, dann entwickelt das Kind Angst vor ihnen, gehorcht nicht mit dem nötigen Respekt und verheimlicht sein schlechtes Benehmen vor den Eltern. Dieses Kind wird schließlich ein böser Mensch. Wakisaka war kein Vertreter einer laschen Disziplin, aber er trat für eine nachsichtige Haltung gegenüber kleinen Kindern ein.

Tachibana (1971/1829), ein Pädagogikexperte für Kaufleute, betonte ebenfalls die Bedeutung der engen Eltern-Kind-Beziehung als Grundlage für eine erfolgreiche Erziehung. Er schrieb, daß Eltern, die ihr Kind mit großer Fürsorge erziehen, mitfühlend mit ihm sind. Durch den Versuch, dem Kind in den täglichen Interaktionen nahe zu sein, werden diese Eltern vom Kind respektiert. Tachibana empfahl, daß diese elterlichen Einstellungen auch für ältere Kinder beibehalten werden sollten. Eltern wurden ermutigt, sich in den täglichen Interaktionen eher auf die Stufe des Kindes herabzulassen als das Kind auf die Stufe eines Erwachsenen heraufzuheben.

Hayashi (1976/1786), ein Politik- und Wirtschaftstheoretiker, beschrieb zwei typische Arten falscher Erziehung, nämlich übermäßiges Nachgeben und übermäßige Strenge. Im Hinblick auf letzteres schrieb er, daß einige Eltern glauben, schimpfen, mißhandeln und schlagen seien der einzige Weg, um ein Kind zu erziehen. Aber wenn ein Kind im Alter von 10 Jahren seinen eigenen Stolz entwickelt, empfindet es Groll gegenüber seinen Eltern, und es wird ärgerlich, wenn es geschlagen wird. Hayashi warnte, daß der Konflikt zwischen Eltern und Kind schließlich zu einer Entfremdung innerhalb der Familie führen könnte, zu Gewalt des Kindes gegenüber den Familienmitgliedern und schließlich zum Verstoßen des Sohnes.

Die angeführten Beispiele aus japanischen Schriften zur Erziehung illustrieren zum einen, daß die Qualität der engen zwischenmenschlichen Beziehungen im allgemeinen und der Eltern-Kind-Beziehung im besonderen ein Grundanliegen der japanischen „Ethnopsychologen" war, und zum anderen, daß Emotionen wie Furcht (Angst), Ärger und Mitgefühl in einer engen Verbindung mit der Bildung und Entwicklung der Eltern-Kind-Beziehung gesehen wurden.

Weitere Quellen stimmen mit den obengenannten Beschreibungen überein. So behandelten volkstümliche Geschichten (*rakugo*) nicht nur lustige und amüsante Themen, sondern auch Themen, die menschliche Gefühle betrafen. Die letztgenannte Form des *rakugo*, die im späten 18. und frühen 19. Jahrhundert entwickelt wurde, wurde auch *ninjo banashi* (Geschichten über menschliche Gefühle) genannt. Typische Geschichten dieses Genres wurden in Japan bis in die jüngste Zeit vorgetragen. Im Bereich der volkstümlichen Romane war das Genre *ninjo bon* (Romane über menschliche Gefühle) während des ganzen 19. Jahrhunderts sehr populär. Es handelte von menschlichen Gefühlskonflikten und von der Psychologie der Liebe im städtischen Leben Japans. Bei der Mehrheit dieser beliebten Geschichten war das emotionale Involviertsein in zwischenmenschliche Beziehungen das Hauptthema. Obwohl diese Beschreibungen in Form von Geschichten natürlich typologisch und stereotyp sind, so können wir daraus doch die Bedeutung der Emotionen für das Leben in der Stadt erschließen.

Alltag im 19. Jahrhundert

Die verwendeten Quellen in den vorangegangen beiden Abschnitten waren nur indirekte Informationen, da aus ihnen keine unmittelbare Beschreibung des Lebensalltags japanischer Familien hervorgeht. Mehr direkte Information über zwischenmenschliche Beziehungen und emotionale und soziale Merkmale des Alltagslebens erhalten wir aus Tagebüchern. Daher wenden wir uns nun drei wichtigen Tagebüchern aus der ersten Hälfte des 19. Jahrhunderts zu. Diese Tagebücher wurden aus persönlichen Gründen oder zu Mitteilungszwecken für andere Familienmitglieder geführt. Sie waren deshalb ziemlich frei von der möglichen Voreingenommenheit, die retrospektiv erstellte Biographien kennzeichnet, und auch frei von Verzerrungen, wie sie Tagebüchern eigen ist, die aus Gründen einer späteren Publikation geführt wurden. Das erste Tagebuch wurde von Kusunose (1966-1991/1809-1835), einem rangniederen Krieger des feudalen Tosa Clans im Shikoku Distrikt, geschrieben. Das zweite und das dritte Tagebuch sind miteinander verbunden. Die Tagebücher wurden unter der Watanabe Familie ausgetauscht, die gezwungen war, in verschiedenen

Teilen Japans getrennt voneinander zu leben. Die Tagebuchschreiber waren zwei rangniedere Krieger des feudalen Kuwana Clans, Watanabe und Watanabe (1984/1839-1848). Während sich das Tagebuch von Kusunose vor allem auf die Dokumentation der sozialen Ereignisse und Lebenslaufereignisse bezog (Ohta, 1994), beinhalteten die Watanabe-Tagebücher eine umfangreiche Beschreibung der kindlichen Entwicklung, des Familienlebens und der sozialen und kulturellen Kontexte (Kojima, 1996b). Aus den reichhaltigen Informationsquellen dieser drei Tagebücher sollen nur einige Themen angeführt werden.

Das Heranwachsen des Kindes war eines der Kardinalereignisse, um das herum sich das soziale Leben der Familien abspielte. Eingebettet in vielfältige soziale Netzwerke, bestehend aus Verwandten, Gemeindemitgliedern, Kollegen am Arbeitsplatz und sozialen Lern- und Künstlergruppen, waren die Kusunose- und die Watanabe-Familien in formelle und informelle Interaktionen eingebunden. Rituale, die gemäß dem Heranwachsen des Kindes arrangiert worden sind, und Feste für Kinder boten eine gute Gelegenheit für soziale Interaktionen zwischen den Familien. Dies war deshalb so, weil die Familienmitglieder ein tiefes Interesse an der Entwicklung der Kinder miteinander teilten und sich über ihre Freuden, Ängste und positiven Gefühle für das Kind gegenseitig austauschten. Mit einem Wort, sie waren sehr fürsorglich.

Innerhalb dieser sozialen und kulturellen Kontexte war es natürlich, daß die Interessen der Erwachsenen auf jene Merkmale des Kindes gerichtet waren, von denen sie glaubten, daß sie der Entwicklung der Kontaktfähigkeit dienlich wären. So war zum Beispiel die soziale Entwicklung und die sich verändernde Kommunikationsfähigkeit der Kinder eines der Hauptanliegen der Watanabe-Familie. Sie war sehr am ersten Auftreten und am Entwicklungsprozeß des Lächelns, der Lautäußerungen und des Sprechens ihrer Kinder interessiert. Sie interpretierte auch die verzögerte Nachahmung des Kindes, die wir heutzutage als Markstein der kognitiven Entwicklung betrachten, als Ausdruck der Kontaktfähigkeit. Wenn das Kind Gesten nachahmte, wie das Wegpicken von Flöhen von der Kleidung, das Geldzählen eines Hauptbuchhalters, den Gang von Bettlern in den Straßen, rief dies das Lachen der Erwachsenen hervor. Da diese kindlichen Verhaltensweisen durch die Aufmerksamkeit der Erwachsenen verstärkt wurden, wiederholte sie das Kind oft. Die Erwachsenen bezeichneten das Kind als scherzhaft, und die Eltern schätzten den kindlichen Charakter als kontaktfähig ein, weil das Kind es schaffte, bei anderen positive soziale Reaktion hervorzurufen.

Ebenso wurde einem Kind, das lächelte, positiv geantwortet, da die Eltern glaubten, daß dieses Merkmal für sein späteres soziales Leben vorteilhaft sei. Es kam auch vor, daß die Bindungsqualität des Kindes zu seiner Kinderfrau darüber bestimmte, ob die Watanabe-Familie diese weiter beschäftigte oder entließ. Wenn das Kind zur Kinderfrau eine Bindung aufbaute, wurde sie nicht nur für eine längere Zeit eingestellt, sondern es wurden auch Kontakte zwischen der Watanabe-Familie und der Familie dieser Kinderfrau aufgebaut. Dieses neu hergestellte soziale Netzwerk diente einer wirksamen sozialen Unterstützung der Watanabe-Familie. In einem gewissen Sinn diente also das Bindungsverhalten des Kindes zu einer Person, die neu für die Familie war, als soziale Referenz für die Eltern, die sozialen Beziehungen der Familie zu erweitern.

Die tiefe Trauer der Eltern über den Verlust eines Kindes wurde von Kusunose und Watanabe aufgezeichnet. Die Kusunose-Familie verlor ein Mädchen und einen Jungen in früher Kindheit und die Watanabe eine Tochter im Alter von 10 Wochen, alle infolge von Krankheit. Kusunose schrieb viele kurze Gedichte des Kummers über seine verlorenen Kinder. Watanabe berichtete über den tiefen Kummer seiner Frau, seinen eigenen und den zweier Geschwister, die bereits eine Bindung zu dem Baby entwickelt hatten. Ihre Gefühle beim Tod der Kinder waren im Grunde genommen die gleichen wie die der Familien im modernen Japan.

Alle diese Beispiele zeigen deutlich, daß die Japaner sowohl in der Theorie, z.B. in Erziehungsratschlägen von Experten, als auch in der Praxis, z.B. in Alltagsbeschreibungen in Tagebüchern, die Bedeutung von Emotionen für das richtige Verstehen und Aufrechterhalten von zwischenmenschlichen Beziehungen betont haben. In einer Kultur, in der harmonische zwischenmenschliche Beziehungen hervorgehoben werden, haben die Japaner vor allem der emotionalen Qualität der Persönlichkeit hohe Bedeutung beigemessen, und erst in zweiter Linie auf Denkfähigkeiten als Persönlichkeitsmerkmal geachtet. Auch wenn die Form der idealen harmonischen Beziehungen in Abhängigkeit der speziellen Beziehungen, z.B. Eltern-Kind, Ehemann-Ehefau, Geschwister, Lehrer-Schüler, Gleichaltrige, variiert, so werden intime und enge Beziehungen im allgemeinen geschätzt. Dieses gemeinsame Ziel, verbunden mit einer Ethnopsychologie, die eine funktionalistische Sichtweise der Emotionen für die engen Beziehungen betont, charakterisiert die japanische Kultur.

1.3 Emotionsregulation und Emotionsverstehen im historischen Kontext

Im folgenden betrachten wir diejenigen Emotionen, die in zwischenmenschlichen Beziehungen auftreten, und werfen dabei auch einen Blick auf Erziehungsprozesse und ihren historischen Kontext.

Damit eine Person ihre sozialen Interaktionen und Beziehungen harmonisch und angenehm für sich selbst gestalten kann, muß sie gelegentlich den direkten Ausdruck einer erlebten Emotion, einer eigenen Meinung und eines aktuellen Motivs unterdrücken und anstelle dessen etwas anderes ausdrücken. So werden z.B. Streitigkeiten und Ausdruck von Ärger innerhalb einer intimen Beziehung in Japan allgemein vermieden. Die Japaner sind besorgt, daß Streit und Ärger eine friedliche und harmonische soziale Atmosphäre stören können. Sie wissen zwar, daß die Vermeidung einer direkten Konfrontation die Konfliktlösung verhindern kann, aber dennoch hat die Aufrechterhaltung einer harmonischen Atmosphäre ohne offenen Konflikt Priorität gegenüber einer anstrengenden Konfliktlösung, weil *wa* (Harmonie zwischen den Menschen) einen fundamentalen Wert darstellt.

Dieses Phänomen wurde auch von den Jesuiten bemerkt, die im späten 16. Jahrhundert und im frühen 17. Jahrhundert in Japan weilten. So schrieb zum Beispiel der Portugiese Mexia (Cooper, 1965), daß die Japaner Wut und offenen Ärger zügeln würden. Ein Mann würde seinen Ärger nicht seinem Sohn, seiner Frau und seinem Feind zeigen, weil Japaner einen Ärgeranfall als persönliche Schwäche deuten (cf. Cooper, 1965, p. 63). Die Kontrolle des Emotionsausdrucks war ein wichtiges Zeichen persönlicher Reife. Emotionen mögen etwas Natürliches sein, aber die Art des Ausdrucks sollte kultiviert sein. Die Fähigkeit zur Emotionsregulation, d.h., die Fähigkeit, die eigenen Emotionen gemäß diesen kulturellen Normen regulieren zu können, war demnach grundlegend für eine reife Persönlichkeit.

Wohlkontrollierter Emotionsausdruck war auch das Vorbild der japanischen Erwachsenen nach der industriellen Modernisierung. So schilderte zum Beispiel Akutagawa (1977/1916) in seiner Kurzerzählung „Das Taschentuch" eine Frau mittleren Alters, die den Tod ihres Sohnes seinem Professor mitteilte. Dabei blieb ihr Gesicht völlig gefaßt – sie zeigte keine Tränen, sprach mit normaler Stimme und hatte sogar ein Lächeln auf den Lippen. Jedoch unter dem Tisch, wie der Gastgeber feststellte, hielten sich ihre zitternden Hände an einem Taschentuch fest. Die Frau mit dem lächelnden Gesicht weinte mit ihrem gesamten Körper! Emotionsausdruck wurde nicht nur in solchen sozialen Situationen kontrolliert, sondern auch innerhalb der Privatsphäre. Eine Mutter, die versuchte, ihr Weinen mit zuckenden Schultern zu unterdrücken und in ihrem Zimmer schluchzte, war ein typisches Bild, das von der Tochter als Erinnerung an die Kindheit berichtet wurde. Die Mutter mochte durch einen Konflikt innerhalb der Familie oder durch den Verlust einer geliebten Person niedergeschlagen sein.

Nicht zu weinen, wird eher von Männern erwartet, da von ihnen angenommen wird, daß sie weniger emotional seien als Frauen. Daher bezeichnet ein spezieller Begriff im Japanischen das Weinen des Mannes (*otoko naki*) als einen emotionalen Zustand, der zu stark für ihn ist, um ihn kontrollieren zu können. „Weine nicht, weil du ein Junge bist!" ist kein unüblicher japanischer Ausspruch.

Bei der Ausbildung emotionaler Ausdrucksstile ist der spezifische Sozialisationsprozeß einer Kultur bestimmend. Weinen und der Ausdruck von Ärger scheinen von japanischen Erwachsenen mehr unterdrückt zu werden als von koreanischen Erwachsenen (Sogon, 1997). Sogon merkt auch an, daß Japaner die Neigung haben, ihre Hände vors Gesicht zu halten, wenn sie weinen, während dies Koreaner nicht tun. In dieser Hinsicht stellen sich interessante Fragen, für die noch keine zuverlässigen Antworten gefunden werden konnten: (a) Ab welchem Alter und unter welchen Umständen fangen japanische Kinder an, ihr Gesicht zu verbergen, wenn sie weinen? (b) Gibt es Geschlechtsunterschiede? (c) Gibt es einen historischen Wandel in den Ausdrucksstilen?

Die Art und Weise, wie Gefühle im Japanischen beschrieben werden, wurde in einem Wörterbuch zusammengefaßt (Nakamura, 1979). In gewisser Weise ist dies eine Sammlung der kulturell erlaubten Arten emotionalen Erlebens und ihrer Wirkungen, d.h. eine Grammatik der Gefühle. Zehn Kategorien können grob übersetzt werden als: Freude/Glück, Ärger, Traurigkeit, Furcht/Angst, Scham/Verlegenheit, Liebe/Mitgefühl, Ekel, Unruhe, Wohlgefallen/Lust und Überraschung. Wenn die Japaner ein Wörterbuch brauchen, um Gefühle im Japanischen zu beschreiben, ist es natürlich, daß sie auch eines brauchen, um die Gefühle für eine interkulturelle Interaktion zu beschreiben. Bislang sind drei praktische Bücher zu englischen Gefühlsbegriffen für Japaner veröffentlicht worden, die die Schwierigkeiten für die Kommunikation über Gefühle in fremden Sprachen widerspiegeln.

Japanische Kinder, die in einer komplexen sozialen Welt aufwachsen, sollten nicht nur lernen, ihren Emotionsausdruck zu regulieren, sondern auch die Emotionen der anderen besser zu verstehen, nämlich die emotionalen Ausdruckszeichen mit der jeweiligen Kontextinformation richtig zu deuten. Das Gefühl des anderen genau zu verstehen, ist für den Interaktionsprozeß zentral. Die Aufgabe wird schwieriger, wenn unter bestimmten Umständen der innere emotionale Zustand sich vom offenen Ausdruck aufgrund des Sozialisationsdrucks unterscheidet.

Die Trennung von innerem Zustand und externem Ausdruck ist jedoch nicht nur auf Emotionen begrenzt, sondern gilt auch für Gedanken und Wertvorstellungen. Rodorigues (Cooper, 1965) aus Portugal, der die japanische Sprache so gut beherrschte, daß er als Übersetzer im späten 16. und frühen 17. Jahrhundert tätig war, entwickelte ein Modell des japanischen Geistes. Gemäß seiner Auffassung haben Japaner drei Herzen: ein falsches auf ihren Lippen, ein anderes in ihrer Brust, nur für ihre Freunde, und das dritte tief in ihrem Herzen, das nur für sie selbst reserviert ist und niemals einem anderen offenbart wird. Diese strategischen und zerrissenen Herzen mögen z.T. das Resultat der instabilen Situation Japans zu jener Zeit sein, in der nach Rodorigues „(...) jeder nur nach dem aktuellen Augenblick handelt und den Umständen und Gelegenheiten entsprechend spricht" (Cooper, 1965, p. 45, Übers. d. Hrsg.).

Die soziale Stabilität wurde in der Mitte des 17. Jahrhunderts wiederhergestellt. Die Aufteilung des Geistes jedoch schien unter der strikten sozialen Kontrolle in der Edo-Epoche verstärkt worden zu sein. Diese Praxis scheint konsistent mit einem Aspekt der heutigen japanischen Psychologie zu sein, nämlich daß Japaner, in Abhängigkeit von den Umständen, einen von zwei koexistierenden Verhaltensstandards einnehmen: *tatemae* (moralisches Prinzip) oder *hon-ne* (wahre Absicht) (vgl. Kojima, 1998).

2. Emotionen in zwischenmenschlichen Beziehungen

2.1 *amae* und Bindungssicherheit

Das japanische Konzept *amae*, das durch Doi (1973) bekannt gemacht wurde, bezieht sich auf ein Abhängigkeitsbedürfnis, das verschiedene Emotionen beinhaltet. So blickt z.B. ein Kind, das sich einsam fühlt oder ängstlich wird, zu einem geeigneten Zielobjekt, typischerweise die Mutter, bei der es getröstet (*raku*) und beruhigt werden kann. Wenn die Mutter es streichelt und liebkost, und das Kind sich auf ihrem Schoß entspannen kann, kehrt es anschließend zum Spiel zurück und kann weiter explorieren. Nach einem Zielobjekt suchen und den Zustand, liebkost zu werden, zu genießen, bezeichnen die Japaner als *amae*. Wenn hingegen die Bedürfnisse des Kindes nicht befriedigt sind, schreit und protestiert es. Quengeln und die Aufmerksamkeit der Mutter einfordern sind ebenfalls *amae*-Verhaltensweisen, die durch das Bedürfnis nach *amae* ausgelöst werden. Wenn das nach Beruhigung suchende Kind wiederholt von der Mutter zurückgewiesen worden ist, entwickelt es ein negatives Bild von ihr. Mit dieser Erfahrung verändert sich auch das Bedürfnis des Kindes nach *amae*.

Diese Verhaltensweisen junger japanischer Kinder sind nicht nur akzeptiert, sondern die Kinder werden in bestimmten Situationen und zwischenmenschlichen Beziehungen sogar dazu ermutigt. Daher wird ein Kind, das selten nach der Mutter schreit, gewöhnlich als Widerspiegelung einer distanzierten und unerwünschten Mutter-Kind-Beziehung interpretiert. Es sollte aber auch erwähnt werden, daß grenzenloses und undifferenziertes *amae*-Verhalten bereits bei jungen Kindern – und erst recht bei älteren Kindern – auch in Japan abgelehnt wird. Nur altersangemessene Formen von *amae*-Verhalten, die auf geeignete Personen unter angemessenen Umständen gerichtet werden, sind akzeptiert. Verwöhnte, kindische und übermäßig fordernde Kinder werden nicht nur mißbilligt, sondern auch deren Eltern werden für ihre Erziehung kritisiert. Demnach ist *amae* nicht für jeden unter allen Umständen ein Idealzustand. Daher ist es ein Anliegen der Japaner, Formen des *amae*-Verhaltens, die Qualität der zwischenmenschlichen Beziehung und die Geschichte der Interaktionen, die diese Beziehung hervorgebracht haben, genauer zu bestimmen.

Die oben beschriebenen *amae*-Verhaltensweisen scheinen einige Überschneidungen mit dem sicher gebundenen Verhalten, wie es von Bindungsforschern beschrieben wurde (z.B. Waters, Vaughn, Posada & Kondo-Ikemura, 1995), aufzuweisen. Wie hängen nun *amae*-Verhalten und sicheres Bindungsverhalten zusammen? Vereijken (1995) forderte acht japanische Psychologen auf, ein Kind zu charakterisieren, das prototypisch *amae* ausdrückt. Dabei verwendete er das Q-Sort-Verfahren zur Bestimmung des kindlichen Bindungsverhaltens. Es besteht aus 90 Items mit Verhaltensbeschreibungen (Waters & Deane, 1985), die ins Japanische übersetzt worden sind. Aufgabe der Psychologen war es, die 90 auf Karten geschriebenen Verhaltensweisen in 9 Stapel zu je 10 Karten zu sortieren. In Stapel 1 bis 3 sollten die Karten mit Verhaltensweisen liegen, die dem zu bewertenden Konzept (hier: *amae*) entgegengesetzt sind, in Stapel 4 bis 6 die Karten, die das Konzept am wenigsten charakterisieren, und in Stapel 7 bis 9 diejenigen Karten, die das zu bewertende Konzept am besten charakterisieren. Innerhalb dieser drei Stapel sollte noch eine jeweilige Abstufung erfolgen, so daß Stapel 9 die typischsten Merkmale und Stapel 1 die untypischsten Merkmale des zu bewertenden Konzepts enthielt. Jede Verhaltensbeschreibung wurde mit der betreffenden Nummer des Kartenstapels kodiert. Die Korrelation zwischen je zwei verschiedenen Experten zum gleichen Konzept lieferte den Grad der Übereinstimmung.

Die durchschnittliche Übereinstimmung unter den acht Experten hinsichtlich der Sortierung der Items für das *amae*-Konzept betrug $r(6) = 0.61$. Dies ist zwar eine relativ hohe Übereinstimmung, allerdings ist sie nicht hoch genug, um von einem einheitlichen Konzept sprechen zu können. Aus Gründen höherer Reliabilität bildete Vereijken dann die Mittelwerte jedes Items über die von den acht Psychologen gegebenen Beurteilungen und berechnete für den gleichen Itemsatz Korrelationen mit drei Skalenwerten, die von anderen Forschern eingeschätzt worden waren. Diese Skalenwerte waren (US-amerikanische) Expertenratings zu den Konzepten „Bindungssicherheit", „Abhängigkeit" und „ideales Kind". Die letztgenannte Sortierung wurde auch in Japan durchgeführt, dort allerdings von Müttern. Die Korrelationsanalyse zwischen der *amae*-Dimension und diesen drei Skalenwerten lieferte das Ergebnis, daß „amae" und „Abhängigkeit" sehr ähnlich waren, aber beide nicht mit „Bindungssicherheit" in Beziehung standen. Die Skala „ideales Kind", die sich aus den Ratings der japanischen Mütter ergab, korrelierte positiv mit „Bindungssicherheit" und negativ mit „*amae*" und „Abhängigkeit".

Diese Skalenwerte verglich Vereijken auch mit Daten aus einer Beobachtungsstudie mit japanischen Kindern im Alter von 14 und 24 Monaten. Die Muster der Interkorrelationen zwischen den vier Variablen waren für beide Altersgruppen sehr ähnlich. „Amae" und „Abhängigkeit" korrelierten hoch positiv und beide nicht signifikant mit „Bindungssicherheit". Auf der Grundlage dieser Ergebnisse kommt Vereijken (1995) zu dem Schluß, daß

> (...) amae *nicht von ‚Abhängigkeit' unterschieden werden kann, und daß beide Konzepte sich vom Konzept ‚Bindungssicherheit' unterscheiden. Des weiteren besteht keine Notwendigkeit, das kulturspezifische Konzept* amae *zu verwenden, um die Mutter-Kind-Beziehung in Japan zu beschreiben.* (p. 98, Übers. d. Hrsg.)

Ist diese Schlußfolgerung korrekt und abgesichert? Eine kritische Überprüfung ist notwendig. Vereijkens Daten lassen sich nämlich noch auf andere Weise analysieren, die zu anderen Schlußfolgerungen führen. Als Grundlage dieser Analysen dienten die jeweils 90 Itemmittelwerte für die Skalen „*amae*", „Abhängigkeit", „Bindungssicherheit" und „Idealkind" (Vereijken, 1995, pp. 77-84).

Zusammenhang zwischen amae *und Bindungssicherheit*

Betrachten wir zuerst die Art des Itempools. Wir können ziemlich sicher annehmen, daß das Konzept der Bindungssicherheit, das sich in sicherem Bindungsverhalten ausdrückt, für Japan gültig ist, und daß das Q-Sort-Verfahren ein sinnvolles Maß zur Erfassung dieses Konzepts darstellt, wenn die Validität der Messung abgesichert ist (vgl. Vereijken, 1995; Waters et al., 1995). Es bleibt allerdings die Frage, ob der Itemsatz, der zur maximalen Diskriminierung der Bindungssicherheit konstruiert wurde, die gleiche Validität für andere Konzepte gewährleistet. Wie ein genauer Blick auf die Beziehung zwischen Bindungssicherheit und *amae* in den Daten Vereijkens zeigt, ist dieser Zweifel nicht grundlos.

Eine aufschlußreiche Analyse besteht darin, den Scatterplot der Items in einem zweidimensionalen Raum zu überprüfen (s. Abb. 1). Die Häufigkeitsverteilung auf jeder der beiden Dimensionen „Bindungssicherheit" und *amae* wurde in drei Klassen eingeteilt: hoher Rang (charakterisiert die Dimension sehr gut), mittlerer Rang (nicht charakteristisch für die Dimension) und niedriger Rang (verweist auf ein entgegengesetztes Dimensionsmerkmal). Die Abbildung deutet auf einen schwachen kurvilinearen Zusammenhang zwischen den beiden Dimensionen hin. Mehr als die Hälfte der Items mit niedriger Sicherheit (17 von 30) fallen in die Kategorie hohes *amae*. 18 der 29 Items mit mittlerer Bindungssicherheit fallen in die Kategorie geringes *amae*. Schließlich fallen die Items mit hoher Bindungssicherheit in die Kategorien mittleres und hohes *amae*.

Abbildung 1. Streudiagramm der Mittelwerte der einzelnen Q-Sort-Items für die beiden Dimensionen „*amae*" und „Bindungssicherheit" und kurvilineare Regressionslinie

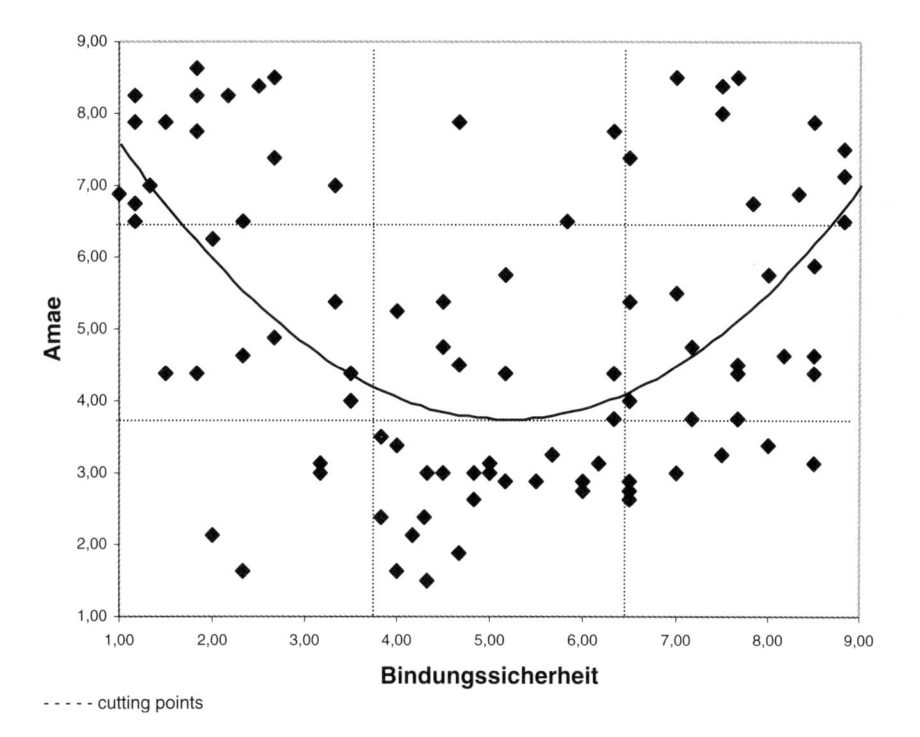

- - - - - cutting points

Die Kombination der Bindungssicherheits- und der *amae*-Dimension liefern uns wichtige Informationen über Verhaltensmerkmale und Bindungsqualität des Kindes: Items, die hohe Werte auf der Bindungssicherheits- und der *amae*-Dimension erhalten, beziehen sich vor allem auf den körperlichen Kontakt und das Aufrechterhalten von Nähe. Ein repräsentatives Item lautet: „Fragt nach der Mutter und freut sich, wenn es von ihr gehalten, umarmt und liebkost wird" (Item 44). Andererseits beziehen sich Items, die hohe Werte in der Bindungssicherheits- und niedrige Werte in der *amae*-Dimension haben, auf Aspekte, die ein neugieriges, aber folgsames Kind beschreiben. Beispiel: „Folgt Empfehlungen der Mutter bereitwillig, sogar wenn es nur Empfehlungen und keine Anweisungen sind" (Item 18,

Übers d. Hrsg.) oder „Beschäftigt sich intensiv mit neuen Objekte (z.B. Spielsachen). Versucht, sie auf verschiedene Weise zu verwenden oder auseinanderzunehmen" (Item 40, Übers d. Hrsg.)

Ebenso offenbart eine Kombination von Bindungsunsicherheit mit ausgeprägten *amae*-Verhaltensitems ein qualitativ anderes Verhaltensmuster, als wenn sie mit niedrigen *amae*-Verhaltensitems kombiniert wird. So erfassen Items, die in beiden Dimensionen niedrige Werte aufweisen, kindliches Vermeidungsverhalten oder indifferentes Verhalten gegenüber Erwachsenen. Ein repräsentatives Item lautet: „Wenn es die Wahl hat, würde das Kind lieber mit seinen Spielsachen spielen als mit Erwachsenen" (Item 76, Übers. d. Hrsg.). Im Gegensatz dazu erfassen Items, die niedrige Werte in der Bindungssicherheit und hohe Werte in der *amae*-Dimension aufweisen, Verhaltensweisen, die emotionale Labilität und Widerstand gegenüber der Mutter ausdrücken. Ein Beispiel dafür ist Item 38: „Ist gegenüber der Mutter fordernd und ungeduldig. Quengelt solange, bis die Mutter das macht, was es will" (Übers. d. Hrsg.).

Wenn also die *amae*-Dimension berücksichtigt wird, dann lassen sich zwei Arten von unsicheren Kindern unterscheiden: Die einen halten sich von Erwachsenen fern, die anderen widersetzen sich der Mutter. Diese Schlußfolgerung basiert auf den japanischen Expertenratings über *amae* und auf den amerikanischen Expertenratings der „Bindungssicherheit".

Man kann sich fragen, ob sich diese Zusammenhänge auch dann zeigen, wenn die Sortierung sich auf das Verhalten einzelner Kinder bezieht. Dafür spricht das Ergebnis, daß die Korrelationsmuster zwischen den Expertenratings und den auf spezifische Kinder bezogenen Ratings in der japanischen Stichprobe sehr ähnlich waren (s. Vereijken 1995). Daher ist zu erwarten, daß die verschiedenen Kombinationen zwischen den Dimensionen *amae* und „Bindungssicherheit" auch bei der Charakterisierung von einzelnen Kindern auftauchen und das Verfahren für die Bewertung von Kindern sinnvoll ist.

Bemerkenswert ist auch, daß die Erwünschtheit der typischsten *amae*-Verhaltensweisen in Abhängigkeit der Bindungssicherheit variiert. Während die Erwünschtheitswerte typischer *amae*-Verhaltensweisen – kombiniert mit hoher Bindungssicherheit – zwischen 4.32 und 7.57 liegen, streuen sie – kombiniert mit geringer Bindungssicherheit – zwischen 1.25 und 4.07. Eine geringe Erwünschtheit typischer *amae*-Verhaltensweisen ist durch solche Items (Verhaltensweisen) bedingt, die Bindungsunsicherheit charakterisieren und nicht Bindungssicherheit. Die Analysen machen deutlich, daß *amae* und Bindungssicherheit sinnvoll kombiniert werden können, um ein Kind in seiner Beziehung zu den Eltern zu charakterisieren.

Zusammenhang zwischen amae *und Abhängigkeit*

Wie bereits erwähnt, zeigte sich ein starker Zusammenhang zwischen den beiden Dimensionen „Abhängigkeit und „*amae*". Wenn nun die zum oben durchgeführten Vergleich analoge Kombination von „Bindungssicherheit" und „Abhängigkeit" zu den gleichen Ergebnissen führt, dann, so argumentierte Vereijken, ist das Konzept *amae* nicht mehr notwendig, da es sich methodisch nicht von der Abhängigkeitsdimension unterscheiden läßt und keine eigenen Beitrag liefert. Dies ist nun näher zu prüfen. Ein Vergleich der mittleren Ausprägungen der einzelnen Items auf den beiden Dimensionen „Bindungssicherheit" und „Abhängigkeit" mit den Ausprägungen auf den Dimensionen „Bindungssicherheit" und „*amae*" erbrachte für einige Items deutliche Unterschiede (vor allem Item 18, 36, 71 und 88). Auch sind bei manchen Items, z.B. Item 18 und 36, die Übersetzungen ins Japanische nicht unproblematisch. Schließlich ist die Variabilität der Abhängigkeitsdimension im Vergleich zu den beiden anderen Dimensionen nur gering ausgeprägt. So fiel die Standardabweichung der Expertenratings für „Abhängigkeit" im Vergleich zu „Bindungssicherheit" [SD = 2.35] und „*amae*" [SD = 2.11] am geringsten aus [SD = 1.67]. Dies bedeutet, daß sich die (amerikanischen) Experten hinsichtlich der Werte der einzelnen Verhaltensweisen (Items) für die Dimension „Abhängigkeit" am wenigsten einig waren und sich die Mittelwerte der einzelnen Items daher am stärksten der Mitte (Skalenwert 5) annäherten. Diese Argumente sprechen eher dafür, daß die Frage nach der Redundanz von „*amae*" im Vergleich zu „Abhängigkeit" nicht vorschnell beantwortet werden sollte. Es ist nicht auszuschließen, daß „*amae*" einen spezifischen Beitrag zur Beschreibung und Erklärung von kindlichen Verhaltensweisen in der Interaktion mit der Mutter leisten kann.

2.2 Fürsorglichkeit: Empathie und Entwicklungsförderung

Empathie oder Mitgefühl sind sicherlich wichtige Konzepte, die eine Brücke zwischen Emotion und zwischenmenschlichen Beziehungen schlagen (s. Trommsdorff & Friedlmeier; Oerter, i. d. Bd.). In diesem Abschnitt wird nicht unmittelbar das Konzept „Empathie" thematisiert, sondern das Konzept der Fürsorglichkeit eingeführt, das eng mit Empathie zusammenhängt. Auch Bindung und Fürsorglichkeit sind eng verwandte Phänomene. Nach meiner Auffassung fokussiert Bindung jedoch vor allem auf die Repräsentation der Bindungsfigur (sei es der Eltern oder des Kindes) gemäß der subjektiven Vorstellungen der betreffenden Person. Im Gegensatz dazu geht es bei Fürsorglichkeit um die Bereitschaft einer Person, sich auf die innere Welt des anderen einzulassen.

Nach einem englischen Lexikon (Random House Dictionary, ed. by Urdang, 1966) ist die Hauptbedeutung von Fürsorglichkeit, die Entwicklung des Kindes zu fördern, indem man nicht nur für seinen Unterhalt sorgt, sondern es auch psychologisch unterstützt und ermutigt. Murray (1938) beschrieb drei Aspekte der Fürsorglichkeit:

1. Der Wunsch und die Wirkung dieses Bedürfnisses sind gerichtet darauf, einem hilflosen Geschöpf Mitgefühl zu schenken und seine Bedürfnisse zu befriedigen.
2. Es umfaßt Gefühle wie Mitgefühl, Anteilnahme und Zärtlichkeit und
3. verschiedene Arten von Handlungen, wie z.B. dem Kleinkind, dem Unglücklichen, dem Trauernden besondere Aufmerksamkeit zu schenken; sich an der Begleitung von Kindern und Tieren zu erfreuen; sich vom Kummer anderer berühren zu lassen; liebevoller zu sein, wenn eine Person Schwäche zeigt; seine narzißtischen Bedürfnisse in Gegenwart rangniederer Subjekte zurückzustellen; entrüstet sein, wenn Kinder mißhandelt werden.

Beachtenswert ist, daß Murrays Beschreibung des Bedürfnisses nach Fürsorglichkeit von einer asymmetrischen Beziehung zwischen Handelndem und Zielobjekt ausgeht. Auf seiten des Handelnden sind Interesse, Mitgefühl und Altruismus gegenüber einer weniger kompetenten Person die Hauptkomponenten der Fürsorglichkeit. Dies ist verständlich, weil sich Murrays Bedürfnisklassifikation hauptsächlich auf eine ausführliche Datensammlung bei Erwachsenen stützt.

Wie das englische Wörterbuch und Murrays Konzeption nahelegen, ist Fürsorglichkeit ein bedeutsames Konzept in der amerikanischen Kultur. Tatsächlich fanden Shereshefsky und Yarrow (1973) und Moss (1967) heraus, daß die Fürsorglichkeit von Frauen vor der

Geburt ihrer Kinder signifikant mit ihrer Feinfühligkeit in Mutter-Kind-Interaktionen, wenn die Kinder drei oder sechs Monate alt waren, korrelierte.

Das Konzept der Fürsorglichkeit ist auch in anderen Kulturen außerhalb Amerikas bedeutsam. Dazu gehört die japanische Kultur, da traditionelle japanische Einstellungen gegenüber dem Kind als sehr fürsorglich gelten (Kojima, 1986b). Phänomene der Fürsorglichkeit müssen nicht auf Erwachsene beschränkt bleiben. Das Konzept wurde auch auf Kleinkinder als fürsorglich Handelnde erweitert (s. Fogel & Melson, 1986). Fürsorglichkeit wurde definiert als Bereitstellung von Anleitung, Schutz und Pflege zu dem Zweck, die Entwicklung des Zielobjekts zu stärken. Auch wenn diese Definition nur von offenem, instrumentellem Verhalten spricht, so muß dennoch auch ein emotionaler Aspekt, d.h. Empathie oder Mitgefühl, berücksichtigt werden.

Obwohl sich die obengenannten Verhaltenskomponenten nicht von denen des Altruismus unterscheiden, so muß dennoch Fürsorglichkeit von Altruismus abgegrenzt werden. Meiner Ansicht nach impliziert Altruismus, daß Menschen im Grunde genommen egoistisch sind, aber daß sie manchmal ihre Interessen für das Wohlergehen anderer zurückstellen sollen. In einer solchen Situation entsteht ein Konflikt zwischen den eigenen Interessen und dem Wohlergehen des anderen. In diesem Sinne ist in der Konzeptualisierung von Altruismus eine ethische Komponente enthalten. Dies steht in scharfem Gegensatz zur Fürsorglichkeit, bei der das Wohlergehen des anderen und das eigene Ziel sich nicht widersprechen, sondern übereinstimmen. Dies bedeutet, daß weder eine Kosten-Nutzen-Analyse noch ethische Betrachtungen im Konzept der Fürsorglichkeit enthalten sind. Für die Person ist es ein Vergnügen, zur Entwicklung eines anderen beizutragen. In diesem Sinne ist Fürsorglichkeit ein Spezialfall des Hilfeverhaltens und des Sich-Kümmerns, bei dem sich der Handelnde für den inneren Zustand der Person interessiert und ihn mitfühlt. Das Ziel des Verhaltens ist es, das Wohlbefinden des anderen wiederherzustellen und die Entwicklungsmöglichkeiten des anderen zu fördern. Es ist wichtig hervorzuheben, daß das japanische Wort *dojo* (Mitgefühl) aus zwei chinesischen Schriftzeichen besteht, d.h. *do* (gleich) und *jo* (in diesem Fall Gefühl). Ohne Zweifel sind Gefühle in den Prozeß der Fürsorglichkeit einbezogen. Im folgenden soll ein Überblick über unsere Forschung zur Fürsorglichkeit aus einer Lebensspannenperspektive gegeben werden (s. Kojima, 1994).

Fürsorglichkeit bei Kindern

In einer Studie mit mehreren hundert japanischen Müttern von 5jährigen Kinder, Zweit- und Fünftklässlern sprachen die Mütter den Mädchen mehr Fürsorglichkeit zu als den Jungen. An Alterstrends zeigte sich, daß die Häufigkeit folgender Aussagen über die Altersgruppen hinweg abnahm: „Interessiert sich für Kleinkinder (Babys)", „Spricht über die eigene Kindheit und die zukünftige Elternschaft", „Spielt im Als-ob-Spiel die Rollen von Erwachsenen und Kindern" und „Spielt mit Puppen und Stofftieren". Im Gegensatz dazu stieg die Häufigkeit der Nennungen von Aussagen wie „Gibt sich mit Tieren ab und kümmert sich um sie", „Macht sich Sorgen, wenn die Eltern müde und erschöpft sind" mit dem Alter an. Allgemein gesprochen wurden die fürsorglichen Kinder aktiver und kontaktfähiger eingeschätzt. In einer weiteren Studie wurden detaillierte mütterliche Berichte über fürsorgliche Interaktionen zwischen 4jährigen und ihren älteren Geschwistern erhoben. Sie machten deutlich, daß beide, sowohl das ältere als auch das jüngere Geschwisterkind, eine Vielzahl fürsorglicher Verhaltensweisen gegenüber dem anderen zeigten.

Fürsorglichkeit bei Erwachsenen

In einer Stichprobe unverheirateter japanischer Studentinnen wurden deutliche Zusammenhänge zwischen den Skalenwerten eines Fürsorglichkeitsinventars und den emotionalen Reaktionen auf Videosequenzen gefunden. In dieser Studie wurde ein Fragebogen, der aus drei Fürsorglichkeitsskalen („Positives Interesse an Babys und Kindern", „Akzeptanz der positiven fürsorglichen Rollen" und „Fürsorgliche Einstellungen gegenüber Tieren") bestand, an 64 Studentinnen gegeben. Jeder Studentin wurde eine Reihe von Videosequenzen mit Kindern und Tieren aus Fernseh- und Werbesendungen gezeigt. Die Mimik wurde mit einer Videokamera festgehalten. Die Analyse zeigten differentielle Zusammenhänge zwischen der Häufigkeit des mimischen Ausdrucks von Freude und Interesse auf die gezeigten Videosequenzen und den Skalenwerten des Fürsorglichkeitsinventars. Die Skala „Positives Interesse an Babys und Kindern" korrelierte nur signifikant mit den Veränderungen der Mimik bei Filmen mit Kindern. Die Skala „Fürsorglichen Einstellungen gegenüber Tieren" korrelierte nur signifikant mit den Veränderungen der Mimik bei Filmen mit Tieren, aber nicht bei Filmen mit Kindern. Schließlich korrelierte die Skala „Akzeptanz der positiven fürsorglichen Rollen" mit den Veränderungen der Mimik bei beiden Filmarten.

Fürsorglichkeit über die Lebensspanne

Es wurden fürsorglichkeitsrelevante Episoden aus den verschiedensten Quellen zusammengetragen: direkte Verhaltensbeobachtung, biographische Episoden, Berichte von Eltern und Lehrern, klinische Einzelfälle und Romane. All dies sind reichhaltige Datenquellen für die Konzeptualisierung einer Entwicklungstheorie der Fürsorglichkeit in der Lebensspanne. Einige Beispiele seien genannt:

1. Fürsorgliche Interaktionen mit einem Baby, einem Kranken oder einem Mutlosen haben oft eine wohltuende Wirkung auf den fürsorglich Handelnden, vor allem bei Personen mit psychologischen oder zwischenmenschlichen Problemen, wie z.B. bei psychosomatischen Krankheiten und bei Jugendkriminalität.
2. Die Repräsentation fürsorglicher Interaktionen in der Kindheit (z.B. in Geschwisterinteraktionen) tendieren dazu, in einer späteren Lebensphase in ähnlicher Weise wieder aufzutauchen (z.B. in Eltern-Kind-Interaktionen).
3. Das fürsorgliche Verhalten eines Kindes gegenüber einem Erwachsenen, z.B. gegenüber den Eltern, ist zwar in instrumenteller Hinsicht nicht so effizient, aber es ermutigt diese Erwachsenen in psychologischer Hinsicht.

Basierend auf dieser Forschung wurde eine vorläufige Liste von Erfahrungen zusammengestellt, die auf die Entwicklung von Fürsorglichkeit über die Lebensspanne bezogen werden kann (s. Tab. 1). Vor allem die frühe Entwicklungsphase der Fürsorglichkeit ist von theoretischer Bedeutung. Das Hauptaugenmerk liegt hier auf einem Prozeß, bei dem die fürsorgliche Erfahrung mit dem Einnehmen von fürsorglichen Rollen eng zusammenhängt. Kleinkinder spielen oftmals die fürsorglichen Interaktionen, die sie mit ihren Erziehern erlebt haben, in ihrem Spiel mit Geschwistern, Gleichaltrigen, Puppen und Tieren nach. Kinder scheinen in sich selbst die Rolle eines fürsorglichen Elternteils zu erkennen und spielen die damit verbundenen Gefühle. Kinder erkennen vermutlich die Repräsentationen des fürsorglichen Selbst im Gegenstand ihres Spiels, das die Gefühle der damit verbundenen Situation reproduziert (vgl. Oerter, i. d. Bd.). Diese Verbindungen sind bislang nicht überprüft worden. Aber sie können als ein Ausgangspunkt für die Modellbildung zur Entwicklung der Fürsorglichkeit angesehen werden, bei der die positiven Gefühle des Handelnden gegenüber dem anderen eine zentrale Rolle spielen.

Tabelle 1. Erfahrungen, die für die Entwicklung der Fürsorglichkeit hypothetisch bedeutsam sind

Erfahrungsmöglichkeiten	Entwicklung fürsorglicher Einstellungen und Verhaltensweisen
Säuglingsalter	
Direkte Erfahrung der Fürsorge durch die Bezugsperson in der Interaktion	Beobachtung der Interaktion der Bezugsperson gegenüber einem anderen fürsorgebedürftigen Empfänger
Frühe Kindheit	
Wiederholte Erfahrung von fürsorglichen Interaktionen und deren Internalisierung	Entwicklung fürsorglichen Verhaltens in Interaktionen mit Personen, Tieren und Pflanzen
Mittlere Kindheit	
Wiederholte Erfahrung von fürsorglichen Interaktionen und deren Internalisierung	Entwicklung des Mitgefühls für erschöpfte, müde oder bedrückte Personen
Jugendalter	
Erfahrung von Vertrauen und Abhängigkeit gegenüber anderen und Vorwegnahme der Übernahme fürsorglicher Rollen	Interesse an positiven Einstellungen gegenüber kleinen Kindern; Gewahrwerden der Bedeutung von Vertrauen und Abhängigkeit für einen selbst
Frühes Erwachsenenalter	
Aktualisierung der fürsorglichen Einstellungen und Verantwortlichkeit, sich um die Erziehung der Kinder kümmern	Bindung an die eigenen Kinder und verallgemeinerte Fürsorge für andere; Gewahrwerden der eigenen Entwicklung aufgrund der Fürsorge anderer
Mittleres Erwachsenenalter	
Aktualisierung der Zuwendung und des Mitgefühls gegenüber älteren Personen	Zuwendung und Mitgefühl gegenüber älteren Personen empfinden

2.3 Verstehen von Emotionen

Wie bereits ausgeführt, haben Emotionen in Japan eine wichtige Funktion zur Herstellung und Aufrechterhaltung zwischenmenschlicher Beziehungen. Auf der einen Seite ist daher die Verstärkung der mitmenschlichen Gefühle ein wichtiges Erziehungsziel. Auf der anderen Seite sollte der Emotionsausdruck reguliert werden, um eine harmonische Beziehung aufrechtzuerhalten. Die Kompatibilität zwischen diesen beiden Zielen ist eine bedeutsame Aufgabe für die Erzieher in Japan. Zusätzlich machen die beiden koexistierenden Verhaltensstandards von *tatemae* (moralisches Prinzip) und *hon-ne* (wahre Absicht), die in Japan sehr häufig auftreten, die Sozialisationsprozesse für japanische Kinder eher kompliziert. Kinder lernen die Komplexität durch direkte Interaktionen mit Erwachsenen und Gleichaltrigen. Noch bedeutsamer sind aber Sozialisationssituationen, in denen Kinder als dritte Person in tägliche Interaktionen zwischen Erwachsenen einbezogen sind. Nehmen wir eine hypothetische Situation (vgl. auch Josephs, i. d. Bd.):

Das 5jährige Mädchen Naomi beobachtete, wie sich seine Mutter mit der Nachbarin unterhielt. Die Nachbarin lud die Mutter ein, zusammen mit anderen Freundinnen ins Kino zu gehen. Der Film war nicht nach ihrem Geschmack, aber die Mutter antwortete freudig „Ich würde sehr gerne mit Dir gehen. Aber leider kann ich nicht, weil ich heute Nachmittag Besuch von Verwandten bekomme. Gehe daher bitte diesmal ohne mich. Aber kannst du mich bei Gelegenheit wieder einladen?" Naomi war aufmerksam genug, um zu sehen, daß sich die Augenbrauen der Mutter leicht geschlossen hatten, als der Name des Films erwähnt wurde. Sie wußte auch, daß die Mutter keinen Besuch erwartete. Daher warf Naomi, nachdem die Nachbarin gegangen war, ihrer Mutter vor: „Mama, du sagst immer zu mir, daß ich nicht lügen soll. Aber du hast sie angelogen. Wir bekommen keinen Besuch von Verwandten heute Nachmittag!" Die Mutter erklärt dem Kind nicht den Grund für ihre Antwort, die etwa so lauten würde: „Es ist die Freundlichkeit der Nachbarin, mich ins Kino einzuladen. Dies auszuschlagen würde ihre Freundlichkeit herausstellen und sie verlegen machen oder kränken und damit eine Distanz in unsere Beziehung bringen. Tatsächlich ist die Furcht, daß enge Freunde dir die kalte Schulter zeigen, sehr hoch unter den Japanern. Daher war es die beste Strategie, die Einladung unter einem guten Vorwand abzulehnen." Diese Erklärung wäre zu kompliziert für ein 5jähriges Kind. Abgesehen davon wäre es das Eingeständnis, daß es manchmal notwendig ist zu schwindeln (gemäß *hon-ne*). Dies wiederum widerspricht dem grundlegenderen moralischen Prinzip (*tatemae*), keine Lügen zu erzählen. Daher wird die Mutter einfach sagen: „Ich dachte wirklich, daß die Oma heute Nachmittag kommen würde."

Naomi war nicht völlig überzeugt von der Art und Weise, wie diese Episode endete. Erst die Anhäufung ähnlicher Episoden und die Entwicklung von Verallgemeinerungsleistungen werden dazu führen, daß Naomi den Unterschied zwischen wirklicher und scheinbarer Emotion und die Anwendung der dualistischen Verhaltensstandards verstehen kann. Eltern und Lehrer erklären diese Art von Komplexität einem Kind nicht in expliziter Weise. Das Kind muß die soziale Wirklichkeit selbst konstruieren, manchmal über Diskussionen mit Geschwistern und Gleichaltrigen. Josephs (i. d. Bd.) hat dieses indirekte Modellernen mit dem Begriff „Absenz als Präsenz einer Gefühlsregel" umschrieben. Dazu gehören sicherlich recht langwierige Lernprozesse. Es ist daher nachvollziehbar, daß das Verstehen der Unterscheidung zwischen wirklichen und scheinbaren Emotionen bei 4- und 5jährigen japanischen Kindern sich nicht von dem britischer Kinder unterschied (Gardner, Harris, Ohmoto & Hamazaki, 1988).

In bezug auf das Erkennen von Emotionen scheint es altersmäßige Geschlechtsunterschiede zu geben: In einer Studie von Sasaya (1997) wurden sieben verschiedenen Altersgruppen von 4jährigen bis zu Universitätsstudenten Videoszenen von Emotionsepisoden mit Kontexthinweisen gezeigt. Die Mehrheit der Mädchen nach der 3. Klasse konnten Kontexthinweise und Emotionsausdruck trotz Inkonsistenz miteinander vereinbaren. Die Mehrheit der Jungen konnte dies erst ab der 7. Klasse. Erst Erstklässler (6- und 7jährige) konnten überhaupt Inkonsistenzen wahrnehmen. In älteren Studien wurde ein früherer Alterszeitpunkt angegeben (z.B. Gnepp, 1983; Kubo, 1982). Sasaya schrieb diesen Unterschied der Art der Reizdarbietung zu (Foto vs. Video). Der von Sasaya gefundene Geschlechtsunterschied im Entwicklungsverlauf kann auch mit der Fähigkeit zum schlußfolgernden Denken im Bereich jener Emotionen verbunden sein, die in zwischenmenschlichen Beziehungen auftauchen. Unglücklicherweise aber ist die Zahl der einschlägigen Studien sehr gering, und es ist nur wenig über die Entwicklungsprozesse von Emotionsausdruck, Emotionsregulation und Emotionsverständnis bekannt.

3. Schlußbemerkungen

Die drei Themen, die im letzten Abschnitt behandelt wurden, decken einige Aspekte der komplexen Entwicklungszusammenhänge zwischen der funktionalen Bedeutung von Emotionen auf der einen Seite und den zwischenmenschlichen Beziehungen auf der anderen Seite auf. Von beiden Seiten, japanischen Erwachsenen und Kindern, wird erwartet, daß sie lernen, welche zwischenmenschlichen Verhaltensweisen für jede der besonderen zwischenmenschlichen Beziehungen angemessen sind.

Die *amae*-Beziehung zwischen den Eltern und ihrem Kind wird traditionell als ein natürliches *jo* zwischen den beiden (*oyako no jo*) wertgeschätzt. Das Kind entwickelt sein *amae*-Motiv in bezug auf die elterlichen oder andere Bezugspersonen und die Eltern sind glücklich, daß sie an das Kind gebunden sind. Dennoch müssen beide Seiten die angemessene Art der Interaktion in Übereinstimmung mit den spezifischen situativen Umständen lernen.

Fürsorglichkeit ist ein Komplex von Motiven, Gefühlen, Empfindungen und Verhaltensweisen bei Erwachsenen und Kindern. Sie ist zwar in Japan ein allgemein geteilter kultureller Wert, aber ihre konkreten Manifestationen im Verhalten variieren je nach Alter und Situation. Daher ist der Sozialisationsprozeß der Emotionsregulation, und dessen sind sich die Experten seit längerer Zeit bewußt, eine sehr wichtige, aber komplexe Aufgabe für beide Teile, sowohl für die Eltern als auch für das Kind. Diese Situation ist zwar nicht einzigartig in Japan, aber gerade in einer Kultur, in der die Bedeutung der Emotionen für die Gestaltung zwischenmenschlicher Beziehungen traditionell bereits in der Ethnotheorie hervorgehoben wird, verdient die funktionale Beziehung dieser beiden Bereiche weiteres Forschungsinteresse.

Bibliographie

Abele, A. (1995). *Stimmung und Leistung*. Göttingen: Hogrefe.
Abu-Lughod, L. (1990). Shifting politics in Bedouin love poetry. In C. Lutz & L. Abu-Lughod (Eds.), *Language and the politics of emotion* (pp. 24-45). New York: Cambridge University Press.
Adamson, L. B., & Bakeman, R. (1991). The development of shared attention during infancy. In R. Vasta (Ed.), *Annals of child development, Vol. 8* (pp. 1-41). London: Jessica Kingsley.
Ainsworth, M. D. S. (1977). Attachment theory and its utility in cross-cultural research. In P. H. Leiderman, S. R. Tulkin, & R. Rosenfeld (Eds.), *Culture and infancy* (pp. 49-67). New York: Academic Press.
Ainsworth, M. D. S., & Bell, S. M. (1974). Mother-infant interaction and the development of competence. In K. S. Connolly, & J. S. Bruner (Eds.), *The growth of competence* (pp. 97-118). New York: Academic Press.
Ainsworth, M. D. S., Blehar, M. C., Waters, E., & Wall, S. (1978). *Patterns of attachment. A psychological study of the strange*. Hillsdale, NJ: Erlbaum.
Ainsworth, M. D. S., & Eichberg, C. G. (1991). Effects on infant-mother attachment of mother's unresolved loss of an attachment figure, or other traumatic experience. In C. M. Parkes, J. Stevenson-Hinde, & P. Marris (Eds.), *Attachment across the life cycle* (pp. 160-183). London: Tavistock/Routledge.
Ainsworth, M. D. S., & Wittig, B. A. (1969). Attachment and the exploratory behavior of one-year-olds in a strange situation. In B. M. Foss (Ed.), *Determinants of infant behavior, Vol. 4* (pp. 113-136). London: Methuen.
Akutagawa, R. (1977/1916). Handkerchief. *Akutagawa Ryunosuke zenshu* [The complete work of Akutagawa Ryunosuke, Vol. 1]. Tokyo: Iwanami Shoten.
Allport, G. W. (1937). *Personality: A psychological interpretation*. New York: Holt.
Als, H. (1986). A synactive model of neonatal behavioral organization: Framework for the assessment of neurobehavioral development in the premature infant and for support of infants and parents in the neonatal intensive care environment. *Physical an Occupational Therapy in Pediatrics, 6*, 3-53.
Angleitner, A., Riemann, R., Spinath, F. M., Hempel, S., Thiel, W., & Strelau, J. (1995). The Bielefeld-Warsaw Twin Project. *Workshop on genetic studies on temperament and personality, Warsaw-Pultusk, Poland, July 20-22*.
Armon-Jones, C. (1986a). The social functions of emotions. In R. Harre (Ed.), *The social construction of emotions* (pp. 57-82). New York: Blackwell.
Armon-Jones, C. (1986b). The thesis of constructionism. In R. Harre (Ed.), *The social construction of emotions* (pp. 32-56). New York: Blackwell.
Arnold, M. B. (1960). *Emotion and personality (Vol. 1 & 2)*. New York: Columbia University Press.
Asendorpf, J. B. (1995). Persönlichkeitspsychologie: Das empirische Studium der individuellen Besonderheit aus spezieller und differentieller Perspektive. *Psychologische Rundschau, 46*, 235-247.
Asendorpf, J. B. (1997). Temperament. In H. Keller (Hrsg.), *Handbuch der Kleinkindforschung (2. vollst. überarb. Aufl.)* (S. 455-482). Bern: Huber.
Averill, J. R. (1986). The acquisition of emotions during adulthood. In R. Harré (Ed.), *The social construction of emotions* (pp. 98-118). Oxford: Blackwell.
Averill, J. R. & Nunley, E. P. (1993). *Die Entdeckung der Gefühle. Ursprung und Entwicklung unserer Emotionen (Original erschienen 1992: Voyages of the heart)*. Hamburg: Kabel.
Azuma, H. (1986). Why study child development in Japan? In H. Stevenson, H. Azuma, & K. Hakuta (Eds.), *Child development and education in Japan* (pp. 3-12). Oxford: Freeman.
Baillargeon, R. (1987). Object permanence in 3 1/2 and 4 1/2-month-old infants. *Developmental Psychology, 23*, 655-664.
Baker, L. A., Cesa, I. L., Gatz, M., & Mellins, C. (1992). Genetic and environmental influences on positive and negative affect: Support for a two-factor theory. *Psychology and Aging, 7*, 158-163.
Bandura, A. (1977). Self-efficacy: Toward a unifying theory of behavioral change. *Psychological Review, 84*, 191-215.
Bandura, A. (1994). *Self-efficacy. The exercise of control*. New York: Freeman.
Banerjee, M. M. (1997a). Hidden emotions: Preschoolers' knowledge of appearance-reality and emotion display rules. *Social Cognition, 15*, 107-132.
Banerjee, M. M. (1997b). Peeling the onion: A multilayered view of children's emotional development. In S. Hala (Ed.), *The development of social cognition. Studies in developmental psychology* (pp. 241-272). Hove, UK: Psychology Press.
Banks, M. S., & Salapatek, P. (1981). Infant pattern vision: A new approach based on the contrast sensitivity function. *Journal of Experimental Child Psychology, 31*, 1-45.
Barden, R. C., Zelko, F. A., Duncan, S. W., & Masters, J. C. (1980). Children's consensual knowledge about the experiential determinants of emotion. *Journal of Personality and Social Psychology, 39*, 968-976.
Barth, J. M., & Bastiani, A. (1997). A longitudinal study of emotion recognition and preschool children's social behavior. *Merrill Palmer Quarterly, 43*, 107-128.
Basso, K. H. (1970). "To give up on words": Silence in Western Apache culture. *Southwestern Journal of Anthropology, 26*, 213-230.
Bastick, T. (1982). *Intuition. How we think and act*. New York: Wiley.
Bates, J. E., Wachs, T. D., & Emde, R. N. (1994). Toward practical uses for biological concepts of temperament. In J. E. Bates, & T. D. Wachs (Eds.), *Temperament: Individual differences at the interface of*

biology and behavior (pp. 275-306). Washington, DC: American Psychological Association Press.
Baumert, J., & Lehmann, R. (1997). *TIMMS - Mathematisch-naturwissenschaftlicher Unterricht im internationalen Vergleich*. Opladen: Leske + Budrich.
Baumrind, D. (1971). Current patterns of parental authority. *Developmental Psychology Monographs, 1*, 1-103.
Baumrind, D. (1991). The influence of parenting style on adolescent competence and substance use. *Journal of Early Adolescence, 11*, 56-95.
Bavelas, J. B., Black, A., Lemery, C. R., & Mullett, J. (1987). Motor mimicry as primitive empathy. In N. Eisenberg, & J. Strayer (Eds.), *Empathy and its development* (pp. 317-338). New York: Cambridge University Press.
Becker-Stoll, F. (1997). *Interaktionsverhalten zwischen Jugendlichen und Müttern im Kontext längsschnittlicher Bindungsentwicklung*. Unveröffentlichte Dissertation. Universität Regensburg.
Bell, R. Q., Weller, G. M., & Waldorp, M. F. (1971). Newborn and preschooler: Organization of behavior and relations between periods. *Monographs of the Society for Research in Child Development, 36 (1-2)*.
Bell, S. M., & Ainsworth, M. D. S. (1972). Infant crying and maternal responsiveness. *Child Development, 43*, 1171-1190.
Bennett, M. (1993). Introduction. In M. Bennett (Ed.), *The child as psychologist* (pp. 1-25). London: Harvester Wheatsheaf.
Bernard, L. L. (1926). *An introduction to social psychology*. New York: Holt.
Bernhardt, P. (1997). Influences of serotonin and testosterone in aggression and dominance: Convergence with social psychology. *Current Directions in Psychological Science, 6*, 44-48.
Bertalanffy, L. (1968). *Organismic psychology theory*. Barre, MA: Clark University with Barre publishers.
Berzonsky, M. D. (1989). Identity style: Conceptualization and measurement. *Journal of Adolescent Research, 4*, 268-282.
Birns, B., Barten, S., & Bridger, W. (1969). Individual differences in temperamental characteristics of infants. *Transactions of the New York Academy of Sciences, 31*, 1071-1082.
Bischof-Köhler, D. (1989). *Spiegelbild und Empathie. Die Anfänge der sozialen Kognition*. Bern: Huber.
Bischof-Köhler, D. (1998). Zusammenhänge zwischen kognitiver, motivationaler und emotionaler Entwicklung in der frühen Kindheit und im Vorschulalter. In H. Keller (Hrsg.), *Lehrbuch Entwicklungspsychologie* (S. 319-376). Bern: Huber.
Blass, E. M., & Ciaramitaro, V. (1994). A new look at some old mechanisms in human newborns: Taste and tactile determinants of state, affect, and action. *Monographs of the Society for Research in Child Development, 59*, pp. 97-101.
Block, J. (1978). *The Q-sort method in personality assessment and psychiatric research*. Palo Alto, CA: Consulting Psychologist Press.
Block, J. (1982). Assimilation, accomodation, and the dynamics of personality development. *Child Development, 53*, 281-295.
Block, J. (1993). Studying personality the long way. In D. C. Funder, R. D. Parke, C. Tomlinson-Keasey, & K. Widaman (Eds.), *Studying lives through time: Approaches to personality and development* (pp. 9-44). Washington, DC: American Psychological Association.
Block, J., & Block, J. (1980). The role of ego-control and ego-resiliency in the organisation of behavior. In W. Collins (Ed.), *Minnesota Symposia on Child Psychology. Vol.13* (pp. 39-101). Hillsdale, NJ: Erlbaum.
Block, J., & Robins, R. W. (1993). A longitudinal study of consistency and change in self-esteem from early adolescence to early adulthood. *Child Development, 64*, 909-923.
Bloom, B. S. (1976). *Human characteristics and school learning*. New York: McGraw-Hill.
Blos, P. (1977). Der zweite Individuierungs-Prozeß der Adoleszenz. In R. Döbert, J. Habermas & G. Nunner-Winkler (Hrsg.), *Entwicklung des Ichs* (S. 179-195). Köln: Kiepenheuer & Witsch.
Boesch, E. E. (1991). *Symbolic action theory and cultural psychology*. New York: Springer.
Borke, H. (1971). Interpersonal perception of young children: Egocentrism or empathy? *Developmental Psychology, 5*, 263-269.
Bornstein, M. H. (1989). Cross-cultural developmental comparisons: The case of Japanese-American infant and mother activities and interactions. What we know, what we need to know, and why we need to know. *Developmental Review, 9*, 171-204.
Bowlby, J. (1969). *Attachment and loss. Vol. 1: Attachment*. New York: Basic Books.
Bowlby, J. (1973). *Attachment and loss. Vol. 2: Separation: anxiety and anger*. New York: Basic Books.
Bowlby, J. (1979). *The making and breaking of affectional bonds*. London: Tavistock Publications.
Bowlby, J. (1980). *Attachment and loss. Vol. 3: Loss, sadness and depression*. New York: Basic Books.
Bowlby, J. (1984). *Bindung*. Frankfurt am Main: Fischer TB.
Braungart, J. M., & Stifter, C. A. (1991). Regulation of negative reactivity during the Strange Situation: Temperament and attachment in 12-month-old infants. *Infant Behavior and Development, 14*, 349-367.
Brazelton, T. B. (1973). *Neonatal Behavior Assessment Scale. National Spastics Society Monograph*. Philadelphia: Lippincott.
Brazelton, T. B. (1984). *Neonatal Behavioral Assessment Scale (2nd ed.)*. London: Spastics International Medical Publications.
Brenneis, D. (1990). Shared and solitary sentiments: The discourse of friendship, play, and anger in Bhatgaon. In C. Lutz, & L. Abu-Lughod (Eds.), *Language and the politics of emotion* (pp. 113-125). New York: Cambridge University Press.
Bretherton, I., & Beeghly, M. (1982). Talking about internal states: The acquisition of an explicit theory of

mind. *Developmental Psychology, 18,* 906-921.
Bretherton, I., Fritz, J., Zahn-Waxler, C., & Ridgeway, D. (1986). Learning to talk about emotions: A functionalist perspective. *Child Development, 57,* 529-548.
Bridges, J., & Grolnick, W. S. (1995). The development of emotional self-regulation in infancy and early childhood. In N. Eisenberg, & D. B. Bugenthal (Ed.), *Social development* (185-211). Thousand Oaks: Sage Publications.
Bridges, J., Grolnick, W. S., & Connell, J. P. (1997). Infant emotion regulation with mothers and fathers. *Infant behavior and development, 20,* 47-57.
Bridges, K. M. B. (1932). Emotional development in early infancy. *Child Development, 3,* 325-341.
Bridges, L. J., & Grolnick, W. S. (1995). The development of emotional self-regulation in infancy and early childhood. In N. Eisenberg, & D. B. Bugenthal (Eds.), *Social development* (pp. 185-211). Thousand Oaks: Sage Publications.
Briggs, J. L. (1970). *Never in anger: Portrait of an Eskimo family.* Cambridge, MA: Harvard University Press.
Briggs, J. L. (1987). In search of emotional meaning. *Ethos, 15,* 8-15.
Brodal, A. (1982). *Neurological anatomy.* New York: Oxford University Press.
Brody, L., & Hall, J. (1993). Gender and emotion. In M. Lewis, & J. Haviland (Eds.), *Handbook of emotions* (pp. 447-460). New York: Guilford Press.
Brody, L., & Harrison, R. (1987). Developmental changes in children's abilities to match and label emotionally laden situations. *Motivation and Emotion, 11,* 347-365.
Bronfenbrenner, U. (1972). *Zwei Welten. Kinder in USA und UdSSR.* Stuttgart: Deutsche Verlags-Anstalt.
Brotman-Band, E., & Weisz, J. R. (1988). How to feel better when it feels bad: Children's perspectives on coping with everyday stress. *Developmental Psychology, 24,* 247-253.
Bühler, K. (1984/1934). *Sprachtheorie.* Jena: Fischer.
Bullock, M., & Russell, J. A. (1985). Further evidence in preschoolers' interpretation of facial expressions. *International Journal of Behavioral Development, 8,* 15-38.
Buss, A., & Plomin, R. (1984). *Temperament: Early developing personality traits.* Hillsdale, NJ: Erlbaum.
Cacioppo, J. T., Berntson, G. G., & Klein, D. (1992). What is an emotion? The role of somatovisceral afference, with special emphasis on somatovisceral "illusions". *Review of Personality and Social Psychology, 14,* 62-98.
Cacioppo, J. T., Klein, D., Berntson, G. G., & Hatfield, E. (1993). The psychophysiology of emotion. In M. Lewis, & J. Haviland (Eds.), *Handbook of emotions* (pp. 119-142). New York: Guilford Press.
Calkins, S. D., Fox, N., & Marshall, T. R. (1996). Behavioral and physiological antecedents of inhibited and uninhibited behavior. *Child Development, 67,* 523-540.
Cameron, J. R., Rice, D., Rosen, D., & Chesterman, E. (in press). Evaluating the clinical and cost effectiveness of a temperament-based anticipatory guidance program for parents of infants in a health maintenance organization. *American Journal of Orthopsychiatry.*
Campos, J. J., Barrett, K. C., Lamb, M. E., Goldsmith, H. H., & Stenberg, C. (1983). Socioemotional development. In M. H. Haith, & J. J. Campos (Eds.), *Handbook of Child Psychology. Vol II: Infancy and developmental Psychobiology* (pp. 783-915). New York: Wiley.
Campos, J. J., Campos, R. G., & Barrett, K. C. (1989). Emergent themes in the study of emotional development and emotional regulation. *Developmental Psychology, 25,* 394-402.
Campos, R. (1988). Comfort measures for infant pain. *Zero to Three, 9,* 6-13.
Camras, L. A. (1991). Social referencing and caretaker expressive behavior in a day care setting. *Infant Behavior and Development, 14,* 27-36.
Camras, L. A. (1992). Expressive development and basic emotions. *Cognition and Emotion, 6,* 269-283.
Camras, L. A., & Allison, K. (1985). Children's understanding of emotional facial expressions and verbal labels. *Journal of Nonverbal Behavior, 9,* 84-94.
Camras, L. A., Grow, G., & Ribordy, S. (1983). Recognition and emotional expressions by abused children. *Journal of Clinical Psychology, 12,* 325-328.
Camras, L. A., Oster, H., Campos, J. J., Miyake, K., & Bradshow, D. (1992). Japanese and American infants' responses to arm restraint. Special Section: Cross-cultural studies of development. *Developmental Psychology, 28,* 578-583.
Camras, L. A., Ribordy, S., Hill, J., Martino, S., Spaccarelli, S., & Stefani, R. (1988). Recognition and posing of emotional expressions by abused children and their mothers. *Developmental Psychology, 24,* 776-781.
Camras, L. A., Sachs-Alter, E., & Ribordy, S. C. (1996). Emotion understanding in maltreated children: Recognition of facial expressions and integration with other emotion cues. In M. Lewis, & M. W. Sullivan (Eds.), *Emotional development in atypical children* (pp. 227-271). Mahwah, NJ: Erlbaum.
Candland, D. (1977). *Emotion.* Belmont: Brooks/Cole.
Caplan, M. (1993). Inhibitory influences in development: The case of prosocial behavior. In D. F. Hay, & A. Angold (Eds.), *Precursors and causes in development and psychopathology* (pp. 169-198). New York: Wiley.
Caprara, G. V., Pastorelli, C., & Weiner, B. (1997). Linkages between causal ascriptions, emotion, and behaviour. *International Journal of Behavioral Development, 20,* 153-162.
Carey, S., & Spelke, E. (1994). Domain specific knowledge and conceptual change. In L. Hirschfeld, & S. Gelman (Eds.), *Domain-specificity in cognition and culture* (pp. 169-200). New York: Cambridge University Press.
Carey, W. B., & McDevitt, S. C. (1989). *Clinical and educational applications of temperament research.*

Amsterdam/Lisse: Swets & Zeitlinger.
Carey, W. B., & McDevitt, S. C. (1994). *Prevention and early intervention: Individual differences as risk factors for the mental health of children.* New York: Brunner/Mazel.
Carlson, V., Cicchetti, D., Barnett, D., & Braunwald, K. (1989). Finding order in disorganization: Lessons from research on maltreated infants' attachments to their caregivers. In D. Cicchetti, & V. Carlson (Eds.), *Child maltreatment: Theory and research on the causes and consequences of child abuse and neglect* (pp. 494-528). Cambridge: Cambridge University Press.
Caron, A. J., Caron, R. F., & MacLean, D. J. (1988). Infant discrimination of naturalistic emotional expressions: The role of face and voice. *Child Development, 59*, 604-616.
Caron, R. F., Caron, A. J., & Myers, R. S. (1985). Do infants see emotional expressions in static faces? *Child Development, 56*, 1552-1560.
Carroll, J. B. (1973). Ein Modell schulischen Lernens. In W. Edelstein & D. Hopf (Hrsg.), *Bedingungen des Bildungsprozesses* (S. 234-250). Stuttgart: Klett.
Carroll, J. J., & Steward, M. S. (1984). The role of cognitive development in children's understandings of their own feelings. *Child Development, 55*, 1486-1492.
Carter, A. S., Mayes, L. C., & Pajer, K. A. (1991). The role of dyadic affect in play and infant sex in predicting infant response to the still-face situation. *Child Development, 61*, 764-773.
Carver, C. S., & Scheier, M. F. (1981). *Attention and self-regulation: A control theory approach to human behavior.* New York: Springer.
Casey, R. J. (1996). Emotional competence in children with externalizing and internalizing disorders. In M. Lewis, & M. Sullivan (Eds.), *Emotional development in atypical children* (pp. 161-183). Mahwah, NJ: Erlbaum.
Casey, R. J., & Fuller, L. L. (1994). Maternal regulation of children's emotions. *Journal of Nonverbal Behavior, 18*, 57-89.
Caspi, A. (1998). Personality development across the life course. In N. Eisenberg (Ed.), *Handbook of child psychology. Vol. 3: Social emotional and personality development* (pp. 311-387). New York: Wiley.
Caspi, A., Elder, G. H., & Bem, D. J. (1988). Moving away from the world: Lifecourse patterns of shy children. *Developmental Psychology, 24*, 824-831.
Cassidy, J. (1994). Emotion regulation: Influences of attachment relationships. *Monographs of the Society for Research in Child Development, 59*, 228-249.
Cassirer, E. (1953). *The philosophy of symbolic forms (Vol. 1).* New Haven: Yale University.
Caudill, W., & Weinstein, H. (1974). Maternal care and infant behavior in Japan and America. In T. S. Lebra, & W. P. Lebra (Eds.), *Japanese culture and behavior. Selected readings* (pp. 225-276). Honolulu: University of Hawaii Press.
Chao, R. (1995). Chinese and European-American cultural models of the self reflected in mothers' child-rearing beliefs. *Ethos, 23*, 328-354.
Chapman, A. J. (1973). Social facilitation of laughter in children. *Journal of Experimental Social Psychology, 9*, 528-541.
Chen, C., & Stevenson, H. W. (1995). Motivation and mathematics achievement: A comparative study of Asian-American, Caucasian-American, and East Asian high school students. *Child Development, 66*, 1215-1234.
Chen, X., Rubin, K. H., & Li, B. (1995). Social and school adjustment of shy and aggressive children in China. *Developmental and Psychopathology, 7*, 337-349.
Chen, X., Rubin, K. H., & Li, D. (1997). Maternal acceptance and social and school adjustment: A four-year longitudinal study. *Merrill Palmer Quarterly, 34*, 663-681.
Chess, S., & Thomas, A. (1987). *Origins and evolution of behavior disorders from infancy to early adult life.* Cambridge, MA: Harvard University Press.
Chess, S., & Thomas, A. (1996). *Temperament: Theory and practice.* New York: Bruner/Mazel.
Chevalier-Skolnikoff, S. (1973). Facial expressions of emotion in nonhuman primates. In P. Ekman (Ed.), *Darwin and facial expression* (pp. 11-89). New York: Academic Press.
Cloninger, R. C. (1994). Temperament and personality. *Current opinion in Neurobiology, 4*, 266-273.
Clore, G. L. (1994). Why emotions are felt. In P. Ekman, & R. J. Davidson (Eds.), *The nature of emotion* (pp. 103-111). New York: Oxford University Press.
Cole, P. M. (1986). Children's spontaneous control of facial expression. *Child Development, 57*, 1309-1321.
Cole, P. M., Jenkins, P. A., & Shott, C. T. (1989). Spontaneous expressive control in blind and sighted children. *Child Development, 60*, 683-688.
Cole, P. M., Zahn-Waxler, C., & Smith, K. D. (1994). Expressive control during a disappointment: Variations related to preschoolers' behavior problems. *Developmental Psychology, 30*, 835-846.
Compas, B. E., Banez, G. A., Malcarne, V. L., & Worsham, N. (1991). Perceived control and coping with stress: A developmental perspective. *Journal of Social Issues, 47*, 23-34.
Compas, B. E., Malcarne, V. L., & Fondacaro, K. M. (1988). Coping with stressful events in older children and young adolescents. *Journal of Consulting and Clinical Psychology, 56*, 405-411.
Cooper, M. (1965). *They came to Japan: An anthology of European reports on Japan, 1640-1943.* Berkeley: University of California Press.
Cravens, H. (1988). *The triumph of evolution. The heredity-environment controversy, 1900-1941.* Baltimore: John Hopkins University Press.
Crick, N. R., & Dodge, K. A. (1994). A review and reformulation of social information-processing mechanisms in children's social adjustment. *Psychological Bulletin, 115*, 74-101.
Crittenden, P. M. (1995). Attachment and Psychopathology. In S. Goldberg, R. Muir, & J. Kerr (Eds.),

Attachment Theory: Social, Developmental and Clinical Perspectives (pp. 367-406). Hillsdale, NJ: The Analytic Press.

Csikszentmihalyi, M. & Schiefele, U. (1993). Die Qualität des Erlebens und der Prozeß des Lernens. *Zeitschrift für Pädagogik, 39*, 207-221.

Cummings, E. M., & Zahn-Waxler, C. (1992). Emotions and the socialization of aggressions: Adults' angry behavior and children's arousal and aggression. In A. Fraczek, & H. Zumkley (Eds.), *Socialization and agression* (pp. 61-84). Berlin: Springer.

Czeschlik, T. (1993). Temperamentsfaktoren hochbegabter Kinder. In D. H. Rost (Hrsg.), *Lebensumwelt hochbegabter Kinder* (S. 138-158). Göttingen: Hogrefe.

Damasio, A. R. (1998). Emotion in the perspective of an integrated nervous system. *Brain Research Reviews, 26*, 83-86.

Davis, W. J. (1985). Neural mechanisms of behavioral plasticity in an invertebrate model system. In A. I. Selverston (Ed.), *Model neural networks and behavior* (pp. 263-282). New York: Plenum Press.

De Lacy, P. (1978-80). *Galen, De Placitis Hippocratis et Platonis*. Berlin: Corpus Medicorum Greacorum.

de Schonen, S., & Mathivet, E. (1989). First come, first served: A scenario about the development of hemisperic specialization in face recognition during infancy. *Cahiers de Psychologie Cognitive, 9*, 3-44.

de Vries, J. I. P., Visser, G. H. A., & Prechtl, H. F. R. (1984). Fetal motility in the first half of pregnancy. In H. F. R. Prechtl (Ed.), *Continuity of neural functions from prenatal to postnatal life* (pp. 46-64). London: Blackwell.

DeCasper, A. J., & Fifer, W. P. (1980). Of human bonding: Newborns prefer their mothers' voices. *Science, 208*, 1174-1176.

Deci, E. L., & Ryan, R. M. (1990). A motivational approach to self: Integration in personality. In R. A. Dienstbier (Ed.), *Nebraska Symposium on motivation* (pp. 237-288). Lincoln, NE: University of Nebraska Press.

Deffenbacher, J. L. (1978). Worry, emotionality, and task-generated interference in test anxiety: An empirical test of attentional theory. *Journal of Educational Psychology, 70*, 248-254.

Demos, E. V. (1982). Facial expressions of infants and toddlers: A descriptive analysis. In T. Field, & A. Fogel (Eds.), *Emotion and early interaction* (pp. 127-160). Hillsdale, NJ: Erlbaum.

Demos, E. V. (1986). Crying in early infancy: An illustration of the motivational function of affect. In T B. Brazelton & M. Yogman (Eds.), *Affect in early infancy* (pp. 39-73). New York: Ablex.

Demos, E. V. (1988). Affect and the development of the self: A new frontier. In A. Goldberg (Ed.), *Frontiers in self psychology* (pp. 27-53). Hillsdale, NJ: Analytic Press.

Denham, S. A. (1997). "When I have a bad dream mommy holds me": Preschoolers' conceptions of emotions, parental socialisation, and emotional competence. *International Journal of Behavioral Development, 20*, 301-319.

Denham, S. A. (1998). *Emotional development in young children*. New York: Guilford.

Denham, S. A., & Couchoud, E. A. (1990a). Young preschoolers' ability to identify emotions in equivocal situations. *Child Study Journal, 20*, 193-202.

Denham, S. A., & Couchoud, E. A. (1990b). Young preschoolers' understanding of emotion. *Child Study Journal, 20*, 171-192.

Denham, S. A., Mitchell-Copeland, J., Strandberg, K., Auerbach, S., & Blair, K. (1997). Parental contributions to preschoolers' emotional competence: Direct and indirect effects. *Motivation and Emotion, 21*, 65-86.

Denham, S. A., & Zoller, D. (1991). When my hamster died, I cried: Preschoolers´ attributions of the causes of emotions. *Journal of Genetic Psychology, 152*, 371-373.

Denham, S. A., Zoller, D., & Couchoud, E. A. (1994). Socialization of preschoolers' emotion understanding. *Developmental Psychology, 30*, 928-936.

Denzin, N. K. (1984). *On understanding emotion*. San Francisco, CA: Jossey-Bass Publishers.

Denzin, N. K. (1990). On understanding emotion: The interpretive-cultural agenda. In T. D. Kemper (Ed.), *Research agendas in the sociology of emotions* (pp. 85-116). Albany: State University of New York Press.

DeVries, M. (1984). Temperament and infant mortality among the Masai of East Afrika. *American Journal of Psychiatry, 141*, 1189-1194.

Dewey, J. (1910). *The influence of Darwin on philosophy and other essays on contemporary thought*. New York: Holt.

Diener, E. (1984). Subjective well-being. *Psychological Bulletin, 95*, 542-575.

Dise-Lewis, J. E. (1988). The Life Events and Coping Inventory: An assessment of stress in children. *Psychosomatic Medicine, 50*, 484-499.

Dix, T. (1991). The affective organization of parenting: Adaptive and maladaptive processes. *Psychological Bulletin, 110*, 3-25.

Dodge, K. A. (1991a). Emotion and social information processing. In J. Garber, & K. A. Dodge (Eds.), *The development of emotion regulation and dysregulation* (pp. 159-181). Cambridge, UK: Cambridge University Press.

Dodge, K. A. (1991b). Studying mechanisms in the cycle of violence. *Paper presented at the Biennial Meetings of the International Society for the Study of Behavioral Development in Minneapolis, USA, July 5.*

Dodge, K. A., & Garber, J. (1991). Domains of emotion regulation. In K. A. Dodge, & J. Garber (Eds.), *The development of emotion regulation and dysregulation* (pp. 3-14). Cambridge: Cambridge University Press.

Dörner, D. (1994). Wissen, Emotionen und Handlungsregulation oder die Vernunft der Gefühle. In S. Krämer (Hrsg.), *Geist - Gehirn - künstliche Intelligenz* (S. 131-161). Berlin: de Gruyter.
Dörner, D. (1996). Eine Systemtheorie der Motivation. In J. Kuhl & H. Heckhausen (Hrsg.), *Motivation, Volition und Handlung. Enzyklopädie der Psychologie, Themenbereich C, Serie IV, Bd. 4* (S. 329-357). Göttingen: Hogrefe.
Dörner, D., Schaub, H., Stäudel, T. & Strohschneider, S. (1988). Ein System zur Handlungsregulation oder - Die Interaktion von Emotion, Kognition und Motivation. *Sprache & Kognition, 7*, 217-232.
Dörner, D., Stäudel, T. & Strohschneider, S. (1986). *Moro. Programmbeschreibung.* (Memorandum Lehrstuhl Psychologie II, Projekt Systemdenken Nr. 23). Universität Bamberg.
Doi, T. (1973). *The anatomy of dependence.* Tokyo: Kodansha.
Doi, T. (1974). Amae: A key concept for understanding Japanese personality structure. In T. S. Lebra, & W. P. Lebra (Eds.), *Japanese culture and behavior. Selected readings* (pp. 145-154). Hawaii: University of Hawaii Press.
Dollard, J., & Miller, N. E. (1950). *Personality and psychotherapy.* New York: McGraw-Hill.
Donovan, W. L., & Leavitt, L. A. (1985). Physiologic assessment of mother-infant attachment. *Journal of the American Academy of Child Psychiatry, 24*, 65-70.
Dorr, A. (1985). Contexts for experience with emotion, with special attention to television. In M. Lewis, & C. Saarni (Eds.), *The socialization of emotions* (pp. 55-85). New York: Plenum Press.
Dorsch, F., Häcker, H. & Stapf, K.-H. (1995). *Psychologisches Wörterbuch (12. Aufl.).* Bern: Huber.
Dreher, E. & Dreher, M. (1985). Entwicklungsaufgaben im Jugendalter: Bedeutsamkeit und Bewältigungskonzepte. In D. Liepmann & A. Sticksrud (Hrsg.), *Entwicklungsaufgaben und Bewältigungsprobleme in der Adoleszenz* (S. 56-70). Göttingen: Hogrefe.
Dunn, J. (1988). *The beginnings of social understanding.* Oxford: Basic Blackwell.
Dunn, J., Bretherton, I., & Munn, P. (1987). Conversations about feeling states between mothers and their young children. *Developmental Psychology, 23*, 132-139.
Dunn, J., & Brown, J. (1994). Affect expression in the family, children's understanding of emotions, and their interactions with others. Special Issue: Children's emotions and social competence. *Merrill Palmer Quarterly, 40*, 120-137.
Dunn, J., Brown, J., & Beardsall, L. (1991). Family talk about feeling states and children's later understanding of others' emotions. *Developmental Psychology, 27*, 448-455.
Dunn, J., & Hughes, C. (1998). Young children´s understanding of emotions within close relationships. *Cognition and Emotion, 12*, 171-190.
Eccles, J., Wigfield, A., Harold, R. D., & Blumenfeld, P. (1993). Age and gender differences in children's self- and task perceptions during elementary school. *Child Development, 64*, 830-847.
Eisenberg, N. (1986). *Altruistic emotion, cognition, and behavior.* Hillsdale, NJ: Erlbaum.
Eisenberg, N., & Fabes, R. A. (1992). Emotion, self-regulation, and social competence. In M. F. Clark (Ed.), *Emotion and social behavior. Review of personality and social psychology, Vol. 14* (pp. 119-150). Newbury Park, CA: Sage.
Eisenberg, N., Fabes, R. A., Bernzweig, J., Karbon, M., Poulin, R., & Harnish, L. (1993). The relations of emotionality and regulation to preschoolers' social skills and sociometric status. *Child Development, 64*, 1418-1438.
Eisenberg, N., Fabes, R. A., & Losoya, S. (1997). Emotional responding: Regulation, social correlates, and socialization. In P. Salovey, & D. J. Sluyter (Eds.), *Emotional development and emotional intelligence. Educational implications* (pp. 129-163). New York: Basic Books.
Eisenberg, N., & Strayer, J. (Eds.). (1987). *Empathy and its development.* New York: Cambridge University Press.
Eiwan, B. (1998). *Lehren und Lernen mit dem Computer. Eine experimentelle Studie zum Einfluß von Lerner- und Programmerkmalen auf Lernprozeß und Lernergebnis.* Regensburg: Roderer.
Ekman, P. (1972). Universals and cultural differences in facial expressions of emotion. In J. P. Cole (Ed.), *Nebraska Symposium on Motivation, 1971, Vol. 2* (pp. 207-283). Lincoln, NE: University of Nebraska Press.
Ekman, P. (1973). Darwin and cross-cultural studies of facial expression. In P. Ekman (Ed.), *Darwin and facial expression: A century of research in review* (pp. 1-83). New York: Academic Press.
Ekman, P. (1988). *Gesichtsausdruck und Gefühl. 20 Jahre Forschung.* Paderborn: Junferman.
Ekman, P., & Friesen, W. V. (1969). The repertoire of nonverbal behaviors: categories, origins, usage, and coding. *Semiotica, 1*, 49-98.
Ekman, P., & Friesen, W. V. (1975). *Unmasking the face.* Englewood Cliffs, NJ: Prentice-Hall.
Elkind, D. (1967). Egocentrism in adolescence. *Child Development, 38*, 1025-1034.
Ellis, H. C., & Ashbrook, P. W. (1988). Resource allocation model of the effects of depressive mood states on memory. In K. Fiedler, & J. Forgas (Eds.), *Affect, cognition and social behavior* (pp. 25-43). Göttingen: Hogrefe.
Ellsworth, C. P., Muir, D. W., & Hains, S. M. J. (1993). Social competence and person-object differentiation: An analysis of the still-face effect. *Developmental Psychology, 29*, 63-73.
Engel, H., Holfelder, W. & Czerny, H. (1983). *Kindergartenrecht in Baden-Wurttemberg.* Stuttgart: Kohlhammer.
Engfer, A. (1991). Temperament und Kindesmißhandlung. *Psychosozial, 14*, 106-116.
Erikson, E. H. (1961). *Kindheit und Gesellschaft.* Stuttgart: Klett.
Erikson, E. H. (1973). *Identität und Lebenszyklus.* Frankfurt a.M.: Suhrkamp.
Eysenck, H. J. (1991). Dimensions of personality: 16-, 5- or 3-criteria for a taxonomic paradigm. *Personal-*

ity and Individual Differences, 12, 773-790.
Fabes, R. A., & Eisenberg, N. (1992). Young children's coping with interpersonal anger. *Child Development, 63*, 116-128.
Fabes, R. A., Eisenberg, N., Karbon, M., Troyer, D., & Switzer, G. (1994). The relations of children's emotion regulation to their vicarious emotional responses and comforting behaviors. *Child Development, 65*, 1678-1693.
Fehr, B., & Russell, J. A. (1984). Concept of emotion viewed from a prototype perspective. *Journal of Experimental Psychology, 113*, 464-486.
Feinman, S. (Ed.). (1992). *Social referencing and the social construction of reality in infancy*. New York: Plenum Press.
Feinman, S. (1992). What do we know and where shall we go? Conceptual and research directions in social referencing. In S. Feinman (Ed.), *Social referencing and the social construction of reality in infancy* (371-406). New York: Plenum Press.
Feldman, R. S., Philippot, P., & Custrini, R. J. (1991). Social competence and nonverbal behavior. In R. S. Feldman, & B. Rimé (Eds.), *Fundamentals of nonverbal behavior* (pp. 329-350). New York: Cambridge University Press.
Fend, H. (1982). *Gesamtschule im Vergleich*. Weinheim: Beltz.
Fend, H. (1990). Ego-strength development and pattern of social relationships. In H. Bosma, & S. Jackson (Eds.), *Coping and self-concept in adolescence* (pp. 92-111). Berlin: Springer.
Fernald, A. (1984). The perceptual and affective salience of mothers' speech to infants. In L. Feagans, D. Garvey, & R. Golinkoff (Eds.), *The origins and growth of communication* (pp. 5-29). Norwood, NJ: Ablex.
Fernald, A. (1993). Approval and disapproval: Infant responsiveness to vocal affect in familiar and unfamiliar languages. *Child Development, 64*, 657-674.
Fiedler, K. (1988). Emotional mood, cognitive style, and behavior regulation. In K. Fiedler, & J. Forgas (Eds.), *Affect, cognition and social behavior* (pp. 100-119). Göttingen: Hogrefe.
Field, T. M., & Walden, T. A. (1982a). Production and discrimination of facial expressions by preschool children. *Child Development, 53*, 1299-1311.
Field, T. M., & Walden, T. A. (1982b). Production and perception of facial expressions in infancy and early childhood. In H. W. Reese, & L. P. Lipsitt (Eds.), *Advances in child development and behavior, Vol. 16* (pp. 169-211). New York: Academic Press.
Field, T., Woodson, R., Greenberg, R., & Cohen, D. (1982). Discrimination and imitation of facial expressions by neonates. *Science, 218*, 179-181.
Fijneman, Y. A., Willemsen, M. E., & Poortinga, Y. H. (1996). Individualism-collectivism: An empirical study of a conceptual issue. *Journal of Cross-Cultural Psychology, 27*, 381-402.
Flammer, A. (1988). *Entwicklungstheorien*. Bern: Huber.
Flavell, J. H. (1999). Cognitive development: Children´s knowledge about the mind. *Annual Review of Psychology, 50*, 21-45.
Flavell, J. H., Miller, P. H., & Miller, S. H. (1993). *Cognitive development (3rd ed.)*. Englewood Cliffs, NJ: Prentice-Hall.
Foerster, H. (1992). *The caring child*. Cambridge, MA: Harvard University Press.
Fogel, A. (1993). *Developing through relationships: Origins of communication, self, and culture*. Chicago: University of Chicago Press.
Fogel, A. (1993). *Development through relationships: Origins of communication, self, and culture*. Chicago: University of Chicago Press.
Fogel, A., & Melson, G. F. (Eds.). (1986). *Origins of nurturance: Developmental, biological and cultural perspectives on caregiving*. Hillsdale, NJ: Erlbaum.
Fox, N. (1989). Heart-rate variability and behavioral reactivity: Individual differences in automatic patterning and their relation to infant and child temperament. In S. Reznick (Ed.), *Perspectives on behavioral inhibition* (pp. 177-195). Chicago: University of Chicago Press.
Fox, N. A. (Ed.). (1994). *The development of emotion regulation: Biological and behavioral considerations*. Chicago: Chicago University Press.
Fremmer-Bombik, E. (1995). Innere Arbeitsmodelle von Bindung. In G. Spangler & P. Zimmermann (Hrsg.), *Die Bindungstheorie: Grundlagen, Forschung und Anwendung* (S. 3-50). Stuttgart: Klett-Cotta.
Freud, A. (1980). *Probleme der Pubertät*. München: Kindler.
Freud, S. (1975). *Jenseits des Lustprinzips (Studienausgabe, Bd. 3)*. Frankfurt a. M.: Fischer.
Fridlund, A. J. (1991). Sociality of solitary smiling: Potentiation by an implicit audience. *Journal of Personality and Social Psychology, 60*, 229-240.
Fridlund, A. J. (1994). *Human facial expression: An evolutionary view*. San Diego, CA: Academic Press.
Friedlmeier, W. (1993). *Entwicklung von Empathie, Selbstkonzept und prosozialem Handeln in der Kindheit*. Konstanz: Hartung-Gorre.
Friedlmeier, W. (1999). Sozialisation der Emotionsregulation. *Zeitschrift für Soziologie der Erziehung und Sozialisation, 19*, 35-51.
Friedlmeier, W., & Trommmsdorff, G. (in Vorb.). Entwicklung der Emotionsregulation bei 2- und 3jährigen Mädchen. *Zeitschrift für Entwicklungspsychologie und Pädagogische Psychologie*.
Friedlmeier, W., & Trommsdorff, G. (1998). Japanese and German mother-child interactions in early childhood. In G. Trommsdorff, W. Friedlmeier, & H.-J. Kornadt (Eds.), *Japan in transition. Social and psychological aspects* (pp. 217-230). Lengerich: Pabst Science Publishers.
Friedlmeier, W., & Trommsdorff, G. (1999, subm.). Emotion regulation in early childhood: A cross-cultural

comparison between German and Japanese toddlers. *Journal of Cross-Cultural Psychology.*
Friedrich, H. F. & Mandl, H. (1997). Analyse und Förderung selbstgesteuerten Lernens. In F. E. Weinert & H. Mandl (Hrsg.), *Psychologie der Erwachsenenbildung. Enzyklopädie der Psychologie, Themenbereich D, Serie I, Pädagogische Psychologie, Bd. 4* (S. 237-293). Göttingen: Hogrefe.
Frijda, N. H. (1986). *The emotions.* Cambridge: Cambridge University Press.
Frijda, N. H. (1993). Moods, emotion episodes, and emotions. In M. Lewis, & J. M. Haviland (Eds.), *Handbook of emotions* (pp. 381-403). New York: Guildford Press.
Frijda, N. H., Markam, S., Sato, K., & Wiers, R. (1995). Emotions and emotion words. In J. A. Russell, & J.-M. Fernandez-Dols (Eds.), *Everyday conceptions of emotion: An introduction to the psychology, anthropology and linguistics of emotion* (pp. 121-143). Dordrecht: Kluwer Academic Publishers.
Fuhrer, U., & Josephs, I. E. (1998). The cultivated mind: From mental mediation to cultivation. *Developmental Review, 18,* 279-312.
Garber, J., & Dodge, K. A. (Eds.). (1991). *The development of emotion regulation and dysregulation.* Cambridge: Cambridge University Press.
Gardner, D., Harris, P. L., Ohmoto, M., & Hamazaki, T. (1988). Japanese children's understanding of the distinction between real and apparent emotion. *International Journal of Behavioral Development, 11,* 203-218.
Garner, P. W., & Power, T. G. (1996). Preschoolers' emotional control in the disappointment paradigm and its relation to temperament, emotional knowledge, and family expressiveness. *Child Development, 67,* 1406-1419.
Gazzaniga, M. S. (1995). Consciousness and the cerebral hemispheres. In M. S. Gazzaniga (Ed.), *The cognitive neurosciences* (pp. 1391-1400). Cambridge, MA: MIT Press.
George, C., Kaplan, N., & Main, M. (1985). *The Adult Attachment Interview.* Unpublished Manuscript. Berkeley. University of California.
Geppert, U., & Heckhausen, H. (1990). Ontogenese der Emotionen. In K. E. Scherer (Hrsg.), *Psychologie der Emotionen. Enzyklopädie der Psychologie, Themenbereich 3, Serie IV, Bd. 3* (S. 115-212). Göttingen: Hogrefe.
Geppert, U., Helmke, A. & Halisch, F. (1997). Entwicklung lern- und leistungsbezogener Motive und Einstellungen: Literaturüberblick, Ergebnisse aus dem SCHOLASTIK-Projekt, Kommentar. In F. E. Weinert & A. Helmke (Hrsg.), *Entwicklung im Grundschulalter* (S. 43-82). Weinheim: Psychologie Verlags Union.
Gewirtz, J. L., & Boyd, E. F. (1977). Does maternal responding imply reduced infant crying? A critique of the 1972 Bell and Ainsworth report. *Child Development, 48,* 1200-1207.
Giesen, H., Böhmeke, W., Effler, M., Hummer, A., Hansen, R., Kötter, B., Krämer, H. J., Rabenstein, E. & Werner, R. R. (1981). *Vom Schüler zum Studenten.* München: Reinhardt.
Gnepp, J. (1983). Children's social sensitivity: Inferring emotions from conflicting cues. *Developmental Psychology, 19,* 805-814.
Gnepp, J. (1989a). Children's use of personal information to understand other people's feelings. In C. Saarni, & P. L. Harris (Eds.), *Children's understanding of emotion* (pp. 151-177). New York: Cambridge University Press.
Gnepp, J. (1989b). Personalized inferences of emotions and appraisals: Component processes and correlates. *Developmental Psychology, 25,* 277-288.
Gnepp, J., & Hess, D. L. R. (1986). Children's understanding of verbal and facial display rules. *Developmental Psychology, 22,* 103-108.
Gnepp, J., & Klayman, J. (1992). Recognition of uncertainty in emotional inferences: Reasoning about emotionally equivocal situations. *Developmental Psychology, 28,* 145-158.
Gnepp, J., McKee, E., & Domanic, J. A. (1987). Children's use of situational information to infer emotion: Understanding emotionally equivocal situations. *Developmental Psychology, 23,* 114-123.
Goldsmith, H. H. (1983). Genetic influences on personality from infancy to adulthood. *Child Development, 54,* 331-355.
Goldsmith, H. H. (1993). Temperament: Variability in developing emotions systems. In M. Lewis, & J. M. Haviland (Eds.), *Handbook of emotions* (pp. 353-364). New York: Guilford Press.
Goldsmith, H. H., Buss, A. H., Plomin, R., Rothbart, M. K., Thomas, A., Chess, S., Hinde, R. A., & McCall, R. B. (1987). Roundtable: What is temperament? Four approaches. *Child Development, 58,* 505-529.
Goldsmith, H. H., Buss, K. A., & Lemery, K. S. (1997). Toddler and childhood temperament: Expanded content, stronger genetic evidence, new evidence for the importance of the environment. *Developmental Psychology, 33,* 891-905.
Goldsmith, H. H., & Campos, J. J. (1982). Toward a theory of infant temperament. In R. Emde, & R. Harmon (Eds.), *Attachment and affiliative systems* (pp. 161-193). New York: Plenum Press.
Goldstein, K. (1963/1940). *Human nature in the light of psychopathology.* New York: Schocken.
Goleman, D. (1997). *Emotionale Intelligenz. (Original erschienen 1995: Emotional intelligence, 7. Aufl.).* München: dtv.
Goller, H. (1992). *Emotionspsychologie und Leib-Seele-Problem.* Stuttgart: Kohlhammer.
Gopnik, A., Slaughter, V., & Meltzoff, A. (1994). Changing your views: How understanding visual perception can lead to a new theory of the mind. In C. Lewis, & P. Mitchell (Eds.), *Children's early understanding of mind: Origins and development* (pp. 157-181). Hove, UK: Erlbaum.
Gordon, S. (1981). The sociology of sentiments and emotion. In M. Rosenberg, & R. Turner (Eds.), *Social psychology: Sociological perspectives* (pp. 562-592). New York: Basic Books.

Goswami, U. (1997). *Cognition in children*. Hove, UK: Basic Psychology Press.
Gottman, J., & Mettetal, G. (1986). Speculations about social and affective development: Friendship and acquaintanceship through adolescence. In J. M. Gottman, & J. G. Parker (Eds.), *Conversations of friends: Speculations on affective development* (pp. 192-237). Cambridge: Cambridge University Press.
Gove, F. L., & Keating, D. P. (1979). Empathic role-taking precursors. *Developmental Psychology, 15*, 594-600.
Gray, J. A. (1964). *Pavlovs typology*. Oxford: Pergamon Press.
Gretarsson, S. J., & Gelfland, D. M. (1988). Mother's attributions regarding their children's social behavior and personality characteristics. *Developmental Psychology, 24*, 264-269.
Gross, A. L., & Ballif, B. (1991). Children's understanding of emotion from facial expressions and situations: A review. *Developmental Review, 11*, 368-398.
Gross, D., & Harris, P. (1988). False beliefs about emotion: Children's understanding of misleading emotional displays. *International Journal of Behavioral Development, 11*, 475-488.
Grossmann, K. (1997). Kontinuität und Konsequenzen der frühen Bindungsqualität während des Vorschulalters. In G. Spangler & P. Zimmermann (Hrsg.), *Die Bindungstheorie: Grundlagen, Forschung und Anwendung (2. Aufl.)* (S. 191-202). Stuttgart: Klett-Cotta.
Grossmann, K. E. (1977). Skalen zur Erfassung mütterlichen Verhaltens von Mary D. Ainsworth. In K. E. Grossmann (Hrsg.), *Entwicklung der Lernfähigkeit* (S. 96-107). München: Kindler.
Grossmann, K. E., Becker-Stoll, F., Grossmann, K., Kindler, H., Schieche, M., Spangler, G., Wensauer, M. & Zimmermann, P. (1997). Die Bindungstheorie: Modell, entwicklungspsychologische Forschung und Ergebnisse. In H. Keller (Hrsg.), *Handbuch der Kleinkindforschung (2. neu bearb. Aufl.)* (S. 51-95). Bern: Huber.
Grossmann, K. E. & Grossmann, K. (1986). Phylogenetische und ontogenetische Aspekte der Entwicklung der Eltern-Kind Bindung und der kindlichen Sachkompetenz. *Zeitschrift für Entwicklungspsychologie und Pädagogische Psychologie, 18*, 287-315.
Grossmann, K. E., & Grossmann, K. (1991). Attachment quality as an organizer of emotional and behavioral responses. In C. M. Parkes, J. Stevenson-Hinde, & P. Marris (Eds.), *Attachment across the life cycle* (pp. 93-114). London: Tavistock/Routledge.
Grossmann, K. & Grossmann, K. E. (1996). Kulturelle Perspektiven der Bindungsentwicklung in Japan und Deutschland. In G. Trommsdorff & H.-J. Kornadt (Hrsg.), *Gesellschaftliche und individuelle Entwicklung in Japan und Deutschland* (S. 215-236). Konstanz: Universitätsverlag.
Grossmann, K., Grossmann, K. E., Spangler, G., Suess, G., & Unzner, L. (1985). Maternal sensitivity and newborns' orientation responses as related to quality of attachment in northern Germany. *Monographs of the Society for Research in Child Development, 50 (1-2)*, 233-256.
Guerra, N. G., Huesmann, L. R., & Hanish, L. (1995). The role of normative beliefs in children´s social behavior. In N. Eisenberg (Ed.), *Social development* (pp. 140-158). London: Sage.
Gunnar, M. R. (1991). The psychobiology of stress in early development. Reactivity and regulation. *Paper presented at the Meetings of the International Society for the Study of Behavioral Development in Minneapolis, USA, July*.
Gunnar, M. R., Broderson, L., Nachmias, M., Buss, K., & Rigatuso, J. (1996). Stress reactivity and attachment security. *Developmental Psychobiology, 29*, 191-204.
Gunnar, M. R., Larson, M. C., Hertsgaard, L., Harris, M. L., & Brodersen, L. (1992). The stressfulness of separation among nine-month-old infants: Effects of social context variables and infant temperament. *Child Development, 63*, 290-303.
Gunnar, M. R., Mangelsdorf, S., Larson, M., & Hertsgaard, L. (1989). Attachment, temperament, and adrenocortical activity in infancy: A study of psychoendocrine regulation. *Developmental Psychology, 25*, 355-363.
Gupta, S., & Valsiner, J. (1996). Myths in the hearts: implicit suggestions in the story. *Paper presented at the Second Conference for Socio-Cultural Research in Geneva, September, 14*.
Haan, N. (1977). *Coping and defending*. New York: Academic Press.
Hadwin, J., & Perner, J. (1991). Pleased and surprised: Children's cognitive theory of emotion. *British Journal of Developmental Psychology, 9*, 215-234.
Hala, S., & Carpendale, J. (1997). All in the mind: Children's understanding of mental life. In S. Hala, & J. Carpendale (Eds.), *The development of social cognition. Studies in developmental psychology* (pp. 189-239). Hove, UK: Psychology Press.
Halgren, E. (1981). The amygdala contribution to emotion and memory: Current studies in humans. In Y. Ben-Ari (Ed.), *The amygdaloid complex* (pp. 305-408). Amsterdam: Elsevier/North-Holland.
Harkness, S., & Super, C. M. (1982). Child-environment transactions in the socialization of affect. In M. Lewis, & C. Saarni (Eds.), *The socialization of emotions* (pp. 21-36). New York: Plenum Press.
Harkness, S., & Super, C. M. (1994). The developmental niche: A theoretical framework for analyzing the household production of health. *Social Science and Medicine, 38*, 217-226.
Harlow, H. (1962). The development of affectional patterns in infant monkeys. In B. M. Foss (Ed.), *Determinants of infant behavior* (pp. 75-97). New York: Wiley.
Harré, R. (1986). An outline of the social constructionist viewpoint. In R. Harré (Ed.), *The social construction of emotions* (pp. 2-14). Oxford: Blackwell.
Harré, R. (Ed.). (1986). *The social construction of emotions*. Oxford: Blackwell.
Harré, R., & Parrott, W. G. (Eds.). (1996). *The emotions. Social, cultural and biological dimensions*. London: Sage.
Harris, P. L. (1989). Children's understanding of emotion: an introduction. In C. Saarni, & P. L. Harris

(Eds.), *Children's understanding of emotion* (pp. 3-24). New York: Cambridge University Press.
Harris, P. L. (1992). *Das Kind und die Gefühle*. Bern: Huber.
Harris, P. L. (1994). The child's understanding of emotion: Developmental change and the family environment. *Journal of Child Psychology and Psychiatry and Allied Disciplines, 35*, 3-28.
Harris, P. L., Donnelly, K., Guz, G. R., & Pitt-Watson, R. (1986). Children's understanding of the distinction between real and apparent emotion. *Child Development, 57*, 895-909.
Harris, P. L., Johnson, C. N., Hutton, D., Andrews, G., & Cook, T. (1989). Young children's theory of mind and emotion. Special Issue: Development of emotion-cognition relations. *Cognition and Emotion, 3*, 379-400.
Harris, P. L., & Kavanaugh, R. D. (1993). Young children's understanding of pretense. *Monographs of the Society for Research in Child Development, 58 (1)*, v-92.
Harris, P. L., & Lipian, M. S. (1989). Understanding emotion and experiencing of emotion. In C. Saarni, & P. L. Harris (Eds.), *Children's understanding of emotions* (pp. 241-258). Cambridge: Cambridge University Press.
Harris, P. L., Olthof, T., & Terwogt, M. M. (1981). Children's knowledge of emotion. *Journal of Child Psychology and Psychiatry, 22*, 247-261.
Harter, S., & Whitesell, N. R. (1989). Developmental changes in children's understanding of single, multiple, and blended emotion concepts. In C. Saarni, & P. L. Harris (Eds.), *Children's understanding of emotion* (pp. 81-116). New York: Cambridge University Press.
Hascher, T. (1994). *Emotionsbeschreibung und Emotionsverstehen*. Münster: Waxmann.
Hatcher, R. Hatcher, S., Berlin, M. Okla, K., & Richards, J. (1990). Psychological mindedness and abstract reasoning in late childhood and adolescence: An exploration using new instruments. *Journal of Youth and Adolescence, 19*, 307-326.
Hauser, S. T., & Bowlds, M. K. (1990). Stress, coping, and adaptation. In S. S. Feldman, & G. R. Elliot (Eds.), *At the treshold. The developing adolescent* (pp. 388-413). Cambridge, MA: Harvard University Press.
Havighurst, R. J. (1948). *Developmental tasks and education*. New York: McKay.
Haviland, J. M., & Lelwica, M. (1987). The induced affect response: 10-week-old infants' responses to three emotion expressions. *Developmental Psychology, 23*, 97-104.
Hayashi, C., Suzuki, T., & Hayashi, F. (1984). Comparative study of lifestyle and quality of life: Japan and France. *Behaviormetrika, 15*, 1-17.
Hayashi, S. (1976/1786). Fukei-kun [Precepts for fathers and elder brothers]. In M. Yamazumi, & K. Nakae (Eds.), *Kosodate no sho. Vol. 2* [Documents on child-rearing] (pp. 58-89). Tokyo: Heibon-sha.
Heckhausen, H. (1989). *Motivation und Handeln (2. völlig überarb. Aufl.)*. Berlin: Springer.
Heckhausen, J., & Schulz, R. (1995). A life-span theory of control. *Psychological Review, 102*, 284-304.
Heelas, P. (1986). Emotion talk across cultures. In R. Harré (Ed.), *The social construction of emotions* (pp. 234-266). New York: Blackwell.
Heider, F. (1977). *Die Psychologie der interpersonalen Beziehung*. Stuttgart: Klett.
Helmke, A. (1983). *Schulische Leistungsangst. Erscheinungsformen und Entstehungsbedingungen*. Frankfurt a. M.: Lang.
Helmke, A. (1992). *Selbstvertrauen und schulische Leistungen*. Göttingen: Hogrefe.
Helmke, A. (1993). Die Entwicklung der Lernfreude vom Kindergarten bis zur 5. Klassenstufe. *Zeitschrift für Pädagogische Psychologie, 7*, 77-86.
Hembree, R. (1988). Correlates, causes, effects, and treatment of test anxiety. *Review of Educational Research, 58*, 47-77.
Hemphill, C. (1998). Class, gender, and the regulation of emotional expression in revolutionary-era conduct literature. In P. Stearns, & J. Lewis (Eds.), *An emotional history of the United States* (pp. 33-51). New York: New York University Press.
Herrmann, T. (1965). *Psychologie der kognitiven Ordnung*. Berlin: de Gruyter.
Herskovits, M. J. (1948). *Man and his works: The science of cultural anthropology*. New York: Knopf.
Hertsgaard, L., Gunnar, M., Erickson, M. F., & Nachmias, M. (1995). Adrenocortical responses to the strange situation in infants with disorganized/disoriented attachment relationships. *Child Development, 66*, 1100-1106.
Hess, R. D., Kashiwagi, K., Azuma, H., Price, G. G., & Dickson, W. P. (1980). Maternal expectations for early mastery of developmental tasks and cognitive and social competence of preschool children in Japan and the United States. *International Journal of Psychology, 15*, 259-271.
Hess, U., Banse, R., & Kappas, A. (1995). The intensity of facial expression is determined by underlying affective state and social situation. *Journal of Personality and Social Psychology, 69*, 280-288.
Hiatt, S., Campos, J., & Emde, R. (1979). Facial patterning and infant emotional expression: Happiness, surprise, and fear. *Child Development, 50*, 1020-1035.
Hill, J. P. (1993). Recent advances in selected aspects of adolescent development. *Journal of Child Psychology and Psychiatry, 34*, 69-99.
Hinde, R. A. (1985). Expression and negotiation. In G. Zivin (Ed.), *The development of expressive behavior. Biology-environment interactions* (pp. 103-116). Orlando, FL: Academic Press.
Hinde, R. A., & Stevenson-Hinde, J. (1990). Attachment: Biological, cultural, and individual desiderata. *Human Development, 33*, 62-72.
Hirshberg, L. M., & Svejda, M. (1990). When infants look to their parents: I. Infants' social referencing of mothers compared to fathers. *Child Development, 61*, 1175-1186.
Hochschild, A. R. (1979). Emotion work, feeling rules, and social structure. *American Journal of Sociology*,

85, 551-575.
Hochschild, A. R. (1990). *Das gekaufte Herz. Zur Kommerzialisierung der Gefühle (Original erschienen 1983: The managed heart: Commercialization of human feeling)*. Frankfurt a. M.: Campus.
Hochschild, A. R. (1996). Soziologie der Emotionen als eine Methode der Erkenntnis - Am Beispiel der Liebe. *Zeitschrift für psychosomatische Medizin, 42*, 222-234.
Hölzle, E. (1995). *Mitgefühl-Situationsverfahren für Jugendliche*. Unveröffentliches Methodenmanuskript. Universität Augsburg.
Hofer, M. A. (1995). Hidden regulators: Implications for a new understanding of attachment, separation, and loss. In S. Goldberg, R. Muir, & J. Kerr (Eds.), *Attachment theory. Social, developmental, and clinical perspectives* (pp. 203-230). Hillsdale, NJ: The Analytic Press.
Hoffman, M. L. (1982). Development of prosocial motivation: Empathy and guilt. In N. Eisenberg (Ed.), *The development of prosocial behavior* (pp. 281-313). New York: Academic Press.
Hoffner, C., & Badzinski, D. M. (1989). Children's integration of facial and situational cues to emotion. *Child Development, 60*, 411-422.
Hofmann, H. (1991). *Psychologiestudium als Hochschulsozialisation? Prozeßanalytische Auswertung schriftlicher Interviews bei Studenten im Grundstudium*. Unveröffentlichte Diplomarbeit. Universität Eichstätt.
Hofmann, H. (1997). *Emotionen in Lern- und Leistungssituationen - eine idiographisch-nomothetische Tagebuchstudie an Lehramtsstudenten im Examen*. Unveröffentlichte Dissertation. Universität Regensburg.
Hofstadter, D. R. (1985). *Gödel, Escher, Bach: Ein endlos geflochtenes Band*. Stuttgart: Klett-Cotta.
Hofstede, G. (1980). *Culture's consequences. International differences in work-related values*. London: Sage.
Holodynski, M. (1992a). Die Entwicklung der Emotionen Stolz und Beschämung im Vor- und Grundschulalter. Eine Längsschnittstudie mit ausdrucksanalytischem Zugang. *Vortrag gehalten auf dem 33. Kongreß der Deutschen Gesellschaft für Psychologie in Trier*.
Holodynski, M. (1992b). *Leistungstätigkeit und soziale Interaktion. Ein tätigkeitstheoretisches Modell zur Entstehung der Leistungsmotivation*. Heidelberg: Asanger.
Holodynski, M. (1995). Das Interiorisationsmodell der Emotionen. In K. Pawlik (Hrsg.), *Bericht über den 39. Kongreß der Deutschen Gesellschaft für Psychologie. Bd. 2* (S. 624-631). Göttingen: Hogrefe.
Holodynski, M. (1996). Emotional development and the interiorization of emotional expression. *Journal of Russian and East European Psychology, 34*, 24-32.
Holodynski, M. (1997a). *Ausdrucksminiaturisierung und Entwicklung der Emotionsregulation*. Habilitationsschrift, Universität Bielefeld.
Holodynski, M. (1997b). *Ausdrucksregulation und emotionale Bewußtheit*. Vortrag gehalten auf der 13. Tagung für Entwicklungspsychologie in Wien vom 21.-24. September.
Holton, G. (1986). *The advancement of science and its burdens*. New York: Cambridge University Press.
Honzik, M. P. (1965). Prediction of behavior from birth to maturity. *Merrill Palmer Quarterly, 11*, 77-88.
Hornik, R., Risenhoover, N., & Gunnar, M. (1987). The effects of maternal positive, neutral, and negative affective communications on infant responses to new toys. *Child Development, 58*, 937-944.
Hubbard, J. A., & Coie, J. D. (1994). Emotional correlates of social competence in children's peer relationships. Special Issue: Children's emotions and social competence. *Merrill Palmer Quarterly, 40*, 1-20.
Iannotti, R. J. (1978). Effect of role-taking experiences on role taking, empathy, altruism, and aggression. *Developmental Psychology, 14*, 119-124.
Isen, A. M. (1987). Positive affect, cognitive processes, and social behavior. In L. Berkowitz (Ed.), *Advances in experimental social psychology. Vol. 20* (pp. 203-253). San Diego, CA: Academic Press.
Izard, C. E. (1972). *Patterns of emotions: A new analysis of anxiety and depression*. New York: Academic Press.
Izard, C. E. (1977). *Human emotions*. New York: Plenum Press.
Izard, C. E. (1978). On the ontogenesis of emotions and emotion-cognition relationships in infancy. In M. Lewis, & L. Rosenblum (Eds.), *The development of affect* (pp. 389-413). New York: Plenum Press.
Izard, C. E. (1979). *The maximally discriminative facial movement coding system (MAX)*. Newark: Instructional Resources Center University of Delaware.
Izard, C. E. (1981). *Die Emotionen des Menschen. Eine Einführung in die Grundlagen der Emotionspsychologie*. Weinheim: Beltz.
Izard, C. E. (1993). Four systems for emotion activation: Cognitive and noncognitive processes. *Psychological Review, 100*, 68-90.
Izard, C. E., Hembree, E. A., & Huebner, R. R. (1987). Infants' emotion expressions to acute pain: Developmental change and stability of individual differences. *Developmental Psychology, 23*, 105-113.
Izard, C. E., & Malatesta, C. Z. (1987). Perspectives on emotional development I: Differential emotions theory of early emotional development. In J. D. Osofsky (Ed.), *Handbook of infant development (2nd ed.)* (pp. 494-554). New York: Wiley.
Izard, C. E., Porges, S. W., Simons, R. F., Haynes, O. M., Parisi, M., & Cohen, B. (1991). Infant cardiac activity: Developmental changes and relations with attachment. *Developmental Psychology, 27*, 432-439.
Izard, C. E., Schultz, D. A., Fine, S. A, & Ackerman, B. A. (in press). Emotionality, intelligence, and emotion knowledge as predictor of socially adaptive behavior. *Journal of Personality and Social Psychology*.
Jacobson, J. L., & Wille, D. E. (1986). The influence of attachment patterns on developmental changes in

peer interaction from the toddler to the preschool period. *Child Development, 57,* 338-347.
Jakobs, E. (1998). *Faces and feelings in social context.* Enschede: Ipskamp.
Janke, B. (1995a). *Ärger, Angst und Trauer: Entwicklung des Wissens über negative Emotionen bei Sieben- und Achtjährigen.* Vortrag gehalten auf der 12. Tagung für Entwicklungspsychologie in Leipzig, September.
Janke, B. (1995b). Entwicklung naiven Wissens über den physikalischen Auftrieb: Warum schwimmen Schiffe? *Zeitschrift für Entwicklungspsychologie und Pädagogische Psychologie, 27,* 122-138.
Janke, B. (1997). *Conceptual understanding in children and adults: The case of anger and sadness.* Augsburger Berichte zur Entwickungspsychologie und Pädagogischen Psychologie Nr. 78. Universität Augsburg.
Janke, B. (1998). What do children know about the peripheral bodily change accompanying anxiety, sadness, anger and happiness? In A. H. Fischer (Ed.), *Proceedings of the Xth Conference of the International Society for Research on Emotion* (pp. 233-237). Amsterdam: International Society for Research on Emotion.
Janke, B. (1999). The regulation of angry, sad and happy states: A study with seven- and ten-year-olds. *Poster presented at the Biennial Meeting of the Society for Research in Child Development, Albuquerque, NM, April.*
Jerusalem, M. (1983). *Selbstbezogene Kognitionen in schulischen Bezugsgruppen.* Berlin: Freie Universität, Fachbereich Erziehungs- und Unterrichtswissenschaften.
Jerusalem, M. (1990). *Persönliche Ressourcen, Vulnerabilität und Streßerleben.* Göttingen: Hogrefe.
Jerusalem, M. & Mittag, W. (1999). Selbstwirksamkeit, Bezugsnormen, Leistung und Wohlbefinden in der Schule. In M. Jerusalem & R. Pekrun (Hrsg.), *Emotion, Motivation und Leistung* (S. 223-245). Göttingen: Hogrefe.
Jerusalem, M. & Schwarzer, R. (1991). Entwicklung des Selbstkonzepts in verschiedenen Lernumwelten. In R. Pekrun & H. Fend (Hrsg.), *Schule und Persönlichkeitsentwicklung. Ein Resümee der Längsschnittforschung.* (S. 115-128). Stuttgart: Enke.
Johansson, G. (1973). Visual perception of biological motion and a model for its analysis. *Perception and Psychophysics, 14,* 201-211.
Johnson, D. W., & Johnson, R. T. (1974). Instructional goal structure: Cooperative, competitive, or individualistic. *Review of Educational Research, 44,* 213-240.
Johnson, M. H. (1998). The neural basis of cognitive development. In D. Kuhn, & R. S. Siegler (Eds.), *Handbook of child psychology. Vol. 2: Socialization, personality, and social development (5th ed.)* (pp. 1-49). New York: Wiley.
Johnson, M. H., Dziurawiec, S., Bartrip, J., & Morton, J. (1992). The effects of movement of internal features on infants' preferences for face-like stimuli. *Infant Behavior and Development, 15,* 129-136.
Josephs, I. E. (1993). *The regulation of emotional expression in preschool children.* Münster: Waxmann.
Josephs, I. E. (1994). Display rule behavior and understanding in preschool children. *Journal of Nonverbal Behavior, 18,* 301-326.
Josephs, I. E. (1995). The problem of emotions from the perspective of psychological semantics. *Culture & Psychology, 1,* 279-288.
Josephs, I. E. & Wolgast, M. (1996). Die Ko-Konstruktion religiöser Bedeutung aus kulturpsychologischer Perspektive: Eine Analyse von Eltern-Kind-Interaktionen. In F. Oser & K. H. Reich (Hrsg.), *Eingebettet ins Menschsein: Beispiel Religion. Aktuelle psychologische Studien zur Entwicklung von Religiosität* (S. 41-68). Lengerich: Pabst Science Publishers.
Juang, L. P., Castellino, D. R., & Hill, N. E. (1995). Early adolescent adjustment: Links to the "goodness of fit" between temperament and contextual demands. *Poster presented at the Society for Research on Child Development, Indianapolis, USA, March.*
Kagan, J. (1989). Biology and the child. In N. Eisenberg (Ed.), *Handbook of child psychology. Vol. 3: Social emotional and personality development* (pp. 177-235). New York: Wiley.
Kagan, J. (1994). *Galen's prophecy. Temperament in human nature.* New York: Basic Books.
Kagan, J. (1994). On the nature of emotion. *Monographs of the Society for Research in Child Development, 59,* 7-25.
Kagan, J. (1997). Temperament and the reactions to unfamiliarity. *Child Development, 68,* 139-144.
Kagan, J., Arcus, D., Snidman, N., & Rimm, S. E. (1995). Asymmetry of forehead temperature and cardiac activity. *Neuropsychology, 9,* 1-5.
Kagan, J., & Moss, H. A. (1962). *Birth to maturity.* New York: Wiley.
Kagan, J., Reznick, J. S., & Snidman, N. (1987). The physiology and psychology of inhibition to the unfamiliar. *Child Development, 58,* 1459-1473.
Kagan, J., Reznick, J. S., & Snidman, N. (1988). Biological bases of childhood shyness. *Science, 240,* 167-171.
Kagan, J., & Snidman, N. (1991). Infant predictors of inhibited and uninhibited profiles. *Psychological Science, 2,* 40-44.
Kagan, J., Snidman, N., Zentner, M. R., & Peterson, E. (1999). Infant temperament and anxious symptoms in school age children. *Development and Psychopathology, 11,* 209-224.
Kagan, J., & Zentner, M. R. (1996). Early childhood predictors of adult psychopathology. *Harvard Review of Psychiatry, 3,* 341-350.
Kâgitçibâsi, C. (1994). A critical appraisal of individualism and collectivism: Toward a new formulation. In U. Kim, H. C. Triandis, C. Kâgitçibâsi, S.-C. Choi, & G. Yoon (Eds.), *Individualism and collectivism: Theory, method and applications* (pp. 52-65). London: Sage.

Kâgitçibâsi, C. (1996). *Family and human development across cultures. A view from the other side.* Mahwah, NJ: Erlbaum.
Kanfer, F. H. (1996). Die Motivierung von Klienten aus der Sicht des Selbstregulationsmodells. In J. Kuhl & H. Heckhausen (Hrsg.), *Motivation, Volition und Handlung. Enzyklopädie der Psychologie, Themenbereich C, Serie IV, Bd. 4* (S. 909-921). Göttingen: Hogrefe.
Kant, I. (1798). *Anthropologie in pragmatischer Hinsicht.* Königsberg: Nicolovius.
Kapfhammer, H.-P. (1994). *Entwicklung der Emotionalität.* Stuttgart: Kohlhammer.
Kavsek, M. J., & Seiffge-Krenke, I. (1996). The differentiation of coping traits in adolescence. *International Journal of Behavioral Development, 19,* 651-668.
Kazuki, G. (1976/1703). Shoni hisuyo sodategusa [Manual of child-rearing]. In M. Yamazumi, & K. Nakae (Eds.), *Kosodate no sho. Vol. 2* [Documents on child-rearing] (pp. 287-366). Tokyo: Heibon-sha.
Keller, H. & Eckensberger, L. (1998). Kultur und Entwicklung. In H. Keller (Hrsg.), *Lehrbuch Entwicklungspsychologie* (S. 97-118). Bern: Huber.
Keller, M., Edelstein, W., Schmid, C., Fang, F., & Fang, G. (1998). Reasoning about responsibilities and obligations in close relationships: A comparison across two cultures. *Developmental Psychology, 34,* 731-741.
Kemper, T. (1984). Power, status, and emotions: A sociological contribution to a psychophysiological domain. In K. Scherer, & P. Ekman (Eds.), *Approaches to emotion* (pp. 33-51). Hillsdale, NJ: Erlbaum.
Kerr, M., Lambert, W. W., & Bem, D. J. (1996). Life-course sequelae of childhood shyness in Sweden: Comparison with the United States. *Developmental Psychology, 32,* 1100-1105.
Kienbaum, J. (1993). *Empathisches Mitgefühl und prosoziales Verhalten deutscher und sowjetischer Kindergartenkinder.* Regensburg: Roderer.
Kienbaum, J. (1995). Sozialisation von Mitgefühl und prosozialem Verhalten. Ein Vergleich deutscher und sowjetischer Kindergartenkinder. In G. Trommsdorff (Hrsg.), *Kindheit und Jugend in verschiedenen Kulturen* (S. 83-109). Weinheim: Juventa.
Kienbaum, J. (1996). Kindliche Sozialisation in unterschiedlichen Kulturen. In M. S. Honig, H. R. Leu & U. Nissen (Hrsg.), *Kinder und Kindheit. Soziokulturelle Muster - sozialisationstheoretische Perspektiven* (S. 117-128). Weinheim: Juventa.
Kienbaum, J. & Trommsdorff, G. (1997a). *Mütterliche Erziehungskonzepte - eine Sozialisationsbedingung von Mitgefühl.* Vortrag gehalten auf der 13. Tagung Entwicklungspsychologie in Wien vom 21.-24. September.
Kienbaum, J. & Trommsdorff, G. (1997b). Vergleich zweier Methoden zur Erfassung des Mitgefühls im Vorschulalter. *Zeitschrift für Entwicklungspsychologie und Pädagogische Psychologie, 29,* 271-290.
Kihlstrom, J. F. (1987). The cognitive unconscious. *Science, 237,* 1445-1452.
Kindler, H., Grossmann, K. & Zimmermann, P. (im Druck). Kind-Vater-Bindungsbeziehungen und Väter als Bindungspersonen. In H. Walter (Hrsg.), *Männer als Väter.* Konstanz: Universitätsverlag Konstanz.
Kitayama, S., & Markus, H. R. (Eds). (1994). *Emotion and culture: Empirical studies of mutual influence.* Washington, DC: American Psychological Association.
Kleinman, A., & Good, B. (Eds.). (1985). *Culture and depression.* Berkeley: University of California Press.
Kliewer, W. (1991). Coping in middle childhood: Relations to competence, Type A behavior, monitoring, blunting, and locus of control. *Developmental Psychology, 27,* 689-697.
Klinnert, M. D., Campos, J. J., Sorce, J. F., Emde, R. N., & Svejda, M. J. (1983). Emotions as behavior regulators: Social referencing in infancy. In R. Plutchik, & H. Kellerman (Eds.), *Emotion. Theory, research, and experience. Vol. 2: Emotions in early development* (pp. 57-86). San Diego, CA: Academic Press.
Kluver, H., & Bucy, P. C. (1937). "Psychic blindness" and other symptoms following bilateral temporal lobectomy in rhesus monkeys. *American Journal of Physiology, 119,* 352-353.
Kobak, R. R., Cole, H. E., Ferenz-Gilles, R., Fleming, W. S., & Gamble, W. (1993). Attachment and emotion regulation during mother-teen problem solving: A control theory analysis. *Child Development, 64,* 231-245.
Kobak, R., & Sceery, A. (1988). Attachment in late adolescence: Working models, affect regulation, and representations of self and others. *Child Development, 59,* 135-146.
Kochanska, G., Coy, C. C., Tjebkes, T. L., & Husarek, S. J. (1998). Individual differences in emotionality in infancy. *Child Development, 64,* 375-390.
Kohnstamm, G. A., Bates, J. E., & Rothbart, M. K. (1989). *Temperament in childhood.* New York: Wiley.
Kojima, H. (1986a). Becoming nurturant in Japan: Past and present. In A. Fogel, & G. F. Melson (Eds.), *Origins of nurturance: Developmental, biological and cultural perspectives on caregiving* (pp. 123-139). Hillsdale, NJ: Erlbaum.
Kojima, H. (1986b). Japanese concepts of child development from the mid-17th to mid-19th century. *International Journal of Behavioral Development, 9,* 315-329.
Kojima, H. (1994). Itsukushimi hagukumu kokoro wa yasashisa no kongen [Nurturing mind is the root for sympathy and tenderness]. *Life Sciences, 21,* 22-26 (in Japanese).
Kojima, H. (1996a). Japanese child-rearing advice in its cultural, social, and economic contexts. *International Journal of Behavioral Development, 19,* 373-391.
Kojima, H. (1996b). Zwei japanische Erziehungstagebücher aus dem 19. Jahrhundert. In D. Elschenbroich (Hrsg.), *Anleitung zur Neugier: Grundlagen japanischer Erziehung* (S. 162-172). Frankfurt a. M.: Suhrkamp.
Kojima, H. (1998). Researcher's story told and participants' story still untold: Commentary on Gunther. *Culture & Psychology, 4,* 105-110.

Kopp, C. B. (1989). Regulation of distress and negative emotions: A developmental view. *Developmental Psychology, 25,* 343-354.
Kopp, C. B. (1992). Emotional distress and control in young children. In N. Eisenberg, & R. A. Fabes (Eds.), *Emotion and its regulation in early development* (pp. 41-56). San Francisco, CA: Jossey-Bass.
Kornadt, H. J. (1989a). *Aggressivität und Erziehung im Kulturvergleich.* Abschlußbericht über die im Rahmen der Hauptuntersuchung und mit Mitteln der VW-Stiftung durchgeführten Arbeiten. Universität Saarbrücken.
Kornadt, H.-J. (1989b). Frühe Mutter-Kind-Beziehungen im Kulturvergleich. In G. Trommsdorff (Hrsg.), *Sozialisation im Kulturvergleich* (S.65-96). Stuttgart: Enke.
Kornadt, H.-J. & Trommsdorff, G. (1990). Naive Erziehungstheorien japanischer Mütter - deutsch-japanischer Kulturvergleich. *Zeitschrift für Sozialisationsforschung und Erziehungssoziologie, 2,* 357-376.
Kornadt, H.-J. & Trommsdorff, G. (unter Mitarbeit von Kobayashi, M.). (1994). Mein Hund hat mich bestorben - Sprachlicher Ausdruck von Gefühlen im deutsch-japanischen Vergleich. In H.-J. Kornadt, J. Grabowski & R. Mangold-Allwinn (Hrsg.), *Sprache und Kognition. Perspektiven moderner Sprachpsychologie* (S. 233-250). Heidelberg: Spektrum Akademischer Verlag.
Kornadt, H.-J. & Trommsdorff, G. (1997). Sozialisationsbedingungen von Aggressivität in Japan und Deutschland. In G. Foljanty-Jost & D. Rössner (unter Mitarbeit von B. Bannenberg & A. Erbe, Hrsg.), *Gewalt unter Jugendlichen in Deutschland und Japan : Ursachen und Bekämpfung* (S. 27-51). Baden-Baden: Nomos Verlag.
Kovecses, Z. (1990). *Emotion concepts.* New York: Springer.
Krapp, A. & Prenzel, M. (Hrsg.). (1992). *Interesse, Lernen, Leistung. Neuere Ansätze der pädagogisch-psychologischen Interessenforschung.* Münster: Aschendorff.
Kretschmer, E. (1921). *Körperbau und Charakter.* Berlin: Springer.
Krohne, H. & Hock, M. (1994). *Elterliche Erziehung und Angstentwicklung des Kindes. Untersuchungen über die Entwicklungsbedingungen von Ängstlichkeit und Angstbewältigung.* Bern: Huber.
Kubo, Y. (1982). Yoji ni okeru mujunsuru dekigoto no episodo no kousei niyoru rikai [Episodic understanding of conflicting events in children]. *Japanese Journal of Educational Psychology, 30,* 239-243.
Kuczynski, L., & Kochanska, G. (1990). Development of children's noncompliance strategies from toddlerhood to age 5. *Developmental Psychology, 26,* 398-408.
Kuhl, J. (1983). Emotion, Kognition und Motivation II. Die funktionale Bedeutung der Emotionen für das problemlösende Denken und für das konkrete Handeln. *Sprache & Kognition, 2,* 228-253.
Kuhl, P. K., & Meltzoff, A. N. (1996). Infant vocalizations in response to speech: Vocal imitation and developmental change. *Journal of Acoustical Society of America, 100,* 2425-2438.
Kun, A., & Weiner, B. (1973). Necessary versus sufficient causal schemata for success and failure. *Journal of Research in Personality, 7,* 197-207.
Kusunose, O. (1966-1991/1809-1835). *Hiuchibukuro, Nos. 1-17 (edited by Kochi Chihoshi Kenkyukai).* Kochi: Kochi Shiritsu Shimin Toshokan.
LaBarbera, J., D., Izard, C. E., Vietze, S. A., Parisi, & S. A. (1976). Four- and six-month old infants' visual responses to joy, anger, and neutral expressions. *Child Development, 47,* 535-538.
LaGasse, L. L., Gruber, C. P., & Lipsitt, L. P. (1989). The infantile expression of avidity in relation to later assessments of inhibition and attachment. In S. Reznick (Ed.), *Perspectives on behavioral inhibition* (pp. 159-176). Chicago: University of Chicago Press.
Lagattuta, K. H., Wellman, H. M., & Flavell, J. H. (1997). Preschoolers' understanding of the link between thinking and feeling: Cognitive cuing and emotional change. *Child Development, 68,* 1081-1104.
Lang, P. E. (1979). A bio-informational theory of emotional imagery. *Psychopsychology, 16,* 495-512.
Lange, B., Kuffner, H. & Schwarzer, R. (1983). *Schulangst und Schulverdrossenheit.* Opladen: Westdeutscher Verlag.
Lapsley, D. K., Jackson, S., Rice, K. G., & Shadid, G. (1988). Self-monitoring and the new look at the imaginary audience and personal fable: An ego-development analysis. *Journal of Adolescent Research, 3,* 17-31.
Lawrence, J. A., & Valsiner, J. (1993). Conceptual roots of internalization: From transmission to transformation. *Human Development, 36,* 150-167.
Lazarus, R. S. (1966). *Psychological stress and the coping process.* New York: McGraw Hill.
Lazarus, R. S. (1991). *Emotion and adaptation.* New York: Oxford University Press.
Lazarus, R. S. (1996). The role of coping in the emotions and how coping changes over the life course. In C. Magai & S. H. McFadden (Eds.), *Handbook of emotion, adult development and aging* (pp. 289-306). San Diego, CA: Academic Press.
Lazarus, R. S., & Folkman, S. (1984). *Stress, appraisal, and coping.* New York: Springer.
Lebra, T. S. (1994). Mother and child in Japanese socialization: A Japan-U.S. comparison. In P. M. Greenfield, & R. R. Cocking (Eds.), *Cross-cultural roots of minority child development* (pp. 259-274). Hillsdale, NJ: Erlbaum.
LeDoux, J. E. (1984). Cognition and emotion: Processing functions and brain systems. In M. S. Gazzaniga (Ed.), *Handbook of cognitive neurosciences* (pp. 357-368). New York: Plenum Press.
LeDoux, J. E. (1995). Emotion: Clues from the brain. *Annual Review of Psychology, 46,* 209-235.
LeDoux, J. E. (1996). *The emotional brain: The mysterious underpinnings of emotional life.* New York: Simon & Schuster.
Lenk, H. (Hrsg.). (1981). *Handlungstheorien - Interdisziplinär III. Verhaltenswissenschaftliche und psychologische Handlungstheorien (III.1).* München: Fink.
Lenk, H. (Hrsg.). (1984). *Handlungstheorien - Interdisziplinär III. Verhaltenswissenschaftliche und psy-*

chologische Handlungstheorien (III.2). München: Fink.
Leontjew, A. N. (1982). *Tätigkeit, Bewußtsein, Persönlichkeit*. Köln: Pahl-Rugenstein.
Lerner, R. M., & Galambos, N. L. (1998). Adolescent development: Challenges and opportunities for research, programs, and policies. *Annual Review of Psychology, 49*, 413-446.
Lerner, R. M., Lerner, J. V., Windle, M., Hooker, K., Lernez, K., & East, P. L. (1986). Children and adolescents in their contexts: Tests of a goodness of fit model. In R. Plomin, & J. Dunn (Eds.), *The study of temperament: Changes, continuities and challenges* (pp. 99-114). Hillsdale, NJ: Erlbaum.
Lersch, P. (1964). *Der Aufbau der Person (9. Aufl.)*. München: Barth.
Leslie, A. M. (1987). Pretense and representation: The origins of "Theory of Mind". *Psychological Review, 94*, 412-426.
Lester, B. M. (1984). Infant crying and the development of communication. In N. A. Fox, & R. J. Davidson (Eds.), *The psychobiology of affective development* (pp. 231-258). Hillsdale, NJ: Erlbaum.
Leventhal, H. (1984). A perceptual-motor theory of emotion. In L. Berkowitz (Ed.), *Advances in experimental social psychology. Vol. 17* (pp. 117-182). New York: Academic Press.
Leventhal, H., & Scherer, K. (1987). The relationship of emotion to cognition: A functional approach to a semantic controversy. *Cognition and Emotion, 1*, 3-28.
Levine, L. J. (1995). Young children's understanding of the causes of anger and sadness. *Child Development, 66*, 697-709.
LeVine, R. A. (1989). Preschool experience in an African culture: Reflections on maternal behavior and normal development. *Unterrichtswissenschaft, 2*, 122-132.
Levine, S. (1983). A psychobiological approach to the ontogeny of coping. In N. Garmezy, & M. Rutter (Eds.), *Stress coping and development in children* (pp. 107-131). New York: McGraw Hill.
Lewin, K. (1987). Die Dynamik des kindlichen Konfliktes. *Gruppendynamik, 18*, 441-450.
Lewin, K. & Dembo, T. (1931). Untersuchungen zur Handlungs- und Affektpsychologie. X. Der Ärger als dynamisches Problem. *Psychologische Forschung, 15*, 1-144.
Lewis, M. (1989). Cultural differences in children's knowledge of emotional scripts. In P. L. Harris, & C. Saarni (Eds.), *Children's understanding of emotion* (pp. 350-373). New York: Cambridge University Press.
Lewis, M., & Haviland, J. M. (Eds.). (1993). *Handbook of emotions*. New York: Guilford Press.
Lewis, M., & Michalson, L. (1982). The socialization of emotions. In T. Field, & A. Fogel (Eds.), *Emotion and early interaction* (pp. 189-212). Hillsdale, NJ: Erlbaum.
Lewis, M., & Michalson, L. (1983). *Children´s emotions and moods*. New York: Plenum Press.
Lewis, M., Stanger, C., & Sullivan, M. W. (1989). Deception in 3-year-olds. *Developmental Psychology, 25*, 439-443.
Leyhausen, P. (1967). Biologie von Ausdruck und Eindruck (Teil I). *Psychologische Forschung, 31*, 113-176.
Liebert, R. M., & Morris, L. W. (1967). Cognitive and emotional components of test anxiety: A distinction and some initial data. *Psychological Reports, 20*, 975-978.
Little, T. D., & Lopez, D. F. (1997). Regularities in the development of children's causality beliefs about school performance across six sociocultural contexts. *Developmental Psychology, 33*, 165-175.
Loeber, R., & Stouthamer-Loeber, M. (1998). Development of juvenile aggression and violence: Some common misconceptions and controversies. *American Psychologist, 53*, 242-259.
Lütkenhaus, P., Grossmann, K. E., & Grossmann, K. (1985). Infant-mother attachment at twelve months and style of interaction with a stranger at the age of three years. *Child Development, 56*, 1538-1542.
Luria, A. R. (1980). *Higher cortical functions in man (2nd ed.)*. New York: Basic Books.
Luria, A. R. (1982). *Sprache und Bewußtsein*. Köln: Pahl-Rugenstein.
Lutz, C. (1983). Parental goals, ethnopsychology, and the development of emotional meaning. *Ethos, 11*, 246-262.
Lutz, C. (1986). The domain of emotion words on Ifaluk. In R. Harré (Ed.), *The social construction of emotions* (pp. 267-288). New York: Blackwell.
Lutz, C. (1987). Goals, events and understanding in Ifaluk emotion theory. In N. Quinn, & D. Holland (Eds.), *Cultural models in language and thought* (pp. 290-312). Cambridge: Cambridge University Press.
Lutz, C. (1988). *Unnatural emotions*. Chicago: University Chicago Press.
Lutz, C. (1990). Engendered emotion: Gender, power, and the rhetoric of emotional control in American discourse. In C. Lutz, & L. Abu-Lughod (Eds.), *Language and the politics of emotion* (pp. 69-91). New York: Cambridge University Press.
Lutz, C., & White, G. M. (1986). The anthropology of emotions. *Annual Review of Anthropology, 14*, 405-436.
Lyons-Ruth, K., Repacholi, B., McLeod, S., & Silva, E. (1991). Disorganized attachment behavior in infancy: Short-term stability, maternal and infant correlates, and risk-related subtypes. *Development and Psychopathology, 3*, 377-396.
Maccoby, E. E., & Martin, J. A. (1983). Socialisation and the context of the family: Parent-child interaction. In E. Mavis (Ed.), *Handbook of child psychology. Vol. IV: Socialisation, personality and social development* (pp. 1-101). New York: Wiley.
MacLean, P. D. (1949). Psychosomatic disease and the "visceral brain": Recent developments bearing on the Papez theory of emotion. *Psychosomatic Medicine, 11*, 338-353.
Magai, C., & McFadden, S. H. (1995). *The role of emotions in social and personality development: History, theory, and research*. New York: Plenum Press.

Main, M. (1981). Avoidance in the service of attachment: A working paper. In K. Immelmann, G. Barlow, L. Petrinovich, & M. Main (Eds.), *Behavioral development: The Bielefeld interdisciplinary project* (pp. 651-693). New York: Cambridge University Press.
Main, M. (1991). Metacognitive knowledge, metacognitive monitoring, and singular (coherent) vs. multiple (incoherent) model of attachment: findings and directions for future research. In C. M. Parkes, J. Stevenson-Hinde, & P. Marris (Eds.), *Attachment across the life cycle* (pp. 127-159). London: Routledge.
Main, M., & Cassidy, J. (1988). Categories of response to reunion with the parent at age six: Predictable from infant attachment classification and stable over a one-month period. *Developmental Psychology, 24*, 415 - 426.
Main, M., & Hesse, E. (1990). Parents' unresolved traumatic experiences are related to infant disorganized attachment status: Is frightened and/or frightening parental behavior the linking mechanism? In M. T. Greenberg, D. Cicchetti, & E. M. Cummings (Eds.), *Attachment in the preschool years. Theory, research and intervention* (pp. 161-184). Chicago: University of Chicago Press.
Main, M., & Solomon, J. (1990). Procedures for identifying infants as disorganized/disoriented during the Ainsworth strange situation. In M. T. Greenberg, D. Cicchetti, & E. M. Cummings (Eds.), *Attachment in the preschool years. Theory, research and intervention* (pp. 121-160). Chicago: University of Chicago Press.
Malatesta, C., & Wilson, A. (1988). Emotion cognition interaction in personality development: A discrete emotions, functionalist analysis. *British Journal of Social Psychology, 27 (1)*, 91-112.
Malatesta, C. Z. (1981). Affective development over the lifespan: involution or growth? *Merrill Palmer Quarterly, 27*, 145-173.
Malatesta, C. Z. (1981). Infant emotion and the vocal affect lexicon. *Motivation and Emotion, 5*, 1-23.
Malatesta, C. Z. (1990). The role of emotions in the development and organization of personality. In R. A. Thompson (Ed.), *Nebraska Symposium on Motivation. Vol. 36: Socioemotional development* (pp. 1-56). Lincoln, NE: University of Nebraska Press.
Malatesta, C. Z., Culver, C., Tesman, J. R., & Shepard, B. (1989). The development of emotion expression during the first two years of life. *Monographs of the Society for Research in Child Development, 54, Nos.1-2*.
Malatesta, C. Z., & Haviland, J. M. (1982). Learning display rules: The socialization of emotion expression in infancy. *Child Development, 53*, 991-1003.
Malatesta, C. Z., & Haviland, J. M. (1985). Signals, symbols and socialization: The modification of emotional expression in human development. In M. Lewis, & C. Saarni (Eds.), *The socialization of affect* (pp. 89-116). New York: Plenum Press.
Malatesta, C. Z., & Wilson, A. (1988). Emotion cognition interaction in personality development: A discrete emotions, functionalist analysis. *British Journal of Social Psychology, 27*, 91-112.
Malatesta-Magai, C. Z. (1991). Development of emotional expression during infancy: General course and patterns of individual difference. In K. A. Dodge, & J. Garber (Eds.), *The development of emotion regulation and dysregulation* (pp. 49-68). Cambridge: Cambridge University Press.
Manstead, A. S. R. (1993). Children's representation of emotions. In I. C. Pratt, & A. F. Garton (Eds.), *Systems of representation in children: Development and use* (pp. 185-210). Chichester: Wiley.
Marcia, J. E. (1980). Identity in adolescence. In J. Adelson (Ed.), *Handbook of adolescent psychology* (pp.159-187). New York: Wiley.
Markus, H. R., & Kitayama, S. (1991). Culture and the self: Implications for cognition, emotion, and motivation. *Psychological Review, 98*, 224-253.
Martin, R., Wisenbaker, J., & Huttunen, M. (1994). Review of factor analytic studies of temperament measures based on the Thomas-Chess structural model: Implications for the big-five. In C. F. Halverson, G. A. Kohnstamm, & R. Martin (Eds.), *The developing structure of temperament and personality from infancy to adulthood* (pp. 157-172). Hillsdale, NJ: Erlbaum.
Mascolo, M. F., & Fischer, K. W. (1995). Developmental transformations in appraisals for pride, shame, and guilt. In J. P. Tangney, & K. W. Fischer (Eds.), *Self-conscious emotions: The psychology of shame, guilt, embarrassment, and pride* (pp. 64-113). New York: Guilford Press.
Masters, C. (1991). Strategies and mechanisms for the personal and social control of emotion. In K. A. Dodge, & J. Garber (Eds.), *The development of emotion regulation and dysregulation* (pp. 182-207). Cambridge: Cambridge University Press.
Matas, L., Arend, R., & Sroufe, L. A. (1978). Continuity of adaptation in the second year. The relationship between quality of attachment and later competence. *Child Development, 49*, 547-556.
Matsumoto, D. (1996). *Culture and Psychology*. Pacific Grove: Brooks/Cole Publishing Company.
Matsumoto, D., & Kishimoto, H. (1983). Developmental characteristics in judgments of emotion from nonverbal vocal cues. *International Journal of Intercultural Relations, 7*, 415-424.
Matsumoto, D., Kudoh, T., Scherer, K., & Wallbott, H. (1988). Antecedents of and reactions to emotions in the United States and Japan. *Journal of Cross-Cultural Psychology, 19*, 267-286.
Maurer, D., & Barrera, M. E. (1981). Infants' perception of natural and distorted arrangements of a schematic face. *Child Development, 52*, 196-202.
May, H. (1959). *The end of American innocence*. New York: Knopf.
Mayer, J. D., & Salovey, P. (1997). What is emotional intelligence? In P. Salovey, & D. Sluyter (Eds.), *Emotional development and emotional intelligence: Educational implications* (pp. 3-34). New York: Basic Books.
Mead, G. H. (1973/1934). *Geist, Identität und Gesellschaft*. Frankfurt a. M.: Suhrkamp.
Meece, J. L., Wigfield, A., & Eccles, J. S. (1990). Predictors of math anxiety and its influence on young

adolescents' course enrollment intentions and performance in mathematics. Special Section: Motivation and efficacy in education: Research and new directions. *Journal of Educational Psychology, 82*, 60-70.
Mehrabian, A. (1991). Outline of a general emotion-based theory of temperament. In J. Strelau, & A. Angleitner (Eds.), *Explorations in temperament* (pp. 75-86). New York: Plenum Press.
Meinhardt, J. (1998). *Emotionen und kognitive Verarbeitungskapazität: Untersuchungen mit ereigniskorrelierten EEG-Potentialen*. Unveröffentlichte Dissertation. Universität Regensburg.
Meltzoff, A. N., & Moore, M. K. (1977). Imitation of facial and manual gestures by human neonates. *Science, 198*, 75-78.
Mesquita, B., Frijda, N. H., & Scherer, K. R. (1997). Culture and emotion. In J. Berry, P. R. Dasen, & T. S. Saraswathi (Eds.), *Handbook of cross-cultural psychology. Vol. 2 (2nd ed.)* (pp. 255-297). Boston, MA: Allyn & Bacon.
Meyer, W. U., Schützwohl, A. & Reisenzein, R. (1993). *Einführung in die Emotionspsychologie (Bd. 1)*. Bern: Huber.
Meyer, W. U., Schützwohl, A. & Reisenzein, R. (1997). Darwins Analyse des Ausdrucks von Emotionen. In W. U. Meyer, A. Schützwohl & R. Reisenzein (Hrsg.), *Einführung in die Emotionspsychologie. Bd. 2* (S. 1-37). Bern: Huber.
Michalson, L., & Lewis, M. (1985). What do children know about emotions and when do they know it. In M. Lewis, & C. Saarni (Eds.), *The socialization of emotions* (pp. 117-139). New York: Plenum Press.
Michel, G. F., & Moore, C. L. (1995). *Developmental psychobiology. An interdisciplinary science*. Cambridge, MA: Massachussetts Institute of Technology.
Miller, P., & Sperry, L. L. (1987). The socialization of anger and aggression. *Merrill Palmer Quarterly, 33*, 1-31.
Miller, S. A. (1995). Parents' attributions for their children's behavior. *Child Development, 66*, 1557-1584.
Miyake, K. (1990). *The socio-cultural context of the assessment of infant development*. Annual report. Sapporo, Japan: Hokkaido University. Research and Clinical Center for Child Development, Faculty of Education.
Mizuta, I., Zahn-Waxler, C., Cole, P. M., & Hiruma, N. (1996). A cross-cultural study of preschoolers' attachment: Security and sensitivity in Japanese and US dyads. *International Journal of Behavioral Development, 19*, 141-159.
Mogel, H. (1991). *Psychologie des Kinderspiels. Die Bedeutung des Spiels als Lebensform des Kindes, seine Funktion und Wirksamkeit für die kindliche Entwicklung*. Berlin: Springer.
Montemayor, R. (1986). Family variation in parent-adolescent storm and stress. *Journal of Adolescent Research, 1*, 15-31.
Moore, C., & Dunham, P. J. (Eds.). (1995). *Joint attention: Its origin and role in development*. Hillsdale, NJ: Erlbaum.
Moss, H. A. (1967). Sex, age, and state as determinants of mother-infant interaction. *Merrill Palmer Quarterly, 13*, 19-36.
Mullis, A. K., Mullis, R. L., & Normandin, D. (1992). Cross-sectional and longitudinal comparisons of adolescent self-esteem. *Adolescence, 27*, 51-61.
Murray, H. A. (1938). *Explorations in personality*. New York: Oxford University Press.
Nachmias, M., Gunnar, M., Mangelsdorf, S., Parritz, R. H., & Buss, K. (1996). Behavioral inhibition and stress reactivity: The moderating role of attachment security. *Child Development, 67*, 508-522.
Nakamura, A. (1979). *Kanjo hyogen jiten* [Dictionary for expressions of feelings]. Tokyo: Rokko Shuppan.
Nannis, E. D., & Cowan, P. A. (1987). Emotional understanding: A matter of age, dimension, and point of view. *Journal of Applied Developmental Psychology, 8*, 289-304.
Nelson, K., & Hudson, J. (1989). Scripts and memory: Functional relationships in development. In F. E. Weinert, & M. Perlmutter (Eds.), *Memory development: Universal changes and individual differences* (pp. 147-167). Hillsdale, NJ: Erlbaum.
Newman, B. M., & Newman, P. R. (1979). *Development through life. A psychological approach (2nd rev. ed.)*. Homewood, IL: Dorsey.
Nicholls, J. G., Jagacinski, C. M., & Miller, A. T. (1986). Conceptions of ability in children and adults. In R. Schwarzer (Ed.), *Self-related cognitions in anxiety and motivation* (pp. 265-284). Hillsdale, NJ: Erlbaum.
Nunner-Winkler, G., & Sodian, B. (1988). Children's understanding of moral emotions. *Child Development, 59*, 1323-1328.
Nussbaum, M. (1994). *The therapy of desire. Theory and practice in Hellenistic ethics*. Princeton, NJ: Princeton University Press.
Oerter, R. (1995). Persons' conception of human nature: A cross-cultural comparison. In J. Valsiner (Ed.), *Child development within culturally structured environments. Vol. 3* (pp. 210-242). Norwood, NJ: Ablex.
Oerter, R. (1997). *Psychologie des Spiels (2. Aufl.)*. Weinheim: Psychologie Verlags Union.
Oerter, R. (1998). Transactionalism. In D. Görlitz, H.-J. Harloff, G. Mey, & J. Valsiner (Eds.), *Children, cities, and psychological theories: Developing relationships* (pp. 253-266). Berlin: de Gruyter.
Oerter, R. & Dreher, M. (1995). Entwicklung des Problemlösens. In R. Oerter & L. Montada (Hrsg.), *Entwicklungspsychologie (3. überarb. Aufl.)* (S. 561-621). Weinheim: Psychologie Verlags Union.
Oerter, R., Oerter, R. M., Agostiani, H., Kim, H. O., & Wibowo, S. (1996). The concept of human nature in East Asia. Etic and emic characteristics. *Culture & Psychology, 2*, 9-51.
Offer, D. (1984). Das Selbstbild normaler Jugendlicher. In E. Olbrich & E. Todt (Hrsg.), *Probleme des Jugendalters* (S. 111-130). Berlin: Springer.

Ohnuki-Tierney, E. (1994). The power of absence: zero signifiers and their transgressions. *L'Homme, 34*, 59-76.
Ohta, M. (1994). *Edo no oyako* [Parents and children in the Edo period]. Tokyo: Chuo-koron-sha.
Olbrich, E. (1990). Coping and development. In H. Bosma, & S. Jackson (Eds.), *Coping and self-concept in adolescence* (pp. 35-50). Berlin: Springer.
Olson, G. M., & Sherman, T. (1983). Attention, learning, and memory in infants. In M. M. Haith, & J. J. Campos (Eds.), *Handbook of child psychology, Vol. II: Infancy and developmental psychobiology* (pp. 1001-1080). New York: Wiley.
Ortony, A., Clore, G. L., & Collins, A. (1988). *The cognitive structure of emotions*. New York: Cambridge University Press.
Ortony, A., & Turner, T. J. (1990). What's basic about basic emotions? *Psychological Review, 97*, 315-331.
Oster, H., Hegley, D., & Nagel, L. (1992). Adult judgements and fine-grained analyses of infant facial expressions: Testing the validity of a priori coding formulas. *Developmental Psychology, 28*, 1131-1151.
Panksepp, J. (1986). The neurochemistry of behavior. *Annual Review of Psychology, 37*, 77-107.
Panksepp, J. (1991). Affective neuroscience: A conceptual framework for the neurobiological study of emotions. In K. T. Strongman (Ed.), *International review of studies on emotion. Vol. 1* (pp. 59-99). Chichester: Wiley.
Panksepp, J. (1998a). A critical analysis of ADHD, psychostimulants, and intolerance of childhood impulsivity: A national tragedy in the making? *Quarterly Newsletter from the Memorial Foundation for Lost Children, 3*, 1-8.
Panksepp, J. (1998b). *Affective neuroscience: The foundations of human and animal emotions*. Oxford: Oxford University Press.
Papez, J. W. (1937). A proposed mechanism of emotion. *Archives of Neurology and Psychiatry, 38*, 725-743.
Papoušek, H. (1961). Conditioned head rotation reflexes in infants in the first months of life. *Acta Paediatrica Scandinavica, 50*, 565-576.
Papoušek, H. (1967a). Experimental studies of appetitional behavior in human newborns and infants. In H. W. Stevenson, E. H. Hess, & H. L. Rheingold (Eds.), *Early Behavior: Comparative and developmental approaches* (pp. 249-277). New York: Wiley.
Papoušek, H. (1967b). Genetics and child development. In J. N. Spuhler (Ed.), *Genetic diversity and human behavior* (pp. 171-186). Chicago: Aldine.
Papoušek, H. (1969). Individual variability in learned responses during early post-natal development. In R. J. Robinson (Ed.), *Brain and early behavior. Development in the fetus and infant* (pp. 229-252). London: Academic Press.
Papoušek, H. (1981). Audiovisuelle Verhaltensregistrierung mit Hilfe von Film- und Fernsehtechnik. In H. Remschmidt & M. Schmidt (Hrsg.), *Neuropsychologie des Kindesalters* (S. 49-55). Stuttgart: Enke.
Papoušek, H. (1997). *Der Anfang des menschlichen Weges: Zwischen Geburt und bewußtem Symbol*. Vortrag gehalten auf der 13. Tagung für Entwicklungspsychologie in Wien vom 21.-24. September.
Papoušek, H., & Papoušek, M. (1979). The infant's fundamental adaptive response system in social interaction. In E. B. Thoman (Ed.), *Origins of the infant's social responsiveness* (pp. 175-208). Hillsdale, NJ: Erlbaum.
Papoušek, H., & Papoušek, M. (1984). The evolution of parent-infant attachment: New psychobiological perspectives. In J. D. Call, E. Galenson, & R. L. Tyson (Eds.), *Frontiers of infant psychiatry. Vol. 2* (pp. 31-37). New York: Basic Books.
Papoušek, H., & Papoušek, M. (1987). Intuitive parenting: A dialectic counterpart to the infant's integrative competence. In J. D. Osofsky (Ed.), *Handbook of infant development (2nd ed.)* (pp. 669-720). New York: Wiley.
Papoušek, H., & Papoušek, M. (1992). Beyond emotional bonding: The role of preverbal communication in mental growth and health. *Infant Mental Health Journal, 13*, 43-53.
Papoušek, H., & Papoušek, M. (1997a). Fragile aspects of early social integration. In L. Murray, & P. J. Cooper (Eds.), *Postpartum depression and child development* (pp. 35-53). New York: Guilford Press.
Papoušek, H., & Papoušek, M. (1997b). Preverbal communication in humans and the genesis of culture. In U. Segerstrale, & P. Molnár (Eds.), *Nonverbal communication: Where nature meets culture* (pp. 87-107). Mahwah, NJ: Erlbaum.
Papoušek, H., Papoušek, M., & Koester, L. S. (1986). Sharing emotionality and sharing knowledge: A microanalytic approach to parent-infant communication. In C. E. Izard, & P. Read (Eds.), *Measuring emotions in infants and children (Vol. 2)* (pp. 93-123). Cambridge: Cambridge University Press.
Papoušek, M. (1989). Determinants of responsiveness to infant vocal expression of emotional state. *Infant Behavior & Development, 12*, 507-524.
Papoušek, M. (1992). Early ontogeny of vocal communication in parent-infant interactions. In H. Papoušek, U. Jürgens, & M. Papoušek (Eds.), *Nonverbal vocal communication: Comparative and developmental approaches* (pp. 230-261). New York: Cambridge University Press.
Papoušek, M. (1994). *Vom ersten Schrei zum ersten Wort: Anfänge der Sprachentwicklung in der vorsprachlichen Kommunikation*. Bern: Huber.
Papoušek, M., & Papoušek, H. (1996). Infantile persistent crying, state regulation, and interaction with parents: A systems view. In M. H. Bornstein, & J. L. Genevro (Eds.), *Child development and behavioral pediatrics* (pp. 11-33). Mahwah, NJ: Erlbaum.
Papoušek, M., Papoušek, H., & Bornstein, M. (1985). The naturalistic vocal environment of young infants: On the significance of homogeneity and variability in parental speech. In T. Field, & N. Fox (Eds.),

Social perception in infants (pp. 82-105). New York: Academic Press.
Parkes, K. R. (1984). Locus of control, cognitive appraisal, and coping in stressful episodes. *Journal of Personality and Social Psychology, 46,* 655-668.
Patterson, J. M., & McCubbin, H. I. (1987). Adolescent coping style and behaviors: Conceptualization and measurement. *Journal of Adolescence, 10,* 163-186.
Pawlik, K. (1995). Persönlichkeit und Verhalten: Zur Standortbestimmung von Differentieller Psychologie. In K. Pawlik (Hrsg.), *Bericht über den 39. Kongreß der Deutschen Gesellschaft für Psychologie in Hamburg, 1994* (S. 31-49). Göttingen: Hogrefe.
Pawlow, I. P. (1953a). Die gemeinsamen Typen der höheren Nerventätigkeit der Tiere und des Menschen. In I. P. Pawlow (Hrsg.), *Sämtliche Werke. Bd. III/2* (S. 492-511). Berlin: Akademie-Verlag.
Pawlow, I. P. (1953b). Die physiologische Lehre von den Typen des Nervensystems, den Temperamenten. In I. P. Pawlow (Hrsg.), *Sämtliche Werke. Bd. III/2* (S. 345-353). Berlin: Akademie-Verlag.
Pekrun, R. (1983). *Schulische Persönlichkeitsentwicklung*. Frankfurt a. M.: Lang.
Pekrun, R. (1988). *Emotion, Motivation und Persönlichkeit*. München: Psychologie Verlags Union.
Pekrun, R. (1991a). Prüfungsangst und Schulleistung: Eine Längsschnittanalyse. *Zeitschrift für Pädagogische Psychologie, 5,* 99-109.
Pekrun, R. (1991b). Schulleistung, Entwicklungsumwelten und Prüfungsangst. In R. Pekrun & H. Fend (Hrsg.), *Schule und Persönlichkeitsentwicklung. Ein Resümee der Längsschnittforschung* (S. 164-180). Stuttgart: Enke.
Pekrun, R. (1992a). Kognition und Emotion in studienbezogenen Lern- und Leistungssituationen: Explorative Analysen. *Unterrichtswissenschaft, 20,* 308-324.
Pekrun, R. (1992b). The impact of emotions on learning and achievement: Towards a theory of cognitive/motivational mediators. *Applied Psychology - An International Review, 41,* 359-376.
Pekrun, R. (1998). Schüleremotionen und ihre Förderung: Ein blinder Fleck der Unterrichtsforschung. *Psychologie in Unterricht und Erziehung, 44,* 230-248.
Pekrun, R., & Frese, M. (1992). Emotions in work and achievement. *International Journal of Industrial and Organizational Psychology, 7,* 153-200.
Pekrun, R. & Helmke, A. (1991). Schule und Persönlichkeitsentwicklung: Theoretische Perspektiven und Forschungsstand. In R. Pekrun & H. Fend (Hrsg.), *Schule und Persönlichkeitsentwicklung. Ein Resümee der Längsschnittforschung* (S. 33-56). Stuttgart: Enke.
Pekrun, R. & Hofmann, H. (1999). Lern- und Leistungsemotionen: Erste Befunde eines Forschungsprogramms. In M. Jerusalem & R. Pekrun (Hrsg.), *Emotion, Motivation und Leistung* (S. 247-267). Göttingen: Hogrefe.
Pekrun, R. & Jerusalem, M. (1996). Leistungsbezogenes Denken und Fühlen: Eine Übersicht zur psychologischen Forschung. In J. Möller & O. Köller (Hrsg.), *Emotionen, Kognitionen und Schulleistung* (S. 3-22). Weinheim: Psychologie Verlags Union.
Perrig, W. J., Wippich, W. & Perrig-Chiello, P. (1993). *Unbewußte Informationsverarbeitung*. Bern: Huber.
Perry, R. S., & Penner, K. S. (1990). Enhancing academic achievement in college students through attributional retraining and instruction. *Journal of Educational Psychology, 82,* 262-271.
Peterson, A. C. (1988). Adolescent Development. *Annual Review of Psychology, 39,* 583-607.
Pfänder, A. (1963). *Gesammelte Schriften*. Tübingen: Niemeyer.
Piaget, J. (1929). *The child's conception of the world*. Totowa, NJ: Littlefield, Adams.
Piaget, J. (1945). *La formation du symbole chez l'enfant*. Neuchatel: Delachaux et Niestlé.
Piaget, J. (1966). *Psychologie der Intelligenz*. Zürich: Rascher.
Piaget, J. (1969). *Nachahmung, Spiel und Traum*. Stuttgart: Klett.
Piaget, J. (1972). Intellectual evolution from adolescence to adulthood. *Human Development, 15,* 1-12.
Piaget, J. (1975). *Das Erwachen der Intelligenz beim Kinde*. Stuttgart: Klett.
Platon. (1982). *Der Staat*. Stuttgart: Reclam.
Plutchik, R. (1958). Outlines of a new theory of emotion. *Transactions of the New York Academy of Sciences, 20,* 394-403.
Plutchik, R. (1983). Emotions in early development: A psychoevolutionary approach. In R. Plutchik, & H. Kellermann (Eds.), *Emotions: Theory, research and experience* (pp. 221-257). New York: Academic Press.
Plutchik, R. (1991). *The emotions*. Lanham, MA: University Press of America.
Pollmer, K. (1991). Bewältigung von Anforderungen des Jugendalters. In H. Teichmann, B. Meyer-Probst & D. Roether (Hrsg.), *Risikobewältigung in der lebenslangen psychischen Entwicklung* (S. 172-180). Berlin: Verlag Gesundheit.
Porges, S. W. (1991). Vagal tone: An autonomic mediator of affect. In J. Garber, & K. A. Dodge (Eds.), *The development of emotional regulation and dysregulation* (pp. 111-128). Cambridge: Cambridge University Press.
Prechtl, H. F. R. (1974). The behavioral states of the newborn infant. *Brain Research, 76,* 185-212.
Prechtl, H. F. R. (1993). Principles of early motor development in the human. In A. F. Kalverboer, B. Hopkins, & R. Geuze (Eds.), *Motor development in early and later childhood* (pp. 35-50). Cambridge: Cambridge University Press.
Premack, D., & Woodruff, G. (1978). Does the chimpanzee have a theory of mind? *Behavioral and Brain Sciences, 1,* 515-526.
Ratner, C. (1991). *Vygotsky's sociohistorical psychology and its contemporary applications*. New York: Plenum Press.
Ratner, C. (1997). *Cultural psychology and qualitative methodology: Theoretical and empirical considera-

tions. New York: Plenum Press.
Ratner, C. (1998). Prologue. In L. S. Vygotsky, *Collected works, Vol. 5* (pp. v-xv). New York: Plenum Press.
Ratner, C. (1999). The historical and contemporary significance of Vygotsky's sociohistorical psychology. In R. Rieber, & K. Salzinger (Eds.), *Psychology: Theoretical-historical perspectives* (pp. 455-473). Washington, D.C.: American Psychological Association.
Rauh, H. (1995). Frühe Kindheit. In R. Oerter & L. Montada (Hrsg.), *Entwicklungspsychologie (3. überarb. Aufl.)* (S. 167-248). Weinheim: Psychologie Verlags Union.
Raver, C. C. (1996). Relations between social contingency in mother-child interaction and 2-year-olds' social competence. *Developmental Psychology, 32,* 850-859.
Raver, C. C., & Leadbeater, B. J. (1993). Factors influencing joint attention between socioemotionally disadvantaged adolescent mothers and their infants. In C. Moore, & P. Dunham (Eds.), *Joint attention: Its origins and role in development* (pp. 251-271). Hillsdale, NJ: Erlbaum.
Reichenbach, L., & Masters, J. C. (1983). Children's use of expressive and contextual cues in judgments of emotion. *Child Development, 54,* 993-1004.
Reissland, N., & Harris, P. (1991). Children's use of display rules in pride-eliciting situations. *British Journal of Developmental Psychology, 9,* 431-435.
Remschmidt, H. (1998). Grundlagen psychiatrischer Klassifikation und Psychodiagnostik. In F. Petermann (Hrsg.), *Lehrbuch der Klinischen Kinderpsychologie. Modelle psychischer Störungen im Kindes- und Jugendalter (3. Aufl.)* (S. 3-52). Göttingen: Hogrefe.
Repacholi, B. M., & Gopnik, A. (1997). Early reasoning about desires: Evidence from 14- and 18-month-olds. *Developmental Psychology, 33,* 12-21.
Reukauf, U. (1996). *Die Entwicklung des kindlichen Trotzverhaltens. Eine Längsschnittstudie anhand von Elterninterviews.* Unveröffentlichte Diplomarbeit. Universität Bielefeld.
Rheinberg, F. (1989). *Zweck und Tätigkeit.* Göttingen: Hogrefe.
Rheinberg, F. (1991). Flow-Erleben beim Motorradfahren: Eine Erkundungsstudie zu einem besonderen Funktionszustand. Deutsche Fassung von: Flow-experience when motorcycling: A study of a special human condition. In R. Brendicke (Ed.), *Proceedings of the International Motorcycle Conference 1991* (pp. 349-362). Bochum: Institut für Zweiradsicherheit.
Ribordy, S. C., Camras, L. A., Stefani, R., & Spaccarelli, S. (1988). Vignettes for emotion recognition research and affective therapy with children. *Journal of Clinical Child Psychology, 17,* 322-325.
Ridgeway, D. E., Waters, W., & Kuczaj, S. A. (1985). Acquisition of emotion descriptive language: Receptive and productive vocabulary norms for ages from 18 months to six years. *Developmental Psychology, 21,* 901-908.
Robarchek, C. (1977). Frustration, aggression, and the nonviolent Semai. *American Ethnologist, 4,* 762-779.
Robins, R. W., John, O. P., & Caspi, A. (1998). The typological approach to studying personality. In R. B. Cairns, L. Bergman, & J. Kagan (Eds.), *Methods and models for studying the individual.* (pp. 135-160). Thousand Oaks, CA: Sage.
Robins, R. W., John, O. P., Caspi, A., & Moffitt, T. E. (1996). Resilient, overcontrolled, and undercontrolled boys: Three replicable types. *Journal of Personality and Social Psychology, 70,* 157-171.
Robinson, S. R., Arnold, H. M., Spear, N. E., & Smotherman, W. P. (1993). Experience with milk and an artificial nipple promotes conditioned opioid activity in the rat fetus. *Developmental Psychobiology, 26,* 375-387.
Rommetveit, R., & Blakar, R. M. (Eds.). (1979). *Studies of language, thought and verbal communication.* London: Academic Press.
Rosaldo, M. (1984). Toward an anthropology of self and feeling. In R. Shweder, & R. LeVine (Eds.), *Culture theory: Essays on mind, self, and emotion* (pp. 137-157). New York: Cambridge University Press.
Roseman, I. J. (1991). Appraisal determinants of discrete emotions. *Cognition and Emotion, 5,* 161-200.
Roseman, I. J., Antoniou, A. A., & Jose, P. E. (1996). Appraisal determinants of emotions: Constructing a more accurate and comprehensive theory. *Cognition and Emotion, 10,* 241-277.
Rossman, B. R. (1992). School-age children's perceptions of coping with distress: Strategies for emotion regulation and the moderation of adjustment. *Journal of Child Psychology and Psychiatry and Allied Disciplines, 33,* 1373-1397.
Rothbart, M. (1991). Temperament: A developmental framework. In J. Strelau, & A. Angleitner (Eds.), *Explorations in temperament: International perspectives on theory and measurement* (pp. 61-74). New York: Plenum Press.
Rothbart, M. K., & Bates, J. E. (1998). Temperament. In N. Eisenberg (Ed.), *Handbook of child psychology. Vol. 3: Social emotional and personality development (5th ed.)* (pp. 105-176). New York: Wiley.
Rothbart, M. K., & Derryberry, P. (1981). Development of individual differences in temperament. In M. E. Lamb, & A. Brown (Eds.), *Advances in Developmental Psychology. Vol. 1* (pp. 38-85). Hillsdale, NJ: Erlbaum.
Rothbaum, F., Pott, M., Azuma, H., Miyake, K., & Weisz, J. (1998). *The development of close relationships in Japan and the US: Union vs. reunion. Cultural differences in the internal working model.* Unpublished manuscript. Tufts University Medford.
Rothman, E. (1984). *Hands and hearts: A history of courtship in America.* New York: Basic Books.
Rottleuthner-Lutter, M. (1987). Verwenden Kindergarten- und Grundschulkinder die Unterscheidung zwischen Ausdruck und Erleben, wenn sie über Gefühle reden? *Zeitschrift für Entwicklungspsychologie und Pädagogik, 19,* 287-299.
Rottmann, U. & Ziegenhain, U. (1988). *Bindungsbeziehung und außerfamiliale Tagesbetreuung im frühen*

Kindesalter. Die Eingewöhnung einjähriger Kinder in die Krippe. Unveröffentlichte Dissertation. Freie Universität Berlin.

Rubin, K. H., Coplan, R. J., Fox, N. A., & Calkins, S. D. (1995). Emotionality, emotion regulation, and preschoolers' social adaptation. *Development and Psychopathology, 7,* 49-62.

Rumelhart, D. E., & Ortony, A. (1977). The representation of knowledge in memory. In R. C. Anderson, R. J. Spiro, & W. E. Montague (Eds.), *Schooling and the acquisition of knowledge* (pp. 99-135). Hillsdale, NJ: Erlbaum.

Russell, J. A. (1989). Culture, scripts, and children's understanding of emotion. In C. Saarni, & P. Harris (Eds.), *Children's understanding of emotion* (pp. 293-318). New York: Cambridge University Press.

Russell, J. A. (1990). The preschooler's understanding of the causes and consequences of emotion. *Child Development, 61,* 1872-1881.

Russell, J. A. (1991). Culture and the categorization of emotions. *Psychological Bulletin, 110,* 426-450.

Russell, J. A. (1994). Is there universal recognition of emotion from facial expressions? A review of the cross-cultural studies. *Psychological Bulletin, 115,* 102-141.

Russell, J. A., & Bullock, M. (1986). On the dimensions preschoolers use to interpret facial expressions of emotion. *Developmental Psychology, 22,* 97-102.

Russell, J., & Fernandez-Dols, J. (1997). *The psychology of facial expressions.* New York: Cambridge University Press.

Rutter, M. (1995). *Psychosocial disturbances in young people.* Cambridge: Cambridge University Press.

Rutter, M., Graham, P., Chadwick, O., & Yule, W. (1976). Adolescent turmoil: Fact or fiction? *Journal of Child Psychology and Psychiatry, 17,* 35-56.

Ryan, M. (1983). *Womanhood in America.* New York: Watts.

Ryan, N. M. (1989). Stress-coping strategies identified from school age children's perspective. *Research in Nursing and Health, 20,* 111-122.

Saarni, C. (1979). Children's understanding of display rules for expressive behavior. *Developmental Psychology, 15,* 424-429.

Saarni, C. (1982). Social and affective functions of nonverbal behavior: Developmental concerns. In R. S. Feldman (Ed.), *Development of nonverbal behavior in children* (pp. 123-147). New York: Springer.

Saarni, C. (1984). An observational study of children's attempts to monitor their expressive behavior. *Child Development, 55,* 1504-1513.

Saarni, C. (1988). Children's understanding of the interpersonal consequences of dissemblance of nonverbal emotional-expressive behavior. *Journal of Nonverbal Behavior, 12,* 275-294.

Saarni, C. (1989). Children's understanding of strategic control of emotional expression in social transactions. In C. Saarni, & P. L. Harris (Eds.), *Children's understanding of emotion* (pp. 181-208). Cambridge: Cambridge University Press.

Saarni, C. (1997). Coping with aversive feelings. *Motivation and Emotion, 21,* 45-63.

Saarni, C. (1998). Issues of cultural meaningfulness in emotional development. *Developmental Psychology, 34,* 647-652.

Saarni, C. (1999). *Development of emotional competence.* New York: Guilford Press.

Saarni, C., & Crowley, M. (1990). The development of emotion regulation: Effects on emotional state and expression. In E. A. Blechman (Ed.), *Emotions and the family: For better or worse.* (pp. 53-73). Hillsdale, NJ: Erlbaum.

Saarni, C., & Harris, P. L. (Eds.). (1989). *Children's understanding of emotion.* Cambridge: Cambridge University Press.

Saarni, C., Mumme, D., & Campos, J. J. (1998). Emotional development: Action, communication and understanding. In N. Eisenberg (Ed.), *Handbook of child psychology. Vol. 3: Social, emotional and personality development* (pp. 237-311). New York: Wiley.

Sackett, G. P. (1966). Monkeys reared in isolation with pictures as visual input: Evidence for an innate releasing mechanism. *Science, 154,* 1468-1473.

Sagi, A., & Hoffman, M. L. (1976). Empathic distress in the newborn. *Developmental Psychology, 12,* 175-176.

Salisch, M. (1999). *Wenn Kinder sich ärgern: Emotionsregulierung in der Entwicklung.* Göttingen: Hogrefe.

Salovey, P., & Mayer, J. D. (1990). Emotional intelligence. *Imagination, Cognition and Personality, 9,* 185-211.

Sasaya, R. (1997). Hyojo oyobi jokyo tegakari karano tasha kanjo suisoku [Inferring others' emotions from facial and situational cues]. *Japanese Journal of Educational Psychology, 45,* 70-77.

Schachter, S., & Singer, J. E. (1962). Cognitive, social, and physiological determinants of emotional state. *Psychological Review, 69,* 379-399.

Schacter, D. L., & Moscowitch, M. (1984). Infants, amnesics, and dissociable memory systems. In M. Moscowitch (Ed.), *Infant memory* (pp. 173-216). New York: Plenum Press.

Scheper-Hughes, N. (1990). Mother love and child death in Northeast Brazil. In J. Stigler, R. Shweder, & G. Herdt (Eds.), *Cultural psychology: Essays in comparative human development* (chap. 19). New York: Cambridge University Press.

Scherer, K. R. (1984). On the nature and the function of emotion. In K. R. Scherer, & P. Ekman (Eds.), *Approaches to emotion* (pp. 293-317). Hillsdale, NJ: Erlbaum.

Scherer, K. R. (1986). Emotion experiences across European cultures: A summary statement. In K. R. Scherer, H. Wallbott, & A. Summerfield (Eds.), *Experiencing emotions: A cross-cultural study* (pp.173-189). Cambridge: Cambridge University Press.

Scherer, K. R. (1988a). Criteria for emotion-antecedent appraisal: A review. In V. Hamilton, & G. H. Bower (Eds.), *Cognitive perspectives on emotion and motivation* (pp. 89-126). Dordrecht, Netherlands: Kluwer Academic Publishers.

Scherer, K. R. (1988b). On the symbolic functions of vocal affect expression. *Journal of Language and Social Psychology, 7*, 79-100.

Scherer, K. R. (1990). Theorien und aktuelle Probleme der Emotionspsychologie. In K. R. Scherer (Hrsg.), *Psychologie der Emotionen. Enzyklopädie der Psychologie, Themenbereich C, Serie IV, Bd. 3* (S. 1-38). Göttingen: Hogrefe.

Scherer, K. R. (1992). Vocal affect expression as symptom, symbol, and appeal. In H. Papoušek, U. Jürgens, & M. Papoušek (Eds.), *Nonverbal vocal communication: Comparative and developmental approaches* (pp. 43-60). New York: Cambridge University Press.

Scherer, K. R. (1993). Studying the emotion-antecedent appraisal process: An expert system approach. *Cognition and Emotion, 7*, 325-355.

Scheuerer-Englisch, H. (1989). *Das Bild der Vertrauensbeziehung bei zehnjährigen Kindern und ihren Eltern: Bindungsbeziehungen in längsschnittlicher und aktueller Sicht*. Unveröffentlichte Dissertation. Universität Regensburg.

Schieche, M. (1996). *Exploration und physiologische Reaktionen bei zweijährigen Kindern mit unterschiedlichen Bindungserfahrungen*. Unveröffentlichte Diplomarbeit. Universität Regensburg.

Schiefele, U. (1996). *Motivation und Lernen mit Texten*. Göttingen: Hogrefe.

Schiefele, U. & Pekrun, R. (1996). Psychologische Modelle des fremdgesteuerten und selbstgesteuerten Lernens. In F. E. Weinert (Hrsg.), *Psychologie des Lernens und der Instruktion. Enzyklopädie der Psychologie, Themenbereich D, Serie I, Bd. 2* (S. 249-278). Göttingen: Hogrefe.

Schieffelin, B. (1985). The cultural analysis of depressive affect. An example from New Guinea. In A. Kleinman, & B. Good (Eds.), *Culture and depression* (chap. 3). Berkeley: University of California Press.

Schlosberg, H. (1954). Three dimensions of emotion. *Psychological Review, 61*, 81-88.

Schmidt-Atzert, L. (1996). *Lehrbuch der Emotionspsychologie*. Stuttgart: Kohlhammer.

Schmitz, B., & Skinner, E. (1993). Perceived control, effort, and academic performance: Interindividual, intraindividual, and multivariate time-series analyses. *Journal of Personality and Social Psychology, 64*, 1010-1028.

Schmitz, B. & Wiese, B. S. (im Druck). Eine Prozeßstudie selbstregulierten Lernverhaltens im Kontext aktueller affektiver und motivationaler Faktoren. *Zeitschrift für Entwicklungspsychologie und Pädagogische Psychologie*.

Schmoll, H. J., Tewes, U., & Plotnikoff, N. P. (1992). *Psychoneuroimmunology. Interactions between brain, nervous system, behaviour, endocrine and immune system*. Lewiston, NY: Hogrefe & Huber Publishers.

Schnabel, K. (1996). *Motivationale Einflüsse auf schulische Leistungsentwicklung: Zur Rolle fachspezifischer Leistungsängstlichkeit*. Unveröffentlichte Dissertation. Freie Universität Berlin.

Schneider, K. & Dittrich, W. (1990). Evolution und Funktion von Emotionen. In K. R. Scherer (Hrsg.), *Psychologie der Emotionen. Enzyklopädie der Psychologie, Themenbereich C, Serie IV, Bd. 3* (S. 41-114). Göttingen: Hogrefe.

Schneirla, T. C. (1972). *Selected writings (ed. by L. Aronson, E. Tobach, J. S. Rosenblatt, & D. S. Lehrman)*. San Francisco, CA: Freeman.

Schötzau, A. & Papoušek, H. (1977). Mütterliches Verhalten bei der Aufnahme von Blickkontakt mit dem Neugeborenen. *Zeitschrift für Entwicklungspsychologie und pädagogische Psychologie, 9*, 231-239.

Schwartz, R. M., & Trabasso, T. (1984). Children's understanding of emotions. In C. E. Izard, J. Kagan, & R. B. Zajonc (Eds.), *Emotions, cognitions and behavior* (pp. 409-437). Cambridge: Cambridge University Press.

Schwarz, N., & Bless, H. (1991). Happy and mindless, but sad and smart? The impact of affective states on analytic reasoning. In J. P. Forgas (Ed.), *Emotion and social judgments* (pp. 55-71). Oxford: Pergamon Press.

Schwarz, N., & Clore, G. L. (1988). How do I feel about it? The informative function of affective states. In K. Fiedler, & J. P. Forgas (Eds.), *Affect, cognition, and social behaviour* (pp. 42-62). Toronto: Hogrefe.

Schwarzer, R., Royl, W. & Lange, B. (1983). Schulangst und Schulunlust. In H. Kury & H. Lerchenmüller (Hrsg.), *Schule, psychische Probleme und sozialabweichendes Verhalten - Situationsbeschreibung und Möglichkeiten der Prävention* (S. 85-129). Köln: Heymanns.

Schwarzer, R., & Schwarzer, C. (1996). A critical survey of coping instruments. In M. Zeidner, & N. S. Endler (Eds.), *Handbook of coping. Theory, research, applications* (pp. 107-132). New York: Wiley.

Seiffge-Krenke, I. (1990). Developmental processes in self-concept and coping behaviour. In H. Bosma, & S. Jackson (Eds.), *Coping and self-concept in adolescence* (pp. 51-69). Berlin: Springer.

Seiffge-Krenke, I. (1995). *Stress, coping, and relationships in adolescence*. Mahwah, NJ: Erlbaum.

Seipp, B. (1990). *Angst und Leistung in Schule und Hochschule*. Frankfurt a. M.: Lang.

Selman, R. L. (1980). *The growth of interpersonal understanding*. New York: Academic Press.

Selman, R. L. (1981). What children understand of the intrapsychic processes. In E. K. Shapiro, & E. Weber (Eds.), *Cognitive and affective growth* (pp. 187-215). Hillsdale, NJ: Erlbaum.

Sembill, D. (1992). *Problemlösefähigkeit, Handlungskompetenz und emotionale Befindlichkeit -Zielgrößen forschenden Lernens*. Göttingen: Hogrefe.

Shereshefsky, P. M., & Yarrow, L. J. (Eds.). (1973). *Psychological aspects of a first pregnancy and early postnatal adaptation*. New York: Raven Books.

Sherif, M. (1936). *The psychology of social norms*. New York: Harper & Brothers.
Sherif, M., Harvey, O. J., White, B. J., Hood, W. R., & Sherif, C. W. (1961). *Intergroup conflict and cooperation: The Robbers Cave experiment*. Norman, OK: The University Book Exchange.
Shulman, S., Seiffge-Krenke, I., & Samet, N. (1987). Adolescent coping style as a function of perceived family climate. *Journal of Adolescent Research, 2*, 367-381.
Shweder, R. (1993). The cultural psychology of the emotions. In M. Lewis, & J. Haviland (Eds.), *Handbook of emotions* (pp. 417-431). New York: Guilford Press.
Silbereisen, R. K. (1995). Entwicklungspsychologische Aspekte von Alkohol- und Drogengebrauch. In R. Oerter & L. Montada (Hrsg.), *Entwicklungspsychologie (3. überarb. Aufl.)* (S. 1056-1068). Weinheim: Psychologie Verlags Union.
Simmel, G. (1908). Vom Wesen der Kultur. *Österreichische Rundschau, 15*, 36-42.
Six, B. & Höcke-Pörzgen, B. (1983). Motivationstheorie und Handlungstheorie. In H. Thomae (Hrsg.), *Theorien und Formen der Motivation. Enzyklopädie der Psychologie, Themenbereich C, Serie IV, Bd. 1* (S. 227-290). Göttingen: Hogrefe.
Smiley, P., & Huttenlocher J. (1989). Young children's aquisition of emotion concepts. In C. Saarni, & P. L. Harris (Eds.), *Children's understanding of emotion* (pp. 27-49). Cambridge: Cambridge University Press.
Smith, B. (1994). The temperament program: Community-based prevention of behavior disorders in children. In W. B. Carey, & S. C. McDevitt (Eds.), *Prevention and early intervention: Individual differences as risk factors for the mental health of children. A festschrift for Stella Chess and Alexander Thomas* (pp. 257-266). New York: Brunner/Mazel.
Smith, C. A., & Ellsworth, P. C. (1987). Patterns of appraisal and emotion related to taking an exam. *Journal of Personality and Social Psychology, 52*, 475-488.
Smith, W. J. (1985). Consistency and change in communication. In G. Zivin (Ed.), *The development of expressive behavior. Biology-environment interactions* (pp. 51-76). Orlando, FL: Academic Press.
Sodian, B. (1995). Entwicklung bereichsspezifischen Wissens. In R. Oerter & L. Montada (Hrsg.), *Entwicklungspsychologie (3. überarb. Aufl.)* (S. 622-653). München: Psychologie Verlags Union.
Sodian, B. & Huelsken, A. (in Vorb.). *Training sozialer Perspektivenübernahme*. Universität Würzburg.
Sogon, S. (1997). *Bunka to kanjo no shinri-seitaigaku* [Psycho-ecology of culture and emotions]. Tokyo: Kaneko Shobo.
Sorce, J. F., Emde, R. N., Campos, J. J., & Klinnert, M. D. (1985). Maternal emotional signaling: Its effect on the visual cliff behavior of 1-year-olds. *Developmental Psychology, 21*, 195-200.
Spangler, G. (1992). *Sozio-emotionale Entwicklung im ersten Lebensjahr: Individuelle, soziale und physiologische Aspekte*. Habilitationsschrift. Universität Regensburg.
Spangler, G. (1995). Die Rolle kindlicher Verhaltensdispositionen für die Bindungsentwicklung. In G. Spangler & P. Zimmermann (Hrsg.), *Die Bindungstheorie: Grundlagen, Forschung und Anwendung* (S. 178-190). Stuttgart: Klett-Cotta.
Spangler, G., Fremmer-Bombik, E., & Grossmann, K. (1996). Social and individual determinants of attachment security and disorganization during the first year. *Infant Mental Health Journal, 17*, 127-139.
Spangler, G., & Grossmann, K. E. (1993). Biobehavioral organization in securely and insecurely attached infants. *Child Development, 64*, 1439-1450.
Spangler, G., & Grossmann, K. (in press). Individual and physiological correlates of attachment disorganization in infancy. In J. Solomon, & C. George (Eds.), *Attachment disorganization*. New York: Guilford Press.
Spangler, G., & Scheubeck, R. (1993). Behavioral organization and adrenocortical activity in new-borns. *Child Development, 64*, 622-633.
Spangler, G., & Schieche, M. (1998). Emotional and adrenocortical responses of infants to the Strange Situation: The differential function of emotional expression. *International Journal of Behavioral Development, 22*, 681-706.
Spangler, G., Schieche, M., Ilg, U., Maier, U., & Ackermann, C. (1994). Maternal sensitivity as an external organizer for biobehavioral regulation in infancy. *Developmental Psychobiology, 27*, 425-437.
Spangler, G. & Zimmermann, P. (Hrsg.). (1995). *Bindungstheorie. Grundlagen, Forschung und Anwendung*. Stuttgart: Klett-Cotta.
Spangler, G. & Zimmermann, P. (1999). Emotion, Motivation und Leistung aus entwicklungs- und persönlichkeitspsychologischer Sicht. In M. Jerusalem & R. Pekrun (Hrsg.), *Emotion, Motivation und Leistung* (S. 85-103). Göttingen: Hogrefe.
Spelke, E. S. (1991). Physical knowledge in infancy: Reflections on Piaget's theory. In S. Carey, & R. Gelman (Eds.), *The epigenesis of mind: Essays on biology and cognition* (pp. 133-169). Hillsdale, NJ: Erlbaum.
Spitz, R. A. (1965). *The first year of life*. New York: International Universities Press.
Squire, L. R. (1987). *Memory and brain*. Oxford: Oxford University Press.
Sroufe, L. A. (1979). The coherence of individual development: Early care, attachment, and subsequent developmental issues. *American Psychologist, 34*, 834-841.
Sroufe, L. A. (1983). Infant-caregiver attachment and patterns of adaptation in preschool: The roots of maladaptation and competence. In M. Perlmutter (Ed.), *Minnesota Symposia in Child Psychology. Vol. 16* (pp. 41-81). Hillsdale, NJ: Erlbaum.
Sroufe, L. A. (1989). Pathways to adaptation and maladaptation: Psychopathology as developmental deviation. In D. Cicchetti (Ed.), *The emergence of a discipline: Rochester Symposium on Developmental Psychopathology. Vol. 1* (pp. 13-40). Hillsdale, NJ: Erlbaum.

Sroufe, L. A. (1996). *Emotional development: The organization of emotional life in the early years.* New York: Cambridge University Press.
Stäudel, T. (1988). Der Kompetenzfragebogen. Überprüfung eines Verfahrens zur Erfassung der Selbsteinschätzung der heuristischen Kompetenz, belastenden Emotionen und Verhaltenstendenzen beim Lösen komplexer Probleme. *Diagnostica, 34,* 136-147.
Staub, E. (1986). A conception of the determinants and development of altruism and aggression: Motives, the self, and the environment. In C. Zahn-Waxler, E. M. Cummings, & R. Iannotti (Eds.), *Altruism and aggression* (pp. 135-164). Cambridge: Cambridge University Press.
Stearns, P. (1993). Girls, boys, and emotions: Redefinitions and historical change. *Journal of American History, 80,* 36-74.
Stein, N. L., & Jewett, J. L. (1986). A conceptual analysis of the meaning of negative emotions: Implication for a theory of development. In C. Izard, & P. Reed (Eds.), *Measuring emotions in infants and children* (pp. 238-267). Cambridge: Cambridge University Press.
Stein, N. L., & Levine, L. J. (1989). The causal organisation of emotional knowledge: A developmental study. Special Issue: Development of emotion-cognition relations. *Cognition and Emotion, 3,* 343-378.
Stein, N. L., & Liwag, M. D. (1997). Children's understanding, evaluation, and memory for emotional events. In P. W. Broek, & P. Bauer (Eds.), *Developmental spans in event comprehension and representation: Bridging fictional and actual events* (pp. 199-235). Mahwah, NJ: Erlbaum.
Stein, N. L., Trabasso, T., & Liwag, M. D. (1994). The Rashomon phenomenon: Personal frames and future-oriented appraisals in memory for emotional events. In M. Haith, J. Benson, R. Roberts, & B. Pennington (Eds.), *The development of future-oriented processes* (pp. 409-436). Hillsdale, NJ: Erlbaum.
Steinberg, L. (1989). Pubertal maturation and parental-adolescent distance: An evolutionary perspective. In G. R. Adams, R. Montemayor, & T. P. Gullotta (Eds.), *Biology of adolescent behaviour and development* (pp. 71-97). London: Sage.
Steiner, J. E. (1979). Human facial expression in response to taste and smell stimulation. *Advances in Child Development and Behavior, 13,* 237-295.
Stenberg, C. R., & Campos, J. J. (1990). The development of anger expressions in infancy. In N. L. Stein, B. Leventhal, & T. Trabasso (Eds.), *Psychological and biological approaches to emotion* (pp. 247-282). Hillsdale, NJ: Erlbaum.
Stern, D. N. (1992). *Die Lebenserfahrung des Säuglings (Original erschienen 1986: The interpersonal world of the infant).* Stuttgart: Klett-Cotta.
Stern, W. (1935). *Allgemeine Psychologie auf personalistischer Grundlage.* Den Haag: Martinus Nijhoff.
Stevenson-Barrett, M. (1996). Maternal responsiveness to infant signals in Japan and United States. *Paper presented at the 24th Biennial Meetings of the International Society for the Study of Behavioral Development in Quebec City, Canada, August, 12-16.*
Stifter, C., & Fox, N. (1986). Preschool children's ability to identify and label emotions. *Journal of Nonverbal Behavior, 10,* 255-266.
Stipek, D. (1995). The development of pride and shame in toddlers. In J. P. Tangney, & K. W. Fischer (Eds.), *Self-conscious emotions: The psychology of shame, guilt, embarrassment, and pride* (pp. 237-252). New York: Guilford Press.
Stipek, D. J., & DeCotis, K. M. (1988). Children's understanding of the implications of causal attributions for emotional experiences. *Child Development, 59,* 1601-1610.
Strauss, M. E., & Rourke, D. L. (1978). A multivariate analysis of the neonatal behavioral assessment scale in several samples. In A. J. Sameroff (Ed.), *Organisation and stability of newborn behavior. A commentary on the Brazelton Neonatal Behavior Assessment Scale. Monographs of the Society for Research in Child Development* (81-91).
Strayer, J. (1986). Children's attributions regarding the situational determinants of emotion in self and others. *Developmental Psychology, 22,* 649-654.
Strelau, J. (1984). *Das Temperament in der psychischen Entwicklung.* Berlin: Volkseigener Verlag.
Strelau, J. (1987). Emotion as a key concept in temperament research. *Journal of Research in Personality, 21,* 510-528.
Strittmatter, P. & Bedersdorfer, H. W. (1991). Pädagogische Interventionsforschung: Abbau von Angst in schulischen Leistungssituationen. In R. Pekrun & H. Fend (Hrsg.), *Schule und Persönlichkeitsentwicklung* (S. 297-323). Stuttgart: Enke.
Suess, G., Grossmann, K. E., & Sroufe, L. A. (1992). Effects of infant attachment to mother and father on quality of adaptation in pre-school: From dyadic to individual organization of self. *International Journal of Behavioral Development, 15,* 43-65.
Super, C. M., & Harkness, S. (1986). The developmental niche: A conceptualization of the interface of child and culture. *International Journal of Behavioral Development, 9,* 546-569.
Super, C. M., & Harkness, S. (1997). The cultural structuring of child development. In J. Berry, P. R. Dasen, & T. S. Saraswathi (Eds.), *Handbook of cross-cultural psychology. Vol. 2 (2nd ed.)* (pp. 1-39). Boston, MA: Allyn & Bacon.
Swanson, L. W. (1983). The hippocampus and the concept of the limbic system. In W. Seifert (Ed.), *Neurobiology of the hippocampus* (pp. 3-19). New York: Academic Press.
Tachibana, M. (1971/1829). *Taimon zakki.* Tokyo: Iwanami Shoten.
Talwar, R., Nitz, K., Lerner, J. V., & Lerner, M. R. (1991). The functional significance of organismic individuality, the sample case of temperament. In J. Strelau, & A. Angleitner (Eds.), *Explorations in temperament. International perspectives on theory and measurement* (pp. 29-42). New York: Plenum Press.
Taylor, D. A., & Harris, P. L. (1984). Knowledge of strategies for the expression of emotion among normal

and maladjusted boys: A research note. *Journal of Child Psychology and Psychiatry, 24,* 141-145.
Terman, L. (1916). *The measurement of intelligence.* Boston, MA: Houghton Mifflin.
Terwogt, M. M., & Harris, P. (1993). Understanding of emotion. In M. Bennett (Ed.), *The development of social cognition: The child as psychologist* (pp. 62-86). London: Guilford Press.
Thelen, E. (1984). Learning to walk: Ecological demands and phylogenetic constraints. In L.- P. Lippsitt, & C. Rovee-Collier (Eds.), *Advances in infancy research* (pp. 213-260). Norwood, NJ: Ablex.
Thelen, E., & Smith, L. B. (1994). *A dynamic systems approach to the development of cognition and action.* Cambridge, MA: MIT Press.
Thomae, H. (1984). Formen der Auseinandersetzung mit Konflikt und Belastung im Jugendalter. In E. Olbrich & E. Todt (Hrsg.), *Probleme des Jugendalters* (S. 89-110). Berlin: Springer.
Thomas, A., & Chess, S. (1977). *Temperament and development.* New York: Brunner/Mazel.
Thomas, A., Chess, S., & Birch, H. G. (1968). *Temperament and behavior disorders in children.* New York: New York University Press.
Thompson, L. A., Detterman, D. K., & Plomin, R. (1991). Associations between cognitive abilities and scholastic achievement: Genetic overlap but environmental differences. *Psychological Science, 2,* 158-165.
Thompson, R. A. (1987a). Development of children's inferences of the emotions of others. *Developmental Psychology, 23,* 124-131.
Thompson, R. A. (1987b). Empathy and emotional understanding: The early development of empathy. In N. Eisenberg, & J. Strayer (Eds.), *Empathy and its development.* (pp. 119-145). New York: Cambridge University Press.
Thompson, R. A. (1990). Emotion and self-regulation. In R. A. Thompson (Ed.), *Socioemotional development. Nebraska Symposium on Motivation, 1988* (pp. 367-467). Lincoln, NE: University of Nebraska Press.
Thompson, R. A. (1994). Emotion regulation: A theme in search of definition. In N. A. Fox (Ed.), *The development of emotions regulation: Biological and behavioral considerations. Monographs of the Society for Research in Child Development* (25-52).
Tillmann, K. J., Faulstich-Wieland, H., Horstkemper, M. & Weissbach, B. (1984). Die Entwicklung von Schulverdrossenheit und Selbstvertrauen bei Schülern in der Sekundarstufe. *Zeitschrift für Sozialisationsforschung und Erziehungssoziologie, 4,* 231-249.
Tomasello, M. (1995). Joint attention as social cognition. In C. Moore, & P. J. Dunham (Eds.), *Joint attention: Its origin and role in development* (pp. 103-130). Hillsdale, NJ: Erlbaum.
Tomasello, M., Kruger, A. C., & Ratner, H. H. (1992). Cultural learning. *Behavioral and Brain Sciences, 16,* 495-552.
Tomkins, S. S. (1982). Affect theory. In P. Ekman (Ed.), *Emotion in the human face* (pp. 353-423). Cambridge: Cambridge University Press.
Tourrette, C. (1991). *D'un bébé à l'autre. Les différences individuelles au début du développement.* Paris: Presses Universitaires de France.
Trevarthen, C. (1979a). Communication and cooperation in early infancy: A description of primary intersubjectivity. In M. Bullowa (Ed.), *Before speech: The beginning of interpersonal communication* (pp. 321-347). Cambridge: Cambridge University Press.
Trevarthen, C. (1979b). Instincts for human understanding and for cultural cooperation: Their development in infancy. In M. Cranach, K. Foppa, W. Lepenies, & D. Ploog (Eds.), *Human ethology. Claims and limits of a new discipline* (pp. 531-571). Cambridge: Cambridge University Press.
Triandis, H. C. (1994). Major cultural syndromes and emotion. In S. Kitayama, & H. R. Markus (Eds.), *Emotion and culture: Empirical studies of mutual influence* (pp. 285-308). Washington: American Psychological Association.
Triandis, H. C. (1995). *Individualism and collectivism.* Boulder, CO: Westview Publishers.
Trommsdorff, G. (1989). Sozialisation und Werthaltungen im Kulturvergleich. In G. Trommsdorff (Hrsg.), *Sozialisation im Kulturvergleich* (S. 97-121). Stuttgart: Enke.
Trommsdorff, G. (1993). Kulturvergleich von Emotionen beim prosozialen Handeln. In H. Mandl, M. Dreher & H.-J. Kornadt (Hrsg.), *Entwicklung und Denken im kulturellen Kontext* (S. 3-25). Göttingen: Hogrefe.
Trommsdorff, G. (unter Mitarbeit von W. Friedlmeier). (1993). *Rolle von Emotionen beim prosozialen Verhalten.* DFG-Forschungsbericht. Universität Konstanz.
Trommsdorff, G. (1996). Prosoziales Verhalten bei deutschen und japanischen Kindern. In G. Trommsdorff & H.-J. Kornadt (Hrsg.), *Gesellschaftliche und individuelle Entwicklung in Japan und Deutschland* (S. 257-267). Konstanz: Universitätsverlag Konstanz.
Trommsdorff, G. (1997). Familie und Eltern-Kind-Beziehungen in Japan. In B. Nauck & U. Schönpflug (Hrsg.), *Familien in verschiedenen Kulturen* (S. 44-63). Stuttgart: Enke.
Trommsdorff, G., & Friedlmeier, W. (1993). Control behavior and responsiveness in Japanese and German mothers. *Early Development and Parenting, 2,* 65-78.
Trommsdorff, G., & Friedlmeier, W. (1999, subm.). *Regulation of emotions and mother-child relationships: A comparison between Japanese and German preschoolers.*
Trommsdorff, G., Suzuki, T. & Sasaki, M. (1987). Soziale Ungleichheiten in Japan und der Bundesrepublik Deutschland. *Kölner Zeitschrift für Soziologie und Sozialpsychologie, 39,* 496-515.
Tronick, E. Z. (1989). Emotions and emotional communication in infants. *American Psychologist, 44,* 112-128.
Tucker, D. M., & Frederick, S. L. (1989). Emotion and brain lateralization. In H. Wagner, & A. Manstead

(Eds.), *Handbook of psychophysiology: Emotion and social behavior* (pp. 27-70). New York: Wiley.
Tuddenham, R. D. (1959). The constancy of personality ratings over two Decades. *Genetic Psychology Monography*, *60*, 3-29.
Turiel, E. (1998). The development of morality. In N. Eisenberg (Ed.), *Handbook of child psychology. Vol. 3: Social, emotional and personality development* (pp. 863-932). New York: Wiley.
Tuss, P., Zimmer, J., & Ho, H. Z. (1995). Causal attributions of underachieving fourth grade students in China, Japan, and the United States. *Journal of Cross Cultural Psychology*, *26*, 408-425.
Ulich, D. (1989). *Ein kontextualistisch-feldtheoretisches Modell der Aktual- und Ontogenese von Emotionen.* (Augsburger Berichte zur Entwicklungspsychologie und Pädagogischen Psychologie Nr. 37). Universität Augsburg.
Ulich, D. (1991). *Emotionale Entwicklung als Aufbau emotionaler Schemata.* (Augsburger Berichte zur Entwicklungspsychologie und Pädagogischen Psychologie Nr. 54). Universität Augsburg.
Ulich, D. (1994). Sozialisations- und Erziehungseinflüsse in der emotionalen Entwicklung. In K. Schneewind (Hrsg.), *Psychologie der Erziehung und Sozialisation. Enzyklopädie der Psychologie, Themenbereich D, Serie I, Bd. 1* (S. 229-257). Göttingen: Hogrefe.
Ulich, D. (1995). *Erste Vorschläge zur Operationalisierung emotionaler Schemata.* Unveröffentlichtes Projektpapier. Universität Augsburg.
Ulich, D. & Mayring, P. (1992). *Psychologie der Emotionen.* Stuttgart: Kohlhammer.
Ulich, D. & Volland, C. (1996). *Bedingungen von Mitgefühl. Eine Fragebogenstudie mit Erwachsenen.* (Augsburger Berichte zur Entwicklungspsychologie und Pädagogischen Psychologie Nr. 75). Universität Augsburg.
Ulich, D. & Volland, C. (1998). Erfassung und Korrelate von Mitgefühl bei Erwachsenen. *Zeitschrift für Entwicklungspsychologie und Pädagogische Psychologie*, *30*, 89-97.
Ulich, D., Volland, C. & Kienbaum, J. (1999). Sozialisation von Emotionen: Erklärungskonzepte. *Zeitschrift für Soziologie der Erziehung und Sozialisation*, *19*, 7-19.
Underwood, M. K., Coie, J. D., & Herbsman, C. R. (1992). Display rules for anger and aggression in school-age children. *Child Development*, *63*, 366-380.
Urdang, L. (Ed.). (1966). *The Random House dictionary of the English language.* New York: Random House.
Valsiner, J. (1989). *Human development and culture.* Lexington, MA: Heath.
Valsiner, J. (1998). *The guided mind.* Cambridge: Harvard University Press.
van Aken, M. A. G., van Lieshout, C. F. M., & Scholte, R. H. J. (1998). The social relationships and adjustment of the various personalty types and subtypes. *Paper presented at the VIIth Biennial Meeting of the Society for Research on Adolescence in San Diego, CA, from Feb. 26 to March, 1.*
van den Boom, D. C. (1994). The influence of temperament and mothering on attachment and exploration: An experimental manipulation of sensitive responsiveness among lower class mothers with irritable infants. *Child Development*, *65*, 1457-1477.
van IJzendoorn, M. H. (1995). Adult attachment representations, parental responsiveness, and infant attachment: A meta-analysis on the predictive validity of the adult attachment interview. *Psychological Bulletin*, *117*, 387-403.
Vereijken, C. (1995). *The mother-infant relationship in Japan: Attachment, dependency, and amae.* Capelle a/d Ijsel: Labyrint Publication.
Vester, H.-G. (1991). *Emotion, Gesellschaft und Kultur.* Opladen: Westdeutscher Verlag.
Vila, I. (1996). Intentionality, communication, and language. In I. A. Tryphon, & J. Vonèche (Eds.), *Piaget - Vygotsky. The social genesis of thought* (pp. 189-200). East Sussex: Psychology Press.
Vinogradova, A. M. (Hrsg.). (1989). *Wospitanie nrawstwennich tschuwst u starschych doschkolnikow* [Die Erziehung moralischer Gefühle bei älteren Vorschulkindern]. Moskau: Prosweschtschenie.
Volland, C. (1995). *Mutter-Kind-Beziehungsqualität als Entwicklungsbedingung von Empathie und prosozialem Verhalten in der Kindheit.* Regensburg: Roderer.
Volland, C. & Hölzle, E. (1997). *Mitgefühl bei Jugendlichen.* (Augsburger Berichte zur Entwicklungspsychologie und Pädagogischen Psychologie Nr. 80). Universität Augsburg.
Volland, C. (in Vorb.). *Wirkt sich Bildung auf Mitgefühl aus? Gruppenunterschiede bei Erwachsenen.*
Volland, C., Ulich, D. & Thurn, D. (1997). Mitgefühl bei Kindern - Erfassung und Korrelate. *Poster präsentiert auf der 13. Tagung für Entwicklungspsychologie in Wien vom 21.-24. September.*
Volpert, W. (1983). Emotionen aus der Sicht der Handlungsregulationstheorie. In J. P. Janssen, & E. Hahn (Hrsg.), *Aktivierung, Motivation, Handlung und Coaching im Sport* (S. 193-205). Schorndorg: Hofmann.
Vygotsky, L. S. (1981). The development of higher forms of attention. In J. Wertsch (Ed.), *The concept of activity in Soviet psychology* (pp. 189-240). New York: Sharpe.
Vygotsky, L. S. (1991/1931). Imagination and creativity. *Soviet Psychology*, *29*, 73-88.
Vygotsky, L. S. (1997a). *Collected works (Vol. 3).* New York: Plenum Press.
Vygotsky, L. S. (1997b). *Educational psychology (originally written 1921-1923).* Boca Raton, FL: St. Lucie Press.
Vygotsky, L. S. (1998). *Collected works (Vol. 5).* New York: Plenum Press.
Wälder, R. (1933). The psychoanalytic theory of play. *Psychoanalytic Quarterly*, *2*, 208-224.
Wagner, H. (1989). The physiological differentiation of emotions. In H. Wagner, & A. M. S. Manstead (Eds.), *Handbook of social psychophysiology* (pp. 77-89). New York: Wiley.
Wakisaka, G. (1976/1803). Sodate-gusa [Advice on child-rearing and family life]. In M. Yamazumi, & K. Nakae (Eds.), *Kosodate no sho. Vol. 2* [Documents on child-rearing] (pp. 267-302). Tokyo: Heibon-sha.
Walden, T. A. (1991). Infant social referencing. In J. Garber, & K. A. Dodge (Eds.), *The development of*

emotion regulation and dysregulation (pp. 49-69). New York: Cambridge University Press.
Walden, T. A., & Baxter, A. (1989). The effect of context and age on social referencing. *Child Development, 60,* 1511-1518.
Walden, T. A., & Field, T. M. (1990). Preschool children's social competence and production and discrimination of affective expressions. *British Journal of Developmental Psychology, 8,* 65-76.
Walden, T. A., & Garber, J. (1994). Emotional development. In M. Rutter, & D. H. Hay (Eds.), *Development through life* (pp. 403-455). Oxford: Blackwell.
Waldmann, M. R. (1990). *Schema und Gedächtnis.* Heidelberg: Asanger.
Walker-Andrews, A. S. (1988). Infants perceptions of the affordances of expressive behavior. In C. Rovee-Collier, & L. P. Lipsitt (Eds.), *Advances in infancy research. Vol. 5* (pp. 173-221). Norwood, NJ: Ablex.
Wartner, U. G., Grossmann, K., Fremmer-Bombik, E., & Suess, G. (1994). Attachment patterns at age six in South Germany: Predictability from infancy and implications for preschool behavior. *Child Development, 65,* 1014-1027.
Watanabe, H., & Watanabe, K. (1984/1839-48). *Kuwana Nikki and Kashiwazaki Nikki, 8 Vols.* [Diaries recorded at Kuwana and Kashiwazaki] (edited by H. Sawashita & N. Sawashita). Yokkaichi: Private edition (in Japanese).
Waters, E., & Deane, K. (1985). Defining and assessing individual differences in attachment relationships: Q-methodology and the organization of behavior in infancy and early childhood. *Monographs of the Society for Research in Child Development, 50,* 41-65.
Waters, E., Vaughn, B. E., Posada, G., & Kondo-Ikemura, K. (1995). Caregiving, cultural, and cognitive perspectives on secure-base behavior and working models. *Monographs of the Society for Research in Child Development, 60,* 1-299.
Watson, J. B. (1924). *Behaviorism.* New York: Norton.
Weinberg, M. K., & Tronick, E. Z. (1994). Beyond the face: An empirical study of infant affective configurations of facial, vocal, gestural, and regulatory behaviors. *Child Development, 65,* 1503-1515.
Weinberg, M. K., & Tronick, E. Z. (1996). Infant affective reactions to the resumption of maternal interaction after the still-face. *Child Development, 67,* 905-914.
Weiner, B. (1984). *Motivationspsychologie.* Stuttgart: Beltz.
Weiner, B. (1985). An attributional theory of achievement motivation and emotion. *Psychological Review, 92,* 548-573.
Weiner, B. (1986). *An attributional theory of emotion and motivation.* New York: Springer.
Weiner, B. (1992). *Human motivation: Metaphors, theories, and research.* Newbury Park, CA: Sage.
Weiner, B., & Graham, S. (1985). An attributional approach to emotional development. In C. E. Izard, J. Kagan, & R. B. Zajonc (Eds.), *Emotions, cognition, and behavior* (pp. 167-191). New York: Cambridge University Press.
Weiner, B., Graham, S., & Chandler, C. (1982). Pity, anger, and guilt: An attributional analysis. *Personality and Social Psychology Bulletin, 8,* 226-232.
Weiner, B., Kun, A., & Benesch-Weiner, M. (1980). The development of mastery, emotions, and morality from an attributional perspective. In W. A. Collins (Ed.), *The Minnesota Symposium on Child Psychology. Vol. 13* (pp. 103-130). Hillsdale, NJ: Erlbaum.
Weinert, F. E. (1996). Lerntheorien und Instruktionsmodelle. In F. E. Weinert (Hrsg.), *Psychologie des Lernens und der Instruktion. Enzyklopädie der Psychologie, Themenbereich D, Serie 1, Bd. 2* (S. 1-48). Göttingen: Hogrefe.
Weinert, F. E. & Helmke, A. (Hrsg.). (1997). *Entwicklung im Grundschulalter.* Weinheim: Psychologie Verlags Union.
Weinert, F. E. & Stefanek, J. (1997). Entwicklung vor, während und nach der Grundschulzeit: Ergebnisse aus dem SCHOLASTIK-Projekt. In F. E. Weinert & A. Helmke (Hrsg.), *Entwicklung im Grundschulalter* (S. 423-451). Weinheim: Psychologie Verlags Union.
Weiskrantz, L. (1956). Behavioral changes associated with ablation of the amygdaloid complex in monkeys. *Journal of Comparative and Physiological Psychology, 49,* 381-391.
Weisz, J. R. (1990). Development of control-related beliefs, goals, and styles in childhood and adolescence: A clinical perspective. In J. Rodin, C. Schooler, & K. W. Schaie (Eds.), *Self-directedness: Cause and effects throughout the life course* (pp. 103-145). Hillsdale, NJ: Erlbaum.
Wellman, H. M. (1988). First steps in the child's theorizing about the mind. In J. Astington, D. Olson, & P. Harris (Eds.), *Developing theories of mind* (pp. 64-92). Cambridge: Cambridge University Press.
Wellman, H. M. (1990). *The child's theory of mind.* Cambridge, MA: MIT Press.
Wellman, H. M., & Gelman, S. A. (1998). Knowledge acquisition in foundational domains. In D. Kuhn, & R. S. Siegler (Eds.), *Handbook of child psychology. Vol. 2: Cognition, perception and language* (pp. 523-573). New York: Wiley.
Wellman, H. M., Harris, P. L., Banerjee, M., & Sinclair, A. (1995). Early understanding of emotion: Evidence from natural language. *Cognition and Emotion, 9,* 117-149.
Werner, H. (1926). Über Mikromelodik und Mikroharmonik. *Zeitschrift für Psychologie, 98,* 74-89.
Werner, H. (1927). *Über physiognomische Wahrnehmungsweisen und ihre experimentelle Prüfung.* Groningen: Noordhoff.
Werner, H. (1940). Musical "micro-scales" and "micromelodies". *Journal of Psychology, 10,* 149-156.
Werner, H. (1956). Microgenesis and aphasia. *Journal of Abnormal & Social Psychology, 52,* 347-353.
Werner, H. (1957). The concept of development from a comparative and organismic point of view. In D. B. Harris (Ed.), *The concept of development* (pp. 125-147). Minneapolis, MN: University of Minnesota Press.

White, R. W. (1959). Motivation reconsidered: The concept of competence. *Psychological Review, 66*, 297-333.
Whiting, B. B., & Whiting, J. W. M. (1975). *Children of six cultures: A psycho-cultural analysis.* Cambridge: Harvard University Press.
Wierzbicka, A. (1992). Talking about emotions: Semantics, culture, and cognition. *Cognition and Emotion, 6*, 285-319.
Wierzbicka, A. (1995). Emotion and facial expression: A semantic perspective. *Culture & Psychology, 1*, 227-258.
Wigfield, A. (1988). Children's attributions for success and failure: Effects of age and attentional focus. *Journal of Educational Psychology, 80*, 76-81.
Wigfield, A., & Eccles, J. S. (1989). Test anxiety in elementary and secondary school students. *Educational Psychologist, 24*, 159-183.
Wiggers, M., & van Lieshout, C. (1985). Development of recognition of emotions: Children´s reliance on situational and facial expressive cues. *Developmental Psychology, 21*, 338-349.
Wimmer, H., & Perner, J. (1983). Beliefs about beliefs. Representation and constraining function of wrong beliefs in young children's understanding of deception. *Cognition, 13*, 103-128.
Wolff, P. H. (1967). The role of biological rhythms in early psychological development. *Bulletin of the Menninger Clinic, 31*, 197-218.
Wundt, W. (1903). *Grundzüge der physiologischen Psychologie (Bd. 3).* Leipzig: Barth.
Wygotski, L. S. (1980/1933). Das Spiel und seine Bedeutung in der psychischen Entwicklung des Kindes. In D. Elkonin (Hrsg.), *Psychologie des Spiels* (S. 430-465). Köln: Pahl-Rugenstein.
Wygotski, L. S. (1985). *Ausgewählte Schriften. Arbeiten zu theoretischen und methodologischen Problemen der Psychologie (Bd. 1).* Berlin: Volk und Wissen.
Wygotski, L. S. (1986). *Denken und Sprechen.* Frankfurt: Fischer.
Wygotski, L. S. (1987). *Ausgewählte Schriften. Arbeiten zur psychischen Entwicklung der Persönlichkeit (Bd. 2).* Köln: Pahl-Rugenstein.
Wygotski, L. S. (1992/1931). *Die Geschichte der höheren psychischen Funktionen.* Münster: LIT Verlag.
Yamaga, S. (1976/1663-65). Fushi-do [Precepts for father and son]. In M. Yamazumi, & K. Nakae (Eds.), *Kosodate no sho. Vol. 1* [Documents on child-rearing] (pp. 138-174). Tokyo: Heibon-sha.
Youniss, J., & Smollar, J. (1985). *Adolescents relations with mother, father and friends.* Chicago: University of Chicago Press.
Zahn-Waxler, C., Robinson, J.-L., & Emde, R. N. (1992). The development of empathy in twins. *Developmental Psychology, 28*, 1038-1047.
Zajonc, R. B. (1980). Feeling and thinking: Preferences need no inferences. *American Psychologist, 35*, 151-175.
Zentner, M. R. (1998). *Die Wiederentdeckung des Temperaments. Eine Einführung in die Kinder-Temperamentsforschung.* Frankfurt a. M.: Fischer Taschenbuch Verlag.
Zimmermann, P. (1994). *Bindung im Jugendalter. Entwicklung und Umgang mit aktuellen Anforderungen.* Unveröffentlichte Dissertation. Universität Regensburg.
Zimmermann, P. (1995). Bindungsentwicklung von der frühen Kindheit bis zum Jugendalter und ihre Bedeutung für den Umgang mit Freundschaftsbeziehungen. In G. Spangler & P. Zimmermann (Hrsg.), *Die Bindungstheorie: Grundlagen, Forschung und Anwendung* (S. 41-81). Stuttgart: Klett-Cotta.
Zimmermann, P. (1998). Beziehungsgestaltung, Selbstwert und Emotionsregulierung: Glücksspielsucht aus bindungstheoretischer und entwicklungspsychopathologischer Sicht. In I. Füchtenschnieder & H. Witt (Hrsg.), *Sehnsucht nach dem Glück. Adoleszenz und Glücksspielsucht* (S. 21-33). Geesthacht: Neuland.
Zimmermann, P., Becker-Stoll, F. & Fremmer-Bombik, E. (1997). Die Erfassung der Bindungsrepräsentation mit dem Adult Attachment Interview: Ein Methodenvergleich. *Kindheit und Entwicklung, 3*, 173-182.
Zimmermann, P., Fremmer-Bombik, E., Spangler, G., & Grossmann, K. E. (1997). Attachment in adolescence: A longitudinal perspective. In W. Koops, J. B. Hoeksma, & D. C. Boom (Eds.), *Development of interaction and attachment: Traditional and non-traditional approaches* (pp. 281-292). Amsterdam: North-Holland.
Zimmermann, P. & Fremmer-Bombik, F. (im Druck). Die Bedeutung internaler Arbeitsmodelle von Bindung aus entwicklungspsychopathologischer und klinischer Sicht. In L. Koch-Kneidl & M. Wiese (Hrsg.), *Frühkindliche Interaktion.* Göttingen: Vandenhoeck & Ruprecht.
Zimmermann, P., Gliwitzky, J. & Becker-Stoll, F. (1996). Bindung und Freundschaftsbeziehungen im Jugendalter. *Psychologie in Erziehung und Unterricht, 43*, 141-154.
Zimmermann, P., & Grossmann, K. E. (1997). Attachment and adaptation in adolescence. In W. Koops, J. B. Hoeksma, & D. C. Boom (Eds.), *Development of interaction and attachment: Traditional and non-traditional approaches* (pp. 271-280). Amsterdam: North-Holland.
Zimmermann, P., Maier, M. & Winter, M. (1997). *Bindung und Verhaltensregulierung in einer komplexen Problemlösesituation.* Vortrag gehalten auf der 13. Tagung für Entwicklungspsychologie in Wien vom 21.-24. September.
Zimmermann, P., & Scheuerer-Englisch, H. (1997). Attachment at age ten and age sixteen. *Poster presented at the Biennial Meeting of the Society for Research in Child Development, Washington.*
Zivin, G. (1982). Watching the sands shift: Conceptualizing development of nonverbal mastery. In R. S. Feldman (Ed.), *The development of nonverbal behavior* (pp. 63-98). New York: Springer.
Zivin, G. (1985). *The development of expressive behavior. Biology-environment interactions.* Orlando, FL: Academic Press.